DICTIONARY OF
MEDIEVAL LATIN
FROM BRITISH SOURCES

FASCICULE IX

P–Pel

DICTIONARY OF
MEDIEVAL LATIN
FROM BRITISH SOURCES

Fascicule IX   P–Pel

PREPARED BY

D. R. HOWLETT, M.A., D.Phil., F.S.A.

With the assistance of

T. CHRISTCHEV, M.A.
T. V. EVANS, Ph.D.
P. O. PIPER, M.A., A.M., Ph.D.
and C. WHITE, M.A., D.Phil.

UNDER THE DIRECTION OF A COMMITTEE
APPOINTED BY THE BRITISH ACADEMY

Published for THE BRITISH ACADEMY
by OXFORD UNIVERSITY PRESS

Oxford University Press, Great Clarendon Street, Oxford OX2 6DP

Oxford New York

Auckland Cape Town Dar es Salaam Hong Kong Karachi
Kuala Lumpur Madrid Melbourne Mexico City Nairobi
New Delhi Shanghai Taipei Toronto

With offices in

Argentina Austria Brazil Chile Czech Republic France Greece
Guatemala Hungary Italy Japan Poland Portugal Singapore
South Korea Switzerland Thailand Turkey Ukraine Vietnam

Published in the United States
by Oxford University Press Inc., New York

British Library Cataloguing in Publication Data
Data available

Library of Congress Cataloging in Publication Data
Data available

Typeset by John Waś, Oxford
Printed and bound in Great Britain by
CPI Bath

ISBN 0-19-726340-2   978-0-19-726340-2

MEMBERS OF THE COMMITTEE

This fascicule is dedicated to
P. G. W. GLARE
in celebration of his
eightieth birthday

PREFACE TO FASCICULE IX

Fascicule IX marks a new phase in the production of the Dictionary, made possible by developments in funding arrangements. It is a pleasure to acknowledge generous financial support received from the Packard Humanities Institute, the Arts and Humanities Research Council, and the British Academy, support from the Classics Faculty and housing by the Bodleian Library of the University of Oxford.

We thank Tina Chronopoulos for her period of service as Editorial Assistant and welcome Carolinne White as a full-time Assistant Editor, Trevor Evans and Prydwyn Piper as new Assistant Editors, and Pamela Catling as new Editorial Assistant. The increase in the number of staff has been made possible by the great generosity of the Packard Humanities Institute.

We thank also Dr Bonnie Blackburn, F.B.A., for help with musical entries, Dr Stella Panayatova, Mr Alan Piper, Dr Jacques Paviot, and Mr David Rymill for verification of quotations from archives in Cambridge, Durham, Paris, and Winchester, and members of staff of the Bodleian Library, the British Library, and the National Archives for help and access to primary sources.

We note with regret the death of Professor emeritus J. D. Latham, who from Fascicule I onward supplied etymologies for words derived from Arabic.

It is a pleasure to acknowledge the invaluable services of P. G. W. Glare, Editor of the *Oxford Latin Dictionary* and the revised *Supplement* to Liddell, Scott, and Jones's *Greek–English Lexicon*, to whom in celebration of his eightieth birthday this fascicule is dedicated.

J. N. Adams

P

P [CL]

1 P (letter of alphabet).

nubo, nupsi, nuptiae: cum vocalis sequitur B debet esse, cum consonans P BEDE *Orth.* 38; primum de xv littera, que est P, tractatum inchoantes OSB. GLOUC. *Deriv.* 405.

2 musical note.

si vero S addatur tertia sui, fiet P, cum S faciens diatessaron et cum Q semitonium super synemmenon tetrachordum quum disjunctum est a diezeugmenon ODINGTON *Mus.* 83.

paagator [OF *paageor, peageor* < pedagiator], collector of peage, toll-collector.

dixit [comes Sabaudie] ~ori: "O pinguis et delicate, accipe sacculum et impone humeris tuis et bajula quo iste pauper est ipsum portaturus M. PAR. *Maj.* VI 443.

paagium [OF *paage, peage* < pedagium]

1 passage, place through which one passes.

1173 omnia .. concedit .. quiete in castris .. in aquis et vallibus et montanis et ~iis et pasagiis *Act. Hen. II* II 2.

2 peage, toll for passage.

1121 sint etiam abbas et monachi et tota familia eorum quieti per totum regnum meum de tonnu et pagio *Cart. Glast.* I 185; a**1189** quietantiam .. de .. theloneo et passagio et ~io et pontagio *Act. Hen. II* II 297; **1200** cum theloneo, ~io, pontagio, passagio, bastagio, stallagio, et cum omnibus aliis libertatibus et consuetudinibus ad liberum burgum et ad mercatum et feriam pertinentibus (*Bridgewater*) *BBC* I 176; **1203** (1276) sint liberi et quieti ab omni cariagio et pontagio, passagio, peagio, stallagio *Reg. Heref.* 94; **1227** sint quieti de theloneo, pontagio, passagio, ~io, lestagio, stallagio, cariagio, et omni alia consuetudine per totam terram nostram *Ch. Sal.* 176; **1232** de ~io equorum. mandatum est custodi portus Dovr' quod nullum alium ~ium capiat .. de equis transfretantibus *Cl* 167; **1331** de pontag' et passag', thelonio, pedagio, ~io, stallagio *PQW* 47b; **1409** concessimus .. eidem Karolo quod ipse .. leveare, percipere, recipere possit .. certum peagium *Foed.* VIII 580; **1415** sint quieti .. de kaagio, muragio, ~io, barbicanagio, et de operacionibus castrorum (*Ch.*) *MonA* VI 33a.

3 right to collect toll for passage.

1215 dedimus .. S. de R. F. vendicionem et ~ium ville Niorth *Pat* 153a.

pabula v. papula.

pabulari [CL], to forage.

trecenti milites, qui ~atum et populatum processerant W. MALM. *GR* III 232; militem ducis pabulari progressum *Ib.* IV 373.

pabulator [CL], one who seeks or provides fodder or food; **b** (spec. for horses).

~ores, nutritores *GlC* P 20; explorat si qui offendantur aut commeatum advectantes, aut in legatione directi, aut ~oribus suis insidiantes W. POIT. I 17; segetes falcem cultoris intactae expectabant, quas nec attrivit superba equitum effusio, nec demessuit pabul[a]tor *Ib.* II 2; ~or, pastor qui pabula sequitur OSB. GLOUC. *Deriv.* 472. **b** ~ores, horshiordas *GlC* P 186.

pabulosus [LL], rich in grazing land or fodder.

~a .. est Britannia ut pecua, nisi interdum a pastoribus arceantur, ad periculum agat satietas H. HUNT. *HA* I 1; ~us, pascuis plenus OSB. GLOUC. *Deriv.* 472; villa .. alendis pecudibus ~a *Chr. Rams.* 135; est autem Hibernia .. egregie ~a atque piscosa W. NEWB. *HA* II 26.

pabultor v. pabulator.

pabulum [CL]

1 fodder (for animal); **b** (w. ref. to growing crop).

in horreo ubi jumentorum ~um fuerat ALEX. CANT. *Mir.* 51 p. 264; ut Sanctas Scripturas addiscant, quas dum memorie commendant, quasi sancta animalia ~a in ventrem recondunt PULL. *Sent.* 939C; querit .. cur prius provisum est pecoribus ~um quam nobis GROS. *Hexaem.* IV 25; **1398** allocate pro feodo Roberti de Spensa et pro ~o equino suo .. v li. xiij s. iiij d. *Exch. Scot.* 456; ad villagia vicina pro dictis victualibus et ~o equino sit mittendum UPTON 135; hoc ~um, *fodyr WW.* **b** commune ~um in agris et prato ecclesie *BNB* II 507.

2 food, nourishment (for human); **b** (w. ref. to growing crop); **c** (w. ref. to Eucharistic host); **d** (~*um salis*) salt put on infant's mouth at baptism. **e** (fig.); **f** (w. ref. to Scripture or sim.).

presepium totus mundus adseritur in quo suis jumentis rationalibus ~um subministrat Dominus magestatis THEOD. *Laterc.* 14; Dominus cum pavit quinque milia hominum .. quia modicum erat dare nutrimentum vel ~um, neminem excludit T. CHOBHAM *Praed.* 194. **b** fecundo germine tellus / pabula densa ferens .. vernantibus arvis ALDH. *VirgV* 266. **c** [Jhesu] qui tue carnis pabulo / nos alis in itinere J. HOWD. *Cyth.* 77. 11. **d** ut ~um salis, narium linitio et in ecclesia introductio ROB. FLAMB. *Pen.* 86; cum .. a laico baptizatus est infans postmodum suppleatur a sacerdote quod deest scilicet papulum salis et aurium et narium linicio cum saliva *Reg. Aberd.* II 24 (=*Conc. Scot.* II 31: †pa[ul]ulum). **e** poscebat .. sibi supere de germine messis / pabula jam tribui; cui .. sacerdos / .. pandit salutaria dicta ÆTHELWULF *Abb.* 101; **1163** te enim custode commisso tibi gregi papula vite deesse non poterunt G. FOLIOT *Ep.* 147; c**1214** nec .. parochianis vestris doctrina bona tantum .. vite ~um seminare curastis GIR. *Ep.* 8 p. 280; mox cepi respirare et consolationis ~o recreari S. SIM. *Itin.* 75. **f** spiritales faciebant escas campi scripturarum divinarum .. quorum ~o delectabatur ille qui ut jumentum factus erat apud dominum BEDE *Hab.* 1252; ille quibus sacri praestabat pabula verbi / ne sitis atque fames ullo vexaret acerbo ALCUIN *SS Ebor* 1472; alumnis, .. doctrinarum ~is decenter instructos B. *V. Dunst.* 1; sicut tuus mos est, fratribus quos ~o divini verbi Latina et patria lingua pascere non desinis ABBO *Edm. pref.*; ut pascamini cibo qui permanet, ~o salutari Verbi Dei AILR. *Serm.* 5. 1. 234; omnes Christiane fidei cultores, presertim popule diocesis Wigornensis; cui verbi divini ~a administravit *Mir. Wulfst.* I 43 p. 143.

3 nourishment, sustenance; food for (w. gen.): **a** (w. ref. to fire); **b** (fig.).

a truculenta ferox flammarum pabula torret / et sarmentorum fornacem fomite farcit ALDH. *VirgV* 1106; s**1382** super diversis heresibus .. convictus, ~um ignis digne effici meruit KNIGHTON *Cont.* 192. **b** discede a me, fomes peccati, nutrimentum facinoris, ~um mortis ALDH. *VirgP* 45; fitque heres regni caelorum, qui prius erat ~um mortis et stipula infernorum ALEX. CANT. *Dicta* 20 p. 186; erectis ad caelum luminibus plusquam dicere aliquis possit supernae jocunditatis ~o mirifice fovebatur *V. Gund.* 21; laus ergo amoris ~um est J. FORD *Serm.* III 17.

paca [cf. pacare 6], payment.

1256 brevia de allocatione .. de pachis factis in garderoba regis *Cl* 327.

pacabalis v. pacabilis.

pacabilis [CL pacare+-bilis]

1 peaceable, peaceful.

~es ab invicem recedunt sanctus Paternus et rex (*Paternus* 19) *VSB* 258; petiit amicos magnos, ut ~em [v. l. placabilem] sibi redderent fratrem suum *Flor. Hist.* II 22; rex .. ~is omnibus mansuetis ferre; ad pacem .. commissi sibi gregis pertinuit quicquid cogitaret J. LOND. *Commend. Ed. I* 11.

2 that can be rendered to secure peace or conform with agreement, payable: **a** (of livestock, produce, or artefact); **b** (of sum of money).

a **1194** de predicto pretio respondebunt vel de animalibus ~ibus in optione firmariorum *SelCh* 255; c**1210** vicarius habebit sex quartaria et dimidium de frumento ~i *Reg. Linc.* I 185; **1215** (v. avenaceus 1a); **12..** vicarie .. reservatis .. quinque marcis in lana ~i vel agnis et decimis garbarum *Reg. Aberbr.* I 173; **12..** reservatis .. de decima agnorum triginta agnis ~ibus abbati *Reg. Aberd.* I 25; **1329** onerat se de ccxl salmonibus, receptis de Thoma Warand, nomine ducentorum salmonum ~ium *Exch Scot* 148; **1375** vicarius .. subtrahit xxx agnos paccabiles *Cart. Lindores* 92. **b** c**1200** reddendo .. michi tres solidos sterlingorum ad quatuor terminos anni ~ia in qualibet vigilia natalis Domini *FormA* 301; summa pacabalis lxj s. iij d. *Reg. S. Aug.* 266.

3 that can be paid for, bought, or sold, marketable. *V. et. pagabilis.*

1252 decem bolas ~is frumenti *Melrose* 312; c**1262** dimidiam petram cere bone et ~is *Ib.* 334; **1289** se debere .. undecim saccos bone lane et ~is (*Stat. Merch. & Staple*) *MS PRO C.* 241/3/41; **1304** sex celdras frumenti boni mundi, et ~is *Reg. Glasg.* I 217.

pacabiliter, peaceably, peacefully.

pacabilis .. unde ~iter adv. OSB. GLOUC. *Deriv.* 442.

pacagium [CL pacare+-agium], payment, tax, toll. *V. et. pagagium.*

1220 dominus noster dedit .. vendam et ~ium et ferias suas *RL* I 127; **1220** quod .. quieti extiterint apud B. de ~io vinorum suorum .. non permittentes eos .. vina sua de partu B. absque ~io transducere *Cl* I 435a; **1236** diligenter inquiratis utrum predecessores Baldewini .. consueverunt esse quieti in portu vestro [sc. Dover] de ~io et passagio *Cl* 335; **12..** requisitus de mercato et ~io, dicit quod homines prioris, si velint emere vel vendere tanquam mercatores in burgo episcopi, dant pro stallagio vij d. ob. per annum *Feod. Durh.* 236; **1269** insolita prorsus et intolerabilia ~ia que vulgo thelonea nuncupantur .. singuli singulariter extorquebant WYKES 223.

pacalis [ML], peaceable, peaceful.

et hic et hec ~is et hoc ~e, per syncopam OSB. GLOUC. *Deriv.* 442; ~is, pacificus *Ib.* 477.

pacamentum, payment. *V. et. pagamentum.*

a**1199** videte quod ipsi non disturbentur .. pro defectu ~i nostri (*Chester*) *BBC* 81; **12..** debent .. reddere .. infra octavas clausi Pasche lx marcas .. et residuum ~i reddent ad sequentes nundinas *FormA* 308; **1290** quam cito habuit denarios unde ~um facere potuit competenter *DocExch* 63; c**1310** ordinaciones prius facte de ~o sexaginta librarum pro coquina conventuali (*Const. Winchecombe*) *MonA* II 307a.

pacare [CL], ~**iare**, ~**ire**

1 to make peaceful, pacify: **a** (person, mind, or emotion). **b** (p. ppl. as adj.) peaceful, calm (of place); **c** (of element); **d** (of time).

a ~atis alterutrum regibus ac populis BEDE *HE* IV 19 p. 249; tandem pacatos devenit adusque Sicambros FRITH. 1231; donec .. nostro consilio cor vestrum .. ~aretis ANSELM (*Ep.* 119) III 257; aequo et ~ato animo *Id.* (*Ep.* 191) IV 78; gentem .. optimis legibus ~atam GOSC. *Edith* 80; obsidentium furias ~are possemus FORTESCUE *NLN* I 29. **b** ut .. patriam ~atiorem sueque inquietudinis omnino immunem relinqueret G. *Steph.* 37. **c** ut videre ~atum classibus aequor W. MALM. *GR* IV 353; s**1144** navis .. ut antea ~ata sulcavit equora TORIGNI *Chr.* 147; donec interiori tumultu sedato, corripientem aure ~atiore sustineat *Id. Spir. Amicit.* III 112. 697B;

ventus decidens in auram ~atissimam vertebatur R. COLD. *Cuthb.* 39.   **d** ~atissimo saeculi tempore procreatus BEDE *Luke* 327.

2 (p. ppl. as adj.) peaceable, disposed to or creating peace: **a** (of person); **b** (of act or abstr.). **c** (w. ref. to *Heb.* xii 11).

a a804 quaerenti mihi et consideranti nihil dignius ~atissimo honori vestro inveniri posse [videbatur] quam divinorum munera librorum ALCUIN *Ep.* 261; sint . . in se ipsis et ad invicem et ad me ~ati, modesti, benevoli AILR. *OP* 8.   **b** promicat ecclesia pacato foedere nexa FRITH. 536.   **c** cetera vero opera juventutis floride pullulantia, silentio pretereo . . anhelans perfecte aetatis ~atissimum fructum in virtutibus Christi sub servitio Dei singulariter intimare *V. Cuthb.* I 7; multiplici bone operationis munere ex eo fructum ~atissimum in tempore messis sibi colligant O. CANT. *Const. pref.* 947B.

3 to appease, reconcile (person). **b** (*iratus et ~atus*) whether in dispute or not.

iratus es in Deum . . peccanti sed . . solet Dominus per amicum ~ari servo supplicanti ANSELM (*Or.* 11) II 44; non . . audes offerre munus non paccato proximo et audebis offerre irato Deo? H. LOS. *Ep.* 6 p. 9.   **b** 1278 iratus et ~atus (v. iratus 1f).

4 to settle (discord or sim.). **b** (w. *ut*) to make a pact that, to agree to.

pacare studens belli certamina saeva ALDH. *VirgV* 1552; omnibus rite paccatis plegios legalitatis . . inveniat (*Leg. Hen.* 71. 1c) GAS 590.   **b** cum dux Romanus ab hostibus obsideretur, nec ullo pacto evadere potuit nisi ~aret ut hostibus arma daret . . ALCUIN *Rhet.* 13.

5 to satisfy, give satisfaction to. **b** to satisfy by means of payment. **c** (w. *de* & abl.) V. et. *pagare* 2.

1199 comitissa ~ata est de dote sua *CurR* I 93; 1232 fecit legem suam per iiij quia Thomas tenuit se ~atum de totidem *BNB* II 538.   **b** cremandum in gehenne incendio nisi reatum suum correxerit, dumque satisfactione ~averit *Reg. Malm.* II 317; 11 . . concessi . . burgensibus quod ~antur ad quatuor terminos anni de omnibus prisis per eos captis per me vel per ballivos meos (*Ch.*) *EHR* XV 513; seu quoniam avaritia ducti minori ipsum ~ari precio existimabant T. MON. *Will.* I 3; iiij marcatas terre . . assignabunt, unde eos legitime ~are possint *FormA* 3; 1219 ipse concessit tertiam partem totius terre . . et ipsa inde tenuit se ~atam *CurR* VIII 89; 1219 reddidit eis j acram terre . . et ipsi tenuerunt se ~atos *Eyre Yorks* 65; 1359 in parte solucionis feodi sui paciabit sine contradiccione cujuscumque *Lib. Kilken.* 21.   **c** de . . centum et quatuor marcis . . nos vocamus quietos et integre protestamur ~atos M. PAR. *Maj.* III 329; 1290 de qua pecunie summa . . Petrus seipsum vocat ~atum *Deeds Balliol* 230; dampna sua versus Nicholaum taxata fuerant ad x marcas de quibus ~atus est *State Tri. Ed. I* 32; 1323 de qua . . pensione . . fateor me esse bene ~atum *Lit. Cant.* I 113.

6 to pay: **a** (person); **b** (sum of money); **c** (service); **d** (transf. or fig.). V. et. *pagare* 3.

a 1255 ad ~andum . . marinellos (v. 1 paga) GIR. *SD* 98; 1221 non potuerunt deliberari antequam ~assent xlv marcas in denariis *SelPlCrown* 95; 1235 pro quadam summa pecunie quam michi . . pre manibus ~avit *Sallay* 451; 1253 pro quibus [sc. pannis etc.] . . denarios . . ~avit . . mercatoribus *RGasc.* I 329a; 1255 burgum [sic] de Neup' nullo tempore hidagium paccavit *Hund.* I 28b; 1283 ~avit predicto Jacobo quater viginti marcas (*CoramR*) *Law Merch.* II 26; xij denarios . . nobis ~are repromisit *Meaux* I 228; 1446 ad que debita ~anda scaccarium nostrum . . non sufficit *Pri. Cold.* 155.   **c** 1267 dicunt eciam quod dictus Henricus habuit iij cotagia et ~iunt ei servicium semel in septimana per annum *IMisc* 14/5.   **d** ad papam evola . . ipsique bursa grandi ~a bonam alapam MAP *NC* I 22 f. 15v (v. alapa c).

7 to pay for.

†1093 ut hec omnia predicta et abbatia et omnia ad eam pertinentia essent libera et ~ata et quieta ab omni consuetudine *Ch. Chester* 3 p. 6; c1150 tres mansuras quietas et ~atas *Cart. Chester* 57.

pacarius v. paccarius.

---

pacate [CL], peacefully.

pacatus . . unde ~e, ~ius, ~issime adv. OSB. GLOUC. *Deriv.* 442.

pacatio [CL]

1 imposition of peace, peace agreement.

pacatus . . et hec ~io, -nis OSB. GLOUC. *Deriv.* 442.

2 satisfaction given by means of payment (w. *de* & abl.).

1196 quando terra illa posita fuit in ~onem de catallis *CurR* I 21.

3 payment.

1215 ad ~ones faciendas militibus *Pat* 153; 1218 de ~one Isaac Judei . . recepimus . . unam marcam de fine quem Isaac . . fecit cum domino rege *Pat* 179; 1234 non potuimus vobis plenam ~onem facere de pecunia qua vobis tenemur *RL* I 441; s1256 sine precii solutione, quam ~ionem appellamus M. PAR. *Maj.* V 585; 1261 sciatis quod R. . . solvit . . ciij^xx et tres li. vj s. et v d. per diversas ~ones pro Judeis nostris diversarum civitatum Anglie tam de mille marcis quas Judei . . nobis concesserunt quam de arreragiis talliagii *Cl* 432; 1269 de tailagiis et ~onibus injustis receptis a transeuntibus *CBaron* 72; 1336 in ~one fabri de Bungeye pro ferrura equi Bryset' pro anno precedenti vj d. *Househ. Ac.* 192; a1368 magistri cementarii . . intererint . . in qualibet ~one . . et secundum . . absencias cujuslibet deducatur de salario suo *Fabr. York* 172.

pacatium v. pactitium.

pacator [CL]

1 one who brings peace.

paco . . unde ~or OSB. GLOUC. *Deriv.* 442.

2 payer: **a** one who is obliged ot pay, debtor. **b** paymaster.

a 1232 obligamus nos . . debitores, et constituimus ~ores *Pat* 514; 1254 se debitorem constituit ac ~orem *RGasc* I 463; 1257 pro quibus omnibus . . firmiter observandis . . prefatum dominum regem et successores suos eisdem mercatoribus principales constituerunt debitores et ~ores (*Pat*) *Foed.* I 644.   **b** 1297 compotus Thome de Chauseya et Petri Moryn ~orum operum castri Walingford' *Ac. Cornw* 132.

pacatorius [LL], that brings peace.

paco . . unde pacator . . et ~ius, -a, -um OSB. GLOUC. *Deriv.* 442.

pacca, ~us, ~um [ME *pac, pak*], pack, bundle, bale.

1286 de qualibet paka panni iiij d. *PQW* 302b; de quolibet ~o panni iiij d., de quolibet saccho lane iiij d. *Reg. S. Aug.* 138; 1314 in vj cordis pro pakkis empt' v s. *Ac. Durh.* 512; 1324 plegius utriusque unum ~um pannorum (*CourtR St. Ives*) *Law Merch.* I 107; 1344 unum packum pannorum lanutorum (v. lanutus 2); 1363 quod ad armaturas pertinet aut aliquos equos . . et ~is suis deferend' *RScot* 871b; 1463 de una ~a panni lanei . . missa ad navem *Exch. Scot.* 219; pannos in paccis rimatur singula plane, / tam grano plenos quam grano dimidiatos / multos centenos sine grano pannificatos (*Vers. Scac.* 18) *EHR* XXXVI 59; 1506 non tamen licebit . . mercatoribus Anglie . . pannos suos scindere, nec quoquomodo tingere, tondere, aut per fullones parari facere, nec aliter nisi per ~um vel ~os, vel integrum pannum, vel integros pannos in grosso dumtaxat vendere et exponere *Foed.* XIII 134.

paccabilis v. pacabilis.

paccagium, act or cost of packing.

1299 in tronagio, portagio et †pakareo [MS: pakagio] ij s. vij d. ob. *Ac. Durh.* 495; 1299 in reparacione lane . . cum pakagio, iiij s. viiij d. *Ib.* 498; 1314 in ~io, portagio, et cariagio usque ad aquam iiij s. iij d. *Ib.* 512; 1325 pro cordis et *canevas* cum paccagis [? l. paccagio] xij s. vj d. *Lit. Cant.* III 382; 1331 in . . scriptura cujusdam rotuli . . et aliis diversis expensis circa ~ium dictarum rerum *Exch. Scot.* 381; 1336 in packagio pannorum et aliarum providenciarum *Ac. Durh.* 498.

1 paccare v. pacare.

2 paccare, to pack: **a** (artefact, usu. wool); **b** (container).

---

a 1290 denicaverunt W. de G. partem in lana ~anda *Rec. Leic.* I 215; 1303 in cxl ulnis de canabo empto in Dunelmo pro lana pacanda, liiij s. *Ac. Durh.* 504; 1303 ad dictam lanam sarpellandam et ~andam (*PlRExch*) *Law Merch.* II 70; 1341 in *paknedel* et paktreda emp' pro lana pakkanda *Ac. Durh.* 542; c1352 in canevasio empto pro lana ~anda vj s. vij d. *Comp. Swith.* 411.   **b** 1330 de quolibet sacco lane ~ato et vendito infra villa[m] de B. *PQW* 616a; 1341 tibi precipimus quod tantum de canevacio, quantum pro dictis centum saccis lane . . saccandis et ~andis racionabiliter indiguerit . . liberari . . faciatis *Foed.* V 278; 1350 pro xij sarpelariis inde factis pro filo predicto infra ~ando *KR Ac* 385/39; 1532 octo barellas impletas cum piscibus non bene et legaliter ~atas secundum veram intencionem actus *KR Mem* 24 r. 41.

paccarius, packer.

1462 officium ~ii pannorum (v. impaccare); 1478 quisque pacarius huic ordinacioni contraveniens sic puniatur, ut aliis sit in exemplum *Foed.* XII 81.

paccatio, act or cost of packing.

1303 in exp' . . circa ~onem dicte lane *Ac. Durh.* 504; 1303 custagia circa sarpellaciones et ~ones dictarum lanarum factas (*PlRExch*) *Law Merch.* II 71; 1338 pro ~one dictarum lanarum ubi empte fuerunt *KR Ac* 457/7; 1355 pro quo filo dominus rex et pro ~one ejusdem solvit per manus . . *KR Ac* 385/48; 1440 officia . . ~onis mercandisarum (v. barellare); 1449 officia . . ~onis . . pannorum laneorum *CL* 299 m. 16d.; 1503 ~ones, repaccaciones . . lanarum ac saccorum *Pat* 592 m. 25.

paccator, packer.

1275 de paccator[ibus] Lond' *Hund.* I 404a; 1291 nullus de cetero recipiat aliquem ~orem lane *Rec. Leic.* I 216; 1334 distringantur plicatrices lanarum, packatores et lotores pellium *Ib.* II 23; 1399 constituimus S. Hermere ~orem nostrum . . dantes eidem . . potestatem ad supervidend' omnes pannos et alia mercimonia . . paccata *Pat* 351 m. 17; 1499 item, conventum est quod nullus ~or de partibus australibus Anglie de cetero exercebit officium paccature antequam ad hoc admittatur et abilitetur coram majore et constabulariis stapule *Foed.* XII 714.

paccatura

1 (act of) packing.

1478 si forte evenerit quod lanis hujusmodi veteribus aut pellibus fraus vel decepcio quevis fuerit comperta, vel quod indebita nominacio aut injusta ~a fiat, venditor emptori reparabit damnum et interesse *Foed.* XII 81; 1499 (v. paccator); absque fraude faciet ~am lanarum *Foed.* XII 714.

2 pack, bale.

1426 ad . . barellos, saccos, cistas, sarcinulas seu alias ~as resarciendum *Foed.* XII 586.

paccum v. pacca.

paccura, packing.

1356 [*owing to bad packing*] paccura . . (*Pl. Mem. Lond.* A10 m. 19d.) *Cal. Pl. Mem. Lond.* 47.

paccus v. pacca.   **pacella** v. patella.   **pacemon** v. parthenium.

pacfilum [ME *pac*+CL *filum*], packthread, strong thread for sewing bundle or sim.

1374 computat . . de vij libris dimidia libre pakfili . . iij s. ij d. *Exch. Scot.* 468; 1401 in pakkefilo empto pro saccis et collariis emendandis *Pipe Wint.* B1/150 r. 8 (cf. ib. r. 9: in packo filo empto); 1509 continens . . c libras pakfili *EEC* 575.

pacha v. paca.   **pacherium** v. pascuarium.

†pachilus, *f. l.*

finichon †pachilus [v. l. †parachilus, l. dactylus], palma [frincan] . . frincan dactylus palme idem *Alph.* 65.

pachine, pachimen, pachimeres v. pachymeres.   **Pacho** v. Pachon.

Pachon, [Παχών < Egyptian], ~o, name of the ninth month of the Egyptian calendar.

Aegyptii . . quorum . . nonus [mensis] ~o, vj kal. Maiarum . . die sumit exordium BEDE *TR* 11; nonus Aegyptiorum mensis ~on *Kal. M. A.* II 425; [vocatur]

Aegyp' ~o, Gr' Antemiseos, Lat' Mai' *Miss. R. Jum.* 13.

pachymeres [παχυμερής], that consists of thick or dense parts.

pachimen vel pachimeres, i. obtusum, pachime, i. esce grossum humorem habentes *Alph.* 136.

pachys [παχύς], thick, dense, solid.

lepida bina est que ex acutis cyprinis fit, que et pacia dicitur *Alph.* 96.

pacia v. pachys, platea.   **paciare** v. pacare.

paciarius, peacemaker, mediator.

dicit dictus A. quod dictus comes posuit prepositum suum et ~ium seu pacificatorem in terra dicti A. *V. Montf. app.* 320.

pacicola v. pagiscula.

pacifer [CL]

1 that brings peace. **b** (of person) who brings peace. **c** (as sb. m.) one who brings peace, peacemaker.

virga Mercurii . . que etiam ~era fuit unde et caduceatores dicimus eos qui pacis gratia inter duas regiones ferunt legationem OSB. GLOUC. *Deriv.* 100. **b** pacifer intraret Christus salvator in aulam ALDH. *CE* 4. 6. 12.   **c** hec ait indigno mihi pacifer ore benigno, / ". . pax tibi frater!" R. CANT. *Poems* 7. 29.

2 characterized by peace, tranquil.

Hierusalem pacifera / hec tibi sunt fundamina FRITH. *Cives* 15. 1; pacifer iste lapis muris foribusque relucet / celestis thalami, pace tenente domum GARL. *Epith.* VI 567.

3 (eccl., *tabula ~era*) osculatory, pax; **b** (ellipt. as sb. n.).

1303 una tabula ~era cum lamina argentea inserta *Ac. Exec. Ep. Lond.* 49.   **b 1452** unum ~erum deauratum cum *berell*; in eodem ymago s. Trinitatis, item aliud ~erum deauratum (*Invent.*) *Ecclesiologist* XXI 6.

pacificanter, peacefully, in a manner that promotes peace.

1542 honorificentius, bene, et ~ius . . datur *Form. S. Andr.* II 212.

pacificare [CL]

1 to pacify, make peaceful, restore to peace (usu. people or realm).

nationibus . . versus regni sui gentes ~atis . . ÆLNOTH *Cnut* 18; ut . . ipse [sc. Stephanus] . . ad regnum ~andum . . toto sese conatu accingeret *G. Steph.* 2; quanta . . gratia . . discordantia regna . . pacis amator et auctor ~averis GIR. *TH* III 48; multo sudore et labore ~avit [sc. Willelmus rex] omnia SILGRAVE 79; post guerram . . ~ato regno *Meaux* I 78; s**1342** regno Scocie ~ato et in pacifica prosperitate reducto *Plusc.* IX 39.

2 to make peace between, to reconcile: **a** (two conflicting parties); **b** (pass. w. dat.); **c** (act. w. acc. & dat.); **d** (w. *cum* & abl.); **e** (w. *adinvicem*).

1122 ut . . iterum ~arentur abbas Reinaldus atque Baldewinus *Chr. Rams.* 248; proceres inierunt consilium qualiter ~arent patrem et filium ORD. VIT. V 10 p. 388; rege mediante, ~ati sunt . . episcopus et prior GRAYSTANES 23; s**1161** dissentio inter ipsum et regem, sed mox ~ati sunt *Feudal Man.* 89. **b** liber abit quasi regi ~atus NIG. *Laur.* 539; rex junior patri [sc. Henrico II] ~atus *Flor. Hist.* II 84; quam cito beatus Petrus postquam Deum negaverat ~atus est ei [ME: *wes wið him isahtnet*] *AncrR* 129; cumque hec Androgeo pervenissent, ait . . "nunc orat me dominus meus . . ~ari Cesari" *Eul. Hist.* II 255.   **c** rex . . regem Francie sibi volens ~are, petiit a . . rege . . filiam . . regis *Meaux* I 240.   **d** ad reconciliandos Deo mortales, ad ~andum cum angelis genus humanum BEDE *Prov.* 952; et me ~abo cum ipso G. MON. VIII 20; s**1091** Eadgarum cum rege . . comes ~avit FL. WORC. II 28; Arnulfus petiit Ricardum ducem ut ~aret illum cum rege Francorum DICETO *Abbr. Norm.* 253; caro . . potest ~ari cum spiritu T. CHOBHAM *Serm.* 20. 97rb; mandavit Androgeo [sc. Cassibalaunus] ut ~aret cum Julio . . ~aret . . proinde debuerat . . [me] honorare . . tamen ~abo eum si potero *Eul. Hist.* II 255; reddidit eis castrum . . sub . . conditione, quod ipsum

cum . . magnatibus ~arent *Meaux* II 327.   **e 1182** sciatis quod in presentia mea ~ati sunt ad invicem A. episcopus . . et H. abbas . . super querela . . de prioratu *Act. Hen. II* II 226.

3 to assuage, calm.

assuager, mulcere, mitescere, ~are, mitigare, moderare *Gl. AN Ox.* f. 153v; voluerunt eum interficere . . . Philimon autem ~avit eos BACON V 165; ventum est ad verbera ita ut sanguis plurimorum . . flueret. tandem, ~ato populo . . processerunt ad missam CAPGR. *Hen.* 27.

4 to ease, settle (dispute).

1200 contentio . . hoc modo ~ata est, sc. quod . . *Ch. Chester* 318; istas . . discordias numquam ~abit ratio T. CHOBHAM *Serm.* 20. 97rb; **1222** nisi forte dominus R. comes Cestrie et Lincolnie prece vel pecunia possit illorum calumpniam ~are *Ch. Chester* 411; ~ata est dissensio inter dominum regem et barones suos *Leg. Ant. Lond.* 49.

5 to satisfy, give satisfaction to, appease.

fabulator . . hoc modo regem longas audire fabulas gestientem ~avit PETRUS *DC* 12; s**1169** Resus . . castellum Buellt destruxit, et cum justitia regis ~atus letus et victor domum rediit *Ann. Cambr.* 52; **1223** si infra terminum illum nos sibi non ~averit, extunc percellatur ea sentencia quam in ipsum . . ferre tenemini *Pat* 389.

6 to keep in peace, protect.

omnes Dei rectitudines ~entur sedulo (*Leg. Ed.*) *GAS* 131; conveniat Sanctuaria et ordines et Deo dicata loca . . tota devotione ~are, custodire, venerari (*Quad.*) *Ib.* 284; et omnibus amicis Dei recte pertinet, ut sanctam ecclesiam diligant . . et Dei ministros ~are et custodire gaudeant (*Ib.*) *Ib.* 467; vir qui vult ideo pacem componere mundo / pacificet primo jura tenenda Deo GOWER *Carm.* 354. 321 (=*Pol. Poems* I 356).

pacificarius, peacemaker, mediator.

1233 volentes debitum finem imponi contentioni orte inter nos et dilectum . . nostrum Petrum G. de prepositis et ~is ponendis in B. . . vobis mandamus quod . . *Cl* 239.

pacificator [CL], peacemaker, mediator.

paciarium seu ~orem *V. Montf. app.* 320 (v. paciarius); R. C. . . vir nobilis . . ac prudens ~or BOECE f. 301.

pacificax, peaceable.

Henricus, rex Anglie ~acissimus regnum suum . . summa pace et justitia gubernans FORDUN *GA* 61.

pacifice [CL]

1 in a manner conducive to peace, reconciliation, or friendship.

705 illam pactionis condicionem . . quam ego et eorum praesul ~e et unianimiter paciscebamus WEALDHERE *Ep.* 22; **797** saluta . . regem ex verbis meis ~e ALCUIN *Ep.* 122; Rollonem ~e accersivit. . . ille facile ad concordiam inclinatus est W. MALM. *GR* II 127; monita nostra ~e suscipiens . . eandem pacem firmavit *Ib.* II 166; Esau . . redeunti Jacob de Mesopotamia . . ~e occurrit *Flor. Hist.* I 10; s**1451** quatinus cum ceteris vestris fratribus . . univoce, concorditer, et ~e conveniatis *Reg. Whet.* I 7.

2 without creating strife or disturbance; **b** (w. ref. to ruling a kingdom).

erga uxores ~e eas regendo HOLCOT *Wisd.* 16; **1409** libros logice . . in scolis . . audire ~e et attente *StatOx* 200; Edwardus . . injuriarum impatiens . . tamen facillime . . potuit emolliri. . reversi, ~e falconis . . curam egerunt WALS. *HA* I 10.   **b** cum aliquot annis ~e provintiae prefuisset . . Danorum duces . . depopulaturi provintias venere W. MALM. *GR* II 213; Turgesius . . regnum Hibernicum aliquamdiu ~e rexit GIR. *TH* III 37; s**940** Eadmundus vero ad australem ejusdem callis partem toto regno ~e frueretur M. PAR. *Maj.* I 453; ut respiraret moram ~e continuavit [i. e. *without fighting*] *Id. HA* I 33; per amorem quem habebunt in te dominaberis in eis cum triumpho ~e BACON V 38; s**1341** regnum Francie vel majorem partem ejus ~e fuissemus adepti AVESB. f. 98b; corporis violenciam sustinuit propter regnum . . ab aliis ~e possidendum BLAKMAN *Hen. VI* 19.

3 peacefully, undisturbed; **b** (w. ref. to possession of land or privilege).

rememoravit de Aldfrido qui nunc regnat ~e fuisse dictum *V. Cuthb.* III 6; ponentes . . ferias sceleribus ut saltem in his regionibus liceat Christianis ~e vivere W. MALM. *GR* IV 347; eligerunt potius exilium pati . . quam ~e adherere scismaticis Boso *V. Pont.* 402; petens quatinus accepta securitate ~e veniendi et revertendi M. PAR. *Maj.* III 117; sicque ~e . . exercuit jurisdiccionem GRAYSTANES 43; s**1435** abbas . . ~e absque evigilacione compausavit AMUND. II 89. **b** rogatis me ut fratres nostros . . quiete et ~e possidere dimittam res suas ANSELM (*Ep.* 192) IV 81; **1183** post decessum . . Willelmi ipsam ecclesiam bene et ~e . . habeant *Act. Hen. II* I 137; fuit plene et ~e in seisina *State Tri. Ed. I* 18; **1344** possessionem . . ecclesie cum suis juribus . . ~e . . tenere *Eng. Clergy* 279; **1439** occupet libere, ~e, et quiete BEKYNTON I 44; **1559** in unitate fidei Christianae . . et privilegiis suis pristinis . . secure et ~e . . remaneat *Conc. Scot.* II 141.

pacificenter, peacefully, undisturbed (in quots., w. ref. to possession of land or privilege).

c**1160** in terra mea liberius et quiecius plenarius melius et ~ius ecclesiam aliquam habent et possident *Reg. Newbattle* 267; c**1161** sicut aliqui ecclesie prelati . . liberius et quiecius, plenarius, melius et ~ius ecclesiam aliquam habent *Regesta Scot.* 199; c**1162** liberius et quiecius et ~ius *Ib.* 212; c**1163** quiecius, honorificancius et ~ius *Ib.* 216; c**1168** liberius et quiecius et ~ius *Ib.* 10; possessiones . . liberius et ~ius possidere *Plusc.* VI 18.

pacifico v. pacificus.

pacificus [CL]

1 pacific, conducive to peace, reconciliation, or friendship. **b** (n. pl. as sb.) peace offerings.

p**675** non salutatio ~a praebetur, non osculum piae fraternitatis offertur ALDH. *Ep.* 4; cum verbis ~is confusam . . simultatem magnopere mitigare niteretur *Id. VirgP* 38 p. 289; salutansque verbis ~is *V. Cuthb.* I 4; ~e, pacem facientes ANDR. S. VICT. *Sal.* 27; loquebatur . . verba ~a sed in dolo AVESB. f. 113. **b** de ~is oblatis humiliter ex quibus surgere debuit pacis amor AD. MUR. *Chr.* 92.

2 (of person) who makes peace. **b** (as sb. m.) peacemaker, one who establishes peace, reconciler, envoy; **c** (of Solomon or Christ); **d** (w. ref. to *Matth.* v 9).

magnificentiam tuam obsecro ut . . inimicis tuis pacem per nos poscentibus ut veri Salomonis heres ~us fiat ORD. VIT. XII 24 p. 399.   **b** caduceatores vel ~i, *gesibbe ærendracan* ÆLF. *Gl.* 143; Frisones etiam et Flandrenses comites suos *maregrave*, quasi majores et bonos ~os vocant (*Leg. Ed.*) *GAS* 654; c**1298** versutus pacifico semper adversatur (*Dunbar* 151) *Pol. Songs* 171.   **c 672** ~us caelitus ambrosia praeditus . . his quaternis temporum lustris Israhelitici plebis imperii sceptro fungens almo auctus spiramine prompsit dicens 'bibe aquam de cisterna tua' ALDH. *Ep.* 5 p. 491; noster ~us Salomon aedificavit sibi per sapientiam . . templum THEOD. *Laterc.* 13. Salomon dicitur in lingua nostra ~us et Dominus noster ipse est vere ~us qui fecit pacem inter nos et Deum et reconciliavit nos Patri suo AILR. *Serm.* I 17. 212; "pax vobis", spirituale nostri ~i verbum AD. SCOT. *Serm.* 221D; significatum est a Salomone . . immo utique a vero ~o nostro J. FORD *Serm.* 28. 6.   **d** 'beati ~i.' pax a nobis incipit, quia dum civili bello lex carnis repugnat legi mentis, non modo alteri sed nec nobis ipsis possumus incipere hic esse ~i ANSELM *Misc.* 329; constat . . quod si ~i sunt beati et filii Dei, discordantes sunt miseri et filii diaboli W. MALM. *GP* IV 142; rogo quatenus . . satagere velitis, ut inter . . comites Tolose et Langestrie . . pacis reformatio proveniat . . intuitu illius, qui ~os Dei filiatione beatificat AD. MARSH *Ep.* 216.

3 peaceful, that does not cause disturbance or strife; **b** (of person) peaceable (also as sb. m.).

non potest . . aliud significare illa prophetia de bestiarum cohabitacione ~a nisi quod homines . . concordabunt in unitatem ~am GROS. *Cess. Leg.* II 3 p. 87; **1412** libros . . modo honesto et ~o pertractabis *StatOx* 219; **1549** in aliis locis monialium . . ~is *Conc. Scot.* II 93. **b** quando facit de luxurioso castum, de impatiente ~um, de superbo humilem AILR. *Serm.* 11. 19. 287; gens . . hec satis tractabiles fuerant et ~i GIR. *TH* III 43.

4 peaceful, undisturbed; **b** (of sea); **c** (w. ref. to possession of land or privilege). **d** (abl. as adv.) peacefully, undisturbed.

da nobis domine quesumus ut et mundi cursus ~us [AS: *erning sibsum*] nobis tuo ordine dirigatur *Rit. Durh.* 39; omnia ibi ~a sunt, omnia composita, omnia tranquilla BALD. CANT. *Serm.* 15. 23. 550. **b** versus Bononiam et Crotoye per mare tunc ~um navigarunt AVESB. f. 113. **c 1217** ipsum Henricum plenaria possessione et ~a ipsarum domorum . . gaudere permittas *Pat* 23; **1268** ~am saisinam . . concedatis *Dryburgh* 5; **c1288** cum Universitas . . fuerit in possessione ~a *MunAcOx* 43; in bona et ~a seisina *State Tri. Ed. I* 77. **d s1320** possedit quilibet ~o partem suam *Flor. Hist.* III 194.

pacina v. pastinaca. **pacire** v. pacare.

paciscere, pacisci [CL]

1 to make a contract, covenant, treaty, arrangement. **b** to bargain (also w. *cum* & abl.). **c** (w. acc. or *de* & abl.) to make an agreement regarding, to contract for.

~itur, pactum pacis facit *GlC* O 86; ~or, Gallice *fere covenaunt Teaching Latin* II 17. **b** nichil, si me viceris, pro hac venia tecum ~ar W. MALM. *GR* IV 320; **1293** pascissi potuit cum eo per majus vel minus pro eodem visu *PQW* 705a; **1448** de viij d. solutis carpentariis venientibus de Ely ad ~endum pro factura descorum librarie *Arch. Hist. Camb.* I 12n. **c 705** illam pactionis condicionem . . quam ego et eorum praesul pacifice et unianimiter ~ebamur [*sic*] WEALDHERE *Ep.* 22; cujus facti non injuste veniam ~ar W. MALM. *GR* I 82; cui pro libito venditor distraheret mercimonium et miles ~eretur stipendium *Ib.* IV 313; de castitate servanda ~untur AILR. *Ed. Conf.* 748A (v. convenire 1a); sic Veneris miles furtivum pactus amate / postibus accessum HANV. III 254.

2 to agree, decide: **a** (that, w. *quod* & indic.); **b** (to, w. inf. or *ut* & subj.).

a ~ens et conveniens quod nulli alii hactenus cessit . . marcam annuam *Reg. Aberd.* I 190. **b** ~untur . . ut quisquis eorum ante obiret superstiti . . appareret infra triginta . . dies W. MALM. *GR* III 237; **s1176** pacti sunt homines . . fruges suas . . coppare (v. coppare); si pactus sum ne peteres a me rem istam et eam postea vendidi alii, . . proderit emptori VAC. *Lib. Paup.* 39.

3 to pledge to give, promise (usu. w. acc. & dat.); **b** (w. ref. to betrothal); **c** (w. ref. to *Aeneid* V 230).

per incantationes diabolo accersito perpetuum ~itur hominium W. MALM. *GR* II 167; ~atur . . sibi amicitiam solidam, filiis honores integros *Ib.* II 196; **s1141** Wintonienses . . memores fidei quam ei [sc. regine] pacti fuerant *Id. HN* 499 p. 59; benigno lectori grande ~or comodum *Id. Wulfst. prol.* p. 3. **b** nec petit Augustum pactam sibi reddere sponsam ALDH. *VirgV* 2101; ducis ei filia petita atque pacta est W. POIT. I 37. **c** quid dicam de militibus qui vitam cupiunt pro laude ~i NECKAM *NR* II 175 p. 312.

4 to undertake (to, in quot., w. *quod* & subj.).

spondens et ~ens quod ipsum domino suo reconciliaret NECKAM *NR* II 159 p. 254.

pacitator v. placitator. **pack-** v. pacc-.

pacnedla [ME *pac+nedle*], packneedle, large needle for sewing bundle or sim.

1327 unus *penner* cum paknedlis *AcWardr* 26/10.

pacthreda [ME *pacthred*], packthread, strong thread for sewing bundle or sim.

1341 paktreda (v. 2 paccare a).

pactio [CL], (conditions of) agreement, compact. **b** (~*one* w. demonstrative & *ut* or *ne* & subj.) on condition that.

705 promittentibus illam ~onis condicionem se observaturos quam . . unianimiter paciscebamur WEALDHERE *Ep.* 22; ~ones, conditiones *GlC* P 44; pax incertis ~onibus ludificata W. MALM. *GR* I 50; **c1162** ipse H. reddidit in manu abbatis breve regis super eadem calumpnia et affidavit in manu A. dapiferi ~onem istam finabiliter tenendam *Ch. Westm.* 452; sub certis conditionibus et ~onibus ANDR. S. VICT. *Dan.* 8; constituamus quandam inter nos sicut et quosdam alios non numquam fecisse audivi ~onem P. CORNW. *Rev.* I 205. **b 1123** ei dederunt . . tantum de sarto quan-

tum pater ejus fecerat, ea ~one ne amplius aliquid ibi augeat *Cart. Bath.* 52; **c1127** hac sc. disposicione et ~one constituta ut . . monachi . . sibi eligant personam *Regesta Scot.* 8.

pactionalis, that is the subject of a bargain or compact, on conditions.

sincera debet esse . . nullaque ex parte ~is electio GIR. *JS* VII 365.

pactionaliter [ML] according to a compact, bargain, or condition.

quam sit . . detestandum et quam simoniacum prelatos . . ~iter eligere GIR. *Spec.* III 4.

pactionarius, one who pays tribute or tax (in exchange for right to trade).

1227 rotulus ~iorum in Walengford' *Gild. Merch.* II 245; **1439** de finibus diversorum ~iorum tam emencium quam vendencium in villa predicta [de Walyngford] *Pat* 444 m. 11d.: **1471** ~iis, reddituariis, custumariis omnium et singulorum theloneorum et custumarum *Foed.* XI 732.

pactititium v. pactitium.

pactitium

1 tribute or tax arranged by agreement.

1197 quod . . R. W. hanc terram ut †pacatium [l. pactitium] suum ipsi Ricardo et heredibus suis dedit . . *Pipe* 14; **1396** pro moderacione paticiorum ac reparacione et reformacione attemptatorum in eisdem partibus *Foed.* VII 832; **1401** super moderatione pactorum seu pactititiorum [*sic*] si que sint excessiva *Ib.* VIII 204; **1401** super moderatione pactorum seu paticiorum [*sic*] . . si que sint excessiva *Ib.* VIII 223; **1421** precipimus et mandamus quod non faciatis, nec per soldarios . . seu ministros vestros fieri permittatis aliquas exacciones, paticias, prisias animalium . . *Ib.* X 107.

2 truce.

1440 existentes dictae civitas et villa in patissio seu sufferencia domini de L., R. de V. . . contra dictam sufferenciam, patissium, literas, promissiones et sigilla dictorum *Foed.* X 807.

pactorius [ML], of or relating to a covenant.

a conande, condicio, pactum, ~ius participium *CathA.*

pactum [CL, *pl. ppl.* of paciscor *or* pangere *as sb. n.*]

1 compact, agreement; **b** (of marriage bond); **c** (of circumcision or baptismal covenant); **d** (w. *ut* or *quod* & subj.).

ut ~um, quod cum tanto rege inii, ipse primus irritum faciam BEDE *HE* II 12 p. 108; foedus, i. ~um, juratio, conjunctio, *wære GlH* F 290; **a888** meo sequestri cum quo . . ~um firmavi do ducentas libras (*Test.*) *CS* 555; juratum est hoc ~um et ab utrorumque hominibus sacramento firmatum W. MALM. *GR* IV 307; **a1160** episcopus . . et monachi Wigorn' . . ~um quoddam inter eos factum esse pretendentes set illud servandum esse minime probare valentes quia ~um illud minus canonicum erat *Doc. Theob.* 1; quasi Deus hujusmodi ~um iniret cum homine: 'audi verba mea et audiam verba tua' BALD. CANT. *Serm.* 7. 58. **b** secreti sui ~ique memores quod cum sponso iniere celesti J. FORD *Serm.* 52. 2; ~i conjugalis quod . . super servanda illi fide cum marito pepigit oblita esse videtur ANDR. S. VICT. *Sal.* 23; mulier ipsa cum altero viro ~um conjugale inierit *Miss. Heref.* 437. **c** isti tres [Adam, Enoc, Noe] meliores caeteris patribus fuerunt observando ~um circumcisionis *Comm. Cant.* II 17; pactum baptismi adhuc debet attendere homo ut observet ~um baptismi quod promisit Deo in baptismate . . . si enim fregerit ~um baptismi statim redit iterum in potestatem diaboli T. CHOBHAM *Conf.* 311. **d** in testimonium amicitiae vel ~i quod se alterutrum non laederent BEDE *Cant.* 1178; accessit et ~um ut illi junctis umbonibus sudores suos patrie impenderint W. MALM. *GR* I 6; anachorita istud ~um [ME: *foreward*] iniit tam ex nomine quam ex habitatione sub ecclesia quod eam sustineat ne cadat *AncrR* 46.

2 (in abl. as adverbial phr.) by (some) means, in (some) way (or sim.); **b** (as part of indir. qu.); **c** (w. *ut* or *quod* & subj., as part of result clause).

pudicitiae generositas quam nec illud abolere et

obliterare quolibet ~o potest ALDH. *VirgP* 31; si ego ad notitiam et amicitiam illius regis qualicunque ~o pervenirem ASSER *Alf.* 79; scelus hoc pacto vacuabitur omne FRITH. 756; cujus honorem dignitatis nos nullo ~o imminui permittimus W. MALM. *GP* I 38; [collecta] finietur hoc ~o: qui vivis et regnas . . BELETH *RDO* 54. 60 [ed. *PL*]. **b** nescientibus qualiter vel quo ~o longae et breves sillabae . . sagaciter discriminentur ALDH. *Met.* 8; homines patriae . . nesciunt quo ~o habuit (*Lincs*) *DB* I 361ra; si forte petis quo ~o suppetet antiquitatum copia posteris FERR. *Kynloss* 3. **c** eo ~o et conventione ut . . aecclesia . . [sc. manerium] reciperet . . (*Hants*) *DB* I 46vb; tenebat . . tali ~o quod post suum obitum rehaberet abbas *DB* II 286.

padagium v. pedagium. **padaire** v. paduire.

padela, ~ula [ME *padel*], paddle, long-handled spade used to clear adhesive soil from plough.

1307 in hok' capp' auricul' et padul' ad carucas faciendis, se d. ob. (*Wroughton*) *Ac. Man. Wint.*; **1380** in iij padel' emptis pro carucis purgandis, vj d. (*Chilbolton*) *Ib.*

paderius [cf. paduentia], official in charge of open land and pasture.

1289 rex . . ~io de Medulco . . salutem *RGasc* II 392a.

padlnagium v. pannagium. **padnagiare** v. pannagiare. **padnagium** v. pannagium. **padoentium, padoentum** v. paduentia.

paduensalis, of or relating to open land or pasture (Gasc.).

1289 landis et nemoribus, ac ~ibus locis *RGasc* II 409b.

paduentia, ~ium, ~um, open land, common.

1027 (1242) dono . . villam . cum decima . . et cum paduenza in terra et in mare; et alteram villam . . cum paduenza de aquis et de ligna [*sic*] et de terras [*sic*] *RGasc* I 150a; **1156** ~iam omnium nemorum suorum (v. espletum); **1236** quod aliquibus placeis, atriis, litiis, clausura intramurali et aliis communibus avitatis Burdegalie ~iis uti possint liberaliter et quiete ad pannos faciendos, siccandos, extendendos et . . preparandos (*Pat*) *RL* II 11; **1255** adventicios ad ~a in pratis et nemoribus recipient communiter *RGasc* I *sup.* 15b; **1289** vos . . plenius informetis utrum, per ea que acta sunt de padoentis prepositure . . Vasatensis propinquioribus civitati . . per . . clericum nostrum, fiat prejudicium civibus *Ib.* II 323b; **1289** communia padoencia ad omne genus . . servicii *Ib.* II 378b; **1310** in maresio, ubi communitas habebat ~iam et explectum de quibus landis ipse fecit garenas *Reg. Gasc. A* I 54; **1312** pro terris et ~is que tenent a domino rege ac maynamentis apud S. Severum *RGasc* IV *app.* II p. 548; **1320** quod habitantes in loco de castro novo et bastida predictis et eorum pertinenciis, habeant pro animalibus suis paodenta libere in omnibus et singulis territoriis incultis *Foed.* II 843.

paduenza v. paduentia.

paduire [Prov. *paduir* < patere], to pasture (Gasc.).

1289 ne . . habitatores castri . . impediatis quominus cum animalibus . . domesticis de presepibus possint padoire in heremis et aquis *RGasc* II 396b.

padus v. pedum.

paean, ~on [CL], metrical foot consisting of one long and three short syllables.

ad eandem pertinent sescuplam hi vij pedes: bachius, palimbachius, amphimacrus, et peones iv ALDH. *PR* 112; ~on primus ‿‿‿ ~on secundus ‿‿‿ ~on tertius ‿‿‿, ~on quartus ‿‿‿ BONIF. *Met.* 110; qui per resolutionem habent breves loco longarum ~ones dicuntur ab inventore ODINGTON *Mus.* 91.

paeanitis [CL < παιανῖτις], precious stone credited with magic properties.

paeantides [TREVISA: *pionyces*] est lapis que dicitur esse feminei sexus, nam certo tempore concipit et parit consimilem lapidem, et confert pregnantibus BART. ANGL. XVI 77.

paedagogalis [CL paedagogica *or* paedagogos+-alis], of teaching or of a teacher.

ut liquidis clareret evidentiis ~i eos excellentia esse decusatos Osb. Glouc. *Deriv.* 2.

paedagogium [CL < παιδαγωγεῖον], ~ia

1 school.

1550 quod . . sit in Spillesby predicta una ~ia sive ludus literarius perpetuus pro pueris et adolescentibus in sciencia gramatica et in pollitioribus instruendis *Pat* 829 m. 19.

2 group of students.

10 . . ~io, *mægephade WW*.

3 office or profession of teacher.

~ium, magisterium, magistratus, didascalatus Osb. Glouc. *Deriv.* 471.

paedagogus [CL < παιδαγωγός], teacher, schoolmaster; **b** (of church father); **c** (fig.).

episcopo . . eis ~os ac magistros juxta morem Cantuariorum praebente Bede *HE* III 18 p. 162; ~us, *cildahyrde vel lareow* Ælf. *Gl.* 163; a tanto ~o affluenter imbutus . . magnus enituit Folc. *V. J. Bev.* 2; prestabunt annos pater et pĕdagogus eisdem Nig. *SS* 2773; Petrus . . ~us ejus, discipulus autem et familiaris meus P. Blois *Ep.* 126. 377A; rectores scholarum ruralium puerorumque rudium ~os R. Bury *Phil.* 8. 141; **1364** pro uno petagogo scolas exercendo *Lit. Cant.* II 464; hic petegogus, *a mayster WW*. **b** ut noster didascalus B. Gregorius . . per ~um nostrum B. Augustinum transmisit ordinatum Egb. *Dial.* 16. **c** tribulatio que patientiam operatur ~us quidem est patientie J. Ford *Serm.* 76. 4; dum mulier . . virum docere presumpsit, istud [ius divinum] virum severiorem . . ejus constituit ~um Fortescue *NLN* II 27.

paedia [παιδεία], education, learning; **b** (dist. from *episteme*).

paidia, disciplina qua pervenitur ad sapientiam Osb. Glouc. *Deriv.* 482. **b** in studium discipline celestis, sive spectet disciplina ad epistemen sive ad phediam Neckam *SS* I *prol.* 1; Dunstanulus . . a phedia ad epistemen erat transsiturus *Chr. Wallingf.* 42.

paedomantia [παιδο- + μαντεία], divination from the body of a slain child.

~a, idest divinatio facta per sacrificium de puero, nam 'pedos' Grece, 'puer' Latine *Natura Deorum* 37.

paedonomus [CL < παιδονόμος], director of education, tutor.

ille quisquis erit ~us regis, rex noster judicabitur Boece f. 13; sub custodum . . praeceptorumque ac ~orum cura *Ib.* f. 59; doctor et ~us non vulgaris *Ib.* f. 119.

paedor [CL], filth, stench.

squalores ~oresque carcerum Gildas *EB* 72; ~or, pedum fetor Osb. Glouc. *Deriv.* 468; in stercore fetoris et vomitu iniquitatum ~oris R. Cold. *Cuthb.* 17; tanto spurcitia ~oris illius [domus purgatorie] amplius augebatur *Id. Godr.* 321.

paedotribes [παιδοτρίβης], teacher of physical education.

a mayster in scale, preceptor et didasculus, monitor, instructor, gimnasiarcha, pedotribes Stanbr. *Vulg.* 21.

paeletta, paeletum v. palettus.

paelex [CL]

1 a man's female sexual partner who is not his wife, concubine, mistress; **b** (sts. w. poss., regarded as rival to the wife); **c** (fig.).

Constantinus, Constantii filius in Britannia ex pelice Helena genitus Aldh. *VirgP* 48; pestis acerba domum sceleris torquendo patronum / protinus invadit, que morti pignora tradit, / exstirpam omnem propria cum pelice prolem Greg. Eli. *Æthelthryth* II 350; Dunstanus . . nichil regale supercilium veritus, lascivientem juvenculum violenter e cubiculo abstraxit et, per Odonem archiepiscopum pelicem repudiare coactum, perpetuum sibi inimicum fecit W. Malm. *GR* II 147; denique apud castellum quoddam Nior habitacula quedam quasi monasteriola construens, abbatiam pelicum ibi se positurum delirabat *Ib.* V 439; nescius quantum mulierum ira in pelices audeat *Id. GP* V 259; multum . . contra impudicos presbyteros pro auferendis pelicibus laboravit Ord.

Vit. IV 2 p. 171; apud gentes erant pelices, erant et conjuges, sed que lege gentium poterant dimitti Pull. *Sent.* 947a; tunc veniens demon cum ingenti strepitu graviter eam in latere pepulit dicens "surge, pelex, et redde mihi denarium meum" Alex. Cant. *Mir.* 50 (I) p. 261. **b** pelex . . illa relinquitur pro legali conjuge Osb. Glouc. *Deriv.* 305; hec pelex . . illa que sub uxore habetur vel ante uxorem habita est dimissa *Ib.* 416; habet etiam fabula, Junonem quum omnes pellices suas persecuta sit, Majam tamen dilexisse Alb. Lond. *DG* 4. 2; infelix dominus rivali pelice gaudet Walt. Angl. *Fab.* 56. 21; finxerunt . . Argum habuisse caput cinctum centum luminibus, ideoque ei a Junone datam esse custodiam Io pellicis sue Neckam *NR* I 39; pelex, *rivaylle Teaching Latin* I 74. **c** ut una ecclesia alterius pellex habeatur M. Par. *Maj.* V 228 (v. episcopatus 2c).

2 prostitute.

he lay with a harlot al nyght, concubuit cum pellice tota nocte Stanbr. *Vulg.* 23.

1 paelicatus [CL paelex+-atus], licentious (sexually).

pelex . . unde ~us, -a, -um . . luxuriosus Osb. Glouc. *Deriv.* 305.

2 paelicatus [CL]

1 fact or condition of being a concubine.

10 . . in ~u, *on cifeshade WW*; **10** . . ~us, *cyfeshade WW*.

2 practice of keeping concubines.

ille versificus septimo divinae legis libro de pelice fraudulenta Samsonis, quae subdola pelicatus persuasione sinagogae tipum praetulit Aldh. *PR* 115, Samson . . perfidi pelicatus stupro enerviter deceptus *Id. VirgP* 53; ut nunquam feratur in eorum thalamos nisi legitimas uxores isse, nec eorum quemquam pelicatu aliquo pudicitiam contristasse W. Malm. *GR* V 400; Edwius . . pontificis animos irritavit, ut et ipsum a Christianitate suspenderet, et ganee pelicatum . . interrumperet *Id. GP* I 17; siquidem statim firmarii ecclesiarum ejecti, simoniaci dampnati, pelicatus presbyterorum inhibiti, amplexus consanguineorum deturbati, pluraque in hunc modum illicita, que antehac impune vagabantur, castigata *Ib.* 61.

3 adultery.

pelex . . unde hic ~us . . adulterium Osb. Glouc. *Deriv.* 416.

1 Paelignus [CL], one of the Paeligni, an ancient people of central Italy.

Ovidius sacerdos Apollinis in ~is nascitur anno Augustalis imperii primo R. Niger *Chr.* II 108.

2 paelignus [CL paelex+-nus], pertaining to birth from a concubine, of illegitimate birth, (as sb. m. f.) bastard, illegitimate child.

pelingnus, *bastard Teaching Latin* II 142; *horcop, basterde* . . pelignus . . peligna *PP*; *a bastarde*, bastardus, favomii, nothus ex nobili patre, spurius ex nobile matre, pelignus, et dicunt(ur) spurij quasi extra puritatem geniti; tales plerumque matrem pocius quam patrem moribus sequu[n]tur *CathA*; pelex, pelignus, peligna filius vel filia eius *CathA*; hic pelinguis, *a horcoppe WW*.

paella, paila [OF *paele*, ME *paile* < CL patella= *dish*]

1 vessel for liquid, pail, bowl.

1198 pro . . paell' (v. caldellum 2); **1205** computate . . vicecomitibus London' xxj s. pro iiij ~is et ij treperiis que liberaverunt R. E. *Cl* I 30b; **1268** asportaverunt unam ~am eream precii vij d. *Rec. Norw.* I 212; **1280** in paleis daerie emendandis, iij d. (*Milton*) *MinAc Cant.*; **1295** j ~am ad fundendum intus plumbum pro gumphis in muro solidandis *KR Ac* 462/14 m. 3; **1302** custus dayerie . . in bokett' et pail' emendend' ij s. *MinAc* 997/13; **1304** custus deyerie. in iiij paylis emptis, viij d. *MinAc* 997/15; **1403** in j nova paiella empta ad daeriam, v d. (*Chilbolton*) *Ac. Man. Wint.*

2 metal plate supporting mill-stone

1268 in ~a mol[endini] ventual' removend' et in ponend', vj opera *MinAc* 991/16.

paena v. 2 penna.

paene [CL]

1 almost, nearly.

nec enumerans patriae portenta ipsa diabolica ~e numero Aegyptiaca vincentia Gildas *EB* 4; anicula satis decrepita, etiam ~e mortua Aldh. *VirgP* 25 p. 258; Orpheus . . ~e insanus factus est *Lib. Monstr.* I 5; omnia ~e, quae de eadem insula sint, contra venenum valent Bede *HE* I 1 p. 12; constat . . ex his que dicta sunt, C et G ~e equaliter pronuntiari Abbo *QG* 10 (23); vel ~e vel penitus Balsh. *AD* 97; **1417** ~e periclitatur (v. navicula 1b); nam quid testiculi, facile judicatur cum virga ipsa ~e (ut aiunt) semicisa, penas illi gravissimas . . generaverunt *Mir. Hen. VI* III 91.

2 hardly, scarcely.

ut ~e superstites in fato lapsorum cadavera humare sufficerent J. Reading *Chr.* f. 161.

paeninsula [CL], peninsula.

locus undique mari circumdatus praeter ad oriente . . qualis locus a Latinis ~a, a Graecis solet cherronesos vocari Bede *HE* IV 13 p. 232.

paenit- v. et. penit-.

paenitemen, poenitemen [CL paenitere + -men], penance, repentance.

964 si quisque . . donationis scedulam . . infringere temptaverit, hoc in digno prius dempserit ~ine se sentiat perenniter passurum in cruciamine *CS* 1134.

paenitenter, poenitenter [LL], in a penitent manner, penitently

penitent . . penitens . . unde ~er adverbium Osb. Glouc. *Deriv.* 447.

paenitentia, poenitentia [CL]

1 repentance; (~iam agere, facere, gerere, or sim.) to repent (sts. w. ref. to doing penance); **b** (w. subj. gen.); **c** (w. obj. gen.); **d** (w. de, pro, or propter to indicate repented transgression).

peccatorem hoc vehementer ad ~iam hortatur Gildas *EB* 36; ~iam, quam prae omnibus, suae nobis . . instrumentum doctrinae Dominus Jhesus . . praedicavit Theod. *Pen. pref.* p. 176; omne concinnati facinoris piaculum sera ~ia cunctis auscultantibus . . patefecit Aldh. *VirgP* 32 p. 272; ~iam quam ad breve tempus cum fructu veniae facere supersedit, in aeternum sine fructu poenis subditus facit Bede *HE* V 13 p. 313; cum . . dicat Deus in Genesi [vi 6–7] "penitet me fecisse hominem" secundum morem hominum dicitur, cum in Deo nulla ~ia naturaliter cadere posse credatur *Eccl. & Synag.* 80; **1067** (1335) ad ecclesiam sancti Petri Westmonasterii quam . . pro remedio anime sue inspiratus in loco †penipencie [l. penitencie; cf. *Job* xxiv 23] antiquam reedificaverat (*Ch. Willelmi*) *CalCh* IV 330; voluptatis finis ~ia est J. Sal. *Pol.* 622B; Sanctus Patricius . . petiit ut unusquisque susciperet ~iam, licet in extremo statu vite M. Par. *Maj.* I 223. **b** angeli . . gaudentes gaudio magno super ~ia peccatoris J. Ford. *Serm.* 3. 4; fides gentium ~iaque earum *Ib.* 20. 3. **c** qui nondum ad integram fidem sunt vel malorum ~ia idonei Gildas *EB* 66; scelerum . . que fecerat ~iam agere studuit Ord. Vit. XII 29 p. 423; significat . . spinea corona compunctionem et ~iam peccatorum Ailr. *Serm.* 30. 7; sunt . . quos . . interior habet ~ia commissi reatus Bald. Cant. *Serm.* 7. 25; Unigenitus . . Patris . . ~iam agens delictorum nostrorum J. Ford. *Serm.* 13. 4. **d** incredulos ammonet ut ~iam de nece Salvatoris . . gerant Bede *Ep. Cath.* 11; ad ~iam pro peccatis tuis . . proficere studeas Anselm (*Ep.* 188) IV 74; ista . . sunt tibi preparata nisi te emendaveris et ~iam egeris de tuis nefandis delictis [cf. *Apoc.* ii 22] W. Malm. *GR* II 111; ut ~iam agerent propter sua peccata Ailr. *Serm.* 31. 13; nolendo agere ~iam de peccatis . . hujusmodi Ockham *Pol.* I 89.

2 (*Psalmus ~iae*) penitential Psalm (w. ref. to the Seven Penitential Psalms: vi, xxxi, xxxvii, l, ci, cxxix, cxlii).

unde et quinquagesimus ~iae psalmus et quinquagesimus remissionis est annus Bede *Acts* 983; c**800** sermo inter nos habitus de ~iae psalmis, qui essent vel qualiter intelligendi . . fuissent inquirebat Alcuin *Ep.* 243 p. 389.

3 (act or condition of) penance; **b** (dist. as *privata, publica,* or *sollemnis*); **c** (dist. as *arbitraria, canonica,* or sim.); **d** (dist. acc. duration,

severity, occasion, or sim.); **e** (*~iam imponere, injungere*, or sim.) to impose or enjoin penance; **f** (w. *de* to indicate manner in which penance is to be carried out).

dies .. Dominici per totum annum sine ~ia faciendi Bonif. *Pen.* 430. **b** nisi sit preceptum pro publica ~ia [AS: *gescrifen sy*] (*Inst. Cnuti* 16. 1) *GAS* 297; quos .. pro peccato publice perpetrato sponte confessos aut convictos publica ~ia punivit J. Furness *Walth.* 37; ~ia alia sollemnis, alia publica, alia privata. sollemnis est que fit in capite jejunii quando cum sollemnitate in cinere et cilicio ejiciuntur ab ecclesia penitentes. hec .. est publica quia publice fit. publica et non sollemnis est que fit in facie ecclesie sine .. sollemnitate, ut peregrinatio. privata est illa que cotidie fit privatim coram sacerdote Rob. Flamb. *Pen.* 236; ~iam publicam ei duxit imponendam *Proc. A. Kyteler* 28. **c** ~ie .. arbitrarie sunt et ad arbitrium sacerdotis ex causis inspectis mitigande sunt et exasperande. nos tamen .. canonicas a sanctis patribus pretaxatas proponemus ~ias Rob. Flamb. *Pen.* 234; quando penitens canonicam suscipere non vult ~iam moneo eum et rogo *Ib.* 235; **1266** subeant satifactionem conpetentem et ~iam secundum judicium ecclesie *StRealm* I 15b. **d** una ~ia est viduae et puellae majorem meruit quae virum habet, si fornicaverit Theod. *Pen.* I 2. 14; rigorem Quadragesimalis ~ie invitum pro peccatis suis subire coegit Ord. Vit. VIII 12 p. 336; quadriennem ~iam agens Gir. *GE* II 9 p. 208. **e** [abbatis] est ~iam [AS: *dædbote*] illis imponere *RegulC* 34; ut .. per ~iam indictam reconcilietur *Miss. Leofric* 238b; **1281** ad peragendam puplicam ~iam quam eis injunximus pro commissis *Reg. Ebor.* 15; non oportet sacerdotem pro aliqua culpa, nisi sit gravior, aliam injungere ~iam [ME: *dedbote, shrift*] quam vitam quam ducitis secundum hanc regulam *AncrR* 134. **f** injungatur eis ~ia vel de jejunio, vel judiciis, vel psalmis, vel aliquid hujusmodi Lanfr. *Const.* 156.

4 penance as one of the Sacraments.

c800 propter perfectam remissionem peccatorum quam in baptismo accepimus vel etiam lacrimis confessionis et ~iae Alcuin *Ep.* 243 p. 390; baptismatis gratiam, ~ie remedium cum ceteris sacramentis habetis dare populo Dei .. non vendere Ailr. *Serm.* 28. 13; omni ecclesie cessante officio preter baptisma parvulorum et ~ias morientium H. Bos. *Thom.* IV 30 p. 463; audivimus .. quod quidam sacerdotes extorquent pecuniam pro ~ia seu aliis sacramentis ministrandis Gros. *Ep.* 52* p. 160; **c1250** de sacramento ~ie *Conc. Scot.* II 32; **1523** tota ecclesia .. ~iam habet pro sacramento (*Resp. ad Lutherum*) More *Op.* 134a.

5 (*Fratres de ~ia Jesu Christi* or ellipt.) Friars of the Penance of Jesus Christ, Friars of the Sack (v. A. G. Little, 'The Friars of the Sack', *EHR* IX 121–2).

1256 Fratres de ~ia Jesu Christi (v. frater 7b); **1260** Fratribus de ~ia Jesu Christi London' commorantibus *Cl* 56; **1266** habere faciat fratribus de ~ia Jesu Christi Bristolli sex quercus *Cl* 276; **1266** dedimus .. fratribus de ~ia Jesu Christi quandam placeam .. in villa nostra Novi Castri super Tinam *Pat* 85 m. 34; **1285** fratres de ~ia dicunt quod (*Eyre*) *DocCOx* 205; **1419** chasta Alianore .. facta Fratribus ~ie Jesu Christi *MGL* I 534.

6 one who imposes penance, confessor.

si quis sceleratis manibus effundat sanguinem Christianum, non appareat in conspectu regis, priusquam emendationem ineat, sicut episcopos docebit, et ~ia [v. l. ~iam; AS: *swa .. his scrift him wisige*] consulet (*Quad.*) *GAS* 185.

7 (leg.) punishment, *peine forte et dure*.

1315 coram .. justiciariis nostris ad felonias et transgressiones .. audiendas et terminandas assignatis indictatus et inde coram eis allocutus fuit et se mutum habuit et secundum legem et consuetudinem regni nostri coram eis respondere noluit, ~ieque sue ea occasione adjudicatus extitit, in qua ~ia obiit *Cl* 155 m. 2; **1326** recitata sibi ~ia infligenda hiis felonibus qui communem legem regni refutant (*CoramR* 265 m. 18) *SelCKB* IV 163; committatur prisone marescalcie .. ad ~iam etc. *Ib.*; **1332** Michel' le Smyih .. commissus fuit penitencie [MS: pn-ie] prisone domini regis per J. de W. et socios suos justiciarios domini regis .. pro eo quod ipse noluit ponere se .. de bono et malo coram justicariis .. obiit in prisona castri *SelCCoron* 81; **1384** pro eo quod .. ad dictam arrenacionem respondere nolens mutum se tenuit .. ad ~iam suam poni fuit adjudicatus *Pat* 317 m. 16.

paenitentialis [LL], **poenitentialis**

1 of, for, or pertaining to penitence or penance, penitential (usu. eccl. & mon.): **a** (of place or sim.); **b** (of act, abstr., or sim.).

a **1204** vocantes vos ad .. ~e forum (v. forum 8); quia noluit homo in hoc seculo purgare se .. purgabitur alibi cum majori difficultate; et hoc facit locus ille qui non est meritorius nec recte ~is T. Chobham *Praed.* 35; **1415** ad absolvendum .. in foro ~i per vos seu penitenciarios alios deputandos a vobis omnes .. nobis subditos .. vobis committimus potestatem *Reg. Cant.* III 353. **b** **c800** in his [psalmis] confessiones peccatorum, in his ~es lacrimae excitantur Alcuin *Ep.* 243 p. 391; et ad martyris gloriam et regis ~em devotionem commendandam non tacendum H. Bos. *LM* 1319B; ~em humilitatem hanc regi nostro Deus in dies augeat *Ib.* 1322B; facit Dominus dulcescere amaritudines ~es T. Chobham *Serm.* 1. 6ra; post annosam .. incarcerationem et ~em peregrinationem M. Par. *Maj.* III 90; **1244** nisi forte illorum [monachorum] aliquis ex speciali Divinitatis munere .. ex subjectione ~i simplicitatis monachice ad supremum honorem regiminis ecclesiastici canonice sublimetur Gros. *Ep.* 110 p. 326.

2 (*Psalmus ~is*) penitential Psalm (w. ref. to the Seven Penitential Psalms: vi, xxxi, xxxvii, l, ci, cxxix, cxlii).

qui in somnis non voluntate pollutus est surgat cantatque [v. l. cantetque] vij psalmus [*sic*] ~es Egb. *Pen.* 9. 7. **c800** quocirca propter perfectam remissionem peccatorum .. psalmi ~es septenario numero consecrantur Alcuin *Ep.* 243 p. 390; eant .. ad visitandum infirmum canentes psalmos ~es Ælf. *Regul. Mon.* 192; incipiant .. psalmos prostratos, id est, septem ~es et septem primos graduum Lanfr. *Const.* 99; septem .. psalmos qui ~es dicuntur cum summa cordis contritione decantans Ailr. *Ed. Conf.* 787C; **c1220** sacerdotes .. cantantes septem psalmos ~es (*Const. Lond.*) *EHR* XXX 293.

3 that contains texts relating to penance; **b** (as sb. m. or n.) a penitential.

presbyter debet habere .. divinos libros, sc. missalem .. passionalem, ~em Ælf. *Ep.* 2. 137; faciat paenitentiam secundum librum ~em (*Inst. Cnuti* 50. 1) *GAS* 347; Theodorus scripsit ~em librum Diceto *Chr.* 114; hic [Theodorus] .. scripsit librum ~em Elmh. *Cant.* 285. **b** ~e ad remedium animarum [v. l. excerptio .. poenitentialis libri ad remedium animarum] Egb. *Pen. tit.*; preparet .. missalem .. ~em qui hoc ordine .. ordinatur *Ib. prol.* p. 417; qui .. quod in ~e [v. l. ~i] scriptum est implere potuerit *Ib.* 13. 11; *he* [*se preost*] *sceal habban .. þa halgan bec: saltere and pistolboc* .. pastoralem [v. l. passionalem], ~em, *and rædingboc* Ælf. *Ep.* 1. 52 (=*Conc. Syn.* I 207); ex ~i Bede Gir. *GE* I 1 p. 12; **a1332** ~e Philippi et miracula beate Marie. ~e Acelini. ~e Symonis supprioris *Libr. Cant. Dov.* 42; **a1332** epistole de tempore Baldewini: ~e Magdalene *Ib.* 50; **1521** ~e .. Martini de Clyve *Cant. Coll. Ox.* I 61.

4 that deals in matters relating to penance or sim.; (*litterae ~es*) letters penitential.

c1450 J. G. jonor, de Ebor' pro xij *boxes* pro literis ~ibus importandis, x d. *Fabr. York* 65.

5 (of person): **a** who hears confession or imposes penance; (as sb. m.) confessor, penancer. **b** who does penance; (as sb. m. or f.) a penitent.

a cubicularia .. primum ad ~em [v. l. penitentiarium] ecclesie Lincolniensis .. accedens Ad. Eyns. *Hug.* IV 5 p. 24; precepit eam ad priorem Huntedinensem, illarum viz. partium ~em [v. l. penitentiarium] adduci *Ib.* V 8 p. 118; confessus peccata sua patri ~i qui audit confessiones et injungit penitentias *Canon. G. Sempr.* 146; mulier igitur ad dictum ~em in lacrimis accedens et devote rem ei totam .. denudavit Gir. *Spec.* III 16 p. 235; **1221** Jacobus .. apostolice sedis ~is, Scotie et Hibernie legatus *Conc.* I 584a. **b** ~is quidam brachia ferreis innexus nexibus .. convivantibus interer at T. Mon. *Will.* I 2 p. 12; sic .. ~is ille .. recessit *Ib.* p. 13; admonet ut ad suam ~em nullus sacerdos accedat Gir. *GE* I 14 p. 47; **1217** sacerdos .. maxime a filia sua spirituali et ~i se abstineat *Conc. Syn.* II 63; sacerdotis filius non est frater spiritualis illius quam sacerdos admittit ad penitentiam; ideo potest cum ea contrahere .. item non est prohibitus contractus cum ~i [v. l. spirituali] patris Rob. Flamb. *Pen.* 48; **c1250** nullus causa fornicationis ad suam ~em accedat *Conc. Scot.* II 48.

6 who endures imprisonment or servitude.

postreme [sc. hierarchie] primus [sc. ordo consistens] in regalibus [sc. hominibus], secundus in popularibus, tertius in ~ibus Ad. Marsh. *Ep.* 146 p. 417.

7 (of post or office) of confessor or penancer.

1243 penitentiarius noster .. antequam in officio ~i ministret *Ch. Sal.* 286.

paenitentialiter, poenitentialiter [LL paenitentialis + -ter]

1 in a penitent manner, penitently.

ego .. post plurima delicta .. ~iter .. reverti desidero *Lib. Landav.* 243; **c1220** quatenus .. venerabili patri nostro ~iter se submittant *Collect. Ox.* I 49; **s1413** ~iter redire nolentem hereticum .. determinat Wals. *HA* II 296 (=*Ziz.* 447).

2 by way of penance.

1289 qui .. excessus .. investigent, et corrigant, que fuerint ~iter .. corrigenda *Conc. Syn.* II 1084; extra ecclesie illius gloriose communionem morantur quousque ~iter corrigantur Netter *DAF* I 165 b.

paenitentiarius, poenitentiarius [ML]

1 (as adj.) that deals in matters relating to penance (w. ref. to its imposition or sim.); (*litterae ~iae*) letters penitential.

1217 litteras .. decani .. ad penitentiam gratis concedi precipimus penitenti, et ut liqueat, qualis fuerit penitentia, et pro quo crimine sit injuncta, penitens litteras ~ias referat ad mittentem *Conc.* I 548b.

2 (as sb. m.) one who hears confessions and imposes penances or one who advises and arbitrates in matters relating to penance, penancer, a penitentiary; **b** (papal); **c** (episcopal, monastic, or sim.); **d** (spec. as *publicus*).

a penytenciary, ~ius *CathA.* **b** **c1170** in presencia fratris Jacobi .. pape ~ii *Dryburgh* 15; **1220** fratri W. monacho, ~io domini legati *Pat* 254; **c1236** caritatem .. vestram .. postulamus quatenus fratri E. domini pape ~io .. detis in mandatis ut negotiis nostris expediendis efficaciter intendant Gros. *Ep.* 31 p. 118; hic .. extitit .. domini Gregorii pape noni ~ius Eccleston *Adv. Min.* 39; **s1213** dominus Nicholaus .. cardinalis, Romaneque curie ~ius *Ann. Wav.* 277. **c** **c1220** talium criminum rei mittendi sunt ad episcopum vel ejus ~ium (*Const. Lond.*) *EHR* XXX 292; **1223** ad ~ium episcopi principalem recurratur *Ch. Sal.* 144; **1462** Cantuariensis .. Ecclesie ~ii *Lit. Cant.*III 239; **1518** suppriorem ecclesie nostre .. S. Andree .. sedis nostre metropolitane et primatialis ~ium majorem et generalem ex parte boreali aque de Forth constituimus *Form. S. Andr.* I 29; **1526** ~iis monasterii non differant intimare (*Vis.*) *EHR* III 714. **d** papa ordinans Rome ~ios publicos Gascoigne *Loci* 50.

3 (as sb. f.) a penitent (f.).

c1250 caveant presbyteri ne suas ~ias cognoscant *Conc. Scot.* II 55.

4 office of a penitentiary or penancer, a penitentiary; **b** (papal, w. ref. to the court of the papal grand penitentiary); **c** (episcopal, monastic, or sim.).

suscipere .. aliquod ecclesiasticum beneficium, puta, inquisicionem heretice pravitatis, vel ~iam Ockham *Dial.* 729 (*recte* 719). **b** **1291** auctoritate .. domini pape, cujus ~ie curam gerimus *Mon. Francisc.* II 48; confessores electi ex privilegio papalis ~ie J. Burgh. *PO* V 6 f. 47ra; **s1406** Johanello Caraczulo, litterarum apostolicarum scriptore .. Anthonello Suracha et Johannello Caraczulo, sacre ~ie scriptoribus .. testibus *Chr. S. Alb.* 7; **1518** per notarium publicum ac ~ie apostolice clericum *Cart. Glam.* 1811. **c** **1232** capellanus penitentiarius habet literas .. de presentatione ad ~iam de Suthmelling *Pat* 492; **1275** rex .. credens ~iam ecclesie nostre Herefordensis ad suam collacionem, sede vacante, spectare *Reg. Heref.* 1; **1295** committimus vices nostras quatinus in capitulo fratres Walterum de Chilindenn' ad suppprioratus, Radulfum de Adesham ad ~ie .. official nominetis *DCCant. Reg. Q* f. 26v; **1319** onus ~ie subire .. et .. jurare in capitulo *Stat. Sal.* 164; **1339** Alexandrum .. ab officio ~ie .. duximus absolvendum *Lit. Cant.* II 144; **1408** [ad] nostre [sc. archiepiscopalis] .. ~ie officium gerendum (*Lit. Archiepiscopi*) *Eng. Clergy* 200.

paenitentrix, poenitentrix [cf. CL paenitentia], a penitent (f.).

publica peccatrix et beata ~ix P. Blois *Serm.* 650C.

paenitere, poenitere [CL], **~eri** [LL]

1 to affect with regret, to cause to repent or regret: **a** (w. noun as subj. or ellipt.). **b** (w. inf. as subj.). **c** (w. cl. as subj.). **d** (w. gen. or prep. to indicate cause of regret).

a ne tua poeniteat caveas, victoria temet Alcuin *Carm.* 62. 20; omnia fac cum consilio sapientis amici / et te post factum non penitet, optime fili Wulf. *Swith.* I 803. **b** cum .. dicat Deus in Genesi [vi 7–7] "~et me fecisse hominem", secundum morem hominum dicitur *Eccl. & Synag.* 80; sequitur quia Deus aut non poterit perficere bonum quod incepit aut ~ebit eum [cf. *Gen.* vi 7] tantum bonum incepisse Anselm (*CurD* 19) II 84; ut in eundo ad eum non te ~eat vel laborasse vel aliquid expendisse *Id.* (*Ep.* 15) III 121; nec ~eat caritatem vestram orasse pro itinere nostro, quia modo non eo. potens est enim Deus servare mihi orationes vestras in opportunam diem *Id.* (*Ep.* 108) III 241. **c** poenitet en, fili, quia tot tormenta subisti Frith. 1005; non me ~et quia coegi te, ut de angelis haec diceres Anselm (*CurD* 18) II 84. **d** videretur .. aut quod proposuerat peragere non potuisse aut boni propositi eum ~uisse Anselm (*CurD* 19) II 85; ~ebat .. eos longe obsidionis dum non dominati sunt urbi more subjugate civitatis Ord. Vit. IX 7 p. 505; ~eat nos de peccatis nostris, lugeamus et ploremus peccata nostra Ailr. *Serm.* 6. 29. 243; nec me unquam ~ebit temporis ejus J. Sal. *Met.* 868B; fortasse non ~ebit vos laboris quem pro Deo .. suscipitis *V. Chris. Marky.* 43.

2 to repent (of), feel regret (for): **a** (intr. or absol.). **b** (w. acc.). **c** (w. acc. & inf. or cl.). **d** (w. pr. ppl. & gen.). **e** (w. *de*). **f** (gerundive as adj.) regrettable.

a poenituit tandem magus idōla spurca relinquens Aldh. *VirgV* 1865; in mentibus eorum qui Christo .. sine remedio ~endi repugnant Bede *Ep. Cath.* 106; quid erga salutem eorum, qui ad mortem ~erent, esset agendum .. docuit *Id. HE* III 19 p. 167; sera .. poenitentia nimium attriti ~ent Asser *Alf.* 91 p. 79; quapropter, fili carissime, ~e [v. l. ~ere] et memorare W. Malm. *GR* I 80; utrum malus senex possit in articulo mortis ~ere? videtur quod non Holcot *Wisd.* 174. **b** ita ut iratus saepe dicat ea quae postmodum .. quia dixerit ~eat Bede *Prov.* 991; **998** quicquid .. me inique egisse recogito, totum nunc coram Deo cum flebili cordis contritione ~eo *Ch. Roff.* 32; plura quid his? sed siquis abhinc a laude Tonantis / clauserit ora piger, tumido vel corde superbus / hoc nisi peniteat, vitii non fraude carebit Wulf. *Swith.* I 1362; si emptor empcionem ~uerit et a contractu resilire voluerit *Fleta* 127. **c** qui .. aliquid boni vovit, non ~eat quia fecit unde Deo placeat, sed festinet reddere quod vovit, ut plus placeat Anselm (*Ep.* 101) III 234; comes .. professus palam penitere se quod non ei [Petro Pictavorum episcopo] jam dudum mortem accelerasset W. Malm. *GR* V 439; s**1258** processu temporis dominus rex [Hen. III] ~uit se juramentum fecisse *Op. Chr.* 5. **d** stupentem .. et dicti penitentem .. in episcopum sibi postulaverunt W. Malm. *GP* III 130 p. 270; ipse rex penitens cedis sorori puerorum partem .. insule .. delegavit .. pro piaculo interfectoris et interfectorum *Ib.* IV 181 p. 319; scelerumque penitens peccata sua sacerdotibus Dei revelavit Ord. Vit. VII 14 p. 226. **e** nisi de incepto temerarie presumptionis peniteat W. Malm. *GP* V 221 p. 370; cum Dei gratia preventi de his que in hoc seculo flagitiis admiserunt ~uerint H. Bos. *Thom.* III 24 p. 271; s**1321** ~uit de concessis, ac .. a prescriptis promissionibus .. resiluit *Flor. Hist.* III 198; de facto ~uit, et .. in exilio relegatur, et finem fecit laudabilem *Eul. Hist.* I 207; scripsit episcopis .. quod plus de presule Wyntonie et ejus dedecore quam de propria verecundia ~ebat *Ib.* II 185. **f** nichil tamen penitendum fecit. erat enim religionis multe, affabilitatis nonnulle, ceterum nec iners nec imprudens W. Malm. *GP* II 73 p. 146.

3 (eccl. & mon.) to do penance (usu. w. acc. or abl. to indicate duration of penance); **b** (w. gen. to indicate sin or transgression). **c** (trans., in etym. figure) to carry out, perform (penance). **d** (pr. ppl. as sb.) a penitent.

vij dies in pane et aqua, lxx sine pinguedine ~eat Theod. *Pen.* I 1. 6; p**675** quadraginta dierum spatia in ~endo peragere Aldh. *Ep.* 4 p. 484; si vir cum muliere sua retro nupserit, ~eat quomodo cum animalibus, i. .. iij annos Egb. *Pen.* 7. 10; peniteat septem jejuno ventre diebus Wulf. *Swith.* I 1401; qui ad homicidium consenserit, vij annis ~eat, uno anno in pane et aqua (*Leg. Hen.* 68. 10) *GAS* 587; nec recipiatur ulterius, nisi ~eat secundum monasticam disciplinam M. Par. *Maj.* III 506. **b** perjurii tribus annis ~eat Theod. *Pen.* I 6. 5. **c** quomodo possumus penitentiam vij annorum in uno anno ~eri [v. l. ~ere] Egb. *Pen.* 16. **d** quia nunc .. dies salutis vultibus ~entium lucet Gildas *EB* 31; Christum .. alii Patrem Deum esse, alii ~entibus veniam dandam esse confiteri prohibent Bede *Prov.* 957; a**1002** Robertus .. episcopus hinc ~entem ad me misit Lanfr. *Ep.* 9 (26); ne abicias ~entem Anselm (*Or.* 9) III 31; dies erat Cinerum et pontifex pro more ~entes ecclesie liminibus excludebat W. Malm. *GP* II 75 p. 164; redeuntem suscipe, ~enti benigniter parce Ord. Vit. V 10 p. 389.

4 (w. ref. to failing, refusing, being reluctant or sim.).

quo dum perveniret quamvis multum renitens [v. l. ~ens] unanima cunctorum voluntate superatur Bede *HE* IV 26 p. 272; Theobertus et Childebertus, patruus ejus, volentes occidere Clotarium, precibus beati Martini et Clothildis pro tempestate ingruente ~uere R. Niger *Chr. II* 135; qui de veritate ~uit informari .. est pertinax [hereticus] reputandus Ockham *Dial.* 755.

paenitudo, poenitudo [CL], regret, repentance (also w. ref. to penance); (*~inem agere, gerere*, or sim.) to repent (also w. ref. to doing penance); **b** (w. quasi subj. gen., to indicate where repentance occurs); **c** (w. obj. gen.); **d** (w. *de* to indicate transgression).

probrosas apostatarum cicatrices ~inis medicamento .. curavit Aldh. *VirgP* 47 p. 302; mox in quantum valuit ~inem agens Lantfr. *Swith.* 9; **1075** ~inem tuam et humilitatem .. si intimabo Lanfr. *Ep.* 41 (33B); ne forte postmodum ~ine ducte abicerent illud ad majorem sui ruinam *Canon. G. Sempr.* 48; peccatum suum abbati suo cum maxima cordis contricione et maxima ~ine confessus est P. Cornw. *Rev.* I 200 p. 195; amarissima vix penitudo [MS *corr. to*: penitentia] et resipiscentia in extremis, adjuncta confessione, tales quidem interdum a gehennali suspendit interitu, sed ipsa eorum apostasia nimiis [v. l. hic nimiis] et diutissimis cruciatibus punitur [v. l. luitur] Ad. Eyns. *Visio* 40. **b** ut non solum in lacrymas et ejulatum omnes prorumperent, sed et cordis et oris ~ine quam maxime afficerentur *G. Steph.* 55. **c** sera inutilisque poenae .. cognitio ac mali ~o Gildas *EB* 36; ut plerumque reprobi et cognoscant se et fateantur errasse certamque erroris sui ~inem gerant Bede *Hom.* II 23. 240; multos ad agendam et non differendam scelerum suorum ~inem provocavit *Id. HE* V 14 p. 315; debeo .. me .. ob reatus mei ~inem inferiorem judicare Alex. Cant. *Dicta* 16 p. 171; commissi ~inem gerere J. Sal. *Pol.* 419A; peracta ~ine gravis culpe *Cust. Westm.* 209. **d** **800** quod .. in conspectus multorum sacerdotum .. professi sumus, ~inem gerentes de pristino errore et sacramento Alcuin *Ep.* 199 p. 330; fidem dico, contemptum mundi .. de perpetratis culpis ~inem earumque humilem confessionem Lanfr. *Const.* 86.

paenula [CL], **~us**

1 cloak (often hooded), cape.

~a, lacerna in modum cucullae *GlC* P 246; ~a, *gerenod cæppe* Ælf. *Gl.* 124; a pendeo, hec ~a, i. pallium Osb. Glouc. *Deriv.* 445; palliorum genera intueri libebat: .. paludamentum, diploidem, ~am Balsh. *Ut.* 53; hec ~a, .. aliquando est tunica *Gl. AN Glasg.* f. 21ra.

2 (as part of garment) lining or trimming (often of fur).

1220 pallium de *blu* cum ~a de *bisse* *CurR* VIII 270; **1252** robam integram de cameletto cum ~is de minuto vario *Cl* 290; pelliparii ditantur per sua pelicia, per ~as, per furraturas factas partim de pellibus agninis, partim catinis, partim vulpinis, partim leporinis Garl. *Dict.* 125; **1263** mandatum est .. emptoribus garderobe regis quod faciant habere M. B. tunicam, supertunicam, pallium et capam de quocunque panno eligere voluerit et fururas de minuto vario ad supertunicam et capam et ~am ad pallium *Cl* 261; **1298** ii capucia sine penul' pro xviij d. *Rec. Leic.* I 363; ~a, *pane of a furrure PP*; ~us, i. a *cloute*, vel penuculum, penuculamentum Stanbr. *Vulg.* 8.

3 (as part of bed-covering).

coopertorium de viridi panno .. cujus ~a sit taxea [*gl.*: *pane de tessun*] vel catina Neckam *Ut.* 100; **1236** emi faciant unam pulcram culcitram de serico et unum matracium et quoddam coopertorium de scarletto cum ~a de bissis .. ad opus A. de L. de dono regis *Cl* 250; **1305** cum †perrula [MS: penula] de *stra[n]dlings* (Brackley D. 121) W. D. Macray *Muniments of Magdalen College, Oxford* (1882) 145.

paenulaliter, as or in the manner of a cloak.

seminudum, clamideque parvula ~iter indutum E. Thrip. *SS* IV 282.

paenulare [CL *as p. ppl.*]

1 to cloak (in quot., fig.). **b** (p. ppl. as adj.) covered with a cloak.

sol in sacco clanculatur / .. lumen limo temperatur / deitate penulatur / mortalis infirmitas Walt. Wimb. *Virgo* 130. **b** inde ~atus, -a, -um, illo pallio indutus Osb. Glouc. *Deriv.* 445.

2 to trim or line (cloak) with fur. **b** (p. ppl. as adj.) trimmed or lined with fur.

capicium ejus [sc. justiciarii] non alia furrura quam menevera ~atur Fortescue *LLA* 51 p. 128; *furryn with furre*, furro, -as .. ~o, -as *PP*; *to furre*, furrare, ~are *CathA*. **b** perhendinaturus jupam habeat penulatam Neckam *Ut.* 98; **1415** lego .. togam meam ~atam *Deeds Balliol* 48; **1416** unam togam ~atam cum *bever* *Reg. Cant.* II 90; **1427** lego .. j togam rubeam non ~atam (*Test.*) *Mem. Ripon* I 329; **1429** unam togam de *murrey* pennellatam cum calabre *Reg. Cant.* II 436; **1432** armilausas de scarleto purissimo, ditissime ~atas (J. Carpenter *Ep.*) *MGL* III 458; ~atus, *yfurred WW*.

3 (p. ppl. as sb. n.) padded saddle.

a padde, saddle, ~atum Levins *Manip.* 7.

paenularia [CL paenula+-aria], place for storing garments

s**1220** magna est ibi ~ia vestimentorum quorum ornamenta combusta fuerunt *Reg. S. Osm.* I 181.

paenularius [CL paenula+-arius], one who makes fur cloaks.

~ius, *a parmenter, skynnere WW*.

paenulatio, fur trimming or lining.

1482 in *furryn* sive pennelatione et *le furnyshyng* ij s. *HMC Rep.* IX 43a; **1517** item pro ~one duarum amisiarum viij d. *DC Cant. MS C. 11* f. 127b; **1520** item penulatori pro ~one toge xiiij d. *Ib.* f. 131a.

paenulator, furrier.

a furrer, furrator, ~or *CathA*; **1508** ix pueros ejusdem capelle, iij cissores, iij ~ores *REED Glouc.* 360; **1511** item ~ori pro †pellis [l. pellibus] xvij d. *DC Cant. MS C. 11* f. 121b; **1518** item ~ori de Bryge pro xvij penulis *whit lamb* ij s. iiij d. *Ib.* f. 130b; **1520** (v. penulatio).

paenultimus [CL]

1 penultimate, next to last, last but one; **b** (of person, in order of succession); **c** (of period of time); **d** (gram., of syllable; mus., of note or point); **e** (as sb. f.) penultimate syllable.

paries .. ligneus .. inter pilarios ~os positus est Gerv. Cant. *Combust.* 22; **1285** cum Walenses de Elved etc. in ~a guerra Wallie contra nos .. (*Carmarthen*) *BBC* 66; species occupans ~am partem spatii non faciet sibi simile per totam quantitatem ultime partis Bacon *Maj.* II 523; **1289** incipit in prima linea 'noverint universi, etc.' in secunda .. et in ~a: 'pro illustri, etc.' *RGasc* II 508b; **1300** ut patet in ~o visu *Rec. Elton* 96; ad questionem ~am Duns *Ord.* II 118; sicut in ~a carta precedente *Cart. Chester* 250 p. 180. **b** decessoris vestri ~i .. titulis Gir. *IK* I *pref.* p. 7; c**1214** qui duo quidem omnes predecessores suos rapinis et extorsionibus superaverunt, et ultimus quoque longe ~um: antepenultimus enim non de monasterio sed de clero assumptus *Id. Ep.* 8 p. 266; **1322** R. .. ~us archiepiscopus *Lit. Cant.* I 57; J. F. de C. armiger sponsus ultimus domine Marie Fastolf [sc. vel] ~us obiit circa festum in anno Christi 1401 W. Worc. *Itin.* 350. **c** **1300** ~o die mensis Novembris *Lit. Cant.* I 3; anno ~o abbatiatus sui *Meaux* II 232; **1439** ~o die mensis Decembris *Invent. Ch. Ch.* 151; **1448** die Venerio ~o mensis Augusti anno Domini *Exch. Scot.* 331. **d** qui tribus locorum limitibus clauduntur id est ultimo, ~o, antepaenultimo Aldh. *PR* 112; omnis punctus ~us ante longam pausationem sicut in fine puncti vel clausule est longus *Mens. & Disc.* (*Anon. IV*) 86; ut .. ~am notam designaret esse longam, licet ~a brevis vel semibrevis foret Hauboys 336. **e** dispondeus in ~a, diiambus vero in antepaenultima, acutum habebit accentum Aldh. *PR* 127; cum dicimus 'amicissimus', ~am cum brevi

accentu invenimus BEDE *AM* 99; alius .. in hunc modum: 'clandestinam fugam arripuit', ~am acuendo GIR. *GE* II 35 p. 347; in trisillabis et polisillabis ita est quod si ~a producta naturaliter et ultima corepta, ~a circumflectenda est *Ps.*-GROS. *Gram.* 34; quelibet diccio que habet ~am brevem, ut 'dominus' [etc.] *Dictamen* 334.

2 nearly furthest, very remote (of place).

s1095 non solum mediterraneas provincias ad hanc peregrinationem commovit sed et omnes qui vel in ~is insulis vel in barbaris nationibus audierant nomen Christi M. PAR. *Maj.* I 47; **s1095** qui in ~is insulis et terras Christianorum remotissimas inhabitabant *Id. Min.* I 56.

paeonia [CL < παιωνία], peony, kind of *Ranunculus* (also its seeds).

10 .. ~ia, *peonia WW*; herba ~ia *Leechdoms* I 28; dant vesica, jecur, .. / dandam peonie viribus esse fidem NECKAM *DS* VII 240; hec pionia, *pioine Gl. AN Glasg.* f. 18rb; pro dimidia libra grani et pienn' iij d. *Househ. Henr.* 411; **1275** pro dc vinear', vj s., item pro' rad' pyen', ij s. *KR Ac* 467/6/2 m. 9; **1292** in iij li. liquiritie iij d. ob pro j libre piaune 3½ d. *Sacr. Ely* II 4; habeat radicem zinziberis, cynamomum, pyoniam .. unde possit infirmis .. celeriter subvenire *Obs. Barnwell* 202; pionia agrestis, celidonia *SB* 34; celidonia minor quam multi taurion vel piron agreste dicunt *Alph.* 36; pionia herba est cujus semen similiter appellatur *Ib.* 145; pionia .. Gallice *pioyne MS BL Sloane* 5 f. 10vb.

paeonicus [CL], of the metrical foot paean, paeonic.

primam dactilicam, secundam iambicam, tertiam ~am nuncupari solers antiquitas sanxit ALDH. *PR* 112.

paetus [CL], squinting.

~us, modice strabus *GlC* P 291; ~us, aliquantulum strabus OSB. GLOUC. *Deriv.* 483; opto plura peti, sed non peto lumina peti SERLO WILT. *app.* IIA P 12; varo non competit scauris illudere / neque strabonibus petos impetere WALT. WIMB. *Palpo* 182.

1 paga [cf. pagare], payment.

1254 pecuniam ad faciendum ~am marinellis *Cl* 283; **1255** si non habuerint pecuniam .. ad faciendum ~am marinellis .. vendant secundum quod viderunt expedire ad pacandum inde predictos marinellos *RGasc* I 434b; **1286** prout patet in ~a per mercatores supra de xxxj li. xij d. *Rec. Wardr.* 207; **1290** quo die desivit ~am suam recipere de Scaccario *KR Ac* 352/20 m. 4.

2 paga v. pagius.

3 paga v. pagus.

pagabilis [pagare+-bilis], that can be paid for, bought or sold, marketable. *V. et. pacabilis 3.*

1217 vendidimus eisdem centum lasta coriorum de Hibernia ~ia et centum saccos lane de Hibernia vel de Ros ~ia ad pondus de Bristoll *Pat* 114.

pagagium [pagare+-agium], payment, toll, tax. *V. et. pacagium.*

a1159 quieti de .. ~io et pontagio et .. de omni seculari servitio *CalCh* IV 311.

pagamentum, payment. *V. et. pacamentum.*

1293 solvent annuatim .. de ~o decimarum vigi[n]ti librarum centum et quatuor solidos sterlingorum *Reg. Newbattle* 174; **c1320** non in spe onerandi patriam sine ~o faciendo *Reg. Aberbr.* I 251; non in spe onerandi patriam per quam transit sine ~o faciendo (*gl.* sine solutione) *RegiamM* I 5; **1437** quandam literam escambii, ~i, sive solucionis triginta librarum sterlingorum apud villam mercatoriam de Bruges (*Chanc. Misc.*) *Law Merch.* III 117.

paganellus [CL paganus+-ellus], little countryman or pagan, in quots. as representation of surname Paynell.

Radulfus ~us *Dom. Exon.* 70v; **a1145** mihi traho testem .. Radulphum ~um (*Cart. Brientii*) *EHR* XXV 302; **1167** Folcho ~us reddit compotum .. et quietus est *Pipe* 86; **1167** Ingepene Gervasii Painelli r. c. de x s. *Pipe* 7; **c1200** ego Willelmus ~us .. concedo .. ecclesiam de Watlintona *Cart. Osney* IV 408; **1242** Radulfus Paynell' r. c. de x m. *Pipe* 12.

pagania

1 pagan act, rite, or custom.

fecisti aliquid ~ias quae in Kalendas Januarii faciunt in cervulo aut vegula BONIF. *Pen.* 433; **742** si istas ~ias ibi paternitas vestra in Romana urbe prohibuerit *Id. Ep.* 50; **743** decrevimus ut .. unusquisque episcopus .. sollicitudinem adhibeat .. ut populus Dei ~ias non faciat *Ib.* 56.

2 paganism, condition, behaviour, or territory of a pagan.

milites, qui discurrunt ad ~iam vel Saracenos ad optinendum sibi magnum nomen in occisione hominum, perquirunt sibi indignacionem magnam regis pacis, quia .. pugnatores et homicidas odit Christus Jhesus (R. DYMMOK) *EHR* XXII 303; *hepnnesse*, ~ia, *PP*; ~ia, A. *hethnesse WW*.

paganicus [CL = *of the village people*], pagan, of or associated with pagans; **b** (of cult); **c** (of place inhabited by pagans).

ecclesia Dei .. ornamentis .. tanquam ~a rabie spoliata GIR. *PI* III 31; millia vicerunt virginum undena; insaniunt in has ~a precepta perimmania *Miss. Ebor.* II 118. **b** ~us, ut cultus *GlC* P 33; familicam ~ae superstitionis multitudinem WILLIB. *Bonif.* 5; populum ~is ritibus oberrantem *Ib.* 6; ~o repulso ritu et erraneo gentilitatis more destructo *Ib.* 8. **c** ante portas ~ae arcis ASSER *Alf.* 56.

paganismus [LL], **~um**

1 paganism, non-Christian act, rite, custom, or religion; **b** (of classical antiquity); **c** (of Celts); **d** (of Saxons); **e** (of Islam).

in primis est .. ut unum Deum diligere velint et omni ~o renunciare sedulo (*Quad.*) *GAS* 129; hoc ~um, -i, i. lex et ritus paganorum OSB. GLOUC. *Deriv.* 462; omnes errores et hereses quos .. ille pseudopropheta .. Wyclyf ab antiquo ~o revocaverat *G. Hen. V* 1. **b** reges Christianos, qui succedunt .. regibus paganis, non in ~o, sed in .. reguli dignitate OCKHAM *Dial.* 634; **s119** seviente ~o pauci dicebant se esse Christianos, propter metum mortis *Eul. Hist.* I 174; civitatis inicium ita diligenter investigo .. propter ejus sanctitatem et magnanimitatem et ejus dignitatem, post ~um dirutum *Ib.* 307. **c** cum .. ~um delevissent templa .. uni Deo .. dedicaverunt G. MON. IV 19. **d** **c750** uxor .. obnoxia sit si cum aliquibus incantationibus procreat infantem .. : .. hoc magnus est ~us (*Ps.*-EGB. *Pen.*) *Conc.* I 138; ~i spurcitia totam regni superficiem contaminante GIR. *PI* I 20 p. 126. **e** Ægyptus .. quondam religione florente tanquam paradisus .. ex defectu pastorum in ~um reversa traditur H. BOS. *Thom.* III 21; **s1348** ad ~um redierunt J. READING f. 158b; paganorum plurimos ad Christi fidem convertit ... alios vero, in ~o permanere disponentibus, transmisit ad Hispanias WALS. *YN* 35.

2 society or territory in which pagans live.

prohibemus ne Christiani gentibus extra hanc terram venundentur nec in ~o (*Inst. Cnuti*) *GAS* 311; eis .. ut coadunatis viribus totius ~i bello illos exciperent in Paflagonia mandavit ORD. VIT. X 20 p. 126; Saracenorum .. quos destinaverat Saladinus ex omni ~o in auxilio obsessorum in Acon DICETO *Opusc.* 240n; omnes reges orientis et totius ~i non tardabunt .. convenire ilico M. PAR. *Min.* I 450; non solum Terram Sanctam sed eciam totum ~um subjugare *Eul. Hist.* I 392; proficiscens igitur ~um prospere pertransierit BROMPTON 1053.

paganitas [LL], paganism, non-Christian act, rite, custom, or religion.

paganus .. unde hec ~as, -tis .. i. lex et ritus paganorum OSB. GLOUC. *Deriv.* 462; imperator autem silens abscessit, philosophorum simulans ut ostentatione patiente ~atem roboraret J. SAL. *Pol.* 802A; **s1171** nos vero scientes quod vitium ~atis incurrit quisquis mandatis apostolicis obedire contempserit *G. Hen. II* I 19; **1318** peccatum ~atis incurrit, qui se Christianum asserit, at sedi apostolice obedire contemnit *Conc.* II 479a; xv mille annis in ~atis sue squalore duravit NETTER *DAF* II f. 8; **s918** mundi rectores .. non ~atis errore sunt cecati .. sed Christianissimi viri, fide stabiles CAPGR. *Hen.* 6.

paganizare [LL], to become or be pagan or non-Christian, to behave as a pagan.

~o, -as, i. ritum paganorum colere OSB. GLOUC. *Deriv.* 462; ne populus .. credat speciem panis .. esse corpus Christi et sic .. turpiter ~ent (TYSS.) *Ziz.* 173; seducta regio ~at universa FLETE *Westm.* 35; quum nunc quoque sub ipso nomine Christianitatis maxima pars hominum ~et COLET *Sacr. Eccl.* 75.

paganus [CL = *of a pagus or rural community*]

1 (as sb.) one who dwells in the country, countryman.

ab eodem .. πηγή pagum dixerunt quia ville nonnisi circa aquas fundari consueverint; unde et ~i vocati sunt quasi ex uno fonte potantes ALB. LOND. *DG* 14. 4; **1203** ex .. clero, militibus, et pagenis de terra de Labord' *Pat* I 36b; diminutiva producuntur ut Spartanus a Sparte civitate, .. ~us a pago quod est villa BACON *Gram. Gk.* 110.

2 non-Christian, pagan: **a** (w. play on etym.); **b** (as adj.; also superl.); **c** (as sb. m.); **d** (dist. from *idololatra*).

a quis .. nesciat ~os Graece a villis nomen trahere eo quod longe sint a supernae civitatis habitatione BEDE *Cant.* 1201. **b** repperit .. opus tam elemosinarium eum fecisse ~um ut Christiani plus quam pagani esse posse videret *V. Greg.* p. 105 (v. et. 2c infra); cum omnes ibidem ~issimos inveniret, utilius esse ratus est ibi .. verbum praedicare BEDE *HE* III 7 p. 139; rex ~issimus Christianorum novem pepercit *Enc. Emmae* III 5; Britanniam que adhuc maxima ex parte ~issimis tenebatur erroribus *V. Birini* 5; nolui minus fidelis inveniri Christianus .. quam homo ~us extitit mihi homini Christiano EADMER *Wilf.* 31; hoc est vitiorum vitium ~issimum *Reg. Whet.* II 461. **c** ut ~i faciunt adoratoresque ydolorum *Comm. Cant.* I 353; opus .. ~i *V. Greg.* p. 105 (v. 2b supra); ~i saepe ut legimus diis suis Christianorum devovere sanguinem BEDE *Prov.* 998; ~os reverentiores existere delubris suis quam tales Christianos ecclesiis suis GOSC. *Transl. Mild.* 23 p. 190; gentilium in Christianos bella, item Christicolarum in ~os victorias W. MALM. *GR* II 225; Judeis committimur, Sarracenis, hereticis, et ~is quorum super omnia toxicum formidamus R. BURY *Phil.* IV 66; **1356** dixerint .. quod ipsi quondam fuerunt ~i et postea conversi ad fidem *SelCKB* VI 104; quidam .. sunt in ecclesia nomine et re ut obedientes Catholici, quidam nec re nec nomine ut ~i WYCL. *Eccl.* 89. **d** differunt .. idololatre a paganis. nam idololatre manufacta colunt, ~i vero naturalia BACON *Maj.* II 387.

3 (in ancient world): **a** (as adj.); **b** (as sb.).

pagana procul vulgi cultura manebat / qua stetit antiquo dilubrum more dicatum; / inde sacerdotes crebro simulacra ferentes / Bacchantum ritu longis anfractibus errant ALDH. *VirgV* 1518; **747** sub ~is imperatoribus navem Christi .. gubernabant BONIF. *Ep.* 78 p. 165. **b** eruta radicibus ~orum cultura ad fidem catholicam conversus est ALDH. *VirgP* 48; quomodo vincit fides mundum in Judeis, ~is, et hereticis, qui fidei contradicunt BALD. CANT. *Commend. Fid.* 611; de gestis antiquis Christianorum et ~orum *Eul. Hist.* I 2.

4 (of pre-Christian British).

Arviragus ~us rex Britonum *Flor. Hist.* I 127.

5 (of pre-Christian Saxons): **a** (as adj.). **b** (as sb.).

a hi Saxonum paganae compita plebis / intrabant, aliquos si Christo acquirere possent ALCUIN *SS Ebor* 1049; **s597** ut Anglis verbum Dei predicaret qui ~a superstitione cecati .. totam deleverant Christianitatem G. MON. XI 12 (=*Eul. Hist.* II 366); tres filii Sæberti, regis Orientalium Saxonum, post mortem patris ~i perduraverunt ELMH. *Cant.* 143. **b** **625** Gregorius constituit .. metropolitanam .. sedem in civitate Dorobernia ubi caput totius gentis Anglorum a diebus ~orum habetur (*Lit. Papae*) EADMER *HN* 263.

6 (of Danes).

magnus ~orum exercitus cum trecentis et quinquaginta navibus in ostium Tamesis fluminis venit ASSER *Alf.* 4; **949** Eadredus rex Anglorum gloriosissimus .. ~orum imperator *CS* 882; olim vastantibus Tanetum ~is GOSC. *Lib. Mild.* 4; precipimus ut in omni congregatione cantetur cotidie communiter .. una missa .. que inscripta est contra ~os (*Quad.*) *GAS* 261; ~i relicto castello cum ingenti preda Northumbriam repetunt *Croyl.* 14 (*recte* 20); **1330** monasterium .. regalibus privilegiis .. stabilitum sed ab externo ~orum exercitu destitutum *PQW* 553a.

7 (of Muslims): **a** (as adj.); **b** (as sb. m.).

a **s1191** navem .. mille et quingentis viris ~is bellicosis onustatam *Meaux* I 260; magna pestilencia

per universum mundum inter Saracenos quia ~os W. Worc. *Itin.* 94. **b** Syria ~is subjecta Ailr. *Ed. Conf.* 769A; **s1079** Antiochia, caput Syrie, capitur a ~is M. Par. *Min.* I 25; **s1397** hiis diebus ~us quidam regnavit in Turkye, nomine Ambrot *V. Ric. II* 130; nunc .. omnes terre predicte sunt in manus Saracenorum et ~orum *Itin. Mand.* 54; **s1187** Jerusalem capta est et crux Christi a ~is Elmh. *Cant.* 38; **s1378** homines Christiano nomine insignitos, pejores infidelibus, aut ~is Wals. *HA* I 375.

8 (of one who is not baptized): **a** (as adj.); **b** (as sb. m.).

a de presbitero ~o qui se baptizatum estimat, fidem catholicam operibus tenens, aliter quoque judicatum est Theod. *Pen.* I 9. 12; in baptizando infantes ut non sint ~i ultra septem dies Ælf. *Ep.* 2. 163. **b** primo ~us caticumenus fit; accedens ad baptismum .. exsufflatur Alcuin *Ep.* 134; indecens .. est ut ibi ~orum corpora sepeliantur ubi divina quotidie mysteria celebrantur Osb. *Mir. Dunst.* 15; cum ~us vel infidelis aliquis baptizatur (Purvey) *Ziz.* 401.

9 (as given name).

affuit inter reliquos ~us filius Joannis *G. Steph.* 12; **c1158** his testibus .. Ricardo filio ~i *Act. Ep. Durham* 29; **1260** Roberto filio ~i *Cl* 192; **1285** per breve nostrum .. ~o de Cadurcis .. directum (*Carmarthen*) *BBC* 66.

pagare [cf. CL pacare]

1 to appease, reconcile (person), (leg. phr. *iratus et ~atus*) whether in legal dispute or not.

1254 reddidimus .. Galfrido castrum .. ita quod .. Galfridus .. et heredes .. castrum nobis reddant .. cum voluerimus, irati vel ~ati *RGasc.* I 499b.

2 to give satisfaction to, to satisfy by means of payment (esp. in phr. *se tenere ~atum* or sim.). *V. et.* pacare 5.

1268 me teneo penitus pro ~ato *Cart. I. Norm.* 167; **1270** tenemus nos plenarie pro ~atis *CalCh* II 135; recognovit sibi fuisse et esse per dictos R. et J. de dicta summa .. integre solutum et pagatum et de quaquidem summa .. dictus dominus S. .. se bene contentum vocavit *Form. S. Andr.* II 244.

3 to pay. *V. et. pacare* 6.

cum debet ~are pecuniam nichil invenit in bursa sua T. Chobham *Praed.* 155; ut in servitio .. ~endo Deo inveniantur .. humiles et devoti *Comp. Swith.* 203n; pro septem solidis in premanibus ~atis *Cart. Glam.* 146.

pagchengni v. Pantegni.

pagecarius v. pagettarius

pagella [CL]

1 (little) page.

dimittit et ~a finita lectione omnes auditores .. in conscientiam suam Bede *Sam.* 565; **801** (13c.) quorum nomina in margine istius ~ae repperiuntur *CS* 282; inspice, sodes, ~am quam compegi M. Rievaulx (*Ep.*) 73; cum istam legitis pagellam .. / estote memores Gauteri miseri Walt. Wimb. *Palpo* 154.

2 saddle cloth.

panele, ~a *PP*.

pagenda v. pagenta. **pagens** v. pagenta.

pagensis [LL]

1 of the country.

eo languente G. de T. ~is eques visionem vidit Ord. Vit. VI 10 p. 113; in .. colle tria milia ~ium militum stabant *Ib.* XI 3 p. 174.

2 (as sb.) inhabitant of rural area.

post interfectionem nomine suo viz. Margon huc usque a ~ibus appellatus est G. Mon. II 15; omnes oppidani ac ~es cum clericis .. marchionem decreverunt digniter suscipere Ord. Vit. IV 12 p. 255; **c1350** in ipsam et maritum suum cum omnibus pagencibus insurgentem .. Powysiam .. intravit (*Hist. Fundationis*) *MonA* VI 352a; iste .. in foresta regia .. plures opressiones .. ~ibus fecerat Ad. Usk. 27.

pagenta, ~tus, pagens, ~tis [ME *pagent* < pagina], pageant, play (usu. in a cycle of mystery plays, esp. as performed by guild of craftsmen). **b** set, stage, platform for performance of a pageant.

1390 ludos et ~tes *Doc. Bev.* 33; **1396** unam vacuam placeam .. magistris de arte vel officio de *cardemakescrafte* vocato .. pro pajent' eidem arti incumbent' ibidem includendo et observando *Coventry Corporation Archive* MS A2 f. 18v; **1414** parcellas ludi vocatas ~tes. et invenirent lusores ad numerum sufficientem ad pajectos predictos (*CourtR Exon*) *REED Devon* 82; hic intrabit pagetum de purgacione Marie et Joseph. hic dicit primus detractor *Ludus Coventriae* f. 75; **1538** redditus domus Carpentarii ibidem pro ~tibus suis imponendis *REED Chesh.* 31. **b** **1411** ut .. ~dam .. in festo Corporis Christi erigerent suis costagiis *Doc. Bev.* 34; **1443** ad sustentacionem et reparacionem de lez ~tis gilde corporis Christi (*CourtR Ipswich*) *Malone Soc.* IX 172.

pagentis v. pagenta. **pagenus** v. paganus. **pageta** v. pagettus.

1 pagetta, window, light, pane of glass.

quelibet fenestra in *le ovyrhistory* continet 5 vel 6 ~as, A. *panys* W. Worc. *Itin.* 116.

2 pagetta v. pagettus.

pagettarius [pagettus+-arius], young servant.

in stipendio pagecarii custodis custodientis equos ejusdem *Comp. Swith.* 213; **1427** ad vadia magistrorum, marinariorum, et ~orum navium et vasorum predictorum .. solvenda *Pat* 420 m. 13*d*.

pagettus, ~a [ML]

1 young servant; **b** (assigned to spec. task); **c** (naut.) ship's boy.

1296 unum venatorem cum ~o suo .. *Doc. Scot.* II 121; **1345** item uni ~o ad calciamenta ij s. *Pri. Cold. app.* cvi; **1378** xiij uln' de *plonket* empt' pro tunicis pro ~is xiij s. *Ac. Durh.* 586; **1380** item, pro prebenda equorum domini comitis, ij s. x d. item pro soculis duorum pagitorum, viij d. *ExchScot* 35; **c1380** solvit .. pro quolibet famulo ultra etatem xvj annorum ad festum S. Michaelis xij d. et pro quolibet ~o infra etatem predictam .. vj d. *Surv. Durh. Hatf.* 147; in vadiis xlv garcionum viij ~orum vj s. iij d. ob. *Househ. Ac.* I 166. **b** **1326** in custodia martorum et porcorum regis per duos pastores et duos pagetos, per septem bollas farrine *ExchScot* 57; **1327** cum .. misisset .. sex valettos et unum pajettum eosdem canes et leporarios custodientes viz. .. Buffardum Page *Cl* 145 m. 20; **1338** j ~o pro coquina iij s. ij d. *Hosp. in Eng.* 61; j ~us ad mensam garcionum *Ib.* 96; **1358** in stipendio unius ~i in stabulo per annum iij s. iiij d. *Sacr. Ely* II 179; **1366** unum ~orum officii saucerii hospicii (v. debatum b); **1380** item coquo pro servicio suo xviij d., et paigetto in coquina vj d. *Test. Karl.* 130; **1400** factura iij togarum pro iij ~is de coquina, de liberacione funerali, ij s. iiij d. *Test. Ebor.* III 18; **1453** unacum vadiis diversorum valectorum, garcionum, et ~orum domini super custodia eorumdem [equorum] existencium *Ac. H. Buckingham* 18. **c** **1340** magistro navis .. pro vadiis suis, j constabularii, j clerici, j carpentarii, quolibet ad vj d., et ciij marinariorum, quolibet ad iij d., et xiv ~orum, quolibet ad j d. ob. per diem (*AcWardr*) *TR Bk* 203 p. 288; **1427** magistris, marinariis navium et ~is *Pat* 420 m. 13*d*.; **1464** cum quadam navi .. ac quindecim marinariis et duobus ~is *RScot* 411b; cum magistro, xvij marinariis, uno pageta, mercatoribus, factoribus, sive attornatis suis *BBAdm* I 279; **1501** cum magistris, contromagistris, marinariis, ~is aliisque hominibus pro gubernacione, salva custodia et defensione navium et battellarum predictarum competentibus *Pat* 587 m. 20 (7).

2 personal attendant of person of high rank; **b** (in royal household).

episcopus Roffensis de modica familia sua .. vij pagetos perdidit *Hist. Roff.* p. 375; **1415** lego J. H. pagete meo tresdecim solidos et quatuor denarios et unam togam meam .. furratam *Reg. Cant.* II 84, **1416** cuilibet pajetto meo, xiij s. iiij d. *Wills N. Country* I 10. **b** **1421** T. Hantone, T. Lambe, pagettis camere ac officiariis, cuilibet ij s. vj d. (*KR Ac*) *JRL Bull.* XXVI 268; **1421** pro militibus, scutiferis, valectis, baronibus, ~is .. erga viagium regine versus Ffrancie *KR Ac* 407/5 m. 3; **1444** per papirum predictum ubi hujusmodi valettorum, garcionum, et ~orum nomina .. annotantur *Comp. Dom. Buck.* 19; **a1472** de ~is camere regis *BBHouseh* 77.

pagetus v. pagenta, pagettus.

pagina [CL], **~um**

1 page; **b** (*summa ~ae*) sum total given at bottom of page of account; **c** (transf., w. ref. to wall of *Dan.* v 5). **d** (w. ref. to smooth skin, w. play on scraped parchment). **e** (fig.).

cum episcopus legeret noctu .. accidit .. candelam ardentem super ~am cecidisse, arsitque super folium Ælf. *Æthelw.* 25 (=Wulf. *Æthelw.* 36: super librum); ~as, *trametas GlP* 738; continet hic liber quatuor evangeliorum .. concordantiam, ubi quot ~e fere tot figure diverse Gir. *TH* II 38 p. 123; aperiente Jesu oculos eorum ut intelligerent ~as. .. oculis a Jesu illuminatis in omni ~a Jesus occurrit J. Ford *Serm.* 17. 2. **b** **1453** summa ~e (*DL Ac. Var.*) *JRL Bull.* XL 102. **c** litterarum apicibus in quadrata parietis ~a caraxatis Aldh. *VirgP* 21. **d** surarum pagina leves / pumicis attritus refugit Hanv. II 49. **e** et [Christus] cordis a pagina planctus abradit J. Howd. *Cant.* 9.

2 legal document, charter, will, or sim.

741 placuit mihi hanc ~em [*sic*] condere per quam .. interdico ne aliter .. agere audeant *CS* 160; illam .. dignitatis prerogativam .. privilegium ~is confirmaverunt W. Malm. *GR* V 424; **a1145** donationem illam .. presentis nostri scripti ~a munio atque corroboro *Doc. Theob.* 25; ?**c1190** presentem ~am sigilli mei munimine roboravi *Ch. Westm.* 351; **1253** in cujus rei testimonium huic presenti ~e sigillum nostrum .. apposuimus (*Ch.*) *EHR* XVII 293; **1300** nulli .. homini liceat hanc ~am nostre exempcionis .. infringere *MunAcOx* 80; **1422** presentem ~am sive presens testamentum voluntatem nostram ultimam continens *Test. Hen. V* 98.

3 piece of writing, written work.

en promissa novo scribantur carmina versu. / garrula virgineas depromat pagina laudes Aldh. *VirgV* 46; nunc videat pietas, si quid sit, vestra, probandum / pumice radendum an, pagina quicquid habet Alcuin *Carm.* 74. 18; quoniam omnia nostra nequit amplecti ~a, de innumerabilibus referre satagamus minima *Mir. Wulfst.* I 42; alias .. injunxit ei penitencias .. quas longum foret huic ~e commendare Wals. *HA* I 451.

4 (of Holy Scripture): **a** (*sacra ~a* or sim.); **b** (pl.); **c** (*utraque ~a*) Old and New Testaments; **d** (w. gen. specifying part of Scripture).

res, intellectus et sermones quoque veros / dogmate dispensat pagina sacra suo J. Sal. *Enth. Phil.* 412; testimonio sacre ~e decime tributa sunt egentium animarum P. Blois *Ep.* 82. 253B; celestem ~am audire volens .. audiat tam vetus instrumentum quam novum testamentum Neckam *SS* 375; mente per omnes divine ~e libros discurre Ad. Scot. *QEC* 18. 832A; de illis arboribus et herbis aliqua sunt hic dicenda de quorum nominibus fit mencio in sacra ~a [Trevisa: *in holy writte*] in textu vel in glosa Bart. Angl. XVII *proem.*; quod dicta assercio in sacra ~a .. continetur Ockham *Dial.* 452; **1509** sacri pagini [*sic*] professoris *Invent. Ch. Ch.* 133. **b** numquid .. Columbam .. divinis ~is contraria .. egisse credendum est? Bede *HE* III 25 p. 187. **c** suscepistis enim nuper miseratione divina in regno Brittanie legem et fidem Christi, habetis penes vos in regno utramque ~am, ex illis Dei gratia per consilium regni vestri sume legem (*Leg. Ed., Lond.*) *GAS* 636. **d** inde veteris et novi testamenti ~a tractat Ord. Vit. III 1 *prol.*

5 (w. ref. to exposition of Scripture) Biblical studies, theology.

Augustinus et Jeronimus aliique legis et gratie expositores in sacra ~a Ord. Vit. IV 6 p. 211; de condempnacione magistri Petri .. qui plus peccavit in dialetica quam in divina ~a Map *NC* I 24 f. 17; Parisius .. / hic florent artes, celestis pagina regnat, / stant leges, lucet jus, medicina viget Neckam *DS* V 569; **1225** nec moveat aliquem quod non per longa tempora sacram ~am audivit Gros. *Ep.* 2 p. 21; **c1300** noverit universitas .. nos ordinasse .. sacre ~e professorem *Lit. Cant.* I 3; **c1317** de manu religiosi viri et in sacra ~a doctoris eximii fratris I. *FormOx* 17; **1419** in sacra ~a baccalarius *Pri. Cold.* 91.

6 pane, part, piece or side (of something); **b** (cloth); **c** (fence); **d** (cloister); **e** (board-game).

~a, *pane .. part of a thynge PP*. **b** frontale .. cum marginibus de cerico rubeo lionibus contextis cum quinque paginibus [*sic*] de rubeo Damasceno diversis ymaginibus .. desuper contextis (*Invent. S. Paul.*) *Arch.* L 522. **c** **1535** quodquid [*sic*] pinfald' continen' xvij ~as, viz. pro qualibet ~a xx d. (*MinAc Norf*) *Rutland MSS* p. 11. **d** illa etiam ~a claustri

ex opposito capituli super quem studii monachorum edificati sunt *Chr. Evesham Cont. A* 286; edificavit eciam ~am illam claustri contiguam ecclesie ubi carole fratrum consistunt, tam in muris et fenestris vitreis quam in pavimentis pro dicta ~a et pro alia versus hostriam sibi annexa *Ib.* 301; **1424** pro construccione et nova edificacione cujusdam librarie de novo edificande super ~am sive partem orientalem claustri dicte ecclesie *Reg. Cant.* II 299. **e** ducet omnes suos homines qui sunt in φ per ~as φτ . . usque ad ~am *FA* et ibi tollet eos *Ludus Angl.* 161.

7 pageant: a play (usu. in a cycle of mystery plays, esp. as performed by guild of craftsmen). **b** set, stage, platform for performance of a pageant.

a 1376 de uno tenemento in quo tres ~e Corporis Christi ponuntur per annum, ij s. *Mem. York* I 10; c**1377** de expensis ~e et ludi Corporis Christi *Doc. Bev.* 45; **1420** controversia mota inter marinarios et piscinarios . . de modo solvendi ad ~am navis Noe *Mem. York* I 166; **1432** ~a de *lez salsemakers* ubi Judas se suspendebat et crepuit medius in ludo Corporis Christi . . et ~a molendinariorum . . fuerunt combinate simul in unam ~am *Ib.* II 171; *pagente,* ~a *PP;* **1445** predictus T. solvet decem denarios ad sustentacionem ~e et luminis artificii predicti in festo Corporis Christi *Mem. York* I 136; **1468** cementarii . . murmurabant inter se de ~a sua in ludo Corporis Christi ubi Fergus flagellatus erat, pro eo quod materia ~e illius in sacra non continetur scriptura *Ib.* II 124. **b 1387** de edificacione . . cujusdam domus . . ad hospitandum ~as suas de Corpore Christi *Ib.* II 32; **1388** ~as diversas ludorum suorum infra aulam dicti palacii *CallMisc* V 99; **1432** parabatur machina satis pulchra in cujus medio stabat gigas mire magnitudinis . . ex utroque latere ipsius gigantis in eadem ~a erigebantur duo animalia vocata *antelops MGL* III 459.

paginaliter [ML], by means of a written document, in written form.

734 quae eis conlata dinoscuntur ut ~iter confirmentur *Ch. Roff.* 2.

paginis v. pagina.

paginula [CL], small page; **b** (w. ref. to single page of letter or document).

798 nuper mihi venit libellus . . . . . cum paucas paginolas legendo percucurri, inveni pejores hereses ALCUIN *Ep.* 148; me fecisse intelligit, qui nostras ~as legere non contemnit *Id. Dogm.* 250B; sequentes ~as parvo capacitatis fomite utcunque compositas . . purgabo B. *V. Dunst.* 1; veluti luce clara demonstrant margines hujus ~ae BYRHT. *Man.* 20; implebis et tu laude tua hujus ~e partem qui cenobium idem illustras W. MALM. *GP* IV 160; volens . . huic insulse providere ~e . . latere mecum eam jubebo MAP *NC* IV 5 f. 47; istis se perhibet Ysaie pagina testem, / qua stet paginule plantula firma mee GARL. *Epith.* I 96. **b** c**700** (11c) prima fronte hujus ~e universa terrarum loca que possideo . . promulgare contendo GOSC. *Milb.* 201; a**804** ab ea die qua hanc perlegas ~am ALCUIN *Ep.* 294; denique tria quedam in ~e vestre mihi vultu relucent G. HOYLAND *Ascet.* 272B; †**692** (14c) illam donationem quae in alia parte hujus ~ae plenissima scripta tenetur *CS* 79.

pagiscolia v. pagiscula.

pagiscula [παγίς + -cula], small trap or snare.

pagiscolia, muscipula OSB. GLOUC. *Deriv.* 467; pacicola, i. e. muscipula, *a mousfalle (Medulla) CathA* 126 n2.

pagitus v. pagettus. **pagium** v. paagium.

pagiuncula [CL pagina + -uncula], (small) page, document.

si vocabula personarum . . viderentur impressa ~e AD. EYNS. *Visio* 23 p. 322.

pagius, ~ia [OF *page* < παιδίον]

1 young servant; **b** (assigned to spec. task).

1288 pro vadiis unius ~ii ipsis ministrantis *Ac Wardr* p. 65; **1290** in iiij pannis . . ac una roba panni pro garcionibus et ~iis *Ac. Swinfield* 112; **1293** in sotularibus ~ii ij d. ob. *KR Ac* 260/3 m. 1*d.*; in robis ij garcionum celerarii xij s. . . item in panno j page iij s. *Comp. Worc.* 32; **1335** in j panno . . pro ~iis empto xxxix s. *Comp. Swith.* 235; **1338** in stipendiis ij ~iorum per annum, cuilibet ij s. *Hosp. in Eng.* 42. **b 1290** tribus ~iis dictorum trumpatorum *(Wardr. Bk.) Chanc. Misc.* 4/5 f. 48v; **1300** pro vadiis iiij

~iorum eisdem carpentariis deserviencium *AcWardr* 264; **1301** qui quidem quatuor garciones palefridarii unum sub se habeant ~ium *Reg. Cant.* 858; **1307** in liberacione . . j ~ii custodientis agnos per quindenam in estate *MinAc* 1079/18 m. 9; **1321** in j ~io conducto per septimanam ad carpentandos clavos ligneos, iiij d. *KR Ac* 482/3 m. 1; **1323** cuidam medico pro curacione ~ii coquine vulnerati per palefridam j s. *Sacr. Ely* II 29; **1335** magister cocus cum uno garcione et uno ~io *Lit. Cant.* II 94; molendinarius cum ~io suo *Meaux* II 83.

2 page, personal attendant of person of high rank.

1292 Wilcoc, parvo ~io Johannis, ad calceos *Doc. Scot* I 375; **1336** Ricardo ~io Terrarii eunti ad reginam apud Aukland iij s. vj d. *Ac. Durh.* 527; **1508** pueri, quos nostri ~ios Galli vero infantes honoris vocant *Spons. Mariae* 8.

pagosia [OF *pagosse* < CL pagus], fellow countrywoman.

1311 ita quod racione pagozie vos, dictus dominus comes vel uxor vestra . . non possitis aliquid petere vel habere *Reg. Gasc. A* I 158.

pagozia v. pagosia.

pagula [*back-formation* < CL repagula], something that restrains: **a** bridle, rein, bit. **b** bar, bolt. **c** (eccl.) rail before an altar. **d** (leg.) bar in a court room. **e** (as place-name) Paul, Yorkshire.

a bagula, *bridels GlC* B 4; pugula, frena *Ib.* P. 138; bagula, *bridel,* i. frenum ÆLF. *Gl.* 116; **10** . . bagulum, *biotul WW.* **b 1464** in solutis pro quadam ~a [*gl.: barre*] pro hostio interiori *Ac. Chamb. Winchester* W/ E1/23; **1496** omnes tenentes qui pergunt et transeunt inter Werugge et curiam dominorum . . faciant et salvo custodiant ~as ibidem factas et non apertas eundo et redeundo ut nullum dampnum ibidem facturum fuerit . . ut non in posterum frangant nec deportant dicta [*sic*] ~as alio tempore in occidentali parte punfaldi *KR Eccl.* 1 69/2 m. 6. **c 1641** vi et armis in ecclesiam S. Petri et Pauli, sive liberam capellam regiam de Wolverhampton in comitatu predicto illicite et riottose fregerunt et intraverunt, et quandam ~am A. *a raile* stantem et positam in sacrario A. *the chauncell* ejusdem ecclesie fregerunt et prostraverunt (*Indict.*) *Staff RO Quarter SessR Easter.* **d 1412** nullus serviens curie . . sit . . placitator ad ~am nec manutentor querelarum *BB Wint.* 18 (cf. ib. 121 [**1506**]: placitator ad barram). **e** de libero passagio apud ~am *Meaux* I 85.

pagus [CL], ~a, ~um

1 (rural) district. **b** (Engl.) shire, county. **c** (W.) cantred, cantref.

finitimos quosque ~os vel provincias GILDAS *EB* 13; **672** opinio ~is provinciisque devulgata crebrescit ALDH. *Ep.* 4 p. 490; gentem . . paganam Fresonum visitaret que . . in multos agrorum dividitur ~os, ita ut diversis appellati nominibus, unius tamen gentis proprietatem portendunt WILLIB. *Bonif.* 8; per ~um Oximensem usque ad fluvium Divae W. MALM. *GR* III 234; ut . . doctrina non rura et ~os incolentibus . . sed tante civitatis civibus . . conveniat ANDR. S. VICT. *Sal.* 95; **1379** reparabit . . molendinum in omnibus que . . alii molendinarii facere solent in paia *CourtR Meltham Yorks.* **b** in illa ~a quae nominatur Berrocscire; quae ~a taliter vocatur a Berroc silva ubi buxus abundantissime nascitur ASSER *Alf.* 1; **10** . . provincia vel ~us, *scir WW;* reges Mertiorum dominabantur in ~is his, Gloecestrensi, Wigorniensi, Warwicenci W. MALM. *GR* I 101; ~us est in regione Merciorum . . Warwiccensis dictus. is habet villam Icentune vocatam *Id. Wulfst.* I 1; s**871** ad villam regiam, que Radingum dicitur, ad meridiem Thamensis fluvii sitam, in ~o viz. Berrocensi M. PAR. *Maj.* I 401; vicecomites convenire fecit . . ut ipsi nullum militem de ~o vel de shira permitterent eligi ad Parliamentum nisi quem rex et ejus consilium elegissent *V. Ric. II* 85. **c** de quolibet ~o, i. cantref, cui rex dominatur *Leg. Wall.* A 110.

2 town, village.

venerunt in quoddam ~um quod incolarum terre illius consuetudine Vungise ~us dicitur, prope Reguliacam villam ALCUIN *Vedast.* 3; ~us, *tun* ÆLF. *Sup.* 177; ~us dicitur villa OSB. GLOUC. *Deriv.* 55; Augustinus . . quosdam . . liberalibus artibus in ~o Cantebr[igie] doctos ad se . . vocavit CANTLOW *Orig. Cantab.* 270.

3 (w. ref. to Areopagus, place of) judicial assembly.

~us, conlegium curiae *GlC* P 164.

paia v. pagus.

paiagium [OF *paiage* < pacagium], toll for passage (esp. w. ref. to river crossing).

1276 nullus de villa nec de patria potuit transire sine paiag' et tenuit pontem dissolutum per sex septim' *Hund.* I 55b; **1289** ut in . . marescalcia et aliis necessariis suis, payagio, conductu locato per dictum passagium maris *Doc. Scot.* I 136; **1290** de theolonio, stallagio, ~io, pavagio, muragio . . sint quieti (*Denbigh*) *BBC* 267; **1321** sint quieti de theolonio, pontagio, passagio, ~io *MunCOx* 39.

paiare [OF *paiier* < pacare], to pay.

1303 quas . . libras sterlingorum . . tenemur . . reddere et ~are praedictis *Reg. Whet.* II 343; de hiis qui distringunt ad ~andum plus quam ad quod fuerat amerciatus *MGL* II 352; de stallagio xx m. que annuatim pajantur hospitali . . de elemosina . . regis *Ac. Chamb. Cant.* 173; **1508** in dubium venit quid ~are debeat appellatione cumili pro anno magistratus *StatOx* 322.

paiella v. paella. **paigettus** v. pagettus. **painagium** v. pannagium. **pairolius** v. pairolus.

pairolus [OF *pairol*], cauldron.

1209 de calderiis, anderiis, patellis, essatis, ~iis, cultellis *RGasc* II 354a; **1289** anderiis, patellis, essatis, pairollis, cultellis *Ib.* 401a.

paisa v. peisa.

paisantus [AN *paisant* < LL pagensis], countryman, peasant.

1204 rustici vel ~i *Pat* 47b.

paisetta v. pecetta. **paiso, paisso, paissio** v. pesso. **pajectus** v. pagenta. **pajenta** v. pagenta. **pajettus** v. pagettus. **pakaerum, pakagium** v. paccagium.

pakettum [ME *paket*], small package, packet.

1304 pro j pakett' canabi iiij d. *EEC* 168.

pakka v. pacca. **pakkare** v. 2 paccare. **pakkum** v. pacca. **paktreda** v. pacthreda.

1 pala [CL]

1 long-handled spade or shovel. **b** fire rake. **c** baker's peel.

~as, *scoble GlC* P 42. **b** hec ~a . . item dicitur latum instrumentum ferreum ad opus ignis *WW; a frugon,* vertibulum, ~a, furca ferrea *CathA.* **c** pasta ministerio ~e in clibanum mittitur NECKAM *NR* II 170; hec ~a, *a pele WW;* hec ~a, *a forkyn WW.*

2 winnowing fan.

per ventilabrum, id est ~am, discretio justi examinis per aream vero praesens ecclesia figuratur BEDE *Luke* 356; ~a vel ventilabrum, *windiswingla* ÆLF. *Gl.* 154; in horreis chilindros, tribulas vel ~as [*gl.: vente*] BALSH. *Ut.* 50; *wyndyl,* ventilabrum . . ~a *PP.*

3 (anat): **a** shoulder blade. **b** muscle of the back.

a 9 . . ~ae, *hrycriple WW;* ~e, *gesculdre* ÆLF. *Gl.* 159; palistricorum mors palas et pectora / et columpnaria deridet femora WALT. WIMB. *Sim.* 151. **b** *a felett of the bakke,* ~a *CathA.*

2 pala [CL = *palm or sim.*], wood.

hec ~a, A. *wode WW.*

3 pala v. 1 palus.

palabunde, wanderingly, astray.

astray, or astrayly, ~e *PP.*

palabundus [LL], who wanders.

Judaei . . dispersi ~i . . vagantur per orbem ALCUIN *Dub.* 1049B; ~us, vagus et errans OSB. GLOUC. *Deriv.* 471.

palaceator v. paliciator. **palacia** v. palacium.

1 palacium, ~ia [cf. CL 1 palus, ME *palace, palis*], paling, palisade. **b** enclosure surrounded by palisade, lists.

1236 ad ~um gardini regis Noting' reparandum *Cl* 309; **1270** debent claudere d lxxj perticas pallacii circa parcum *Reg. Wint.* II 659; sic . . faciat quis fossatum, hayam, murum vel pallacium per quod oportebit me ire per circuitum *Fleta* 252; **1293** fecit ibi quandam pallaciam *Leet Norw.* 44; **1324** predictam venellam cum quodam ~io obturavit *MGL* II 447; **1434** pro ~io parci iij s. vij d. *Househ. Ac.* II 446; **1460** pro factura novi ~ii pro clausure rectorie de B. cum aliis reparacionibus iiij li. iiij s. *Fabr. York* 134. **b 1269** vicecomes committet eos ballivis et duobus militibus et ipsi ducent pugiles ita ad ~iam quod appellator sit ex parte orientali et defensor ex parte occidentali *SelCCoron* 78.

2 palacium v. palatium.

palaesma [LL < πάλαισμα=*wrestling*], wrestling ground.

palismate, locus luctae *GlC* P 140; *wrestlyng place* . . ~a, -tis, neut. *PP*.

palaestra [CL < παλαίστρα]

1 wrestling-ground, sporting arena, place in which fight takes place; **b** (transf. or fig.); **c** (w. ref. to martyrdom).

cum sancti martires . . velut in scammate ~arum [*gl*.: pleʒstowa] luctarentur ALDH. *VirgP* 34 p. 276; ~a, luctatoria *GlC* P 91; ~a, *gewinstow* ÆLF. *Gl.* 126; sunt . . milites equestres et milites pedestres . . in ~a domini idonei hostem excipere R. NIGER *Mil.* I 16; **1275** x li. quas liberavit dominis Petro . . et Willelmo . . novis militibus pro palestria et sellionibus *Reg. Heref.* 173; *wrestlyng place*, ~a *PP*. **b** famosus spiritalis ac agonistica ALDH. *Met.* 4, pro confessione fidei nequaquam formidolosorum more luctatorum ~am certaminio horruerunt *Id. VirgP* 31; est studii mens sudatura palestram HANV. III 290; ut nil in te quod suum est princeps hujus mundi et in ~a, qua curritur ad bravium, nil haberet adversarius quo te . . a bravio retardaret P. BLOIS *Ep.* 25. 90D. **c** ad palestram, *to cwealmstede GlP* 747.

2 wrestling-match, struggle; **b** (w. ref. to martyrdom).

palestra, *plaega GlC* P 12; in omnibus arene spectaculis, ut in jactibus et ~a similique virium experientia, palmas adipisci solitus MAP *NC* IV 12 f. 53v; **1240** prohibemus clericis ne . . sustineant . . ~as publicas fieri *Conc. Syn.* 313; ~a, G. *lute* HALES *Exoticon* 321; sicut in ~a vel cursu preponitur bravium in fine stadii HOLCOT *Wisd.* 52. **b** archipraesul . . quasi ad extremum jam in curia conspicuus agonem . . parat se ad ~am H. BOS. *Thom.* III 37; in nocturnali officio de sancto Stephano ~a imitatur in qua pro corona certatur HON. *GA* 646B.

3 school (as intellectual training ground).

quomodo hinc Greci hinc Latini ~as litterarum certantibus studiis in unum contulerint W. MALM. *GR* I 12; nostra puer in ~a primi aevi tirocinium cucurrit *Ib.* IV 334; anni . . viginti elapsi sunt, ex quo me ab officinis et ~a eorum qui logicam profitentur rei familiaris avulsit angustia J. SAL. *Met.* 889A.

4 skill that comes from training.

aliquanta . . scripsit, stilo non quidem agresti sed, ut dici solet, sine nitore et ~a W. MALM. *GR* IV 374.

palaestraliter, as a wrestler.

parva . . clamide militaliter ~iterve . . amictum E. THRIP. *SS* IV 19.

palaestrare [LL], to wrestle.

1324 si aliquis tabernando, palustrando, verberando casu periculum inciderit . . nullo modo de communitate remuneretur *Borough Cust.* II 40; **1394** simul fuerunt palistrando in bona amicicia absque aliqua ira seu odio *CoramR* 530 rot. 21; *to wrastylle*, luctari, per-, col-, ~are, palestrizare *CathA*.

palaestrator, wrestler.

a wrastyller, luctator, atleta, gignatista, ~or, palestrita; palestriticus *CathA*.

palaestrice, as in the training ground.

insignes sunt lapidatores, armis ~e uti omnino nesciunt STANIHURST *Hib.* 42.

palaestricus [CL *as sb.*]

1 (as adj.) of a wrestler.

velut . . gimnosofistas sub peritissimo . . agonitheta ~is [*gl*: *mid wraxliendum*] disciplinis et gimnicis artibus in gimnasio exerceri ALDH. *VirgP* 2 p. 230; in scammate mundi ~o agonizantes *Ib.* 36.

2 (as sb.) wrestler.

~us . . qui in palaestra luctatur OSB. GLOUC. *Deriv.* 465; palistricorum . . palas et pectora WALT. WIMB. *Sim.* 151 (v. 1 pala 3a); *wrastyller*, palestriticus *CathA*.

palaestrita [CL], wrestler, fighter; **b** (transf.).

hinc . . gladiatores, ~e, gignadii . . et tota joculatorum scena procedit J. SAL. *Pol.* 406A; ~a, qui in palestra luctatur OSB. GLOUC. *Deriv.* 465; *a wrastyller* . . ~a *CathA*. **b** vocatus, ad causam, imo potius ad luctam, statuto tempore et loco supra determinato Domini ~a accessit H. BOS. *Thom.* III 33.

palaestriticus v. palaestricus.

palaestrizare [LL], to wrestle.

~o, -are, i. in palestra luctari OSB. GLOUC. *Deriv.* 465; *wrestlyn*, paletriso, -as *PP*; *to wrastylle*, . . ~are *CathA*.

palafredus, palafridus v. palefredus.

palagium [cf. 1 pala, 2 pala+-agium], obligation to dig, or obligation to make palings or wooden fences, or ? *f. l.*

c**1339** cum acquietancia panagii, palagii [? l. pasagii], fruthmoti, et halmoti (*Cart. Middlewich*) *Chetham Soc.* NS CVIII 299.

palagdrigus v. podagricus. **palagra** v. podagra. **Palalia** v. Palilia.

palam [CL]

1 publicly, openly; **b** (w. ref. to *I Tim.* v 20); **c** (contrasted w. *clam* or sim.); **d** (*in* ~*am venire* or sim.) to come into the open, to appear publicly.

~am damnationem tuam facio *Comm. Cant.* I 49; fidei mysteria . . / testificare palam constanter in ordine cunctis ALCUIN *SS Ebor* 164; **1167** adeo turbatum regem invenerunt ut ~am quereretur se proditum esse a domino papa J. SAL. *Ep.* 228 (236) p. 440. **b** a**797** publice peccantes ~am castiga ALCUIN *Ep.* 79 p. 121. **c** quid anima in occulto passa sit, caro ~am praemonstrabat BEDE *HE* III 19 p. 167; aut clam aut etiam ~am ASSER *Alf.* 53; s**1140** jam non clam sed ~am ecclesie et abbatie venum distrahebantur W. MALM. *HN* 483 p. 42; primum in privato deinde ~am et publice convenerunt GIR. *Æthelb.* 4; ~on solum clam set et ~am *Chr. Dale* 5. **d** a**905** si umquam evenerit ut antiquus liber in ~am venerit *CS* 607; **1047** (12c) si quis . . libellulum . . in ~am protulerit *CD* 762; crimen occulte commissum . . in ~am . . prodire *Chr. Rams.* 131; cum . . in ~am culpa processerit AILR. *Spir. Amicit.* III 43. 685.

2 clearly, obviously.

Bartholomaeus . . sese coram obtutibus obtulit illius; nec sopor illud erat, sed ~am splendentis caelicolae cognovit vultum FELIX *Guthl.* 29; cuncta prosperis successibus occurrere ut ~am sententia dominicae promissionis impleri videretur WULF. *Æthelwold* 11.

3a (~*am facere* or sim.) to make clear, reveal, make known. **b** (~*am esse*) to be clear, well known; **c** (with inf.); **d** (with *quia* or *quod*); **e** (w. indir. qu.).

a sicut consequenti scripto ~am fiet W. MALM. *GR* IV 389; ~am facere, manifestare OSB. GLOUC. *Deriv.* 482; cui magis quam tibi debeo secretum hoc ~am facere RIPLEY 124. **b** fallor . . si non ~am sit quod dico W. MALM. *GR* II 149. **c** ~am est nullo modo eum debuisse scire inditam sibi poenam suum secuturam peccatum ANSELM (*Casus Diab.* 23) I 271; ~am est hec omnia impleta esse, sicut a Domino predicta sunt BALD. CANT. *Commend. Fid.* 633. **d** ~am . . est quia similiter potest cogitari et intelligi quod non potest non esse ANSELM (*Resp. Ed.* 9) I 138; erit . . ~am quia IN potens supra superficiem BG ADEL. *Elem.* X 50; ~am est quod in ea . . visione Gabrielem vidit ANDR. S. VICT. *Dan.* 93; cum ergo ~am sit quod sit irrita donatio *Chr. Battle* f. 129. **e** qualiter . . hujusmodi principia inveniri . . conveniat, ex his que de ceteris dicuntur ~am erit BALSH. *AD* 34.

4 unambiguously, explicitly (usu. w. ref. to Scripture).

numquid non Dominus ~am locutus est mundo et in occulto locutus est nihil BEDE *Prov.* 964; tantum locutiones parabolice dicuntur quibus non simpliciter et ~am, sed per . . similitudinum ambages, res . . enuntiatur ANDR. S. VICT. *Sal.* 4; apostolus iste methaphorice tantum, quo non ~am sed sub similitudinis quadam umbra, ostendit FORTESCUE *NLN* II 57.

5 (as prep. w. abl.) in the sight of, openly before.

747 id . . in sinodo coram archiepiscopo et ~am omnibus . . insinuet BONIF. *Ep.* 78 p. 164; cum ~am omnibus causa humilitatis id ipsum profiteatur ABBO *QG* 46 (21); apprehensam . . manu ~am omnibus ab aecclesia extraxit W. MALM. *GR* II 204; tam ~am omnibus conspicabilis BALD. CANT. *Commend. Fid.* 634.

1 palanter [cf. CL palam], openly.

opyn'ly, . . palam, ~er *CathA*.

2 palanter [LL *gl.*; cf. CL palari], in a wandering or dissolute manner.

~er adv., i. vage, erranter et remisse OSB. GLOUC. *Deriv.* 418.

1 palare [CL; cf. 1 pala], to dig, drill.

1224 donec mota sit prostrata et fossata sint ~ata secundum formam predictam *Cl* 632b; *to holke*, ~are, *to thirle*, crabrare, forare . . fodere . . cavare *CathA*.

2 palare [CL; cf. 1 palus]

1 to build with poles or stakes, to construct as a palisade.

æra, ligna, lapides vos deificatis, / in Christos, in angelos, truncos transformatis; / mihi, cum ingredior tot muris palatis, / videtur quod idolis sacra prophanatis *Ps.*-MAP 246; **1251** murum circa dictam capellam ubi prius fuit palatum murum fieri *RL* II 67.

2 (p. ppl.): **a** paled, decorated with stripes. **b** (her.) paly.

a 1403 unum lectum ~atum rubeum et nigrum cum turetis de rosis albis pondrat' *Pat* 370 m. 29; **1428** ~atos 4 lectos de media assisa, colorum rubei et viridis. ~atos 2 lectos rubei coloris, cum curtinis de media assisa *Foed.* X 392. **b 1295** sandalia . . cum caligis breudatis et frectatis de armis ~atis et undatis *Vis. S. Paul.* 316; sunt quedam arma ~ata . . quia aptantur ad modum pali . . ideo non dicuntur arma partita sed ~ata ad modum palorum BAD. AUR. 179; portat duos palos rubeos in campo aureo. nec dicuntur ista arma ~ata quia colores non sunt equales, nam tres partes sunt de auro *Ib.* 189; Swaynus . . portavit tres coronas ~atas aureas in campo rubio UPTON 128; arma ~ata non vocantur nec vocari debent partita quamvis fiant de diversis coloribus . . vocantur igitur ~ata quia fiunt ad modum palorum . . ista arma ~ata sepius inveniuntur undata sive undosa . . vario insuper modo portantur ista arma ~ata . . et vocantur arma ~ata quia fiunt ad modum palorum BAD. AUR. 179; portat duos palos rubeos in campo aureo. nec dicuntur ista arma ~ata tortuosa acuta *Ib.* 230; illa arma sunt ~ata in quibus quidem tot inveniuntur pali unius coloris sicut alterius. et si pali utriusque coloris non fuerint equales illa arma non sunt ~ata *Ib.* 232.

3 palare v. palari.

4 palare v. 1 palear.

5 palare v. 2 palearium.

palari, 3 palare [CL]

1 to wander (off), rove, range, stray. **b** (of defeated troops) to scatter, disperse. **c** (of abstr.) to dissipate.

~antes, errantes *GlC* P 68; his dein cum solis quatuor subtrahit se atque ~atur W. POIT. I 12; a**1162** ipsi . . ~antes et vagi ad vicinos episcopos . . confugiunt (THEOB.) *Ep. J. Sal.* 87; in nostrum semper tendimus interitum, vagi et ~antes MAP *NC* IV 13 f. 54v; ~are, vagare, errare OSB. GLOUC. *Deriv.* 471. **b** palantum cuneos victor rex caedit ubique ALCUIN *SS Ebor* 546; huc illucque ob barbarorum saevitiam gentium ~antibus a quibusdam suis Ælvredus est compertus *V. Neot.* A 13. **c** si . . aliqua [sc. convicia] sunt levia, ~ata solum longe lateque per auras GILDAS *EB* 33.

2 to move about, stir.

to wagge, ~are, tedere, et cetera, ubi *to styrre CathA*.

3 to wander aimlessly or without serious purpose.

palantes, gaudentes *GlC* P 63.

palaria [CL 1 palus+-aria], office of paliser or fence-keeper.

1475 intelligentes qualiter Johannes Bowde .. habuit .. officium parcarie parci de Cheswardyne .. concessimus eidem Johanni officium ~ie ejusdem parci *Pat* 534 m. 1.

palaris [CL palus+-arius], (her.) paly.

~aris seu columellaris. clypeus ~is sex partium aureus et ruber Aragoniae regum, Gallis *partie par pale* vel clypeus hexastylus Solis et Martis SPELMAN *Asp.* 83.

palassium v. palatium. **palata** v. palatha. **palatarum** v. platanus.

palatha [παλάθη], compressed mass or cake of fresh or dried fruit, esp. grapes or figs.

favos, uvas, et palatas, id est caricarum massas ALDH. *VirgP* 38 p. 290; ~i, massa de recentibus uvis *GlC* P 54; ~as, caricas *Ib.* P 58; *frayl off ffrute*, palata *PP*; *a frale of fygis*, palata *CathA*.

palatim, (her.) palewise.

si ponantur tales corone ~im .. sic est dicendum quod talis portat tres coronas ad modum pali BAD. AUR. 142; vocantur arma palata tortuosa acuta quia in illis duo colores ~im invehuntur, unus sc. in alium tortuose acute UPTON 230.

palatinus [CL]

1 of a royal palace or court, palatial; **b** (of building) palatial; **c** (of person assoc. w. or employed at court); **d** (of abstr.).

aulanus, aulicus, ~us, curialis OSB. GLOUC. *Deriv.* 48. **b** ad ~as ducitur zetas et imperialis ypodromi vestibulum ALDH. *VirgP* 33; ~a, *raecedlic GlC* P 14; ipsi soli locupletes fundos, ~as domos reliquisse W. MALM. *Mir. Mariae* 182; aula palentina grandis mutatur in urbe GOWER *VC* I 915. **c** praecepit ut .. inter regios proceres et ~os principes annumeraretur electus B. *V. Dunst.* 13; vir .. ~us eorum inde cecitatem fideliter abluit, quibus in curia tanti principis .. amissa lumina Dei virtus restauravit OSB. CLAR. *V. Ed. Conf.* 17; cantor ecclesiasticus ~us factus sum capellanus L. DURH. *Hypog.* 63; nobiles ~i lateri regis adherentes DICETO *Chr.* 148. **d** ~as pollicetur infulas ALDH. *VirgP* 50 p. 305; ~as .. infulas BYRHT. *V. Ecgwini* 388 (*recte* 378) (v. infula 5); decenter ~is disciplinis imbutum W. JUM. IV 2; rex .. libris abjectis ad otium se contulit ~um P. BLOIS *Ep.* 66. 198C; qui apud Siculos in ~a magnificentia me viderant *Ib.* 90. 283A.

2 (*comes* or *consul ~us*) count or earl palatine: **a** (Cont., esp. w. ref. to Rhineland); **b** (Eng.); **c** (Scot.).

a s**1071** (v. consul 3); s**1101**, s**1194**, **1213**, **1402** (v. comes 7a). **b** J. SAL. *Pol.* 611D, **1384** (v. comes 7b). **c 1375** (v. comes 7c).

3 (*comitatus* or *consulatus ~us*) county palatine (Eng.).

1297, **1414**, **14..** (v. *comitatus* 7).

4 of a courtier.

a**800** interrogare .. de quaestionibus ~is ALCUIN *Ep.* 162 p. 260; ~is auribus OSB. *V. Elph.* 126.

5 (as sb.) courtier.

nonnulli propriorum sodalium et ~orum .. salutiferis actibus ejus invidebant .. Dunstanum .. linguis acutis serpentium .. praecidere conati sunt B. *V. Dunst.* 6; parum quae Dei sunt meditatur quia ~orum more mundi alia sectatur HERM. ARCH. 37; sermo in tanta ~orum frequentia effusus occultari non potuit W. MALM. *GP* I 6; a**1170** qui hoc officii gerunt in palatio juris auctoritate, ~i sunt; qui in provinciis, provinciales J. SAL. *Ep.* 280 (269); cum a palacii descendunt ~i negociis .. defessi MAP *NC* III 1 f. 34; s**1306** comes .. iste de stirpe regali sibi originem vendicavit. iccirco quidam ~i ipsum cum iniquis judicandum indecens .. censebant *Flor. Hist.* III 134; *a cowrteman or a cowrtyoure*, curio, aulicus, .. †palaturus [l. palatinus] de palacio dicitur *CathA*.

6 of Le Pallet (*Palatium*) in Brittany (in quots., of Peter Abaelard).

in hac .. opinione deprehensus est peripateticus ~us Abaelardus noster J. SAL. *Met.* 874C; si me vixisse profitear florente peripatetico ~o *Id. Pol.* 450C.

palatio [2 pala, 1 palus, 2 palare+-atio], (act of) fencing, paling.

1571 necessarias reparaciones .. exceptis paleacione, releacione, et fensura foreste predicte *Pat* 1103 m. 3.

palatium [CL]

1 palace, official residence; **b** (royal or imperial); **c** (eccl.); **d** (transf., of heaven).

hoc ~ium, *a palas WW*. **b** pater in ~io magistri militum officio fungens ALDH. *VirgP* 47; remansit Eduini solus foris .. ante ~ium BEDE *HE* II 12 p. 108; ad regis palatium (PETRUS *Carta dirige gressus*) *ASE* IX 98; Domitianus .. in ~io interfectus P. BLOIS *Ep.* 42. 124A; **1302** domos .. in feodo domini regis pertinentes ad pallacium suum *RParl* I 151; statua aurea corruit quam Romulus in suo palassio posuit *Ann. Exon.* 5. **c 1298** simile fiat de singulis ostiis a curia vel a ~io versus claustrum *Reg. Cant.* 823; **1303** prior et xiij de senioribus fratribus cum domino archiepiscopo in suo pallacio comederunt *DC Cant Reg. Q.* f. 29b; **1349** apud ~ii apostolici auditores (v. auditor 2a); sacri ~ii apostolici auditoribus *Meaux* III 270. **d** latronis a crucis patibulo celi scandentis ~ium GIR. *GE* II 7 p. 192.

2 large building. **b** part of large building or the largest in a complex of buildings.

lapideam domum decentem et amplam construxit et ei pro diversis necessitudinibus hominum et commoditatibus habitacula plura cum spatiosa curte adjecit. hoc ~ium in duo divisit EADMER *HN* 19; quomodo .. nos multiplicamus nobis ~ia et possessiones multas? T. CHOBHAM *Serm.* 5. 26vb; apud Westmonasterium .. extiterunt .. in parte australi veteris pallatii sui constructa multa pallatia undique *Leg. Ant. Lond.* 172; s**1298** pallacea solotenus corruerunt *Ann. Exon.* 17v; infra ~ium parliamenti *Mod. Ten. Parl.* 383. **b** pertransivimus vestibulum amplum ... porticum demum ingressi sumus ... inde ~ium ingredimur BALSH. *Ut.* 47.

3 (transf. or fig.) domain, house; **b** (astr.).

omnia haec [sc. virginitas, castitas, jugalitas] non sunt extra ~ium; sed aliter sedet in carruca praefecturae dignitas, aliter mulionis vilitas, aliter qui pedibus continet mulas ALDH. *VirgP* 19; mercalis est hec amicitia que quanto accidentius consentanea est cupiditati, tanto longius est ab amicitie ~io relegata P. BLOIS *Opusc.* 877C; matris hujus domus velut ~ium spiritus, hoc est spiritualis affectio J. FORD *Serm.* 94. 6. **b** quot habet ~ia [sc. annus]? duodecim. qui sunt praetores ~iorum? Aries, Taurus, etc. ALCUIN *Didasc.* 977D.

palator [CL 1 palus+-ator], maker or keeper of fences or palings, park-keeper.

1504 officium ~oris magni parci *Pat* 593 m. 26/15.

Palatualis [CL], of the goddess Pales: **a** (of a priest); **b** (of a temple).

a Pales .. dea pastorum .. unde hic ~is, -is, i. ejus sacerdos OSB. GLOUC. *Deriv.* 421. **b** Pales, dea pastorum, cujus templum ~is dicitur *Ib.* 472.

palatum [CL]

1 palate, roof of the mouth; **b** (w. ref. to speech); **c** (w. ref. to eloquence).

ut .. lingua extra ~i concavum promineat W. MALM. *Wulfst.* II 9; ~um .. vocatur ~um quasi oris palatium OSB. GLOUC. *Deriv.* 418; partes oris sunt iste: uvula, lingua, ~um, guttur .. GARL. *Dict.* 121; habet in ore suo lapidem calculum magnumque rotundum mirabiliter ardentem qui linguam et ~um oris incessanter comburit *Spec. Laic.* 4; fere ab inferiori parte nasi directe per ~um procedunt duo foramina .. usque ad radicem lingue *Ps.*-RIC. *Anat.* 28; ~um, *rofe of the mowthe WW*. **b** ut ad sonum C et G prope eodem modo collidatur ~o plectrum lingue ABBO *QG* 9 (22); O .. in medio oris lingua se concavante contra concavitatem ~i spherice figuratur *Ps.*-GROS. *Gram.* 21; prime formantur in gutture .. secunde in ~o, sc. *T, Θ, Δ*, .. tertie inter labia BACON *Gram. Gk.* 7. **c** adeo celestis sapor pectus ejus [sc. Lanfranci] et ~um infecerat W. MALM. *GR* III 267.

2 (w. ref. to sense of taste); **b** (transf. & fig.).

dulcior in palato quam lenti nectaris haustus ALDH. *Aen.* 100 (*Creatura*) 31; p**792** venit paternae pietatis pagina quam diu desiderabam, omni melle ~o meo dulcior, omni obrizo oculis meis honorabilior ALCUIN *Ep.* 86; qualitates habent temperatas, .. lingua et ~um ad gustum, manus vero ad tactum ADEL. *QN* 31; oculis speciem panis pretendit, ~o saporem panis ingessit PULL. *Sent.* 830B; nihil fragrat naribus, nihil sapit ~o AILR. *Anim.* I 29; ~o carnis nihil dulcius sapit quam mel, palato cordis nihil dulcius quam Spiritus Dei *Id. Serm.* 22. 22. 320. **b** pauci .. inveniuntur qui haec quam dulce sapiant veraciter in cordis ~o sentiant BEDE *Cant.* 1170; ipsa [prelibamina] dulcius ~o discreti pectoris sapuisse cognovimus R. COLD. *Cuthb.* 2 p. 6; ~o cordis AILR. *Serm.* 22. 22. 320 (v. 2a supra).

3 (w. ref. to eating or drinking).

rigidis morsibus avidorum ~uum potirentur dapibus talium escarum insolitis B. *Ep.* 386; mulieres .. compatiantes .. panem et vinum †et [l. ad] ~um pape portabunt GERV. CANT. *GR cont.* 320; palato / dulcia vina bibens WALT. ANGL. *Fab.* 36. 25.

palaturus v. palatinus. **palcium** v. palicium.

1 palea v. paella.

2 palea [CL]

1 straw; **b** (used as fodder); **c** (used for wattle and daub for thatching); **d** (used for brick-making; also fig.; in quots. w. ref. to *Exod.* v); **e** (fig.).

quando homo .. videtur in extremis, debet poni ad terram super cinerem vel ad minus super ~eas BELETH *RDO* 161. 162; quare nix servatur in ~ea hordei? *Quaest. Salern.* Ba 110; adamas vel magnes trahit ferrum, lapis gagates ~eam NECKAM *NR* II 98; **1220** traxit eum de lecto suo et prostravit palliam super eum et ignem apposuit ita quod extinxit eum *BNB* III 400; ~eas dispertitur innumeras quas diversis in locis collocat †evidentur [l. evidenter], ut festuca reducat quod memoria non retentat R. BURY *Phil.* 17. 219. **b 1242** in feno furragio et ~ea emptis .. xliij s. x d. *Pipe* 141; **1458** pro .. palleis pro equis domini regis tempore quo primo stetit apud Invernys *Exch Scot* 483. **c 1326** cum virgis pro domibus de pallea faciendis *BB St. Davids* 80; **1516** civitatem sitam inter sylvas casarum ex ~ea et viminibus fere duodecim *Mon. Hib. & Scot.* 518b. **d** nec amplius suspirem ad ollas carnis quas reliqui in Aegypto ubi exigente Pharaone, etiam ablatis ~eis, lateres luteos exsolvebam AILR. *Spec. Carit.* I 1. 505; Moyses ait .. "Domine, servire fecerunt populum tuum in luto et latere et ~ea. in luto carnis, in ~ea mundi, in latere, id est duritia diaboli" T. CHOBHAM *Serm.* 6. 30ra. **e** furantur predicatores lapides sacre scripture, et loco lapidum jaciunt stipulas. similiter auferunt veras sagittas sacre pagine et sagittant diabolum cum festucis ~ee T. CHOBHAM *Praed.* 26.

2 chaff, husks; **b** (used in bread-making; in quots., fig.). **c** (dist. from *triticum* or *grana*; also fig.). **d** (w. ref. to *Job* xxi 18, *Matth.* iii 12). **e** (transf. & fig., of something inferior or worthless).

haec .. / contempsit mundum .. virentem / arida ceu paleae projecta peripsema sordent ALDH. *VirgV* 2057; ~ea, *ceaf ÆLF. Gl.* 148; tunc volitant palee vento GARL. *Tri. Eccl.* 31; zizania, lolium sive ~ea ELMH. *Cant.* 208; ~ea, A. *chaf WW*. **b** Dominus .. est .. panis similagius: purus, mundus, sine cinere, sine fermento, sine ~eis AILR. *Jes.* II 12; susceptis ~eis nostre paupertatis, susceptis cineribus nostre mortalitatis, suscepto fermento nostre infirmitatis, panis angelorum factus est homo *Ib.* 12. **c** sicut acervus est tritici quia eos quos abluit a peccatorum omnium ~eis emundat BEDE *Cant.* 1191; est quedam communio gratie cunctos qui Christiane professionis consentiunt, bonos malosve .. complectens. .. hec est area habens grana permixta cum ~eis BALD. CANT. *Serm.* 15. 34. 551; multos .. vocatos invenies, paucos electos; grana rarissima, ~eas multas GIR. *TH* III 27 p. 173; fac [Christe] quod purgatus palea / granorum intrem horrea J. HOWD. *Cyth.* 47. 10; triticum est sermo sanctus. ~eas [ME: *greot*] molit qui .. molit verba vana *AncrR* 17; hostiaria est racio que purgare debet triticum, hoc est, separare granum a ~ea [ME: *chef*], id est .. bonum a malo *Ib.* 101; sic in tritura aree grana sub ~eis premuntur HOLCOT *Wisd.* 180; cum sit inter cetera cronographorum florida scripta velut prepatens ~ia inter tritici grana peroptima KNIGHTON I 1. **d** a ~ea discretum est frumentum THEOD. *Laterc.* 24; at

pia ventilabro Christi sententia justo / efflavit paleas, Cocyti ardore cremandas FRITH. 1120; **1160** velut ~ea inutilis ab area Domini avolavit J. SAL. *Ep.* 123; Walterus .. cujus cor Sathanas tam diu cribravit sicut triticum donec .. animam ejus tamquam ~eam exsufflatam a facie venti igni inextinguibili comburendam traderet J. FURNESS *Walth.* 100. **e** considera que auribus tuis instillo .. tametsi ~eas offero ordaceas, non similam frixam oleo M. RIEVAULX (*Ep.*) 63; mundi labentis palee J. HOWD. *Cont.* 327 (v. labi 9c).

3 gold flake or dust.

1253 de toto auro recepto et expenso .. tam de auro in folio et moneta quam cuneo et ~ea *Pat* 64 m. 4.

4 (*~ea camelorum*) kind of rush, camel-hay (*Andropogon schoenanthus*).

squinantum, ~ea camelorum *SB* 40.

palealis [LL=*of or pertaining to chaff*], (of gold) that resembles chaff; (*aurum ~e*) gold dust.

flumina dant aurum quod paleale ferunt NECKAM *DS* VI 60.

1 palear [CL], **1 paleare, 1 palearium**

1 dewlap (of cattle).

ut .. ab humano mento quasi bovina ~earia pendent *Lib. Eli.* III 35; hoc ~earium, -ii, i. pellicula illa que pendet ante pectus bovis OSB. GLOUC. *Deriv.* 418; torus dicitur pro ~aribus que pendent ante pectus tauri *Ib.* 582; bos .. puerum .. cornibus arreptum projecit a se et ungula pressum .. subter ~earia dimisit W. CANT. *Mir. Thom.* III 37; collum taurinis ~earibus circumplexum J. GODARD *Ep.* 226; hoc ~iare, *a dewlappe WW*; ~eare, A. *a dewlappe*; .. hoc ~are, A. *a dewlap WW*; *a dewlappe*, .. ~iare, ~iarium, thorus *CathA*.

2 wattle (of cock).

non est autem facile assignare unde ~earia [sc. gallia] rubricata, que vulgo dicuntur barbe, proveniant NECKAM *NR* I 75; [galli] a mento pendent palearia tincta rubore *Id. DS* II 805.

2 palear v. pallium.

1 paleare v. 1 palear.

2 paleare [OF *paler* < 2 palare]

1 to support on a stalk.

1528 seminibus paleata ceres fecundat opimis / jugera, que nullo culta labore forent *Bannatyne Misc.* II 4.

2 (p. ppl.) paled, decorated with stripes.

1243 culcitra palliata sindone *Cal. Lib.* II 170; **1315** casula una de rubeo sindone non palliata *Invent. Ch. Ch.* 52; tapeta crocei coloris cum papejays non palleatis ij (*Invent. Prior. Cant.*) *ArchJ* LIII 271; **1345** due tunice taffata palleata ex transverso *Sacr. Lichf.* 115; j panno *samitett* ~eato *Miss. Westm.* I 676 n. 3; **1395** vestimento palleato rubeo et nigro *velvet Invent. Ch. Ch.* 100; **1400** tria tapeta de rubeo et nigro *worstede* palliata *embroudez* cum armis Kanc' *Pat* 358 m. 6; **1401** unum lectum de *worstede* pauliat' de viridi albo et nigro, unum vetus dorsorium de *worstede* pauliatum de albo nigro rubeo et viridi cum sex costeris et sex tapitis de *worstede* pauliat' de nigro albo et viridi *Cl* 247 m. 8*d*.; **1454** iij *ridellez* et *costours* ~iatis nigri et rubei coloris *Ac. Durh.* 148; **1464** in primis sunt in capella duo panni pro altari de panno lineo palliato, blodio intenso et remisso *Ib.* 639.

palearis [LL]

1 of straw.

dum videbatur [sc. flamma] extincta, latuit calor in cinere, cui, subito admota ~is materia, levi sibilo ventilata calescit et ardet J. GODARD *Ep.* 243.

2 (bot., *acus ~is*) Christ's thorn (*Paliurus*).

†actus [l. acus] paliaris *Alph.* 136 (v. 2 acus 3b).

1 palearium v. 1 palear.

2 palearium [CL], **~e,** chaff-barn; **b** (transf., in quot., as title of book).

1428 servienti ballivi in xx porcos ejusdem J. pro transgressione facta in ordeo suo apud palerium *CourtR Carshalton* 45; hoc palare, A. *chafhouse WW*; *a caffe hows*, paliare, paliarium *CathA*. **b** ~um poetarum AMUND. II 270.

palearius [CL palea+-arius, palearium+-ius], one who supplies fodder.

dinoto .. a ~iis et veredariis suorum armorum modo sonoque lituorum notorum concepto .. peditum .. ac equitum comparuerit manum *V. Neot. A* 14.

paleatio v. palatio. **palectus** v. palettus. **palefraenarius** v. palefredarius.

palefredarius [palefredus+-arius], horseman, palfrey-man, groom.

1214 Tomas palefridarius r. c. de xl s. *Pipe* 70; **1236** rex concessit R. de N. uni palefridariorum suorum, unum denarium singulis diebus *Cl* 238; **1267** lego .. Waltero, pallefridario meo, xx solidos *Ch. Sal.* 345; **1274** item liberatum W. palefridario pro roba sua yemali .. vj s. viij d. *Househ. Henr.* 408; **1286** ad dandas palifridariis regis custodientibus equos suos et palefridos tunicas hiemales *Rec. Wardr.* 117; **1328** Cristino de Camera, ex legato regine .. et Andree palfridario domine regine, ob eandem causam, x s. *ExchScot* 116; **1352** garcio prioris .. in victualibus percipiat sicut palfredarius abbatis *Cart. Ciren.* 172; **1359** Johannes .. nuper unus palefridiariorum nostrorum *Foed.* VI 127; **1377** palafridario nostro iij s. iiij d. stipendia serviencium erga festum Natalis *DC Cant* D. E. 127; servitorem qui tantum reciperet omni die, in victu et vestitu .. quantum palefraenarius .. abbatis *Meaux* III 115; **1420** de quibus lib' palefridarius domini ad usum ejusdem *Ac. Durh.* 324.

palefredus [ME, AN *palefrei* < LL paraveredus]

1 horse for riding, palfrey.

†**833** (12c) ne cui hominum per vim aliquid ibi tribuatur neque in palefridis neque in refectiones sed ab his omnibus liber permaneat *Chr. Abingd.* I 34; **1130** W. de M. debet j palefridum pro recto de terra de fratre suo *Pipe* 36; s**1177** cum dominus papa pallefridum suum ascenderet .. imperator tenuit ei staffam *G. Hen. II* I 185; preter palefridum quem equitabat GIR. *RG* 82; palefridus sic dictus quasi passu leni frenum ducens, decenti gaudet ornatu phalerarum NECKAM *NR* II 158 p. 260; **1236** item de omnibus catallis, exceptis auro .. et palfridis et runcinis et carectariis *Ann. Dunst.* 147; consuetum est .. ut ante corpus militis .. veniat ~us suus *Cust. Westm.* 252; c**1250** mittatis mihi palfridrum vestrum *FormOx* 486; licet dixissent quod vellent ut haberet equum non dixerant quod vellent ut haberet palafredum vel destrarium ECCLESTON *Adv. Min.* 84; nullo ballivo sit vile, si de rebus domini dominum possit appruare, ut .. vel si equum, pullum, vel palefretum de furfure fabisque educi faciatque nutriri *Fleta* II 164; **1390** cuidam garcioni .. custodienti .. palfredum *Ac. H. Derby* 8; mandantes quod eis quilibet .. mitteret palafridum pro eorum equitatura sufficientem *Meaux* II 334; hic palifridus, A. *palfray WW*.

2 gift of palfrey, payment due to sheriff or sim. for his horse (esp. *~us vicecomitis*).

1234 sint quieti .. de visu franci plegii et de auxilio quod appellatur palefridus vicecomitis *Cl* 498; **1262** de vij denariis per annum ad palefridum vicecomitis *Cart. Darley* I 324; **1275** palefridus vicecomitis valet xl s. *Hund.* II 291b; **1327** de tenentibus domini de Roos .., in valle de Beauvyr pro palefrido de Beauvyr per annum iiij li. *LTR Mem* 99 r. 159; **1331** de auxilio quod vocatur palefridus vicecomitis *PQW* 147a.

palefrepagius [ME, AN *palefrei*+*page*; cf. palefredus, pagettus, pagius], palfrey-page, groom.

1358 item palfraypageo et usherpageo ad tunicas suas, iiij s. *Ac. Durh.* 561.

palefretus v. palefredus. **palenothia** v. palinodia. **palentinus** v. palatinus.

paleola, ~um [2 palea 3+-ula, -ulum], gold dust or flake.

1237 computate W. Hardell' .. quatuordecim marcas quas posuit in duabus marcis auri in paylola *Liberate* 11 m. 8; **1245** aurum .. in .. palliola (v. baculus 4); **1254** in palleola *Pat* 64 m. 4; **1254** aurum tam in folio, cuneo, bisanciis, augustalibus et aliis diversis monetis, quam in palleola *RGasc* I 484b; **1272** pro duabus marcis auri de palliolo .. ad feretrum .. faciendum *Liberate* 48 m. 4.

palerium v. 2 palearium. **palescere** v. pallescere. **palestarius** v. palistarius. **palestria** v. palaestra. **palestris** v. paluster. **palestrium** v. palistrum. **palestriticus** v. palaestricus.

1 paletta, 1 palettus [ME, OF *palete* < CL 1 pala], flat-bladed tool. **b** pincers.

1213 pro .. j ~o (v. defundere 1c); **1248** in martello et ~is emptis ij d. *Rec. Crondal* 54; **1410** Johanni Loksmyth pro *kelpynge* unius magne palette pro coquina iiij d. F. Harrison *Life in a Medieval College* (London, 1952) 142. **b** pallatum, *pynsors WW*.

2 paletta v. 2 palettus.

1 palettus v. 1 paletta.

2 palettus, 2 paletta [ME, OF *palet*], head-covering of metal or other material, helmet.

1224 hee sunt armature quas .. recepit de Falkesio, unam loricam, .. j galeam .., j paelet' *CurR* XI 1913; **1237** duodecem capella ferrea, tres galeas, undecim paelettas, †de [? l. decem] balistas ad troyll', decem et octo balistas ad duos pedes *Liberate* 11 m. 8; **1273** quinque paria coopertoriorum ferreorum pretii xxv li., et sex paria de *trappes* pretii sex li., et tres lorice pretii vj m., et tria paria calcearum ferrearum pretii xx s., et tres ~e ferree pretii sex s. *IMisc* 31/11; **1325** de j corseto ferreo, j hauberk' veteri et debili, j ~o ferreo *MinAc* 1147/23 m.1; **1335** ad eligendum .. sexaginta hobelarios quorum quilibet habeat unum equum, unum aketonem vel *plates*, unum bacinettum vel ~um *RScot* 328a; **1366** equitantes armati .. in .. ~is et bacinettis *Pat* 273 m. 29; **1381** W. F. .. [armato] cum una lorica et j ~o *IMisc* 233/23; **1406** ~is (v. dublettus 1h); **1414** ut .. quandam coronam de Ispannia, positam super unum ~um *RParl* IV 65b; **1417** Ricardus le Strange cum .. suis servientibus cum gladiis, daggariis, et bucheleris ac ~is in eorum capitibus prefatam ecclesiam .. ingrediebatur *Reg. Cant.* IV 173; **1423** pro ij ~is de *canvace Test. Ebor.* III 72; **1450** quod nullus de cetero .. ~os, loricas, gladios .. seu aliqua alia arma invasiva, .. gerat *Foed.* XI 262.

3 paletta v. patella.

palfraypageus v. palefrepagius. **palfredus, palfridrus, palfridus** v. palefredus. **palia** v. 2 palea. **paliandr-** v. polyandr-. **paliare** v. 1 palear, paliare. **paliaris** v. palearis. **paliarium** v. 1 palear. **palicea** v. palicium. **palicerus** v. paliciarius.

paliciarius [palicium+-arius], maker or keeper of fences, paliser.

1305 palicarii *CourtR Wakefield* III 184; **1332** ipso parcario capiente pro se et aliis duobus, viz. paliciar' et plaustrar', iiij d. per diem *KR Ac* 133/26 m. 3; **1357** cum defectibus palic' emendandis per ~ium *DL MinAc* 507/8226 r. 2; **1366** pro vadiis parcariorum et ~iorum dictorum parcorum *Pat* 273 m. 43; **1369** palicero de M. et J. R. custodientibus duas portas parci ibidem .. liij s. *Ac. Durh.* 575; **1388** prepositus, duo parcarii, unus palisarius, unus separius *CalIMisc* 396; a**1389** in vadiis unius paliciar' operantis super reparacione .. diversorum defectuum palic' parci ibidem *KR Ac* 473/2 m. 9; **1464** officii ~ii *CalPat* 335.

paliciator [palicium+-ator], maker or keeper of fences, paliser.

1435 sol' Thome Turnour ~ori pro prostracione maeremii .. *DL MinAc* 76 no. 1499; **1485** concesserunt ei officia ffeodarii ducatus .. et custodis parci .. et ~oris *DL Misc. Bk.* 21 f. 123v; **1573** pro exercitio officii sui .. palitiatoris ejusdem parci *Pat* 1101 m. 20; **1606** constitutorem omnium et singulorum .. deambulatorum, palliciatorum, senescallorum .. imposicionem .. laundar', palaceatorum, et ceterorum officiariorum *Pat* 1714 m. 14.

palicium, ~ia [OF *palice* < CL 1 palus+2 ~īcius]

1 palisade, fence, stockade; **b** (round fortress or town); **c** (round domestic building, workplace, garden, or hill); **d** (round park); **e** (for combat).

1091 nulli licuit in Normannia fossatum facere in planam terram, nisi tale quod de fundo potuisset terram jactare sine scabello, et ibi non licuit facere ~ium nisi in una regula, et illud sine propugnaculis et alatoriis (*Cust.*) *EHR* XXIII 507; **1178** in reparatione ~ii prostrati per ventum *Pipe* 33; **1344** super quam venellam abbas de L. fecit quendam ~ium, continentem in latitudine duos pedes et plus *MGL* II 451; ~ium, ~cii, est quedam clausura facta ex palis, A. *a palys WW*; **1573** sepes .. fossata, inclus', pallic' at omnes alias necessarias separaciones *Pat* 1104 m. 12/25; **1587** reparaciones pali[c]earum *Pat* 1300 m. 10. **b** **1167** in reparatione ~ii de castello xl s. *Pipe* 72; ?**1179** ipsi super fossatum totum burgum

claudent bono ~io et, exquo clausum fuerit, ~ium illud sustentabunt *Regesta Scot.* 213; **1230** accedat ad .. castrum et videat quid et quantum maeremii opus fecerit ad barbecanas et ~ia ipsius castri reparanda *Cl* 357; **1307** cum toftis et croftis et vacuis placeis nostris infra ~ium ejusdem ville (*Berwick BBC* 324; **1325** pallicium extra castrum super motam (v. 2. mota 4).   **c 1211** in quodam pilicio juxta daeriam viij d. *Pipe Wint.* 141; **1279** inclusit centum acras terre et plus cum foveis et pilatio *PQW* 349a; a**1281** sic sequendo inter terram siccam et mariscum usque ad ~ium monachorum quod est ex orientali parte grangie *Couch. Furn.* II 539; a**1291** includant .. pasturas .. fossato, muro vel ~io *Ib.* II 566; **1295** v s. in factura .. ~ii circa galeam in grosso *KR Ac* 5/8 m. 2; **1296** in cccc clavis ferri ad palyceam faciendam circa Galeam vj d. ob. *Ac. Galley Newcastle* 165; **1305** in pallec' circa coquinam emendand', j d. ob. .. in j palleceia circa herbarium emendanda et erigenda, iij d. *MinAc* 991/27; c**1450** pro pratis, pascuis et pasturis infra palcium ex occidentali parte de T. *MonA* II 242.   **d 1172** in reparatione palizii parci de Geldeford, xl s. *Pipe* 141; **1257** claudi et emendari faciat omnes defectus ~ii parci illius *Cl* 167; **1390** debent eciam claudere et sustinere .. xvj perticas ~ii circa parcum de W. *Crawley* 292; **1337** de Willelmo Cissore de Hoton' quia saltavit ultra palic' parci, vj d. *KR Ac* 131/27 m. 7d.   **e 1364** pro meremio recepto .. ad clausuram ~ii pro duello *ExchScot* 129.

2 lattice (of lines in chiromancy).

ad finem tercii [sc. digiti] rimulae .. parvae .. sursum tendentes vulnera corporis produnt nisi ante illi tres digiti palicie conjunguntur *Tract. Chirom.* f. 282rb.

paliea v. palicium.   **palif-** v. palef-.

Palilia [CL], festival of goddess Pales.

Pales, dea pastorum .. et festa ejus ~ia Osb. Glouc. *Deriv.* 472; Palalia, A. *festys of Palys WW*.

Palilis, 1 Parīlis [CL], of Pales of her festival.

non a parte Parīlis M. Cornw. *Hen.* 33 (v. 2 parilis 3a).

palimbacchius [CL], metrical foot of two long syllables and one short.

ad eandem pertinent sescuplam hi .. pedes: bachius, palimbachius .. Aldh. *PR* 112; palimbachius .. iterum bachius reciprocis vicibus sillaba immutata vocari dinoscitur *Ib.* 124.

palina v. balaena.

palingenesia [παλιγγενεσία], regeneration.

palingenesean, *edscaeft GlC* P 71; Alb. Lond. *DG* 6. 21 (v. iterare 1a); Pythagoras vero non translationem sed ~am esse dicit, hoc est redire quidem sed post tempus *Ib.* 6. 27.

palinodia, ~ium, ~um [LL < παλινῳδία]

1 retraction.

res itaque ista cum sit repentina, veniam postulat et si quid in ea aut negligentia aut inscientia aut infirmitate naturali .. imprudenter fuerit elapsum, ~ie legi subjaceat W. Donc. *Aph. Phil. prol.* 4; a**1158** ~iam in nos manu propria conscribendo recantamus G. Foliot *Ep.* 128; ex verbis Scripture .. quandam circumventionis mihi ~iam facis R. Cold. *Godr.* 277.

2 song that includes repetition.

palenothian, iteratum carmen *GlC* P 112; extorres statuunt agio incassum palinodo Frith. 1116; in Dei ~ia [sc. Te Deum laudamus] quam composuit Hilarius Pictavensis episcopus Abbo *QG* 19 (42); ~a, laudes iterate Osb. Glouc. *Deriv.* 482; tuba et canora pallinodias canta *Miss. Westm.* II 939; *carole, songe,* ~ium, ~ii *PP*; in pallinodio *Digby Plays* 223 (v. cantifractus); **1509** omnes bacularii pallinodia, unusquisque in ordine suo, cantaverunt *Reg. Merton* I 383.

palinodice, by repetition.

canant ~e, id est recantatorie J. Garl. *Dict.* 133.

palinodum v. palinodia.

1 palis [ME, OF *pal* < 1 palus], stake, paling (in quot., used as rudder).

baculi regimine annitendo utens pro ~ide, singulos precepit .. ad terram exeundo prodire R. Cold. *Cuthb.* 23.

---

2 palis v. pallis.

3 palis v. 2 palus.

palistarius [ME *palis*, OF *palice* < CL 1 palus + 2 -īcius + ME *-ster*; cf. Eng. *palester*], maker or keeper of fences, paliser.

1487 pro vad' duorum palestar' ad viginti solidos per annum *Pat* 565 m. 27/1; **1544** palestrarii ejusdem parci *Pat* 738 m. 20.

palistrare v. palaestrare.   **palistricus** v. palaestricus.

palistrum [cf. 1 palis], palisade, fence.

1271 fiat in medio ejusdem muri in longitudine ~um compendiosum *AncD* A 1926; **1275** x li. quas liberavit dominis Petro .. et Willelmo .. novis militibus pro palestria et sellionibus *Reg. Heref.* 173.

palitiator v. paliciator.   **palium** v. pallium.

paliurus [CL], **a** thorny shrub, Christ's thorn (*Paliurus*); **b** (w. ref. to *Mic.* vii 4); **c** (fig.).

exempla paeonis tertii depromantur: .. rudibundus, Palinurus, ~us Aldh. *PR* 135; tunc de narciso [*gl.*: i. de bonis] torquebitur et ~o [*gl.*: i. de malis] J. Cornw. *Merl.* 25; ~us est cauda asperrimus et spinosus, crescens in terra aspera et inculta .. cujus hastule ita sunt spinose quod .. comedi ab asinis non permittunt Bart. Angl. XVII 127; ~us, cicer domesticus *SB* 33; *Alph.* 136 (v. 2 acus 3b).   **b** qui optimus inter eos, stimulat et pugnat ad modum ~i, id est cardui et spine O. Cheriton *Fab.* 43; dico cum Mich. vii qui optimus est in eis quasi ~us et qui rectus quasi spina de sepe *Lat. Stories* 78.   **c** innascatur mihi .. ~us elationis, carduus superbie J. Godard *Ep.* 230.

palix [cf. palicium < OF *palice*, ME *palis*], paling, fence-post.

1286 de iiij s. de ~icibus venditis *Doc. Scot.* 29; **1375** in .. cariacione meremii et inquisicione de ~ice .. *Ac. Durh.* 180.

palizium v. palicium.

palla [CL], **~um, ~us**

1 garment: **a** cloak. **b** woman's tunic.

a Tisiphonem .. sanguinea ~a succinctam *Lib. Monstr.* III 24; ~a, *rift GlC* P 126; ~a, pallium, mantile Osb. Glouc. *Deriv.* 475; ~am villosam quam sclavinam nominant velox abjecit Map *NC* V 6 f. 70; ~us dicitur *mantel* (Garl. *Dict. gl.*) *Teaching Latin* II 155.   **b** ~a, *cyrtel* Ælf. *Gl.* 107; regillum vel peplum vel ~a, .. *wife hrægl Ib.* 152; palliorum genera .: feminarum .. pallia, regilla, pepla, ~a Balsh. *Ut.* 53.

2 (eccl.) archbishop's pall.

802 misi dilectioni vestrae [sc. archiepiscopo Cantuariensi] .. unam ~am et unum vestitum Alcuin *Ep.* 255; per quem palla sibi [Menevie] reddetur dempta per annos *V. Merl.* 623.

3 piece of (precious) cloth; **b** (used as canopy).

~a .. *deorwurþe wæfels* Ælf. *Gl.* 152; canduit .. linea ~a miro nitore ... hunc nivalem pannum .. sustulere Gosc. *Lib. Mild.* 19 p. 87; de ~is quas ipse de Apulia detulerat quatuor preciosiores sancto Ebrulfo optulit. ex quibus quattuor cappe cantorum in eadem facte sunt ecclesia Ord. Vit. V 16 p. 433; c**1200** troparii ornati auro novem; troparii ~is operti vj (*Cart. Reading*) *EHR* III 122; s**1255** dedit .. beato martiri duas ~as pretiosas, quas baldekinos vocant, et unam nobilem capam M. Par. *Maj.* V 489; s**1232** sacrista habuit capam ejus de ~o cum vestimento *Ann. Worc.* 424.   **b** s**1236** ~am super regem cum iiij hastis supportantibus (v. custos 4c).

4 (eccl.) cloth: **a** (used on altar) frontal, corporal, or sim.; **b** (for covering corpse); **c** (for wrapping relic); **d** (for covering crozier); **e** (transf. & fig.).

a ~ae quae sunt in substratorio in alio vase debent lavari, in alio corporales ~ae Egb. *Pont.* 15; involvant .. parentes manus pueri in ~a qua altare coopertum est et cujus pars anterius pendet Lanfr. *Const.* 172; Sylvester .. statuit ~as altaris lineas esse debere R. Niger *Chr. II* 123; que ut vidi .. calicem patena, patenam sacra .. cooperui Ad. Eyns. *Hug.* V 4; nulla mulier .. contingat ~as altaris T. Chobham *Conf.* 117; togellas sive ~as illius altaris, tersoria, calicem, corporalia, et offertoria .. in sua specialiter habebit custodia *Cust. Cant.* 110; **1370** duas ~as largas pro

---

magno altari *Fabr. York* 185.   **b** s**1231** corpus defuncti ~a coopertum M. Par. *Maj.* III 201.   **c** rediit .. cum† ~e [v. l. ~a] qua erant involuti cineres beati non modica portione Ad. Eyns. *Hug.* V 14 p. 168.   **d 1396** baculus pastoralis argenteus .. item baculus ligneus depictus .. cum tribus ~is ad eosdem *Meaux* III lxxx.   **e** ~e et vestes, quibus altare ornatur, sunt confessores et virgines, quorum operibus Christus decoratur Hon. *GA* 587.

5 (bot., ~*a marina*): **a** lungwort (*Pulmonaria officinalis*). **b** sea sponge. **c** kind of tree.

~a marina, A. *longwort MS BL Addit. 27582* f. 61r; ~a marina, bellewort, stercus asini, pepanus *MS BL Arundel 42* f. 96vb.   **b** spongiam marinam ~am marinam Gilb. IV 158. 1.   **c** ~a marina arbor est *Alph.* 137.

pallacium v. palacium, palatium.

Pallade [cf. CL Pallas], in the manner of Pallas Athene, wisely.

pallade ceu proprios sapiens rex ordinat actus *De lib. arb.* 91.

Palladius [CL = *of Pallas Athena*]

1 of or associated with Minerva. **b** of a pagan deity.

Palladio studio qui Palladis arma tulerunt, / Palladium studium rectificare student Garl. *Hon. Vit.* 33–4.   **b** tunc Vesta Palladios [*gl.*: *dwællice*] lares / inpune sensit deseri *GlP* 671.

2 (as sb. m. as proper name).

missus est ~ius episcopus primitus a Caelestino .. papa Romae ad Scottos Nen. *HB* 194; s**432** Celestinus papa qui misit ~ium ad Scottos *Ann. Dunstable* 6; de agricultura dederam nova dogmata plura: Palladius *Vers. S. Alb. L.* 220.

3 (as sb. n.) image of Pallas Athena; **b** (transf.).

~um, simulacrum Palladis, i. e. Minervae *GlC* P 87; ~ium, A. *an ymage of Palas WW*.   **b** Parisiense ~ium jam nostris mestis temporibus cernimus jam sublatum ubi .. friguit zelus scholae tam nobilis R. Bury *Phil.* 9. 156.

pallamentum v. parlamentum.   **pallare** v. psallere. **pallatium** v. palatium.   **pallatum** v. 1 paletta. **pallea** v. 2 palea.   **palleatus** v. palliare.   **pallecia** v. palicium.   **palleda** v. 2 palus.

palledo [ML], pallor.

s**1426** frater .. qui ad instar hypocrite faciem pingit ~ine, interius tamen incorporat acervum scelerum Amund. I 208; faciem pingit ~ine, ut vulpem dissimulet quem gerit in pectore *Reg. Whet.* II 462.

palleo v. 1 pallio.   **palleola** v. paleola.

1 pallere [CL]

1 (of person) to be pale (usu. as result of strong emotion, illness, or fasting); **b** (w. *ad* & acc.).

magis mortuo quam viventi similis stupore et dolore ~ebam Anselm (*Ep.* 148) IV 4; facies ejus jam in mortem ~uerat Turgot *Marg.* 13; exangues Christiani ~ebant Ord. Vit. IX 9 p. 525; vide mihi istos quorum exsiccatum est corium, quorum ~ent ora jejuniis G. Hoyland *Ascet.* 277; nec senectute marcescat, nec paupertate sordescat, nec ~eat egritudine Ailr. *Spec. Car.* I 23. 526; artus teneros aquarum frigoribus obfrigescentes tremere et ~ere coegit Gir. *GE* II 10. **b** ad pannositatem nauseat, ~et ad pitaciam Map *NC* IV 6 f. 47v.

2 (pr. ppl. as adj.) pale; **b** (of person or animal). **c** (of light) dim.

calcedonius pallentem / ignis habet effigiem Frith. *Cives* 4. 1.   **b** ~entia ora Ailr. *Spec. Car.* III 6. 551; cerno panteron pallentem quem color ornat / flavescens, vernans Neckam *DS* VI 351 p. 471. **c** furvas / pallenti lichino depellit rite tenebras Frith. 107.

2 pallere v. palliare.

pallescere [CL]

1 (of person) to grow pale (usu. as result of strong emotion, illness, or fasting); **b** (transf. & fig.).

obtenebrabuntur oculi, facies ut testa ~et P. BLOIS *Ep.* 117. 348B; in Pario marmore superba mulier moritura ~it GREG. *Mir. Rom.* 22; cepit puer ~ere, fauces collidere et toto corpore frigescere *Mir. Wulfst.* II 21; imminenti morte ~o et sola mortis imago versatur in oculis meis J. FORD *Serm.* 10. 6; facies speciosa ~ebat jejunio *V. Edm. Rich B* 621; ~it et mutatur color faciei de uno in alium multotiens GAD. 20. 2; insufficientiam reminiscens contremisco et contremescens palesco ASHENDEN *AM* 2. 1. **b** ~it sane caritas nostra ad varios languores suos, nunc dolore, nunc torpore, nunc metu J. FORD *Serm.* 12. 8.

2 (of colour) to grow pale, fade.

aiunt .. perfectam purpurae tincturam nullo umquam sole .. ~ere BEDE *Cant.* 1196; tinctura .. cujus rubor pulcherrimus nullo umquam solis ardore .. valet .. ~ere *Id. HE* I 1 p. 10.

3 (of light) to grow faint, dim.

o lux augusta profundis / pallescens tenebris HANV. V 209.

palleum v. pallium. **pallia** v. palea.

palliamen, concealment.

hoc ~en, -nis, i. occultamen OSB. GLOUC. *Deriv.* 459.

palliare [LL; CL *p. ppl. only*]

1 to cloak, cover; **b** (transf. & fig.). **c** (p. ppl. as sb. m.) one covered with a cloak, one who wears a cloak.

.... (L III) *Ep. Bonif.* 128; velare, cooperire, ~iare, amicire OSB. GLOUC. *Deriv.* 59; sit stratura satis lecto, fultrum positum sit / desuper, et capiti pulvinar, lintheolum / mundi, cervical, coopercula palliet ista D. BEC. 1288; *coverer,* ~iare Gl. AN Ox. 154; **1243** liberate .. xxiiij s. pro una culcitra ~iata sindone .. ad opus ipsius Malekine *Liberate* 19 m. 9. **b** ave, per quam deitas / carne palliatur S. LANGTON *BVM* 3. 40. **c** ingens [sc. oblatio] allata est ~eati extento in gremio *Enc. Emmae* II 21.

2 (eccl.) to invest with an archiepiscopal pallium. **b** (p. ppl.) covered with a pallium or precious cloth.

797 Celestinus papa nos docuit, dicens 'non sit vana gloria ~eatis. episcopali more, qui episcopi sunt, sequantur ALCUIN *Ep.* 127; **1294** die Epiphanie sequenti in ecclesia Norwic' magnam missam celebravit primo ~iatus *DCCant. Reg.* Q 24b; **1295** sedis [apostolice] auctoritate .. consecrati et ~eati *Reg. Cant.* I 8. **b** colligunt in scrinia linteata et ~iata illa aurea ac gemmea pignora GOSC. *Transl. Aug.* 18B.

3 (fig.) to cloak, hide, disguise; **b** (w. abl.); **c** (w. *sub* & abl.); **d** (refl.).

odiosa simultas .. quicquid occulte secum ~iarat in lucem nunc proferens aperte declarabat G. *Steph.* 1; incommoda mundane conversationis ~iando versute P. BLOIS *Ep.* 35. 114B; remansit .. plaga interior quam dissimulatio ~iabat .. donec occasio rebellionis erumperet *Id. Ep. Sup.* 10. 5; ingressi ad eum sollicite se occultantem .. inquiunt .. "frustra personam tuam ~ias, facies tua manifestum te facit" W. NEWB. *HA* IV 31; non .. debemus ~iare peccatum sed .. denudare ALEX. BATH. *Mor.* IV 18 p. 155; ne per hoc a plena confessione retrahatur ~iet peccata vel taceat ea T. SUTTON *Quodl.* 656. **b** oboedientie tegmine praesumptio ~iatur ANSELM (*Ep.* 65) III 184; quamlibet multimodis tergiversationibus nequitiam ~iaret, advertit illud aliquis quod difficile sit crimen non prodere vultu vel gestu W. MALM. *GR* II 190; culpam / excusat pietas manifestaque crimina velo / palliat erroris HANV. V 195; artium scriptores ne multa parum scisse viderentur et ut ars difficilior cognitu fieret, multa conquisierunt et verbis incognitis ~iarunt *Dial. Scac.* I *prol.* B; veritas non cernitur nuda et mera sed misticis imaginibus ~iata W. NEWB. *Serm.* 853; sic in illo sevicie virtutibus fucarant ~iate ELMH. *Cant.* 333. **c** sub optentu libertatis redimende pravitatem symoniacam plurimi ~iabant J. SAL. *Hist. Pont.* 45; falsum sub imagine veri / palliat NIG. *BVM* 40; sub pretextu doctrine dolum .. ~ians GIR. *Symb.* I 1 p. 204; **s1164** sub ovina vellere rex lupinam crudelitatem palliando M. PAR. *Min.* I 330; **1314** sub vestibus ovium .. lupi rapacis seviciam ~iantes *Reg. Heref.* 496; conclusiones .. diu sub terminorum involucris ~iatas, jam sed jam denudatas WALS. *HA* II 253. **d** fidelis discretione opus habet ne se forte vitia sub virtutum habitu pallient BEDE *Cant.* 1194; aut .. sub dilectionis imagine

aut devotionis obtentu aut alicujus simulatione officii se adulatio prodigiosa ~iat ut gratius acceptetur P. BLOIS *Ep.* 70. 218C; virtutibus se vicia ~iabant CIREN. I 243.

4 to underrate, play down the importance or magnitude of, extenuate.

aviditatem videbatur ~iare ratio W. MALM. *GR* IV 340; **s1315** volens .. se ipsum excusare aut saltem injuriam suam caute ~iare *V. Ed. II* 216; caucius ut fraudem palleat ipse suam GOWER *VC* IV 1044; **s1378** cancellarius depositus ~ians deposicionem suam resignavit sponte in convocacione ut dixit non coactus *Eul. Hist. cont.* 349.

5 (p. ppl.) disguised, dissembled: **a** (w. ref. to something bad). **b** (w. ref. to something apparently good) feigned.

a paganus .. pulchrum carmen .. edidit, in quo ~iatas horum hypocrisi superstitiones .. propalavit ORD. VIT. VIII 26 p. 435; sub ~iata ambitione civitatem sibi attentaret *Ib.* IX 12 p. 576; quid aut autem libertas qua mundo militantes gloriantur nisi quaedam ~iata servitus? NECKAM *NR* II 155; debet hec simplicitas esse .. sine ruga false opinionis, sine tegumento paliate ficcionis HOLCOT *Wisd.* 16; rex ad aliud ~iate prodicionis argumentum .. iterato devolvitur WALS. *YN* 32. **b** quem nec ~iata prudentia nec dissimulata fallit ineptia *Dial. Scac.* I 11E; sub umbra episcopi et obtentu justitie ~iate subditos opprimunt P. BLOIS *Ep.* 25. 89B; sub .. ~iate amicitie fuco GIR. *Æthelb.* 7 (v. focus 2b); contractum super ecclesia factum ~iato vocabulo tamen pacis et quietis redempcionem vocans *Id. SD* 106; sub uxoris namque ducende pretextu et ~iate amicitie colore .. callidus in hos fines explorator et expugnator advenit BROMPTON 750.

6 false, (of charge) trumped up.

s1196 allegationibus superficialibus et ~iatis DICETO *YH* 136; tota nostra solicitudo est ut per ~iatas potestates et status dignitates videamur seculo gloriosi WYCL. *Ver.* I 134; prepositi .. gregem subjectum multipliciter ducunt in precipicium nunc ~iatis excommunicacionibus deterrendo *Ib.* II 135.

palliatio [ML], **pallicatio**

1 cloaking, covering, concealment, disguise (also *sub ~one*); **b** (w. subj. gen.); **c** (w. obj. gen.).

~iatio .. i. occultamen OSB. GLOUC. *Deriv.* 459; ut .. regis voluntati, quam intime noverat, melius sub hac ~iatione conveniret *V. Thom. A* 17; aliquis .. ad januam ad .. excludendum non suos, qui forte sub ~iacione ejus venire voluerunt GRAYSTANES 44; [haraldorum] officium est .. fideliter et sine ~iacione nunciare UPTON 20. **b** **1320** sub quavis ~iacione verborum aut colore quocumque quesito *Reg. Heref.* 310; pro diviciis pecuniarum, sub ~iacione boni, malum enutriunt et maculosum *Regim. Princ.* 90. **c** **s1256** hypocrisim reputant et secularitatis ~iationem M. PAR. *Maj.* V 559; ne discoli ex ~iacione hujus sensus ewangelici excusent substratam ignoranciam WYCL. *Ver.* I 313.

2 (act of) covering with or wearing a cloak.

sub vestitu .. tunicacio, capacio, ~icacio BACON XV 232.

3 deceit, trick.

non cognoscit diabolum .. per essentiam suam et ideo oportet .. quod cognoscat eum per exteriores suggestiones et ~eaciones suas T. CHOBHAM *Serm.* 1. 6vb; sunt tot ~iaciones dyaboli WYCL. *Apost.* 39.

4 reservation, excuse, extenuation (w. ref. to untoward conduct).

magnificos ejus actus .. reticendo atque prava .. opera absque alicujus excusationis ~iatione replicando R. NIGER *Chr.* II 169; **1285** omnia et singula sine diminucione aliqua, excepcione ac ~acione [*sic*] uniformiter acceptantes *Cap. Aug.* 42; errorem suum pure et absolute .. sine omni condicione, notificacione, et ~iacione revocare, et se errasse confiteri OCKHAM *Dial.* 657 (*recte* 757).

palliative, in a manner that conceals or dissembles.

forisfactura dominantis, sicut circumvencio ~e juris humani, contingentissime evenit mundi divitibus WYCL. *Civ. Dom.* I 140.

palliativus, that conceals, (in quot.) that gives superficial relief (to pain), palliative.

quando dolor est fortissimus et est cura ~a, quia vera cura est auferre causam GAD. 38. 1.

palliator, one who conceals or glosses over, deceiver, trickster.

instatur ad colorandum hoc factum ... hic dicitur quod in istis factis sunt tot palliaciones dyaboli quod infinitis modis sophisticari potest symoniace scola sua. talis ~or .. caveret primo ne det scandalum erroris fratri suo WYCL. *Apost.* 39.

palliatus v. palliare. **pallicatio** v. palliatio. **palliciator** v. paliciator. **pallicium** v. palicium.

pallide, palely, dimly.

pallidus .. unde ~e, ~ius, ~issime adverbia OSB. GLOUC. *Deriv.* 443.

pallidescere, to grow pale, (of light) to become faint.

sol .. velut lucerna in die ~ere videbatur FELIX *Guthl.* 50 p. 158.

palliditas [LL *gl.*], paleness, pallor.

palleo .. unde .. hec ~as OSB. GLOUC. *Deriv.* 443; urina nigra .. cedens aliquantulum ad viriditatem vel ~atem M. SCOT. *Phys.* 44; accidentia senectutis et senii sunt canities .. ~as, cutis corrugatio BACON *Maj.* II 206; ~as, A. *palenesse WW.*

pallidulus, somewhat pale.

~us, -a, -um, i. aliquantulum pallidus OSB. GLOUC. *Deriv.* 443.

pallidus [CL]

1 (of person or part of body) pale, pallid; **b** (transf., of death personified).

precibus disrupit vincula mortis / pallida purpureo restaurans membra colore ALDH. *VirgV* 1966; mox pallida conspicit ora. / obstipuit, haesitque loco FRITH. 499; in die, licet ~us, tamen quasi sanus .. ambulans WULF. *Æthelwold* 30 (=ÆLF. *Æthelwold* 20); vultu ~o GIR. *EH* I 41; macra et ~a [ME: *uvele iheowed*] *AncR* 143. **b** pallida mors equo pulsans pede pauperis edem / et regis turrem, par in utroque furit [cf. Horace *Odes* I 4. 13–14: pallida mors aequo pulsat pede pauperum tabernas / regumque turres] L. DURH. *Dial.* IV 49.

2 (of colour) pale.

ex convenientia citrini cum albo quandoque ~us vel subpallidus *Quaest. Salern.* W 1; viola ~um habet colorem et subnigrum T. CHOBHAM *Serm.* 23. 92va; inter citrinum et puniceum videtur prima facie poni ~us, quoniam Avicenna .. pallorem esse speciem citrini; medici vero alii ponunt colorem ~um esse sicut succum semicrude carnis BACON XIV 76.

3 pale-coloured; **b** (of light) pale, dim.

quadrangula .. media ix quadrangulas intra se habens id est v ~as quatuorque plenas *Alea Evang.* 175; urina .. ~a *GlSid* f. 145 (v. lividus 1c); **1416** lego ecclesie S. Anne de F. unum vestimentum paulidum et unum vestimentum de *fustian Reg. Cant.* II 417. **b** pallida nec lunae spernuntur lumina noctu / caerula dum fuscat tenebris nox saecula furvis ALDH. *VirgV* 214.

pallinodium v. palinodia.

1 pallio [AN *pallion* < CL pallium], archiepiscopal pall, pallium.

1245 ad modum archiepiscopalis palleonis (v. pallionatus).

2 pallio v. passio.

palliola v. paleola.

1 palliolum v. paleola.

2 palliolum [CL]

1 (short) cloak, worn by man or woman; **b** (used as shroud).

~um aurique parum .. multos stravisse GILDAS *EB* 1; matrona .. vestem quandamque sacrato / altari imposuit, statim visumque recepit, / .. / ponere palliolum visumque levare serenum WULF. *Swith.* I 1239; parum fuit emulatori .. Joseph, relicto mulieri

Egyptie ~o, quo tenebatur astrictus, nudum e manibus amplectentis elabi AILR. *Spec. Carit.* I 34. 541; hoc ~um, -i, et hec palla, -e, pro pallio OSB. GLOUC. *Deriv.* 444; irruit in aprum .. ~um habens in sinistra, cultellum in dextera modicum, et involantem in se fortiter suscipit sinistra, interficit dextera MAP *NC* IV 15 f. 57; 'domus oracionis in spelunco latronum vertitur' quum vile ~um, i. e. religiosi in simplici habitu, possident regum opes GASCOIGNE *Loci* 135. **b** 'hoc mihi dones / palliolum; placet hoc, in eo mea membra repones.' / .. / cur sibi defuncto vestis rogat illa paretur? NIG. *Paul.* f. 49v l. 554.

2 (eccl.) archiepiscopal pall.

s1272 archiepiscopus Cantuarie .. intronizatus est ..; .. indutus ~um suum solempniter divina celebravit *Let. Ant. Lond.* 160.

3 cloth spread over tomb, funeral pall.

in monasterio tesaurizatur ~um ad sancte Edithe memorabile signum GOSC. *Edith* 101; ~um memoratum quo illud reverendum sepulchrum tegebatur (*V. Erkenwaldi*) *NLA* I 396.

pallionatus [cf. 1 pallio < AN *pallion*], made or decorated like an archiepiscopal pall.

1245 casula .. aurifrigiata, ~a *Invent. S. Paul.* 484 [cf. ib. p. 483: casula .. de rubeo sameto plano sine aliquo lineamento interiori aurifrigio solum apposito ad modum archiepiscopalis palleonis]; **1315** casula duplicata et ~a ex una parte alba et ex alia parte crocea *Invent. Ch. Ch.* 69.

pallis [ME *palle* < CL palla], covering.

1423 pro j *costour* ejusdem secte, cont' viij pales integros *Test. Ebor.* III 70; **1432** lego .. unum lectum .. cum uno pale de nigro, viz. unum *coveryng, selour*, unum testor, et tres *qwyshyns Ib.* II 24.

pallium [CL], **~ia**

1 garment: **a** cloak, **b** (worn by woman); **c** (transf. & fig.).

a lineam .. quam habemus quando missas facimus in modum ~ii *Comm. Cant.* I 312; purpureo induta ~io *Lib. Monstr.* I 13; **747** modo ~ii laicorum (v. cuculla a); ne scrutator majestatis opprimatur a gloria etiam vultum suum operit [sc. Elias] ~io AD. SCOT *QEC* 7. 813C; **c1200** dedit .. unam capam et unum ~ium et unam tunicam et unam supertunicam *Cart. Osney* I 64; **1256** unam bonam robam viz. tunicam, supertunicam, et ~ium cum penula de bissis .. *Cl* 17; adveniunt boni cives .. cum aureis ~eis longis LIV. *Op.* 386; hoc ~ium, A. *mantylle WW*. **b** ~ium lineum subtile quo se puellae cooperiunt et meretrices maxime *Comm. Cant.* I 199; inclina .. oculos .. ad benedicendam hanc viduitatis vestem ... post haec imponis viduae ~ium EGB. *Pont.* 114; **1200** robbavit ei iij marcas et duo ~ia uxoris sue *SelPlCr* 38; **1201** de roberia .. j palii *Ib.* 6; domina .. ~ium purpureum quo induta fuerat expandit *Canon. G. Sempr.* 148; ~io rejecto sola camisia vestita MAP *NC* IV 11 f. 53; **1257** de garderoba regis faciant habere uxori B. le Bigot unam robam integram, viz. tunicam, supertunicam, ~ium, et capam cum pellura *Cl* 33; accipe, puella, ~ium sive vestimentum *Mon. Rit.* III 338. **c** ut sacrificii caelestis sedem purpurea ac si coagulati cruoris ~ia attingerent GILDAS *EB* 28; nec †radiebat rutulus [l. radiabat rutilus] / sicut solebat, Sirius, / quia nobis nigerrima / abscondunt polos pallia (ALDH.) *Carm. Aldh.* 1. 92; celo demissa columna lucifera, denseque noctis dirumpens ~ia W. MALM. *GR* II 212; te [sc. judicem terribilem] ~io zeli amictum quasi ad ulciscendum J. FORD *Serm.* 7. 6; tunc [virgo] sumat nos sub pallio / tegatque precum precio J. HOWD. *Cyth.* 148. 7; ut sacre laudis pallio me decores *Id. Cant.* 181; **s1456** veris .. temperies que tam pratis tam pascuis .. ~ia polymitarie tunicacionis adaptare solet *Reg. Whet.* I 216.

2 (fig.) cloak, disguise, pretence; **b** (*sub ~io* w. gen.).

exui ~ium falsitatis et nudatus sum tunica iniquitatis PETRUS *Dial.* 537B; licet propter alia, que pertinaciter sine omni ~io asserit, possit eum inter hereticos computare OCKHAM *Pol.* II 836; jubent ne sublato ~io aperte tradantur RIPLEY 126. **b** utile tamen tibi erit, cum ipsum sophisma quod te sub ~io verae rationis fallit, in sua fallacia nudum conspicies ANSELM (*Gram.* 8) I 152; quippe comperto, quod diabolus sub illo simulationis lateret ~io .. in certamen animatur W. MALM. *Wulfst.* I 4 p. 10; vicia .. latencia sub ~o virtutum T. CHOBHAM *Serm.* 20. 97rb; **1284** sub dissimulationis vestre ~io (v. dissimulatio 2b); **1302** que [sc. verba] sub ficte consolacionis ~io .. composita sunt *Reg. Carl.* I 173.

3 royal cloak.

11.. accipe ~ium quattuor initiis formatum, per quod intelligas quattuor mundi partes divine potestati esse subjectas *Rec. Coronation* 34; **1194** super extensum tapetum regalibus ornamentis expositis, sc. ~io quadrangulo auro texto, tunica, sandaliis, armillis, ense .. sceptro et corona rex indutus est GERV. CANT. *Chr.* 526; **1207** ~ium regale (v. morsus 4); de ~ii exactione quod sibi rex Ricardus ab ecclesia Lincolniensi asserebat deberi AD. EYNS. *Hug.* IV 7; palliata sc. sub pretextu regalis ~ii ambitione pontificali *Ib.*; **13..** deinde ~io regali induetur, quod quidem ~ium quadrum est et aquilis aureis per totum contextum *Rec. Coronation* 95.

4 archiepiscopal pall, pallium; **b** (by transf., archipiscopal rank or office).

s601 misit papa Gregorius ~ium Brittaniam Augustino jam facto episcopo BEDE *HE* V 24 p. 353; **c732** tibi sacri ~ei direximus munus quod beati Petri apostoli auctoritate suscipiens induaris (*Lit. Papae*) *Ep. Bonif.* 28 p. 49; **a1075** Romam ivit .. et .. unum .. ~ium de altare Romano more accepit, alterum verum .. cum quo missam celebrare solebat Alexander ei papa .. porrexit LANFR. *Ep.* (3); ~io tamen nunquam est insignitus quod principale ac mysticum archipraesulatus insigne manus Romani pontificis .. ei denegavit ut minus idoneo W. POIT. I 53; cum Romam profectus fuisset ut ~ium a sede apostolica susciperet OSB. *V. Dunst.* 32; nec papa .. Eboracensi eum ~io insignire volebat W. MALM. *Wulfst.* I 10; quem .. Cantuariensis ~ii fibula decorabat OSB. CLAR. *V. Ed. Conf.* 22; **1224** ~eum, quod est plenitudinis officii pontificalis insigne *Mon. Hib. & Scot.* 23a; **1414** cum ~eum viz. insigne plenitudinis pontificalis officii ex parte tua fuisset .. postulatum .. ~eum ipsum de corpore Beati Petri sumptum tibi .. duximus destinandum *Reg. Cant.* I 16. **b** recessit navigio Paulinus ad partes Cancie, sumpto secum pallio, unde .. usus ~ii per annos cxxv vacavit, donec Egbertus .. auctoritate speciali pallium recuperavit *Eul. Hist.* II 178.

5 (piece of) cloth (usu. precious or decorated); **b** (used on altar); **c** (as canopy at wedding or coronation); **d** (as wall-hanging); **e** (as pall or shroud).

997 (12c) duas capas de ~io (v. dorsalis 3a); ubi fiunt pretiosa scindalia et samitae et alia ~ia serico contexta SÆWULF 39; dedit .. unam crucem optimam et pulvinar .. de ~eo, duas quoque pelves argenteas *Chr. Rams.* 85; dedit .. casulam .. brudatam et alias tres optimas de pauleo. *MonA* II 436b; casula de ~io .. de pretio viij s. *Reg. Malm.* II 379; hic .. contulit iij cappas de ~io OXNEAD *S. Ben. Holme* 298. **b** aurea contortis flavescunt pallia filis / quae sunt altaris sacri velamina pulchra / aureus atque calix gemmis fulgescit opertus ALDH. *CE* 3. 70; secretarius quoque ~io et honestis pannis altare decenter parare LANFR. *Const.* 123; ~ium ad magnum altare cum leonibus, et quinta cappa quam in oblatione contulit *Chr. Abingd.* II 213; necessaria sacramento altaris: calix .. altare .. due ~ee GROS. *Templ.* 18. 2; decorabitur magnum altare ~io sive fronterio precioso *Cust. Cant.* 111; **c1350** albas, amictus, altarium ~ias et alia ecclesiastica indumenta integre et munde conservet *MonExon* 271a; **1442** pro locione ~iorum altaris *Ac. Durh.* 471. **c** ut quos in commercium carnis ecclesie jungit auctoritas ~io velentur altaris aut alio ab ecclesia constituto J. SAL. *Pol.* 749B; prosternant se sponsus et sponsa super gradum ante altare et cooperiantur ~io vel alio panno *Lib. Evesham* 43; **1194** processerunt omnes ad ecclesiam. rege ultimo subsequente, portantibus iiij baronibus iiij cereos accensos ante eum, et aliis iiij ~ium in iiij hastis super caput ejus GERV. CANT. *Chr.* 526; **s1189** ~ium etiam quoddam, quod barones Doverie et Quinque Portuum de consuetudine antiqua in coronatione regis habuerunt .. *Ep. Cant.* 324; hec oratio .. dicatur super nubentes sub ~io prosternentes *Miss. Heref.* 439; in stallo principali carpetis et pannis aureis substrato sub ~io aureo in dextera parte chori W. SAY *Lib. Reg. Cap.* 64. **d** pallia suspendit parietibus, atque lucernas / addidit ut fieret lumen in aede sacrum ALCUIN *Carm.* 89. 9; ecclesiam .. aeditui ornaverunt cortinis et ~eis BYRHT. *V. Osw.* 464; in aula .. xij tepete cum totidem lintheaminibus, .. j ~ium de Hibernia *FormMan* 21. **e** †palearibus, [? l. paleis], *deadraegelum GlC* P 36; abbatem .. assurgentem .. et a se ~ium projicientem ac residentem BYRHT. *V. Osw.* 439; corpus feretro imponatur et ~io cooperiatur LANFR. *Const.*184; in sindone munda prius involvitur, deinde in ~io precioso collocatur OSB. CLAR. *V. Ed. Conf.* 24; super sepulchrum ~ium misit versicoloribus figuris pavonum .. intextum W. MALM. *GR* II 184; ~ium quo sacratissima membra fuerant involuta pristinam venustatem et integritatem reservasse conspiciunt AILR. *Ed. Conf.* 782; ~ium ad ponendum super feretrum mortuorum SWAFHAM 104; **1368** unum ~ium donatum ad tegendum feretrum *Invent. Norw.* 135.

pallor [CL]

1 paleness, pallor (of person, as result of cold, fear, intensive study, illness, or death); **b** (in gl.).

nunc procul a vestro pallorem pellite vultu, / pectore nec pavido quatiens timor ilia pulset ALDH. *VirgV* 2372; lurida cui gelidus pallor praetexerat ora ALCUIN *SS Ebor* 1141; ut in tanto numero discentium, in tam tristi ~ore lucubrantium, vix aliquis plenam scientie laudem referat W. MALM. *GR* III 292; tantam sui comperto crimine confusionem dissimulare non prevalens, .. animi passionem .. nunc rubore vultus nunc ~ore .. est protestata GIR. *IK* I 11; per melancoliam generetur tristitia et ~or *Quaest. Salern.* B 177; frigiditas mater est albedinis et ~oris [TREVISA: *palenes*] BART. ANGL. IV 2 p. 88; quid est quod .. alterno cursu sanguinis, nunc in ruborem, nunc ecce in oppositum ~orem, discolor facies immutatur? CHAUNDLER *Apol.* 17b. **b 10..** ~or, *blæco* WW.

2 paleness, pale colour.

urina .. modicam speciem candoris habet ad modum ~oris *GlSid* f. 145 (v. lividus 1c); sicut albedo est actus simplicior quam ~or, quia ~or imperfecte participat naturam albedinis. unde ~or non est nisi quedam albedo diminuta KYKELEY 203; nimphea .. flos est illi albus sicut lilii cum parvo ~ore *Alph.* 126.

palludamentum v. paludamentum.

†palludum, *f. l.*

1292 pro †palludis [l. barhudis] ad carectas j s. ij d. quad *Sacr. Ely* II 8.

1 pallus v. palla.

2 pallus, abscess filled with watery fluid.

si est magis vincens flegma quam deberet .. generatur tunc apostema molle quod dicitur undimia vel çimia vel ~us GAD. 24v. 2.

palma [CL]

1 palm of the hand, hand. **b** (*ad ~am ludus* or sim.) game in which ball is struck with the hand or (later) a racket, tennis. **c** (w. ref. to animal's paw). **d** (w. ref. to bird's wing).

quod ~is in faciem verberatur, nobis veram libertatem donavit THEOD. *Laterc.* 20; in medium ~ae artum BEDE *TR* 1 (v. 1 artus 3a); ~am ejus capiti super aurem dextram, pansis digitorum radiis, applicuit GOSC. *Transl. Mild.* 21 p. 184; videbatur sibi videre Dominum post flagella .. crucifixum in patibulo, ~as et plantas clavis expositas J. FURNESS *Walth.* 63; ~e .. longe cum digitis longis significant dominum suum bene dispositum ad multas artes BACON V 170; hec ~a, *paume Gl. AN Ox.* 40; hec ~a, *the palme of the hand WW*. **b** pro lusu domini ad ~am .. *Ac. H. Derby* 263; **1460** pro reparacione unius loci dicti *penteyse* in dicto hospicio [regis in burgo de Aberden] pro ludo ad ~am .. xxx s. *ExchScot* 600; Scotis ad ~am ludentibus *Plusc.* X 25. **c** leo iratus erexit ~am et cum unguibus extraxit totum corium de capite lupi *Latin Stories* 54. **d** ~a, pars ale, *peniun, ale Teaching Latin* I 142.

2 measure reckoned with palm or hand: **a** (of length) span. **b** (of volume) handful.

a ~a, *handbred* ÆLF. *Gl.* 158; per mensuram ~ae *Text. Roff.* 55v; castores caudas habent .. in modum ~e humane spissas GIR. *TH* I 26; **c1205** in latitudine decem ulnas et dimidiam j ~a minus de ulnis ferreis regis Johannis *E. Ch. S. Paul.* 165; **1243** ad †divam [l. duvam] fossati latitudinis xij pedum per pedem ~e *Liberate* 20 m. 20; **1246** vulneraverunt M. .. cum una sagitta sub mamilla sinistra ad profunditatem unius ~e *SelPlForest* 80; **13..** ad altitudinem ~e, viz. ad summitatem pollicis (v. cumulare 2); **1395** tres pollices faciunt ~am et tres ~e et tria grana faciunt pedem *Mem. York* I 142. **b** pro qualibet centa bladi que venditur .. habet dominus plenas ~as de .. blado pro mesuragio *RGasc* I 546a; **1310** de quolibet bussello unam plenam ~am (v. palmare 6b).

3 palm-tree; **b** (w. ref. to temple decoration in *Ezech.* xi 37, xli 25); **c** (fig.).

fructus ~ae dicitur pro similitudine spadae *Comm.*

Cant. I 395; dactilus .. palmae ALDH. *VirgV* 168 (v. dactylus 3a); carica, fructus fici vel ~e OSB. GLOUC. *Deriv.* 150; palmetum in quo ~e crescunt *Ib.* 482; palma / non nisi centennis fructificare solet NECKAM *DS* VIII 38 p. 482; ~a est .. arbor nobilis .. sempiterne pulcritudinis et viroris, diuturnis vestita frondibus ... ~a a Graecis φοῖνιξ est vocata BART. ANGL. XVII 116; ~a que in Egipta nascitur, semen habet mirobolano simile quam catonia appellant Egipcii *Alph.* 137. **b** in templo Ezechielis ante frontem vestibuli pictura ~arum describitur. ~e prefigurant merita sanctorum *Mir. Wulfst.* I prol. p. 116. **c** 802 apostolicam .. sedem, ex qua ~a pietatis dactilico florens fructu crescere debuit ALCUIN *Ep.* 258.

4 palm-branch. **b** (*frater de ~a*) knight of the confraternity of Saragossa, Belchite knight.

sporta quae juncis ~isque solet confici. .. ~a spem vitae aeternae significat BEDE *Acts* 964; ~a, *palmtwig* ÆLF. *Gl.* 138. **b** Rotro comes Moritoniae cum Francis, et episcopus Cesaraugustanus, cum fratribus de ~is .. Penecadel .. munierunt ORD. VIT. XIII 4 p. 6.

5 palm as sign of victory or triumph, victory. **b** (*~am tenere*) to hold the first or highest place.

Stephanum gloriosum ob martyrii ~am GILDAS *EB* 1; sicut famosus spiritalis palestrae agonitheta, qua certantes caelestis ~ae bravium percepturi sunt ALDH. *Met.* 5; apud antiquos quicumque in certamine vicissent ~a aurea coronabantur BEDE *Cant.* 1197; in omnibus .. arene spectaculis ut in jactibus et palestra .., ~as adipisci solitus MAP *NC* IV 12 f. 53v; ut ad ~am et bravium animosius curras P. BLOIS *Ep.* 36. 116A; rerum Wesefordiam in districto o romilla re guntur GIR. *EH* I 24. **b** Aegyptiorum, qui prae ceteris doctoribus colculondi ~am tenent (*Lit. Cool fridi*) BEDE *HE* V 21 p. 339; ~am tenet inter omnes quos instituendis regendisque feminis religiosam operam impendisse cognovimus W. NEWB. *HA* I 16.

6 (w. ref. to palms strewn on Christ's entry into Jerusalem, *Joh.* xii 13). **b** (pl. *~ae, Dominica ~arum*, or sim.) Palm Sunday. **c** (palm as relic). **d** (palm or sim. carried in procession on Palm Sunday).

ei Hierosolimam venienti ~arum ramis et laudibus occurrere BEDE *Prov.* 937B. **b** ut .. regina .. adhuc in jejunio diem ~arum celebraret BEDE *HE* III 25 p. 182; Dominica in ~is ad invitatorium duo in albis LANFR. *Const.* 100; collecta de Dominica agatur, excepto Sabbato ante ~as *Ib.* 132; in die ~arum *DB* II 252vb; **1265** ante instantem Dominicam ~arum *Cl* 32; c**1315** pannus niger cum albis leonibus pro festo ~arum *Invent. Ch. Ch.* 75; rogabit [sc. precentor] insuper fratrem qui evangelium super ~as, et qui passionem legat *Cust. Cant.* 95; Dominica in palmis .. ut fur et proprietarius fuit excommunicatus *Meaux* III 109. **c 1383** reliquia .. ex dono J. de C. item de ligno Domini de ~a Domini, de pulvere carnis beati Dionysii *Ac. Durh.* 432. **d** consecrare digneris hos ~arum ramos EGB. *Pont.* 128; in die palmarum fratres sub silentio ordinatim eant ad aecclesiam ubi ~ae sunt ÆLF. *EC* 7; postea accedens abbas aut sacerdos benedicat ~as et flores et frondes LANFR. *Const.* 101; in die tamen ramispalmarum .. saepius sacerdotem dicentem audivi "benedic etiam et hos ~arum ramos", quum preter salignas frondes nihil omnino viderem ego. quid alii viderunt nescio TURNER *Herb.* B iv.

7 (bot. *~a Christi*): **a** gromwell (*Lithospermum officinale*). **b** castor-oil plant (*Ricinus communis*). **c** motherwort (*Leonurus cardiaca*). **d** mugwort (*Artemisia vulgaris*).

a milium solis, ~a Christi, *gromil* idem *SB* 30; ~a Christi, grana solis idem, stipitem habet quadratum sed viride[m], herba autem matricis stipitem similiter habet quadratum sed rubeum *Ib.* 33. **b** custos orti, pendactilis, i. gira solis vel ~a Christi idem *Alph.* 47; ~a Christi vel pentalma Christi, gira solis, priapus idem, similis archangelice, sed folia habet majora et multo plus fissa quasi quinque digitorum, stipitem habet quadratum et aliquantulum nigrum *Ib.* 136; ricinus is called .. *in English* ~a Christi TURNER *Herb Names* F iv. **c** ~a Christi, A. *ragged moderwort MS BL Sloane* 5 f. 10ra; ~a Christi, pentadactilus, pigmentaria, *modwort MS BL Sloane* 2479 f. 101v; ~a Christi .. A. *moderwort MS BL Addit. 15236* f. 19v. **d** ~a Christi .. A. *mogwort MS BL Sloane* 3217 f. 62; ~a Christi A. *mogwort MS BL Addit. 18752* f. 109v.

palmadas v. palmare. **palmalis** v. palmaris.

---

palmare [CL]

1 to grip, grasp.

1308 habebit quociens averaverit de avena quantum potest ter in manu sua ~are *Growth Eng. Ind.* 579; *to grype*, ~are LEVINS *Manip.* 141.

2 to strike as with the flat of the hand, to slap.

1269 cum quadam hachia Danascha .. fecit ei quandam plagam in dorso .. ita quod ipse cecidit in terram ~atus, et quam cito potuit de palmatione resurgere recenter levavit uthes' et clamorem de villa in villam *JustIt* 569a m. 25d.

3 (p. ppl. as adj.): **a** adorned with palm branches. **b** decorated with palm leaf pattern. **c** adorned with palm branch as a sign of victory, triumphant.

a die palmarum fecit ecclesia festiva floridam et ~atam processionem GOSC. *Transl. Aug.* 40. **b** toga ~ata vel toga picta, *sigereaf* ÆLF. *Gl.* 153. **c** ~atus, coronatus, lauriatus *GlC* P 105.

4 (transf., of deer) that bears antlers.

1262 cervus ~atus *Collect. Staffs* V 137.

5 (p. ppl. as sb. f.) slap or blow given with the flat of the hand.

si quis tinxerit manum in aliquo cybo et non idonea manu, ~adas [v. l. ~atis] emendetur EGB. *Pen.* 13.9; quidam dicunt viginti ~atas valere pro uno die [sc. jejunii] BART. EXON. *Pen.* 135.

6 handful, esp. customary payment of handful of grain.

1204 quod habeant ~atas bladi et farine de omnibus saccis qui cum blado et farina exponuntur ad vendendum .. de unoquoque sacco bladi ~atam duarum manuum et de sacco farine ~atam unius manus *RChart* 122b; **1310** item habet dominus rex costumam dicte ville que vocatur ~ada, viz. de quolibet bussello unam plenam palmam *Reg. Gasc. A* I 31.

7 bargain or agreement (ratified by handshake).

1258 nullus faciat ~atas de allece aut aliis piscibus nec de blado nisi burgenses dicte ville, et quod ~e firmiter teneantur nisi mercandise de quibus ~e ille facte fuerint pejores sunt quam conventum fuerit (*Grimsby*) *BBC* 301.

---

palmaris [CL], **~alis**

1 of a hand's breath.

portam turris iliceam, ~alis fere spissitudinis GIR. *IK* I 4 p. 54; trium .. digitorum aut ~alis etiam spissitudinis in lardo solo pinguedinem *Id. Spec.* III 16; spacium quoque intercilii inter duos oculos ~alem longitudinem continebat KNIGHTON II 150 (=*Meaux* I 211); es crassior me / palme vel palmari latitudine *thou art thycker than I by a span brode* WHITTINGTON *Vulg.* 68.

2 that wins a prize, outstanding, chief.

ultimum vero et quasi ~are totius mali flagitium extitit *Ep. Anselm.* (IV 9) 149.

3 (*hordeum ~ale*) kind of barley.

1197 xij [summe] ordei paumeli[s] *CurR PR* 108; **1312** de ordeo palmali .. de ordeo yemali (v. hordeum 1b); **1318** decimas frumenti, ordei hiemalis et quadragesimalis †panmeli [l. paumeli], avene, pisorum .. *MonExon* 48b; **1361** reddendo inde annuatim .. tria quarteria ordei ~alis .. de meliori precio in foro de Maydestan' *AncD* C4752; **1376** ordei palmal' vocat' *fermebere* (v. hordeum 1b); **1393** concedo .. redditum .. quatuor quarteriorum ordei ~alis *Lit. Cant.* III 24.

---

palmarius [CL], **palmerius**, **~erus** [ME, AN *palmer*]

1 of the palm of the hand, (*pila ~ia*) ball the size of or hit with the palm of the hand. **b** game played with such a ball, tennis.

1624 Jasperus Vinall et quidam Edwardus Tye .. unacum diversis aliis ligeis dicti domini regis interfuerunt cuidam ludo usuali vocato *crickett* quodque .. idem Edwardus Tye attunc et ibidem vice sua alte percutiebat quandam pilam ~ariam in aerem *JustIt* 35/67/8 m. 68. **b** a**1569** locus quo pila ~aria luditur *Arch. Hist. Camb.* III 568.

---

2 (as sb. f.) one who works with her hands, embroideress.

hec ~aria, *a brawdster* WW.

3 (as sb. f.) palm-grove.

Franci restaurabunt terram promissionis et stabulabunt equos suos in ~aria de Baldach R. HOWD. II 355.

4 (as sb. m.) palmer, pilgrim; **b** (passing into surname).

1237 duo ~arii ignoti .. unus eorum occidit alterum *JustIt* 775 m. 21; ad quem sermonem ~arius accedens .. KNIGHTON I 23; **1457** Johannem .. capellanum gylde ~ariorum de Ludlowe *Reg. Heref.* 43. **b** a**1123** Osmerus ~arius (*Ch.*) *EHR* XIV 420; c**1150** pratum quod fuit Godrici ~arii *Danelaw* 332; a**1178** aliud burgagium in villa de Kardif sc. Siward ~erum *Cart. Glam.* 154; **1198** pro fuga Willelmi ~erii *Pipe* 12; c**1220** testibus .. Roberto ~erio .. *Cart. Osney* I 195; **1230** Stephanus ~erius *Pipe* 106; **1242** de ij doliis vini que recepit de Roberto ~ario *Pipe* 289.

5 (as sb. n.) that which deserves a prize, merit.

~arium, quod in palma est id est in laude victorie ALDH. *PR* 132; interea etiam saeculi mulcentis certamina et virtutum praeconia clariora sibi humilitatis addidere ~aria GOSC. *Edith* 62; jam post flumina et feras repulsas gloriosi Augustini ~arium explicemus *Id. Aug. Maj.* 90; ~arium, palme premium OSB. GLOUC. *Deriv.* 482.

---

palmatio, slap, blow.

1269 potuit de ~one resurgere (v. palmare 2).

---

palmatoria [LL *gl.*], **~ium**, rod (for beating the palm of the hand).

ferula, ~ia, volaria OSB. GLOUC. *Deriv.* 240; scolaris .. ferat ~iam sive volariam vel ferulam qua manus puerilis leniter feriatur ob minores excessus NECKAM *Sac.* 372; *a palmare in the scole*, ferula, hortatorium, ~ium *CathA*.

---

palmes [CL]

1 vine branch or shoot; **b** (w. ref. to embroidery).

pampinus immensos dum gignit palmite botros ALDH. *VirgV* 178; non uva de rubo colligitur ... non numquam ~es saepi involuta recumbit portansque fructum BEDE *Luke* 411; ~is, pars vitis unde uva nascitur *GlC* P 135; vidimus vitem annosam .. in fructus renasci. eruitur a radice nec arborum more transplantatur, sed toto corpore cum longis brachiis ~itum sepelitur GOSC. *Lib. Confort.* 79; Bacchus .. / palmite pampineo tempora cinctus adest NECKAM *DS* VIII 24 p. 482; hic ~es, *bronche de vine Gl. AN Ox.* 536; hec ~es, -tis, *a brawnch of vyne* WW. **b 1563** embrauderat' cum ~itibus de sipres nigr' *Ac. LChamb.* 56 f. 31.

2 (transf. & fig.).

germen iniquitatis .. in nostro cespite ferocibus ~itibus pampinisque pullulat GILDAS *EB* 23; pudicitiae carpens de palmite botros / ocius expressi metrorum paucula musta ALDH. *VirgV* 2792; de pinguedine sanctitatis vestre ~es religiosus exiit, oliva fructifera in domo Domini *V. Birini* 1; qui viti verae plena bonitate refertae / palmitis exemplo, junxerunt pectora Christo / germina saunt quorum vernantia semper in evum WULF. *Brev.* 413; **1459** ~ites seu doctores Sancti Spiritus instinctu divinus augmentare *Reg. Glasg.* 409.

---

palmetum [CL]

1 palm-grove.

10.. ~i, *palmbearwes* WW; ~um, locus in quo palme crescunt OSB. GLOUC. *Deriv.* 482.

2 palm tree.

quamquam palmeti praecedant dulcia poma / nectaris et mellis mulsos imitantia gustos ALDH. *VirgV* 238; palmeti dactilus alti *Ib.* 1598.

---

palmifer [CL], palm-bearing, pilgrim (adj.). **b** (as sb. m.) palm-bearer, pilgrim.

c**1200** ~eris fratribus meis, et burgensibus .. precor *MonA* VI 729. **b** ~eros .. itinerantes obvios habuit GIR. *JS* V p. 291; Henrico de Bedefort, ~ero, homini nostro *Reg. S. Thom. Dublin* 68.

palmiger [CL], palm-bearing, victorious. **b** (as sb. m.) palm-bearer, victor.

immo triumphales alta curules / donaque palmigera laude reportat Gosc. *Edith* (II) 270. **b** victore mundi Domino regna captivitati tyranni suis ~eris distribuente Gosc. *Aug. Maj.* 45.

palminus, of the palm, represented by the palm.

tu summitas cedrina / . . / viriditas laurina, victoria palmina J. Howd. *Viola* 60.

palmipes, who or that has palmate feet, web-footed.

quamvis ex pisce vivat, fidipes tamen est utroque pede, non altero ~es, ut vulgus putat Caius *Anim.* 17b.

palmitare [ML], to come to an agreement (ratified by handshake), bargain.

~o . . Gallice dicitur *bargagnier Teaching Latin* I 393; ~o, A. *bargayne* WW.

palmosus [CL = *abounding in palm trees*], victorious.

~us, victoriosus, triumphalis Osb. Glouc. *Deriv.* 482.

palmula [CL]

1 palm of the hand, hand; **b** (of animal's paw).

parvulum . . tensis in caelum ~is orantem Gosc. *Transl. Aug.* 39C; vix ergo quindecennis processerat ~a in Christo dotalis Editha *Id. Edith* 76. **b** *powwe of a best,* ~a, -e PP.

2 (transf., of flat, palm-like object): **a** (oar-blade); **b** (rudder); **c** (shovel, baker's peel).

a palmula qua remis succurrit panda per undas Aldh. *Aen.* 95 (*Scilla*) 9; ~a, extrema latitudo remi Osb. Glouc. *Deriv.* 482; extremitas remi ~a dicitur, quia plana est ad modum palme Neckam *Ut.* 115; hec ~a, *the brede of the hore* WW. **b** ~a, *steorroðor GlC* P 178. **c** *peel for the ovyn,* ~a PP.

3 measure reckoned by the palm of the hand, span.

tunc quidem in primo propinatu exhausere illud vas medonis ad unius ~ae mensuram B. *V. Dunst.* 10.

palmus [CL]

1 palm of the hand, hand.

Pater omnipotens . . / qui palmo caelum, terram, mare ponderat aeque G. Amiens *Hast.* 66; manus igitur ita in curvum ~otenus intorqueri videbatur, palmaeque ipsius planities ipsis digitorum ungulis . . transfossa torquebatur R. Cold. *Cuthb.* 68 p. 139; barbam . . concludit ~o (*Mir. Ecgwini*) *Chr. Evesham* 42 (v. concludere 1b).

2 width of the palm as unit of measurement, span.

invenerunt hoc [sc. corpus] mensura ~i longius esse sarcofago Bede *HE* IV 11 p. 227; ~us, *span* vel *handbred* Ælf. *Gl.* 158; sete . . ~o et plus longe W. Malm. *GR* V 409; qui singulis mensibus uno cubito crescentes, vel singulis diebus uno ~o, altitudinis sue magnitudine celum scandere manibus moliti sunt *Natura Deorum* 71; os testule . . ~i unius latitudinem . . excedebat R. Cold. *Cuthb.* 92 p. 203.

palna v. 2 panna. **palnagium** v. pannagium.

palpabilis [LL]

1 that can be touched, tangible, palpable; **b** (w. ref. to *Exod.* x 21–2). **c** that allows itself to be touched or handled.

corpus nostrum . . ~e per veritatem naturae Bede *HE* II 1 p. 76; factum dicimus ~em qui impalpabilis est Alcuin *Dogm.* 208D; c**803** nec . . corpus esse ~e vel visibile *Id. Ep.* 309 p. 474; corpus Christi . . quod visibile, ~e, mortale in cruce estur suspensum Lanfr. *Corp. & Sang.* 425A; divina potentia quasi visibilem et ~em . . se exhibeat (*Mir. Wistani*) *Chr. Evesham app.* p. 332; **1304** cum advocacio ecclesie non sit ~is per quod in manum domini regis capi possit *PlRCP* 150 m. 93. **b** exteriores . . per tenebras Egypti significantur, que ~es erant T. Chobham *Praed.* 38; s**1251** tenebre facte sunt ~es et horribiles M. Par.

Maj. V 258; illa palpabilis caligo finditur / et solis spiculo percussa tollitur Walt. Wimb. *Carm.* 309; propter tenebras ~es interpositas Holcot *Wisd.* 618. **c** [cervus] quasi domesticus et ~is accubuit R. Cold. *Godr.* 347; [ursus] se populo quasi mansuetum, ~em, et tractabilem exhibebat Gir. *TH* II 28 p. 115.

2 (transf. or fig.) easily perceptible, sufficiently obvious.

hujus corpus . . future resurrectionis preclarum prefert indicium et fidei ac spei nostre probabile ac ~e prebet experimentum J. Furness *Walth. prol.* 3; propter istos errores manifestos et ~es Bacon *Maj.* I 285; c**1377** dimitto alias raciones ~es (Wycl. *Resp.*) *Ziz.* 263; c**1430** quod ultra speculacionem, per auditum nos realius informet ~is experiencia *Reg. Whet.* II 400.

palpabiliter [ML], palpably, tangibly, in an obvious or easily perceptible manner.

sed quis tam rudis ut non ~iter videat, quomodo . . Bradw. *CD* 462E; **1406** cum . . ~iter videant utrumque in suo malo nutriri proposito *Conc.* III 300a; s**1456** istud . . persensit apud nos ~ius quidam legisperitus *Reg. Whet.* I 247; quod . . mandatum suplere non poteram absque gravi corporis periculo quod vestra regia discrecio, ~iter agnosco, minime affectaret *Dictamen* 346.

palpamentum [LL], (act of) touching, handling, or fondling.

prosilivit lascivus . . ad praedictum luparum ~um B. *V. Dunst.* 21.

palpanter, by touching.

sacra indumenta . . ~anter explorans R. Cold. *Cuthb.* 36 (v. evolvere 1b).

1 palpare [CL]

1 to feel or examine by touching, to touch, to handle (usu. in order to ascertain or authenticate); **b** (w. ref. to fondling or caressing); **c** (intr. or absol.).

quid prodest vulnus manu tantum ~are unguentove ungere Gildas *EB* 108; sed mox ambiguum convertit rubra cicatrix / discipulo palpante trucis vulnuscula ferri Aldh. *CE* 4. 6. 10; Thomas qui . . eum ~are jussus est mox ubi ~avit carnem Deum confessus est Bede *Ep. Cath.* 86; non obit in lecto, medicus non consulit illi / non pulsum palpat, non labra versa notat Garl. *Tri. Eccl.* 32; c**1300** significamus nos ~asse et inspexisse cartas *Reg. Paisley* 123; **1306** predictas litteras apostolicas vidi, ~avi, et inspexi *Reg. Carl.* I 267. **b** a**1212** si licentia maritali possit licite nudam tangere et loca illa ~are P. Blois *Ep. Sup.* 57. 27; quasi delicatis manibus mulieris ~abat virilia ejus ut eum excitaret ad libidinem T. Chobham *Praed.* 145; ~abam [ME: *hondlede him*] illam [v. l. illum] in tali loco *AncrR* 121. **c** 625 aures habent et non audient, nares habent et non odorabunt, manus habent et non ~abunt [cf. *Psalm.* cxiii 15] (*Lit. Papae*) Bede *HE* II 10 p. 102; gustat, et non cognoscit saporem tuum. ~at, et non sentit lenitatem tuam Anselm (*Prosl.* 17) I 113; ~ans certius cognovit esse caput hominis decollati *V. II Off.* 24.

2 (transf. or fig.) to perceive or handle (as if by touching). **b** to touch upon, discuss.

redeamus . . ad animal et hominem, in quibus ita quasi ~amus veritatem, ut nullum sophisma nobis persuadeat licet cogat credere falsitatem Anselm (*Gram.* 8) I 152; gravia mala quae sufferendo possum ~are *Id.* (*Or.* 13) III 154; **1308** sentimus . . ejus afficciones innumeras, ~amus suarum multiplicium incendia passionum *Reg. Carl.* II 43; s**1302** ipsorum novimus necessitates, indigencia ~avimus, labores sustinuimus G. S. Alb. II 67; s**1458** cum deliberacione . . ~averunt, intellexerunt, et examinaverunt materias . . contraversiarum *Reg. Whet.* I 300; crimen ita grave ut nisi videatur, nisi ~etur, nisi manibus digitisque tractatur, credi facile de homine Christiano non debeat Jewel *Apol.* A7. **b** questio multipliciter ~atur ventilata Osb. Clar. *V. Ed. Conf.* 29 p. 118.

3 to treat gently, to soothe, blandish, or sim.; **b** (person or sim., sts. w. ref. to flattering); **c** (act or abstr.); **d** (pr. ppl. as sb.) one who soothes or flatters.

~are, blandere *GlC* P 32; ~antum, *olectendra Ib.* P 177. **b** regem captivum ad altare manumittens libertate ~avit W. Malm. *GR* I 95; erat . . inter hec mala spes vestre religionis que miseram ~aret animam *Ib.*

II 204; ille, paratis advocatis, quorum manus ~averat, subreptoque regis Edgari edicto, Cantiam intrusus est *Id. GP* I 17; nemo se ~et, nemo blandiatur sibi, nemo se fallat Ailr. *Inst. Inclus.* 17; **1167** eo magis crudescunt cornua tirannorum quod vident ~ari et non remorderi illum qui fecit et facit omnia hec J. Sal. *Ep.* 201 (234 p. 428); neminem ~at Dominus P. Blois *Ep.* 13. 42A; munere palpatus non discas carpere jura D. Bec. 1485. **c** c**1210** [Jeronimus] tam cardinalium quam prelatorum ecclesie quantumlibet magnorum vicia ~anda non duxit Gir. *Ep.* 2 p. 162; non debent ~are vel mitigare vel palliare vitia T. Chobham *Praed.* 71; s**1252** dum . . vicia et errores, immo hereses Mediolanensium, non ~ando redarguisset M. Par. *Maj.* V 358; set ad latus regis sedet / palpo palpans vicia Walt. Wimb. *Van.* 115. **d** nimis . . periculosum est gloriam suam aliene lingue committere et ad arbitrium ~antis aut blandientis laudem obtinere vel perdere P. Blois *Ep.* 132. 394A; credit ~antibus et adulatoribus . . qui dicunt peccatum non esse peccatum Gascoigne *Loci* 80.

4 to grope, try to find by touching, feel for (also intr. or absol.); **b** (w. ref. to *Deut.* xxviii 29 or *Job* v 14); **c** (w. ref. to *Job* xii 25); **d** (w. ref. to *Is.* lix 10).

neque enim clausis oculis facti erant, et in paradiso caeci ~antesque oberrabant (*Aug.*) Bede *Gen.* 55A; si ipsi, quasi spissas legis tenebras ~antes, pro ipsis umbraticis misteriis zelo divino efferati sunt W. Malm. *GR* II 202; crassas ignorantie tenebras ~o *Id. GP prol.* p. 4 (=Elmh. *Cant.* 309); cives Sodomorum ~ant circa domum Loth non invenientes ostium Ad. Dore *Pictor* 160; non hec attendunt quamplures, sed quasi ceci . . quasi palpantes in sua vota ruunt Garl. *Tri. Eccl.* 20; in . . abyssis . . caliginum ~at hodie zelus electorum Ad. Marsh. *Ep.* 14. **b** quid in meridie quasi in nocte ~amus? Ailr. *Spec. Car.* III 35. 94. 612. **c** ne habeatur insanus . . ne ~are videatur in tenebris J. Sal. *Met.* 871C; in tenebris ambulant et manibus ~ant *Dial. Scac.* I *prol.* A. **d** Cornificius parietem solidum cecati more ~ans J. Sal. *Met.* 857A; s**1255** quasi ceci ~antes ad parietem M. Par. *Maj.* V 532.

5 to be palpable.

s**1233** dum . . in pectore meo vitalis spiritus ~averit, postulata nullatenus pacti transgressor possidebit M. Par. *Min.* II 257.

2 palpare v. pionpare.

palpatio [CL]

1 (act of) touching or handling.

de illa ~one qua palpabant vulnera ejus Ailr. *Serm.* 11. 36. 277D; palpo . . inde . . ~o Osb. Glouc. *Deriv.* 427; **1419** qui . . cyrographi . . propter vetustatem nimiam et ~onem frequentem detrimentum aliquod sustinebant (*Pat*) *MonA* VI 1107b; item dicitur subtile pro inpalpabilitate, quia, ut dicit Gregorius in Homelia, 'corrumpi necesse est quod palpatur', i. e. quod subicitur necessitati ~onis, quia omne tale potest tangi tactu physico recipiendo influentiam agentis Peckham *QA* 126.

2 gentle treatment, flattery.

sine adulatoria ~one Ailr. *Spec. Car.* II 1. 3. 547; omnes suos [captivos] decapitavit et erga ipsum Saladinum se idem voluntatis habere sine ~one renunciavit Devizes f. 36; causas protelat dantis palpatio, nummi / tinnitus, masse fulgor et eris amor Garl. *Epith.* I 77.

palpativus [ML = *of or relating to flattery*], of or relating to touching.

in vi tactiva seu ~a Bacon V 133.

palpator [CL], one who cajoles or flatters.

Judeus rabidus palpator littere / frontose lacerat partum puerpere Walt. Wimb. *Carm.* 95.

palpatorius [CL palpare+-torius], that cajoles or flatters, flattering.

1279 quam velimus literis ~iis indicare Peckham *Ep.* 48 p. 53.

palpatus [LL], (act of) touching, touch; **b** (w. ref. to fondling or caressing).

palpo . . inde ~us Osb. Glouc. *Deriv.* 427; ergo fides ejus non habuit meritum quia credidit per sensum, id est per visum et ~um T. Chobham *Praed.* 162. **b** quas ille . . turpi ~u et absque pudore utriusque

libidinose trectavit B. *V. Dunst.* 21 (=M. Par. *Maj.* I 459.

palpebra [CL], **~um** [LL]

1 eye-lid (of human or animal); **b** (dist. as *inferior* or *superior*); **c** (in phr., w. ref. to falling asleep; *cf. Psalm.* cxxxi 4); **d** (w. ref. to *Prov.* xxx 13). **e** (pl.) eyes.

pupilli . . ~arum convolatibus innovati Gildas *EB* 17; brevissimum illud temporis spatium quo ~a oculi nostri moveri potest Bede *TR* 3 p. 184; tautones, ~ae *GlC* T 34; pupillis rotis palpebris tautonibus (Laidcenn mac Baíth *Lorica*) Nunnam. 92 (=*Cerne* 86: gl.: *bravan*); supercilium, *oferbruwa*, ~ae, *brævas* Ælf. *Gram.* 298; alacri ~arum motu . . se revixisse testatus est W. Malm. *GP* III 100 p. 218; adnictitare, i. cum ~is innuere sicut facimus designando aliquid cum ~is Osb. Glouc. *Deriv.* 373; humiditas grossa que conglutinatis ~is catulorum adheret Neckam *NR* II 157 p. 258; peperit . . puerum non habentem oculos neque ~a *Eul. Hist.* III 277. **b** tautones, ~e inferiores que et cilia dicuntur Osb. Glouc. *Deriv.* 593; nervi qui adligant ~as superiores sunt curti *Quaest. Salern.* B 36. **c** me flecti genibus fessum natura negavit / poplite seu curvo palpebris tradere somnos *Elef.* Aen. 96 (*Elefas*) 15; clausis in dormitatione ~is Gosc. *Transl. Mild.* 20; si quando . . sopor irreperet ~is W. Malm. *GR* I 61; non . . dederat somnum oculis suis et ~is suis dormitationem Ailr. *Serm.* 16. 2; quis dabit somnum hunc oculis meis et ~is meis? J. Ford *Serm.* 98. 9; in thalamo, non concedens ~is requiem, sed in lege Domini meditans . . *V. Edm. Rich.* C 607. **d** generatio Arrianorum excelsos habet oculos et ~as super Deum erectas Bede *Prov.* 1024; superborum est elatos habere oculos et ~as in altum surrectas Andr. S. Vict. *Sal.* 85. **e** caecis pupillarum orbibus et obtunsis palpebrarum obtutibus Aldh. *Met.* 2 p. 66.

2 (in fig. context or fig.); **b** (w. ref. to *Job* xli 9).

quo [obscenitatis glaucomate] . . etiam perfectorum ~ae graviter grossescunt Aldh. *VirgP* 22; dormis, dilectissima civitas, ad spectaculum; negligentia tibi gravat ~as oculorum Lucian *Chester* 61; ~as vulgaris fame aperiens P. Blois *Ep.* 131. 390C; c**1200** illud . . quasi in sole et in fame publice ~is actum esse cognovimus *Id. Ep. Sup.* 10. 15. **b** lux ista solis que in ipsa ~a diluculi infunditur Bald. Cant. *Serm.* 21. 10. 537; ecclesia velut in ipsa ~a diluculi suum acceleravit exortum J. Ford *Serm.* 57. 2; ~e diluculi possunt dici aurora que rutilat sed post se tenebras habet . . vel aliter ~e diluculi sunt extreme hore noctis in quibus quasi nox oculos aperit dum mane producit T. Chobham *Praed.* 211.

3 bridge of the nose, (understood as) space between nostrils.

est supercilium [gl.: *gebrowe*], cilium [gl.: *lede of þe eye*], sic palpebra naris [gl.: *space bytwene nostrelle*] (*Vers.*) WW.

palpebrizare [cf. LL palpebrare], to move the eye-lids (frequently), to blink.

qui ~ant timidi sunt . . propter estimacionem continuam invadentem rei nocive J. Foxton *Cosm.* 39 d. 1 p. 90.

palpita, sort of musical instrument, psaltery.

hec ~a, A. *sawtre* WW; hec paupita, *a sawtre* WW.

palpitare [CL]

1 to beat rapidly, pulsate, palpitate, quiver, tremble; **b** (of person, usu. from illness, fear, at death, or sim.); **c** (of part of body or sim.); **d** (transf., in fig. context, or fig.).

~ans, *brogdetende GlC* P 5; ~et *spreawlige GlP* 294; **10**. . palpitraret, *clæppette and sprangette* WW. **b** vix solo anhelitu ~ans, cetera tabidus et in vivo cadavere jam premortuus W. Malm. *GR* II 121; jam ~abat arvis medietas hominis cum alteram cornipes volucri cursu asportavit *Ib.* IV 373; dominum suum statim post ejus abscessum estuare corde, vix lingua ~are *Id. GP* II 82; stridentes dentibus, nudo latere ~antes, aspectu horribiles Ailr. *Inst. Inclus.* 33 p. 678; quomodo . . tremebunt, quomodo ~abunt, quomodo se abscondere volent nec poterunt *Id. Serm.* 30. 19; cum . . equus et ascensor in profundo submersi ~arent in aquis vehementius P. Blois *Ep.* 65. 190B. **c** ~et [sc. retectum jecur], *orþige GlP* 711; miraculo . . ostentatur pulmo . . adhuc integra viriditate ~ans

W. Malm. *GP* II 86; sola lingua intra fauces ~abat, que delictum diceret, veniam oraret *Ib.* V 259; tenuis adhuc vitalis anime spiritus in vexato corpore ~abat G. Steph. 97; omnino erat sine voce, solo spiritu in pectore ~ante *Chr. Battle* f. 105; preter id quod omnium animalium est, pectoris ~antis spiraculum, nichil cum vivis habere commune videretur *Mir. Hen. VI* IV 133. **d** Christiani cultus infantiam pro nece germani in regno suo ~antem vivacitate regia erigere . . contendit W. Malm. *GR* I 50; ille, cui vetus animositas adhuc ~aret, assurgens. *Ib.* III 235; ad manus . . blandientis alis ~antibus confugiunt R. Cold. *Cuthb.* 27 p. 61; ut nec motus voluntatis ad bonum ~et nec scintilla rationis vel modicum lumen representet Bald. Cant. *Serm.* 18. 74. 464.

2 (as frequentative of *palpare*) to touch, palpate. **b** (transf. or fig.) to perceive or handle (as if by touching).

sepius pectus meum si forte esset fervor ex aliqua exteriori causa ~avi [v. l. palpavi; ME: *have gropyd*] Rolle *IA* 145. **b** corrigit excessus, nec parvos palpitat actus Nig. *Laur.* 164.

3 to grope, feel for, try to find by touching; **b** (w. ref. to *Deut.* xxviii 29 or *Job* xii 25).

ceperunt ~ando per ecclesiam pergere M. Par. *Maj.* I 339. **b** ~ando per tenebras . . ceperunt ambulare *V. Chris. Marky.* 43; nisi quem percussit Dominus amentia . . ~antem meridie sicut palpare solet cecus in tenebris Ad. Marsh *Ep.* 92 p. 213; ex . . rebus extraneis quibus hodie utuntur deviatores in tenebris ~antes Ripley 118.

palpo [LL gl.]

1 one who blandishes or flatters, flatterer.

~o, qui tamen assentatoris et adulatoris censetur nomine J. Sal. *Pol.* 482C; certum est . . curiam . . nisi blandis solum ~onibus et ambitiosis non necessariam Gir. *IK pref.* p. 6; ut provocem ~ones . . hec audientes ut, si quid habent meriti vel vere jactancie, palam edisserant Map *NC* V 6 f. 70; c**1199** super omnia, queso, notam adulatoris et officiim ~onis evites P. Blois *Ep.* 112. 336C; dives large dat palponibus atque sirenis Walt. Wimb. *app.* 2. 9. 8; unde Gnatonici se jungunt regibus / et scatet aulicis aula palponibus *Id. Palpo* 15.

2 pantomime actor, jester.

histrio, vel palpo, mimus, vel gesticulator Garl. *Syn.* 1586A.

3 a one who gropes or finds one's way by touching. **b** a blind person. **c** one who leads or guides a blind person.

a ~o, -nis, i. ille qui palpat sicut cecus Osb. Glouc. *Deriv.* 427. **b** a *blyndman*, ~o *CathA.* **c** ~ones, qui ducunt †cacos [MS: cecos] Osb. Glouc. *Deriv.* 474.

paltenerius [ME, AN *pautener*, OF *paltonier*, *pautonier*], rascally, knavish; **b** (? as sb.) rascal, knave.

qui eum . . hominem iracundum, non socialem, ~ium . . nominaverunt Brakelond 132. **b 1211** de xij d. de Alvredo paltener' pro stulto facto *Pipe Wint.* 84.

palteus [ML], wall.

~eum, murum *GlC* P 61.

paltokus [ME, OF *paltoke*], paltock, short coat, sleeved doublet.

habent aliud indumentum sericum quod vulgo dicitur *paltok Eul. Hist.* III 230; habent . . caligas bipartitas et stragulatas quas cum corrigiis ligant ad suos paltokkos [vv. ll. *paltokkes, paltokes*] *Ib.* 231; **1368** item lego ij *paltokes* dicto . . fratri meo cum capite et cirotecis ferreis *Test. Karl.* 87.

paluda, ~**us** v. 2 palus.

paludamentum [CL], sort of military cloak. **b** *f. l.*

paludatus, id est ~o indutus Aldh. *PR* 128 p. 176; ~um, genus vestimenti bellici, *hæcile GlC* P 7; ~um, *caseres reaf to gefeohte* Ælf. *Gl.* 152; ~um . . i. quedam vestis militaris Osb. Glouc. *Deriv.* 438; **1553** tribus palludamentis, A. *thre jackes Pat* 852 m. 29. **b** †~um, [? l. parsimoniam], parcitatem *GlC* P 43.

paludanus [CL 2 palus, ~udis + -anus]

1 merged with or pertaining to fen or marsh or swamp, marshy.

~us . . palude immixtus Osb. Glouc. *Deriv.* 438.

2 (of person) who comes from or inhabits a marshy area.

economus quidam ~us *Mir. Hen. VI* III 96.

paludare [CL *p. ppl. only*], to invest with or dress in military cloak (usu. to designate high-ranking officer); **b** (w. ref. to initiation to knighthood or commencement of military service).

~atus, id est paludamento indutus Aldh. *PR* 128 p. 176; paludamentum . . ~atus . . i. veste illa indutus Osb. Glouc. *Deriv.* 438. **b** cum jam etas robustior officium militare deposceret, ad Enfridum de Turone, illustrem Palestine principem, ~andus accessit, et Francorum ritu cingulum militie ab ipso suscepit *Itin. Ric.* I 3.

paludensis [CL], characterized by fen or marsh, fenny, swampy, marshy.

878 in Alnea insula ~i Æthelw. IV 3 p. 43.

paludester [LL]

1 (of land) characterized by fen or swamp, fenny, marshy, swampy.

c**1000** terram . . ~rem unius aratri *CS* 335 p. 467 n.

2 (of river) that issues from or resembles a fen or swamp.

900 (14c) ad borlam ~ris fluminis qui dicitur Cari *CS* 1188.

paludinosus [cf. ML paludinus, CL paludosus], characterized by fen or swamp, fenny, marshy, swampy.

butaurus . . rostrum defigens in terra ~a Neckam *NR* I 54.

paludosus [CL]

1 characterized by, that consists of or issues from fen or marsh, fenny, marshy, swampy. **b** (as sb. n., also pl.) marshy area.

capillosi, ~i, lacertosi Aldh. *PR* 137 p. 190; in loco qui dicitur Æthelingaeg, quod permaxima gronna ~a et intransmeabili et aquis undique circumcingitur Asser *Alf.* 92; Hibernia . . terra . . silvestris et ~a Gir. *TH* I 4; nebule fiunt . . ab aquis . . et maxime a ~is quoniam spissiores sunt *Quaest. Salern.* P 16; †**957** (14c) per longum pratum ~um *CS* 1000; nigella est semen cujusdam herbe que in locis †plaudosis [l. paludosis] inter frumenta reperitur *Alph.* 125. **b** de montibus et vallibus, de ~is et planiciebus campestribus Gros. *Hexaem.* IV 11. 4; hic . . porciunculam terre . . inter ~a possederat *Mir. Hen. VI* III 96.

2 soiled.

drablyd, ~us PP.

palum v. 1 palus.

palumbarius [LL gl.], that catches ring-doves or wood-pigeons; (*accipiter* ~*ius*) perh. sparrow-hawk.

accipitrem ~ium ideo Anglorum sparhaucam . . esse puto, quod palumbes . . insequatur Turner *Av.* B 1.

palumbes, ~**us** [CL], ~**a** [LL], ring-dove, wood-pigeon (m. & f.); **b** (as given name); **c** (in gl., understood as) dove.

columbae, ~ae, columnae Aldh. *PR* 124 p. 170; ~es raucitant, passeres titiant *Ib.* 131 p. 180; ~es, *cuscote GlC* P 136; ecclesiae vero fundamina cassa vetustae / culmina dissuto violabant trabe palumbes Frith. 439; ~us, *wudeculfre* Ælf. *Gl.* 131; **11**. . ~a, *cuiste*, i. *wudeculvre* WW *Sup.* 156; ~us [v. l. vel ~is], columba ramalis Osb. Glouc. *Deriv.* 470; mulieres nostri temporis . . malunt imitari columbas quam ~es Neckam *NR* I 42; sic a '~es' dici volunt eo quod lumbis parcant *Ib.* I 56; hii et hee, *columb de bois Gl. AN Glasg.* f. 21vb; hic ~us, A. *stokedowef*; . . hic ~us, *a cowscot*; . . hic ~us, *a stokedowe* hec ~a WW. **b** quam diu patieris nequitias ~i presbiteri? W. Malm.

GR II 205; juvenis presbyterum ~us nigromantie adiit R. NIGER *Chr. II* 159. **c** ~a, columba *GlC* P 103.

palumbinus [CL], of or pertaining to wood-pigeon.

~us, columbinus ALDH. *PR* 129 p. 177.

palura [CL 1 palus+-ura], a paling, fence.

1276 b[allivus cepit] de Hasting Moyse xl d. pro una ~a *Hund.* II 177b; **1520** pro quibuscumque reparacionibus .. in maneriis, parcis, logeis, et ~is eorundem .. factis *FineR* 312 m. 18.

1 pālus, ~um [CL], **3 pāla**

1 a pale, a stake; **b** (dist. acc. use). **c** (her.) vertical stripe.

ligo, *becca*, vel ~us, vel fustis ÆLF. *Gl.* 106; **10..** ~us, *pal WW*; paxillus, a ~o, i. *sude*, i. *pel GlSid* f. 143vb. **b** siquis .. infra has publicas vias .. foderit vel ~um fixerit (*Kent*) *DB* I 2ra; si in vado scopulis pleno ~us ponatur cui naves loris alligentur, quo longius a ~o fuerint, eo gravius ingruente tempestate ferientur ALEX. CANT. *Dicta* 14 p. 163; [vinee] que .. per bajulos ~os in celsum surgunt W. MALM. *GP* IV 186; **1154** habere boscum illum solidum et quietum, exceptis ~is ad exclusas faciendas *Act. Hen. II* I 87; **a1190** de bosco .. retineo ad focum coram me faciendum et ad coquinam meam et virgas et ~as ad faldos et sepes circa curiam meam faciendas (*Ch.*) *Chr. Abingd.* II 190; rane cura pālus, furis dampnacio pālus SERLO. WILT. 2. 92; **1200** J. primo percussit eum ~o, et alii strangulaverunt eum *SelPlCrown* 36; unde et Deus assimilatus est serpenti fixo super ~um eneum [cf. *Num.* xxi 9] T. CHOBHAM *Praed.* 281; **1234** si colligat spinas, .. debet habere j ~um quem ponit ex transverso fascis et j ~um quem vocant *stingsoghles Cust. Glast.* 88; **1252** de navibus et batellis ibidem attachiatis per palludes infra predictam aquam stallagium (*CurR* 146 m. 10d.) *SelCWW* 31; operarii in parco .. ad reparandum palicium ejusdem prostraverunt plures quercus ad ~os inde faciendos *SelPlForest* 55; **c1280** faciet in eodem stagno [molendini] ~um .. qui erit signum altitudinis aque stagni *DCDurh. Reg. I. 1* f. 52; **1287** custus carectarum: .. in ~is viij d. ob. *Rec. Elton* 21; **1335** in xij pallud' ad fald' emptis iiij d. (*Durrington*) *Ac. Man. Coll. Wint.*; arestatus est et statim decapitatus. caput vero ejus in altum erigitur super ~um *Chr. Kirkstall* 125; **c1440** Romani .. posuerunt ~as ereas in signum sue fortitudinis *MonA* VI 77. **c** **1388** alba .. cum lunis, avibus, et rosis parvis contexta cum borduris et ~is, avibus, leonibus griffonibus, et aliis intertextis (*Invent. Westm.*) *Arch.* LII 242; albe nigri coloris non brudate sunt tredecim de una secta cum una ~a in medio parurarum de panno aureo blodii coloris *Ib.* 256; ~us seu vallus et statumen trames est per centrum erectus, latitudinis tertiae areae partis, si solus reperiatur SPELMAN *Asp.* 96.

2 a paling, palisade, fence, stockade (also pl.); **b** (round fortress or town); **c** (round domestic building, workplace, garden, or field); **d** (round park); **e** (for combat or ordeal).

hic ~us, *a palys WW*. **b** **1231** quod veterem ~um et veterem bretaschiam de vetere fossato ville Salopie faciat habere *Cl* 508; **c1246** quod ballium circa castrum nostrum Cestrie quod clausum fuit ~o, amoto ~o illo claudi faciatis calce et petra *RL* II 45; **1261** de brecca Turris London' ~o claudenda. precipimus vobis quod breccam que est inter murum civitatis nostre London' et murum ballii Turris nostre London' ibidem faciatis .. bono ~o claudi et firmari *Liberate* 37 m. 13; arepta costa sua flumine transnatat. ~oque transito in hostes ruit inopinatus *Chr. Bury Cont. B* f. 196v. **c** **c1150** dedisse .. unum francum ~um in piscaria de Gerna *Ch. Heref.* 34; **1226** intruserunt in domum .. et domum illam fossato et pallo clauserunt *CurR* XII 2555; **1233** faciat habere .. ~os et clausturam ad haiam faciendam super fossatum *Cl* 329; **1268** viginti quercus ad curiam regis de G. inde ~o includendam *Cl* 465; **1457** sol' D. F. carpentario operanti apud B. super emendacione *le Gavill* et inclusione ~orum gardini ibidem *Ac. Durh.* 635. **d** **1433** parcum ipsius abbatis intrare ac clausuras et ~os ejusdem frangere .. comminantur *RParl* IV 459a; **1526** juxta ~am parci *Rec. Eton* XXIX 55. **e** **1268** et habet furcas suas et palam in predicto manerio suo *IMisc* 15(a); **s1386** rex Francie fecerat quendam ~um mire structure cum turribus et municionibus, quem ~um secum veherent, et intrata terra Anglie quasi in tribus horis super terram .. erigerent KNIGHTON II 212.

3 (in gl.; understood as): **a** hook. **b** nail.

a arpago vel ~um, *hooc* ÆLF. *Gl.* 107. **b** paxillum, ~um, *naegl GlC* P 107.

2 pălus [CL], **~uda**

1 marsh, swamp, fen (also w. ref. to marshland); **b** (spec. as salt-marsh); **c** (in fig. context or as symbol of licentiousness or luxuriousness).

lurida per latices cenosas lustro paludes ALDH. *Aen.* 43 (*Sanguisuga*) 1; dicunt monstra esse in ~udibus cum tribus humanis capitibus *Lib. Monstr.* I 34; sues .. ~udibus columbae rivulis delectantur aquarum BEDE *Cant.* 1163; †**704** (8c) pratis, palludibus, piscuariis, fluminibus *CS* 111; **880** cum campis, silvis, pratis, pascuis, ~udis *Ch. Roff.* 27; **893** tenentur obsessi Dani in Thornige insula ~i ÆTHELW. IV 3 p. 49; **c1145** quantum supradicte vacce ejusdem manerii poterunt per palludem in eisdem pasturis attingere per os accipient et familia abbatis herbam utrinque cum vaccis capiant *Doc. Bury Sup.* 817; **1330** in silvis .. palludis *PQW* 553a; **1334** est una magna palleda, que solebat reddere per annum vj s. viij d., que est in manu domini pro defectu firmarii *Surv. Denb.* 289; hec ~is, *a more WW*. **b** locus .. inmensis salis ~udibus circumcirca septus *V. Neot. A* 12. **c** [anima mea] quasi cenosis ~udibus stercorata AILR. *Serm.* (*PL*) 441A; nebula nascitur ex paludibus et fumo terre quia duo precipue exceccant hominem, sc. luxuria, que significatur per ~udes, et avaricia T. CHOBHAM *Serm.* 23. 90vb.

2 (of the waters of the nether world).

pars cujus inferior Stigia Letheaque palude / fertur ALDH. *Aen.* 53 (*Arcturus*) 8; ne post perniciem nigram transire paludem / cogantur *Altercatio* 112; ~udem Acherontis per rimas navis haurit BERN. *Comm. Aen.* 90.

paluster, ~tris [CL], **~rus**

1 characterized by marshy waters, that resembles or issues from marsh or fen, fenny, marshy, swampy. **b** (as sb. n.) marshland, fenland; **c** (in fig. context or fig.).

illas in via sub quodam ~ri sablone FELIX. *Guthl.* 44; ~er locus, ubi sunt paludes *GlC* P 149; †**680** (10c) ad aquilonem juxta ~ria loca *CS* 50; †**948** (12c) in insula .. cujus margynes circumquaque ~ribus rivulis adjacentibus ambite certis terminis comprobantur *CS* 864; Glastonia est villa in quodam recessu ~ri posita W. MALM. *GP* II 91 p. 196; hic et hec ~ris et hoc ~re, i. paludi similis OSB. GLOUC. *Deriv.* 438; quo cum pervenisset invenit locum ~rem valde *Chr. Dale* 3. **b** per ~ria [2 MSS *add*: sc. loca] tectis subvenire certantes .. conspicit FELIX *Guthl.* 34 p. 110; bovon, aves in ~ris *GlC* B 163; projecerunt in lutulenta ~rium loca B. *V. Dunst.* 6. **c** **c675** ~res pontias lutulentasque limphas .. potare ALDH. *Ep.* 3 p. 479; **799** fons aequitatis et justitiae .. iniquitatis ~ris profunditas ALCUIN *Ep.* 173; sermone ducis sententia fertur / utile personam gradibus donando beari / divinis, quam non hebetet censura palustris FRITH. 236.

2 that grows in or inhabits marshes: **a** (of plant); **b** (of animal); **c** (as sb. m.) reed-sparrow; **d** cockerel. **e** (as sb. f.) moor-hen.

a consumtis domibus quae illic ~ri harundine tegebantur BEDE *HE* I 19 p. 37; ulva, herba ~ris OSB. GLOUC. *Deriv.* 622; nimphea .. sive ut Latini gallam ~rem vocant *Alph.* 126. **b** horrens / lumbricus et limax et tarda testudo palustris ALDH. *Aen.* 100 (*Creatura*) 37; acete .. ~res GIR. *TH* I 14 (v. acega). **c** hic ~ris, *a redesparowe WW*. **d** *a cockerel*, ~er, -tri, hic LEVINS *Manip.* 55. **e** palestris, A. *a morhen WW*.

palustralis [CL paluster+-alis], fenny, marshy, swampy.

loca ~ia [v. l. palustria] et nemorosa *Eul. Hist.* III 192.

1 palustrare v. palaestrare.

2 palustrare, to soil.

laggyn, or drablyn ~o *PP*.

palustrosus [CL paluster + -osus], fenny, marshy, swampy.

terra .. ~a *Eul. Hist.* II 102.

palustrum v. plaustrum. **palvis** v. pelvis. **palycea** v. palicium. **pam-** v. pram-. **pambilio** v. papilio.

pamentum [ME *pament, pavement* < CL pavimentum], flat stone used for paving, flagstone.

1468 in solutis pro iij ~is emptis pro uno *herthe* ij d. *Ac. Chamb. Winchester*.

pamfilium v. pamphyllium. **pamfilus** v. pamphilos. **pammflectus** v. pamphlettus. **pammplicium** v. panniplicium.

pamphagus [παμφάγος], who eats everything, omnivorous.

paniphagi [v. l. panificium] totum quod apponitur comedentibus et ideo ita nominantur, quia quicquid mandi potest est illis cibus OSB. GLOUC. *Deriv.* 482.

pamphilos [πάμφιλος], beloved of all.

te domo munere cogoque dicere 'pamfile' rursum SERLO WILT. 14. 3

pamphlettus [cf. pamphyllium+OF *dim. suffix -ette*], collection of leaves or folios, pamphlet.

panfletos exiguos incrassatis pretulimus palefridis R. BURY *Phil.* 8. 123; **1367** pammflecti de diversis tractatibus (*Invent.*) *North. Durh.* 105; **1388** cista precii xij d. cum diversis veteribus libris et paunflettis inpositis et inclusis *IMisc.* 239/10 m. 2.

pamphyllium [παν-+φύλλον], a collection of leaves or folios, pamphlet.

1418 lego .. Johanni .. pamfilium .. episcopi *Reg. Exon.* f. 327 (ed. p. 413: *a pamphlet .. with sermons and other good treatises*).

1 pampilio, sort of fur used for trimming, 'pampilion'.

1343 de .. iij bacinett' cum visur', ij capell' de pampil' ferr' *KR Ac* 23/31 m. 1; **1462** in .. ix pampilion' bog' nigr', ccv pellibus bog' nigr', v panes de tibiis bog' nir' *LTR AcWardr* 6 rot. 53.

2 pampilio, pampilo v. papilio.

pampineus [CL], of or that resembles vine-shoot or vine-leaf (also fig., w. ref. to being soft or tender).

~eo, *mfarxm* [i. e. *mearum*] *GlP* 148; crassa Ceres nobis sensum cum faece laborat / pampineus vobis Liber documenta saporat R. CANT. *Poems* 1. 21; proh pudor, solo interdum ad hominum oculos gloriantur amictu, ac velut ~eis se foliis uberius dilatantes fructuum sub eis mentiuntur ubertatem J. FORD *Serm.* 60. 6; Bacchus .. / palmite pampineo tempora cinctus adest NECKAM *DS* VIII 29.

pampinula [CL pampinus+-ula], great burnet (*Sanguisorba officinalis*).

1548 bipennella, *called commonly* pympinella, *of some* ~a *OED* s. v. pimpernel; **1578** *pimpinell is .. in Latine* pimpinella, bipennula, ~a *Ib.*

pampinus [CL], vine-shoot, vine-leaf, or vine-inflorescence; **b** (in fig. context).

~us, *crous GlC* P 69; plantos, i. panpinos *Gl. Laud.* 1187; **11..** hic ~us .. i. *flur de vigne WW Sup.* 37; ~us, folium vitis OSB. GLOUC. *Deriv.* 469; mustum .. calorem a ~o et sole contrahit *Quaest. Salern.* V 1; pampinus est folium, botrus flos, vinea totum (*Vers.*) DOCKING 106; †paupinus [l. pampinus] est folium, botrus flos, vinea totum (*MS Bodl. Ashmole 342* f. 86v) *Würzburger medizinhistorische Mitteilungen* X (1992) 177; ~us, folia vitis *SB* 33; hic ~us, folium vitis; .. hic pamplus, *a vyneleffe WW*. **b** radix amaritudinis .. ferocibus palmitibus ~isque pullulat GILDAS *EB* 23; **796** in ~is vitis florescit, sed cultor hujus vineae in fructu uvas non deposcit ALCUIN *Ep.* 99.

pamplicium v. panniplicium. **pamplus** v. pampinus.

1 Pan [CL < Πάν], **1 Panus,** Pan, Arcadian pastoral god; **b** (understood as derived from πᾶν; **c** (understood as) evil spirit, incubus.

lupercal, templum Panos *Gl. Leid.* 27. 10; Pan, deus Arcadiae vel pastorum *Ib.* 43. 3; Arcades, gens .. quae colebat Pana *Ib.* 43. 4; Pan indeclinabile, i. deus pastorum OSB. GLOUC. *Deriv.* 447; Pan lingua Archadum ubi colitur BERN. *Comm. Aen.* 124. **b** hujusmodi autem Pana dicunt antiqui, pan autem interpretatur omne, unde tocius in se mundi formam habere dicitur

MAP *NC* II 15 f. 28; Pan .. deus est nature et interpretatur omne ALB. LOND. *DG* 8. 2; (v. incubus 1b) GERV. TILB. III 86; Pani dii moncium dicti a pan, totum J. FOXTON *Cosm.* 86. 3.   **c** Pan, incibus [l. incubus] *GlC* P 161.

2 pan v. pas.

pana, 2 panus [ME *pane*, OF *pan* < *pannus*]

1 part, side, division (usu. of cloister).

s1366 fecit .. unam ~am claustri OXNEAD *Chr. Min.* 438; **1373** planabit et parabit unam ~am sc. quartam partem claustri (*KR Ac* 622/46) *Building in Eng.* 449; s1376 pro dicto ~o [claustri] *Chr. Evesham* 301; **1395** unam novam ~am claustri .. reparavit *Lit. Cant.* III 42; c1400 edificavit unam ~am claustri contiguam ecclesie cum vitris et pavimentis pro dicto ~o et uno alio *Chr. Evesham* 301 (=*MonA* II 7a).

2 panel of glass, section of window (in quot., w. ref. to stained or painted glass).

1473 item Willelmus Glasiare pro tribus ~is Christofori, Katerine, et Thome martiris (*DCChich*). *HMC Rep. Var. Coll.* I 198.

3 light, frame, or section of (mullioned) window.

quilibet [*sic*] fenestra continet duas ~as vitreatas .. latitudo orientalis fenestre continet viij ~as glasatas cum armis Rogeri Bygot fundatoris W. WORC. *Itin.* 60.

panaca v. panaces.

panaces [CL < παναχής=*universal remedy*], kind of plant, perh. lovage (*Levisticum officinale*).

caque, panax, ... opopanax, eraclia idem et dicitur *pudnale* G. *Teaching Latin* I 52.

panacellum [CL panaces < πανακής+-ellum], lovage (*Levisticum officinale*).

linguisticus .. nascitur eciam in monte vicino alpibus, sed cives ~um vocant quod radix illius alba est et odorata similis panaci, cui virtus una est cum panace, nascitur in locis altis et asperis *Alph.*102.

panaces, panax [CL < πανακής, πάναξ], **panacus** [LL], **panacum** [ML], **panaca**

1 kind of plant, usu. lovage (*Levisticum officinale*). **b** (*panax Asclepii*) Aesculapius' all-heal (*Echinophora tenuifolia*). **c** (*panax Chironia*) elecampane (*Inula Helenium*). **d** (*Panax Heraclia*) Hercules's woundwort (*Opopanax hispidus*).

opopanax, i. succus ~acis *Gl. Laud.* 1119; pantanos, i. ~atus *Ib.* 1181; panacosriza, i. ~aci radix *Ib.* 1192. **b** ~ax Asclepii folia habet nodosa similia maratro sed majora et asperiora, super virgam capitellum habet in quo flores aurosi sunt et viscidi et odorati *Alph.* 135.   **c** ~ax cironium, nascitur in monte Pelio quam Latini hinnulam †campa [l. campi] dicunt, florem habet aurosam, radicem tenuem non altam, gustu viscidam, bibita morsibus venenatis occurrit *Ib.*   **d** ~ax eraclia unde opipanax colligitur, folia habet minora et spansa super terram, viridia et aspera valde, sicut ficus obrotunda et divisa in v partes; virga longa est ei sicut ferule, albi coloris; nascitur in finibus Libie et in Macedonia *Ib.*

2 (understood as) root of lovage.

~aca, i. radix luvestici *Gl. Laud.* 1162.

panacosriza [πάνακος ρίζα], Hercules's woundwort (*Opopanax hispidus*).

~a, i. panaci radix *Gl. Laud.* 1192.

panacum, panacus v. panaces.

panadracia [*πανaδράκεια < παν-+ἀδρακής, ἀδερκής*], birthwort (*Aristolochia*).

~ia, i. aristologia *Gl. Laud.* 1209.

panagericus v. panegyricus.

Panagia [Παναγία=*the All-Holy, the Virgin Mary*], holy bread (in the Eastern Church).

1424 ~ia [Greci] ex reliquiis panis fermentati de quo sacrificium orone conficiunt alium panem conficiunt, dicentes .. ipsas reliquias esse corpus beatissime virginis Marie nominantque ipsum panem nostrum alias ~iam dicunt panem illum tanquam sacrificium valere

tempore extremo ubi sacrificium corporis Christi non invenitur *Reg. Heref.* 84.

panagium v. pannagium.

Pananglium [2 pan- < παν-+Anglia], general assembly or council of all England.

in triplici sunt apud nos differentia [juris fora] .. unum .. quod .. nos Parlamentum [vocamus], et ut universum Aetoliae concilium Panaetolium Livio nominatur, ita ~ium vel commune totius regni concilium recte dici possit CAMD. *Br.* 141.

panare v. pavare.   **panarethos** v. panaretos.

panaretos [LL < πανάρετος=*all-virtuous*], (as title of the book) Wisdom of Solomon (cf. Jerome, *Pref. in Libr. Sal.*, *Biblia Sacra juxta Vulgatam Versionem* Stuttgart, 1994, p. 957).

panarethos, sapientia *Gl. Leid.* 8. 1.

panaricium v. paronychium.

panariolum [CL], (small) pannier, bread-basket.

ex modo quo nos erramus cum bigis et summariis, cum clitellis et ~is MAP *NC* IV 13 f. 54v.

panarius [LL; CL *as sb. n. only*], of or for the storage of bread. **b** (as sb. n.) place in which bread is kept or stored, pantry.

1552 praeses habeat omnia cubicula ac aedificia claustro circumfusa cum veteri aula, cella ~ia, et cerevisiaria (*Stat.*) *Arch. Hist. Camb.* II 460.   **b** 1543 damus .. totam illam aulam nostram .. ac unum ~ium, unum promptuarium, cum una coquina (*Pat* 702 m. 18) *MonA* I 554a.

panator v. 2 pannator, pavator.   **panatr-** v. penetr-. **panatria, panatrius** v. panetarius.   **panatus, panax** v. panaces.

pancalus [πάγκαλος], 'all-fair', beautiful (as representation of AS *se eallfægra*).

s959 Eaduuig .. qui .. prae nimia .. pulchritudine ~i sortitus est nomen ÆTHELW. IV 8.

panchrus [CL < πάγχρους], precious stone that has many colours.

~us [v. l. panteron; TREVISA: panteron] lapis est multorum colorum sparsorum BART. ANGL. XVI 80 (v. 1 panthera 3).

pancratiari [ML=*to subject oneself to torture in order to be rewarded for steadfast endurance*], ~iare

1 (dep.) to juggle, perform sleight of hand.

to legerdemayn' [v. l. *to play lechardemayne*] ~iari *CathA.*

2 (trans.) to overpower or overwhelm in contest (in quot., fig.).

pondere peccati sunt plures pancraciati [*gl.: i. gravati et depressi*] (J. BRIDL.) *Pol. Poems* I 161.

pancratiarius [LL < pancratium+-arius], competitor in the pancratium, (understood as) wrestler, contestant.

theatrales ~iorum pompae ALDH. *PR* 121 p. 167; virtus non adjurat pancratiarium / neque citivolus pes aucupedium WALT. WIMB. *Sim.* 179.

pancratium [CL < παγκράτιον=*contest that includes boxing and wrestling*]

1 form of contest, game, or performance: **a** (understood as ? fencing). **b** (understood as sleight of hand or juggling).

a ~ium, *rabiz* (MS Dublin, Trinity College, 279 f. 201) *Teaching Latin* I 156.   **b** *jogulrye or jogulment*, prestigium .. ~ium *PP*; *tregetynge*, mimatus .. prestigium .. ~ium *PP*.

2 kind of plant, perh. sea-daffodil (*Pancratium maritimum*).

~ium multi dicunt scillam, radix est illi similis major colorem purpureum vel croceum habens gustu amara, folia lilio similia sed oblonga. virtus est illi

similis scille, succus ejus cum mulso bibita ydropicos et spleneticos sanat *Alph.* 138.

Pancratius [Παγκράτιος], (as proper name) Pancratius, Pancras; **b** (w. ref. to monastery or church of St. Pancras).

667 reliquias .. sanctorum martyrum .. Gregorii atque ~i eis fecimus dari (*Lit. Papae*) BEDE *HE* III 29 p. 198; doctor Apollinaris martyrque Gregorius almus / Romanaeque puer .. Pancratius urbis ALCUIN *Carm.* 110. 14. 4.   **b** monachus Cluniacensis et prior sancti ~ii in Anglia W. MALM. *GR* V 442; in presbiterio ante altare Sancti ~ii defertur *Ib.* 443.

pancreas [πάγκρεας], (anat.) pancreas.

duodeno πάγκρεας adhaeret, glandulosa sc. caro, quae et καλλίκρεας Graecis vocatur interdum D. EDW. *Anat.* B 2.

pandagium v. pannagium.

pandatiare [cf. CL pandiculari], (understood as) to cry, howl.

11 .. ~io, -as, i. *braeer* WW *Sup.* 27.

pandaxator v. pandoxator.

pandectes [CL < πανδέκτης=*encyclopedia*], ~a [LL], (m. & f.) book that contains the complete text (of): **a** the Bible. **b** Justinian's law code, the Pandects.

a bibliothecam .. ampliavit ita ut inter alia tres ~es faceret describi .. ut cunctis qui aliquod capitulum de utrolibet Testamento legere voluissent in promptu esset invenire quod cuperent *Hist. Abb. Jarrow* 20; ut tres ~es novae translationis ad unum vetustae translationis .. ipso vuper adjungovot Ruuu *H.A* 151 in pictura templi quam in ~c posuit [Cassiodorus] *Id. Templ.* 775; nomine pandectem proprio vocitare memento / .. / in hoc dicta Dei conduntur mystica summi AL-CUIN *Carm.* 65. 1. 1; ~es omnia ferentes; ideo vetus et novum testamentum si insimul scribitur ~es dicitur *Id. Orth.* 2341; dedit gloriosum ~en, id est bibliothecam egregiam in qua conscripti sunt hii egregii BYRHT. *V. Osw.* 463.   **b** vides quam imperscrutabilis abyssus, quam dumosa silva, quam immeabile pelagus sit ~a, in qua civile jus continetur P. BLOIS *Ep.* 140 416C; multi jurisperiti condidere ~am R. BURY *Phil.* 10. 160; s1433 patet id ~a de legibus AMUND. I 342.

1 pandere [CL=*to cause to bend*], to cause to err, to pollute morally.

~it, inquinat *GlC* P 31.

2 pandere [CL]

1 to spread out, extend, splay (also intr.); **b** (part of body); **c** (cloth or sim.); **d** (sound); **e** (condition). **f** (p. ppl. as adj., of topographical feature).

pansis, extensis *GlC* P 53; panso, i. extenso, *apenedon* GlP 1004.   **b** pansis digitorum radiis Gosc. *Transl. Mild.* 21 p. 184; viscera panduntur, cruor effluit L. DURH. *Dial.* II 361.   **c** opansum velum in scena .. quod undique ~at *GlC* O 220; cum totos laxando sinus et suppara veli / pandens summa, Notum nauta rudente legit L. DURH. *Dial.* III 80.   **d** argutum vocis crepitum cito pando per orbem ALDH. *Aen.* 2 (*Ventus*) 2.   **e** amplius interna fructuum illius suavitas ~eretur BEDE *Cant.* 1150; continuam infirmis pande benignus opem ALCUIN *Carm.* 113. 2. 8; contra subjectum pudor esset pandere luctum *Dietarium* 57; iste borialis de Northumbria oriundus satis manifestavit vera esse que de partibus illis dicuntur, quia ab Aquilone ~it omne malum *Flor. Hist.* II 150; de suas aquilonares Wallie partes unde ~itur omne malum Wallie AD. USK 84.   **f** Britannia .. campos late pansos habet G. MON. I 2.

2 to spread out in order to dry: **a** (skin). **b** (fruit; p. ppl. as sb. f.) raisin. **c** (p. ppl. as sb. n.) raisin wine.

a **1421** pro ix balis cum ix^m pellium agninarum passarum *EEC* 456; cum viij^c pellibus agninis passis *Ib.* 462; pro v balis j barello cum iiij^m iiij^c xxv pellibus passis, ij lectis de sargia *Ib.* 487.   **b** *a rasyn*, passa, racemus *CathA.*   **c** passum, *fort vin Teaching Latin* II 52; passum, *vin de Auucerne Ib.* 56.

3 to open (up), make accessible or available

(also transf. or fig.); **b** (part of body); **c** (door, building, or sim.); **d** (road, entrance, or sim.).

~it, aperit *GlC* P 38; pansum, apertum *Ib.* 101. **b** vocibus orantum nunc aures pande benignas ALDH. *CE* 1. 16; dum pia fructiferis pandit praecordia verbis *Id. VirgV* 1396; infernale aperit guttur faucesque voraces / pandit ALCUIN *Carm.* 49. 21; tu dare ne claudas palmas et prendere pandas *Ib.* 62. 16; **799** desine incassum ~ere labra quae contra Dei misterium latrant ALCUIN *Ep.* 182 p. 302; plurima nostratim patravit signa stupenda / ejus et eloquio multi precordia Christo / credula pandentes vasta glomerante caterva *Mir. Nin.* 23. **c** urbs Agripina tibi pandit, scio, tecta benigne ALCUIN *Carm.* 4. 17; pando domus clausas, iterum recludo patentes (*Vers.*) *Ps.*-BEDE *Collect.* 239; ut viam aeternae lucis et januam vobis ~amus regni coelestis GOSC. *Aug. Maj.* 62A; ~itur ut arca testamenti virginalis apoteca *Id. Transl. Mild.* 14; hortati sunt ut Turci redderentur pro ereptione Christianorum, ut Damascenis ~eretur Montis Regalis oppidum ORD. VIT. XIII 33 p. 98; dicitur .. Janus quod anni januam ~at ALB. LOND. *DG* 4. 9. **d** sacerdotes habet Britannia .. ad .. ineptas saecularium hominum fabulas ac si iter vitae quae mortis ~unt, strenuos et intentos GILDAS *EB* 66; navigeros calles ut pandam classibus index ALDH. *Aen.* 92 (*Farus Editissima*) 4; lucida perpetuae qui pandit limina vitae *Id. VirgV* 571; velut late pansae viae indicium FELIX *Guthl. prol.* p. 64; nemo mortalium potest .. beatus fieri prius quam tu moralis effectus iter verae beatitudinis ad caelestia ~as BEDE *Cant.* 1205; apertio caeli .. ipsum regni caelestis ~endum designat introitum *Id. Retract.* 1018; qui clavem caeli manibus deportat honestis / clementem nobis pandat ad astra viam ALCUIN *Carm.* 90. 13. 4.

4 to make known, reveal, explain; **b** (w. indir. qu.).

passus est .. Dominus noster Jesus Christus et ~it nobis salutare et pretiosum lignum crucis in quo sibi conjuncxit ecclesiam THEOD. *Laterc.* 25; cujus praeclaram pandens ab origine vitam / Gregorius praesul cartis descripserat olim ALDH. *VirgV* 874; si .. hunc videris prioris amici ~entem secreta, hunc velut perfidum cave BEDE *Prov.* 997; Hebreas Latio pandit in orbe gazas (*Id.*) *Epigr. Milredi* 802; Brettones qui nolebant Anglis eam quam habebant fidei Christianae notitiam ~ere *Id. HE* V 22 p. 347; illas [partes] rogo ut ~as mihi, magister, exemplisque confirmes per singulas, me tacente et probante ALCUIN *Rhet.* 11; Lanfrancus .. regis et suam voluntatem omnibus ~it *V. Gund.* 16; ~ere, dicere, referre, revelare OSB. GLOUC. *Deriv.* 478. **b** primum quidem, karissimi, beatitudinis vestrae dilectioni, unde hujus fomenta quod sequitur medicaminis congessi, satis esse dignum ~ere putavi THEOD. *Pen. pref.*; vir Dei .. ~ere quae ventura essent sibi coepit FELIX *Guthl.* 49 (v. interpres 2b); quod quantum valeat ipso judicii tempore ~etur BEDE *Ep. Cath.* 18; exemplo pandens cogitet quid spiritus ardens FRITH. 228; coepit supremus filius Dei paulatim ~ere quis esset BYRHT. *V. Ecgwini* 351; que .. sit figura sillogismo accommoda ~it J. SAL. *Met.* 921A; **1389** figura numeralis ~ens quotus sit liber ille in ordine gradus sui (v. dictio 3b).

5 to compose (song); *cf. pangere* 6.

tempus enim perdit qui carmen inutile pandit (*Vers.*) ORD. VIT. XI *prol.* p. 160.

6 (in gl., assoc. w. 2 *pendere* and understood as) to weigh, consider.

~is vel pendis, *peyses Teaching Latin* I 158.

7 (p. ppl. as sb. m. or f.) splay-footed person.

pansa, *scaffoot GlC* P 145.

pandexator v. pandoxator.

pandicare [CL pandere + -icare], to reveal, make known.

tunc antichristus nequissimus est oriturus / papa pater patrum papisse pandico parum / et tibi mox credam de corde quando recedam M. SCOT *Proph. pref.* 155.

pandicularius [LL *as adj.*; cf. et. CL pandiculari=*to grimace*], one who gapes, yawns, or grimaces.

~ius .. i. homo hians et toto corpore oscitans OSB. GLOUC. *Deriv.* 448.

pandna v. 2 panna. **pandnagium** v. pannagium.

pando [cf. CL pandere, LL pandox], glutton.

mandones, epulones, bucones, ~ones, abliguritores OSB. GLOUC. *Deriv.* 139.

pandochium [LL < πανδοκεῖον, πανδοχεῖον]

1 inn, tavern, guest house.

meraria .. ~ium, vinaria OSB. GLOUC. *Deriv.* 365; ~ium, domus potatorum *Ib.* 482; miles quidam Theutonicus .. in ~io suo capellam construxit W. CANT. *Mir. Thom.* VI 129.

2 (transf.) all-receiver, universal receptacle.

coniferata sive conconata area ex omnibus puris sectionibus commixtis universarum ~ium efficitur et omniformis dicatur SPELMAN *Asp.* 82.

pandochius [cf. pandochium], of a tavern, who works in a tavern.

1546 dedi ~iis zithariis mandatus a preside pro oblatione sua xij d. *REED Cambridge* I 142.

pandocinare v. pandoxinare. **pandocinium** v. pandoxina. **pandocsatorium** v. pandoxatorius.

pandox [LL *gl.*; cf. πάνδοξ=*inn-keeper*], (one) who drinks or eats excessively.

~oces .. epulones, estores OSB. GLOUC. *Deriv.* 473; ~ox, ebriosus vel gulosus qui semper pandit ora ad escas *Ib.* 478; pandochium, domus potatorum; unde et ~ox dicitur qui semper pandit ora ad potandum *Ib.* 482.

pandoxa [cf. LL pandochium], brewery.

hec ~a, G. *breuuerne Teaching Latin* II 108.

pandoxare [cf. πανδοκεύειν=*to act as inn-keeper*; LL pandochium < πανδοχεῖον], to brew (beer or other drink, also absol.); **b** (dep.).

instrumenta ~andi W. CANT. *Mir. Thom.* II 42 (v. caccabus a); **1229** si vir vel mulier cervisiam vendendam ~averint (*Conc.*) *MonA* V 253a; ~ata: ~are, G. *bracer*, a quo participia et verbalia ut pandoxator, -trix, -tio, et hoc pandoxinium *Merarium* 365; portabit aquam contra Natale ad ~andum *Cust. Bleadon* 205; dabunt iiij lagenas cervisie ad tollenagium quando ~ant ad vendendum *Ib.* 209; a**1258** si cervisia illa non fuerit ~ata *BBC* (*Dunster*) 109; **1280** Robertus faber ~avit contra assisam *CourtR A. Stratton* 130; s**1376** precipiens ut colligeret fructus viarum suarum et potaret qualia ~avit *Chr. Angl.* 80; **1434** quod .. providerent de brasio ad ~andum pro rege *MunAcOx* II 507; **1462** pandoxatores cervisie [qui] in dicta villa nostra Cales' ~are inceperunt, aquam ad ~andum hujusmodi cervisiam longe extra dictam villam adquirere coguntur *ChartR* 193 m. 30. **b** *bruyn ale or oþer drynke* ~or .. prime con., dep. *PP*; *to brewe*, ~or *CathA*; *to brue* ~ari *Ib.*

pandoxaris [pandoxa + -aris], of or pertaining to brewing.

1400 item lego Isabelle filie mee unam tabernam brasii de meliori brasio et de secundo sicut consuetudinem ~em *Arch. Bridgew.* 508.

pandoxatio, (act of) brewing.

1229 si duos denarios et obolum de unaquaque ~one accipiat (*Conc.*) *MonA* V 253a; pandoxare, G. *bracer* .. et .. ~o *Merarium* 365; **1289** in ~one contra adventum (*Ac.*) *Doc. Bec* 138; **1408** in predicto hospicio, domo ~onis, schopis *G. S. Alb.* III 515; **1414** pro qualibet ~one *Reg. Exon.* II f. 291; **1471** pro carbonibus ad duas ~ones *ExchScot* 52.

pandoxator [pandoxare + -ator], (beer-)brewer; **b** (dist. from *braciator*).

1229 si vir vel mulier cervisiam vendendam pandoxaverint, sive communis ~or vel pandoxatrix fuerit (*Conc.*) *MonA* V 253a; pandoxare, G. *bracer* .. et .. ~or *Merarium* 365; ~or, *brasur Teaching Latin* II 89; c**1250** de singulis pandaxatoribus detur unus denarius *Conc. Scot.* II 47; c**1265** (1375) dicti prepositi colligent prisam de pandexatoribus (*Pat*) *EHR* XVI 103 (=(*Tenby*) *BBC* 332); hic pandoxator, ibi streparius, ibi junctor R. MAIDSTONE *Conc.* 285; **1431** ~or .. alias brasiator *CalPat* 158; **1433** percipiet omnes decimas .. de omnibus pistoribus et ~oribus *Reg. Heref.* 162; **1434** videntes .. fraudes .. ~orum universitatis Oxonie *MunAcOx* 507 (cf. ib.: injungentes omnibus .. pandoxatis .. quod ipsi providerent de brasio ad pandoxandum pro rege); hic panducsator, *a breuer WW*; **1532** Thomas Martyn, ~or *Househ. Bk. Durh.* 89. **b** **1383** fullones, textrices, braceatores, pandaxatores et ceteri operarii (*Ch.*) *Gild Merch.* II 135.

pandoxatorius [pandoxare + -torius]

1 (as adj.) of or concerned with brewing; **b** (*domus ~ia* or sim.) brewery.

1442 volo quod omnia vasa coquinaria, ~ia, pistrinaria existencia in coquina, pandoxatorio et pistrino die mortis mee integre remaneant in suis officiis *Reg. Cant.* II 622. **b** s**1423** domus ~ia (v. 1 domus 15b); c**1545** pro redditu unius domus ~ie in parochia S. Nicholai *Cart. Osney* III 292; **1549** messuagium ~ium *CalPat* 65.

2 (as sb. n. or f.): **a** brewery or ale-house. **b** trade of brewer or product of brewing.

a **1400** brasinum cum ~io *Test. Ebor.* III 15; s**1435** quomodo tenens ~ii .. jam per annos septem et amplius dedicebat solvere quietum redditum AMUND. II 115; **1452** lego .. dimidium omnium vasorum et instrumentorum ~ii mei *Test. Ebor.* II 164; ~ium, *brewarne*; .. hoc pandocsatorium, *a brywhowse WW*; **1466** *les tubbes*, *troghes* et *standes* pertinencia ~ie, brasiatorie, et botellarie *Test. Ebor.* II 277; **1486** presbyteri .. male se tractarunt, quidam ex eis in ~iis sive cauponibus [*sic*], et quidam in tabernis communas suas habuerunt; ibi sedendum [*sic*] fere per totum diem *Conc.* III 618 b; **1497** item pro patella enea apud domum pandoxeterii .. item pro cccc arundineti pro emendatione dicti pandoxeterii *Ac. Churchw. Som* 195; **1533** pro j dd. *great spygotts*, pro ~io *Househ. Bk. Durh.* 163. **b** c**1256** pandoxatores .. non cessant propter hoc quin ~ium faciant ac vendant prout facere debuerint si cervisia illa non fuerit pandoxata (*Dunster*) *BBC* 109.

pandoxatria, ~ium, brewery.

1380 omnes .. domus, sc. aula, camere, ~ia *Cart. Osney* I 46; **1409** fiat ibi ~ia in cimiterio predicto *Fabr. York* 200; a**1442** duo plumbia in ~ia *HMC Rep.* IX 38a (=(*Invent.*) *Camd. Misc.* IX xviii); fieri fecit .. ~ium [v. l. pandoxatorium] et pistrinam ac novas cameras juxta aquam situata apud Bisshoppthorpe; ~ium et pistrinam cum cameris novis ex parte boreali aule *Chr. Pont. Ebor. C* 440; **1471** cuidam .. reparant' muros in pistrino et ~ia *Arch. Hist. Camb.* I 414; **1505** Willelmo .. plumbario laborant' circa tectum claustri et in ~ia *Ib.* 413.

pandoxatrix [pandoxare + -atrix], (beer-)brewer (f.) or ale-wife.

1229 si vir vel mulier cervisiam vendendam pandoxaverint, sive communis pandoxator vel ~ix fuerit (*Conc.*) *MonA* V 253a; pandoxare, G. *bracer* .. et .. ~ix *Merarium* 365; hec .. ~ix, *braceresse Teaching Latin* II 108; **1285** in mercede ~icis pandoxantis contra adventum domini *MinAc* 1070/6; **1286** ~ix .. summonita et convicta super vendicione nimis debilis cervisie (*Bakewell*) *BBC* 223; c**1353** de ~ice de summa frumenti braciati .. ob. *Reg. Rough* 29; **1439** Alicia .. ~ix ville Oxonie *MunAcOx* 523; hec ~ix, *a brewster WW*.

pandoxatus v. pandoxare, pandoxator. **pandoxeterium** v. pandoxatorius.

pandoxina, ~ium, brewery.

pandoxare G. *bracer* .. et .. hoc ~ium *Merarium* 365; pandocinium, *bres Teaching Latin* II 84; **1352** retro ~am abbathie de Oseneye *Cart. Osney* II 161; **1447** pistrina et ~a abbacie illius [de Lacok] *Pat* 464 m. 3; **1450** pro reparacione unius ~e *Ac. Durh.* 239; ~a, A. *a brewhous WW*.

pandoxinare [cf. pandoxare], to brew (ale).

pandocino, *bracer Teaching Latin* II 84; hortans ut peccata confiteretur et votum suum impleret, et de cetero officium pandocinandi venaliter non exerceret (*V. S. Dudocei*) *NLA* II 272.

panduca [? *assoc. w.* CL pandura], sort of musical instrument, bagpipe.

bagpype, ~a *PP*; ~a, A. *a baggepype WW*; *a bagpype*, ~a *CathA*.

panducar [cf. panduca, pandura], sort of musical instrument, bagpipe.

hoc ~ar, A. *baggepipe* GARL. *Unus gl.* 167.

panducarius, bagpiper.

a bagpyper, ~ius *CathA*.

panducsator v. pandoxator.

1 pandulus [cf. CL 1 pandere, pandus + -ulus], somewhat curved or crooked.

~us . . i. aliquantulum curvus OSB. GLOUC. *Deriv.* 448.

2 pandulus [cf. CL 2 *pandere*], manifest, open, visible.

cunctipotens opifex, archani pandulus [*gl.*: manifestus] index FRITH. 5.

pandum [ML; cf. AS *pund*, *pyndam*; Middle Low German *pant*; German *Pfand*], (Scot.) poind, pledge; (~*um capere super*) to take distress on.

c1166 ne quis capiat ~um super terram S. Crucis nisi abbas rectum et jus facere recusaverit *Regesta Scot.* 39 p. 148 (=*E. Ch. Scot.* 153 p. 119).

pandura [CL < πανδοῦρα], three-stringed lute.

pandura [v. l. *panduca*] . . genus organi OSB. GLOUC. *Deriv.* 448.

pandus [CL], that spreads around in a wide curve, (widely) curved, also w. ref. to being concave and convex.

palmula qua remis succurrit panda per undas ALDH. *Aen.* 95 (*Scilla*) 10; quando piscantem panda de puppe vocavit *Id. CE* 4. 1. 12; dum pandam vetulo liquit cum patre carinam *Ib.* 4. 5. 3; dum stridente arcu et nervo stridente ad destinatum *Id. VirgP* 2 p. 230; atque sacer pandae captabat viscera cymbae / extensaque avidis volitabant carbasa flabris *Mir. Nin.* 31; ~um, flexum, corbum *GlC* P 49; tripudians pandis calido sub pectore venis FRITH. 137; ~us . . i. curvus OSB. GLOUC. *Deriv.* 448.

panegorizare [cf. CL *panis*, LL *paregorizare* = to comfort, soothe < παρηγορίζειν, παρηγορεῖν], to support, maintain, provide (with).

ab hoc nomine quod est panis, ~o . . i. sustentare OSB. GLOUC. *Deriv.* 433.

panegyrice [πανηγυρικῶς], festively, solemnly, excellently.

pangerice, laute, laudate, laudabiliter OSB. GLOUC. *Deriv.* 478.

panegyricus [CL = *as sb. only* < πανηγυρικός]

1 (as adj.) festive, solemn, laudatory.

a705 vestrae Latinitatis panagericus rumor (CELLANUS) *Ep. Aldh.* 9 (=W. MALM. *GP* V 191); panagericis, laudabilibus *GlC* P 77; panagericon, laudabilem *Gl. Leid.* 30. 59; hujus regis [sc. Oswaldi] laudes historia panagerico prosequitur stilo W. MALM. *GR* I 49; pangericus, laudando decantatus OSB. GLOUC. *Deriv.* 478.

2 (as sb. m. or n.) panegyric, elaborate praise, laudatory speech (also as title of work).

672 panagericum poemataque . . Prosatori . . promulgantes ALDH. *Ep.* 5 p. 488; a705 omnibus . . panagericis tam saecularium litterariae verbositatis facundia editorum quam etiam spiritalium ecclesiastici dogmatis stilo elucubratorum plenissimum voluminum scriptis imbuta arcana liberalium litterarum studia (ÆTHELWALD) *Ep. Aldh.* 7; panagericum, †cevairistias [l. eucharistias], laudabilem eruditionem *GlC* P 23; pannigericus, in laudibus *Gl. Leid.* 4. 1; ergo Thalia comes, Malcho panagerica promes R. CANT. *Malch. prel.* 27; quia non historiam sed panagericum scripsit W. MALM. *GR* V 420; c1396 panigericus, sermones, glose (*Catal. Librorum*) *Meaux* III c; ne pannagericon videar conscripsisse RISH. 192 (=WALS. *HA* I 79).

3 (understood as) licentious mode of utterance.

panagericum, licensiosum et lasciviosum genus dicendi *GlC* P 81.

panegyris [LL < πανήγυρις], market, fair.

s1146 panigeriam, id est, conventum rerum venalium (*Lit. Imp.*) DICETO *Chr.* 258.

panegyrista [LL < πανηγυριστής], panegyrist, one who writes panegyric or praises elaborately.

pangerista, laudator OSB. GLOUC. *Deriv.* 478.

paneita v. 1 paneta.

paneitas [CL *panis*+-*eus*+-*tas*], **panitas** [*panis*+-*tas*], property, nature, or essence of bread, 'breadness', paneity.

nec dubium quin ~itas et vinitas sunt forme substanciales WYCL. *Apost.* 134; ista [opinio] poneret alium panem, licet eandem ~eitatem NETTER *DAF* II 110vb.

panelare v. panellare. **panella** v. panellus.

panellare [cf. panellus]

1 to furnish or decorate with panels (in quots., of cloth).

1377 blue' panela' et furrat' *IMisc* 213/6 m. 2; 1378 vj tapet' de *worstede* rub' et bluet' panilat' . . tres *curtyns* de *sarsinet* rub' et bluet' panilat' *Cl* 217 m. 10.

2 to furnish (saddle) with pad or lining.

1485 in j *sadell* ~ato empto ix d. *Comp. Swith.* 383.

3 to empanel, include in list of jurors (*v. et. impanellare*).

c1365 venire debent ad curiam de Kylmaclenyn, si necesse fuerit, vel erunt ad ~andum si aliquis clamat eos *Pipe Cloyne* 13; 1377 volumus . . quod omnes . . residentes . . in insula . . in assisis, juratis, seu recognicionibus . . poni seu ~ari compellantur (*Cl*) *Foed.* VII 147; juratores per predictum servientem inde ~ati non veniunt *MGL* I 398.

panellum v. panellus.

panellus [ML; cf. OF *panel*, ME *panele*, *panelle*], ~**a**, ~**um**

1 piece, strip (of cloth).

1213 pro iij ~is de filtro . . vj d. *Misae* 267.

2 pad or lining of saddle, panel.

1130 in summis et bulgiis et ~is et barhutis et sudariis *Pipe* 1; 1209 in clutis, uncto, sellis, ~is, et alio harnesio ad caretas *Pipe Wint.* 45; carentivillo tergum [equi] sit coopertum, postmodum sudario . . deinde ~o [*gl.*: *panel*] NECKHAM *Ut.* 99; 1215 iiij capistra, iiij panell', j bridam *Cl* 192a; sellarii vendunt sellas nudas et pictas et ~os [*gl.*: *paneuz*, *panews*, *panels*] GARL. *Dict.* 123; 1302 sella cum ~o empta *Fabr. Exon.* 20; equitando frenis non utuntur . . non scellis sed ~is utuntur, quod lingua eorum [Hibernensium] *pilin* vocant *Eul. Hist.* II 126; 1382 cum j nova ~a pro cella manticali *Comp. Swith.* 281; ne gravet ergo tibi, gibbosus namque panelli / et non sanus equs ferre recusat onus GOWER *VC* VII 1455; panillus, A. *a panell WW*; *a panelle of a sadelle*, ~us, subsellium *CathA*.

3 (piece of parchment or sim. that contains) list of jurors, panel.

1275 summonitus fuit R. de S. et inventus in ~o quem R. de M. deposuit *Hund.* I 251a; 1276 solebant facere falsos ~os, falsas summoniciones et falsas assisas *Ib.* I 40b; 1278 brevia, cedula, ~um invenientur inter brevia de quindena Pasche *Reg. Heref.* 62; 1283 datus est dies recognitoribus in ~o vicecomitis contentis *SelPlJews* 126; c1290 omnia brevia et ~a tangencia predictum placitum *State Tri. Ed. I* 51; 1322 prout patet in panelis huic brevi consutis (*Chanc. Misc.*) *EHR* XXXI 602; s1327 ballivus . . returnavit quoddam ~um de nominibus fidedignorum *G. S. Alb.* II 235; 1395 sciendum quod transcripta brevis originalis et ~e assise . . liberantur *Mem. York* I 117; pannellum de octo jur' per ipsos [servientes] in assisam . . de novo appositis *Entries* f. 73rb.

4 section of computus roll.

1290 summa . . particularum istius ~i *Doc. Scot.* I 141; 1292 sed tantum iiij s. pro Bocklintone computantur in magno ~o, quod advertatur in solucione *Reg. Heref.* 285; 1294 in expensis . . summa istius ~e *Doc. Scot.* I 429; 1318 computare in ~o de minutis expensis *Ac. Man. Wint.* (*Chilbolton*); 1325 et patet superius in ~o frumenti *Ib.* (*Michelmersh*); 1379 expense ejusdem . . summa hujus ~e ij^m ij^c iiij^{xx} v li. iij s. j d. *ExchScot* 30; 1431 in decasu redditus vj acrarum prati dimidie nuper dimissarum diversis tenentibus onerato juxta antiquam dimissionem in ~o de firmis per se et similiter in eodem ~o infra dimissionem de Langmede xxxiij s. *DL MinAc* 683/11062.

5 portion of surface, panel: **a** (of glass); **b** (of wood or sim.); **c** (w. ref. to embroidered, painted, or written surface); **d** (w. ref. to screen used as stage back-drop). **e** weir.

a 1275 pro ij ~is de vitro xviij d. *KR Ac* 467/6/2

m. 3; 1284 pro ij ~is vitri de novo factis ad cameram domine regine *KR Ac* 467/9 m. 3; 1337 in xxj ~is albi vitri empt' de W. de B. vitrario prec' ~i xxij d. *Sacr. Ely* II 98; 1354 facienti scaff[old]' pro vitr[iariis] levantibus panell' vitri in fenestr[am] capelle *KR Ac* 471/6 m. 11; 1366 in xxxiiij panell' vitr' pro fenestra rotunda *Ac. Durh.* 385; c1386 de . . xxj panell' vitr' in cas' ferr' firmat' pro fenestris camerarum regis *KR Ac* 473/2 m. 4d.; Johanni Glasyer . . pro factura unius nov' panell' vitri pro fenestra capelle regis continent' vij pedes et dim. *Ib.* m. 15. **b** Jacobo junctori . . pro ~is ad lectum domini regis *Ac. Build. Hen. III* 248; 1296 in xxv ligaminibus ferri emptis . . ad ~os castri *Ac. Galley Newcastle* 183; 1320 in ~is navium ad supponend' clivo ad gabulum ejusdem molendini; . . in portacione . . dictarum ~arum *KR Ac* 482/1 m. 4d.; 1338 xvij ~i de bordis de Estland pro armariolo vestimentorum de novo faciendo *Ac. Durh.* 376; 1373 in iiij novis ~is emptis pro blado super cariando in grosso vj s. viij d. *MinAc* (*Aldenham, Hants*). **c** ~us unus stetit deorsum juxta columnam ecclesie et sanctum corpus adhuc jacebat ubi jacere solebat BRAKELOND f. 153v; 1237 quod picturam . . cum ~is continentibus species et figuras leonum, avium, et aliarum bestiarum sine dilatione deponi faciat *Cl* 484; c1400 una capa de rubeo *samite* frettato et cum auro; et in quolibet ~o habentur imagines de auro (*Invent. S. Alb.*) AMUND. II *app.* p. 342. **d** 1414 certi pajecti et paneli de †ordinale ludis [l. ordinali ludi] et die illo diversos ~os alias *speches* dictis pellipariis assignatos *REED Devon* 83. **e** 1440 in omnibus illis insulis terre aquis et piscariis . . vocatis de Leye extendentibus a ~o de Wormelee lok . . usque ad aquam vocatam Langrych *Cl* 290 m. 25d.

6 frame, light, or section of (mullioned) window.

quilibet [*sic*] fenestra in *le overstorye* continet v ~as glasatas W. WORC. *Itin.* 54.

7 part, side, division, walk (of cloister).

ad straminandum refectorium et ~os claustri ad hostium refectorii *Obs. Barnwell* 154; perfecit duos ~os claustri *Lib. Mem. Bernewelle* 72; c1340 cujus corpus jacet humatum ante ostium ecclesie in ~o in claustrali quod ipse fecit (*Chr. Abbat. Newenham*) *MonA* V 694a; fecit eciam tria ~a in claustro *Ib.*

panelus v. panellus.

Panemos [LL < Πάνημος], (Macedonian) month of July.

vocatur autem apud eos [Graecos] ipse . . Julius, ~os BEDE *TR* 14; Hebr' Thamul, Aegyp' Episi, Gr' ~us, Lat' Jul' *Miss. R. Jum.* 15.

paneorium v. panerium. **panericium** v. paronychium.

panerium, ~**erius**, ~**erus**, ~**ierus** [ML; cf. AN *paner*, *panere*, OF *panier*, *paniere* < CL *panarium*], pannier, basket (dist. acc. use).

1194 in . . capistris et frenis et ~eriis *Pipe* 175; 1206 quod faciatis nobis habere unum par ~eriorum ad deferendum capellam nostram *Cl* I 68b; 1206 ad ~erios de Disnerio *Praest.* 274; 1213 item in uno ~erio ad rosas siccandas ad opus domini regis, iij d. . . item in j ~erio ad †esmerillimos [l. esmerillunos] domini Regis ferendos j d. *Misae* 267; 1257 obviavit cuidam garcioni . . venienti de bosco et portanti unum barillum vacuum et unum panyer' *SelPlForest* 100; pro ii ferruris pendentibus emptis ad paynera servanda vj d. *Househ. Eleanor* 65; pro . . ij coffris pro discis argenteis et ij payneriis ad coquinam et ij payneriis ad aquariam pro pelvibus argenteis *Ib.* 67; 1300 pro ~eris et cordis emptis pro denariis . . infra trussandis *AcWardr* 61; ad involvend' ~eros cum denar' fractos *Ib.* 66; 1307 piscenarii jurati pro scrutinio ~eoriorum que non sunt de assisa faciendo *Cal. LBLond.* C 157; 1332 pro j bahuda, ij ~eriis, j brocha ferri, j hamo ferri (*KR Ac*) *Arch.* LXXVII 121; 1341 coffrario . . pro ij paner' nigro corio coopertis et ferro ligatis . . pro discis et salsar' argenti imponendis *KR Ac* 389/11 m. 1.

panesculus v. 1 paniculus.

1 paneta, ~**ita** [ML], ~**eita** [cf. et. paneitas]

1 one who makes bread, baker.

hic ~eta, -e, i. ille qui panem facit OSB. GLOUC. *Deriv.* 433; ~eta, panificus, pistor, panifex *Ib.* 474; *a bakster* . . ~eta, panificus *CathA*.

2 proponent of impanation, one who main-

tains that the body of Christ inheres in the bread after consecration.

quanquam hereticus tetenderit hoc argumentum contra ~eitas quorum diccionem ab inicio ecclesia non suscepit Netter *DAF* II 45rb; de sequacibus ejus iste erat unus de secta ~itarum impanancium Christi corpus *Ib.* 81rb.

2 **paneta** v. patina.

panetarius [cf. ML paneta=*baker*, OF *panet*, *panete*+-arius]

1 (as adj., of tax) levied on bread or baker.

1157 talliam ~itariam, caponarium, et garbariam quam in quosdam homines ecclesie vestre faciebat Hadrian IV 130. 1502C.

2 (as sb. m.; *cf.* AN *paneter*, *pannetier*, *paintier*) one who bakes or supplies bread, one in charge of the pantry, panterer; **b** (royal; also Scot. & Cont.); **c** (eccl. & mon.); **d** (passing into surname).

1310 magistro coco .. ~eterio, butilero, et janitori *Rec. Leic.* I 265; ~etarius, A. *a pantere*; .. hic ~terius, *a pantrer*; .. hic ~atrius, *a pantre WW*. **b** **1224** preibunt septem servientes abbatis quibus tradentur septem officia domus, sc. .. penetario custodia dispense et panis *CurR* XI 2575 p. 512; **1276** Galfridus de Denne, ~netarius regine matris domini regis *Hund.* I 18a; **1290** per magistrum Willelmum, ~etarium regis *Doc. Scot.* I 206; **1299** Mathei de Cria panittarii Francie *Foed.* II 853; **1311** ~etar' d'ne regine *Ac. Durh.* 508; in redempcione facta pro barell' ferrat' et sportulis rehabendis de ~etario et butelario regis *Ib.* 533; **1351** Johannes de Moravia ~etarius Scocie *Reg. Moray* 296; **1492** Willelmo C., ~itario *ExchScot* 376. **c** **1151** videntibus et audientibus istis: .. abbate Rotberto S. Albini, Guarino priore .. Theoderico ~etario *Act. Hen. II* I 24; **c1180** testibus .. Hervico ~etario episcopi .. *Reg. Glasg.* 76; **1267** lego .. Dowe quondam ~etario meo xl solidos *Ch. Sal.* 345; **1301** quod .. abbas habeat unum ~etarium *Reg. Cant.* 858. **d** Johannes ~etarius tenet Newtonam juxta Boldonam pro xx s. per annum *Boldon Bk.* 5; **1295** magistro Willelmo ~etario .. super furnagio panis *Prests* 121; **c1300** per talliam contra J. pantarium *FormMan* 46.

3 (as sb. f.; *cf. et.* AN *paneterie*, *panterie*, *pantrie*) pantry (also as department of household or ? w. ref to office of panterer); **b** (royal); **c** (eccl. & mon.); **d** (acad.); **e** (? passing into surname).

1208 racionabilem donationem quam R. de Faia ei fecit de ~etaria et personaria de Rupell' *RChart* 180a; **c1224** ad ~tariam *Chanc. Misc.* 10/13/2 (cf. *Cal. Ir.* I 187); **c1300** in ~etria, duo magni cultelli ad parandum panem *FormMan* 21; **1314** hospicium comitis .. in ~itria, boteleria, coquina (*MinAc*) *EHR* XLII 198; **1371** furati fuerunt .. blada .. et alia victualia in ~tria et in aliis locis *SessPLincs* 171; **1400** in factura unius clavis pro ~atria (*Invent.*) *Test. Ebor.* III 19; **1407** ~teria .. butillaria .. coquina *Househ. Ac.* 265. **b** **c1185** sciatis me concessisse .. Odoino .. servienti meo totum suum mi[ni]sterium de mea ~etaria cum omnibus pertinenciiis suis *Act. Hen. II* II 329; **1235** H. de H. tenet quondam serjanteriam de ~etria domini regis in Essele *Fees* 402; **1242** in officio ~netarie et buttilarie Edwardi filii regis *Cl* 451; **1260** in ~eteria regis *Cl* 40; **1327** cum mittamus dilectum servientem nostrum A. de N. ad ea que pro officio ~etrie (*Pat*) *Foed.* IV 290. **c** **1300** serviencium de officio ~etrie *Lit. Cant.* I 16; **13..** fecit etiam ~triam [v. l. ~etriam] juxta coquinam *Chr. Evesham* 287; **1351** in seris magnarum portarum et hostii ~eterie cum una clave pro portis carbonum *Ac. Durh.* 552; **c1394** de ~etria nostra unum panem *Comp. Swith.* 164; **1485** custus pistrini, brasini, et ~etrie *Ib.* 383. **d** **1450** cum pariete dividente botlariam et ~tleriam in grosso *Arch. Hist. Camb.* I 12n. **e** **1433** [lego] Johanni de ~etria xx s. *Reg. Cant.* II 485; **1453** per .. Willelmum del ~tria *Ac. H. Buckingham* 31 (cf. ib.: per .. predictum W. de ~etria).

4 (as sb. n.) pantry.

1242 in expensis domus regine ~etarii [v. l. ~etarie], butelarii, lardarii, salsarii, scutellarie *Pipe* 127; **1295** omnia .. utensilia .. de ~etrio meo (*Test.*) *EHR* XV 526; **1366** in feodis serviencium, tam in ~etorio, butellaria, et coquina, quam in aliis domibus officialium *ExchScot* 253.

paneteria, paneterius, panetorium, panetria, panetrium v. panetarius. **panfiligos** v. pompholyx. **panfletus** v. pamphlettus.

panga [Eng. *pang*], pang, (piercing or excruciating) pain.

1541 quedam ~a circa cor suum evenit, racione cujus predictus Willelmus Coke incontinenter obiit *AncIndict* 550/218.

pangere [CL; cf. et. paciscere, pactum]

1 to fix (firmly), fasten, bind; **b** (in fig. context).

quarum [turrium] culmina minaci proceritate porrecta in edito forti compage ~ebantur Gildas *EB* 3; nec glus lentescens murorum moenia pangit Aldh. *VirgV* 1387; pangit, conjungit *GlC* P 57; sic vos florigeri percurrite prata decoris / vertice Castalidum juvenali et pangite stemma Alcuin *Carm.* 14. 7. **b** in voluptatibus nequam animae carnisque quibus domus humanae omnis nequitiae quodammodo ~itur ac fulcimentatur Gildas *EB* 71.

2 to secure by arranging, settle, conclude: **a** (pact, agreement, or sim.); **b** (w. ref. to betrothal). **c** (pr. ppl. as sb.) one who settles or concludes (pact).

a patet de adultera quia primum virum relinquit et pacti Dei obliviscitur .. quod cum viro suo .. tempore nuptiarum pepigit Bede *Prov.* 947; **855** istud nec frangat nec minuat .. et .. habeat hanc rem .. confixum et sub Dei foenore †panum [l. pactum] ut sic firmiter custodiet *CS* 490; paganorum exercitus .. pacem quam cum Ælfredo rege pepigerat, opprobriose fregit Asser *Alf.* 72; fedus cum illo .. pepigit Osb. Clar. *V. Ed. Conf.* 3 p. 73 (v. indissolubilis b); Northanimbri .. pactum quod cum Ethelstano pepigerant corrupere W. Malm. *GR* II 141; si pactum est sempiternum, sempiterne manet illud quod inter se pepigerunt Gros. *Cess. Leg.* I 2 p 7; corde precando Deum consorcia pange piorum (*Ep. Henrici IV ad filium*) *Pol. Poems* II 120. **b** sol pepigit sponsam Walt. Angl. *Fab.* 7. 3. **c** non .. dicitur pactum nisi aut actio ~entium aut res que communi consensu ~entium constituta est Gros. *Cess. Leg.* I 2 p. 7.

3 to promise, undertake to provide, supply, or sim. (also absol.); **b** (w. ref. to betrothal); **c** (w. acc. & inf. or sim.); **d** (w. *de*); **e** (w. *quod*).

nos .. inextricabile conglutinati foederis pignus pepigisse Aldh. *Met.* 1; **c1100** hanc convenientiam pepigi comiti (v. convenientia 1b); his me solve malis et laudes votaque pango R. Cant. *Malch.* VI 303; quorum ipse virtutem pretio vadatus, tertiam partem pecunie pepigit de omnibus urbibus quas adquirere pariter possent W. Malm. *GR* IV 380; **c1157** ut .. terram predicti manerii eos in pace sicut ante nos eis pepigerunt possidere permittant *Doc. Theob.* 20; **s1159** securus curiam regis adivit et tanquam invitus regi pacem pepigit *Ann. Cambr.* 47; eadem nocte clericus quidam ei xvj boves pro ecclesia pepigit Gir. *GE* II 27 p. 293. **b** ut .. Dermitius comiti cum regni successione filiam suam primogenitam firmiter pepigisset Gir. *EH* I 2 p. 228; **1220** interrogavit ubi esset filia ipsius R. quam ei sepius pepigerat *SelPlCrown* 139. **c** **c1212** sexaginta marcatas redditum se nobis in Anglia daturum .. firmiter pepigit Gir. *Ep.* 5 p. 196; Locrinus pepigerat sese filiam ejus ducturum M. Par. *Maj.* I 24. **d** rex .. dixit se pepigisse de acquisitis in Terra Sancta *Meaux* I 261. **e** **1153** comes Leecestrie pepigit comiti Rannulfo quod castrum de Ravenestona cadet nisi concessu comitis R. remanserit *Ch. Chester* 110 p. 124; **1218** sciatis me concessisse, et fideliter pepigisse, quod .. nichil clamabo *Pat* 174.

4 to come to terms, achieve agreement (with).

misit papa .. cum ex milibus virorum Octovianum cardinalem ad destructionem Nogere .. in qua .. latitavit Menfredus. sed marchisius quidam, ductor exercitus cardinalis, civitatem fraudulenter ingressus, pepigit cum Menfredo *Flor. Hist.* III 246.

5 to compose (song or poem). **b** to sing.

in campos veterum procurrens carpere flores / rectiloquos ludos pangeret ut pueris Alcuin *Carm.* 42. 6; carmina tunc poterit jam dulcia Flaccus Homero / pangere versifica, qui modo pauca canit *Ib.* 60. 20; tropaea sacra pangimus / ignosce, quod delinquimus *Anal. Hymn.* LI 112. **b** *to synge*; accinere .. ~ere *CathA*.

6 to make known, reveal; *cf. pandere* 5; **b** (w. *de*).

carmina vera loquor pangens miracula sancti *Mir. Nin.* 284; vidit .. quaedam mira spiritalium secretorum quae nunc ~am mysteria B. *V. Dunst.* 34; pangere candidulos nunc incipe, lingua, triumphos Wulf. *Brev.* 438; metricum carmen edidit quod Maronem et Papinium gesta heroum ~entes imitatus Senlacium bellum descripsit Ord. Vit. III 15 p. 158; dactilis versibus breviter ~am contumacis erumnas Normannie *Ib.* XIII 19 p. 53. **b** unde poeta cum de patibulo Salvatoris poemate pangeret, ait Aldh. *PR* 133 p. 185.

pangerice v. panegyrice. **pangericus** v. panegyricus. **pangerista** v. panegyrista. **panggnagium** v. pannagium.

pangitare [LL *gl.*=*to praise*], to sing (frequently).

~are, cantitare Osb. Glouc. *Deriv.* 478; *to synge*, accinere .. pangere .. ~are *CathA*.

pangitorium [ML], place in which one sings, choir, chancel.

~ium .. i. locus ubi multi simul canunt Osb. Glouc. *Deriv.* 447; ~ium, chorus ubi canitur *Ib.* 478.

panhosus v. pannosus. **panicarius** v. pannicarius. **paniceus** v. panicius, pannuceus.

panicius, ~eus [LL=*made of bread*]

1 (as adj.) of or for (the consumption of) bread.

~ius [v. l. ~eus], a pane dictus, sicut dicimus ~eas mensas que ad panem comedendum parantur Osb. Glouc. *Deriv.* 482.

2 (as sb. m.) one who makes bread.

~eus, qui panem facit Osb. Glouc. *Deriv.* 474.

3 (as sb. n.) grain of low quality (also given as allowance to servants).

~ium, genus vilissime segetis Osb. Glouc. *Deriv.* 474; *mete corn*, ~ium *PP*.

panicula, ~us, panucula [CL=*panicle*], **panuculum**

1 (small) spool or bobbin (in weaver's loom); **b** (fig.). **c** (understood as) weft or shuttle.

panniculus a panno; ~ucula [vv. ll. ~uicula, ~ucla] a pano quamvis diminutivum a primitivo discrepet Aldh. *PR* 133 p. 183; lanea filorum stamina ex glomere et ~uculis revoluta *Id. VirgP* 9 p. 236; hic panus .. i. virgula illa circa quam trama involvitur .. et inde hec ~ucula [v. l. ~icula] ejus diminutivum .. ne videretur esse diminutivum a pane, ideo dicitur ~ucula et non paniculus Osb. Glouc. *Deriv.* 433. **b** hac responsione non est interrogationis nodus patenter solutus, sed veluti ~ucula [v. l. panula] quaestionis involuta Aldh. *PR* 140 p. 194. **c** ~uculum, *uuefl GlC* P 113; **10..** ~uclis, *weflum WW*; **11..** ~ucla, *wefla WW*.

2 cloth or garment made from patches, patchwork, (perh. assoc. w. *panniculus*).

~ucla, *geclutad hrægel* Ælf. *Gl.* 151.

3 swelling, abscess.

parituma, i. apostema et pannicula idem *Alph.* 135; pannaricium est apostema in pannicula *Ib.* 137; paniculas, i. apostema unguium *Ib.* 138.

4 panic-seed.

1591 *panojo, pannycke seede*, pannicula *OED* s. v. 1 panic.

paniculare [cf. panicula 3], to cause to swell, to afflict with abscess.

mulier .. epinguata .. et pallida vel panniculata; venter multum tumescit M. Scot *Phys.* 19.

paniculosus [cf. panicula 3+-osus], swollen, afflicted with abscess.

in facie fit panniculosa et in corpore pallida M. Scot *Phys.* 17; accidit resolutio in membra panniculosa, et venas et arterias Gilb. I 67. 2.

1 paniculus [LL]

1 small (loaf of) bread.

Christus .. hujus ~i nostri poculique parvissimi non dedignatur angustias Ailr. *Gen. Regum* 353; panis .. inde hic ~us .. diminutivum [v. l. parvus panis] Osb. Glouc. *Deriv.* 433; ipsi vendicabant, sc.

de pane xxx panesculos Thorne 1804; *Brede*, .. panis .. ~us *CathA*; *a lafe*, hic panis, ~us *Ib*.

2 ? Italian millet (*Setaria italica*).

1318 percipient .. omnes decimas frumenti .. pannicli, avene .. *Reg. Exon.* f. 128.

2 paniculus v. 2 panniculus.

panicum [CL], **~us** [cf. et LL panicius], Italian millet (*Setaria italica*).

limus [l. elimus], i. pannicus de aqua *Gl. Laud.* 941; ~um in esca omnibus utile est, unde si panis factus fuerit et comestus ventrem abstinet et urinam provocat *Alph.* 135.

panifex [LL], one who makes bread (m. & f.).

hic et hec ~ex .. i. qui panes facit Osb. Glouc. *Deriv.* 434; paneta, panificus, pistor, ~ex *Ib.* 474; *a baksker* .. ~ex *CathA*.

panificare [LL], to make bread (w. ref. to kneading, moulding, or baking).

arant homines, seminant, metunt, molunt, ~ant, comedunt Eadmer *V. Anselmi* II 11 p. 75 (=*NLA* I 61); ~o, -as [v. l. i. panem facere] unde verbalia Osb. Glouc. *Deriv.* 434; **1340** centum cratellos ad panifigand' *Cl* 167 m. 46; ~are, A. *moulde WW*; *to bake*, ~are, pistrire, infornare *CathA*.

panificator [LL panificare + -tor], one who makes bread, 'moulder'.

hic ~or, A. *a mouldere WW*.

panificia [ML =*bread-making or bakery*]; cf. et panificus], one who makes bread.

a bakster; .. paneta, panificus, ~ia, panifex *CathA*.

panificina [cf. CL panis, officina], place in which bread is made, bakery.

~a, A. *a bakhous WW*; *a bakehows*, pistrinum, cerealium, panificium, pistrina, ~a *CathA*.

panificium [CL]

1 (art or craft of) bread-making.

hoc ~ium .. i. locus ubi panis efficitur [v. l. vel ipsa ars †panis (MS: panem) faciendi] Osb. Glouc. *Deriv.* 434.

2 place in which bread is made, bakery.

~ium Osb. Glouc. *Deriv.* 434 (v. 1 supra); *a bakehows*; .. ~ium, pistrina, panificina *CathA*.

3 place in which bread is kept, pantry.

hoc panuficium, *a pantry WW*.

panificus [LL]

1 (as adj.) who or that makes bread; **b** (of person). **c** (*granum ~um*) grain from which one makes bread, (in quots.) rice.

~us, -ca, -um, i. panem faciens Osb. Glouc. *Deriv.* 434. **b** **c1080** concedo .. quatuor viros ~os .. et moltam suam (*Ch.*) *MonA* VI 1101b. **c** rizi, granum ~um *SB* 36; †reu [v. l. rizi], granum ~um *Alph.* 157.

2 of or concerned with bread-making; **b** (of customary right or payment).

nutritum et adultum arte ~a diligenter instruxit (*V. S. Willelmi martyris*) *NLA* II 457. **b** Edded regina hab[et] lxx mans' quae jacuerunt in Roteland cum omnibus consuetudinibus sine ~is (*Lincs*) *DB* I 336vb.

3 (as sb.) one who makes bread: **a** (m.); **b** (f.; also transf. & fig.).

a ibi .. ~us ad subsidium inclusorum panes coquebat Ord. Vit. VIII 16 p. 364; pancta, ~us, pistor, panifex Osb. Glouc. *Deriv.* 474; cum .. Antonius .. eum [*new ed.*: avum] Affrum genere et natura ~um diceret J. Sal. *Pol.* 509B; *a bakster*, .. paneta, ~us, panificia, panifex *CathA*. **b** faciet et ~as [cf. *I Reg.* viii 13] quae vecordes quosque ad infanda heresium convivia vocantes aiant Bede *Sam.* 552; vix capit calculum quem tamen unica / pascit de patice nostra panifica [sc. Beata Virgo Maria] Walt. Wimb. *Carm.* 120; **s1362** matrem .. filie sue ~am suam fecerat, timens a caeteris propter venenum in pane suo commiscendum *Meaux* III 155.

panifigare v. panificare. **panigeria** v. panegyris. **panigericus** v. panegyricus. **panilare** v. panellare. **panillus** v. panellus. **paniosus** v. panosus.

paniotus [OF *paniot* < pannus], cover (made of cloth).

1290 in j paniot' de duabus peciis empt' London' vij s. j d. *Ac. Swinfield* 182.

paniphagi v. pamphagus.

panire [cf. CL panis], to feed with bread.

nec solum Christus nos sanguine suo lavat sed ~it Brinton *Serm.* 22 p. 91; de ejus largitate, qualiter ~it quinque milia hominum *Ib.* 39 p. 174.

paniritula v. paronychium.

panis [CL]

1 (loaf of) bread; **b** (paid as rent or sim.); **c** (var.; usu. dist. acc. quality, recipient, or sim.); **d** (dist. as *azymus*, *fermentatus*, or sim.); **e** (*~is tostus*) toast; **f** (*~is perditus*) scrap bread, crumbs; **g** (*~is propositionis*) shewbread (*cf. I Reg.* xxi 6, *III Reg.* vii 48, *Marc.* ii 26); **h** (*~is sanctus*, *vitae*, *missarum*, or sim. or ellipt.) bread for or of the Eucharist (sts. in fig. context); **i** (transf. & fig.).

~e sine mensura et ferculo aliquatenus butero inpinguato die Dominico Gildas *Pen.* 1; vij dies in ~e et aqua .. peniteat Theod. *Pen.* I 1. 6; siccis et pauculis ~um crustulis Aldh. *VirgP* 38 p. 289; ultimam vitae aetatem ~e cibario et frigida aqua sustentat Bede *HE* V 12 p. 309; qui quondam populi caelesti munere dives / panibus ex quinque satiavit millia quinque [cf. *Joh.* vi 9–14] Alcuin *Carm.* 104. 2. 5; campus ubi Dominus Jesus quinque ~es et duos pisces benedixit et postea quatuor milia hominum inde saturavit [cf. *Matth.* xiv 17–21] Sæwulf 70; quotidie uno modico ~e contentus est P. Blois *Ep.* 14. 44A; collyrida [cf. *II Reg.* vi 19] quod est crustum ~is torti Bacon *Gram. Gk.* 71. **b** reddit .. c ~es cum cervisia (*Gloucs*) *DB* I 162rb; **1155** cum decima molendini et ~is domini *Act. Hen. II* I 100. **c** **a1128** habent ij panes albos et ij bisos (v. 2 bissus 1a); sed .. de subcinericio ~e quid dicemus? [cf. *Gen.* xviii 6; *Exod.* xii 39] Ailr. *Serm.* 11. 31. 277; **1211** in ~e facto ad pascendos canes *Pipe Wint.* 110; **c1248** ad sustentacionem ancille sue tres ~es carpentarii cum uno galone cervisie carpentarii *Doc. Robertsbr.* 103; **1250** abbas .. concessit unum album ~em monachalem et alium ~em militarem album *CurR* XIX 2240; pistori frumentum primum purgatum ad ~em conventualem .. frumentum secundum ad ~em hospitum .. frumentum tercium ad ~em *clermatin* .. frumentum quartum ad ~em familie mixtum *Ac. Beaulieu* 284; **1287** ~is dominicus qui dicitur *demeine MGL* I 353; **1293** ~is *coket*, i. ~is levatus (v. 1 levare 1d); **1304** quod totum ~em .. viz. ~em monachialem, *smalpeys*, *fertiz*, *pleynpayn* et ~em coquine .. portari faciant in celarium *Cant. Cath. Pri.* 212; **c1310** ~is de simenello et ~is de *paindemene* .. ~is franciscus de trenchur' .. ~is de *treit* vocatus *ryngebred* .. ~is integer vocatus *whetebred* de bono frumento .. ~is de omni blado .. ~is ordei (*Assisa Panis*) *EHR* XIV 504; **1359** unum ~em album vocatum *miche* et alium ~em vocatum *prikedmich'* ejusdem pasti et ponderis cujus sunt ~es, quos nos, dictus abbas et conventus, indies percipimus *Cl* 197 m. 31*d*.; **1345** in expensis pro quadam refectione, illic fit mencio ~is Gallici *MunCOx* 268; **c1350** ~is monachi, decrustatus secundum consuetudinem, debet ponderare lx s. et xx d. pondus wastalli in die Cene iiij li. sterlingorum. ~is pauperum ejusdem ponderis. ~is militis l s. xx d. ~is armigeri lij s. vj d. ~is quatuor fladonum ponder[at] ~em monachi. flado prioris ponderat ~em monachi *Cart. Rams.* III 159; ~is levis qui dicitur *pouf* mercatoriis debet esse de eodem bultello et pondere quo wastellus *MGL* I 353; hic ~is, *a nobely WW*. **d** ideo non esse ~em azimum assumendum ad ullam figuram Anselm (*Azym.* 4) II 228; erat preceptum ut per septem dies deberent comedere ~es azymos, i. sine fermento [cf. *Exod.* xii 15–20] Ailr. *Serm.* 12. 1. 278; ~is azimus, *pain aliz Gl. AN Glasg.* 20vc; ~is fermentatus, *peyn leveine Gl. AN Ox.* 278; placenta est ~is factus de pasca azima, i. *wastel SB* 35. **e** paciens .. confortetur cum tosto ~e in vino Gad. 122 v. 1. **f** sex sint scutelle ad pitanciam de ~e perdito *Reg. Pri. Worc.* 127a. **g** Greci et Romani tribus diebus abstinent se a mulieribus ante ~es propositionis Theod. *Pen.* I 12. 3; si a mulieribus mundi essent, ~es propositionis acciperent Bede *HE* I 27 p. 59; oblationes quae veniunt in altari ~es propositionis appellantur Egb. *Pont.* 15; in manipulum insuper sive garbam, et in duas ~es facierum sive posicionis sive proposicionis immittebatur tanta benedicciо, quod quantumlibet modicum contingeret sacerdoti, comedebat et saturabatur Bradw. *CD* 53B; levitarum porciо, et ~es proposicionis *Reg. Whet.* II 411. **h** qui non commonicat non accedat ad ~em [v. l. pacem] neque ad osculum Theod. *Pen.* II 1. 2; nullus hujus saeculi tempestates nisi qui ~e vitae [cf. *Joh.* vi 35] pascitur evadit Bede *Acts* 992; ut .. perveniatis ad refectionem ~is vivi qui de caelo descendit [cf. *Joh.* vi 41] hoc est per sacramenta Dominicae incarnationis *Id. Ep. Cath.* 47; in ~e corporis ipsius, in vino mixto sanguinis sacrosancti mysterium quo in altari mensa viz. ejus satiamur ostenditur *Id. Prov.* 967; potestis etiam ~is sancti .. esse participes *Id. HE* II 5 p. 91; et pariter pascat nitido cum pane salutis Alcuin *Carm.* 104. 4. 3; cum .. sacris altaribus assisteret et populo Dei vivificum ~em distribuendo porrigeret Osb. *V. Dunst.* 33 p. 109; missam celebrent .. post oblationem ~is et vini .. cuncti per ordinem offerant Lanfr. *Const.* 103; ut ~em altaris versum in carnem, vinum calicis in sanguinem .. ostenderet W. Malm. *GP* I 17; **c1162** xx solidos ad ~em et vinum missarum *Regesta Scot.* 210; ad percipiendam eucharistiam, ~em sc. vivum [cf. *Joh.* vi 33] qui de celo descendit Bald. Cant. *Serm.* 6. 4. 413; si quis de ~e illo [cf. *Marc.* xiv 22] quem Dominus dedit discipulis suis reservasset in pixide T. Chobham *Praed.* 110; **c1400** scriptura sacra, dixi, non vocat illam hostiam ~em materialem Wyche *Ep.* 532; dixit: est ~is spiritualis *Ib.* 540. **i** summus ecclesiasticae dispensationis auctor .. quem psalmus .. ~em caeli et ~em angelorum [cf. *Psalm.* lxxvii 24–5] figuraliter vocitans expressit Aldh. *Met.* 2 p. 67; quia .. caelestis ~em doctrinae ipsa .. apostolis commisit Bede *Cant.* 1133; quando sederis ad legendum cum magistro ut ~e verbi reficiaris *Id. Prov.* 1005; ~em fidei et oleum caritatis accepit Bald. Cant. *Serm.* 8. 34; ~is iniquitatis et ~is mendacii et .. ~is nequicie [cf. *Prov.* iv 17; *Ib.* xxiii 3] T. Chobham *Serm.* 18. 66rb; **1331** de ~e doloris et aqua angustie .. eisdem .. ministretur (*Lit. Archiep.*) *Conc.* III 14b.

2 pastry (in quots., as preservative).

1225 quod totam venacionem quam capient in foresta et in brulliis comitatus Norhant' tum in ~e tum alia modo .. tibi faciant liberari *Cl* II 28b; **1226** quod emi facias ad opus nostrum xx lampredas et in ~e positas competenter sine dilacione mittas ad nos *Cl* 105a; **1232** quod .. omnes lucios .. in ~e poni faciat *Cl* 174; **1233** quod .. salmones escawardos .. in ~em poni faciant *Cl* 349; **1242** in xxx bremiis captis in vivario de M. et in ~e positis et missis ad regem *Pipe* 176; **1262** mandatum est R. W. .. quod in vivariis regis .. triginta bremas capi et in ~e poni et ad regem venire faciat *Cl* 192.

3 corn for making of bread.

c1250 quinque monachi ad triturandum ~em .. sunt coacti (*Reg. Roff.*) *MS BL Cotton Faustina B V* f. 100.

4 (generally) means of subsistence, food, or sim.; **b** (w. ref. to *Prov.* xxxi 27); **c** (w. ref. to *Matth.* vi 11).

ars .. hec facillime exercetur .. presertim apud eos qui ~em potius quam artificium querunt J. Sal. *Met.* 832B; dici proverbialiter solet quod ~is fatui citius comeditur et comestione consumitur Gir. *SD* 78. **b** quod ~em otiose non comedat mulier fortis Bede *Prov.* 1038; quare comedis ~em Dei otiosus? T. Chobham *Praed.* 149; in monasterio .. ~em suum nullus comedere debet ociosum *Obs. Barnwell* 222. **c** mendicans ostiatim cotidianum ~em meum J. Ford *Serm.* 26. 1.

5 cake, loaf: **a** (of salt). **b** (of sugar or spice). **c** (*~is dulciarius*) marchpane, marzipan. **d** (of tallow). **e** (of wax).

a **c1250** reddendo inde annuatim ecclesie de Derhurst tres obolos et duos †panenios [l. panerios] salis, viz. .. ad festum S. Mich. ij ~es salis (*Ch.*) *MonA* VI 1008a. **b** **1290** in xxix libris sucur' in duobus ~ibus, xvj s. xj d. *Ac. Swinfield* 116; **1301** zuker' in ~e et pulvere *KR Ac* 359/18 m. 6; **1304** pro xij ~ibus de sucre ponderis xxv librarum *EEC* 348; **1318** duo milia .. libr' zucri in ~e *Cl* 136 m. 17; **1329** idem onerat se de ij ~ibus zucare, per empcionem *ExchScot* 244; **1337** in j ~e de zoukro Caphatyn *Househ. Ac.* 227; **1384** duo milia .. ~es de *sugre*, decem cassas pulveris de *sugre* *Cl* 224 m. 11 *d*; cum ~e de granis paradisi Chaundler *Laud.* 104 (v. granum 4). **c** *a marchpane*, ~is dulciarius Levins *Manip.* 19. **d** xxv ~es sepi continentes xxx petras *AcWardr* 144. **e** **1274** consistit .. vicaria .. in hiis portionibus viz. .. in ciragiis, in argento, in ~e ciragii .. oblatione panis preter ~em ciragii *Reg.*

Linc. 123 (=*Reg. Ant. Linc.* III 396; **1437** ~es cere (v. 1 cera 1a).

6 (in plant-names): **a** (*~is cuculi*) wood sorrel (*Oxalis*). **b** (*~is porcinus*) sowbread (*Cyclamen*).

a ~is cuculi, alleluia idem *SB*; ~is cuculi, alleluia, trifolium silvestre idem, A. *wodesoure Alph.* 134. **b** ~is porcinus vel malum terre vel ciclamen, quod idem est, supponatur et aperit GAD. 60. 1; †bothor [l. bochor] Marie, i. ~is porcinus idem *SB* 13; cyclamen , ~is porcinus idem, A. *herthenote*. florem habet purpureum similem violis. nascitur in locis ubi crescunt castanee *SB* 15; ~is porcinus, cyclamen idem *SB* 33; cyclamen vel ciclamum sive citeranum, ~is porcinus, malum terre idem, A. *dilnote Alph.* 39; malum terre, ciclamen, ~is porcinus idem, G. *dilnote* vel *erthenote Ib.* 107; ~is porcinus, ciclamen, malum terre idem. A. *dilnote* vel *erthenote Ib.* 134.

panistris, basket, pannier.

hic ~is vel sporta, *corbeil Gl. AN Ox.* 207.

panita v. 1 paneta.

panitare [cf. panita, impanare], to act as proponent of impanation, to maintain that the body of Christ inheres in the bread after consecration.

ponens ibi panem verum excludit carnis naturam ut Berengarius et Witcleff ~ans NETTER *DAF* II 132vb.

panitarius v. panetarius. **panitas** v. paneitas. **panitensis** v. pavitensis.

panitor [cf. panis, panire], one who bakes or supplies bread, one in charge of the pantry, panterer.

~or, A. *a panytere WW*.

panitria v. panetarius. **panittarius** v. panetarius. **panmelus** v. palmaris.

1 panna [CL < Germ.; cf. et. AS *panne*], pot, pan.

1261 unam ollam æream ~am *Cal. Liberate* V 29; **1551** de . . una ~a vocata *a dreppyng panne Pat* 840 m. 14.

2 panna, 1 pannus [ME, AN *panne*], squared timber, cross-beam (usu. for the support of joints or rafters), pan, wall-plate; **b** (made of iron, or ? w. ref. to socket in windmill).

1189 (1419) ille qui terram prebet debet habere dimidium murum absolutum et desuper ~am [v. l. paunam] suam ponere et edificare *MGL* I 322 (=*Lex de Assisa*) *EHR* XVII 507); c**1195** in eodem horreo ex parte orientali primum tassum plenum siligine, secundum plenum usque ad ~as et usque ad ostium *Kal. Samson* 77 p. 120; **1205** habere facias . . duas ~as et duos postes . . ad domos . . reparandas *Cl* 26b; **1213** habere facias . . trabes, ~os et tigna de foresta Leirc' ad domum suam . . constr[uendam] *Cl* 129b; **1220** centum cheverones xij postes et viij paunas quas idem R. ei dedit ad reedificandas domos suas de K. *Cl* 421b; **1223** habere faciat W. . . x quercus ad postes et palnas faciendas ad domos suas . . de B. *Cl* 553a; **1225** habere faciat . . viiij postes, viij trabes, viij palnas et c cheverones in foresta *Cl* 65b; **1226** habere faciat . . centum cheverones, x postes et xij paunas *Cl* 104a; **1235** quod . . permittas capere . . sex pandnas et sexaginta cheverones *Cl* 76; de partibus domus . . hec ~a, *panne Gl. AN Ox.* 96 (=*Gl. AN Glasg.* f. 20ra); **1286** pro opere iiij^xx xviij pedum super vj ~is murorum inter turres predictas . . j eisdem pro batelliar' vj ~orum murorum predictorum . .; eisdem pro quodam ~o mur' prope castrum *KR Ac* 485/28 m. 4; pro cyment[aria] ~i cujusdam muri ibidem continentis xlviij pedes in longitudine et tres pedes in spissitudine et x pedes in altitudine *Ib.*; **1295** carpentario juvanti . . ad paumas dicti molendini faciendas per v dies *KR Ac* 462/14 m. 3; **1335** longitudo . . postium camerarum sub ~o continebit octo pedes *DCEbor. Reg. K*; omnes parietes . . tam de subpanno quam de ~o superiori . . erunt de *emplastre paris* firmiter constituti *Ib.*; **1363** que quidem guttera de jure deberet esse in latitudine nisi quod quidam pan' precii j denarii possit imponi (*CoramR*) *Pub. Works* II 191; *a panne of a howse*, ~a *CathA*. **b** **1293** custus molendinorum . . in fusill' et ij novis pann' ferr' fabricand' et ponend' ad molendinum ventr' de Bong' *MinAc* 991/23; **1301** in j ~a ferr' de novo facienda ad molendinum ventr' de Bong' cum ferro empto, x d. *Ib.* 991/25.

3 panna v. 2 pannus.

pannacorium v. pannicorium.

pannagator, pasnagator, one who collects pannage (in quot., Cont.).

1162 est regardator et pasnagator mearum forestarum *Act. Hen. II* I 349.

pannagiare [cf. pannagium]

1 to feed with pannage, to pasture.

1296 quamcitius dominus tempore paunagii intret boscum ad paunagiand' porcos suos in bosco suo *SelPlMan* 172.

2 to pay pannage for (swine or other animals).

1198 porci sui proprii . . quieti erunt de pannagio . . alii porci debent ~iari *FinesRC* I 17; **1224** nec . . occidere eos [porcos] potest antequam padnagiati sint a festo S. Michelis usque festum S. Martini; si habeat suem, det padnagium semel pro ea *Ch. & Cust. Caen* 91; c**1230** debet pro quolibet genere bovino quando primo ~iatur obolum (*Cust.*) *Doc. Bec* 37; **1234** debet . . ~iare sua animalia preter unum et dimidium . . J. P. . . non ~iabit nisi porcos *Cust. Glast.* 103; dabit quolibet anno j *hundredpeny*, ~iabit porcos suos, sc. pro porco superannato ij [d.], pro porco de iij quarteriis anni j d. ob. . . *Cust. Taunton* 4; c**1282** porcos suos ~iabunt *Cart. Glouc.* II 87; c**1283** debent ~iare porcos, et dare pro porco unum denarium *Cust. Battle* 61.

3 to pay as pannage (in quot., for the pasturage of animals other than swine.)

1234 debet ~iare . . de quolibet bove superannato ij d. *Cust. Glast.* 145.

pannagiatio [pannagiare+-tio], (payment of) pannage.

c**1230** debet pro quolibet genere bovino solvere quando primo pannagiatur obolum, et ad proximum terminum ~onis j d. et ad tercium iiij d., sc. ad terminos S. Michaelis et S. Petri ad Vincula (*Cust.*) *Doc. Bec* 37.

pannagium, pasnagium [ML; cf. ME, AN *pannage*, OF *pasnage* < *pastionaticum; cf. et. pasnaticum]

1 pannage, (right to collect) food for swine in the forest; **b** (*tempus ~ii*) pannage-time, season during which swine are allowed to feed in the forest. **c** (*ultimum ~ium*) after-pannage, retro-pannage, remains of acorns, beech-mast or sim. after the swine have eaten the best.

c**1180** sciatis me dedisse . . eis per totum forestum meum . . ligna, materiem, et pasnagium *Melrose* 13; **1241** nichil . . nisi paunagium, nuces et herbagium *CurR* XVI 1789; salvo . . pannagio sufficienti in eodem bosco ad porcos suos *Ib.* **1252** dat . . paunagium, viz. pro porco super annum unum denarium, pro porco bienno obolum, sive fuerit ~ium sive non *Cart. Rams.* I 298; c**1270** salvis mihi corulo, †glandie [l. glande], nucibus, et ~io per totum boscum (*Warton*) *BBC* 64; **1275** non posuit iij porcos in magno bosco ad furandum ~ium comitis, set se nesciente dictum boscum intraverunt . . de escapio *CourtR Wakefield* I 25. **b** **1296** concessit . . dominus quod villani quamcicius dominus tempore paunagii intret boscum ad paunagiand' porcos suos . . intrent et ipsi cum porcis suis *SelPlMan* 172. **c** **1255** forestarius de Lya dicit ad ipsum pertinere . . ultimum panag' de aya de Lya, sc. post festum S. Martini *Hund.* II 63b.

2 place in which swine feed, pasture for swine, mast-pasture.

si quis obviet porco sine licentia in pasnagio [AS: *mæstenne*] suo, capiat vadium sex solid. valens (*Quad.*) *GAS* 111; **1275** ballivus domine regine . . amerciat plures homines tam liberos quam villanos in balliva sua quia noluerunt fugare porcos suos ad pannag' domine regine *Hund.* II 219b.

3 pannage, (right of or fee for) pasturage of swine; **b** (of other animal).

c**1075** porci . . monachorum nullatenus pasnagium in meo nemore dabunt (*Ch.*) ORD. VIT. V 5 p. 425; dominus villae hujus potest habere in ipsa silva cxx porcos sine pasnagio (*Surrey*) *DB* I 31rb; quisque villanus habens x porcos dat unum porcum de pasnagio (*Heref*) *DB* I 180ra; c**1150** partem pasnagii nostri quod a diebus primi G. de Magnavilla possedit ecclesia nostra in Eadelmatona in porcis et denariis *Ch. Westm.* 266; c**1159** quieti de tollonio et panagio *Act. Ep. Durham* 96; c**1160** sciatis me concessisse . . patnagium de nutrimento porcorum suorum in eadem villa *Cart. Osney* IV 406; ?**1165** decima de padlnagio [v. l. pasnagio] *Regesta Scot.* 19; **1177** pro dimidia parte panagii quam habebant in foresta Vitrearia *Act. Hen. II* II 65; **1178** ~ium xx porcorum suorum liberum . . et ~ium dedi eis liberum in forestis meis *Ib.* 74; a**1190** (1330) quieti ab omni theloneo et passagio et palnagio et de omni consuetudine *CalCh* IV 193; **1196** de pastura et patnagio et aisiamento *FinesRC* II 2; a**1196** concedimus . . eis . . decimam pathnagii nostri . . et ut porci . . quieti sint de pathnagio. in bosco nostro ubi pathnagium fuerit (*Ch.*) *G. S. Alb.* I 204; **1199** quod habeant quietanciam panggnag' dominicorum porcorum *RChart* 3b; c**1200** dabit pathnagium quando pastus est in nemore *Cart. Rams.* III 271; **1200** libera . . de . . pannagio et scutagio *RChart* 32a; **1205** sciatis nos concessisse . . quietanciam pannag' porcorum suorum . . quod habeant . . quietanciam padnag' *Ib.* 152b; **1212** quod . . nobis scire facias quantum pandnagii . . proveniet hoc anno *Cl* 125a; **1238** debent pro porco superannato dare j d. ad padnagium (*CoramR*) *BNB* III 245; c**1250** habeant . . terras . . liberas . . de . . carragio et painagio et de omni seculari servitio *Cart. Beauchamp* 58; totam decimam de agnis et caseis et velleribus et de purcellis et de pantuagio et de vitulis (*Cart. Pri. Carisbrooke*) *MS BL Egerton 3667* f. 282; **1274** de prestacione que dicitur ponagium . . precepit x s. (*Chanc. Misc.*) *S. Jers.* II 13; **1277** quod habeant porcos suos . . de ~io qui [*sic*] dicitur *fentake* quietos (*Windsor*) *BBC* 79; **1279** capitag', faldag' et pounag' . . de x s. iiij d. de pounag' hoc anno. item iij s. iiij d. de xx porcis domine Johanne *MinAc* 991/19; **1281** item villani ejusdem manerii debent iiij s. de pandagio quod appellatur *garsavese IPM* 27/8 m. 11; **1282** item de columbario xv d.; item de pounagio xv d.; item de *foleshaves* viij d. *Ac. Wellingb.* 27; c**1290** item de pesuagiis, herbagiis, melle et omnibus exitibus boscorum *Dom. S. Paul.* 154*; **1293** pro paunagio porcorum *Ac. Wellingb.* 62; c**1300** (1400) phahdnagio *CalPat* 300; **1306** cum ~io quod dicitur *thistiltak' MinAc* 1144/1 m. 20; **1372** de ~io Wallensium quod vocatur *moket MinAc* 1156/18; **1573** predictas duas partes in quinque partes divis' herbagii et pawnagii . . parcorum predictorum *Pat* 1098 m. 39/3. **b** **1234** debet habere x oves in falda domini liberas de ~io; et, si plus habet, dabit ~ium: et debet habere j vaccam et j bovetum ibi liberos de ~io *Cust. Glast.* 145; habebit c oves in pastura et dabit de agnis ~ium *Ib.* 166.

pannangium v. pannagium. **pannaracium** v. paronychium.

1 pannare [cf. pannagium], to pay pannage for.

1306 villani ~abunt porcos suos, licet non venerint per dominicas terras domini . . et, si porci liberorum tenencium . . venerint super dominicas terras . ., ~abunt sicut alii *Rec. Barts.* 455.

2 pannare v. 1 pennare.

1 pannarius [CL 1 panna+-arius], of or for a (frying) pan.

1308 in ovis ~iis ad opus piscatorum xv d. *Ac. Durh.* 5.

2 pannarius [LL *as adj. only*]

1 (as adj.) of cloth, who manufactures cloth.

textores ~ii [*gl.*: *clothe wevers*] WHITTINGTON *Vulg.* 66.

2 (as sb. m.) one who manufactures or deals in cloth or sim., clothier, draper.

~ii [*gl.*: *les drapers*] nimia cupiditate ducti fallaces vendunt pannos GARL. *Dict.* 128; **1258** quod ~ii sint ex parte australi et lanarii ex parte boreali *Rec. Leic.* I 80; **1262** sutores et ~ii *Gild Merch.* II 8; **1313** Petro Lirisshe ~io London' pro vij pannis et uno quarterio panni rad[iati] afforc[iati] *KR Ac* 374/19 f. 13; **1341** ~ii, cerdones, pelliparii, cirotecarii *Gild Merch.* II 358; **1403** quod nullus ~ius faciet pannum extra civitatem *BB Wint.* 40.

3 (as sb. n.) place in which cloth is manufactured or sold, drapery.

a draper, pannarius, trapezata. *a drapyry*, ~ium *CathA*.

1 pannator [CL 1 panna+-tor], one who manufactures or deals in cloths or sim., clothier, draper.

1299 recognoverunt se debere Waltero Russel ~ori . . xxviij li. et x solidos *CourtR Winchester*; **1307**

[*draper*] ~ori *Cal. LBLond. B* 193; ~or, A. *a drapere WW*; **1494** inter ~ores ville Beverlaci et cissores ejusdem ville *Doc. Bev.* 102.

2 pannator [2 panna + -tor], maker of wallplates or roof beams.

1467 tegulatores, .. sarratores, panatores *Doc. Bev.* 56; **1467** serratorem aut panatorem *Ib.* **1467** sarrator vel panator *Ib.*

pannetaria, pannetarius v. panetarius.

1 panneus [LL], made of cloth.

s**1365** capellis ~eis (v. 2 capella 1a); **1559** vestes ~eas (*Pat*) *Gild Merch.* II 89; *clothen*, ~eus LEVINS *Manip.* 62.

2 panneus v. 2 pannus.

pannicarius [cf. CL pannicularius; panniparius], clothier, draper.

1548 [*to the mystery of the Clothiers*] ministerio panicariorum (*Pat* 813 m. 14) *CalPat* 76.

panniceum v. pannuceus.

pannicipium [CL pannus + -ceps + -ium], press for flattening cloth, cloth-press.

~ium, A. *a presse WW*.

pannicius v. pannuceus.   **panniclus** v. 1 paniculus.

pannicorium [CL pannus + corium], cloth reinforced with leather.

1310 xviij d. de j corseto de pannacorio [? l. pannicorio] vendito *Ac. Exec. Ep. Exon.* 6.

panniculu v. panicula.   **panniculare** v. panicularo.

panniculatim, in rags, in or to pieces.

vestimentis per volucrum ungues et rostra citissime ~im dilaceratis H. Bos. *LM* 1320C.

panniculis v. 2 panniculus.

1 panniculosus v. paniculosus.

2 panniculosus [CL paniculus + -osus]

1 made of rags or pieces of cloth, ragged.

suis eos extunicare ~is sarcinis, multiformiter assutis et resarcitis panno uno et altero P. BLOIS *Opusc.* 1021D.

2 dressed in rags or tatters; **b** (as sb.) person dressed in rags.

non plebs veretur ~a purpuratam GOSC. *Edith* 63. **b** invidus est, si sit infelix panniculosus D. BEC. 395; si fueris pauper, non ducas panniculosam *Ib.* 2123.

1 panniculus v. panicula.

2 panniculus [CL], ~is

1 (piece of) cloth; **b** (dist. acc. use); **c** (transf., w. ref. to shred or small bit); **d** (fig.).

~us a panno ALDH. *PR* 133 p. 183; hic ~is, *a clowte WW*.   **b** more monachorum bidentinis indui ~is B. *V. Dunst.* 7; ~us cum quo disci terguntur OSB. GLOUC. *Deriv.* 445; pro sella super dorsum fratrum pauperum et conversorum ~os H. BOS. *Thom.* IV 3 p. 325; caputiis .. variis ~orum generibus .. consutis GIR. *TH* III 10; sublevatis .. ~is in quibus fuerunt obvoluti, .. vetustate et putredine .. consumptis, aliis pannis decentioribus operuerunt GERV. CANT. *Combust.* 22; fenestrella panno [v. l. panniculo; *gl.*: *clotet, drap, drapelet*] lineo .. muneatur NECKAM *Ut.* 117; cum apud se haberet ~um B. Ricardi sanguine .. intinctum R. BOCKING *Ric. Cic.* II 6; ~os .. ad psalteria aliosque libros parvi voluminis eisdem .. invenire solet *Cust. Westm.* 150 (=*Cust. Cant.* 197); repperit hominem veteribus ~is et pellibus indutum *Chr. Dale* 4; panniculos cesus [*gl.*: est aliquis qui nimis et ultra communem modum utitur pannis cesis], glaucus, sic fulvus, obesus (J. BRIDL.) *Pol. Poems* I 183; loco ornatus corporis vilis utimur ~o pro cadavere tergendo *Itin. Mand.* 114; pennonibus [v. l. pannonibus], panniculis et signis bellicis *Plusc.* X 25.   **c** si per ~os comparant sibi scientias GIR. *Spec.* I *proem.* p. 4.   **d** malitie pannisculis obvelare OSB. BAWDSEY clviii.

2 (med.) membrane; **b** (fig.).

---

ventositas que ~um quendam facit tremere qui ~us circuit cor circumquaque *Quaest. Salern.* Ba 98; ~us ventrinus M. SCOT *Phys.* 39; quarta sunt defensoria sicut duo ~i [TREVISA: *skynnes*], cum craneo defendunt cerebrum a nocumento et lesione et dicuntur a phisicis dura mater et pia mater BART. ANGL. V 1 p. 116; epilempsia est .. humor .. ~os replens et oppilat originem nervorum GILB. II 109. 1; post hec sunt paniculi quorum textura est de filis nervosis .. quorum spisitudo est tenuitas *Ps.-Ric. Anat.* 8; sequitur de ~o: .. quidam .. est continens membrum in sua forma debita et positione, ut ~us involvens cerebrum; .. quidam .. dividens nutritiva a spiritualibus, ut diafragma; quidam est sensificans *Ib.* 42 p. 29; **1267** scrutetur caute ~um pie matris ne frangatur BACON *Maj.* II 14; cerebrum .. dicitur quod sensu interiori sentit non sensu exteriori nisi racione substancie velative et ~orum GAD. 69 V. 1; mirath est quidam paniculus sive pinguedo subtilis extensa circa intestina ad modum cujusdam rethis *SB* 30.   **b** septimo habet [cor] panniculos quibus involvitur; sic caritas ex spe premii quiete patitur quidquid tribulacionis ei contigerit .. et illi ~i videntur esse justicie WYCL. *Mand. Div.* 178.

pannicus v. panicum.

pannidensis [cf. CL levidensis, LL pavitensis], made of tightly woven cloth.

vestes .. levidenses, ~es [v. l. panitenses] BALSH. *Ut.* 52.

pannidensium [cf. pannidensis], 'cloth-knob', button.

hoc pannideusium, *a boton PP*.

pannideusium v. pannidensium.

pannifactura [CL pannus + tactura], (act or trade of) cloth-making.

1587 experienciam in textura, fullatura, et ~a *Pat* 1299 m. 1.

pannifex [CL pannus + -fex], one who makes cloth, cloth-maker, weaver.

1561 F. Bolle, ~ex (*S. P. Dom. Eliz.*) *Hug. Soc.* X 274.

pannificare [ML], to make into cloth, weave.

in iij petr' staminis excuciendis .. in eisdem pectinandis .. ita quod congrue possit inde ~ari *Ac. Beaulieu* 215; a**1410** pannos .. sine grano pannificatos (v. granum 8).

pannificus [CL pannus + -ficus], of or typical of cloth-maker or seller.

ne te pannificus fraudet in arte dolus GOWER *VC* V 782.

panniger [CL pannus + -ger], 'clothes-bearer', servant, attendant.

1214 hiis testibus .. Ricardo ~ero prioris *Cart. S. Greg. Cant.* 162; c**1225** Matheo de Goschale, ~ero prioris *Ib.* 89.

pannigericus v. panegyricus.

panniparius [cf. ML pelliparius], cloth-maker, clothier, draper.

1472 ~iis civitatis Cestrie pro aysament' *REED Chesh* 15.

panniplicium [CL pannus + -plex + -ium], press for flattening cloth or clothes.

presse or pyle of a clop, pamplicium .. pressorium *PP*; ~ium *CathA* (v. lacunar 2); **1509** in studio pammplicium cum tribus asseribus cum cathedra *Reg. Merton* I 397; **1512** pamplicium cum duobus asseribus et coopertura *Ib.* 425.

pannisculus v. 2 panniculus.

pannitonsor [CL pannus + -tonsor], cloth-cutter, shearman.

1561 Olivarius Moenens, ~or (*S. P. Dom. Eliz.*) *Hug. Soc.* X 276.

panno [CL pannus + -o], (large) piece of cloth: **a** mantle, cloak. **b** flag, banner, or sim.

a burro, ~o, lacerno, *hacole GlH* B 438.   **b** una cum eorum signiferis, vexillis, statoriis, pennonibus [v.

---

l. pannonibus], panniculis et signis bellicis *Plusc.* X 25.

Pannormia v. Panormia.

pannositas [LL], state or condition of being dressed in rags, raggedness.

vestes .. respiciens ad ~atem nauseat MAP *NC* IV 6 f. 47v; arma humilitatis, ~atem, abjectionem, extremitatem assumens J. FORD *Serm.* 93. 8.

pannosus [CL]

1 ragged, threadbare, frayed; **b** (of abstr.).

lacinosum, panhosum *GlC* L 57; virgo .. apparuit .. veste ~a et conscissa GOSC. *Wulfh.* 9; rusticum se esse habitu ~o videntibus ementitus W. MALM. *GP* IV 181; vili ~oque cilicio involutus MAP *NC* II 30 f. 33v; ~us, A. *thredbare WW*.   **b** per tante humilitatis et ~e vilitatis personam *Found. Waltham* 2.

2 dressed in rags; **b** (as sb. m.) person dressed in rags.

c**795** in ~o paupere Christus non despiciatur ALCUIN *Ep.* 32; ad illudendum hunc aerumnosum et quasi ~um homunculum ANSELM (*Or.* 15) III 63; qua [philosophia] .. diu detenti ~i per plateas sibilaverant ADEL. *ED* 6; puerulum pauperculum ~um atque arte pelliparia .. victitantem T. MON. *Will.* II 8 p. 85; contemplari puerum Jesum ~um, in presepio positum S. EASTON *Medit.* 399.   **b** **1145** nudos et ~os tuos .. vestiemus G. FOLIOT *Ep.* 39; nudus despicitur, fetet pannosus, egenus / est oneri GARL. *Epith.* I 85.

3 made of coarsely or tightly woven cloth.

1553 de .. duodecim pulvinar' tenuibus et ~is, A. *twelve pyllows fyne and corse Pat* 852 m. 28.

4 that abounds in cloth, cloth-producing.

te presente tremit muliebris Gallia, textrix / Flandria, pannosa Scotia, teste fuga VINSAUF *AV* II 3. 52.

5 (of person) who has patchy or sketchy knowledge.

clericorum alii ~i, qui per pannos sc. et partes ad apparentiam sibi scientias comparaverunt GIR. *GE* II 37 p. 348.

pannuceus, ~ius [CL]

1 ragged, tattered. **b** (as sb. n.) sort of garment.

~ius, pannosus OSB. GLOUC. *Deriv.* 479; vestes .. interpole et ~ie [vv. ll. panucie, pannicie; *gl.*: *clutez*] deerant BALSH. *Ut.* 52; paniceus, A. *ragged WW*.   **b** panniceum, vestis pastoralis OSB. GLOUC. *Deriv.* 478.

2 dressed in rags.

~ius .. i. pannis vilibus indutus OSB. GLOUC. *Deriv.* 460.

pannulus [CL], (small) piece of cloth, sts. pl. w. ref. to tattered clothes or rags.

~us brevis est auro et quatuor textus coloribus (*Ps.-Bede Exod.*) *PL* XCI 327A; **1222** ~i ad faldestol' ij (*Invent.*) *Process. Sal.* 176 (=*Reg. S. Osm.* II 134); **1290** in ij pannul' pro mantell' domini et magistri Rogeri, xxiiij s. vj d. *Ac. Swinfield* 113; presto Matri Virgini / semper ministrassem / pauperisque parvuli / pannulos lavassem PECKHAM *Phil.* 33; **1511** cum stola et manipulo et alba ejusdem panni cum duabus [*sic*] floribus et iiij{or} zonis in panulis in amicta cum una [*sic*] flore et duabus zonis *Invent. Ch. Ch.* 148; **1514** pro septem ulnis de le bukrem pro ~is ejusdem [casule] *Midlothian* 174; **1516** vj matte bone quorum duo signantur cum rosis .. et ij cum rubeis ~is in angulis *Ac. Durh.* 253; **1540** reparabit chorum et summum altare cum ~is Attrabacensibus *Reg. Aberd.* II 104.

pannum v. 2 pannus.

1 pannus v. 2 panna.

2 pannus, ~um [CL], **3 panna**

1 (piece of) cloth; **b** (dist. acc. place of origin); **c** (dist. acc. material or manner of production); **d** (dist. acc. use); **e** (~us status) cloth of state, canopy, baldachin. **f** embroidery, tapestry, or sim. **g** (~us ad lectum or ellipt., usu. pl.) bed-cloth, bed-linen.

ex femineo editus ventre, positus in presepio, ~is est obvolutus Theod. *Laterc.* 14; panniculus a ~o Aldh. *PR* 133 p. 183; in gracilem porrecta panum [v. l. pannum] seu stamina pepli *Id. Aen.* 100 (*Creatura*) 60; **801** volentes rudis assumentum veteri inmittere vestimento [cf. *Matth.* ix 16, *Marc.* ii 21] Alcuin *Ep.* 212; logion, † is [l. ~us] exiguus *GlC* L 258; bene dicitur vermis quia consumit corpus ut vermis panum vel lignum T. Chobham *Serm.* 21.151ra. **b 1177** pro ~is de Francia *Act. Hen. II* II 55; **1177** pro trossello ~orum de Berceria *Ib.* II 56; Haverfordie ~i Gir. *SD* 38 (v. mixtura 3); c**1250** item unus ~us de Rems ut videtur, ad cooperiendos mortuos. item iij ~i frontales de Femis sufficientes aliquantulum *Vis. S. Paul.* 17; **1388** de ~o Damasci (v. 1 Damascus); **1418** Johannes Stout custos ~orum nostrorum Darras et de *tapicerie RNorm* 239. **c** panis .. involutus in panne linea [v. l. panno lineo] *V. Cuthb.* I 6; c**1205** faciat ~um tinctum vel mixtum *Regesta Scot.* 467; ~o incerato J. Furness *Walth.* 91 (v. incerare); **1254** sexaginta ~os d aurum, centum ~os sericos. xij ~os radiatos de Ipre *RGasc* I 396a; ex una sacca albe lane conficiuntur quatuor ~i conventuales *Ac. Beaulieu* 214; **1367** ferratis pannis (v. ferrare 7); **1483** in precio diversarum pecierum ~ei lanei nigri coloris (*Ac. S. Paul.*) *HMC* IX 43a. **d** ~us crismatis [v. l. ~os crismatos] iterum super alium baptizatum inponi non est absurdum Theod. *Pen.* II 4.7; atque ligans ~o tulerat de pulvere secum Alcuin *SS Ebor* 341; ~os quibus sacrum corpus involvebatur ad se trahere conari W. Malm. *GP* IV 183; Isaias propheta omnes justitias suas ~o comparat menstruate [cf. *Is.* lxiv 6] P. Blois *Ep.* 118. 348C; **1225** in ~o ad tinam cervisie cooperiendam iiij d. (*KR Ac*) *Househ. Ac.* 140; **1277** in uno ~o latteo empto ad daeriam *Min Ac Essex* (*Milton*) 140; **1295** de xv d. receptis de uno ~o ventricio et ij saccis sic venditis *MinAc* 1090/3 rot. 2; c**1330** atque ~os omnium missalium aliorumque librorum ad sacristiam pertinencium ipse thesaurarius sive revestiarius componere, resarcire, et abluere faciet *Cust. Cant.* 110; **1330** in j ~o ad lac colendum *MinAc* (*Vernham Dean, Hants*); colliget cultellos .. ad mundandum cum ~is et †salarius [l. salaris] *Cust. Swith.* 21; **1445** ~e unde operis elaborate [*sic*] ad cooperiendum altare *Invent. S. Paul.* 522. **e** s**1460** stans .. in pace sub ~o status regii, intuebatur concurrentiam .. illorum [sc. populi] *Reg. Whet.* I 377. **f** oratorium ~orum et imaginum varietate decorare Ailr. *Inst. Inclus.* 24; in picturis vel sculpturis, in ~is avium vel bestiarum aut diversorum florum imaginibus variatis *Ib.*; **1252** fieri faciat unam stolam cum auro .. et conjungi faciat quinque ~os in ecclesia Westmonasterii dependendos *Cl* 59; **1368** ~um de passione *Reg. Exon.* 1554; **1511** item unum ~um pendens ante altare cum armis Christi in medio .. item aliud pendens super altare depictum cum imagine S. Marie *Invent. Ch. Ch.* 149. **g** magister .. quam quietius possit infantes excitet virga tantummodo tangens ~os quibus cooperti sunt Lanfr. *Const.* 142; **1194** quesivit .. utrum haberet albos ~os ad lectum *CurR RC* I 60; attendamus .. quam inirie dormiremus in ~is non lotis per annum T. Chobham *Praed.* 104; **1245** invenire .. duos lectos in infirmitorio pauperum cum ~is semper paratis caritative *Cart. Cockersand* 330.

2 (pl.) clothes, apparel (also w. ref. to monastic habit); **b** (fig.).

~os illos [monachi] perosus primo Scottiam mox Frantiam contendit W. Malm. *GR* IV 334; **1130** in ~is ejusdem comitis *Pipe* 143; protinus ~os commutaverunt. barbarus procedebat ut dominus Ord. Vit. XI 26 p. 251; s**1227** postea concedant eis ~os probationis viz. duas tunicas sine caputio et cingulum et braccas M. Par. *Maj.* III 137; que tu quinque vivens annis / regularibus sub pannis / claustrali regimine (*De Sancta Wenefreda*) *Anal. Hymn.* XL 372; **1270** cognovit eos per ~os eorum *SelCCant* 98; dicit quod vir jacebat super eam inter crura et ~i mulieris fuerunt levati *Ib.* **b** exueras, misericors domine, vetustis ~is originalis peccati et indueras me veste innocentiae Anselm (*Or.* 8) III 270.

3 sheet of metal (in quots., of lead).

1295 ad sumendum quosdam veteres ~os plumbi de turellis predictis *MinAc* 1090/3 rot. 1; **1304** pro cariagio tocius plumbi .. usque castrum Cestr', ubi fundabatur in ~os .. et pro cariagio dictorum ~orum plumbeorum .. usque castrum de Rupe *MinAc* 771/4 m. 7; **1320** jactanti ~os plumbi (v. jactare 5c); **1320** in stipendio Ade le Plumer operantis circa jactacionem xij ~orum plumbi, latitudinis iiij pedum et longitudinis xvij pedum *KR Ac* 482/1 m. 3; Ade le Plumer operanti circa ~os plumbi jactandos *Ib.* m. 4.

4 (transf.) shred, bit, (*per* ~*os*) bit by bit, piecemeal.

---

clericorum alii pannosi, qui per ~os sc. et partes ad apparentiam sibi scientias comparaverunt Gir. *GE* II 37 p. 348.

5 (med. or anat.): **a** membrane; **b** false membrane, morbid formation; **c** (~*us oculorum* or ellipt.) pannus, ailment of the eyes, ?cataract; **d** birthmark.

a ad defensionem .. cerebri fuerunt necessarii duo ~i [Trevisa: *wedes*] qui vocantur matres cerebri Bart. Angl. V 3 p. 124. **b** ex macula fit tela ex tela ~us, ex ~o unguis, et generaliter quodlibet istorum .. vix vel nunquam curari potest Gilb. III 134. 1; ~us in facie precedit lentigines Gad. 86. 1; cinis cancri fluvialis confert ~o abstergendo *Ib.* 86. 2. **c** tucia est triplex, sc. alba, nigra, et rubea, .. valet .. rubea ad ~um oculorum *SB* 42; tenigia, i. ~us oculorum *Alph.* 184. **d** ~us, est macula a nativitate orta *LC* 257a.

3 pannus [cf. pannagium, 1 pannare] pannage, food for swine (in forest).

1171 (c**1280**) nomina terrarum quas reddidit sunt hec. Burclere .. cum aliis appendiciis et pasturis .. et ~i sub castello extra portam de sud (*Ch.*) *Reg. Wint.* 629.

pannutus [1 pannus+-utus], dressed in rags.

pannosos [v. l. et pannutus .. idem] .. et pannucius .. i. pannis vilibus indutus Osb. Glouc. *Deriv.* 460.

Panormia [παν-+?ὁρμή; cf. et. πανορμίη as alleged epithet of Apollo; cf. et. πάνορμος=always fit for mooring in], **Pannormia** [2 pan < παν-+ CL norma], (title of book) Panormia: **a** (by Yvo of Chartres); **b** (by Osbern of Gloucester).

a 1396 Pannormie Yvonis et Questiones de divinitate. Pannormie Yvonis (*Catal. Librorum*) *Meaux* III lxxxviii; **14..** Matheus glosatus ubi eciam Parnomia Yvonis (*Catal. Librorum*) *EHR* III 122. **b** incipit ~ia Osberni Gloecestrensis monachi de omnibus Latialibus partibus Osb. Glouc. *Deriv.* pref. 267 (new ed. p. 5).

panosus [LL], **~iosus** [cf. ML paniosum=*Italian millet*], of (the nature of) bread.

a lafe; hic panis, paniculus, ~osus, ~iosus *CathA*.

panpila v. papilio. **panpinus** v. pampinus.

1 pansa v. 2 pandere.

2 pansa [OF *pance, panse* < pantex], sort of vessel, perh. 'paunch-pot'.

1419 unam †pausam [l. pansam] aqua repletam ad extinguendam ignem *MGL* I 258.

1 pansare [*frequentative of* CL 2 pandere], to spread or stretch out.

membra ~aturus sub divo accubuit *Hist. Meriadoci* 370.

2 pansare v. pausare.

panselenos [ML < πανσέληνος], (as adj.) that is in the phase of full moon; (as sb.) full moon (also transf. or fig.).

nam et monoydes et dyatome et amphicirtos et ~os utriusque hemisperii satis liquido occurrit Abbo *Calc.* 3. 19; luna, ~os, diatomos, monoides [l. menoides] Byrht. *Man.* 164 (plate); sicut .. in astrologia Martiani luna .. dicitur .., cum .. in plenitudine sua rota est serena, ~os, sic Dei ecclesia .. in .. Christi .. resurrectione .. poterat ~os nuncupari P. Blois *Ep.* 8. 22B; cum enim per sex signa distat a sole luna, plena seu pansilenos [v. l. pansilenas] dicitur Neckam *NR* I 13 p. 50; hec luna panselenos / hec eclipsim nescit / luna sine macula / que nunquam decrescit (*Id. Vers. BVM*) *Anal. Hymn.* XLVIII 275. 2b; in principio noctis non oritur [luna] nisi pansilenos; hoc est rotunda vel tota a πᾶν quod est totum et σελήνη quod est luna Gerv. Tilb. I 6 p. 889; cumque venit luna in opposition solis, tota medietas terram respiciens est illuminata. et tunc dicitur ~os quasi plena lumine Gros. 30.

pansilenas, pansilenos v. panselenos.

pansor [cf. CL 2 pandere], kind of flat fish, perh. sole (*Solea vulgaris*).

nomina piscium: .. ~or, *floc* Ælf. *Gl. Sup.* 181.

---

panspermia [πανσπερμία], mixture of all seeds, panspermy.

movet .. anima spiritus actu virtutes quarum quelibet quod apta nata est operatur, cumque totius animalis ~ia sit sperma .. ad forme membrorum susceptionem apparatur materia Alf. Angl. *Cor* 13. 2; conceptum .. in utero semen fit animata ~ia *Ib.* 14. 2; cum .. totius animalis ~ia sit sperma totum, ex eo animal cum omnium membrorum suorum integritate summi artificis industria producit, cui se parem profitetur *Ib.* 15. 11.

pantacrator v. pantocrator.

pantagathus [LL < παντάγαθος]

1 kind of bird, perh. woodcock (*Scolopax rusticula*).

pantigatum, *uuduhona GlC* P 183.

2 (? euphem. or iron.) kidnapper.

pantigatus, retiarius, plagiarius, cassarius Osb. Glouc. *Deriv.* 482.

pantanos, kind of plant, lovage (*Levisticum officinale*).

~os, i. panatus *Gl. Laud.* 1181.

pantaria, pantarius v. panetarius.

Pantegni [ML < παν-+τέχνη], 'All the Art', name of treatise on medicine.

studium medicine .. quis desiderans audiat .. tegni Galieni et ~i. hujus operis auctor est Galienus sed translator Constantinus Neckam *Sac.* 374; ut .. docetur in ~i, cum timor aque venerit, morsus a cane rabido non potest evadere *Id. NR* II 157 p. 257; nota quod, sicut in ~i habetur, spondilia colli sunt numero septem et dorsi duodecim Ric. Med. *Anat.* 218; sicut enim dic' Constant' in Panteg' [v. l. Pantegn'; Trevisa Pantigny] Bart. Angl. IV 10 p.110; respondent auctoritati Constantini in ~i Gilb. I i vi; †pagchengni [l. pantegni], tota ars Bacon *Gram. Gk.* 138; hec habentur in decimo ~i *Id.* IX 190; pan, i. totum, inde ~i *Alph.* 138.

Pantemplum [cf. CL Pantheum, templum], temple dedicated to all the gods, 'pantemple'.

pantium [i.e. pantheum], ~um *GlC* P 8.

pantent- v. 2 patere. **panter, ~era** v. 1 panthera. **panteria, ~ius** v. panetarius. **panteron, ~os** v. 1 panthera. **pantes** v. pas.

pantex [CL], belly, paunch, guts.

quem .. unica / pascit de patice [*sic*] nostra panifica Walt. Wimb. *Carm.* 120.

panthara v. 1 panthera.

pantheologus [παν-+θεολόγος], supreme or comprehensive theologian (as title of book).

opus .. istud quod ~um diximus pro magnitudine sui in quatuor partes sive volumina .. distinximus P. Cornw. *Panth. prol.* 41; **1329** item lego domui scolarium de Merton' in Oxon' .. Pantilogium in duobus voluminibus *DCSal.* 376; **1439** prima pars ~i *MunAcOx* 759.

Pantheon v. Pantheum.

1 panthera [CL < πάνθηρ], **panther** [LL], **pantheros, ~on** [ML]

1 panther or leopard (*Felis pardus*). **b** (panther, dist. from *pardus* or *leopardus*). **c** (leopard dist. as varicoloured).

~er, genus quadrupedum [Lindsay: quadrupedis] *GlC* P 146; cratera, statera, ~era, seu Grece seu Latine declinentur, penultimas productas invenio Abbo *QG* 16 (35); odorem ~ere cetera sequuntur animalia J. Sal. *Pol.* 639B. **b** ~ere [v. l. pantere] cauriunt, pardi feliunt Aldh. *PR* 131 p. 180; de ~eris .. quidam mites quidam horribiles esse describunt *Lib. Monstr.* II 7 (cf. II 6 de pardis); de ~era [vv. ll. panteras ~ere] Hwætberht *Aen.* 44 *tit.* (cf. 46 de leopardo); de panthara [*sic*]. ~era est quoddam animal quod de se bonum mittit odorem ita quod .. lupus et leopardus .. eam pro bono odore sequuntur O. Cheriton *Fab.* 60. **c** est animal quod dicitur pantera. varium quidem colorem habens et est speciosissimum nimis et mansuetum *Best. Ashmole* f. 13;

~er, alias totum maculosum BACON *Gram. Gk.* 138; hic panter, animal diversi coloris *WW*.

2 (understood as) werewolf.

pantera, A. *werewulf* (Gl.) *Teaching Latin* II 22.

3 precious stone that has many colours.

accipiens anulum aureum optimum cum pantera GIR. *Galf.* I 5 p. 371; cerno panteron pallentem, quem color ornat / flavescens, vernans, candidus atque niger, / glaucus ad ornatum facit; hinc rubor igneus ardet, / hinc viror aspectu gratior ornat eum NECKAM *DS* VI 351; panchrus [v. l. panteron; TREVISA: panteron] lapis est multorum colorum sparsorum .. hic facit hominem audacem BART. ANGL. XVI 80.

2 panthera [LL < πανθήρα; CL panther], fowler's net.

~a, rete aucupale *GlC* P 155.

Pantheum [CL < Πάνθειον], **~eon** [LL]

1 temple dedicated to all the gods (esp. the Pantheon, now Santa Maria Rotonda in Rome).

Christi templum Romae, quod ~eon vocabatur ab antiquis, quasi simulacrum esset omnium deorum BEDE *HE* II 4; pantium [i.e. Pantheum], pantemplum *GlC* P8; quod, quia cunctorum fuerat cultura deorum / pantheōn pridem vanis sermonibus idem / gentiles solito vocitabant nomine falso WULF. *Brev.* 28; de ~eon. ~eon quondam erat idolium omnium deorum .. nunc .. Sancta Maria Rotunda vocatur GREG. *Mir. Rom.* 21; sedit Bonefacius quartus a beato Gregorio, cui Phocas ~eon dedit, hec est ecclesia Sancte Marie ad martyres R. NIGER *Chr.* II 141; fecit .. ecclesiam sacram execrabile ~eon MAP *NC* V 3 f. 60v.

2 (understood as) temple.

~eum, templum *GlC* P 48.

3 (as title of book).

c1443 ~eon Gaufredi: cum constitucionibus Octoboni (*Invent. Librorum*) *Cant. Coll. Ox.* I 5.

Pantheus [CL < Πάνθειος, as adj. f. sb.]

1 all-embracing divinity, god of all.

~eus [v. l. Pan deus], deus qui omnes habet in se significationes, quasi omnium deus OSB. GLOUC. *Deriv.* 482.

2 place that receives all. Cf. pandochium.

quod Graece ~eus, Latine stabulum sonat. stabulum domus dicitur quae omnes viatores suscipit *Comm. Cant.* III 104.

panthomimus v. pantomima. **panthomorphon** v. pantomorphus. **panthonomasivus** v. pantonomasivus.

panticarium [CL pantex + -arium], girdle.

1399 cum quodam poncherio lineo corpus tuum ligatum constringis (*Ep. J. Lyllingeston*) *Cal. Papal Lett.* V 199.

pantifilagos v. pompholyx. **pantigatus** v. pantagathus. **pantilogium** v. pantheologus. **pantium** v. Pantheum. **pantleria** v. panetarius.

panto [aphaeretic form of hypapanton], praise.

~o, laus *GlC* P 83.

pantocranto v. pantocratoria.

pantocraton [παντοκρατῶν], holding power over all, almighty; (also as sb. m.) the Almighty.

~on, omnipotens *GlC* P 50; **930** (14c.) praecepta pantocratoris [v. l. pantocratonis] *CS* 669.

pantocrator [LL < παντοκράτωρ], one who has authority over all things, the Almighty; **b** (as quasi-adj.).

a**787** Macharius polaris aulae ~or clemens diu vos incolumes custodire dignetur (WIGBERT) *Ep. Bonif.* 138 p. 278; **930** (14c) praecepta ~oris [v. l. ~onis] *CS* 669; **930** precepto pantacratoris misericorditer reformavit *CS* 1343.   **b** **845** (11c) nisi .. Theo [gl.: id est Deo] ~ori et hominibus .. emendaverit *CS* 428; **845** (11c) nisi .. Theo ponto cratore [l. pantocratori] et hominibus .. emendaverit *CS* 450.

---

pantocratoria [παντοκρατορία], authority over all things, supreme power.

pantocranto omnium paturia [? l. pantocratoria, omnium potentia] Theo. de potentia Dei *GlC* P 120–1 (=*Gl. Leid.* 30. 19–20).

pantoludius [cf. CL pantomimus, ludius], pantomime actor, jester.

histriones, pantomimi, ludii [v. l. panto ludii] OSB. GLOUC. *Deriv.* 263.

pantomima, ~us [CL < παντόμιμος]

1 pantomime actor, jester: **a** (as sb. f. of first decl.); **b** (as sb. m. of first decl.); **c** (as sb. m. of second decl.).

a hec ~a .. i. joculatrix OSB. GLOUC. *Deriv.* 449; ~a, joculatrix *Ib.* 478.   **b** †pantominia [l. pantomima], omnium artium inlusor *GlC* P 66.   **c** ~us, gligman ÆLF. *Gl.* 150; garritores, joculatores, histriones, ~i [v. l. panthomimi], ludii [v. l. panto ludii], jociste OSB. GLOUC. *Deriv.* 263; hic ~us .. i. joculator *Ib.* 449; ~us, joculator, ludius *Ib.* 478.

2 (in gl., understood as): **a** a historian. **b** good glutton.

a historicus †panto minus [l. pantomimus] historias scribit *GlC* H 119.   **b** ~um VAC. *Lib. Paup.* 152 (v. lecator).

pantominia v. pantomima.

pantomorphus [ML < παντόμορφος], of all forms, shapes, or appearances, omniform.

Greci dicunt panthomorphon .. ego .. dicerem .. sumpsisti tibi mulierem meretricem: duxisti tibi Thaidem panthomorphan, i. omniformem sive variabilem GERV. MELKLEY *AV* 95.

pantonomasivus [2 pan < παν- + LL onoma < ὄνομα + -ivus; cf. et. ὀνομαστικός], of all names.

tercio modo sumitur felicitas hominis pro objecto optimo possibili voluntatis humane, circa quod, tamquam circa ejus objectum optimum possibile, voluntas hominis debet exercere optimum actum humanum, qui objective in ipsum terminatur, et hec panthonomasiva felicitas hominis objectiva appellatur, que est Deus ipse gloriosus WYCL. *Quaest. Log.* 252.

pantosis v. proptosis. **pantria** v. panetarius. **pantuagium** v. pannagium. **pantus** v. pas. **panucius** v. pannuceus. **panucula, panuculum** v. panicula. **panuficium** v. panificium. **panula, panulea** v. 2 panulus.

1 panulus v. pannulus.

2 panulus, ~a [CL panus + -ulus, -ula; also assoc. w. CL panucula], (small) pin, rod, or sim. (in weaver's loom). **b** distaff.

hec ~ea [v. l. ~a] .. i. illud instrumentum unde texitur OSB. GLOUC. *Deriv.* 433; genicium .. in quo .. licia, radios, ~os [gl.: *petit broche*] videbamus BALSH. *Ut.* 52.   **b** ~i, planus vel panus, colus, *distæf* ÆLF. *Gl. Sup.* 187.

panum v. pangere.

panurgus [πανοῦργος], wicked, evil.

bonus fuit et sobrius religiosus, me abdicamus, me †parionus [? l. panurgus < μὴ ἄδικος, μὴ πανοῦργος] *Leechdoms* III 288.

1 panus v. 1 Pan.

2 panus v. pana.

3 panus v. 2 pannus.

4 panus [CL < πῆνος]

1 pin, rod, or sim. (usu. in weaver's loom): **a** spool, bobbin. **b** pin or rod that holds the spool. **c** weaver's slay or shuttle. **d** distaff. **e** needle. **f** spike (in candleframe).

a et versa vice portendor ceu serica pensa / in gracilem porrecta panum [v. l. pannum] seu stamina pepli ALDH. *Aen.* 100 (*Creatura*) 60; panucula a ~o quamvis diminutivum a primitivo discrepet *Id. PR* 133 p. 183; hic ~us .. i. virgula illa circa quam trama involvitur OSB. GLOUC. *Deriv.* 433; ~us .. virgula illa circa quam trama involvitur. idem et canellus dicitur, A. *a quele*. item i. spola. item est quidam piscis, A.

---

a lynge WW.   **b** trama .. ~o [*gl.: broche*] ferreo vel saltem ligneo muniatur infra fenestrellas; ~us [*gl. broche*] autem spola [*gl.: spole* vestiatur NECKAM *Ut.* 107; textrices ducunt pectines .. cum trama que trahitur a spola et ~o [*gl.:* virga est in navicula que tenet spolam; *broche, fusil, vergette*] GARL. *Dict.* 135; *pryne of a websters lome*, ~us *PP*.   **c** **11** .... hic ~us i. *mepset*; i. *navete WW Sup.* 28.   **d** panuli, planus vel ~us, colus, *distæf* ÆLF. *Gl. Sup.* 187.   **e** hic ~us, *aguille a tailer Gl. AN Glasg.* f. 20va.   **f** quindecim candele accense in hercio figantur super quindecim ~os *Ord. Ebor.* II 271.

2 kind of fish: **a** hake (*Merluccius merluccius*). **b** ling (*Molva vulgaris*).

a nomina piscium .. his ~us, A. *a hake WW*.   **b** ~us .. est quidam piscis, A. *a lynge WW*.

panyer' v. panerium.   **paodentum** v. paduentia.

papa [LL < πάπας, πάππας]

1 father; **b** (eccl., of abbot or pope).

[Christus] pape jam migrans, illico recessurus, / pro reis orat J. HOWD. *Cant.* 276.   **b** O Lamberte, pie pater, omnis papa sophie R. CANT. *Poems* 1. 3; papa Patre favente patrum GARL. *Tri. Eccl.* 82; 'mandatis patris', sc. ~ae qui pater eat omnium Christianorum (J. BRIDL.) *Pol. Poems* I 150.

2 bishop.

respondit Gregorius ~a urbis Romae BEDE *HE* I 27 p. 48

3 pope; **b** (of heresiarch).

epistola beati Hieronimi ad Damasum ~am *Comm. Cant.* II 8; cui .. praefatus ~a Honorius misit pallium et literas IInnn *HIS* II 18 p. 120, pontificalis apex et primus in orbe sacerdos, / pastor apostolicus, papa valeto Leo ALCUIN *Carm.* 43. 2; pape autem officium est missas et officia ordinare, canones pro tempore ad utilitatem ecclesie immutare, Augustum consecrare, pallia archiepiscopis, privilegia episcopis vel aliis religiosis dare, totam ecclesiam ut Christus gubernare GIR. *PI* I 19; s**1241** ~a Gregorius obiit. Alexander .. successit *Ann. Exon.* 12v; impetravit .. ab eodem ~a indulgenciam de prima tonsura suis clericis conferenda FLETE *Westm.* 103; excommunicamus .. falsarios literarum domine ~e *Conc. Scot.* II 71.   **b** s**1223** heresiarcham quem heretici Albigenses ~am suum appellant (*Lit. Episcopi*) M. PAR. *Maj.* III 78.

4 (passing into surname).

1242 Walterus ~a dim. m. pro anno vendito *Pipe* 260.

papabilis, suitable as a pope, qualified for election as a pope.

a pape, papa .. ~is *CathA*.

papae [CL < παπαῖ], how amazing!

"est" aiunt [v. l. dixere] "pape! divini numinis omen" FRITH. 43; "~e" inquam, "quam citus es ad miserandos miseros!" OSB. *V. Dunst.* 24; sed ~e! vehementer admiror quod scrupulosum istud quo jam nepos regis quasi in domo Dedali intricatur legum conditores videntur providisse FORTESCUE *NLN* II 31.

papagabio [assoc. w. papa + gabeo], parrot.

psittacus .. vulgo ~io NECKAM *NR* I 36 (v. gabeo a); non culpet Sisiphum de curto brachio / .. / sed pavo pocius vel papagabio WALT. WIMB. *Palpo* 185.

papagaia [assoc. w. papa + jaia], parrot. **b** representation of parrot.

1421 de Elesia Heyden' pro j papaga pr' xx s. *EEC* 487.   **b** **1328** tria tapecia crocei coloris pulverizata de papegais *Reg. Exon.* 566; **1334** bankarium crocei coloris cum papageis et rubeis rosis (*Invent.*) *Arch. J.* LIII 281.

papagallus [assoc. w. papa + 2 gallus], (representation of) parrot.

1204 item culcitram brusdatam cum papegallis *RChart* 134b; **1349** duas aulas de worsted', quarum una operat' cum papagall' (*KR Ac* 391/15) *Arch.* XXXI 53; *Ib.* 78 (v. 1 aula 7).

papagen v. papaten.

papalardia [papalardus+-ia; cf. ME, AN *papelardie*], (result of) eating lard (fig.), smooth talk, hypocrisy.

patet alias morigeratum et sufficienter litteratum propter nimiam paplardiam et simplicitatem ab ordinibus repelli posse J. ACTON *Comment.* 16 l.

papalardus [CL pappare+lardum; ME, AN *papelard*], one who eats lard (fig.), smooth talker, hypocrite.

fingunt se bonos et sanctos, cum sint ~i et demones transfigurantes se in angelum lucis O. CHERITON *Fab.* 15; hec satira reprehendit ypocritas tristes qui dicuntur papelardi; quasi †largum [l. lardum] papantes in obscuro; de papelardis; de papilardis GARL. *Mor. Scol.* cap. 17 tit. gl.; eamus ad ~um illum et cum com[m]inus videamus. V. *Edm. Rich.* P 1791 D.

papalis [ML < LL papa+CL -alis]

1 (as adj.) papal: **a** (of or belonging to the pope); **b** (summoned, issued, or sanctioned by the pope).

s1178 Johannes in scismate vocatus papa Calixtus ~ia deposuit ornamenta *Ann. Dunstable* 22; 1315 collector decimarum procuracionum, et aliarum imposicionum ~ium et regalium *Ac. Man. Westm.* 18/5/757; dignitas ~is non deberet descendere jure hereditario *Eul. Hist.* I 169; ~ibus et regalibus munimentis ELMH. *Cant.* 310. **b** s1139 apostolica deferens nuntia que preceperant ut episcoporum et abbatum persona de Anglia Romam iret .. ad statuta ~ia concilia. J. WORC. 53; 1260 cum bullis ~ibus (v. 1. bulla 5a); rex blande, ut noverat, mandatis ~ibus se excusans Stigandum in vinculis apud Wyntoniam conjecit quoad vixit KNIGHTON I 60; s1295 venerunt in Angliam duo cardinales missi a latere pape ad regem Anglie cum epistolis ~ibus *Ib.* I 353; indulgencie ~es *Concl. Loll.* XXXVII 24; 1558 muros nostros ~es *Scot. Grey Friars* II 113.

2 (as sb. n.) what belongs to the pope.

imperium rexit, Rome papalia texit GARL. *Tri. Eccl.* 90.

papamo, (bot.) meadwort, meadowsweet.

~o, *meode uyrt Gl. Durh.* 304.

1 papare, to be pope; **b** (w. play on *pappare*).

s1163 Alexander ~avit *Ann. Exon.* 10; papa pater patrum papisse pandico parum M. SCOT *Proph. pref.* 155; s1389 Bonifacius IX ~avit annis XV *Eul. Hist.* I 286. **b** c1220 papa, si nem tangimus, nomen habet a re: / quicquid habent alii, solus vult papare (*Contra Avaritiam* 50) *Pol. Songs* 17 (cf. GIR. *Spec.* IV 15 p. 292).

2 papare v. pappare.

papas [CL < πάπας]

1 teacher.

flagellis ac virgis dirissimis cedimur a nostro ~ate ÆLF. BATA 4. 3; non audivi signum, ~as bone *Ib.* 4. 14; hic ~as, *a mayster WW.*

2 serving-lad.

~as, -antis: Juvenalis [6.633] 'prelibat pocula papas' GARL. *PP app.* 319; lykdysch, scurra, ~as *PP.*

papaten [LL], sort of fine linen.

bissum, .. papagen, *swipe hwit fleax* ÆLF. *Gl.* 151.

papatia, papacy.

s1044 hic Benedictus .. cum ~iam emisset, Heinricus imperator .. pro eo Clementem constituit papam FL. WORC. [ed. OMT] 540.

papatum v. pappare.

papatus [ML], office or authority of pope, papacy.

ut vivam, vivas! ut valeam, valeas! / papatumque tuum det Deus esse ratum! R. CANT. *Poems* 18. 30; non eum potuisse dare legitime pallium qui juste non habuisset ~um W. MALM. *GP* I 23; Innocencii tercii ~us tempore GIR. *SD* 14; OCKHAM *Pol.* I 59 (v. demonstrativus d); s1342 ad ~um ascendit (v. cardinalatus); hic cessit de ~u .. etsi non apponitur in catalogo paparum *Eul. Hist.* I 180; Petrus privilegium ~us accepit NETTER *DAF* I 306; *a papes dygnite*, ~us *PP.*

papaver [CL]

1 poppy; **b** (w. ref. to products); **c** (w. ref. to properties).

popaver [l. papaver], *popæg GlC* P 542; hoc ~er, *paniwit* [? l. *paniwrt or pavuuit*] *Gl. AN Ox.* 620; hoc ~er, *popelure Gl. AN Glasg.* f. 19; ~er album *Alph.* 117 (v. meconium); ~er nigrum crescit in agris et habet florem rubeum, unde fit diacodion, A. *blakpopy*; ~er rubeum habet florem rubedine et albedine commixtum .. G. *rougerole*, A. *redpopy. Ib.* 134; hec ~er, A. *chesbolle*; .. ~er, *popy WW.* **b** lac ~eris, i. opium. *SB* 27; opium quando simpliciter tebaicum intelligitur .. fit de lacte ~eris nigri. *SB* 32; ~er album florem habet album, cujus semen coconidium appellatur, A. *whatpopy Alph.* 134. **c** *wið eagena sare .. wyrte .. Romane ~er album nemnað ond Engle hwit popig hatað Leechdoms* I 156; Lethei cognata papavera somni L. DURH. *Dial.* II 13 (v. Lethaeus 2); ad insomnitates ~eris nigri, malve, viole, hyoscyami decoctio pedibus, herbeque decocte capiti apponantur P. BLOIS *Ep.* 43. 128A; esse soporiferum censet medicina papaver NECKAM *DS* VII 191 p. 476; quibus addo semen ~eris albi .. ad somnum provocandum GAD. 4v. 1.

2 (~er palustre) water lily.

~er plaustre [l. palustre] *Alph.* 126 (v. nymphaea 1).

papaverinus [CL papaver+-inus], of poppy, poppy-like.

papaver .. et inde ~us, -a, -um OSB. GLOUC. *Deriv.* 424.

papegaia, papegeia v. papagaia.   **papegallus** v. papagallus.   **papelardus** v. papalardus.

papella [CL papula+-ella], little pimple or pustule.

cepit puer Henricus a modica popela livore interlita male habere W. CANT. *Mir. Thom.* III 34 p. 291.

paper v. pauper.   **paperus** v. papyrus.

papheas [cf. ὀφίς], large-headed serpent.

hic papaheas, serpens cum grosso capite *WW.*

paphinus v. puffo.   **papilardus** v. papalardus.

papilio [CL], **pavilio** [OF *pavillon* < papilio]

1 butterfly, moth, or sim. **b** representation of butterfly.

panpila, *wibl GlC* P 110; ~io, *buterflege Ib.* P 129; pipilio, animal quomodo apes tenues *Ib.* P 168; papirio, avis quae nunquam crevit *Ib.* P 174; 10 .. papila, *wifel WW*; 10 .. pampilio, *fiffealde WW*; 11 .. pambilio, *fiffealde WW Sup.* 190; sicut ~io volat in nocturnum ignem ANSELM (*Ep.* 81) III 206; exemplum de papillione, qui, dum alienum lumen extingere nititur proprio corpore exuritur *Spec. Laic.* 44; hic ~io, *a buttyrflye WW.* **b** 1328 cuppa .. emalata in fundo de ~ionibus et volucribus *Reg. Exon.* 569; 1340 j cupa garnit' de aymell' .. cum una corea de ymagin' florat' intus cum papillonibus aymellat' *AcWardr TRBk* 203 315; 1359 unum banquerum de blueto cum bubonibus et papilon[ibus] *KR Ac* 333/30.

2 tent, pavilion (usu. for royal or military use). **b** shelter.

sub terra viventes in ~ionibus suis *Comm. Cant.* I 431; tetenderunt ibidem ~ionem in quo jacerem BEDE *HE* V 6 p. 290; 1155 in operatione ~ionis regis et custamento ipsius *Pipe* 4; 1159 in custamento papil' regis, xvj li. xviij s. viij d. *Pipe* 2; 1171 careta ad portandum paveillonem regis de Norhant' ad Lund' *Pipe* 45; [tanta multitudo] quod .. plures foris quam intus discumberent in ~ionibus MAP *NC* I 11 f. 10; 1204 pro forulis et aliis necessariis ad reponendum papirionem regis, xxv s. et x d. *Pipe* 125; 1223 duo barhud' ad pavillones nostros coopertendos .. et .. tres carectas ad binos equos ad ipsos pavillones nostros cariandos usque Glouc' *Cl* 563a; 1234 affidaverunt de xxxvj s. et ob. in pallionibus domini regis extendendis et distendendis *KRMem* 13 m. 10; 1242 mandamus vobis quod magnum pampilionem nostrum qui est adhuc in navi in portu Burdeg' discarcari faciatis et videatis quod nichil de armamentis ejusdem pampilonis deficiat *Cl* 502; 1245 emi faciatis unum ~ionem quem accomodare possimus H. de Vivon', .. emi faciat unum pampilionem ad opus Halingratti balistarii, qui .. cum harnasio ferri possit super summarium suum et unum alium pampilionem ad unum postem quem ferre possit in bursa sua *Cl* 327; 1248 mandatum ut

majori et probis hominibus de Bajona quod arma et ~ionia que fuerunt Willelmi de la Lande .. *Cl* 85; 1250 custodientes parvum ~onem cum arcubus et sagittis *Fees* 1173; 1260 liberate de thesauro nostro magistro Maunsell, cissori nostro, xx li. ad ~iones nostros qui sunt apud London et Cestr' inde reparandos contra exercitum nostrum Wallie quem jam fecimus summoneri *Liberate* 36 m. 4; 1286 fusillatam fili lanei ad reparacionem parvi pavillonis domini regis in exercitu suo *PQW* 304b; 1292 pro tela de coton' pro pavilono cum duobus bocramis facto ad Trapesund' *KR Ac* 308/13 m. 3; 1303 pro factura xxviij papillonum et tent' contra guerram Scot' ad faciendum xxviij tentas et papillon' .. viz. unam aulam magnam de vj postibus, unam cameram magnam etc. *KR Ac* 363/78 f. 11d.; 1342 super custodia novarum pavillonn' regis et easdem pavillon' .. in partibus Scocie custodiend' et tendend' *KR Ac* 389/14 m. 4; 1421 ad custodiend' et gubernand' pavilones et tent' .. regis *KR Ac* 407/5 m. 3; 1431 pro cariacione pavilionum et tentoriorum domini nostri regis de Edinburgh ad Perth *ExchScot* 529; 1443 sub ~ione ad altare erectum .. celebravit missam *Arch. Hist. Camb.* I 391n; 1483 *a tent*, castrum, ~io, tensorium, tentorium *CathA*. **b** domunculas quasdam seu ~iones vili quidem tegmine feni seu straminis contectas .. construxerant R. COLD. *Cuthb.* 129.

3 part of or covering for a helmet.

1322 et pro reparacione [duorum bacinettorum] de novo cum pavelionibus et copertura *Rec. Leic.* I 340; 1343 de .. xij galee pro guerra, iiij bacinett' cum visur', ij capell' de pampil' ferr' *KR Ac* 23/31 m.1.

papilionarius [CL papilio+-arius], (as sb. m.) maker or supplier of tents or pavilions. **b** (as sb. f.) office responsible for the making or supply of tents.

a1099 Radulfus Facheiz, Willelmus filius Roberti, Turoldus papilio[narius]? (*Ch. Bury*) *EHR* XLII 247; 1233 sicut ~ius regis ei dicet .. placiam in qua papiliones regis tendi faciet claudi quadam haia et quandam portam et seram et pessones et maillias fieri et auxilium ad eos tendendos et distendendos ei habere faciat *Liberate* 10 m. 7; 1284 Willelmo de B., papilonario, pro stipendio j socii sui papil' qui fuit in partibus Angles' [sc. *Anglesey*] *KR Ac* 351/9 m. 6; 1290 Roberto de Dors' papillonario regis *Chanc. Misc.* 4/5 f. 29; 1303 Johanni de S., papillonario principis [de Wallia], pro ccc li. dim. corde .. pro tentis et papillonibus inde .. tenendis .. xxxix s. *KR Ac* 363/18 f. 7; 1303 Johanni de Somersethe papillonar' *Ib.* 363/18 f. 11d.; 1305 J. de S. pavilonarius, W. de B. bladiarius *Cal. LBLond.* C148; 1333 cum dilectus serviens noster Magister Johannes de Yakesle pavillonarius noster oneretur per nos ad diversas res nostras .. ad nos versus partes boriales cariari faciendus .. *RScot* 225a; 1496 ipse sit pavillonarius et serviens pavillonum et tentorium nostrorum *Pat* 578 m 10. **b** 1342 pavillonaria domini regis: pro diversis custubus .. appositis .. circa facturam .. tentarum et pavillonum *KR Ac* 389/14 m. 4 tit.

papilionia [CL papilio+-ia], making or supplying of tents.

1358 assignavimus .. pavillonarium nostrum ad tot cissores et alios operarios quot pro operacionibus pavillonum nostrorum sufficere poterunt .. capiendos .. necnon ad cariagium pro eisdem pavillonibus et aliis ad officium pavillonie predicte spectantibus .. capiendum *Pat* 254 m. 30; 1377 ad tot pavillonarios quot pro operacionibus et pavillioniis quas pro solempnitate coronacionis nostre .. fieri ordinavimus *Foed.* VII 156.

papilivus, whelk, cockle, shell-fish.

~us, *wiolucscel GlC* P 70.

papill- v. et. papil-.

papilla [CL], small breast, nipple; **b** (transf. & fig.).

dicunt matres abscintio cum vino mixto ungere ~as et sic amovere a lacte *Comm. Cant.* I 131; pectora virgineis fraudantur pulchra papillis ALDH. *VirgV* 1750; ~ae, mammae *GlC* P 172; ~a, *tittstrycel* ÆLF. *Gl.* 158; 11 .. ~a, *forewearde tit WW Sup.* 455; presumpsit .. ipsam .. ultra mammas detexere. . . visa .. est toto corpore integra .. ~is admodum parvulis W. MALM. *GP* IV 184; femineum pectus ornatur jure papillis NECKAM *DS* IX 369; sicut infans qui, etiam dum lac educere sit ab ubere, ~am tamen uberis lambit J. GODARD *Ep.* 223; ave, mater et ancilla / summi regis, que papilla / tuum pascis pabulum WALT. WIMB. *Virgo* 112. **b** iste quidem Latias olim lallando papillas, / pavit Christicolas multo decore catervas FRITH. 1192.

papillatus [LL], supplied with a nipple or a bud.

antespasti .. exempla: .. venenosus, ~us, paludatus ALDH. *PR* 129; de epitrito primo. .. capillati, ~i, faretrati *Ib.* 137.

papillus, hayhove, ground ivy.

hic ~us, A. *a heyoffe WW.*

papinio [cf. CL pepon < πέπων], melon.

mala granata, poma citrina, .. -iones S. SIM. *Itin.* 22 (v. 1 anguria).

papiraceus v. papyraceus.   **papireus** v. papyrius.
papirio v. papilio, papyrio.   **papirius** v. papyrius,
papyrus.   **papirus** v. papyrus.

papismus [LL papa < πάπας + -ismus < -ισμός], papism, popery, allegiance to the pope, Roman Catholicism.

est fidus et ~um ex animo odit ASCHAM *Ep.* 116.

papista [LL papa < πάπας + -ista < -ιστής], papist, one loyal to the pope, a Roman Catholic.

homini .. in quem greges ~arum ita exarserunt REDMAN *Hen. V* 18; commentitiae ~arum opinioni BEKINSAU 745; David Tolley .. medicus, Anglus ~arum malleus BALE *Index* f. 33b p. 61; hic [sc. Coletus] vere alter erat Paulus .. splendens .. inter obstinatissimos ~as *Ib.* f. 92b p. 195; ut nemo jam adeo hebetis et obtusi ingenii ~a sit (MATTH. PARKER) WALS. *HA pref.* I 3; **1605** contra recusantes ~as *Stat Ox* 482.

papisticus, papistic, Roman Catholic.

1538 ~ae vanitatis seminarium *Conc.* II 838a; ~ae oppositeo potestatis Bullinau 744; Henrious Brynke low .. scripsit .. ad clerum ~um BALE *Index* f. 63 p. 159; ad ~ae disciplinae expugnationem (MATTH. PARKER) WALS. *HA pref.* I 2; **1579** libros superstitiosos et ~os *StatOx* 413.

1 pappa [CL], (child's word for) food.

mamma, mamilla, ~a, papilla OSB. GLOUC. *Deriv.* 506.

2 pappa, (~*a muris*) stonecrop (*Sedum acre*).

13 .. ~a muris *MS BL Sloane* 2479 f. 102r.

pappare [CL]

1 to eat.

~o, -as, i. comedere OSB. GLOUC. *Deriv.* 424; oblato .. cibo / "pappa" ait "mecum" .. / .. porrecti panis ad esum / nunc prece, nunc lacrimis sollicitare studet NIG. *BVM* 1559; papa, si rem tangimus, nomen habet a re, / quicquid habent alii, solus vult papare *Ps.*-MAP 38; qui comedit papat GARL. *PP app.* 319; mors gravi viridem etatem copulat, / cum capularibus papantes capulat; / lactantes laniat, lallantes jugulat WALT. WIMB. *Sim.* 122.

2 (p. ppl. as sb. n.) what is eaten, baby food, pap.

hoc papatum, A. *pappe Teaching Latin* II 18; papatum, A. *pap WW; paplote*, papatum *CathA.*

pappentes v. 2 patere.

pappus [CL < πάππος], plant with white down, (in quots., thistle).

~us, lanugo cardui *GlC* P22; papus floridus auget agri [*gl.:* hic papus, †*pistel* [l. *pistel*]] GARL. *PP app.* 319.

papula [CL], pimple, blister, pustule.

~a, *wearte GlC* P 67; ~a, *spryng Ib.* P 82; lex .. cicatricis et erumpentium ~arum .. sacerdotum erat judicio subdita PETRUS *Dial.* 59; verruca, ~a in corpore alicujus infirmi OSB. GLOUC. *Deriv.* 626; cum papulis cedit illi tumor atque podagra NECKAM *DS* VII 123; ~a, G. *berbulette*, A. *welke* GARL. *Unus Omnium gl.* 167; per totum corpus Dunstani eruperunt ~e .. post pauca in pustulas converse *Chr. Wallingf.* 43; pabula, i. vesica *Alph.* 134; ~a, *werte;* .. hec ~a, *a blane;* .. hec ~a, *a redspott WW.*

papulare [LL], to cause a pimple to grow on, to afflict with a pustule.

anus metit mors rugosas / et puellas speciosas / aliquando percutit, / lacque colli papulando, / frontis

viva novercando / tenerosas excutit. WALT. WIMB. *Van.* 144.

papulum v. pabulum.

papyraceus, papyricus [CL=*made of papyrus*], made of paper.

1517 in libro papyrico continente formam novi edificii ad quadrum collegii *Arch. Hist. Camb.* I 418n; **1575** farcivit tormentum suum cum pulvere facticio et spherula papiracea alias dictum *he chardged his handgonne with gonnepowder and a pillet of paper Pat* 1126 m. 24.

papyricus v. papyraceus.

papyrio [LL < παπυρών, -εών]

1 papyrus-bed, reed-bed.

papirione, *junkerie Teaching Latin* I 244; hec papirio, A. *reschebusk;* .. hic papirio, locus ubi crescunt papiri *WW.*

2 papyrus.

in modum loculi vel naviculae parvissimae de papirione textum quod est scirpio, i. fluvialis juncus, quae est major terrestri *Comm. Cant.* I 216.

papyrius [LL], made of papyrus or paper. **b** (as sb. n.) document written on paper, register, roll.

lychnus lucerne ~eus erat AD. SCOT *TT* 679B; **1387** schedulam ~eam .. archiepiscopo tradebant *Conc.* III 204a; s**1435** instrumentum cum duabus litteris ~eis sigillatis AMUND. II 16; **1437** assignaciones papireas *Stat. Linc.* II 419; **1450** cedulam papiream *Conc. Scot.* I cli, **1480** item in quadam litera papiria *Reg. Dunelm.* I 132; **1486** dedit deforciamenta certarum personarum contenturum in libro papireo *ExchScot* 383. **b** **1300** ut paref per difficillia in quadam papiria contentas *Chanc. Misc.* 3/48/21; fecit nomen predicti H. scribi in papirio camerarie Gildaule *MGL* II 371; s**1275** ut apprenticiorum nomina abbreviarentur in papirio camere Gildaule et eorum nomina qui libertatem dicte civitatis emere voluerunt, in eodem papirio insererentur *Ann. Lond.* 86; **1408** in soluto diversis laborariis laborantibus in quarera de Abburbury .. ut patet per paupyrium dicti operis examinatum et probatum xxiiij s. iiijd. *Rect. Adderbury* 2.

papyrus, ~um, ~a [CL < πάπυρος], **paperus** [cf. AN, ME *paper*, OF *papier* < papyrus]

1 reed, rush, papyrus; **b** (used for wick).

sceptrinae virgae, quae prius nodosa duritia rigebant, pluma molliores et papiro [*gl.:* i. junco, *risce*] effectae sunt leniores ALDH. *VirgP* 35 p. 279; †paupilius [l. papyrus], *scaldhulas GlC* P 76; papiri, unde faciunt cartas *Gl. Leid.* 13. 31; ~us, juncus, cirpus, biblus OSB. GLOUC. *Deriv.* 470; caseus .. in techa .. ex papiro vel ex cirpo vel ex junccis palustribus composita NECKAM *Ut.* 110; **1270** in papiriis colligendis et mattis faciendis v d. ob. *Ac. Beaulieu* 246; per pi sunt hujusmodi: ~us, quod est †junctus [l. juncus] BACON *Gram. Gk.* 64; **1302** cuidam falcatori falcanti papiros ad domus contrarotulatoris et fabricarum regis inde cooperiendas *KR Ac* 260/22 m. 4; papirus, *a bulryshe, bolroysche WW.* **b** papirus in centro positus velut fomes arvina vel sevo madefactus solito clarius lucesceret ALDH. *VirgP* 32; papirus in medio radiabat lumine centro *Id. VirgV* 916; *candel rusch*, papirus *PP.*

2 paper. **b** (~*us regalis* or *realis*) paper in large sheets. **c** (dist. acc. colour or texture); **d** (dist. acc. quality or purpose).

1312 pro papiru et parcameno emptis pro thesauraria castri *RGasc* IV app. II 563b; **1333** irrotulatur in principio quinti quaterni paperi *Reg. S. Aug.* 185; **1453** in pergamento, papiro, cera rubea et encausto emptis et expenditis *JRL Bull.* XL 420; papirium, A. *papyre WW;* **1503** missale de percamino .. missale de paupiro *Invent. Ch. Ch.* 132; **1541** tenens in manibus .. paperi schedulam *Melrose* 601. **b** **1355** pro j quaterna papiri regal' empta pro patronis pictarie inde faciendis *KR Ac* 471/6 m. 25; **1366** pro ij quaternis papiri real' .. pro jornet' inscribend in gross' *Ib.* 483/23 m. 4; **1446** pro decem quarternionibus papiri regalis *Ac. Chamb. Cant.* 140a. **c** **1349** papir' de auro, papir' de auro *KR Ac* 391/15; papir' aur', papir' arg' *Ib.* 54; **1509** cum xij grossis papiri depicti *EEC* 562; **1576** ij *bundell* de papiro subnigro *Ac. LChamb.* 67 f. 15v. **d** **1380** xxij balas paperi scrivabilis *Foed.* VII 233; conglutientur quoddam papirum vel pargamenum ut in parte plana cooperiens totam illam partem KILLINGWORTH *Alg.* 714; **1466** item pro iiij^{xx}

remys paupiri spendabilis val. xl s. *EEC* 609; **1545** onereavit quoddam instrumentum guerre vocatum *a hande gune* cum papiro ad escurandum et purificandum predictum instrumentum .. predictum papirum nullius valoris .. evolavit a predicto instrumento usque ad predictum Willelmum Taylour et ipsum percussit in tibeam *AncIndict* 565 m. 32.

3 paper document, register, record.

s**1275** in papirio camere gildaule (v. abbreviare 2); **1300** omnes apprenticii qui .. non intrentur in ~os *MGL* II 93; **1304** composicio ista in paupiro guyaule Londonie .. fuit inrotulata *BB Wint.* 11 (cf. ib. 23: in pipario memorandorum Gyaule); **1308** in papiru nomina aliquorum sunt scripta (*Summa receptorum*) *EHR* XLI 353; **1316** scribaniam .. papirorum seu registrorum curie dicte senescalcie *RGasc* IV 1622; **1319** inde vocant papiras et memoranda de debitis mercatorum (*MemR*) *Doc. Ir.* 425; **1348** habeant tallias seu papiras, et tales testes qui vocantur *forwardesmen Gild Merch.* I 31; **1412** ordinatum est quod totum tarragium terre .. esset scriptum in isto papiro *BBWint.* 32; **1417** solutum diversis hominibus portantibus exennia hoc anno ut patet per quoddam papirum longum inde factum xxvj s. viij d. *Househ. Ac.* 511; **1424** precipiens quod debita mea in papira mea nigra manu mea propria scripta plenarie et festine solvantur *Reg. Cant.* II 308; recognicio .. scribetur in rotulis communibus vel in communi papiro *Cust. Fordwich* 18.

par [CL]

1 (as adj.) matching in number or magnitude, equal. **b** (*ceteris paribus*) other things being equal.

cum praedictis pedibus parem divisionis non servat regulam .. ALDH. *PR* 121; arsis et thesis paribus temporum legibus concordant *Ib.* 129; invenimus nos undique versum pari tempestate praeclusus *Bede HE* V 1 p. 282; mons Olivarum altitudine monti Sion par est *Ib.* V 17 p. 318; aranea pro eo quod sex aut octo pedes, quos semper habet pares, gerit multipes dicitur .. habet autem aliquos pedes longiores et quosdam breviores UPTON 152. **b 1311** (v. ceterus 2a); credencium hereticis .. gravius peccant literati quam illiterati, quia literati ceteris paribus possunt facilius cognoscere veritatem OCKHAM *Dial.* 732; hec ab omnibus possunt ceteris paribus exerceri CONWAY *Def. Mend.* 1412 (*recte* 1312).

2 situated on a level, balanced.

tunc pari lance limpida / librae torpebat trutina (ALDH.) *Carm. Aldh.* 1. 81.

3 (of number) divisible by 2, even.

c**798** legimus enim in numerorum subtilissima ratione alios numeros esse pares, alios inpares ALCUIN *Ep.* 133; numerorum parium, qui excepta unitate alias mensuras recipiunt, alii sunt perfecti, alii inperfecti, alii plus quam perfecti ABBO *Calc.* 3. 18; par numerus est qui in duo equa dividitur ADEL. *Elem.* VII def. 3; numerus par est qui in duas partes equales dividi potest ut ij, iiij, vj, viij BART. ANGL. XIX 123; quintus modus imperfectus sumitur hoc modo: omnes longe in pari numero GARL. *Mus. Mens.* V 8.

4 similar, like.

sambucus .. / est mihi par foliis ALDH. *Aen.* 94 (*Ebulus*) 2; par, similis *GlC* P 132; ergo et locus naturalis eis par aut idem FISHACRE *Quaest.* 43; qui illud acetum erga hominem vel mulierem gestat in pectore par est Judeo offerenti acetum Christo et ejus penam in cruce complenti *AncrR* 160.

5 identical.

quod .. pari modo Clemens vel Theophilus .. explanaverunt THEOD. *Laterc.* 4; par color accipitri, sed dispar causa volandi ALDH. *Aen.* 42 (*Strutio*) 2; in his principalibus formis ratio par est ABBO *Calc.* 2. 12; porro in ratione sacrorum par est et anime et corporis causa ALB. LOND. *DG* 6. 31.

6 matched in quality: **a** (of person); **b** (of act or abstr.); **c** (w. *cum*).

a membra sanctorum .. quos pares meritis receperat caelum BEDE *HE* I 18 p. 36; nullos esse pares pateris tibi, nec michi par es / nec tibi sum similis M. CORNW. *Hen.* 68. **b** par labor ambarum, dispar fortuna duarum ALDH. *Aen.* 66 (*Mola*) 3; p**675** [sacerdotes me] pari praecepto et simili sententia compulerunt ut .. *Id. Ep.* 4 p. 481; pari ductus devotione mentis reliquit uxorem BEDE *HE* V 19 p. 322; par opus ambobus vitae sed et exitus unus ALCUIN *SS Ebor* 1046; annuit .. / .. / ni pietate pari conservent

jussa magistri Frith. 775; est quibis unus apex, gloria parque polo Wulf. *Swith. pref.* 256; non minus raptus quam electus, pari clericorum ac civium voto attrahitur, presentatur, dein presbyter consecratur *V. Neot. A* 4. **c** in exercendis litibus vim parem obtinent instrumenta cum testibus Ric. Angl. *Summa* 31 p. 50.

7 just, fair.

1168 hec ex caritate, quia ex ea processerunt, par est interpretari J. Sal. *Ep.* 267 (252).

8 appropriate, fitting, suitable.

pari .. integritatis tiara a Christo coronabantur Aldh. *VirgP* 46; **1444** proviso .. quod eadem Elizabeth pari sexu et etate in bona et competenti consanguinitatis linea maritata sit *Paston Let.* 12.

9 (as sb. m. or n.) one of the same kind: **a** (part of body); **b** (animal); **c** (object or artefact). **d** (*a* or *de pari*, *ad par*) in matched conditions, on an equal footing.

a sunt quidem in superiori mandibula xvj dentes sc. quatuor quadrupli atque pares et duo canini et novem molares Bart. Angl. V 20; nervorum autem a cerebro exeuntium sex sunt paria *Ib.* V 60. **b** mirum de hoc alite, quod circa ecclesiam .. parem non admittebat Gir. *TH* II 37. **c** hae duae carucatae non sunt in numero alicujus hund' neque habent pares in Lincolescyra *DB* I 357va; ix paria terre que Anglice dicuntur *sifte* quarum [*sic*] v pertinent ad dominum abbatem *Kal. Samson* f. 96. **d** non potuit de pari contendere, qui modico stipatus agmine quadruplo congressus exercitui, sorte se dedit ancipiti *Found. Waltham* 20; omnes ecclesie conventuales in Eboracensi provincia constitute domino pape scribunt a paribus in hunc modum Diceto *YH* 148; cum in presentia vestra ambo de pari stare .. potuerimus Gir. *Symb.* I 31; archiepiscopus, quasi cum rege a pari contendens M. Par. *Maj.* II 475; scholaris quicumque secularis vel religiosus, quos .. ad paria judicamus R. Bury *Phil.* 19. 239.

10 number divisible by two, even number.

Trinitatis quodam modo differentiam per trium inparium se, paribus intermissis, sequentium censeo naturam discutiendam Abbo *QG* 22 (48); si par .. imparis vel impar paris quantitate †extuberescat [l. exuberat], nunquam impar, sed semper par provenit *Id. Calc.* 3.58.

11 person matched in status; **b** (class of tenant); **c** (burgess).

reges et proceres docui temerare premendo / foedera atque pares pariter propriosque propinquos Bonif. *Aen.* (*Cupiditas*) 206; non expedit homini ut agat cum Deo quemadmodum par cum pari Anselm (*CurD* I 19) II 86; cum sis [Maria] expers paris J. Howd. *Sal.* 50. 4; vir .. areptus fuit a parilus' [MS: paribus], ut dicebatur, et deinceps a lumbis ejus et deorsum sic claudus effectus est *Chr. Kirkstall* 121. **b** a**1149** precipio ut ille .. ita teneat bene .. et libere sicuti sui pares viz. milites abbatie tenent *Doc. Bury* 122; **1254** noverit universitas vestra me [sc. rectorem] in negocio meo super communa pasture .. versus .. abbatem Glaston' expediendo Ricardum parem meum constituisse procuratorem *Cart. Glast.* I 159; quando pratum falcatum fuerit, ipse et pares sui habebunt xviij d. *Cust. Taunton* 4; si aliud opus injungitur, debent operari quousque pares eorum perfecerint opus suum in orreo *Cust. Battle* 28; redditus .. in equinoctio: .. Robertus de Sandwico et pares .. Adam Reyvere et pares de terra Godeboy *Reg. S. Aug.* I 15. **c** **1195** si burgensis rectatus fuerit de pare suo de sanguinis effusione (*Pontefract*) *BBC* 138; rex majori et juratis, c paribus et universis civibus Baione, salutem *RGasc* I 163b; **1275** burgenses et mercatores Leycestr' attachiati pares sunt et participes et de eadem communitate *SelPlMan* 146; **1318** pares et communarios (v. communarius 3a); **1375** cives et pares civitatis Norwici *Cust. Norw.* lxxxvi; **1407** per majorem et pares suos necnon communitatem ejusdem civitatis [Wyntonie] *Gild Merch.* II 391.

12 peer (of the realm): **a** (Eng.); **b** (Scot.); **c** (Cont.). **d** (*duodecim pares*) the twelve peers or paladins of Charlemagne, or their supposed predecessors or successors.

a s**1233** Petrus Wintoniensis episcopus dixit quod non sunt pares in Anglia sicut in regno Francorum Wend. III 58; **1301** paribus, comitibus, baronibus aliisque nobilibus (*Lit. Papae*) *MGL* II 159; semper tali modo inter predictos gradus et eorum loca, quod nullus sedeat nisi inter suos pares *Mod. Ten. Parl.* 37; nullus solus de paribus Parliamenti recedere potest nec debet de Parliamento nisi optenta inde licentia de rege et omnibus suis paribus *Ib.* 45; s**1377** iniquum erat tantum eciam parem [v. l. par] regni .. tantam .. jacturam incurrere *Chr. Angl.* 126; **1379** abbates et priores, pares regni, et ecclesiarum cathedralium priores *Conc.* III 145b; s**1399** mortes dominorum parium regni et exilia *Eul. Hist. Cont.* 383. **b** tenuerant enim parliamentum secum apud Scone, in quo ad modum Francie xij pares ordinaverant W. Guisb. 264. **c** s **1245** meruit .. in episcopum Lingonensem, quod multum desideraverat, ut unus ex paribus esset Francie, incathedrari *Flor. Hist.* II 291; **1264** tanquam paribus Francie et .. regis Anglie *RL* II 269; **1298** regem Francie et pares curie (v. curia 4b); s**1340** paribus, prelatis, et aliis nobilibus .. regni Francie scripsit Avesb. f. 88. **d** duodecim pares Galliarum G. Mon. IX 12; s**1258** in Anglia constituti sunt xij pares *Ann. Cambr.* 97; elegerunt .. Scoti duodecim pares, quatuor viz. episcopos, quatuor comites, et quatuor barones Trevet *Ann.* 339; debet .. monere ceteros nobiles et magnates de parliamento una cum notorio testimonio dictorum duodecim parium suorum *Mod. Ten. Parl.* 35; s**800** xij pares Tabule Rotunde de Francia Saracenos in Hispaniam devicerunt *Eul. Hist.* I 368; s**1360** ostende nobis Karolum magnum regem, et nos tibi reperiemus omnes duodecim ejus pares, et hiis multo meliores *Plusc.* IX 45.

13 person matched in status (in leg. context w. ref. to judgement by peers, later trial by a jury of equals).

Willelmus de Perci advocat pares suos in testimonium *DB* I 374ra; sacerdos .. si accusatio sit .. triplex .. cum aliis duobus sibi paribus ipse tertius se purget .. diaconus regularis vite .. assumat duos suos pares et cum illis ipse tertius se purget (*Cons. Cnuti*) *GAS* 285–7; thainus .. adlegiet se cum xj parium suorum et cum uno regis thaino (*Quad.*) *Ib.* 127; si par parem accuset vel major minorem vel minor majorem (*Leg. Hen.* 9. 6a) *Ib.* 555; **1200** posuit se super visnetum et super pares suos *CurR* I 258; **1215** comites et barones non amercientur nisi per pares suos *Magna Carta* 21; nullus liber homo capiatur vel imprisonetur .. nisi per legale judicium parium suorum vel per legem terrae. *Ib.* 39; c**1293** ego sum miles et non debeo judicari nisi per meos pares *Year Bk 30 Ed. I app.* 2 p. 531; **1315** quod par per parem judicabitur .. baro per baronem *APScot* I 318.

14 pair: **a** (of persons, w. gen. of respect); **b** (of objects, w. nom. of apposition); **c** (w. gen.); **d** (w. abl.); **e** (w. prep).

a accedebant laudibus etiam comites Haraldus et Elgarus, par insigne fortitudinis, non ita religionis W. Malm. *Wulfst.* I 11. **b** **1402** iiij paria sandalia bona *Invent. S. Paul.* 516. **c** a**1175** duo paria botarum (v. 2 bota); **1199** unum par calcarium (v. calcar 1b); **1204**, **1208** (v. lorena a); **1208** j par bacinorum (v. bacinus 1a); **1260** j par forficum (v. forfex b); **1269** in ij pir' rotarum, j pir' timonum factis ij s. vj d. *Min Ac* 997/1; **1271** unum parem calcarum deauratorum *Cl* 320; **1288** unum par lineorum (v. linum 3b); **1358** j par cerotecarum (v. chirotheca 1a); s**1382** stabat .. unum par molarum ad vendendum extra capellam in alta strata Knighton II 192; **1467** per liberacionem tactam .. preposito ecclesie collegiate Sancte Trinitatis prope Edinburgh, pro uno pare organorum ad dictum collegium *ExchScot* 502. **d** **1339** in j par' anulis ad rotas carectarum de novo faciend' (*Vernham Dean*) *Ac. Man. Wint.* **e** **1269** in .. iij pir' de tract', .. ij pir' de *baz* emptis ij s. x d. *MinAc* 997/1; **1350** dedit j par de *orgues Rec. Gild Camb.* 30; **1371** reparabit unam grangiam de uno pare de *siles Hal. Durh.* 111; **1376** mandamus vobis quod omnia hernesia que J. W. .. fieri fecit ad opus comitis Marchie .. viz. .. quatuor paria de *braciers* integra .. *RScot* 976b-977a; **1395** item iij paria de *aundyryns Test. Ebor.* III 45; **1454** sol' .. carpentario .. pro operacione decem parium de *dorstothez* infra ten' predict' xv s. *Ac. Durh.* 634.

15 set (of objects not usu. in pairs): **a** (w. gen.); **b** (w. prep).

a venit tandem nuntius archiepiscopi ad episcopum, presentans ei ex parte illius duodecim paria litterarum Ad. Eyns. *Hug.* V 7 p. 111; **1238** solvit .. j par barillorum plen' vini *KR Mem* 17 m. 3; **1290** de j pari culcellorum (v. cultellus 1a); **1303** de uno pari decretorum (v. decernere 5b); **1342** unum par corporalium et velum quadragesimale deficiunt (*Vis.*) *EHR* XXVI 110; unum par vestimentorum debile *Ib.* 111; **1414** unam par precum de *gete* cum cruce argenti deaurata *Test. Ebor.* 374; **1417** par matutinarum (v. matutinus 5); **1430** lego .. eidem collegio unum par Institucionum secundo folio textus 'magno labore' et glose 'extra diffinicionem' *Reg. Cant.* II 479; **1434** par Decretalium (v. decretalis 2b); **1436** decem paria armorum integra *ExchScot* 680; **1460** pro .. duobus paribus briggandarum, **1462** pro uno pari brigandinarum (v. briganda). **b** **1338** j par de *beedes Ac. Durh.* 452; **1386** duo paria de bedis de auro *FormA* 427; **1402** duo paria cultellorum, unum parvum par de *paternosteres* auri (*Invent.*) *Foed.* VIII 277; **1432** lego .. vj s. viij d. cum uno pare de *quartilletts Test. Ebor.* II 27.

para [LL < παρά], beside. **b** in violation of.

~a .. est juxta, quasi vena juxta aurem *Alph.* 132. **b** ~a doxam [i.e. παρὰ δόξαν], ammirabilis *GlC* P 45.

parabata [LL < παραβάτης], transgressor.

797 de clerico illo apostata quia ascenderat in regnum similem eum [v. l. eo] deputantes Juliano pravate [MS *corr*: parabatae] ae anathematizantes abicimus salutem animae ejus procurantes (*Lit. Papae*) *Ep. Alcuin.* 127.

parabola [CL < παραβολή]

1 word, saying, utterance; **b** (w. ref. to *Num.* xxiv 15).

dinoscimus ~am evangelicae lectionis impletam .. 'qui .. in finem perseveraverit .. salvus erit' [*Matth.* x 22] Lantfr. *Swith.* 3; ipsum te prophetica ~a .. didicimus designasse Ailr. *Ed. Conf.* 738C; si quid contra hec vestre placuerit prudentie respondere, licitum est. ad vos enim, ut nobis videtur, respicit ~a hec *Chr. Battle* 184; est ~a instantis temporis quod olim dictum est, quia 'repulit Dominus tabernaculum Silo' [*Psalm.* lxxvii 60] P. Blois *Ep. Sup.* 5. 9; dicimus .. vulgariter quod ultimum verbum totam concludit ~am M. Par. *Maj.* V 219; **1328** hujusmodi ~a Salvatoris qui petit accipit, et qui querit invenit, et pulsanti aperietur *Lit. Cant.* I 265; juxta Dei ~am "factus est Adam quasi unus ex nobis" [*Gen.* iii 22] Ad. Usk 100. **b** assumpta igitur ~a vir beatus refert verbis luculentissimis hujusmodi visionem Ailr. *Ed. Conf.* 772A; adjecit audacius assumens ~am in hunc modum, "quid" inquit "virtutis sibi retinuit, qui conscientiam perdidit et famam?" A. Tewk. *Add. Thom.* 2; [Merlinus] spiritum hausit prophetie et assumpta ~a ait "ve rubeo draconi" M. Par. *Maj.* I 198; s**1213** assumpsi ~am meam, dicens "quamvis secundum jura .." *Chr. Evesham* 236; s**1417** mox, aliunde querens diffugia, assumpta ~a, cepit predicare de Dei misericordia Wals. *YN* 485.

2 explanatory illustration, comparison.

~a est rerum genere dissimilium comparatio, ut 'simile est regnum caelorum grano sinapis' Bede *ST* 170; a**957** non solum ~is verum etiam .. perspicua re (v. ecclesiastes b); dicitur ~a quasi collacio *Ps.*-Gros. *Gram.* 75; non dico in ~a, set in re et interpretatione M. Rievaulx (*Serm.*) 72; quod enim Donatus paradigma nuncupat, hoc vocat usus modernus vel apologum vel ~am Gerv. Melkley *AV* 151; sequendo dictam ~am de quietacione corporum, posset dici quod appetitus sensitivus assimilatur ferro quasi infixo adamanti vi adamantis attrahentis Duns *Ord.* II 119.

3 proverb. **b** verse from the Book of Proverbs. **c** (usu. pl.) the Book of Proverbs.

proverbia .. possint .. ~arum nomine notari Bede *Prov.* 937 (v. obscure 2b); ~e ejus [sc. Alvvredi] plurimum habentes edificationis Oxnead *Chr.* 5; de dubiis commerciis libr. vij, de ~is libr. unum, de problematibus phisicis et medicinalibus et de proverbiis libr. j W. Burley *Vit. Phil.* 250; *a proverbe*, proverbium, ~a *CathA.* **b** nonne et vobis notum est genus hominum, quos Salomonis ~a tangit, asserens quod 'stultus non recipit verba prudentie' [*Prov.* xviii 2] J. Sal. *Ep.* 143 (209 p. 338). **c** in ~as, Ecclesiasten, et Cantica Canticorum Bede *HE* V 24 p. 358; c**1200** ij libri Salomonis glosati; sc. ~a et Ecclesiastes (*Catal. Librorum*) *EHR* III 117; item audi Salomonem in ~is Gir. *SD* 34; Salamon ~as dictavit J. Lond. *Commend. Ed. I* 13; **1396** ~e Salomonis (*Catal. Librorum*) *Meaux* III lxxxix.

4 short narrative with moral point, parable: **a** (in Old Testament); **b** (in New Testament); **c** (general).

a **1197** aperte vos tangit ~a illa, quam regi David Nathan propheta proposuit de divite qui multas oves habuit [cf. *II Reg.* xii] P. Blois *Ep.* 147. 435B; ~am de oliva et ficu et vite et ramno Sichimitis proposuit [*Jud.* ix] M. Par. *Maj.* I 14; quod verus sol ignem accendit de parobola mulieris Sarepte [cf. *III Reg.* xvii] *AncrR* 4. **b** quid mali quod servi ~a praetenderit inspicite dicentis .. "moram facit dominus meus venire" [cf.

Matth. xxiv 48] GILDAS *EB* 96; ~as Dominus . . secundum similitudinem . . ponit BEDE *Luke* 550 (v. dissimilitudo a); **1166** inde enim oportebit cautelam consilii informari, ut juxta ~am evangelicam turrim quis edificaturus sedens prius computet [*Luc.* xiv. 28–31] J. SAL. *Ep.* 175 (176 p. 166); ab utraque firmitate excidimus per peccatum sicut satis liquet ex ista ~a in Luca [x 30–37] S. GAUNT *Serm.* 209; ~a enim Domini de Lazaro et de Divite hoc videtur ostendere KILWARDBY *SP* 36rb; de ~a zizaniorum OCKHAM *Dial.* 575. **c** inter socios proposuit ~am . . "rusticus" inquit "quidam audiens quod tanta quies esset et tot delicie in paradiso . ." ECCLESTON *Adv. Min.* 104.

5 allegory.

Isaac . . morte subtractus significatum est Christum . . et hoc quod ait in ~am, id est, allegoriam eum accepit LANFR. *Comment. Paul.* 401A; sex quedam sunt: pastor, mercenarius, ovis, canis, fur, lupus. ~am istam ita edissero. pastor est prelatus bonus, mercenarius prelatus malus . . W. DAN. *Sent.* 84; **c1212** domnus papa in epistola . . super imperatoris ingratitudine conqueritur, ad cujus procurandum promocionem . . hanelavit. signa ibi reperiuntur, quibus fama imperatoris merito denigrari debeat, sibi quidem et non scripto imputet aut scriptori. ~a hec et libelli nostri [sc. Speculi Duorum] GIR. *Ep.* 5 p. 198.

parabolare [LL parabolari; cf. παραβολεύεσθαι]

1 to parley, converse.

ubi Harold' et Wido ~ant *Tap. Bayeux* 10.

2 to teach with a comparison or illustration, to tell in a parable.

hoc enim exemplificat Cristus qui, ut dicitur Luc. xv, ~avit quomodo relictis xcix ovibus in deserto . . WYCL. *Blasph.* 178.

parabolatim [LL parabolatus+-im], by a comparison, in a parable.

legifer Moyses quinque libris mysteria Christi ~im designat BEDE *Luke* 315; mysteria regni Dei quae ceteris . . im dixerat exponit *Ib.* 428; poscit sibi non ~im sed palam . . exponi *Ib.* 554.

parabolice [LL], by a comparison, in a parable.

quare ~e dictum putant quod perspicue locutus est BEDE *Mark* 200; confessio debet esse nuda, non parobolice [ME: *bi samplet feire*] *AncrR* 120.

parabolicus [LL < παραβολικός], parabolic, that expresses a comparison.

non enim potest intelligi secundum philosophum ibi quid dicitur per tales sermones hyperbolicos [v. l. ~os] DUNS *Ord.* VIII 87; post sermonem suum ~um de seminante, semine, etc., Matth. xiii, statim adjunxit BRADW. *CD* 390D; figurative vero locuciones scripture . . sunt locuciones methaforice vel similitudinarie et sunt triplicitate, sc. allegorice, ~e, et ficte WYCL. *Ver.* I 65.

parabolizare [ML; cf. LL parabolari], to teach with a comparison, to speak in a parable.

ipsa namque [veritas] . . ~ans de semine . . "alia" inquit "ceciderunt in terram bonam" [cf. *Matth.* xiii 23] BRADW. *CD* 389D.

parabsis v. paropsis. **paracellesis** v. paracollesis.

paracenium [LL para+CL cena+-ium], side-dinner, subsidiary banquet; cf. antecenium.

ipse [sc. Metellus] famosam, immo infamem fecit cenam et anticenium vel, ut ait Portunianus, ~ium J. SAL. *Pol.* 735B.

paracentesis [CL < παρακέντησις], (incision made for) tapping (for dropsy) or couching (for cataract).

†paratetimus [l. paracentesis], id est foramen magnum *Alph.* 136.

paraceue v. parasceue. **parach-** v. paroec-. **parachilus** v. pachilus.

paraclesis [LL < παράκλησις], comfort, consolation.

secundum multitudinem dolorum . . ~is, id est consolationes tuae, domine, laetificaverunt animam meam BEDE *Hom.* II 17. 191; a comforth, solamen, solacium, consolacio, paraclisis *CathA*.

paracletus [LL < παράκλητος]

1 one called to one's aid, advocate, comforter.

~um, consolatorium *GlC* P 108; a comforthther, confortator, consolator, paraclitus *CathA*.

2 the Paraclete, the Holy Spirit: **a** (as Creator or Begetter of the Son); **b** (as Comforter or indwelling Spirit); **c** (w. ref. to *Joh.* xiv 16, 26, xv 26, xvi 7); **d** (as Person of the Trinity); **e** (as proceeding from the Father and the Son).

a beata Maria . . redemptorem . . ~o obumbrante . . suscipere meruit ALDH. *VirgP* 40; par Patri in usia / discumbit in Maria. / locum discubitus / parat Paraclitus P. BLOIS *Carm.* 21 2. 17; Filius hec. ejus fuit ergo Paraclitus auctor / conceptus VINSAUF *PN* 1508. **b** patet . . cur eundem spiritum ~um, id est consolatorem, cognominat BEDE *Hom.* II 11. 159; miserere Spiritus Paraclytus, consolatio mea, inluminatio mea ALCUIN *Carm.* 85.3.11; **796** templum esto Dei vivi super firmam petram constructum, cujus ipse sit Spiritus Paraclytus inhabitator *Id. Ep.* 114; que dicitur principalis unctio quia in ea principaliter Paraclitus datur GIR. *GE* I 4; cum Paraclito cupiens incepti amoris scintillulas in perfectos ignes excrescere *Reg. Whet.* II 412; the Halygaste, consolator, Paraclitus *CathA*. **c** qui vero descendit ~us ad apostolos in ipso confirmantur universa in caelo et in terra THEOD. *Laterc.* 22; quando ~us ex summa caelorum arce . . apostolorum praecordia . . gratia fecundans ALDH. *Met.* 2 p. 67; dicit . . Dominus 'Paraclitus autem, Spiritus Sanctus, quem mittet Pater in nomine meo' ANSELM (*Proc. Sp.* 4) II 191; quinquagesima die missurus eis ~um in linguis igneis R. NIGER *Chr.* I 20; **1225** habet ~um magistrum qui docet eum omnem veritatem GROS. *Ep.* 2 p. 21; discipuli . . Christi . . caruerunt dulcedine Paracliti [ME: *þe Hali Gast*] *AncrR* 161; adnectens missionem Paracliti in caelum vigilat homines in solio mentis Sion positos CAPGR. *Hen.* app. 272. **d** praesta, Pater piissime / Patrique compar unice, / cum Spiritu Paraclito / nunc et per saecula BEDE *Hymn.* I. 33. 3; c970 aeterno Genitori cum inclita Prole Sanctoque paraclito laus et honor *CS* 1184; sit laus Patri cum Genito / amborum et Paraclito [*gl.*: *frofer Gaste*] *AS Hymns* 93; ad laudem Christi, cui cum patre Pāraclitoque / est laus H. AVR. *Poems* 27. 269; eterno Patri[s] Genito, / Nato Marie filio, / set Spiritu Paraclito / de virgine puerpera LEDREDE *Carm.* 4. 11. **e** epistolam . . volumus . . sereno corde, prout multimoda et inedicibilis pietas Christi propria prout ejusdem Almus Paraclytus concesserit, retexere BYRHT. *V. Ecgwini* 360; ad imaginem ingeniti Patris . . unigeniti Filii . . procedentis Paracliti AD. MARSH *Ep.* 1 p.80; misso ad Filii etiam mittentis preces ~o Spiritu Sancto BEKINSAU 749.

paracmasticus [παρακμαστικός], (med., of fever) past the crisis.

urina livida . . in febribus non residens peraugmasticum significat: alibi peracrusticum id est non sanum GILB. I 30v. 1; species sinochi sunt tres, et similiter sinoche: . . tertia est peraugmastica, et est ut a principio usque ad finem decrescat GAD. 18v. 1.

paracollesis [LL < παρακόλλησις], (med.) act or condition of sticking together, scarring.

sideritis . . folia ejus trita et inposita vulneribus recentibus paracellesin [v. l. paracollesin] faciunt mire *Alph.* 170.

paracopa v. paracope.

paracope, ~a, ~is, ~eris, [LL *gl.* < παρακοπή], insanity, madness.

~a, i. alienacio mentis *Alph.* 135; ~eris vel ~is, insania idem *Ib.* 136.

paracoperis, paracopis v. paracope.

paracopus [παράκοπος], deranged, insane.

Alph. 136 (v. paracrusticus b).

paracropus v. paracopus.

paracrusticus [παρακρουστικός], (med.): **a** (of fever) that deranges, that induces madness. **b** (of person) deranged, insane.

a peracrusticum GILB. I 30v. 1 (v. paracmasticus). **b** ~us vel †paracropus [l. paracopus], i. rusticus insanus *Alph.* 136; ~us, insanus ut in Theophilo *MS BL Sloane 3217* f. 59v.

†paractericus, *f. l.*

incipit hymnus in honore sancti patris et glo-

riosi pontificis Adelwoldi elegiaco †et paracterico [? l. epanaleptico '*epanaleptic*' *or* characterico '*lettered*'] carmine per alphabetum compositus WULF. *Poems* 11 tit.

paradella [LL parada+-ella] (bot.) dock (*Rumex*); **b** (fig.).

dat dissintericis gratum paratella juvamen NECKAM *DS* VII 279; hec ~a, parele *Gl. AN Glasg.* f. 18rb; dokke, herbe, ~a, *PP*; lappacium acutum, parella, ~a idem, G. parele, A. reddokke *Alph.* 94; perdilla, A. a dokke *WW*; a dokan', paradilla, emula, farella *CathA*. **b s1450** succrescebat . . in agro . . illa ~a invidie *Reg. Whet.* I 148.

paradigma [LL < παράδειγμα], paradigm, example; **b** (gram.); **c** (biblical); **d** (w. ref. to oneself or one's work).

~a est praepositio exempli hortantis aut deterrentis BEDE *ST* 170; vera quidem veterum, juvenis, paradigmata rere ALCUIN *Carm.* 62. 55; sermo enim prudentis . . nec . . ab honestatis ~ate vacare W. DONC. *Aph.* *Phil.* I. 19; ~a est positio exempli dum tamen deterreat vel hortetur GERV. MELKLEY *AV* 150. **b** omnis pars constituens totum ~ate factum per suum totum diffiniri debet *Ps.-*GROS. *Gram.* 30; ~atis separati dicunt 'cum', ~atis prout est presens 'coram', prout non est presens 'clam' *Ib.* 56. **c** his . . tribus graduum ordinibus . . evangelicum ~a centesimum, sexagesimum, et tricesimum fructum . . sopopondit ALDH. *VirgP* 19; sequitur Dominus exponens ipse ~a quod de muliere proposuit [*Joh.* xvi 22] BEDE *Hom.* II 13. 157; **802** estote in fortitudine arietes; quem sapientissimi Salomonis ~a decantat ubi ait 'aries, non est rex qui resistat ei' ALCUIN *Ep.* 255; occulto hoc sui doc mit Elias sub umbra juniperi, fugiens Jezabel uxorem Achab M. RIEVAULX (*Ep.*) 59; ~o de magno diligente superem dominam et Christo diligente animam *AncrR* 4; David regem Israel in Uriam ejus subditum delinquentem propheta Nathan sub ~ate horrendo acerbissime increpavit FORTESCUE *NLN* I 27. **d** ut bino sena cludam paradigmata versu ALDH. *VirgV* 174; sic igitur cupidus necnon infernus et ignis / conferri possunt terno ~ate rerum *Ib.* 2624; sermones nostri paucis paradigmata verbis / ponimus in medium clarius ut resonent *De lib. arb.* 55; subjeci hoc ~a et in me transfiguravi exempli causa M. RIEVAULX (*Ep.*) 56; istorum capita dant 'arbor genteque tumba' / quo scripsit calamum per paradigma suum R. ESK 64.

paradigmaticus [LL < παραδειγματικός], paradigmatic, that provides an example.

801 quod in prima paginolae tuae parafrasticas apologitici sermonis excusationes legebam, ~o calamo conscriptas, grate suscipiebam eas ALCUIN *Ep.* 237.

paradilla v. paradella.

paradisiacus [LL < παραδεισιακός], **paradisicus,** of paradise: **a** (earthly); **b** (heavenly).

a in paradysiacum surgendo reduceret hortum WULF. *Swith. prol.* 419; quatuor . . filiae sanctae . . velut ~iaci fontis flumina quadrifida emicuere GOSC. *Werb.* xx; nec paradysiacos virtutum cursibus amnes *V. Ed. Conf.* f. 52v; maluit . . ~iacam amissionem vigili munire custodia PULL. *Sent.* 747B; qui duo serta ex paradysiacis floribus tecta suave olentibus detulit HON. *Spec. Eccl.* 1029A; iam paradisiacam primus petit incola sedem P. BLOIS *Poems* 1146B. **b** paradysiacas quae capit auris opes? BEDE *CuthbP* 42; **956** multo magis ambiunt adipisci ~ica gaudia *CS* 938; **961** ~iace jocunditatis amenitate *CS* 1066; hortulanus Mariae, vinitor virginis filiae Judae et plasmator amoenitatis paradysiacae GOSC. *Edith* (II) 48; odore, qualem nec cinnama nec balsama spirant, sed ~iaco W. MALM. *GR* I 61; ut . . generosum animum . . ipsius ~ice voluptatis aspectibus fovere valeret *Ps.*-ELMH. *Hen.* V 33.

paradisicola [LL], dweller in paradise: **a** (earthly); **b** (heavenly).

a dejectum ~am reduxit? *Miss. Westm.* I 309. **b** expulsis itaque vitiis, desiderium vitae aeternae quae gaudia paradysicolae possideant animae nuntiat dicens . . ANSELM *Misc.* 315; vos enim estis ~e, nos mundi miserabiles incole *Spec. Incl.* 4. 2.

paradisigenus [ML < CL paradisus+-genus], born in (the earthly) paradise (in quot. fig.).

Eldelmi et Prosperi discurrens virentia prata ~as inde sumens comptis floribus herbas (*Ps.*-BEDE *Libellus Precum praef.*) PL XCIV 516c.

paradisus [LL < παράδισος, παράδεισος]

1 enclosed park, walled garden (also fig.).

1293 lignum in medio nostri plantaverat ~i *DC Cant. Reg. Q* f. 14; **1375** in reparacione muri circa paradis' xviij d. *Ac. Durh.* 180; **1533** de venditione stauri seu de herbagio ~i hoc anno nichil *Comp. Swith.* 216.

2 enclosed, covered, or paved space before entrance to a church, parvis.

Domnus . . ~um ante templum Apostoli marmoreis stravit lapidibus R. NIGER *Chr. I* 60; longitudo ecclesie sexies xx passus et ix continet; longitudo vero crucis ecclesie octies xx passus et duos; latitudo navis ecclesie circiter lxxx passus; longitudo ~i extra ad atrium et ecclesie introitum lxxij GIR. *Spec.* IV 9.

3 earthly paradise: **a** (w. ref. to Classical mythology) Elysian fields. **b** (w. ref. to *Gen.* ii 8) garden of Eden. **c** (*lignum ~i*, w. ref. to *Gen.* ii 9) one of the trees of Paradise, the tree of life or the tree of the knowledge of good and evil. **d** (*fons, flumen ~i* or sim., w. ref. to *Gen.* ii 10) river of paradise divided into four streams, Phison, Geon, Tigris, and Euphrates.

a [E]lesia, ~us *GlC* L 136. **b** sicut sexta die homo in paradyso [v. l. paradiso] plasmatus corruit in peccato THEOD. *Laterc.* 3; ~i valvam . . cherubin . . conclusisse recapitulatio Geneseos . . declarat ALDH. *VirgP* 16; cum primi parentes nostri in ~o deliquissent (*Libellus Resp.* 8) BEDE *HE* I 27; quod . . hominem e ~o eliminaverit W. MALM. *GP* I 46; ~us terrestris superior est aquis, cum etiam lunari globo superior sit NECKAM *NR* II 49; Adam et Evam . . conjunxit matrimonio instituto in ~o R. NIGER *Chr. I* 1; nam si licet assimilare / exilium patrie, ver redditur, et paradisi / amisse pretendit ibi vestigia quedam H. AVR. *Hugh* 36; datus fuit sibi [sc. homini] ~us ad habitaculum . . sed, heu, cito cecidit *Eul. Hist.* I 17. **c** de lignis ~i BEDE *Gen.* 32, de omni ligno ~i GROS. *Hexaem.* XI 3. 1 (v. l lignum 1b); altaris lina, que de lignis ~i sunt, non cremantur igne vicino, sed puriora redduntur AD. SCOT *TT* 668A. **d** quem Fison fluvius paradisi fonte redundans ALDH. *CE* 4. 10. 5; quartus ~i gurges *Id. VirgP* 7; quot sunt flumina ~i? quatuor: Phison, Geon, Tigris, Euphrates; lac, mel, vinum, et oleum *Ps.*-BEDE *Collect.* 110; vir, qui supra paradisi / limpidus est dictus fons *V. Ed. Conf.* f. 43v; **1219** flumen ~i . . quod currit sub Damieta *RL* I 25; Phison . . alio nomine dicitur Ganges pergens de ~o ad Indie regiones GROS. *Hexaem. proem.* 31; quadripartitus fluvius ~i R. BURY *Phil.* I 28.

4 (in plant-name): **a** (*flos ~i*). **b** (*folium ~i*) the tree *Cinnamomum tamala* or sim., its leaf or derived oil. **c** (*granum ~i*) kind of spice, 'guinea grains' (*Amomum meleguetta*). **d** (*granum ~i*) gromwell (*Lithospermum officinale*). **e** (*lignum ~i*) aloe (*Aloes*). **f** (*malum ~i*) plantain (*Musa paradisiaca*) or banana (*Musa sapientium*).

a flos ~i, *flour of paradise MS Cambridge Univ. Libr. Dd. 11. 45* f. 104v; flos ~i, *flour paradise MS Cambridge Trinity Coll. O. 8. 2* f. 7. **b** folium paradisi GARL. *Epith.* IV 293, *SB* 28, *Alph.* 107 (v. malobathrum). **c 1303**, *Alph.* 75, **1421**, *PP*, CHAUNDLER *Laud.* 104, CAIUS *Anim.* 29 (v. granum 4). **d** granum ~i . . *wylde gromyll MS Cambridge Trinity Coll. R. 14. 32* f. 31. **e** lignum aloes, lignum ~i, A. *a tre of paradise MS BL Addit. 27582* f. 62. **f** malum ~i, pomum ~i, *paradise appel MS BL Addit. 27582* f. 65.

5 pleasant place, institution, or condition (w. play on sense 1 or sense 6).

Parisius [cf. OF *Paris*], qui locus vernat ut Domini paradysus [cf. OF *parais*] in omni re HERM. ARCH. 1; claustrum . . ~us in hac vita presenti est P. BLOIS *Ep.* 13. 42B; ~um Dei, hoc est, divinam religiose professioni plantationem AD. MARSH *Ep.* 92 p. 214; **1398** scriptum . . in ~o terrestri prope Florenciam *Lit. Cant.* III 72; **1401** in ~o militantis ecclesie, cujus custodem pariter et cultorem divina providencia . . vos elegit *FormOx* 211; vela ventus prosper imbuit, abyssi facies operitur navibus, tanti oneris vexari pondere, et tanta carbosa novum pingentia ~um *Ps.*-ELMH. *Hen.V* 19.

6 (celestial) paradise, heaven. **b** (spec.) the sphere of fixed stars.

latro in hora ultima confessione unius momenti meruit esse in ~o THEOD. *Pen.* I 8. 5; sed manet

in tempis paradisi hactenos heros / Helisium colit ut superis in sedibus Enoch ALDH. *VirgV* 273; [panes] non de nostra tellure orti sed de ~o voluptatis . . allati BEDE *CuthbP* 7; c**1130** claviger paradysi (v. introducere 4a); c**1320** hec due olive quondam in ortulo uestro plantate deinde in ~o Dei felicius transplantate *Form Ox* 59; quis tibi, care, locus? paradisus nescia pene *Plusc.* VI 21. **b** alii vero mundum in duo dividebant: superius et inferius—superius aplanen quod Greco nomine ~us dicitur, Latine vero ortus quia ab eo res oriuntur BERN. *Comm. Aen.* 29.

7 (as sb. f.).

H. AVR. *Hugh* 36 (v. 3a supra); *Plusc.* VI 21 (v. 6 supra).

paradoxum [CL *n. pl.* < παράδοξα=*things contrary to expectation*, παραδοξία=*marvellousness*], **~a, ~on, ~ia**

1 (log.) paradox.

efferant Stoici inopinabiles sentencias suas, quas ~as vocant, veras quidem preclaras et admirabiles J. SAL. *Pol.* 449A; Flaccum non liberat metrorum copia, / nec Stoa Stoicum vel paradoxia WALT. WIMB. *Sim.* 150; sunt quedam universalia que in legibus Anglie docti . . maximas vocant, retorici ~as et civilisti regulas juris denominant FORTESCUE *LLA* 8.

2 a (as adj.) marvellous, wondrous. **b** (as sb. n.) marvel, miracle.

a ~a, ammirabilia *GlC* P 46; O paradoxe pontifex per orbis vasta climata / quem phalanges uranie et siderum officia / . . / clarum declarant *Offic. Kentig.* p. c. **b** ~a, miracula *GlC* P 47; ~on, admirabile *Ib.* 80.

paradysiacus v. paradisiacus.   **paradysus** v. paradisus.   **paraedrus** v. paredrus.   **paraemia** v. paroemia.

paraenetice [CL < παραινετική], branch of philosophy concerned with inculcation of moral principles, preceptive or hortatory philosophy.

presbyteri . . proponant . . quedam paranetice [*gl.: entremetauntument*] id est interpositive GARL. *Dict.* 133.

paraf- v. paraph-.

parafrenarius [cf. [cf. CL frenare, ML paraveredarius], one who supplies horse with gear.

1494 ~iis pape et scobatoribus . . duc. iiij *Conc.* III 639b.

parafrithus v. paraveredus.   **parafugia** v. paraplegia.   **paragericus** v. paregoricus.

paragium, ~iagium [CL par+-agium; cf. ME, OF *parage*, OF *pariage*]

1 equality.

~agium significat nobilitatis, conditionis, vel status aequalitatem, cui contrarium est disparagium *Quon. Attach.* 92n.

2 equality of conditions of tenure, common tenure. **b** (right of lord to) a share in privileges or revenue (Gasc.).

hanc terram tenuerunt T.R.E. duo homines in ~agio . . et potuerunt cum terra sua se vertere quo voluerunt (*Kent*) *DB* I 7rb; tenebant inde ij *solins* in ~agio *DB* I 11rb; Alvuinus tenuit in ~agio (*Berks*) *DB* I 60ra; Cheping tenuit de rege E. in ~agio (*Hants*) *DB* I 46vb. **b 1285** abbas et conventus . . recipiant . . regem . . ad ~iagium seu paritatem, et communionem justicie . . alte et basse, meri et mixti imperii, quam habent in villa etc. *RGasc.* II 269b. **1289** pactiones inter J. de G. . . et . . J. de E. . . initas super ~iagio bastide . . V. A. *Ib.* 462b; **1310** in partibus Aquitanie sunt plerique qui . . de locis suis ~iagia facerent, si deputarentur a nobis aliqui qui retribucionem condignam eisdem prestare valerent *Ib.* IV 399 **1314** abbates de Sordua et vicecomes de Avorta . . ~agia nobiscum facere vellent *Ib.* 1173; **1315** qualiter gratum ipsius G. per viam transmutacionis, ~iagii vel alio modo fieri poterit pro eisdem [castro et villa] *Ib.* 1486.

3 peerage, class of persons who claim equal nobility: **a** (landed aristocrat); **b** (burgess).

a 1299 nomina Vasconum de ~agio et aliorum qui amiserunt terras suas in Vasconia pro rege *RGasc* III clxx; **1300** dominabus et aliis mulieribus de parag' de Vascon' exheredatis per guerram *AcWardr* 185.

b 1439 concessimus quod ipse heredes sui . . sint burgenses in ~io civitatis Burdegale (*Lit.*) *Arch. Gironde* XVI 267.

paragoge [LL < παραγωγή], (gram.) lengthening of a word by addition of a syllable.

non est compositio sed ~e, id est adjectio syllabae ALCUIN *Gram.* 871D; aufert apocope finem quem dat ~e J. BATH 280; prefert apocope paragogen gratia dandi, / sed tibi legitimo debita fine petis GARL. *Epith.* II 119; hujus contraria ~e dicitur quasi produccio *Ps.*-GROS. *Gram.* 70; in omnibus talibus [verbis et nominibus] apocope et syncope quasi apponuntur epenthesis et ~e ELMH. *Cant.* 338.

paragogus [LL < παραγωγός]

1 (παραγωγός='derived from another word'; as adj., gram.) derived, that exhibits an additional syllable.

sunt quaedam verba, quae ~a appellantur, quia ex primitivi verbi declinatione et mutationem et adjectionem litterarum capiunt, et nihilominus interdum variantur, ut lacesso, ab eo quod est lacero BONIF. *AG* 520.

2 (παραγωγός='that misleads, deceitful'; as sb. m.) bird of ill omen.

†paragus [l. paragogus], A. *a bryd of yvel hap* WW.

paragoricus v. paregoricus.   **paragoriticum** v. paregoreticus.   **paragorizare** v. paregorizare.

paragramma [LL < παράγραμμα], letter, written text.

archipresul . . ut precipiunt canones, quantum permisit malitia temporis, quo debuit paragromata sua mittens, anathematizatos denuntiavit H. BOS. *Thom.* IV 23 p. 414; ut ipsi cardinales videntes sic illius in psalmigrapho veritatem versiculi missis paragromatibus contestarentur: "qui respicit . . terram et facit eam tremere . ." [*Psalm.* ciii 32] *Id. LM* 1315B.

paragraphus [LL < παράγραφος], **~a, ~um**

1 scribal sign that marks a new subject, paragraph-marker, paraph, ¶.

volui ea ipsas orationes per sententias ~is distinguere ANSELM (*Ep.* 28) III 136; prime . . partis omnia fere capitula paragrafis et majoribus apicibus distinxmus P. CORNW. *Panth. prol.* 42; sequitur distinctio certa / cum titulis operis paragraphisque suis GARL. *Tri. Eccl.* 3; illa . . cellula mensis solaris que paragraffo consignata est BACON VI 170; *a paraffe*, ~us, paraphus *CathA.*

2 paragraph.

~is sunt distinctae [orationes] per partes ut ubi elegerit incipiat aut desinat ANSELM (*Or. prol.*) III 3; **1272** omnia et singula extenduntur . . a proximo ~o prescripto *Cl* 510; ad illa que dicuntur de vij Metaphysice respondeo quod littera ultimi ~i, de illa materia, solvit omnes auctoritates philosophi DUNS *Ord.* III 101; item Dionysius, ubi prius, ~o undecima, dicit quod omnia entia . . reposita sunt ipsi Deo W. ALNWICK *QD* 423; ut dicit Alanus in libro De Planctu Nature, paragrafa prima BAD. AUR. 147; **1451** legantur . . articuli . . usque ad illud ~um exclusive 'demum quia . .' (*Abbrev. Stat.*) *Mon. Francisc.* II 118; s**1452** ipsius . . convenit Johannes A. in Clementinis—'attendentes' paragraffo—'statuimus de statu monachorum' *Reg. Whet.* I 19.

paragroma v. paragramma.   **paragus** v. paragogus.   **paralellus** v. parallelos.

paralempsis [LL < παράλημψις], taking over, receiving, appropriation.

sunt . . Graeca nomina quae apud Latinos Graece declinantur feminina, ut . . paralemsis [vv. ll. paralemnis, pairalemnis] BONIF. *AG* 491.

paralet- v. paralyt-.

paralios [παράλιος], (bot., of plant) maritime, that grows near the sea.

†pardalion [l. paralion] *Alph.* 113 (v. ceratitis).

paralipomenos [LL < παραλειπόμενος], (as sb. n. indeclinable): **a** that which remains. **b** Greek title of *Verba Dierum* or the Book of Chronicles.

a paralypemenon, reliquum quod restat *GlC* P 28; iste liber Grece ~on, quod sonat 'residuorum',

quia quedam in aliis libris deerant hic supplentur S. LANGTON *Chron*. 63. **b** testamenti veteris brevis epitoma hoc est ~on testatur ALDH. *Met.* 1 p. 65; a**801** legimus in ~on . . ALCUIN *Ep*. 192; scripsit . . Rogerius . . presbyter ~on librosque Salomonis ORD. VIT. III 3 p. 48; liber regum glosatus, ~on glosatus, Job . . SWAFHAM 98; ut colligitur ex I ~on vj OCKHAM *Pol*. I 49; **1396** secunda pars Biblie, in qua . . duo libri ~on (*Catal. Librorum) Meaux* III lxxxiv.

paralit- v. paralyt-.

paralitas [CL par+~alis+~tas], equality, identity. *V. et. parilitas.*

1266 dum eos archiepiscopis et episcopis habitus paralitas sic omnino parificat. *Reg. Wint.* 754; DUNS *Ord.* I 70 v. l. (v. parilitas 4); S**1309** non ut sequentes eam †parliitate [l. parilitate; *MonA* I 144b: paralitate] imitentur, sed ut eam potius admirentur THORNE 2010.

paralla v. parella.

parallelare, to cause to move along parallel lines.

que vis distorqueat axes / sideris errantis, fixis que musica cursus / vincla paralellent HANV. III 143.

parallelogrammus [LL < παραλληλόγραμμος], (as sb. n., geom.) parallelogram.

nota parallelogramum idem esse quam superficiem equidistantium laterum ADEL. *Euclid* 156; quadratum . . AB quod latera habet ignota substantiam pono atque ei ~um rectangulum cujus utraque latitudo uni lateri quadrati AB equalis sit ROB. ANGL. (I) *Alg.* 82; cum ipse linee sint equedistantes, et quelibet linea secans parallelogrammum ad pares angulos sit equalis linee sibi opposite, res visa secundum equedistantiam a termino diametri non videbitur major quam sit ipse diameter J. BLUND *An.* 91; latera . . i sunt equalia BACON *Maj*. II 531.

parallelos, ~us [LL < παράλληλος]

1 (as adj.) parallel.

linea solstitii mundi curvatur ad axes / orbe parallelo HANV. VIII 398.

2 (as sb. m.) parallel line (spec. of celestial sphere). **b** zone limited by parallel lines.

equinoctialis cum quatuor circulis minoribus dicuntur paralleli quasi eque distantes SACROB. *Sph.* 93; mundi giravit parallellum [*gl.*: circulum equinoctialem sive solsticialem] crux mediantem / horas equantem cum sol hac parte meavit GARL. *Mor. Scol.* 323. **b** hec [sc. astronomia] . . ~os colurosque depingit ADEL. *ED* 32; quod zonas partiuntur, ~os disterminant, cum signis suis obliquant zodiacum J. SAL. *Pol.* 440B.

3 peer, equal (of a person).

quod volebam facere ducum parallelos / per vicos incedere video misellos PECKHAM *Def. Mend.* 49.

4 fret on a lute.

þe frets of a lute, paralelli, -orum LEVINS *Manip.* 212.

parallisis v. paralysis.

paralogicus [LL para < παρά+logicus < λογικός], falsely logical.

nunc apperiendum est quid sit . . sophisticus sillogismus, quid ~us, quid peralencus BACON XV 328.

paralogismus [LL < παραλογισμός], (log.) argument based on false premises, invalid syllogism; **b** (dist. by form).

imaginarius est sillogismus, eo quod non contradictionis est sed videtur. ~us . . est, i.e. sillogismus umbratilis J. SAL. *Met.* 930A; sillogismus . . peccans in forma vituperatur et ~us vocatur BACONTHORPE *Post. Matth.* 270; aliud adduxi in eodem proposito sc. quod ille esset ~us (KYN.) *Ziz.* 12; stat eum purgari ab omni errore quo decipitur ex ~is abducentibus a fide WYCL. *Trin.* 10; primo peraloysmo quem vocant sylloysmum expositorium . . *Id. Conf.* 506; sic igitur peralogismus expositorius in tribus exemplis propositis ita deficit *Ib.* 507; per . . equivalenciarum articulos . . sine offendiculo ~i liberrimo pede transcurrit NETTER *DAF* I 25a; istum ~um fugavit quidam peritus theologus *Ib.* 35b. **b** in illo secundo argumento est ~us accidentis GROS. *Quaest. Theol.* 203; similiter

---

logica, syllogismus, enthymeme, perilogismus [l. paralogismus], elenchus BACON *CSPhil.* 444; **1285** qui ausus est blasphemare pro injuria creature gloriam Creatoris . . juxta ~um discipline, communibus circa propria sic abutens PECKHAM *Ep*. 645 p. 899; ~us discipline est raciocinacio defectiva juxta demonstrativum syllogismum KILWARDBY *OS* 541; omissa . . altera condicione vel unitatis medii in se vel extremorum ad medium, non est syllogismus sed ~us accidentis DUNS *Ord.* II 362; potest formari ~us secundum quid et simpliciter sic . . KILVINGTON *Soph.* 147.

paralogista [LL para < παρά+CL logista < λογιστής], one who argues from false premisses, invalid syllogist.

docet enim quid sillogismus, quid et ex quibus demonstratis, que principia artium et fidei que ab artibus est, quis sillogismus dialecticus, quis litigiosus, quid probabile, quod ~a, falsigrafusque non sequitur J. SAL. *Met.* 903A; **1428** pestifer ille palpo et sediciosus perlogista Robertus Hardyng *Cop. Pri. S. Andr.* 3.

paralogizare [LL < παραλογίζεσθαι], to deceive with false argument: **a** (person); **b** (absol.).

a utile autem et ad non ~ari et ad paralogizare. scientes enim quotiens dicitur non ~abimur . . et ipsi interrogantes poterimus ~are semper quidem si eorum que multipliciter dicuntur alia fuerint vera, alia falsa J. SAL. *Met.* 893A; Lucifer . . advertens . . Filium alium esse a Patre et tamen equalem Patri se ipsum turpiter ~avit, dum ad equalitatem talem suspiravit et aspiravit NECKAM *NR* I 3; sepius a se ipso, ab aliis sepissime, ~atur qui alios sepissime ~at *Ib.* II 155; multos etiam novi ~atos esse ob dictam Augustini auctoritatem *Id. SS* II 54. 3; qui virtutis nominum sunt ignari sepe ~antur BACON *Maj*. III 106; qui memoriam literarum supra alios habere noscuntur non solum in theologia et philosophia sed eciam in sciencia legalibus paralogizantur, credentes demonstracionem et infallibile facere argumentum OCKHAM *Dial*. 824; Nestorius . . paralogisatus credidit quod non fuit verbum Dei WYCL. *Incarn.* 83. **b** J. SAL. *Met.* 893A (v. a supra); sophiste simulatores agmine et inundatione verborum beati judicantur; alii ~ant [=*MGL* II 6 ~antur] W. FITZST. *Thom. prol.* 9; dicitur paralogismus discipline quia ~at ex propriis cujusque discipline KILWARDBY *OS* 509.

paralogus [παράλογος], that does not conform with a rule, irregular.

sicut . . in ingenuis artibus multa reperiuntur analoga, ita et multa aloga seu ~a [*gl.*: analoga sunt regularia. aloga sive ~a sunt irregularia] NECKAM *NR* II 173 p. 297.

paralypomenon v. paralipomenos.

paralysis [CL < παράλυσις], ~**ia**, loss of feeling or function in part of body, paralysis, palsy; **b** (w. *morbus,* also in apposition). **c** (*herba ~is*) plant that mitigates or cures paralysis, cowslip (*Primula veris*) or oxlip (*Primula elatior*).

hominem Dominus a paralisi curaturus BEDE *Luke* 387; ecce puella / tabida părălўsis gelido languore jacebat ALCUIN *SS Ebor* 325; fedissimum ulcus fatiem ejus invasit et tumefecit, certum future paraliseos inditium W. MALM. *GP* I 68; longe ante obitum ~im incurrens GIR. *IK* I 3; officio membrorum destitutus, quasi paralisin incurrisset *Canon. G. Semper.* f. 142v; parālēsisque tremor, ydropisisque tumor H. AVR. *Poems* 6.44; lysis, solucio in ~is et paralyticus cujus membra dissolvuntur et laxantur BACON *Gram. Gk.* 63; cum aliquod tempus parallisi laborasset OXNEAD *Chr.* 255; dicitur paralesis quasi lesio partis . . paralesis est nervorum mollificacio cum ablacione sensus et motus GAD. 64v. 2; hec paralisis, *pallsay WW.* **b** puellam . . longo ~is morbo gravatam BEDE *HE* III 9 p. 146; pārălisis morbus dissolvit et urget acerbus GREG. ELI. *Æthelthryth* 372; cum subito multis astantibus ~i morbo corripitur AILR. *Ed. Conf.* 783D; **1251** percussus est morbo paralisi *Cl* 418; decanus fuerit paralisis morbo percussus (*Lit. Papae) Mon. Hib. & Scot.* 121a. **c** stupha . . fiat ex . . calamento, nasturcio, herba paralisis GILB. II 121v. 2; conserva florum et foliorum paralesis GAD. 65v. 2; herba paralisis, i. couslop, alia est a primula veris *SB* 23; herba paralisie similis est primule vere [*sic*], sed habet plures flores, i.e. *oxlippe MS BL Harley 3388* f. 80v; paralisis herba, passerella vel passerina, turdella, †uer [l. herba] Sancti Petri idem, tota herba utimur, G. *maierole,* A. *cousloppe Alph.* 134; herba paralisis, A. *couslyppe WW.*

paralyticare, to paralyse, cause to become paralytic.

---

infrigidantur et humiditate mollificantur, et sic paraliticantur GILB. II 116v. 2; membrum . . paraliticatum ex remollitione *Ib.* 122v. 2; aliquando tantum paraleticatur lingua, aliquando tantum manus vel brachium vel unus digitus GAD. 64v. 2; Avicenna . . refert de quodam homine . . quod potuit paraliticare corpus suum quando voluit BRADW. *CD* 533D.

paralyticatio, act of causing paralysis, state of being paralysed.

est quasi membri suppositi dormitacio et ita quedam paraleticacio GAD. 97. 1.

paralytice, paralytically, by paralysis.

qui et eadem hora, multis astantibus, ore quidem aure tenus ~e retorto, duplici passione percussus est. GIR. *TH* III 34.

paralyticus [CL < παραλυτικός]

1 (as adj.) characterized by loss of feeling or function, afflicted with paralysis, paralytic: **a** (of disease); **b** (of part of body); **c** (of person).

a ~a passione percussus interiit GIR. *IK* I 3; **b** dico de frigido naturaliter, quia ejus membra dicuntur ~a ut non possint erigi ROB. FLAMB. *Pen.* 13; percussus morbo paralitico in parte dextera ita quod usura [*sic*] brachii . . amisit *Mir. Montf.* 107; in paralesi elongatur membrum paraleticum GAD. 65. 2. **c** fuit namque quidam adolescens paraliticus *V. Cuthb.* IV 17; interea mulier totis paralitica menbris ALCUIN *WillV* 30. 1; vir quidam multis paraliticus extitit annis WULF. *Swith.* I 1202; S**1179** Ludovicus Francorum rex, septuagentarius et paraliticus *Plusc.* V 3.

2 (as sb. f. or m.) person afflicted with paralysis, a paralytic.

testatur et illa in qua sanando ~o Dominus ait . . BEDE *Hom.* I 23. 86; quomodo paraliticum ad tumbam ejus adportatum sanitati restituerit *Mir. Nin.* 10 tit. p. 954; Dominus ~o . . peccata dimisit GOSC. *Mir. Iv.* lxvii; lavacro vestis . . tacta paralitica soliditatem recepit artuum W. MALM. *GP* III 109; et ~os sanans et diversas hominum valitudines curans AILR. *Ed. Conf.* 754A; J. de B. . . paraliticus in una medietate totius corporis . . convaluit *Mir. Montf.* 70; a peritis medicis judicaretur pro paralitico *Ib.* 98; non est . . nauta tam negligens quod ad paralitici manus ipse committeret remum FORTESCUE *NLN* II 9.

3 (as sb. m.) paralysis, palsy.

hic paraliticus, A. *the palsey WW.*

paramentor [paramentum+-tor], tailor, furrier.

1263 Willielmus peramenator petit societatem gilde mercatorie *Gild Merch.* II 7; et sissori et pellipario ~oribus regis apud Edynburgh *ExchScot* 586.

paramentum [CL parare+-mentum], wrought object, artefact: **a** equipment, gear, harness; **b** vestment (ornamental).

a 1211 in bucattis et tinis et ceteris ~is iiij d. *Pipe Wint.* 18 (=*Crawley* 198); in cerdis, capistris, et ~is bigarum *Ib.* 85; pro emptione . . cellarum et aliorum ~orum equorum *Rent. S. Andr.* 60. **b 11** . . alba cum ~o, amita cum ~o carens stola (*Invent. S. Paul.) HMC Rep.* IX *app.* I 64b; vestimenta . . seu ~a pontificalia . . asportavit (*Lit. Papae) Mon. Hib. & Scot.* 224a; **1449** casulam . . cum . . amictis cum singulis earundem ~is ad decorem ejusdem *Reg. Aberd.* II 189; dalmatica cum stolis, manipulis, albis, amictis, et ~is convenientibus ex holoserica lutea *Ib.* II 193.

paramese [CL < παραμέση], lowest note of the tetrachord diezeugmenon.

~e, id est juxta mese ODINGTON *Mus.* 81; ~e WILL. 18.

paranacium v. paronychium.

parandros [*misr. of* tarandros < τάρανδρος = *reindeer*], beast supposed to be able to change its colour.

Ethiopia mittit bestiam ~rum nomine boum magnitudine . . ramosis cornibus capite cervino ursi colore *Best. Ashmole* f. 23; gratus est aulicis palpo vertibilis, / ad quorum volitum est alterabilis, / parandrum emulans sed magis mobilis, / nulli dissimilis sed neque similis WALT. WIMB. *Palpo* 67; similis est ~ro, de quo

dicit Solinus quod 'cum ~rus delitescit assimilari solet cuicunque rei proximaverit' *Id. Elem.* 322.

paranete [CL < παρανήτη], note next below the highest in the hyperboleon, diezeugmenon, or synemmenon tetrachord.

~e synemmenon, i.e. juxta synemmenon .. ~e diezeugmenon, i. e. ultima disjunctorum .. ~e hyperboleon, id est juxta excellentissimam ODINGTON *Mus.* 81; ~e hiperboleon WILL. 18.

paranethum [LL para < παρά + anethum < ἄνηθον], dill (*Anethum graveolens*).

paranetum .. *dile MS BL Addit. 15236* f. 19v.

paranetum v. paranethum.

parangaria [LL < παραγγαρεία], **~ius**, form of supplementary tax or forced labour. **b** (understood as adj.) supplementary.

ab angariis et ~iis et sordidis muneribus alieni J. SAL. *Pol.* 601D; ut hominibus angarias et ~ias ceteraque onera publice functionis imponat P. BLOIS *Ep.* 102. 320A; si rex tuus angariis, ~iis, exactionibus, capitationibus ceterisque sordidis et extraordinariis muneribus ecclesiam decreverit pregravare .. *Ib.* 112. 338C; si .. angarie et perangarie et munus pro plaustris serviles sunt opere .. NECKAM *NR* II 155; liberiores sunt milites et pluribus immunitatibus gaudent in tantum quod ab angariis et perangariis et sordidis muneribus essent alienii [*sic*] UPTON *Mil.* 16; ~iae sumuntur nisi quod gravior haec videatur impositio, ut quasi superimpositio dici possit *Jus Feudale* 118. **b** munus aliud personale, aliud patrimoniale .. item aliud angarium, aliud ~ium VAC. *Lib. paup.* 5.

parangariare [cf. LL parangaria, CL angariare], to distress excessively.

maxime .. anachoritam .. angariabant et perangariabant .. multis clamoribus *Croyl.* 61.

paranicium v. paronychium. **paranimph-** v. paranymph-.

paranympha [LL], attendant at a wedding, bridesmaid. **b** (iron.) procuress.

paranimpha, pronuba *GlC* P 169; pronuba .. que nubentem viro conjungit ipsa est et paranimpha TREVET *Troades* 79. **b** *a baldestrot*, pronubus, pronuba, interduca, paranimpha, paranimphus *CathA*.

paranymphalis [LL paranumpha, ~us, + -alis], of an attendant at a wedding, characteristic of a groomsman, bridesman, or bridesmaid.

epithalamicis .. carminibus hymeneicisque cantilenis .. paranimphalibus conclamationibus remotius amandatis .. E. THRIP. *SS* VI 1.

paranymphus [LL < παράνυμφος]

1 attendant at a wedding (also fig.). **b** groomsman; **c** (fig.). **d** bridesman; **e** (fig.).

magister qui usque ad tertium celum raptus, cui tanquam celestis sponsi et sponse ~o multa interiorum thalami ostensa sunt H. BOS. *LM* 1396A; inspiciamus .. sodales istos sponsi sponseque paranimphos .. Gregorium, Augustinum, Ambrosium J. FORD *Serm.* 24. 2; nec ipso superstite me plenum sponsum sed semper ~um vel procuratorem monasterii reputari *Croyl.* 79. **b** paranimphus, *dryhtguma GlC* P 11; ~us, *dryhtguma Ib.* P 150. **c** Johannes [Baptista] .. praeco regis .. Christi .. supernae prolis ~us ALDH. *VirgP* 23; praedicat adventum Christi paranymphus in orbe / .. / .. baptista *Id. VirgV* 407; baptista .. / .. / hic fuit egregius Christi paranymphus in orbe ALCUIN *Carm.* 90. 15. 5; Johannes preco .. servus ante dominum, paranimphus ante sponsum H. LOS. *Serm.* 10 p. 288; occurrant .. Sponso, occurrant Salvatori captivi AD. SCOT *Serm.* 97C; s**1139** Gillebertus .. Sempingamensis .. celestis sponsi ~us migravit ad Dominum W. NEWB. *HA* I 16; Jesum derelinquo tutorem sanctosque angelos ejus paranimphos *Lib. Eli.* I 18; ex qua doctrina hauserat ille celicus ~us, quando .. dicit 'quod fuit ab inicio ..' WYCL. *Incarn.* 93; ut fastus clarum Sathanam fecit paranymphum, / sic de te verrem luxuriesque facit *Latin Stories* 188. **d** si quis virginem vel viduam ducere velit .. rectum est, ut *brudgume* per Dei justiciam et seculi competens inprimis promittat et vadiat eis, qui paranimphi sunt, quod eo modo querat eam, ut secundum Dei rectum pertenere velit, sicut sponsus debet legitimam sponsam (*Quad.*) *GAS* 443; numquid non hec est de qua celestes illi ~i paulo ante ad invicem dixerant "soror nostra parvula est et ubera non habet" J. FORD *Serm.* 115. 8; s**1428** cum tam reverendus paranimphus archipresul et dux Remens' .. dignissimus tanti matrimonii intermedius et nuncius BOWER XVI 11; **e** venit .. ad me? non Gabriel ille summus ~us, sed ille gloriosus Oda BYRHT. *V. Osw.* 409; a Domino missus paranimphus et angelus ille / hanc Gabrihel mirans et eam venerando salutans / inquit .. WULF. *Brev.* 134; praesul Letardus .. reginae Christianae, ut fidelis ~us, cum suis clericis obsequebatur GOSC. *Aug. Maj.* 63C; ut amicus sponsi et paranimphus sponse *Id. Wulsin* 25; veniat ille paranimphus Gabriel ANSELM BURY *Mir. Virg.* 32; **1239** tota congregatio animarum episcopatus intelligatur integra sponsa episcopi cui episcopus diversos tradidit velut ~os et custodes et ministratores inferiores GROS. *Ep.* 127 p. 393; primatem pontificum alloquens ait .. "considera .. amicum sponsi, sponse ~um, cleri ordinatorem" AD. MARSH *Ep.* 1 p. 78.

2 attendant, guardian, protector.

11.. hic paraninphus, i. *godfeder*, i. *parren WW Sup.* 98; a**1269** amici nostri, servi Dei eterni, paranimphi regis celestis .. (*Lit. Cardinalis*) *EHR* XV 101; **1284** Dei .. cujus licet indignus existimus ~us PECKHAM *Ep.* 610; *a chaumberlayn'*, camerarius .. paranimphus *CathA*; neminem nisi te constitui paranimphum virginitatis mee *Wager* f. 43b.

parapharna v. paraphernum.

paraphernalis [ML < LL paraphernum + -alis], (leg.) of a married woman's property. **b** (*res ~es*) married woman's property, sts. dist. from dowry; **c** (ellipt., n. pl. as sb.).

a invenit in quodam scrinio paraphonali quamdam bagam sigillatam *Entries* 214. **b** nonne venies in numerum legistarum .. nisi scias .. que res parafernales? NECKAM *NR* II 174; in .. jure matrimoniali .. vel instrumentis de dotalibus rebusve parafernalibus E. THRIP. *SS* VI 5; uxor habet omnia bona mariti tacite obligata pro dote, sicut et pro rebus parafernalibus marito datis *Fleta* 341; dos dicitur illud quo sponsa habet sustentari. alia vero minora dicuntur parafernalia PECKHAM *QA* 112; nulla femina virum habens potest .. vendere aliquid de bonis suis .. exceptis .. omnibus parafernalibus sibi datis *Quon. Attach.* 21.

paraphernum [LL *pl.* < παράφερνα], **~a**, (leg.) married woman's property, sts. dist. from dowry.

est dos parapharna que fit juxta dotem vel preter etiam ante matrimonium et constante matrimonio ut si fiat viro et uxori simul vel uxori per se BRACTON 92v; est .. dos que dicitur paraferna, que est quod mulier habet post vel preter dotem undecumque et ante matrimonium et constante matrimonio *Fleta* 341; *a dewry*, dos, parafernum; sed parafernum est illud quod datur sponse ab amicis, postidotem *CathA*.

paraphonalis v. paraphernalis.

paraphonista [ML < LL para < παρά + φωνή + -ista < -ιστής], chanter, singer, chorister.

laudabile est Christo psallere nunc jubilando ~ae dicite *Trop. Wint.* 6; dic paraphonista cum mera symphonia *Miss. Westm.* II 939; *querester*, querista .. ~a, -e *PP*; hic chorista, hic ~a, *a qualester WW*; *a chawnter*, parophonista, cantor, precentor, succentor, fabarius *CathA*.

paraphrasticus [παραφραστικός], paraphrastic, restated (w. implication of wordiness or obfuscation).

in prima paginolae tuae parafrasticas apologitici sermonis excusationes legebam ALCUIN *Ep.* 237; legati properant, parafrastica jussa revelant FRITH. 673.

paraphrenesis [LL < παραφρένησις], (med.) false frenzy (due to humours other than choler and blood).

non vera [frenesis] habet fieri ex colera vel ex sanguine cum alterius humoris admixtione, que parafrenesis dicitur GILB. II 100v. 1; apparicio lampadum ardencium, parafrenesis, turbacio mentis GAD. 18v. 2.

paraphus [OF *paraphe* < LL paragraphus], scribal sign that marks a new subject, paragraph-marker, paraph, ¶.

a parafe, paragraphus, ~us *CathA*.

parapilio [LL para < παρά + CL papilio], part of or covering for a helmet.

1343 clerico gardrobe .. per octo petras cere .. unam petram ferri, cum fabrica ejusdem, unum ~onem pro bacineto regis *ExchScot* 522.

paraplegia [παραπληγία], (med.) partial paralysis (of the lower limbs), paraplegia.

si in febre senibus hoc tale factum est, parapligiam significat, i. particularem resolutionem. quamvis juvenibus ex fortiori calore magis debet fieri resolutio renum, tamen in senibus, quia prope finem dissolutioni sui corporis sunt vicini GILB. I 68v. 1; parafligia *MS BL Sloane 3217* f. 60 (v. paroxynticus); †parofugia, i. aperte revolucio [v. l. †parafugia, i. a parte revolucio; l. parapligia, i. a parte resolucio] *Alph.* 136.

paraprosdocia [παρά- + προσδοκία *or* παρὰ προσδοκίαν = *contrary to expectation*], something contrary to expectation, unexpected outcome.

~ia, Latine inopinatus exitus cum aliud proponitur aliud explicatur *Gl. Leid.* 28. 53.

parapsis v. paropsis.

parare [CL]

1 to furnish, supply, provide; **b** (absol.); **c** (fig.).

~ari prandium .. praecepit BEDE *HE* IV 14 p. 235; nec etiam equo insidere posset sed in vehiculo duobus equis ~ato *V. Gund.* 39; nec armentis unquam stabula ~ari solent GIR. *TH* I 33. **b** crebro struit qui viatoribus parat [AS: *hyreð*] *Prov. Durh.* 32. **c** ~abitur enim et talium inventioni et cognitioni via ex generum [*sic*] que nominatim distinximus BALSH. *AD rec.* 2 104; oportet rursum a principio disciplinalium genera duo distinguereque menti, velut in invio viam ~anti, se presentant *Ib.* 161.

2 to raise, get ready for action; **b** (animal, mil. or naval force).

si vero consueta placent conubia forte / ne differre pares FRITH. 117; processio .. regrediens cum .. cruce de sepulchro assumpta .. super eorum brachia venerabiliter ~ata *Drama* I 169. **b** o salutares bestias .. quas ego exopto acriores ~ari .. ad devorationem mei GILDAS *EB* 74; daturque eis [sc. veredariis] semper equus ~atus *Gl. Leid.* 22. 16; †**675** (12c) flectenda sunt gubernacula totiusque navigii armatura atque instrumenta ~anda *CS* 37; **974** surgens vir insignis festinus jubet sibi mannum ~ari *CS* 1311; Tereus, classe ~ata, ad Pandionem veniens Philomelam secum ducere vix impetravit *Natura Deorum* 82; c**1297** de prestito pro me, quinto equitum, cum armis, ~ando ad serviendum *RGasc* III clviii.

3 to prepare: **a** to dress (wool). **b** to tan (leather).

a **1291** reddent et liberabunt predictis mercatoribus .. lanas ~atas, bursatas et ponderatas secundum antiquam et debitam consuetudinem *CalCl* 193. **b** **1343** pelles .. ~ate (v. aluta).

4 to trim with fringe or fur, to adorn: **a** (cloth); **b** (garment); **c** (book); **d** (metal artefact or altar).

c**1160** veto albas aurifisio inter scapulas ~atas (*Invent.*) *Cart. Rams.* II 273; amictos .. ~atos *Ib.* (v. amictus 2b); a**1170** due albe ~ate (v. 2 casula 2c); a**1223** tuallie iiij benedicte quarum due sunt operate et altera ~ata *Process. Sal.* 174; cappas aurifisio bene ~atas *Chr. Rams.* li; **1296** tres albas ~atas cum amictis *Invent. Ch. Ch.* 2; dedit .. albam ~atam et stolam et phanum de eodem panno *Flor. Hist.* II 68. **c** **931** duos evangeliorum textus auro et argento ~atos *CS* 685; dedit textum evangelii optime ~atum de auro H. ALBUS 73. **d** **931** duas patenas alteram auro ~atam .. unam crucem auro et ebore artificiose ~atam .. duo candelabra auro ~ata *CS* 685; dedit .. altare cum reliquiis optime cum auro ~atum H. ALBUS 72.

5 to work on, repair, maintain.

1183 villani ~ant stagnum molendini de unaquaque domo cum uno homine .. et ~ant piscariam sicut homines de Bedlyngtona *Boldon Bk* 9; **1300** in j fossato ~ando (*Birdbrook*) *MinAc Essex*; **1320** T. J. capellanus non ~avit porcionem suam super calcetum *CBaron* 132.

6 to produce, cause, bring about.

nunc ~aret Deus regnum tuum super Israhel GILDAS *EB* 38 (=*I Reg.* xiii 13: praeparasset); zemma parata manet nigidis cumulata tenebris, / quo redeunt miseri zemma parata manet *Mir. Nin.* 962; sic ipse in suis tribulationibus quas sibi ~averat patienciam

retinens, corpus suum variis penis tradidit et tormentis ut animam Domino traderet quam ipse redemit *V. Edm. Rich B* 620; quotiens eorum [sc. avorum] virtutes et merita ~abant proponere posteris exemplum *V. Edm. Rich P* 1775A; benedicta sit semper ista manus quia ~avit [ME: *itimbred*] mihi gaudium celeste *AncrR* 38; o plebs ingrata, regi mala signa parasti (*Vers.*) *Collect. Ox.* iii 181; vel modo perpende tibi quid fortuna paravit *Pol. Poems* I 227; familiaritas nimia, que multociens ~at contemptum *Plusc.* VI 19.

7 to design, intend for.

stupor est disposicio mentis quando instrumenta sensuum ad sensum ~ata animalem sensu privantur *SB* 41.

8 (refl.) to prepare oneself; **b** (w. *ad* or *in*); **c** (w. inf.); **d** (w. fut. ppl.).

961 cum vero se ~aret *CS* 1065; **1289** cum nos haberemus ~are (v. communa 7); et interim ~averunt se Galli ~averunt et Angli *G. Hen. V* 16. **b** se ipsum ~atum esse in hoc opus . . perficiendum BEDE *HE* II 1 p. 80; offertque se ~atum ad faciendum ipsis portitoribus secundum earum tenorem *Itin. Mand.* 58. **c 705** tui oris imperio obedire memet ipsum amplius ~o WEALDHERE *Ep.* 23. **d** cum idem pater ~averat se personas dicti capituli visitaturum, . . *Dign. Dec.* 46.

9 to pare, trim.

confessus est . . tonsor de promissis sibi muneribus si, dum patri ~aret barbam, eum jugularet M. PAR. *Maj.* I 86 (=*Flor. Hist.* I 93); *to payre*, ~are, peripsimare *CathA*.

10 (p. ppl.) prepared, made ready; **b** (w. dat.); **c** (w. *uul*), **d** (w. inf.), **e** (w. gd.).

quae ~atae erant intraverunt cum eo ad nuptias GILDAS *EB* 1; indefferens, ~atus sine dilatione *GlC* I 433; promtior, ~atior *Ib.* P 761; **a1149** hujus rei testes producebant in medium . . si eis adjudicaretur ~atissimos *Doc. Theob.* 211n; quia majorem stylum et ~atius obsequium poscit sibi culmen honorum W. CANT. *Mir. Thom.* V 15; propositis duobus duplo cum primo bene ~atis *Mens. & Disc. (Anon. IV)* 80. **b** sacerdotes habet Britannia . . sed occisioni animarum lupos ~atos GILDAS *EB* 66. **c** paratiore legentum ingenio ad investigandam . . seriem temporum BEDE *TR* 1; **1346** per breve domini regis quod ~atus fuit ad ostendendum *SelCKB* VI 52. **d** non militaris in mari classe ~ata fortiter dimicare pro patria GILDAS *EB* 6; c**802** nunquam eos tales intellexi . . qui ~atiores sunt accusare quam salvare ALCUIN *Ep.* 249; ~atus sum respondere PETRUS *Dial.* 5; parere ~atior quam imperare GIR. *EH* I 27; **1221** concubuit cum ea vi et hoc ~ata est probare *PlCrGlouc* 19; c**1288** scientes nos . . ~atos obsequi (v. congratulatio). **e** ~atus fuit veniendi cum exercitu suo *RL* I 363; **1276** bladum ~atum portandi ad molendinum *RGasc* II 15a.

11 made ready to, about to, on the point of.

candelam . . ~atam cadere super stramen BRAKELOND 129 (v. 1 domus 13).

pararia v. perreria.

pararius [CL=*one of several intermediaries between borrower and lender*]

1 last in a series of workers, one who finishes an artefact, spec. draper, tailor, or furrier. Cf. *parare* 3–4.

1159 vicecomes reddit computum de xiij marcis pro ~io *Pipe* 59; **1180** gilda ~iorum unde Johannes Maurus est aldermannus debet j m. *Pipe* 154.

2 (as sb. n.) barrier.

barrere, . . pararium, -ii, neut. *PP*.

paras- v. pras-.

parasanga [CL < παρασάγγης < Pers. *farsang*], a Persian measure of distance (about 3.5 miles), a parasang.

~a, quedem mensura in Persia OSB. GLOUC. *Deriv.* 482.

parasceue [LL < παρασκευή]

1 preparation. **b** preparation of food before the Sabbath.

~e, praeparatio *GlC* P 109; parascheue, preparatione *Gl. Leid.* 30. 63; ~e autem interpretatur preparatio BELETH *RDO* 96. 97. **b** ~en, praeparatio

cibi *GlC Int.* 247; ~en, cena prima *Ib.* P 19; ~e, cena pura, preparatio que fit in sabbato OSB. GLOUC. *Deriv.* 482.

2 Friday.

omnem feriam sextam Greci ~e nominabant HON. *GA* 665C.

3 Good Friday; **b** (w. ref. to liturgical observance).

erat . . vj feria ~e ora diei vj et obscuratus est sol THEOD. *Laterc.* 10; verticem gabali scandens sexta sabbati hoc est ~e pateretur ALDH. *VirgP* 7; s**1191** die vero ~es ventus ingruens contrarius repercussit a sinistris *Itin. Ric.* II 27; s**1238** fuit dies ~es, sc. dies Veneris que vocatur antonomasice Sancta, proxima ante diem Pasche M. PAR. *Maj.* III 522; Resurrectio Domini et Paraceve *Cust. Westm.* 252; promovit autem plurimum predicantes . . adventus fratris H. de F. qui . . in die ~es intravit ECCLESTON *Adv. Min.* 34; in die ~es anima Christi perfecerit liberacionem patrum a limbo WYCL. *Incarn.* 71; **1393** ebdomada Pascha in die Parasseves *Lit. Cant.* III 19; **1406** in crastino die scilicet Parasseuhes, ob reverenciam passionis Christi *Reg. Heref.* 34; s**1421** in die ~e *Plusc.* X 26; **1441** anulos ex oblacione regia in Parassave confictos . . tibi mitto BEKYNTON I 226; **1494** pro purgacione coquine in die Parasciphe iiij d. *Ac. Durh.* 100; **1541** in die Parasiphes annuatim xiij s. iiij d. *Reg. Brechin* I 231. **b** presbitero licet . . populum benedicere in ~e et crucem sanctificare THEOD. *Pen.* II 2. 7; in die ~ae agatur nocturna laus *RegulC* 43; ita ut nullus praetereat dies quo missa pro eo non celebretur, nisi ~e sit, aut Sabbatum Sanctum LANFR. *Const.* 186; sexta feria privilegiata est dies ~e. . in die ~e uno solo ferculo vescimur quia Christus ea die unum solum sibi incorporavit BELETH *RDO* 96. 97; s**1257** in die ~es Paresceve carnes comederunt *Chr. Melrose* 182; **1510** de oblacionibus ecclesie in die Parassaphes *Midlothian* 182.

parasceuensis [parasceue 3+-ensis], of Good Friday.

1208 sciatis quod die Veneris, sc. de Paraceven' . . recepimus . . librum nostrum . . Plinius *Cl* 108b.

parascheue, parasciphe v. parasceue. **parasinus** v. pirasmus. **parasiphes** v. parasceue. **parasis** v. paropsis. **parasitalis** v. parasitulus.

parasitaster [CL], little parasite, hanger-on.

~er, parvus leccator OSB. GLOUC. *Deriv.* 477; morionem . . †parasicastro [*ed. Scheler*: parasitastro; *Teaching Latin*: parasito; *gl.*: jugulur, glutun] obgannienti arridentem BALSH. *Ut.* 47; *a gluton'*, ambro, . . ~er, parasitus *CathA*.

parasitellus, little parasite, hanger-on.

parasitulus, ~us, parasitaster, gluto OSB. GLOUC. *Deriv.* 482.

parasiticus [CL < παρασιτικός], characteristic of a parasite, parasitic.

quod amore jocisque nil est jocundius, nil suavius ~a vita aut eorum qui epulantur cotidie splendide J. SAL. *Pol.* 671C.

parasitulus [LL *gl.*], little parasite, hanger-on.

parasitali, bucelatori *GlC* P 159; hic ~us, -i, i. parvus lecator, quod etiam hic parasitaster invenitur OSB. GLOUC. *Deriv.* 438.

parasitus [CL < παράσιτος]

1 one who sits adjacent at a meal, one who partakes of another's hospitality, guest.

perazitus . . *a gloton WW*; †parasiter [l. parasiti], socii *GlC* P 125; ~us, quasi in parapside situs OSB. GLOUC. *Deriv.* 438.

2 one who abuses another's hospitality, hanger-on, parasite, low-life.

c**675** quidam . . commodi affert . . Lupercorum bacchantum antistite ritu litantium Priapo ~orum heroico stilo historiae caraxare . . ? ALDH. *Ep.* 3 p. 479 (=W. MALM. *GP* V 214); Lucifer ~orum [*gl.*: i. adulatorum, onspillendra] sodalibus vallatus *Id. VirgP* 11; falsidicas ~orum fribulas FELIX *Guthl.* 12; **1019** (14c) cum zabulicis gehennarum parasitus . . hoc emendaverint *CD* 730; a**1045** sine Satane ~orumque ejus inpeditione *CD* 769; ille . . subsidium . . histrionibus et ~is ac meretricibus insipienter distribuebat ORD. VIT. V 10 p. 382; rex . . fratrem . . cum coessentibus

~is convenit *Ib.* XI 10 p. 199; me revocas, redeo. ducis, sequor. hoc et amicus, / non parasitus, ago L. DURH. *Dial.* I 186; si honesta finiuntur officia ~i, partes non erubescit explere vel mimi J. SAL. *Pol.* 673D; parasytus est lecator in cibo BACON *Gram. Gk.* 64.

parasivus v. pirasmus.

parasol [LL para < παρά+CL sol], sunshade, parasol.

1292 item in una tenda clxij asper'. item in uno ~ole lx asper' . . item in uno ~ole empto apud Tavrisium [Tabriz] iijc lx asper' *KR Ac* 308/13 m. 3.

parassaphes, parassave, parasseuhes, parasseves v. parasceue. **parassis** v. paropsis.

parastates [παραστάτης=*something that stands beside*], mast rope, cable that supports an upright beam.

~es, *mæsttwist* ÆLF. *Gl. Sup.* 182; **10** . . ~es, *mæstwist WW*; parastes [v. l. parrastes; *gl.*: *cordes, kables*] autem protendantur, funes scilicet grossissimi et stipites malum suppodiantes. sic autem dicuntur parastes [*gl.*: *cordes*] quasi pariter stantes NECKAM *Ut.* 115; hic parastes, A. *a cabylle WW*.

parastatica [CL < παραστατική=*pilaster*], socket for an upright beam.

step qwere a maste stondyth in a schyppe, parastica, -e *PP*.

paraster [OF *parastre* < CL patraster], stepfather.

Hunfridus parraster Petri *Pipe* 121 **1194** W. de R. appellat . . Hamon Dot ~rum suum *CurR RC* I 57; **1195** Ricardus . . petit judicium utrum amittere debeat [terram illam] pro dono Jansonis . . qui fuit p'arast' matris sue vel pro confirmatione Roberti avunculi matris sue (*CurR*) *EHR* XXXVII 405; **1219** Robertus ~er Johannis *Eyre York* 322; **1221** fuit in decena predicti Reginaldi ~ri sui *Eyre Worcs* 573; de seisina antecessoris sui quam ~ri sui BRACTON 244.

parastes v. parastates. **parastica** v. parastatica.

parataxis [παράταξις], (act of) marshalling.

sciencia . . moralis . . dividitur in . . politicam. sunt . . partes . . politice . . ut ~is, que de re militari est *Ps.*-Gros. *Gram.* 15.

parate [CL], preparedly, readily.

quia vero [versus] et parum erant emendati, . . antequam procederem, ~ius manum apposui L. DURH. *Hypog.* 64; quatinus . . ad . . explenda negotia ~ius sese et avidius accingeret G. STEPH. 20.

paratella v. paradella. **paratetimus** v. paracentesis.

paratio [CL], preparation.

1335 in ~one de guerra et arraiamenta cujusdam magni maris vocata *la Trinite*, ut in *ofcastel*, *topcastel* et *fforcastel KR Ac* 19/14 m. 7.

parator [LL], one who prepares.

1253 balistas . . cum ~oribus . . balistarum *RGasc* I 363b.

paratrix, one (f.) who prepares.

femina quelibet Eva / regnat regnatrix hominum scelerumque paratrix D. BEC. 1961.

paratura [LL]

1 act of building.

1490 uni carpentario conducto ad ~am diversorum lectorum et pro mensa xij d. *Cant. Coll. Ox.* II 222.

2 finished or ornamental structure.

ubi martyrum sanguis effusus est, ecclesiae ~am explorantibus fons vivus apparuit WILL. *Bonif.* 9 tit.

3 trim, lining, or ornament of cloth or vestment.

1164 quicquid oblatum fuerit in . . vestimentis, ~is, ornatis *Reg. Ant. Linc.* III 278; a**1170** una alba cum amictu suo sine ~a . . vestimentum imperatricis deguttatum auro, unde postea multe ~e ad albas facte sunt (*Invent.*) STEPH. ROUEN *addit.* 759; albas duas, cum ~is brudatis *G. S. Alb.* I 70; cortinam valde pretiosam ~a . . ipsius auro intecta . . *Lib. Eli.* II

138; **1282** ~a brusdata (v. broudare); *a parour of a vestimentt*, ~a *CathA*.

1 paratus v. parare.

2 paratus [CL]

1 act of preparing, preparation.

venerunt .. ad videndum si omnia ~uum ministeria habilia fuissent vel apta B. *V. Dunst.* 10; ~u, curatione, *þenunge GlP* 224; questio .. / .. quo frixa paratu / exacuant gustus HANV. II 192.

2 act of finishing or adorning.

de longo .. ~u molimur ad inclitas titulorum vestrorum historias .. explicandas GIR. *EH pref.* 224. sententia cum sit / unica non uno veniat contenta paratu VINSAUF *PN* 221; **1435** in ligatura et ~u j missalis cum pergameno *Ac. Durh.* 232; **1510** ij uln' pann' lin' et di' pro ~u fenistre domini prioris *Ib.* 105.

3 result of preparing, what has been prepared.

prona paratibus isdem / occurrit saties HANV. II 201.

4 adornment, ornament.

per benedicta Patris fulgenti regna paratu BEDE *Hymn.* 14. 149; duplexque refulget / ecclesie facies duplici decorata paratu H. AVR. *Hugh* 949.

paraula v. proaula.

paraveredus [LL], (feud.) gift of palfrey, payment due to sheriff or sim. for his horse.

823 libera ab .. illorum hominum refectione quod nos *festingmenn* nominamus, a parafrithis et ab omnibus difficultatibus regalis vel saecularis servitutis notis et ignotis *Ch. Roff.* 18; **877** (12c.) terram .. liberam .. ab omni .. tributo, a parvaredis, a taxationibus, quod dicimus *pite redenne CS* 544.

paravisus, ~ius v. parvisus.   **parax** v. parrax.

1 Parca [CL], Roman goddess of birth, identified with Greek Moira, Fate.

per me fata virum dicunt decernere Parcas ALDH. *Aen.* 45 (*Fusum*) 6; infelix fato fraudabor munere tali / dum tollunt dirae librorum lumina Parcae *Ib.* 89 (*Arca libraria*) 5; ~ae, *wyrde GlC* P 16; ~as, *burgrune Ib.* 21; ~ae, quae minime parcant *Gl. Leid.* 43. 49; serenas / efficit haut Phoebus tedas aut Cinthia Parcas FRITH. 9; Eumenides, Furias vocitat sub murmure Parcas *Ib.* 376; preteritos, Salomon, tibi Parca resarciat annos GARL. *Epith.* IV 235; Virgo, sacre legis archa, / quasi nulli parcens Parcha / ruet in me tertia WALT. WIMB. *Virgo* 158; ~e seu fata, sic dicte per antiphrasin, eo quod nemini parcant *Deorum Imag.* 10; ~a, *wyche Teaching Latin* II 11.

2 parca v. 1 parcus.

3 parca v. 2 parcus.

parcabilis [1 parcare + -bilis], that can be made into a park or pound.

12 .. totum dictum pratum ~e in dicto holmo *Cart. Beauchamp* 274.

parcagium [2 parcus + -agium], **a** (right to) fee for use of a park or pound. **b** fee for transgression of park rights, or fee for release of impounded animal.

a a1159 hanc terram concessi .. quietam de langabulo et percagio et omnibus aliis rebus (*Ch.*) *EHR* XXIV 306; **1180** de exitu xv acrarum et virgate et ~ii de essartis de Bello Videre *RScacNorm* I 75. **b 1230** racione ~ii utrobique unus obolus capiatur .. pro quolibet grege et armento singulis vicibus extra segetes et prata *Melrose* 223; **1256** pro biga unum obolum ad parchagium *Ib.* 333; **1294** tale ~ium pro animalibus suis in partibus foreste .. cum metas suas pertransierint *Reg. Paisley* 95; **1307** animalia sine damno et ~io .. pacifice .. retracientur *ChartR* 93 m. 12; **1367** concessimus religiosis viris .. quod .. possideant .. terras .. in liberam forestam cum modo parcandi et pena pargagii *Reg. Newbattle* 278.

parcamen v. pergamenum.

parcamenarius v. pergamenarius.

parcamentum [2 parcus 1d + -mentum], pound for domestic animals, pinfold, or custody therein.

1295 abduxit unam districtionem a ~o domini sine licencia, iiij d. *CourtR Hales* 345; **1232** abbas de Wuburne cepit averia sua .. et illas inparcavit et detinet .. ita quod cum homines ipsius Radulphi voluissent afferre predictis ovibus ad vescendum in ~o ipsius abbatis, ipse abbas non permisit eum *SelCWW* 62.

parcamenum, parcaminum v. pergamenum.

1 parcare [cf. 2 parcus 1]

1 to enclose (land) as park or pound, to impark.

c1200 quinque acras terre et quartam partem unius acre de dominico meo de Dodewelle ~atas *Cart. Osney* IV 191; **1234** debet ~are faldam domini bis in anno, scilicet ad festum B. Martini j cleyam et ad Hockeday j cleyam *Cust. Glast.* 58; **1367** forestam cum modo ~andi (v. parcagium).

2 to enclose (domestic animal) in a pound or pinfold.

1243 idem Johannes [serviens] ~avit v averia, ita quod per parcationem illam mortui fuerunt *JustIt* 756 r. 16; **1275** appropriat sibi regiam viam de Karesdik, falcando in eadem fenum .. et bestias vicinorum ibidem ~ando *Hund.* I 387b; **1276** in j cleya ad vitulos ~andos j d. ob. *Ac. Stratton* 190; **1397** dicunt .. quod cimiterium deturpatur per vaccas vicarii ~atas ibidem ad pasturam (*Visit.*) *EHR* XLV 99.

2 parcare v. parcere.

3 parcare v. portare.

parcaria [2 parcus + -aria], territory or office of park-keeper.

forestarii .. non producent testem super forisfacto foreste nec parcarii in ~iis nec prepositi in prepositura sua nec hujus[modi] servientes in serjanteria sua *Cust. Norm.* 40. 3; **1205** in forestis et venationibus, in ~iis, in nundinis et foris *RChart* 140a; **1334** sciatis quod comissimus Johanni de la Forest ballivam ~ie de Wodecok Heyr in le Val de Anand *RScot* 264a; **1449** concesserimus eis officia constabularie et ~ie castri et parci nostrorum de Ledes *Cl* 300 m. 28; **1460** concessimus .. Johanni .. officium ~ie ac costidie parci nostri de Gymyngham *Paston Let.* 57; **1475** officium ~ie parci de Cheswardyne (v. palaria).

parcariatus [parcaria + -atus], office of park-keeper.

1438 confirmamus eidem Roberto officium sive custodiam medietatis ~us parci nostri de Crake *DCDurh. Reg.* III 239.

parcarius [2 parcus + -arius], park-keeper, parker, pound-keeper, pinder; **b** (passing into surname).

c1158 cum essartis eidem terre conjunctis .. preter terram parcharii *Act. Hen. II* I 222; **1188** ~io de Scrobi xix s. *Pipe* 9; in liberationibus constitutis warenniariis et parchariis ix s. et viij d. *Ib.* 16; **1228** rex forestario et ~io bosci de Havering' .. tu, ~i, facias habere eidem constabulario unam quercum de parco de Havering' *Cl* 136; **1268** Rogero quondam perquerio de Sugwas quadraginta solidos .. legamus (*Test.*) *Camd. Misc.* XIV 8; **1288** in stipendio j ~ii custodientis parcum de Werke *Doc. Scot.* I 61; **1353** oportet esse .. unus ~ius pro custodia dictorum parcorum de Helmesley, capiendo per diem j d. ob. *IPM* 117 m. 9; hic ~ius, A. *a parcar WW*. **b** Anschetillus ~ius habet j mans' que vocatur Newentona *Dom. Exon.* f. 477b; Huchelinus Parcherius reddidit xx d. *Lib. Wint.* f. 11b; **1130** in domibus regis de Odiham reficiendis iiij. li. et xviij. s. .. teste Hugone ~io *Pipe* 36; **1171** pervisum .. Willelmi Parcharii *Ib.* 119; **1208** serjantiam .. quam Eustacius ~ius tenuit de domino rege *CurR* V 220; **c1210** hiis testibus .. Waltero Parkario *Cart. Beauchamp* 216; **1242** Amauricus Percarius tenuit in Watton *Pipe* 52; **1313** H. ~ius captus pro xxij multonibus furatis in falda N. de W. .. *Eyre Kent* I 72; **1361** abbas concessit Henrico ~io de Radele servicium de parco in feodo (*Chr. Abingd.*) *EHR* XXVI 736.

parcata v. parcare, percata.

parcatio [1 parcare + -tio]

1 act of enclosing domestic animal in a pound, impounding.

1243 averia .. per ~onem .. mortui fuerunt (v. 1 parcare 2).

2 fee for use of a park or pound or for transgression of park rights.

1567 xxij s. vj. d. pro percatione et senedaliis solutis archiepiscopo Ebor' (*Min Ac*) *Rutland MSS*.

parcatium [parcatus *p. ppl. of* 1 parcare + -ium], park or pound, or (?) *f. l.*

1197 quod .. R. W. hanc terram ut pacatium [MS: pᵃcatium, i. e. parcatium, or ? l. purcacium] suum ipsi Ricardo et heredibus suis dedit *Pipe* 14.

parcator [1 parcare + -tor], park-keeper, parker, pound-keeper, pinder.

1202 T. homo Roberti Camerarii appellavit Anketinum percatorem Hugonis Bardulf de vulnere sibi facto *AssizeR Lincs* 110; Alanus Blod cito post dictum factum factus fuit ~or apud Thorboc *IMisc* 34/54; **1305** presentatum est per forestarios, ~orem, et villatas *DL Forest Proc.* 1/12 m. 2.

parcatura [1 parcare + -ura], act of enclosing (land) as park or pound, imparking.

1451 de firmis .. concessis .. pro clausura et ~a parcarum .. de Cullessy *ExchScot* 473.

parce, ~iter [CL]

1 thriftily, frugally, economically.

qui ~e sua dispendit diu durant ei possessa PETRUS *DC* 32; consulebat quod ~ius expenderemus GIR. *SD* 78.

2 in a restricted manner: **a** sparingly, moderately. **b** curtly, briefly.

a se habent homines et diligentius se custodiendo et ~ius vivendo ANDR. S. VICT. *Sal.* 20; et nisi cessissem fieret, sed parcius egi *Babio* 357; queritur de potionatis quare ~e deberet comedere *Quaest. Salern.* B 328. **b** ut ~issime loquar ANDR. S. VICT. *Comm.* 276; **1167** tibi ~ius scribo J. SAL. *Ep.* 188 (193).

3 infrequently.

qui significat misericordiam pluviarum quod erat ante ~ius si erat aliquid *Comm. Cant.* I 83; modeste ~eque domus proximi frequentanda est ANDR. S. VICT. *Sal.* 76; utuntur .. cultis ~e, consitis ~issime GIR. *TH* III 10; laudator parce, culpator parcius esto D. BEC. 91.

4 barely, hardly, scarcely.

1456 terre .. quarum heres, ~e quindecim annorum existens, est de Francia non reversus *ExchScot* 181; **s1335** aque .. inundaverunt quod ~e vita salva .. evadere potuerunt *Plusc.* IX 30.

parcella, ~us, ~um [ME, OF *parcel* < LL particella]

1 little part, portion (usu. w. gen.): **a** (of product or artefact); **b** (of structure); **c** (of land or estate); **d** (of sum).

nota quod liceat mercatoribus necessitate urgente vendere ~a [v. l. ~as] mercandizarum pro expensis suis *BBAdm* I 235; **1450** lego .. unum par candelabrorum argenteorum cum ~is deauratum *Test. Ebor.* II 30. **b a1368** in ~a grangie frumenti delacerata turbine venti cooperienda per convencionem in grosso vj s. (*Ac. Man.*) *EHR* XXVI 336; appenticia .. semper remanebunt domino soli, ut ~a ejusdem *MGL* I 432; **c1483** nec licebit eidem Johanni supra dictum molendinum cum ceteris premissis nec aliquam inde ~am .. dimittere *Reg. Merton* I 26. **c** expendit multa .. pro ~a dominii de Badby recuperanda *Chr. Evesham* 306; **1212** pro quibusdam ~is predictarum bovatarum in campo separatim jacentibus *Reg. S. Bees* 304; idem [tenet] j ~um pro iij d. *Cust. Taunton* 17; custa .. de quodam ~o *Reg. Malm.* I 15; **1335** in cancellaria nostra retornata sit compertum quod dicte piscarie .. liberate sunt sicut percelle piscariarum de Totyngford Lawe *RScot* 326a; Byggyng est ~a ejusdem ville de Grenesborowe *G. S. Alb.* II 348; **1392** due seliones .. et una ~a prati continens unam rodam jacens ad fines orientales dictarum selionum *Feod. Durh.* 166; cum nos ipsa clausa et alias diversas placeas in marisco .. in diversis locis, per percellas haberemus *Meaux* II 213; **s1446** sic locus noster .. per ~as multas concrevit CAPGR. *Hen.* 138. **d 1483** quo usque dictus dictus annualis redditus xx solidorum seu aliqua ~a ejusdem .. sint persoluta *FormA* 108.

2 bunch, bundle, lot, measured unit, parcel. **b** (*emere* or *vendere per ~as*) to buy or sell retail.

1351 de xliij s. vj d. de diversis ~is feni et herbagii venditis *Rec. Elton* 367; **1368** item in vino x d., et solvit de ~a argenti precedentis, et remanent vij s. *Gild Merch.* II 99; **1421** de omnibus ~is panni adaur', trappure, vexillorum .. *KR Ac* 407/5 m. 3. **b 1272** nullus extraneus .. vendat per ~os, sed in grosso *MGL* III 443; **1334** in carnibus bovinis emp' per ~as a diversis, vj. s. *Ac. Durh.* 21; **1351** de vj s. vj d. de diversis pasturis et herbagio venditis per ~as sine tallia de tenementis existentibus in manu domini *Rec. Elton* 368; **1379** quod nullus .. extraneus .. emat vel vendat victualia seu mercandisas aliquas ad retalliam vel per ~as *Gild Merch.* II 189.

3 a item or detail in an account. **b** itemized or detailed account; **c** (*ut patet per ~am* or sim.) as appears in the account.

a 1464 summa reparacionum et edificationum maneriorum .. et aliarum domorum, quorum ~e superius specificantur *Feod. Durh.* 211; **1484** prout parcellatim in parvo libro cum precio cujusdam ~i liquet intuenti *Ac. Chamb. Cant.* 145a; **1504** perticule percelle compoti Willelmi G. collectoris custumarum *EEC* 648. **b** c**1300** examinatur per Brianum .. ~a inde manu sua propria *Mem. York* I 132; **1400** clerico scribenti istud inventorium et pro .. aliis ~is scriptis .. x s. *Test. Ebor.* III 21; **1453** debita cum ~is pro solucione eorundem in vita mea non soluta *Ib.* II 188; **1453** in pergameno, papiro, cera rubea, et encausto .. per billam de ~is inter warranta .. remanentem xlvj s. viij d. (*DL Ac. Var.*) *JRL Bull.* XL 420. **c 1326** in expensis minutorum per ix vices preter staurum ut patet per ~am ij li. quad. *Sacr. Ely* II 53; **1335** in blado at alio instauro .. liberato curtario et receptori, ut patet per ~am in compoto .. manerii *Comp. Swith.* 228; **1351** in rewardis famulorum manerii, ut patet per ~as *Rec. Elton* 377; **1401** ut patet per ~as in quodam papiro manu .. Thome scripto *Househ. Ac.* II 568; **1462** ut constat per ~as in quodam rotulo pergameni parcellatim specificatas *Rec. Leic.* II 274; **1533** reddit compotum de .. arreragiis ultimi compoti .. prout patet in ~a *Comp. Swith.* 215.

4 part, rôle.

1414 habere deberent certas ~as ludi illius vocatas *pagentes REED Devon* 82.

parcellare [cf. parcella 3, AN *parceller*, ME *parcelen*], to note in detail, to detail separately.

1526 ut ruber et confusio de preteritis diligentiam efficiant ad futura excommunicationis sententia ~antur (*Vis. Worc.*) *EHR* XL 92.

parcellatim

1 in separate parts (of land); in separated places.

1372 sex acras terre et dimidiam ~im jacentes *Rec. Eton* XXXIII 36.

2 in separate bundles, in individual parcels.

1403 marce dentur ~im bonis et honestis sacerdotibus *Test. Ebor.* III 23; **1430** volo quod xl li. legalis monete Anglicane distribuantur pro salute anime mee ~im, unde una parcella inde ad sanctam ecclesiam, alia parcella inde meis pauperibus tenentibus ac eciam aliis pauperibus et eciam viis emendandis *Reg. Cant.* II 452.

3 a as separate items in an account. **b** one by one, item by item.

a 1405 quantum manerium de Couele .. sive propartes ejus deni manerii .. valerent per annum ~im *Cl* 254 m. 13*d.*; de magistro J. H. ut patet ~im xxx s. viij d. *Test. Ebor.* III 302. **b 1418** prout ~im hic inferius .. defectus hujusmodi estimantur *Reg. Durh.* II 487; s**1401** temporalia ad .. monasterium .. pertinencia, ~im in ipsa inquisicione inscripta *Meaux* III 291; **1444** pro expensis factis circa visitatores .. et aliis minutis reparacionibus .. prout ~im patet *Cant. Coll. Ox.* II 165; **1462** ut constat per parcellas in quodam rotulo pergameni ~im specificatas *Rec. Leic.* II 274; **1472** prout ~im in quadam parva cedula .. manifeste apparet *Ac. Chamb. Cant.* 142b; **1478** prout ~im patet in libro camerariorum *REED York* 122.

4 in part, partly, (*~im deauratus*) partly gilt (cf. ME *parcel-gilt*).

1431 j ciphum .. ~im deaurat' (v. deaurare 1a); **1454** x *chopynnes goderoned* argenti ~im deaurati ponderantibus xij marcas (*KR Ac*) *JRL Bull.* XLII 117.

parcellula [parcella 1c+-ula], little parcel (of land).

s**1455** residuum .. duabus .. terre ~is .. donavit .. uxori deductis *Reg. Whet.* I 158.

parcellum v. persellum.

parcenaria [AN *parcenerie*, OF *parçonerie* < partionaria]

1 joint heir, fellow tenant, coparcener (f.).

1286 tenuit predictum manerium de Stantone .. de domino rege in capite per servicium constablerie in exercitu domini regis pro parceneria sua *IPM* 45/2 m. 5; **1306** Johannes .. debet .. ij gallinas cum Matilda infrascripta, ~ia sua (*Rental*) *Rec. Barts.* 449; **1349** ex assensu Anabille .. ~ie terre de Boulton *Cart. Sallay* 168.

2 joint heirship, shared tenancy, coparcenary.

1287 F. de B. et H. de G. in ~ia tenuerunt ecclesiam de Bolum, ita quod unus illorum una vice debuit presentare ad illam ecclesiam ydoneam personam et alter illorum altera vice debuit presentare ad illam ecclesiam *IPM* 50/26 m. 4; **1311** in dominio et proprietate seu parce[na]ria vastorum, bruerarum, pasturarum .. *Cart. Chester* 344a p. 229; **1334** unum molendinum aquaticum .. quod est in parcenuria inter dominum et Wyrion' Goug' ap Idenerth' *Surv. Denb.* 261; est ibi unum molendinum aquaticum quod est in ~ia inter dominum et omnes priodarios ville, quo partito in quinque porciones iij porciones pertinent priodariis et due porciones pertinent domino *Ib.* 264; **1342** predictus E. tenuit predicta tenementa in ~ia et in communi cum quodam W. *Couch. Furness* II 429.

parcenarius [ME, AN *parcener*, OF *parçonier* < partionarius], joint heir, fellow tenant, coparcener.

1199 W. de Mandevill' et parcennarii sui in Stocton' debent xx d. pro vasto *Pipe* 175; **1220** S. de la F. cum parconnariis j car. .. W. de B. cum parcennariis j car. *Fees* 304; **1243** Johannes Extraneus et parconarii sui feodum unius militis *Ib.* 684; **1268** comitissa et sui parceonarii summoniti sunt *Cl* 8; **1270** unum quarterium feodi unius militis quod heres Ricardi .. et ~ii sui tenent in Middelton' *Ib.* 275; **1300** W. de P., H. de eadem, et J. de C. percenarii, tenuerunt villam de Paxton in capite de domino priore *Pri. Cold. app.* p. lxxxviii; **1300** Susanna et ~ii j acram et debent xvj d. ad festum Sancti Martini *Reg. S. Aug.* 49; **1319** inter .. conventum de Dunfermelyn .. et parcinarios baronie de Ffythkyl' .. super rectis marchiis *Reg. Dunferm.* 352 p. 238; s**1317** incepit mala voluntas inter parcennarios et dispensarios *Flor. Hist.* III 342.

parceneria v. parcenaria.

parcennarius v. parcenarius. **parcenotidos, parchenocides** v. parthenocidos. **parceonarius** v. parcenarius.

parcere [CL], **2 parcare**

1 to act sparingly (with), to behave economically or thriftily (with).

1174 non pepercimus laboribus nostris *Ep. J. Sal.* 310 (322 p. 788); [provinciales] videntur .. labore ~entes Lucian *Chester* 65; s**1196** divites propriis ~entes marsupiis volebant ut pauperes solverent universa R. Howd. IV 5; **1394** ad ~endum laboribus et expensis *Reg. Paisley* 107; **1450** expensis non ~atis *Pri. Cold.* 168.

2 to spare: **a** (w. sb. or prep. & sb.) to refrain from using. **b** (w. inf.) to refrain from doing.

a allevamen quod .. genti mee ~ere volo (*Cons. Cnuti*) *GAS* 357 (v. alleviamen); historia veritati non ~it Gir. *TH* II *pref.* p. 75; sicut enim, Salomone testante, 'qui ~it virge', sc. in pueritia, 'odit filium' [*Prov.* xiii 24], sic qui ~it verbis, sc. in adolescencia, odit eundem *Id. SD* 22; vere mater, que quidem usque ad sanguinem eliciendum lacrimis non pepercisset *Found. Waltham* 27; a detractione lingue non ~ebat J. Furness *Walth.* 85; a pugno ~ens Lucian *Chester* 68; oportebit .. debilioribus frequentius ~ere .. et quanto in laborando ~atum fuerit eisdem tanto erit onus gravius .. robustis *Fleta* 165. **b** camellum / perdebat gippum quo vascula ferre pepercit Aldh. *VirgV* 1497; parcite rideri L. Durh. *Dial.* II 105.

3 to spare, refrain from inflicting injury: **a** (w. dat.); **b** (w. prep. & abl.); **c** (absol.); **d** (impers. pass.).

a induratum est cor ejus benefitiis in ~endo ei plus merito *Comm. Cant.* I 230; tenerae carni non usquam sponte pepercit Aldh. *VirgV* 2003; ille nimium suis ~ere solet inimicis Bede *HE* III 22 p. 173; ut ne ecclesiis .. aut monasteriis manus ~eret hostilis *Ib.* IV 24 p. 266; p**792** illi vitae suae pro Christi nomine non pepercerunt tempore persecutionis Alcuin *Ep.* 288; non debet equo ~ere [AS: *murnan*] qui vult cervum pervertere *Prov. Durh.* 41; quinquaginta filie Danai quinquaginta filios Egypti occiderunt .. preter Hypermestram que Lynceo pepercit *Natura Deorum* 190; nobis ~eretur [ME: *we schulde beon ispared*] qui portamus in nobis mortem Filii ejus *AncrR* 142. **b** misitque illa ad .. beatum Wulfricum ut ~eret ei ab egritudine hac J. Ford *Wulf.* 75; **1220** movemur quod, mandatum nostrum .. contempnendo, id quod mandavimus efficere renuistis .. ~imus vobis ad presens de tanto contemptu *Pat* 226. **c** clamans atque "soror" dicens "carissima parce" Bonif. *Aen.* 90; parce tamen: nam parma mihi gladiusque reludit L. Durh. *Dial.* I 203; in tenebris et in furia non discernitur quid sit faciendum aut in quo sit ~endum Trevet *Troades* 23; **1264** prevalere poterunt minime ~ituri *RL* II 272. **d** a**1213** sicut nec veritati sicut neque verborum ~itur inhonestati Gir. *Ep.* p. 168.

4 to spare, act forbearingly to: **a** (w. dat.); **b** (w. acc.).

a possent .. multa dici si non tuo ~eremus dolori *Enc. Emmae* III 6; Pater sibi non pepercit [ME: *ne forber him naut*] *AncrR* 142; **1419** non ita disposuit ut finetenus .. a solucione communis debiti ~eret *Reg. Cant.* I 60. **b** sordes parce *Altercatio* 125; parce meo fluxit quicquid ab ore nequam *De lib. arb.* 168.

5 *f. l.*

an sit equivocatio dubitabilior et contra quam probabiliter resistere, non †parcenti [? l. percipienti] incontingens, comperienti difficile Balsh. *AD* 59.

parch- v. et. perc-. **parchagium** v. parcagium. **parchamentum, parchamenum** v. pergamenum. **parcharius, parcherius** v. parcarius. **parchedrus** v. paredrus. **parcheminarius** v. pergamenarius. **parchenocides, parchenotides** v. parthenocidos. **parchia** v. 2 percha. **parchiminarius** v. pergamenarius. **parchredos** v. paredrus. **parchus** v. 2 parcus, pardus.

parcibilis [CL parcere+-bilis], that one can refrain from condemning, pardonable.

docemus, quamvis quis peccet et se ipsum profunde forisfaciat, tunc correctio moderetur, ita quod propter Deum sit ~is [AS: *gebeorhlic*] et propter seculum sustentibilis (*Cons. Cnuti*) *GAS* 309.

parcimonia, ~ialis v. parsimonia, ~ialis. **parcinarius** v. parcenarius.

†parcipatio, *f. l.*

13.. habemus cirographum †parcipacionis [l. particionis *or* participacionis] dictorum tenementorum inter tres heredes predictos *Cart. Osney* I 44.

parcipollex [CL parcere+pollex], instrument that protects a finger: **a** thimble. **b** shoehorn.

a *a themelle*, digitale, digitabulum, ~ex, pollicium *CathA.* **b** *chauncepe or shoyng horne*, ~ex *PP*; *a schoynge horne*, percipollex, calciatorium *CathA.*

parcitas [CL]

1 moderateness, sparingness; **b** (w. ref. to consumption of food or drink); **c** (w. ref. to infrequency or brevity of speech).

queritur .. quamobrem sancti Dei .. sese .. ~ati multisque tribulationibus diversi generis dederunt Alex. Cant. *Dicta* 127; ut ad hanc communem et parciorem vitam venirent, tametsi nondum ad communem frugalitatem et ~atem plene pervenire potuerint Rob. Bridl. *Dial.* 119; quibus erat .. labor sanitas, ~as medicina Devizes f. 41. **b** carnis terat superbia[m] / potus cibique parcitas [AS: *spearness*] *AS Hymns* 9; ut gentem suam ventri tantum indulgentem ~ati gule doceret insuescere W. Malm. *GR* I 11; ~as est mensuram refectionis non excedere W. Donc. *Aph. Phil.* 3. 29; ad externam exercitationem referimus vilitatem, asperitatem, ~atem; vilitatem in habitu, asperitatem in cilicii usu, ~atem in victu Ad. Scot *QEC* 807A. **c** ~as in affatu *Id. Serm.* 369B.

2 economical management: **a** frugality, thriftiness. **b** niggardliness, stinginess.

a quicquid .. sancta servavit avorum ~as illorum

grassatorum absumpsit aviditas W. MALM. *GR* IV 318; est . . ~as mensure observatio in rebus distribuendis et necessariis utendis et in his in futurum conservandis W. DONC. *Aph. Phil.* 3. 29. **b** obstinatioris ~atis silvescente propagine O. CANT. *Pref. Frith.* 14; ne forte si avariciae studeret, omnibus invisus viveret . . et alius ei succederet qui . . de ejus ~ate indignaretur *Enc. Emmae* II 22; nimie ~atis et inconstantie nevi tante laudis niveum nitorem denigraverant GIR. *EH* II 18; s1150 gloriam fundatorum recensens . . modernorum ~atem accusans DICETO *YH* 291.

3 scantiness, scarcity.

est . . frugalitas ~as [*gl.: escarcerie*] in habundantia NECKAM *Ut.* 105; propter ~atem caloris stomachi digestio inpeditur BACON V 81; s1355 considerans ~atem victualium AVESB. f. 126; c1365 magna caristia . . ~as rerum venalium *FormOx* 368; ut Scotti, pro ciborum ~ate, graciam regiam querere cogerentur *Meaux* II 274; superveniente . . bladi caristia et ~ate *G. S. Alb.* III 450.

parcitudo [LL *gl.*], scantiness, scarcity.

s1302 itineris fatigacione et cibariorum ~ine *Plusc.* IX (cf. BOWER XII 2: cibi defectu).

parconnarius v. parcenarius.   **parcursus** v. percursus.

1 parcus [CL]

1 sparing: **a** thrifty, economical. **b** stingy, parsimonious, grasping.

a frugalis, ~us *GlC* F 317; ~us sibi, ad pauperes largus *V. Birini* 2; pauperibus largus †juvebas [l. vivebas] et tibi parcus *V. Gund.* 49; rex Henricus secundus . . largus in publico, ~us in privato GIR. *EH* I 46; allegans marca quam plena sumpsit ab archa / dextra sui parca bonus est Jacobus patriarcha WALT. WIMB. *Scel.* 71. **b** tenax, ~us *GlC* T 52.

2 a (in consumption of food or drink) restrained, moderate, careful, sober. **b** (in speech or writing) infrequent or brief.

a 800 in cibo modestus, in poculo ~us, in loquendo sobrius ALCUIN *Ep.* 209; tuque vir et pulcher sermonis parcior esse / jam poteris quam sit parcior ipsa [virago] salis L. DURH. *Dial.* II 103–4 (v. et. 2b infra). **b** quapropter tetigi parcis haec pauca libellis ALCUIN *SS Ebor* 782; sermonis parcior L. DURH. *Dial.* II 103 (v. 2a supra); scripsisti mihi satis ~um sermonem sed propenso, ut reor, affectu G. HOYLAND *Ascet.* 272B.

3 (of food) moderate in amount.

cognovimus . . quam ~o victu contenti fuerint BEDE *Hom.* II 16. 189; a799 ~us cibus pastus est animae ALCUIN *Ep.* 131; ~is victibus, of *gnepum* vel of *lytlum mettum GlP* 222; vestis . . moderata . . cibus sobrius et potus ~us *Canon. G. Sempr.* f. 43v.

4 a (of span of time) limited in extent. **b** (of abstr.) limited in degree.

a s1200 primogenito . . adhuc ~e etatis, triennio *Plusc.* VI 38. **b** s1327 non ~iorem honorem (v. 1 depositio 5a).

2 parcus, 2 parca, ~um [OF *parc* < Gmc. *parrak; cf. AS *pearruc*]

1 park, tract of enclosed land (sts. wooded); **b** (as pleasance); **c** (as hunting ground for wild animals); **d** (as pound for domestic animals).

pro excambio parchi episcopi *DB* I 7vb; 1130 Rogerus de Raimes . . pro forisfactura ~i quem fecit sine licentia regis *Pipe* 58; a1162 decimam . . in agris, in virgultis, in vineis, in nemoribus, in parchis, in piscariis, in pratis *Doc. Theob.* 2; Monachus Cocus tenet . . j acram et dimidiam . . et infra ~am et extra xix acras et dimidiam de terra lucrabili *Boldon Bk.* 24; 1200 de operationibus castellorum, domorum, murorum, ~orum, vivariorum . . *RChart* 46b; 1230 ut boscus suus de G. quem prius clausit . . de cetero remaneat ~us et quietus sit de regardis *Pipe* 133; pro habenda carta regis quod claudere possit boscum suum de B. et ~um inde facere *Ib.*; frater conversus . . construxit molendinum aquaticum in parcho et stagnum attagiavit *Chr. Dale* 10; 1322 ad destruend' lupos . . tam infra parkos quam extra *IPM* 77/2 m. 4; s1333 in quadam ~a de Donamis se . . locaverunt *Plusc.* IX 28; 1504 infra septum sive ~am de L. *Reg. Glasg.* II 507. **b** ad meridiem delectabile ~um patet oculis tuis ORD. VIT. VIII 15 p. 355. **c** ~us silvaticus bestiarum *DB* I 8ra; ~us est ibi ferarum silvaticarum *DB* I 129vb; ibi

---

~us ferarum sed missus est extra manerium cum tota silva *DB* I 180va; 1190 sciatis nos concessisse . . ~um idem cum saltatorio *Ch. Sal.* 47; 1250 R. comes Cornubye venit in foresta de R. . . et cepit in ~o et extra ~um bestias ad placitum *SelPlForest* 91; 1264 sex damos et decem damas ad quendam parchum suum inde instaurandum *Cl* 4; 1518 quanti ~i pro feris nutriendis . . imparcantur (v. imparcare 3). **d** 1157 in parco porcis canonicorum *Act. Hen. II* I 136; 1221 serviens hundredi quandam partem eis deliberavit de catallis illis et quedam mortua fuerunt in ~o ejusdem Rogeri *SelPlCrown* 90; 1231 averia sua vendidit et aliquando detinuit in ~a *BNB* II 507; 1241 fregerunt ~um regis de Chikehull' et averia burgensium Suth', que ipse [vicecomes] cepit et in ~o illo posuit pro debitis que iidem burgenses regi debent, inde vi et armis abduxerunt *KRMem* 20 m. 6; 1277 porcos . . inparkyavit in ~o suo (v. imparcare b); 1313 omnimodas districciones captas per ballivos regis in ~o suo ibidem commorabuntur per tres dies *PQW* 321a; 1423 boviculus qui transit in ~o domini ad pasturam . . viij s. *Test. Ebor.* III 101; 1433 animal . . in ~o detinere (v. imparcare 1a).

2 right of jurisdiction over or use of park.

mundbreche et *blodwita* et *pudhepet* preter ~um et forestam communi emendatione componuntur regi et thainis, id est in v mancis (*Leg. Hen.* 37. 1) *GAS* 567; habet ad custodiam castri pratum regis et ~um et curtillum preter predictam liberationem *RScacNorm* I 6.

3 a (w. place-name or personal name); **b** (passing into place-name); **c** (passing into surname).

1188 pro feno empto ad bestias ~i de Scrobi . . xliij s. *Pipe* 9; 1264 in . . parcho regis de Haveryng' *Cl* 369; Parka de Wodestoke . . facta est de terris hominum prope habitantium per regem Henricum *Eul. Hist.* III 297; ad ~um de Aukeland prope Dunelmiam sunt profecti *Meaux* III 61; 1468 pro reparacione et sustentacione ~e de Falkland *ExchScot* 568; 1573 pro . . perco de Lyversedge *Pat* 1104 m. 25/12. **b** 1189 (1332) cum parca quod dicitur ~um Haroldi *CalCh* IV 264; locum alterum quem ~um Lude nominant de manu episcopi receperunt SERLO GRAM. *Mon. Font.* 68; s1290 omne genus bladi apud manerium de ~o *G. S. Alb.* II 6; ex una parte erat aqua, ex altera nemus sive ~a Viridaliae MAJOR V 7. **c** 1159 testibus . . Ricardo de ~a *Feod. Durh.* 162n; a1180 Ricardo de ~a *Act. Ep. Durham* 23; a1181 hiis testibus . . Galfrido de Torp, Ricardo de ~o *Ib.* 4; 1242 Martinus filius Gervasii de ~o *Pipe* 205.

parda [LL], female leopard.

saeva mihi genitrix atroxque est lena decreta, / crudelisque pater pardus pardaeque maritus HWÆTBERHT *Aen.* 46 (*De leopardo*) 2; hic pardus, A. *leparde* / hec ~a est femella *WW*.

pardalianches [CL < παρδαλιαγχές], panther's bane, leopard's bane, aconite (?*Doronicum pardalianches*).

~es, *whiche we may call in Englishe libardbayne or oneberry* TURNER *Herb Names* A vi.

pardalion v. paralios.

pardalis [CL < πάρδαλις], ~**us**, panther or leopard.

~us . . non est diminutivum hujusmodi dictionis pardus sed penitus significat idem quod pardus . . in Apocalypsi . . introducitur bestia similis pardo pro quo Grecus habet ~o BACON *Gram. Gk.* 76.

pardon- v. perdon-.

pardulus [CL pardus + -ulus], little panther or little leopard.

Indorum rex . . ad regem Romae Anastasium duos ~os misit *Lib. Monstr.* II 6.

pardus [CL]

1 panther.

leopardus ex leone et ~o generatus *Gl. Leid.* 19. 39; hic pardus est qui generat cum leona *WW*.

2 leopard; **b** (as type of the fierce, the swift, or the maculate).

pantherae cauriunt, ~i feliunt ALDH. *PR* 131; est . . ~orum felire OSB. GLOUC. *Deriv.* 78; zinzinnare proprium ~orum est *Ib.* 631; †parchi [l. pardi] et leones ceteraque animalia concupiscerent humano ore loqui *Leg. Ant. Lond.* 183; in nemore regis Francie sunt

---

multa animalia silvestria . . leoni, pardi [*gl.: pardes*], tigrides GARL. *Dict.* 136; hic pardus, A. *leparde WW*. **b** quid tu quoque [Vortipori] ~o similis moribus et nequitiis discolor GILDAS *EB* 31; ~us est fera rapax et toto corpore discolor *Lib. Monstr.* II 6; impossibile est ut Ethiops albus sit et ~us unicoloris AILR. *Serm.* 43. 16; quid faciant pardi timidi leporesque feroces J. SAL. *Enth. Pol.* 199; efficeris par dis si sis pia, si fera, pardis SERLO WILT. 18. 38; non hic . . ~us lacerat GIR. *TH* I 38; ~us peccatorum maculis varius cum hedo accubat *Canon. G. Sempr.* f. 55; est . . ~us . . maculis albis aspersus BACON *Gram. Gk.* 76.

parea, faction, dissension, or sim.

1388 sic Johannes Norhampton extitit rebellis et fecit rebellionem et ~am usque majorem suum (*CoramR* 507) *Peasants' Rising* 37 1388 ad faciend' ~am versus majorem . . ad faciend' partem et ~am contra eos *CoramR* 507 m. 41 (from end).

pareas v. parias.

paredrus [LL < πάρεδρος]

1 one who sits near by, helper, assistant.

parchedris, ministris *GlC* P 78; parethris, ministeriis [? l. ministris] *Gl. Leid.* 4. 45; parethis, ministris *Ib.* 35. 78.

2 (in magic or wizardry): **a** (power of) familiar spirit or sim. **b** thing that provides aid in magic, trick or sim.

a prefatum praestigiatorem pluribus phantasiis per demonicam virtutem quam ~um vocant populum decipientem invenit ORD. VIT. II 2 p. 228; paraedri sunt mali genii *LC*. **b** paredum, prestigium; parchredis, prestigiis *Gl. Leid.* 5. 17–18.

paredus v. paredrus.   **paregina** v. pargina.

paregoreticus [παρηγορητικός; cf. LL paregoricus < παρηγορικός], that comforts or soothes; (as sb. n.) medicine that soothes or alleviates (pain).

paragoriticum, i. mitigatorium, et dicitur a paragorizo, -zas, i. mitigo, -as *Alph.* 135; peraccoticum [v. l. peragoniticum] interpretatur mitigativum *Ib.* 139.

paregoria [LL < παρηγορία = comfort, consolation], medicine that soothes or alleviates (pain).

parigoriare, mitificare, lenire, hinc et parigoria, i. medicina que lenit OSB. GLOUC. *Deriv.* 481.

paregoricus [LL < παρηγορικός], that soothes or mitigates (usu. pain or ailment).

unguentum paragoricum GILB. VII 361. 1; mors . . nil timet stacticum, nil paragericum, / deridet pixides, subsannat medicum WALT. WIMB. *Sim.* 138.

paregorizare [LL < παρηγορεῖν + -izare < -ίζειν], ~**iare** [LL paregoria < παρηγορία + -are], to console, soothe, mitigate (pain or ailment).

parigoriare [v. l. pariegorizare], mitificare, lenire, hinc et parigoria, medicina que lenit OSB. GLOUC. *Deriv.* 481; fomentando paragorizatur, i. mitigatur dolor GILB. V 226v. 1; paragorizo, -as, i. mitigo, -as *Alph.* 135.

parelcon [*pr. ppl.* παρέλκον < παρέλκειν], (rhet., as subdivision of pleonasm) something redundant or superfluous.

pleonasmos et sub eo ~on et epanalepsis LINACRE *Emend. Lat.* xxii v.

parelenchus [LL para < παρά + CL elenchus < ἔλεγχος], (log.) refutation based on false premisses, defective refutation. *Cf. paralogismus.*

elenchus est sillogismus cum contradiccione conclusionis; peralenchus est argumentacio habens defectum in natura sillogismi, vel contradiccione, vel in utroque, sicut postea videbitur BACON XV 328.

parelion, parhelion [CL < παρήλιον], ~**ia**, parhelion, mock sun.

soles non geminat [natura], sed nubem simillimam facit, vocaturque ~elion J. SAL. *Pol.* 418B; an ~helia sit nubes rotunda et splendida BALSH. *AD rec. 2* 173.

parella [OF *parele, parelle* < paradella], (bot.) dock (*Rumex*).

ei da de pulvere rubee radicis paralle, et evadet ADEL. *CA* 12; cardines ~e et hujusmodi herbe damp-

nose penitus abolentur *Fleta* 170; jus ~e et rafani GAD. 121v. 2; ~a, A. *dokke* WW; *a dokan* paradilla .. farella [cf. et. farcellus] *CathA.*

parellus [ME *parell*, *appareil* < OF *apareil*], ornament, ornamental part of dress or sim.

dedit .. unam mitram bonam de albis ~is FLETE *Westm.* 135.

paremplasticus [LL < παρεμπλαστικός], that constricts (a pore).

lotura plumbi, virtus est ei frigida et stiptica et †parum plaustica [l. paremplastica] et malactica *Alph.* 105; virtus [tragacanthi] est similis gummi et peremplastica *Ib.* 183.

parempticius [CL par + empticius], one who is similar to a purchased or hired servant, apprentice.

ii dum serviunt aliorumque ministri sunt, vocabulo non ineleganti appellantur ~ii, hoc est pares emptitiis servis quia perinde lanificis in eos .. ac dominis in servos jus ferme est P. VERG. XIV p. 243; turbae magnae fiunt in Londinensi civitate a ~iis, id est, servis civium ad tempus *Ib.* XXVII p. 650.

1 părens [CL]

1 parent (m. & f.); **b** (of animal or mythical creature). **c** (*primus ~ens* or pl., or sim.) Adam and Eve as parents of mankind; **d** (w. ref. to Noah or Abraham); **e** (w. ref. to Jesus Christ); **f** (w. ref. to nature). **g** (*~ens adoptivus*) adoptive parent. **h** (*ecclesiasticus ~ens*) godparent or spiritual father; **i** (transf. or fig.).

si negligentia it ~entium, j annum puniteant THEOD. *Pen.* I 14, 29; gignitur de spurca terreni carne parentis ALDH. *VirgV* 161; humiles sibi ~entes pauperes e quibus Deus homo nasceretur elegit BEDE *Cant.* 1102; ~ens, i. mater, *berend* GlS 211; Christi gladio [cf. *Matth.* x 34–5] qui divisor est ~entum ac filiorum, anime ac spiritus Gosc. *Edith* 42; non sine prole părens, non sum nisi pareo părens. SERLO WILT. 2. 88; hic, hec ~ens, est pater vel mater *WW.* **b** quendam hominem in Asia natum ab humanis ~entibus commixtione monstruosa didicimus *Lib. Monstr.* I 8; infantes ab his hominibus ac feris in mari progenitos lactis mulgendi gratia cum conchis natare per undas putabant ut a suis sibi cibum exquirerent ~entibus *Ib.* II 32; aves hujusmodi .. ab impiis ~entibus compelluntur .. exulare GIR. *TH* I 12 p. 35. **c** translati .. sumus in primo ~ente de patria caelesti BEDE *Hab.* 1251; quod in primis humani generis ~entibus mystice signatum est *Id. Prov.* 992; qui de fornicatione nati sunt, de primis ~entibus conjugio copulatis propagati sunt BALD. CANT. *Serm.* 13. 39. 475; ut de beata Trinitate et lapsu primorum ~entum BACON *CSTheol.* 35; Deus .. totum mundum nobis contulit in primo ~ente nostro [ME: *ure fader*] Adam *AncrR* 152; dicit Deus ad primos ~entes: replete terram [*Gen.* i 28] OCKHAM *Dial.* 902. **d** prima praecepti complevi jussa parentis / portendens fructu terris venisse salutem [cf. *Gen.* viii 11] ALDH. *Aen.* 64 (*Columba*) 3; Charra civitas Mesopotamiae .. apud nos .. hospitio Abraham patriarchae et ~entis ejus morte nobilis BEDE *Nom. Act.* 1036. **e** virgo parit mundi devota parentem (*Vers.*) BEDE *HE* IV 18 p. 247; regis saeculorum matrem comitata Mariam / gaudens quae genuit proprium paritura parentem BONIF. *Aen.* 160. **f** cum ex divina dispositione natura ~ens nos in ea etate et regione ediderit J. SAL. *Met.* 823A; natura clementissima ~ens omnium *Ib.* 825C (v. natura 2a); natura .. artium .. omnium ~ens est *Ib.* 838 A–B. **g** 956 meo adoptivo ~enti .. Ælrico xx mansas .. concedo *CS* 941. **h** ecclesiastici ~entes et pastores filios .. ad divini pabuli predas paulatim erudiunt GIR. *TH* I 12 p. 35. **i** otiositas .. est .. omnium malorum ~ens AILR. *Inst. Inclus.* 9; ratio scientie virtutumque ~ens, altrix, et custos J. SAL. *Met.* 827A–B; 1166 fortuna novorum ~ens et fama nutrix .. eventuum *Id. Ep.* 146 (165); ardor .. igneus, lucis ~ens comesque individuus J. FORD *Serm.* 108. 6.

2 ancestor, progenitor.

duce Ambrosio Aureliano .. qui solus forte Romanae gentis tantae tempestatis collisione occisis in eadem ~entibus purpura nimirum indutis superfuerat GILDAS *EB* 25; Hilarion .. ethnicis ~entibus idolorum culturae deditis oriundus ALDH. *VirgP* 29 p. 266; ortus erat quidam clara de stirpe parentum WULF. *Swith.* I 1496; ~entes ejus [Odonis] tempore regis Elfredi Angliam infestaverunt W. MALM. *GP* I 14; Chunutus junior .. in Angliam quam ~entes sui Suenus et

Chunutus olim sibi subjugarant venire .. disponebas ORD. VIT. VII 11 p. 202; a1163 pro animabus omnium ~entum meorum et benefactorum *Reg. Paisley* 1.

3 relative, kinsman.

contribulus .. consanguineus, *mæg, gelanda*, ~ens, *gesib* GlH C 1648; **961** pro se et omnibus ~entibus suis natis et nondum natis *CS* 1065 p. 287; siquis .. domum habens sine ~entibus ibi vitam finierit (*Oxon*) *DB* I 154vb; congregantur ~es occisi et praedantur eum qui occidit (*Heref*) *Ib.* 179rb; c1135 si non habet filium vel proximum ~entem (*Bury St. Edmunds*) *BBC* 69; **1259** si terra que tenetur in sockagium sit in custodia ~entum heredis eo quod heredes infra etatem fuerint .. *StRealm* I 10; adventitia dos dici poterit maritagium quod ab aliis datur quam a patre et matre sive ~ens sit vel extraneus BRACTON f. 92v; ~entes propinquores, qui hujusmodi custodias habuerunt *Leg. Ant. Lond.* 232; si voluerit filius honorem facere patri, convocat amicos suos et ~entes [ME: *his kynrede*] *Itin. Mand.* 119.

4 (? passing into proper name).

a1158 hiis testibus .. Ricardo dispensatore, ~ente, et pluribus aliis *Ch. Westm.* 258; a1158 Gaufrido filio ~entis *Ib.* 270.

2 părens v. 1 parere.

parentalia [cf. CL parentalis, LL parentela], kin, family, kinsfolk (collect.).

1380 item [lego] medietatem lane mee ad distribuendum inter mediocres de ~ia mea et alios maxime indigentes *Test. Karl.* 144.

parentalis [CL], **parentelis** [AN *parentel* < parentalis]

1 of, connected with, belonging to, or characteristic of a parent, parental: **a** (of property); **b** (of lineage); **c** (of abstr., also transf.).

a 1284 bona propria vel ~alia PECKHAM *Ep.* 589 p. 816. **b** ex quarta .. ~alis propagationis columna GIR. *PI pref.* p. lviii. **c** puellam hospitum .. letifer languor corripit .. amor ~alis .. omnes ad compassionem concitat Gosc. *Transl. Mild.* 28; c1211 utinam diu et bene valere possitis et ~ali filios affectu diligere (*Ad Menevensem episcopum*) GIR. *Ep.* 6 p. 240; c1415 vestre ~eli discrecioni .. clareat quod .. *FormOx* 431.

2 (w. ref. to Adam and Eve as the first parents of mankind).

928 (12c) qui .. humano generi prima ~i maledictione postposita subvenire dignatus est *CS* 663 p. 340.

3 dedicated to dead ancestors; (as sb. n. pl.) Parentalia, Roman festival of the family dead.

~ia, dies festi paganorum *GlC* P 167.

parentalitas [LL], kinship (by blood), consanguinity.

parentela, ~as, cognatio, consanguinitas, congermanitas, contribulitas OSB. GLOUC. *Deriv.* 481.

parentaliter

1 as a (blood) relative.

dum de uno sumus omnes .. commendatur ut .. per mutua cognationis vincula copulati, ~iter nos amemus PULL. *Sent.* 726B.

2 by way of (blood) kinship or common ancestry.

catulum tyrannicum cruentissimis a tyrannis ~iter exortum GIR. *PI* II 31 p. 328.

parentare [CL = *to perform rite at the Parentalia*], ~ari

1 (intr.) to act as parent (also fig.).

uxor Ade .. primo peccato prima solvit jejunia ... ~avit inobedientia [v. l. inobedienciam] que .. non absistet expugnare feminas MAP *NC* IV 3 f. 44v; ~o, *to fadren & madren* Medulla f. 47v.

2 to imitate or resemble parents.

~are [v. l. ~ari], parentes imitari OSB. GLOUC. *Deriv.* 481.

3 to appear as inherited feature or sim., be inherited.

quem pater in oculo casuali lesione sustinuit, eadem in parte defectus in filio ~avit GIR. *IK* II 7 p. 132.

4 (trans.) to beget, give birth to, produce (in quots., transf. & fig.).

corve decore decens superas splendore parentes [*ed.* Hervieux: cignum candore parentas] WALT. ANGL. *Fab.* 15. 3; equum suum .. obtulit comiti scandendum sua reputans pretiosiorem comitis salutem. factum consimile vereor rarissimos ~are sequentes *Itin. Ric.* IV 33 p. 301; uxor Ade .. ~avit inobediencia [v. l. inobedienciam] MAP *NC* IV 3 f. 44v (v. 1 supra).

parentatim, through one's ancestors, from parent to child.

inventiones .. plurime devolute sunt ad nos ~im a primis MAP *NC* I 1 f. 7v.

parentela [LL], ~us

1 consanguinity, kinship by blood; **b** (established by marriage).

ut spiritualis et incircumscripta necessitudo carnali et corruptibili parentellae praeferatur ALDH. *Met.* 4 p. 74; cum .. sanioris effectus esset intelligentiae .. ejusdem pontificis almitati gratia saluberrimae doctrinae causaque ~ae [cf. ib. 7: propinquus ipsius .. Ælfheagus .. praesul] .. adhaerebat B. *V. Dunst.* 8; quoadusque ~a ex alterutra parte ad septimum gradum perveniat W. MALM. *GP* I 42 p. 68; ~a, parentalitas, cognatio, consanguinitas, congermanitas, contribulitas OSB. GLOUC. *Deriv.* 481; ejus uxorem primam, objectu ~e separatam .. dux Henricus duxit R. NIGER *Chr.* II 167; cognationum sive ~arum alie sunt superiores, alie interiores, alie collaterales sive transversales *Fleta* 371. **b** 1220 inter carissimos in Christo filios nostros H. Anglorum et Scotie reges illustres sollempniter est contracta *Mon. Hib. & Scot.* 17b.

2 kin, family, kinsfolk (collect.); **b** (w. ref. to progeny or offspring); **c** (dist. from *progenies*); **d** (transf. or fig.).

omnis ~ae pia propinquitas et familiaris clientelae domestica sollicitudo *VirgP* 44 p. 297; **780** (11c) tamdiu fides Christiana in Brittannia perdurat sub Domino ac potestate parentillae meae *CS* 236; c1074 in regno vestro [Hibernia] perhibentur homines seu de propria seu de mortuarum uxorum ~a conjuges ducere LANFR. *Ep.* 37 (9); furenti ~e defuncti legalis placiti juditium obtulit W. MALM. *GP* III 132; **1231** mandatum est Ranulfo Britoni quod .. exeat terram regis Anglie, ipse et tota ~a sua *Cl* 599; appellum .. mulieris cujus maritus occisus fuerat et omnis ~i dicti viri nativi sui retrahi faciebat *Meaux* II 8; oret eciam pii lectoris benignitas ut Dei Omnipotentis et tam devote perentele benedicciones descendant [v. l. perentille et benediccione si descendant] super dictum serenissimum principem *Ps.*-ELMH. *Hen.* V 124 p. 322. **b** parentes vocat [*I Tim.* v 4] quos superius filios et nepotes. tota enim progenies ~a dicitur, unde et in mundana lege parentes parenti per gradum et parentellam succedere jubetur (LANFR. *Comment. Paul.*) *Powicke Studies* 29. **c** c1530 sunt de eadem progenie et ~a *Form. S. Andr.* I 367. **d** c1213 de Bricio de Werringeo pro ~a monachorum *DCCant.* (*Rent.*) f. 100.

3 (w. ref. to parentage, lineage, or ancestry).

vir bonae memorie .. comite nobili ~a *Lib. Landav.* 2; **1185** Cecilia est de ~a comitis de Redvers *RDomin* 48; s1322 idem comes de ~a excellenti et nobilissima procreatus est .. rex ob reverenciam dicte ~e remittit .. execucionem duarum penarum TROKELOWE 122; miles de Wintonia, Anglicus nacione, nomine Godwinus, veteris ~e ipsius [Eadgari] non immemor BOWER V 27; de cujus ~a a tempore regis Ethelberti usque ad hunc locum .. invenies linealiter explanatum ELMH. *Cant.* 215.

4 (blood-)relative, kinsman.

exaudi me .. clamantem ad te pro genitore meo .. et .. genitrice mea .. et fratribus .. atque sororibus omnique ~a ALCUIN *Liturg.* 493C; cui cum .. pater ejus et mater et sue magnates .. se secretius loquerentur MAP *NC* IV 14 f. 55; **1446** mencientes .. quod eorum parentes et consanguinei et ~i sunt et fuerunt Scotici nati et oriundi in Scocia *Cl* 296 m. 30d.

parentelis v. parentalis.   **parentella, parentellus** v. parentela.   **parenteticus** v. parentheticus.

parenthesis [LL < παρένθεσις], (gram. & rhet.) parenthesis. *Cf. et. interpositio* 1c.

~is est interposita ratiocinatio divisae sententiae BEDE *ST* 158; per ~im usque LANFR. *Comment. Paul.* 246; cetera per ~in dicta sunt ANDR. S. VICT. *Dan.* 92; quod apud nos interpositio hoc in figuris ~is nuncupatur GERV. MELKLEY *AV* 80; mihi .. minus durum videtur si .. verbum per ~in legatur LINACRE *Emend. Lat.* xxxix v.

parentheticus [LL parenthesis < παρένθετος + -icus], that can be interposed.

dum .. bellaria parentetica pro necessitate aut dignitate personarum .. primis mensis licuerit immiscere. solemnia .. pulmenta sunt que in omnes pertranseunt et a Grecis catholica .. nominantur. parentetica sic dicta eo quod solempnibus, id est universalibus particulariter soleant interponi J. SAL. *Pol.* 734C.

parentia, parientia [LL], obedience.

801 pro ejus beneplacabile pecunia simul et devoti famulatus sui ~ientia *Ch. Roff.* 16; **804** spondeo tibi .. capiti meo honorem debitum atque ~entiam devotam in cunctis quae exigente quavis necessitate aecclesiastica jusseris exhibiturum humiliter *CS* 315.

parenticida [CL], one who kills one's parent(s), parenticide (m. & f.).

hec, hic ~a, qui vel que occidit parentes *WW*.

parenticidium [LL *gl.*], (act of) killing of one's parent or blood-relative, parenticide.

parricidium dicitur non solummodo patris vel matris interfectio .. sed et reliquorum qui valde affines parentes sunt, et secundum hoc dicitur parricidium quia ~ium BART. EXON. *Pen.* 48 [=ROB. FLAMB. *Pen.* 252: quasi ~ium].

parentilla v. parentela.

parentinus [CL parens+-inus], of or pertaining to a parent, parental.

quia ~a viscera suis filiis necessitate compulsis sepius sunt roganda *Dictamen* 374.

1 parēre [CL]

1 to obey, comply with, follow (usu. w. dat.): **a** (person or person's command, advice, or sim.). **b** (law, regulation, or sim., *~ere juri* or *recto*) to undergo due legal process; **c** (w. acc.); **d** (pass., dep., or impers.); **e** (intr. & absol.).

a quattuor fuerunt milites qui Dominum crucifigentes praesidi ~uerunt *Comm. Cant.* III 118; quae prius obstiterant regi parere nefando ALDH. *VirgV* 1060; se jussis illius ~ere nolle pronuntiabat BEDE *HE* I 7 p. 19; saepe meis, fateor, parebas phronime dictis FRITH. 1027; parebis matri presertim recta monenti J. SAL. *Enth. Phil.* 1641; mens sancti discreta viri, parere parata / majori, parere pari, parere minori H. AVR. *Hugh* 324–5; pater .. ipsam sibi ~ere renuentem .. precepit eam in desertum solitudinis remote duci vel potius trahi *V. II Off.* 6. **b** ut dicent: se sic non indiffinite respondisse sed his tantummodo ~iturum que contra canonum decreta non essent W. MALM. *GP* III 105; **1201** et appellati sint coram justic' itinerantibus ~ituri recto (*JustIt* 1171 m. 14*d.*) *Pl. K. or J.* 744; dedit in mandatis vicecomiti quatinus .. judices .. cogeret de contemptu regis in ipsius curia juri ~ere, quare in injuriam corone ipsius talia presumpsissent *Meaux* I 295. **c** cui rex precepit ut privilegium componeret, quod libentissime paruit BYRHT. *V. Ecgwini* 380 (*recte* 370). **d** sanctificare .. digneris haec linteamina .. ad consecrandum super ea .. dignisque ~eantur famulatibus EGB. *Pont.* 44; si ejus ~itum esset consilio W. FITZST. *Thom.* 22. **e** transfretans insulae ~endi leges nullo obsistente advexit GILDAS *EB* 5; ~eo .. domine mi GOSC. *Transl. Mild.* 21 p. 183; sociorum petitio .. ut officium docentis aggrederer ~ui J. SAL. *Met.* 868D; ~ere paratior quam imperare GIR. *EH* I 27.

2 to serve, be at one's bidding, be in office, perform service.

fungitur, ~et, deservit *GlC* F 432; **1215** aliquis ex his qui mihi ~ent *Ch. Str. Marc.* 53; s**1388** non ut omnino dimissos, sed parliamento proximo ~ituros WALS. *HA* II 173.

3 to appear, be visible, evident; **b** (w. indir. qu. & subj.).

virginitas summo virtutum vertice paret [v. l. floret] ALDH. *VirgV* 100; ita ut .. tenuissima tunc cicatricis vestigia ~erent BEDE *HE* IV 17 p. 246; bone Jesu .. dones .. aliquando ad te fontem omnis sapientiae pervenire et ~ere semper ante faciem tuam *Ib.* V 24 p. 360 [cf. et. W. MALM. *GR* I 56: v. l. placere]; perhorrescit .. eam, que in facie ~et, infelicitatis effigiem AILR. *Spec. Car.* I 22. 64. 525; s**1193** quid celo parent sidera / cum sol eclipsim patitur? (*De captivitate regis Ricardi*) *EHR* V 320. **b** hic virtutum habitus .. nescientibus videtur contemptibilis sed in futuro qualis fuerit manifeste ~ebit BEDE *Prov.* 1036.

4 to appear or be perceived as, seem. **b** (of water, w. ref. to taste).

vilis quidem .. in oculis persequentium ~eo sed ante Deum veritatis confessione gloriosa refulgeo BEDE *Cant.* 1088; pauperes vocat humiles et qui pro contemptu rerum visibilium .. huic mundo despicabiles ~ent *Id. Ep. Cath.* 19; quod paret solidum ostendit [mors] fragile / quod paret ferreum, ostendit fictile WALT. WIMB. *Sim.* 139. **b** aqua .. permixta .. amara ~ebit BEDE *Ep. Cath.* 29.

2 parĕre [CL]

1 (of female mammal or woman) to give birth, to bear; **b** (w. ref. to the Virgin birth of Jesus Christ). **c** (w. Jesus Christ as subj.). **d** (pr. ppl. as adj.) who can give birth, fecund. **e** (pr. ppl. as sb.) (female) parent. **f** (intr. & absol.).

pepererat regina filiam regi BEDE *HE* II 9 p. 99; sicut .. vulpes foveas habent ubi latenter catulos ~iunt et nutriunt ANSELM (*Ep.* 232) IV 138; **1221** A. le F. verberavit W. uxorem W. le S. pregnantem et W. vir suus imposuit ei quod puer in ventre mortuus fuit per hoc, quia peperit infantem mortuum; et ideo A. custodiatur *PlCrGlouc* 16; promittitur Abrahe quod Sara ~iet ei filium [cf. *Gen.* xvii 19] AD. DORE *Pictor* 151; sicut .. leo ~it fetum suum mortuum T. CHOBHAM *Praed.* 275; s**1318** Isabella regina peperit filiam nomine Ysabellam *Ann. Paul.* 283; multos .. patiet [l. pariet] pueros quorum gaudio letificabitur J. FOXTON *Cosm.* 64. 1. 1. **b** si .. Mariae virginitas incarnatum Dei Verbum caelesti puerperio peperit ALDH. *VirgP* 13 p. 243; Christus Jesus qui sine peccato est conceptus et partus BEDE *HE* II 19 p. 124; vitam peperisti / vice media / mater cum fieres. / vale, mater Christi LEDREDE *Carm.* 3. 22; parens partum peperisti / Jesum Dei Filium *Ib.* 31. 1. **c** Jesu .. tu prius illos et quod pepererunt parturiendo mortuus es et moriendo peperisti ANSELM (*Or.* 10) III 40. **d** ceteras .. mulieres generalis maledictio, tam ~ientes quam steriles, involvit BALD. CANT. *Serm.* 13. 42. 476. **e** assiste et obsequere ~ienti AILR. *Inst. Inclus.* 29; vulgo dici solet: ~ientis gemitus, risus annotinus BALD. CANT. *Serm.* 17. 13. 503; **1236** cum nativitas solam habeat penam nullamque peccati immunditiam ex parte ~ientis sive ex parte partus GROS. *Ep.* 23 p. 88. **f** mulieri quoque licet per omnia ante communicare quando debet †peperire [vv. ll. peperere, parere; l. parere] THEOD. *Pen.* II 12. 4; dicendo non posse fieri .. ut virgo intacta ~iat BEDE *Ep. Cath.* 107; ~io, -ris, peperi, partum [v. l. partu] vel paritum, -tu, verbum neutrum OSB. GLOUC. *Deriv.* 407; si peperit, cum aliquo concubuit J. SAL. *Met.* 871A; filie hujus seculi .. in peccato concipiunt, in dolore ~iunt [cf. *Gen.* iii 16] P. BLOIS *Ep.* 55. 167B; cum .. lena ~it, tribus diebus dormit fetus ejus T. CHOBHAM *Praed.* 280; per hoc innuens quod aliqua mulier esset paritura non suscepto semine *Id. Serm.* 12. 47vb; **1278** Magge le C. peperit extra matrimonium per R. filium T. M. finis amborum vj. d. *SelPlMan* 92; matrices, si que pregnantes remanserint, non permittit quivis in hyeme parire, ne per asperitatem algoris sibi anticipentur suorum tempora produccionis porcellorum *Fleta* 169.

2 (of reptile).

vipera .. eo quod vi ~iat ita nuncupatur *Lib. Monstr.* III 18; dicitur vipera quasi virtute ~iens quia cum ~it in ipso partu se ipsam disrumpit OSB. GLOUC. *Deriv.* 599; vipera dicta quod vi ~iat. nam .. cum venter ejus ad partum ingemuerit catuli .. corrosis ejus lateribus erumpunt *Best. Ashmole* f. 79.

3 (of male mammal or man) to father, to sire.

si puellam Dei maculaverit iij annos peniteat .. licet ~iat an non ~iat filium ex ea THEOD. *Pen.* I 14. 11.

4 to bring forth, produce: **a** (of tree); **b** (of soil); **c** (fig., of thought).

a sepe .. ~it amigdalus flores T. CHOBHAM *Serm.* 23. 93rb. **b** nam pinguis humus imbuta fluentis Ittone fluminis colubros et serpentes ~iebat ORD. VIT. V 7 p. 331. **c** **1327** partes illas .. adire numquam mens concepit nec peperit cogitatus *Lit. Cant.* I 234.

5 (transf. & fig.; sts. w. ref. to acquiring, securing, or sim.) to create (as if by birth), bring (into being), cause (to appear): **a** (person); **b** (artefact or money); **c** (w. ref. to *Prov.* xxvii 1); **d** (abstr.). **e** (p. ppl. as sb. n. pl.) created or acquired things. **f** (intr. & absol.).

a ex duobus .. populis Judaeorum sc. et gentilium fons salutaris quos abluit et caelesti mysterio ~it colligit BEDE *Cant.* 1191; non enim monachi clericos pepererunt set clerici monacos produxerunt LUCIAN *Chester* 68; ecclesia de gentibus multos peperit Christo S. LANGTON *Ruth* 125. **b** sic male captanti male parta pecunia genti: / quamvis multa nimis non facit ipsa satis L. DURH. *Dial.* II 301; cum .. per universas suarum partium ~tas munitiones viros defensabiles disposuisset DEVIZES f. 43. **c** contristas me, miser, nesciens quid ventura ~iat dies W. MALM. *GP* II 75 p. 164; nec quid ei ~iat crastina dies previdere poterit ORD. VIT. X 23 p. 139; **1166** nescitis quid ~iat ventura dies J. SAL. *Ep.* 185 (184 p. 220); ?**1312** quid ventura sibi dies pariat non recolens (*De Morte P. de Gaveston*) *Pol. Songs* 260. **d** sic omnis correptio .. qua sancta exercetur ecclesia amara quidem videtur ad praesens sed fructum ~it in futuro dulcissimum BEDE *Cant.* 1185; Normanni comitis divulgabatur claritudo ~ta in illa expeditione W. POIT. I 11; veriti ne opus earum domino suo offensam ~eret ALEX. CANT. *Mir.* 42 (II) p. 241; non .. fatiam ut alieno labore ~tam gloriam in me transferam W. MALM. *GR* IV 351; ut meditatio affectum excitet, affectus desiderium ~iat AILR. *Inst. Inclus.* 33 p. 681; concepi dolorem et peperi iniquitatem [cf. *Psalm.* vii 15] BALD. CANT. *Serm.* 17. 13. 503; ut .. invitis auditoribus fastidia ~iant tediosa GIR. *TH* III 11; leges .. mirabiliter fecunde concipiunt divicias et ~iunt dignitates HOLCOT *Wisd.* 3. **e** nummos rapere sed non ita cupide ~ta abscondere, quinimmo et citra et ultra mare res ecclesie dilapidare W. MALM. *GP* V 265; sit qui modo ~ta conservet; ego ad legendum multa congessi *Ib.* 271; pariat licet multa memoria .. nulla tamen delectatio si non ad ~ta vel nota ipsius fiat voluntatis conversio AILR. *Spec. Car.* I 4. 10. 508. **f** quia crimen imputatur / donec nummus offeratur / donec bursa pariat WALT. WIMB. *Van.* 62.

parergon [CL < πάρεργον=*additional or secondary business*], (understood as) leisure, freedom from business or work.

ergis enim labor dicitur, sed ergon opus est, inde ~on, i. extra opus, i. ocium *Alph.* 100.

paresceue v. parasceue.

parethrus, parethus v. paredrus.

parex, kind of bird, skylark (*Alauda arvensis*).

perdix, frigellus, parex [*gl.*: *lark*], tremulus, amarellus *Dieta* 56.

pargagium v. parcagium.

pargamen- v. pergamen-.

pargere [ME *pargeten*, OF *parjeter*, cf. ML parietare], to cover or decorate with plaster, to daub, parget.

1366 [*in pargetting*] pargend' [*the wall*] pariet' [*of the said bridge*] *Rec. Leic.* II 141.

pargettare [ME *pargeten*, OF *parjeter*; cf. ML parietare, perjactare], to cover or decorate with plaster, to daub, parget.

1313 circa quendam murum de magna turri purjettandum *KR Ac* 468/20 f. 4; **1372** in stipendiis unius cementarii pargettantis cameram constabularii .. iij s. *MinAc* 1156/18 r. 1 m. 2; **1452** ad progettand' et dealband' muros petrinos (v. dealbare 1a).

pargettator [cf. ME *pargeten*, Early Modern English *pargetter*, ML pariet(t)are, perjactare], one who covers with plaster, plasterer, pargeter.

1314 pargettatores (*KR Ac* 478/1) *Building in Eng.* 191.

pargettor [ME *pargeten*; cf. et. Early Modern English *pargetter*], one who covers with plaster, plasterer, pargeter.

1418 in vadiis j ~oris conducti ad pariettandos muros cancelle *Rect. Adderbury* 20.

pargina [OF *parge* < 2 parcus + -ina], pound for domestic animals, pinfold (Gasc.).

1289 inhibemus ne vacce .. de paregina ad pascendum ingrediantur .. infra metas .. per habitatores .. in .. retroactis temporibus observatos *RGasc* II 334b.

pargomen- v. pergamen-. **pargulum** v. pergula. **parhelia** v. parelion. **parhennitas** v. perennitas. **parhomoeon** v. paromoeon. **parhypate** v. parypate. **pari** v. peri.

paria [ML < CL par], **~ium**

1 pair: **a** (of animals); **b** (of artefacts).

a **1480** pro tribus ~iis pipionum vj d. *Ac. Chamb. Cant.* 134a. **b** **1212** comes in Kilingholm iij carucatas et †mididiam [l. dimidiam] quas Willelmus de Rideford' tenet per servicium j ~ie calcariarum deauratarum pro omni servicio *Fees* 155; c**1235** reddendo .. unum ~ium calcarium deauratorum *Ch. Chester* 452; **1270** in j pira botarum empta ad comitem Edmundum *MinAc* 768/5 m. 2; **1421** pro .. iij ~iis sirotecarum *EEC* 486.

2 set (of objects not usu. in pairs).

1180 pro .. vj ~iis alborum bucellorum .. pro ij ~iis coffrorum *Pipe* 150.

pariagium v. paragium.

parias [CL < παρείας], kind of snake.

nec a me extorquebis ~ean prime parenti comparuisse, etsi nonnulli hoc evincere contendant NECKAM *NR* II 105 (cf. Lucan *Bellum Civile* IX 721: et contentus iter cauda sulcare parias).

paricida v. parricida. **paricidalis** v. parricidalis.

parious [dub.], one who makes public announcements, announcer.

hic ~us .. i. questor qui clamat in foro OSB. GLOUC. *Deriv.* 439; ~us, questor, preco qui clamat in foro *Ib.* 477.

pariegorizare v. paregorizare. **parientia** v. parentia. **parientinus** v. parietinus.

parieria [OF *parier* + -ia], equality of condition of tenure, common tenure, co-tenancy.

c**1200** dimisit terram suam .. pro quadraginta marcis et viginti solidis ad firmam et non ~iam tenendam *SelCCant* 15; eandem terram recepit ad firmam non ad ~iam *Ib.* 16.

parierius [ML; OF *parier* + -ius], one who shares equal condition of tenure, co-tenant.

1289 possessiones que .. protenduntur a terra Belli de Casanova et ~iorum suorum usque ad feoda .. domini regis *RGasc* II 463a.

paries [CL]

1 (inner or outer) wall (also f.): **a** (dist. acc. use or sim.); **b** (dist. from *maceria* or *murus*); **c** (w. ref. to *Is.* lix 10); **d** (w. ref. to *Dan.* v 5); **e** (sg. & pl.; by synecdoche, w. ref. to house, dwelling, or sim.); **f** (in phr.); **g** (in fig. context or fig.); **h** (in place-name).

a stilio .. omnem ~etem potest penetrare *Comm. Cant.* I 361; ut nullum paries mingentem lotia nosset ALDH. *VirgV* 2532; [Minotaurus] domum illam Cretae egredi non potuit quae mille ~etibus intextum errorem habuit *Lib. Monstr.* I 50; ita ut ipsum tentorium ~eti haereret ecclesiae BEDE *HE* III 17 p. 160; resurrectionis Dominicae rotunda ecclesia tribus cincta ~etibus, xij columnis sustentatur *Ib.* V 16 p. 318; sed pedibus populi fuerant calcata sepulchra / nec paries cinxit, ut decuit patribus ALCUIN *Carm.* 99. 13. 6; adeo .. sollicitudinis vacuus, ut .. ipse sopori ad ~etem reclinatus indulgeret W. MALM. *GP* I 49 p. 88; totum oppidum, preter ~etem unum ubi campana pendebat, igne proprio consumptum est GIR. *IK* I 1 p. 18; si hii tacuerint, lapides clament et Dei magnalia pictus quodammodo ~es eloquatur AD. DORE *Pictor* 143; **1202** inventus fuit noctu sub ~ete thalami ad faciendum ei dedecus *SelPlCrown* 44; **1206** nequiter fregit ~etes cujusdam domus ubi bladum suum fuit *Ib.* 50; si videret lupum depictum in ~ete, timeret et fugeret T. CHOBHAM *Praed.* 204; claro parietes [celice civitatis] bervlo transparent J. HOWD. *Cant.* 184; **1275** de quo due columpne cornereie cum tota ~ete stant super eandem viam regiam *Hund.* I 413b; hec sunt partes domus principales hoc tectum, *feste.* hic ~es, *paroit.* hoc fundamentum, *fundement Gl. AN Glasg.* f. 20ra; **1320** in emendacione ~etis aquatice, ij d. *KR Ac* 482/1 m. 4d.; **1374** *stures* cum pertinenciis pro mediis ~etibus [*? partition-walls*] in .. cameris *Arch. Hist. Camb.* I 238. **b** fructiferas arbores succiderunt, macerias et ~etes deicerunt ORD. VIT. X 10 p. 62; super portam Ulai vel inter ejusdem porte muros vel ~etes ANDR. S. VICT. *Dan.* 75; caput .. quod postea Beneventum delatum in ~ete muri dicitur fuisse reconditum *Natura Deorum* 18. 8; **1288** W. de R. fecit purpresturam per quendam murum lapideum .. B. de B. fecit purpresturam dom. regi per quandam ~etem *Leet Norw.* 15. **c** mutilus .. Cornificius ~etem solidum cecati more palpans J. SAL. *Met.* 857A. **d** flexis litterarum apicibus in quadrata ~etis pagina caraxatis ALDH. *VirgP* 21 p. 251; exposita quam in ~ete articulus manus exaravit scriptura, jussit Balthassar ut Daniel purpura indueretur ANDR. S. VICT. *Dan.* 6. **e** angustos ~etes reliquit pauperum, augustiorem repetens thronum W. MALM. *GR* IV 337; nam tua res agitur paries cum proximus ardet ANDR. S. VICT. *Dan.* 66 (=HOR. *Ep.* I 18. 84). **f** quod .. in communi modernorum usu ~etes scolarum nusquam egreditur J. SAL. *Met.* 918D; unus .. ~es domum facere non potest T. CHOBHAM *Serm.* 20. 97ra; **1277** nunquam auditus fuit clamare infra quatuor ~etes (*CoramR*) *SelCKB* I 33; **1472** ad primam .. nimis tarde veniunt in chorum, et cito post incepcionem psalmi Quicunque vult a choro recedunt vagantes in ecclesia ~etes salutantes (*Vis.*) *Fabr. York* 251. **g** ita corpus Christi humanitatis suae .. restaurans ~etem in semetipsos quem in Adam .. diabulus .. ruinaverat THEOD. *Laterc.* 13; jactis jam rethoricis fundamentis et constructis prosae ~etibus ALDH. *VirgP* 60 p. 321; ~es .. qui ab ejus aspectu nos secludit ipsa est mortalitatis nostrae conditio BEDE *Cant.* 1109; ~es spes est postquam igitur quis spem habuerit .. jam surgunt ~etes ALEX. CANT. *Dicta* 20a p. 195; manum quoque ad recte scribendum reddit idoneam, acuit et visum ut ei ~es littere densioris aut velum multipliciter elaboratum obstare non possit J. SAL. *Met.* 852A; hec est virtutum series / unde surgit spes paries / ex fide fundamento P. BLOIS *Carm.* 27. 21. 122; donec ~es iste peccati et mortis me et dilectum meum ab invicem separet J. FORD *Serm.* 96. 2; textus fundamentum est super quod debet construi edificium et postea possunt superaddi glose sanctorum et .. auctoritates philosophorum morales ad erigendum ~etes et tecta T. CHOBHAM *Praed.* 274. **h** usque ad mingentem ~etem [*perh. 'Pissing Lane' in London*] AD. MUR. *Chr.* 86n.

2 wall-like formation or structure: **a** (anat., usu. w. ref. to membranous coating or lining tissue); **b** (in riddle, of eggshell); **c** (of artefact).

a ex gaudio sic fiunt lacrime .. dum anima gaudet, dum ~etes cranei comprimuntur emittit a se humiditatem dum ad centrum fortiter reducitur *Quaest. Salern.* N 56; aperiri aut .. claudi ad ~etes palati *Ps.*-GROS. *Gram.* 23. **b** vidi filium [i.e. *chick*] cum matre [i.e. *hen*] manducantem cujus pellis [i.e. *membrane*] pendebat in ~ete [i.e. *eggshell*] *Ps.*-BEDE *Collect.* 18. **c** exterior lateris paries coit integer; intra / calceus admisso spatio discedit HANV. II 99.

3 (transf. or fig.): **a** (w. ref. to partition, division, or faction). **b** side or branch (of family).

a ~etem veteris inimicitiae inter Deum et hominem OSB. CLAR. *Anna* f. 47; erat quippe quasi ibi partita de Wallensibus Menevensis ecclesia, duos habens ~etes valde diversos et .. hostilitate contrarios, Jone sc. posteritatem et Johannis GIR. *JS* VI p. 312; facta est inter nos magna dissensio et multi ~etes facti sunt *Chr. Evesham* 110. **b** huic ab utroque ~ete [v. l. parente] virtus originaliter inserta suo in tempore degenerare non poterit GIR. *TH* III 52 p. 199.

1 parietare [ML], to provide with a wall or walls, to wall.

similiter domus est fundamentata bene dicitur, vel ~ata .. hoc est, quod habet fundamentum vel parietes vel cujus pars est fundamentum vel paries KILWARDBY *OS* 316; *to walle*, meniare, murare, ~are *CathA.*

2 parietare, pariettare, [ME *pargeten*, OF *parjeter* < ML perjactare; *also assoc. w.* 1 parietare], to cover or decorate with plaster, to plaster, parget.

1299 in parietibus ejusdem [domus] plastrandis, ~etandis et dealbandis ad tascam (*Ac. Pyrford*) *Surrey Rec. Soc.* XV 79; **1390** parietand' [*a party-wall*] (*KR Ac* 490/4) *Building in Eng.* 191; **1417** pro muro dicte cancelle de novo ~ettando *Rect. Adderbury* 18; **1418** ad ~ettandos muros cancelle *Ib.* 20; **1575** ~etiendo unum lintrum sive naviculum Anglice *a keele* in dicto strato (*CourtR Peterborough*) *Northants Rec. Soc.* XVIII 74.

parietarius [CL]

1 of or concerned with walls, wall-.

litores ~ii, *dawbers*; gipsatores ~ii, *plasterers* WHITTINGTON *Vulg.* 67.

2 (as sb. f., bot.): **a** pellitory of the wall (*Parietaria officinalis*). **b** mouse-ear, hawkweed (*Hieracium pilosella*). **c** stone-crop, wall-pepper (*Sedum acre*). **d** (*~ia major*) dropwort (*Filipendula hexapetala*).

a elixione, i. nigrane vel perditia vel nigragine vel vitragine vel perdicalis seu peritraria vel paritaria *Gl. Laud.* 611; elchine, i. paritaria sive vitragi *Ib.* 619; perdiciadi, i. paritaria *Ib.* 1132; balneatur patinus in aqua decoctionis paritarie usque ad umbilicum GILB. I 74v. 1; recipe foliorum viol' malve utriusque .. paritarie, volubilis majoris *Ib.* II 85. 1; fricentur palpebre interius cum foliis paritarie *Ib.* III 142 v. 2; ad idem valent .. peritaria petro apium etc *Ib.* VI 255. 1; paratoria *oþer lithwort other hemwort MS London BL Sloane 5* f. 40rb; paritoria, G. et A. *paritorie Ib.* f. 102a; paritoria .. herba muralis, *paritorie* .. *walwort MS BL Sloane 282* f. 172ra; paritaria, vitriola idem, *lythewort, hemerwort MS Oxford Bod. Lib. Ashmole 1447* p. 212; paritaria .. A. *peretorye* vel *walwort MS BL Addit. 18752* f. 109v; herba muralis, paritaria idem. *Alph.* 80; peritoria, A. *perytorye WW*. **b** paritaria A. *mousere MS London BL Sloane 5* f. 10va; paritaria, A. *mousere*, G. *peluetre MS Oxford Bod. Lib. Digby 29* f. 43. **c** paritoria .. *stonehoue MS BL Sloane 282* f. 172ra; paritaria, *stoncrop* STANBR. *Vulg.* 11. **d** paritoria major, *dropwort MS Cambridge Univ. Lib. Dd. 11. 45* f. 112.

parietas v. paritas.

parietinus [LL; CL *as sb. f. pl. only*]

1 (as adj.) of a (ruined) wall.

potest quidem talis qualis esse quasi lutea seu ~a et ruinosa quedam conjunctio, mox mox ad primam et modicam aquarum inundationem, seu ad primum et brevem aquilonis flatum dissolvenda H. BOS. *Thom.* III 21 p. 262.

2 (as sb. f. sg. & pl.): **a** ruined wall(s). **b** wall(s). **c** (w. *ruina*).

a desertinis, parientinis *GlC* D 55; ~ae, *roflease and monlease ealde weallas* ÆLF. *Gl. Sup.* 186; **10..** ~ae et capella adhuc stans et nemus episcopi *Reg. Plympton* 169; dum .. inter ~as ubi fecundior herba esset encubaret ORD. VIT. VI 10 p. 111; parienna, -ne, i. ruina parietum quod etiam hec ~a dicitur OSB. GLOUC. *Deriv.* 423; justa quod, ~is interjacentibus [v. l. intereacentibus], patebat xenodochium [v. l. exenodochium] AD. BALSH. *Ut.* 50. **b** in ~is templi plures lapides adamantini .. reconditi .. ferrum .. sustinent NECKAM *NR* II 98 p. 183; a maleficiis .. in .. monasterii ~is nullo modo patrandis .. continerent *Croyl.* 24 (v. continere 5b). **c** **1295** tanquam verus opilio, repagula et menia circa ~arum seu maceriarum ruinas edificare satagens.

parietare v. parietare. **parifficare** v. parificare.

parificabilis [cf. LL parificare], (that can be made) equal (to): **a** (of person); **b** (of act or abstr.).

a qui delinquentem suo sibi qualifacit in gaudio substanciave ~em E. THRIP. *SS* II 4. **b** quod si sit verum [sc. si aliqua in quantum conveniunt, in tantum differunt], tunc aliquorum consequencia et eorum differencia sunt pares, et per idem quelibet privacio suscipiens magis et minus foret ~is suo positivo WYCL. *Log.* II 110.

parificare [LL]

1 to make or consider equal or similar.

~are, equare, conferre OSB. GLOUC. *Deriv.* 198; *to make evyn*'; congire, .. ~are. *CathA.*

2 to make equal in appearance: **a** (person); **b** (artefact).

a similitudo aliquorum duorum alium ~at alii velut si dicantur in albedine similes PETRUS *Dial.* 24. **b** has pomices mare portat ad littora et colliguntur a gentibus et inde murantur domus et ~antur [? l. parietantur] ut apud nos de lateribus M. SCOT *Part.* 297.

3 to make equal in length or duration.

mensuratur aliquid a tempore quia toti tempori adequatur et parifficatur et sic motus tali tempore mensuratur BACON VII 39; per consequens minus tempus ~ari [sc. posset] cuilibet majori in diuturnitate WYCL. *Log.* III 171.

4 to make or consider equal (to) in condition, dignity, importance, power, or sim.: **a** (person or animal); **b** (institution or sim.); **c** (act, artefact, abstr., or sim.); **d** (w. *ad*); **e** (w. *cum*); **f** (w. abl. or *in* & abl. to denote aspect of equality or comparison).

a ut quid ignavia te tantum occupavit ut Belino [fratri] subjectionem teneas cum idem pater et mater eademque nobilitas te ei ~et? G. MON. III 1 (cf. *Eul. Hist.* II 236); deorum .. minuunt reverentiam quod ~ant tibi J. SAL. *Pol.* 507A; licet autem multis calliditatibus naturaliter predita sit simia, absit tamen ut hominis ratione nobilitati possit ingenio ~ari NECKAM *NR* II 129 p. 209; amari cupio, non dominari, nec eciam tibi ~ari, sed ancilla fieri MAP *NC* IV 11 f. 52v; numquid tu sine patre natus mee nobilitati ~ari poteris? M. PAR. *Maj.* I 197 (cf. G. MON. VI 17: quid mecum contendis fatue? nunquid nobis eadem erit nobilitas?); fata parificant clitones spuriis / equatque consules mors coriariis WALT. WIMB. *Sim.* 81; s1339 ne, quoad legitimum gradum et ordinem succedendi, separentur in constitucione vel interpretacione juris quos quoad hoc ~at identitas racionis (*Lit. Regis*) AD. MUR. *Chr.* 94. **b** in elationem tantam .. evehi cepit quod [monasterium S. Augustini] monasterio S. Trinitatis in sede principali ~ari jam vellet aut preferri GIR. *Spec.* II 27 p. 85; cumque suum Eyneshamium regio Redigensi ~andum jactaret, regis indignacionem tantam incurrit, ut .. *Croyl. Cont.* A 127. **c** adeo ut humana tunc natura angelice ~etur excellentie PULL. *Sent.* 721B; si .. aliunde cor sentiret, ~ata erunt sensus et vita neque erit organum primum aliquod ALF. ANGL. *Cor* 10. 10; nullum genus ~atur sue speciei quia omne genus in plus est quam aliqua suarum specierum J. BLUND *An.* 39; a1273 fidei perfidia jam parificatur *Pol. Songs* 48; cum epistole sue [sc. pape] vel ~antur evangelia vel superant auctoritate (WYCL.) *Ziz.* 481. **d** tercio, quod [conjugii castitas] ~atur ad virginitatem HOLCOT *Wisd.* 158. **e** unum ~atur in predicacione cum ente DUNS *Metaph.* IV 2 p. 161; s1423 volumus vos in mercede ~are cum priore (*Lit. Papae*) AMUND. I 149. **f** volunt omnes omnibus .. prava consuetudine ~ari GIR. *DK* II 5; non oportet ab hoc inferiores ordines [sc. angelorum] ~andos esse superioribus in premio NECKAM *SS* III 69.1; non tamen creatura .. est coeterna Deo .. quapropter etiam ei non potest in mensura ~ari GROS. 148; comparaciones hujusmodi libertatum sunt nimis improprie ut ~entur in gradibus WYCL. *Dom. Div.* 162; non igitur bene dividit lex illa que bastardos a nativitate et legittimos ~at in hereditate paterna FORTESCUE *LLA* 40 p. 100.

5 to put together (so as to form a pair), to match (with); **b** (in marriage).

cantor processionem ordinabit et ad ostium chori socium socio ~abit, pro ordinatione processionis monachos de choro in chorum transponet *Obed. Abingd.* 372. **b** spem conceperat ducendi filiam meam .. quam quia nunc audit me mutata sententia Salomoni ~are opida munit MAP *NC* IV 15 f. 57.

parificatio [LL parificare+-tio], (act of) making equal or (condition of) being equal, equalization, equality: **a** (in length or duration); **b** (in condition, dignity, or sim.).

a licet ergo a parte post sit ~o quodam modo in duratione BACON XIII 391. **b** item debet esse utriusque ab altero mutua veneratio et superioris cum inferiori ~o J. WALEYS *Commun.* II 8. 3 f. 72vb.

pariformis [ML], of equal or similar form or manner.

alius hereticus Petilianus .. qui ~i arte callida circumvenire disposuit Augustinum NETTER *DAF* II 108vb; ?1460 nam fallax faciens mens, mores ac pariformes / concludunt mutuo quod sit quasi fraudis ymago (*Vers.*) *Paston Let.* 610.

pariformitas [ML], likeness or equality of form.

ad cujus probabilem confirmacionem veritatis subsequentis ~as elucessit (*V. J. Bridl.*) *NLA* II 71.

pariformiter [ML]

1 evenly, with equal appearance or consistency.

si [lac] siccatum fuerrit [*sic*] in modum per se ~iter, est signum masculi et si fuerit extensum et latere siccatum, signum est femine M. SCOT *Phys.* 18.

2 in like manner, likewise; (in list or document) also.

sed forsan ~iter argueret quis: libros in Latina nam [? l. non] esse legendos cum equaliter contingeret fore falsos BUTLER 401; sic ~iter plus est esse in se NETTER *DAF* I 30b; **1439** ut .. dileccionem in nos vestram ~iter consolemur BEKYNTON I 206; **1446** ideo et ipsi ~iter dimissi sunt *Cap. Aug.* 112; **1450** nec non de Machan unam, cujus quatuor marcharum sterlingorum .. et aliam .. cujus ~iter quatuor, et de Lanark aliam cujus eciam quatuor *Mon. Hib. & Scot.* 382a; et de futuris attemptandis pro nostra parte ~iter secundum effectum et formam treugarum per nostros marchiarum gardianos *RScot* 436a; ac etiam quod ~iter major, ballivi et inhabitantes .. permittent dictos inhabitantes .. venire et negociare in dicta villa *ActPCIr* 62.

parigoria v. paregoria. **parigoriare** v. paregorizare.

1 Parīlis v. Palilis.

2 parilis [CL]

1 equal.

~is, aequalis *GlC* P 51; hic et hec ~is et hoc ~e OSB. GLOUC. *Deriv.* 423.

2 equal or similar in number or magnitude.

rex .. episcopo docente in Deum confisus, sicut Barach et Debora, cum ~i manu hostem superbum invadens Deo adjuvante, cum parvo exercitu pro prostravit EDDI 20; hec voluptas jam inde a pueritia cepit, hec illecebra mecum ~ibus adolevit annis W. MALM. *GR* II *prol.*

3 equal or similar in quality, condition, importance, or sim.: **a** (of person, also w. abl. to designate aspect of equality or similarity); **b** (of act, condition, or abstr.).

a complices duo manebant proceres actu consimiles, facto ~es, quibus suppeditabant Sodoma et Gomorra uxoris nequissimae BYRHT. *V. Ecgwini* 382 (*recte* 372); cum dicimur ambo poete / experiamur nos, versus faciendo diurnos / nec tamen est parīlis, quia non a parte Parīlis: / sum puer, ipse vir es, majores sunt tibi vires M. CORNW. *Hen.* 33. **b** ansa contra ansam venit .. cum justi .. concordi ac ~i virtutum qualitate foederantur BEDE *Tab.* 429; quorum tamen intus conscientia in ~i virtutum sibi gratia concordabat *Id. HE* V 21 p. 342; Adrianum dico abbatem et Mildritham virginem ~i laude et dulcedine conspicuos W. MALM. *GP* I 2; nec ~i prosperitate .. beatificantur nec simili rursus infortunio conquassantur ORD. VIT. XI 33 p. 278; nec eorum quemquam levigat a supplicio multitudo laborans in ~i vicio quia non minus ardent per plures simul quam singuli injecti camino J. FURNESS *Kentig.* 2 p. 165; Mars et mors parili processu federa servant GARL. *Tri. Eccl.* 5.

4 appropriate, suitable.

digne quidem parili posthac donabere serto FRITH. 850; nec mora mellifluum Domini laudabile nomen / concentu parili pariter veneremur et illuc WULF. *Brev.* 693; vagatur congrue in medio urbis, ~i positione cunctorum, [Deus] forum voluit esse venalium rerum LUCIAN *Chester* 47.

5 of one's peers. *V. et. par* 12, *paragium* 3.

ex jure ~i, sive *parage*, Gallice, quod meo judicio privilegium potius dici debeat *Jus Feudale* 72.

6 situated so as to form a pair, (as sb. m.) fellow, partner.

c1440 frequenter .. inalterutrum se conspiciant ne quis ~em suum nimium precedat vel sequatur *Stat. Linc.* II 352.

1 parilitas [CL]

1 equality or similarity.

parilis .. et hec ~as OSB. GLOUC. *Deriv.* 423; c1240 paria paribus ~atem non invident GROS. *Ep.* 93.

2 equality or similarity in length, number, or magnitude.

adolescentula juxta ~atem natalium virum habens W. MALM. *GR* II 222; cera .. producatur extensa in ~atem lancee NECKAM *NR* II 173 p. 300; Libra .. equinoctialem mensis ~atem, id est Septembris, .. designat ALB. LOND. *DG* 8. 13; postquam ostendit diffuse quod in omnibus numeris et generibus numerorum nihil nos delectat nisi ~as vel equalitas quedam R. MARSTON *QD* 97; c1440 si plures persone fuerint ex parte una quam ex parte altera, per succentorem ad ~atem reducantur *Stat. Linc.* II 352.

3 (astr., of heavenly body).

computent .. habitudines stellarum, respectus, applicationes .. ~ates, et alia R. HOWD. II 298 (v. habitudo 2b).

4 equality or similarity in condition, dignity, or sim. (usu. w. gen. to designate aspect of equality or similarity); **b** (w. gen. to designate object of equality or similarity).

talis iste Nathanahel quem Dominus ob ~atem innoxiae conversationis ejusdem patriarchae meritis simul et nomine dignum ducit BEDE *Hom.* I 17. 265; reprobi enim vitiorum ~ate conjuncti unum antiqui hostis corpus efficiunt ALCUIN *Exeg.* 1107A; quorum [amicorum] primum .. quadam mihi morum similitudine et studiorum ~ate comparaveram AILR. *Spir. amicit.* III 119. 698; si tanta inveniatur obnoxietatis ~as GIR. *Symb.* I 7 (v. obnoxietas); nullo modo pseudoprophetas cum veris prophetis ~ate [vv. ll. ~atem, parcialitatem, paralitatem] sciencie [v. l. licencie] confuderunt [Aug. *Civ. Dei* XVIII 41] DUNS *Ord.* I 70; cujus caput aureum, pectus et brachia de argento .. describuntur. consimili quidem ~atis forma, pars illa prior in hujus libri capite .. resplendet *Croyl. Cont.* B 545. **b** non tamen aliquid Creatori dicitur coeternum quia .. ad ~atem ejus nihil omnino consurgere potest J. SAL. *Met.* 940C; princeps illiteratus .. ad ~atem litteratorum .. aut nunquam conscendet aut raro *Id. Ep.* 143 (209 p. 336); ipse .. ad predictam ~atem angelorum vehereretur FORTESCUE *NLN* I 41.

5 consistency, uniformity.

747 ut eandem monasterialis psalmodiae ~atem ubique sectentur (*Clovesho* 15) *Conc. HS* III 367.

2 parilitas v. personalitas.

pariliter [LL]

1 equally.

parilis .. unde ~iter adverbium OSB. GLOUC. *Deriv.* 423.

2 in equal measure or proportion.

diviserunt socam patris sui .. et equaliter et ~iter tenuerunt eam *DB* I 375rb; bona .. facies .. est ~iter dimensa BALD. CANT. *Serm.* 13. 8. 469D; erat .. accepto divinitus hoc beneficio ~iter ipsa facies dimensa *V. Edm. Rich P* 1790A; frons lata, cetera facies ~iter disposita, eo excepto quod sinistri oculi palpebra dimissior erat *Eul. Hist.* III 139; thesaurum suum inter se ~iter dividentes WALS. *YN* 150.

3 in equal degree or intensity.

conversum itaque et subversum tam hominem quam angelum diligit. sed aut ~iter aut dispariliter: si dispariliter, magis bonum, minus malum PULL. *Sent.* 693B; videbam .. collectos .. criminum parilitate .. ~iter estuare et ejulare sub penarum cumulis AD. EYNS. *Visio* 15.

parilus v. par 11. **parimentarius** v. parmentarius.

parimodo [al. div.], in like manner, likewise, also.

Deus dele delicta praesentia ~o multa imminentia ut extinguas maligni jacula *Cerne* 124 pari modo quales sunt uniuscujusque vie .. talem percipiet retribucionem ANDR. S. VICT. *Sal.* 20; transiit ad castellum de Knaresburgh quod ad pari modo deliberatum est quamvis difficilius in parte *Chr. Kirkstall* 132.

parionus v. panurgus.

paripellis [CL parare+pellis; *w. play on* ML pelliparius], furrier, tanner, or sim.

cum sint imbelles textores vel paripelles H. AVR. *Poems* 93. 9.

paripleumonia v. peripleumonia.   **Pariseus** v. Parisii.

Parisiacensis [CL Parisiacus + -ensis], of Paris, Parisian (in quot., of monetary unit). **b** (as sb.) inhabitant of Paris, a Parisian.

s**1279** recepturus . . xxx libras ~es (v. libra 5d). **b** fecit offerri c marcas [v. l. millia] ~ium DEVIZES f. 35·

Parisiacus [CL = *of the Parisii*], of Paris. **b** (as sb. m.) an inhabitant or a native of Paris.

in Stratone tenet Fulcherus ~us de Waltero Gifardo j hidam (*Beds*) *DB* I 211va; Angilbertus . . excusavit adventum ~i episcopatus vinculis teneretur W. MALM. *GP* II 75 p. 159; ab Agilberto . . tunc ~e civitatis episcopo *Hexham* I 21.   **b** Rotomagenses . . et ~i aliique cives seu rustici testes sunt ORD. VIT. XII 16 p. 349; Senonenses, ~i, et Aurelianenses *Ib.* 19 p. 366.

Parisiensis [CL Parisii + -ensis]

1 of Paris, Parisian: **a** (of person); **b** (of artefact, money, or activity); **c** (of dialect); **d** (in plant-name, assoc. w. OF *parais < paradisus*).

a sanctus Dionisius ~is pontifex ORD. VIT. V 4 p. 314; de Alberico Remensi et Symone ~i palam loquuntur J. SAL. *Met.* 832D.   **b 1252** muri sint de plastro Paris' *Cl* 290; nec fuit nutritus in studio ~i nec alibi ubi viget studium philosophie BACON *Tert.* 31; **1285** super triginta milibus librarum ~ium *RGasc* II 260a; **1299** summa sterlingi vj li. et ij d. ob Paris' *Househ. Ac.* 169; **1301** cum duobus caminis de plastro ~i *DC S. Paul.* 37a; s**1388** tecerat . . sibi barbam prolixam et longam artificiose, quam barbam barbam ~em vocabant KNIGHTON II 293; **1417** summa nij petri et dii nu qua computantur facte in candela Paris' pro hospicio *Househ. Ac.* 519; **1463** in . . ij duodenis candelarum Paris' vocatarum *midsomerlight* emptis *Comp. Dom. Buck.* 50.   **c** idiomata unius lingue ut Picardicum et Normannicum, Burgundicum, ~se, et Gallicum, una enim lingua est omnium, sc. Gallicana BACON *CSPhil.* 438.   **d 1328** v li. de grano ~i (v. granum 4).

2 (as sb.) inhabitant of Paris, a Parisian (sts. w. ref. to monetary unit); **b** (as title of book).

Walo preerat ~ibus ORD. VIT. VII 20 p. 390; **1279** percipiat . . ducentas libras ~ium ad expensas suas *RGasc* III *app.* p. 556b; **1429** dicta summa xxxj milia vjᶜvj li.xj s.iij d. ob. ~ium *Reg. Cant.* II 397.   **b 1434** lego . . unum librum vocatum Januensis super Evangeliis . . unum librum vocatum ~is secundo folio in sinu meo, unum librum vocatum Thomas de Veritatibus *Ib.* 514.

Parisii [CL = *Gallic tribe inhabiting an area round the river Seine*], **Parisius** [*decl. & indecl.*]

1 (pl., inhabitants of) Paris; **b** (*plastrum de ~iis*) plaster of Paris.

Theodorus profectus est ad Agilberctum ~iorum episcopum BEDE *HE* IV 1 p. 203; ~iorum urbem quatuor annis obsedit ORD. VIT. III 1 p. 7; Baiocas cepit, bis Parisios superavit; / nemo fuit Francis asperior cuneis (*Vers.*) *Ib.* V 9 p. 372; **14** . . villa de Parsyis *Scone* 209.   **b 1323** in j burs' plastri de Paris' empt' *Sacr. Ely* II 33; **1330** in petris et plastro de Paris' empt' ad emendand' petr' dicti molendini (*Ac. Ruckinge*) *DCCant.*; **1335** recepit . . unam capellam de plastro de ~is tendulis coopertam *Vis. S. Paul.* xvi.

2 (sg., also f.) Paris; **b** (assoc. w. or w. play on *paradisus*; cf. et. OF *parais < paradisus*); **c** (indecl.).

960 in aecclesia Dagoberti regis, citra ~ii urbem *CS* 1057; mittite nostras litteras Benedicto . . qui propter scholas moratur apud ~ium ANSELM (*Ep.* 104) III 237; in Meldis, civitate Frantie ab oriente ~ii posita W. MALM. *GP* III 107 p. 238; c**1245** capellanus . . venit a ~eo qui vidit nuncios . . apud regem Francie *RL* II 44; s**1321** comes de Penbrock desponsavit filiam comitis S. Pauli apud ~iam *Ann. Paul.* 292; s**1324** comes de Pennebrock . . juxta ~ium subito obiit *Ib.* 307.   **b** plangit Parisius, pangat super hunc paradisus (*Vers.*) ORD. VIT. V 19 p. 446; **1329** per empcionem j li. granorum de Paris' (v. granum 4).   **c** de equo lapsus et miserabiliter conquassatus apud ~ius mortuus est ORD. VIT. XII 48 p. 497; ~ius ante mensem elapsum obsidione cinget et te interius MAP *NC* V 5 f. 65v;

illud prophete . . quo dici solet ~ius fundatam esse super Secanam NECKAM *NR* II 49 p. 159.

3 (as adv., ~*ius* or ~*iis*): **a** in or at Paris. **b** to Paris.

a dominus noster ~ius remanserat H. CANTOR f. 17; Karibertus . . ~ius . . regni sedem sibi collocavit ORD. VIT. VI 9 p. 65; **1226** datum ~iis septimo idus Maii *RL* I 286; **1429** inter hospitalia et domos Dei tam ~ius quam per totam Normanniam *Reg. Cant.* II 396; neque Andegavis . . aliave universitate Francie preterquam solum ~ius [v. l. ~iis] FORTESCUE *LLA* 49 p. 120; **1517** iterum vale raptim Parrhisiis LUPSET *Ep.* 296; **1518** ~iis . . XIIᵉ die Novembris *Ib.* 298.   **b** appetiit fines Franciae gloriosae, perveniens ~ius, qui locus vernat ut Domini paradysus in omni re HERM. ARCH. 1 p. 28; ad juditium evocatus ~ius W. MALM. *GR* II 145; cum autem ~ius venisset, idoneum visum est H. CANTOR f. 17; eosdem ~ius adduci mandavit AVESB. f. 104.

Parisinus, of Paris; (as sb. m.) inhabitant of Paris, a Parisian.

s**1180** quod septem libras ~orum . . solveret (v. libra 5d).

Parisius v. Parisii.

parisma [dub.], thread that marks division in cloth, border, edge.

a *lyste*; forago, parisma *CathA.*

parissibilis [cf. OF *parissir*, AN *parissant*], that issues or comes out, apparent, visible.

sunt etiam aque frigide lacus magni nives etc unde substantia illius flamme ignis ~is in certis locis terre et maris non est aliquid quam vapor calidus et siccus violenter inflammatus a majore calore et siccitate M. SCOT *Part.* 296.

paristhmia [LL < παρίσθμια], abscess or inflammation of the tonsils, paristhmitis. **b** (understood as general) abscess or inflammation.

†perituma [l. paristhmia], i. apostema in guttere *Alph.* 139; †pirichuma [l. paristhmia] est apostema juxta ysinon [l. isthmon] *Ib.* 145.   **b** parituma [l. paristhmia], i. apostema et pannicula idem *Ib.* 135.

paritaria v. parietarius.

paritas [LL]

1 equality in magnitude, number, or proportion.

semper ab Deo consurgit cardine mundus / axibus immotis, signorumque erigit orbem / errantesque trahit stellas, totumque revolvit / in paritate more HANV. VII 448; est enim inter omnes ~as quedam medietatis equum jus in proportionibus conservantis BACON *Maj.* I 99; ad precentorem pertinet . . processiones ordinare . . et, ut ~as sit, et bini incedant, et equaliter, providere *Obs. Barnwell* 152; a**1360** nisi . . ex utraque parte . . foret ~as vocum *StatOx* 127.

2 equality in condition, dignity, or power; **b** (w. ref. to balance or stability).

si quis intendat rerum naturas velit nolit sentit non eas omnes contineri una dignitatis ~ate ANSELM (*Mon.* 4) I 16; nec in beneficiis attendes meritum nec in matrimoniis ~atem P. BLOIS *Ep.* 60. 181A; allegabat majoritatem Luelinus, parietatem Eduuardus MAP *NC* II 23 f. 32; ~as . . juris non aufert seisinam a tenente BRACTON f. 90; **1301** cause idemptitas et ~as racionis *Reg. Cant.* I 419; ad hoc, quod aliquis reprehendat alterum, non requiritur ~as meritorum OCKHAM *Dial.* 485; cum Deus producit Deum sicut et omnes raciones ydeales, sequitur ~as ambitus istarum trium personarum WYCL. *Ver.* II 118.   **b** lesis talionum exigere permittetur, excedere ~atem non conceditur PULL. *Sent.* 771D; reformatus . . ad Dei similitudinem cum est in mentis memoria eterna Patris ~as . . vera Filii claritas . . sancta Paracliti tranquillitas AD. MARSH *Ep.* 1 p. 80.

3 uniformity.

1492 ponendo ~atem tum modi tum temporis eligendi *StatOx* 300.

4 peerage, rank or dignity of a peer.

1264 rex archepiscopo Rem' salutem . . . dileccionem vestram, de qua racione ~atis nostre in regno Francie specialiter confidimus, attente rogamus *Cl* 397 (=*RL* II 268: ~atis vestre); **1376** non est intencionis

sue . . qualitercumque recedere a privilegio, prerogativa, et avantagio prelacie sue et ~atis regni (*Protest. W. Wykham*) *Doc. Coll. Wint.*; s**1408** rex ~ates dedignando . . eas sibi applicat AD. USK 106.

5 (right of lord to) a share in privileges or revenue (Gasc.).

1285 abbas et conventus . . recipiant . . regem . . ad pariagium seu ~atem, et communionem justicie . . alte et basse, meri et mixti imperii, quam habent in villa . . *RGasc* II 269b.

pariter [CL]

1 together, side by side; **b** (w. *cum*).

caeci educti a caecis ~iter in inferni foveam cadetis [cf. *Matth.* xv 14] GILDAS *EB* 68; si ea . . quasi in unum collecta volumen ~iter omnia poneremus BEDE *Cant.* 1223; alio tempore ~iter ordinavit ad presbiteratus gradum tres monachos W. MALM. *GP* II 75 p. 164; novem presbiteri ~iter ad comitem accurrerunt ORD. VIT. XIII 26 p. 72; invitavit . . unum de condecurionibus suis clericum ad orationem: qui cum starent ~iter ante gradus altaris . . *Canon. G. Sempr.* 42v; per hoc mendacium consensit Adam uxori sue et ~iter comederunt pomum T. CHOBHAM *Serm.* 6. 30vb.   **b** divinam . . Scripturam a recitantibus indigenis aut etiam . . cum alienigenis ~iter preces audire . . solebat ASSER *Alf.* 76 p. 60; si vera sunt quae supra dixi nos ~iter cum Graecis credere ANSELM (*Proc. Sp.* 1) II 185; hoc et ego pariter tecum peto L. DURH. *Dial.* IV 473; c**1360** reponant crucem ~iter cum corpore Dominico in sepulcro (*Process. Dubl.*) *Drama* I 168; **1366** ita tamen quod nos possumus . . ponere vexilla nostra in dicto bello ~iter cum vexillis regis Anglie (*Lit. Regis Castellae*) *Foed.* VI 532.

2 (w. ref. to number, w. *par* and *impar*) evenly, so as to be divided into equal parts.

numerus ~iter par est cujus omnium parium eum numerantium vices pares. numerus ~iter impar est cujus parium eum numerantium vices impares ADEL. *Elem.* VII def. 5–6; ~iter par numerus est qui secundum parem numerum ~iter dividitur quousque ad indivisibilem perveniat unitatem . . ~iter impar est numerus qui in equas partes recipit divisionem, sed partes ejus remanent indivisibiles BART. ANGL. XIX 123.

3 equally, in equal measure or degree.

ergo et quidquid scit Pater simul et Filius et Spiritus Sanctus cum eo ~iter cuncta cognoscunt THEOD. *Laterc.* 24; ut ab eis timore ~iter habebatur [v. l. haberetur] et amore WILLIB. *Bonif.* 2 p. 10; nam quaecumque justa dicuntur ad invicem sive ~iter sive magis vel minus, non possunt intelligi justa nisi per justitiam ANSELM (*Mon.* 1) I 14; quod idem amor ~iter procedat a Patre et Filio *Ib.* 50 *tit.*) I 65; hec a justo communiter amantur sed non ~iter BALD. CANT. *Serm.* 18. 27. 456.

4 likewise, also, as well (usu. w. *et* or sim.).

qui antea legi non credebant et tunc tamen praedicante illo crediderunt ~iter ascendere *Comm. Cant.* II 19; Anglorum ~iter et Brettonum populis praefuit BEDE *HE* II 5 p. 89; ~iter, *gelice GlC* P 175; ut sit subsidium nostrae per saecula vitae / et nostris pariter, semper ubique pium ALCUIN *Carm.* 44. 38; quis duo quindecies, denos pariter quoque quinos / elogio archontes queat infamare maligno? FRITH. 1212; cum David quondam rege ~iterque propheta *V. Neot. A* 9; pertinaci Anglorum sevicia perterriti pedites ~iter equitesque Britanni . . in sinistro cornu avertuntur ORD. VIT. III 14 p. 147.

5 at the same time, simultaneously.

quo exstincto omnia ~iter holocaustomata perierunt AILR. *Jes.* II 14; **1241** noveritis nos concessisse . . ~iter quod corpus meum . . apud Dieulacres humandum decrevi *Cart. Dieul.* 362.

6 (feud.) in parage, in equal conditions of tenure.

fuit addita j mans' . . quam tenet quidam tegnus ~iter *Dom. Exon.* f. 86; in ista mansione est j mansio . . quam tenuit Ulricus ~iter *Ib.* f. 93v; tenet abbas ij mansiones quas tenuerunt ij tegni ~iter *Ib.* f. 197v; huic mansioni est addita j mans' quae vocatur Bochelanda quam tenuit Edeva ~iter *Ib.* f. 220; Walscinus tenet ij mansiones quas tenuerunt duo tagni ~iter . . ea die qua Eduuardus rex fuit vivus et mortuus *Ib.* f. 346; j mansi . . quam tenuerunt ij tegni ~iter *Ib.* f. 472v.

paritio [cf. 1 parere], obedience, compliance; **b** (w. dat.).

1516 nos .. tibi abbatem et presbyterum .. ac omnes et singulos sua interesse putantes citandi .. ac in eventum non ~onis censuras et penas .. incurrisse declarandi *MonA* II 390b; **1520** in eventu non ~onis (v. eventus 4c). **b** posset cognoscere .. scienciam ex ~one suo mandato WYCL. *Dom. Div.* 139.

pariton- v. et. periton-.

paritonius [CL par *or* parare+tonus < τόνος+ -ius], chanter (who establishes a pitch).

~ius, cantor [v. l. quasi paritono cantans] OSB. GLOUC. *Deriv.* 475; tonus componitur .. hic ~ius .. i. cantor qui parat tonos [v. l. parans tonos cantor] *Ib.* 575.

paritonus [CL par+CL tonus < τόνος; cf. et. ἰσοτονία], (mus.) uniformity or equality of pitch.

paritonius, cantor [v. l. quasi ~o cantans] OSB. GLOUC. *Deriv.* 475.

paritor [LL], attendant, servant.

~ores, ministros *Gl. Leid.* 39. 18.

paritoria v. parietarius. **parituma** v. paristhmia. **paritura** v. 1 partura.

Parius [CL < Πάριος]

1 of or connected with Paros, Parian; **b** (as sb. m. or n.) Parian marble.

~ii lapides GIR. *IK* I 3 p. 45; ~ius lapis [TREVISA: *Parius stoon*] est genus marmoris eximij et preciosi .. magnitudo ejus lances et crateras non excedit BART. ANGL. XVI 76 p. 753. **b** ~ius, genus lapis [? l. lapidis], marmor *GlC* P17; hic ~ius .. i. genus albi marmoris OSB. GLOUC. *Deriv.* 423; ~ius, genus albi marmoris quod etiam pro albus dicitur *Ib.* 472; *marbye*, .. ~ium *PP*.

2 white.

~ius .. quod etiam pro albus dicitur OSB. GLOUC. *Deriv.* (v. 1b supra); *marbyl, whyth*, ~ium *PP*.

parjactare [OF *parjeter* < ML perjactare], to cover or decorate with plaster, parget.

1237 parjactand' [*of the wall*] (*KR Ac* 476/3) *Building in Eng.* 191.

park- v. parc-. **parkamenum** v. pergamenum. **parla** v. perla.

parlamentalis, parliamentalis

1 (eccl. & mon.) of or for assembly or gathering.

s1401 capam pluvialem deposuit .. et capa ~iamentali indutus ad valvas majores ecclesie .. processit *G. S. Alb.* II 433.

2 of Parliament: **a** (of person; *persona ~is* or ellipt. as sb. m.) member of Parliament; **b** (of Council, procedure, period of time, or sim.).

a s1417 cum domini et persone ~iamentales audissent quod .. WALS. *YN* 485; **s1477** ~iamentales .. formarunt in eum sentenciam damnacionis *Croyl. Cont. C* 562. **b s1376** proximo die ~iamentali *Chr. Angl.* 81; **1426** in ultimo ~iamentali consilio (v. consilium 4b).

3 typical of parliament.

1522 nonnullos .. dominos temporales .. ad civitatem nostram .. per tuas litteras impias conveniri fecisti et ~iamentali quodam modo .. in ecclesia nostra metropolitica congregari causasti *Form. S. Andr.* I 228.

parlamentaliter, parliamentaliter, as a parliament, in a parliamentary fashion.

1536 senatores eximij ~iamentaliter confluentes super regni republica disceptantes *Conc. Scot.* I ccxlviii.

parlamentare, parliamentare [ML parlamentum+-are; cf. OF *parlementer*]

1 to debate, discuss; **b** (w. *super* & abl.).

s1224 ne quis eos ulterius de reddendo castello ~amentando sollicitaret M. PAR. *Maj.* III 86 (cf. WEND. II 280). **b 1310** sitis in propria persona vestra apud Kylkenn' .. ad tractandum et ~iamentandum cum justiciario nostro Hibernie et aliis .. super eisdem negociis *StatIr* I 258; **1350** ad dictum regnum Francie personaliter accedentes .. ad ~iamentandum super hiis *Foed.* V 673.

2 to hold parliament.

s1263 universitas Oxonie dispersa est .. quia dominus rex ibi ~iamentare disposuit *Ann. Worc.* 449.

parlamentarius, parliamentarius [ML parlamentum+-arius], of or for parliament, parliamentary: **a** (of person); **b** (of act or authority).

a c1550 haec ad te, quia vir ~amentarius es ASCHAM *Ep.* 111. **b 1346** breve ~iamentarium regis Edwardi III datum apud Wyndesore *MunCOx* 105; **1562** juxta ~iamentaria acta *Dryburgh* 300; cives vel *burgesses* [sunt] qui in sua .. urbe publicis funguntur muneribus, et in ~amentariis nostris comitiis locum habent CAMD. *Br.* 140; ~amentaria authoritate *Ib.* 277.

parlamentum, parliamentum [ML; cf. OF *parlement*, AN, ME *parlament, parliament*]

1 conference (usu. w. ref. to discussion or conversation), assembly, meeting; **b** (eccl. & mon.); **c** (mil., w. ref. to parley).

a1214 cum suis fossatis et divisis sicut fossatis et mercis monstrata, que facte fuerunt in ~iamento abbatis et meo et probis hominibus *Cart. Colch.* II 355; **1230** nunquam studui pacem inter dominum Lewelinum et magnates Anglie in ultimo ~iamento confirmatam aliquo modo turbare *RL* II 7; **1244** occasione ~eamenti habiti inter dominum regem et regem Scocie *Liberate* 20 m. 5; **s1216** significavit ei quod voluit ~amentum habere pacificum cum eo M. PAR. *Maj.* III 3; **1270** si ~amentum vel tractatum aliquem vobiscum super hoc haberemus *RL* II 337; **s1254** apud Doveriam ubi ~amentum fuit .. inter regem et barones Anglie ex una parte et alienigenas *Leg. Ant. Lond.* 69. **b** ubi est quod prelati nostri post capitulum cum solvuntur ~amenta [v. l. ~iamenta] precipiunt nobis, loquimini de bono? SERLO GRAM. *Mon. Font.* 15; **1249** ~amentum quod prandium in quibusdam claustris fieri consuevit *Doc. Eng. Black Monks* I 37; **1277** cum ~iamenta, tractatus, seu collaciones in locis vestris secretis .. aliqua habueritis pertractanda per priorem *Reg. Heref.* 148; **1280** communia ~iamenta .. in absencia prioris penitus prohibemus *Reg. Ebor.* 133; dicatur eis quod post capitulum, quando veniunt ad ~iamentum suum .., et quod nullus loquatur cum socio suo in ~iamento vel solacio suo, nisi de speciali licencia magistrorum *Cust. Cant.* 8; **c1340** nec quisquam fratrum teneat ibi ~iamentum cum alio fratre *G. S. Alb.* II *app.* p. 505. **c a1220** si dominus vel ballivus ierit ad ~iamentum vel in exercitum, tunc eant burgenses .. cum eo (*Haverfordwest*) *BBC* 92; **c1225** mandamus quatinus non permittatis venientes ad ~amentum vel exercitum hospitari vel comedere in abbatia vestra contra antiquas consuetudines et assisas *Cart. Glam.* 360.

2 (Eng.) council summoned by the king, Parliament: **a** (pre-Conquest, w. ref. to Witenagemot). **b** (post-Conquest, as permanent institution or w. ref. to its sessions), **c** (*~um generale, magnum*, or sim.) Parliament of the whole nation. **d** (*~um plenum*) full Parliament. **e** (*~um bonum*) the Good Parliament of 1376. **f** (*~um insane*) the Mad Parliament of 1258. **g** (*~um mirabile* or *operans mira*) the Marvellous or Merciless Parliament of 1386–8.

a hic describitur modus quomodo ~iamentum regis Anglie et Anglorum suorum tenebatur temporibus regis Edwardi filii Etheldredi regis *Mod. Ten. Parl.* 3; postea Canutus .. celebravit ~iamentum apud Oxoniam KNIGHTON I 15. **b 1236** in octabis S. Hilarii apud Westmonasterium ad ~iamentum affidavit *CurR* XV 2047; **1242** quod permittat J. de Nevill' habere balliam suam .. usque ad ~iamentum regis quod erit Lond' a die Sancti Johannis Baptiste in unum mensem *Cl* 447; **1257** post instans ~eamentum *Cl* 40; **1267** post ~iamentum habitum apud Oxon' (*Wallingford*) *BBC* 36; **1308** in j busello gruelli empto et misso domino abbati .. versus Norhampton' ad ~yamentum *Rec. Elton* 133; **s1397** circumvallantes domum ~iementi (v. domus 5c); **1550** excepta tamen .. superiori parte ecclesie sive capelle dicti nuper collegii quam nuper .. assignavimus pro domo ~iamenti. et pro ~iamentis nostris ibidem tenendis (*Pat*) *EHR* XXXVI 227–8. **c s1251** habitum est ~amentum magnum Londoniis M. PAR. *Maj.* V 223; **1275** generale ~eamentum (v. generalis 7c); **s1237** magnum ~iamentum habitum est Londoniis OXNEAD *Chr.* 164; **s1245** convenit ad ~iamentum regni totalis nobilitas tam prelatorum quam militum B. COTTON *HA* 125; **s1242** imminente .. die generalis ~amenti [vv. ll. ~eamenti, ~iamenti] convenit tota Anglie nobilitas tam prelatorum quam magnatum apud Westmonasterium *Flor. Hist.* II 252 (cf. M. PAR. *Maj.* IV 181 *tit.*: de concilio magno); **s1379** in magno ~iamento tento Gloucestrie .. optime se habuit FLETE *Westm.* 136. **d 1290** rege et ejus consilio in pleno ~iamento suo *RParl* I 19b; cum briga, dubitacio, vel casus difficilis sit pacis vel guerre .. recitetur casus ille in pleno ~iamento *Mod. Ten. Parl.* 107. **e s1377** in hoc .. parliamento abrogata sunt statuta ~iamenti superioris quod bonum merito vocabatur WALS. *HA* I 324. **f s1258** hoc anno fuit illud insane ~amentum apud Oxoniam *Leg. Ant. Lond.* 37. **g s1388** ~iamentum apud Westmonasterium operans mira KNIGHTON II 258; hic incipit historia sive narracio de modo et forma mirabilis ~iamenti apud Westmonasterium anno Domini millesimo CCCLXXXVI, regni vero regis Ricardi secundi post conquestam anno decimo FAVENT *tit.*

3 a (Sc.); **b** (*~um nigrum*) the Black Parliament of 1320.

a 1258 A[lexander III] rex Scocie .. ad nos suos nuncios .. nuper transmisit significans .. quod ~eamentum suum usque Stryvelin .. jam fecit convocare *Cl* 300; **1258** nuncios regis Scocie ad nos transmissos ad eundem regem remittimus ipsum per eosdem litteratorie requirentes ut ~eamentum suum captum apud Edeneburg, .. prorogari faciat *Cl* 311; **1265** ita quod .. sitis apud Ascone in instanti ~iamento Scocie *Cl* 103; **1326** in nostro pleno ~iamento ultimo tento apud Sconam *Melrose* 361 p. 326; **1458** pro reparacione aule castri de Edinburgh in ferro, panno lineo pro fenistris, et aliis apparamentis ibidem factis erga ~iamentum *ExchScot* 385; **s1426** rex [Jacobus I] apud Inverness tenuit suum ~eamentum *Plusc.* XI 4 p. 375. **b s1320** de nigro ~iamento et prodicione Willelmi de Sowlez et complicum ejus BOWER XIII 1 *tit.*; tu .. scivisti de interitu multorum nobilium in nigro ~iamento interemptorum *Plusc.* IX 26.

4 (Ir.)

1264 inquisicio facta ad ~iamentum de Tristeldermod .. coram .. capitali justiciario Hibernie *Doc. Ir.* 141; Henricus rex Anglie, conquestor et dominus Hibernie, mittit hanc formam .. omnibus fidelibus suis terre Hibernie tenendi ~iamentum (*Mod. Ten. Parl. Hib.*) *Mod. Ten. Parl.* 128.

5 (Cont.): **a** (France); **b** (Holy Roman Empire); **c** (other).

a s1256 rex Francorum generalissimum tenuit ~amentum M. PAR. *Maj.* V 547; **s1262** ut essent ad ~amentum regis Francie apud Bononiam, ubi locutum fuit .. de coronacione filii sui in regem *Leg. Ant. Lond.* 57; **1263** cum dominus rex Francie .. nos rogaverit quod ad ~iamentum suum apud Bononiam supra mare .. incedamus (*Pat*) *Foed.* I 775; **s1269** dominus Edwardus recessit a Londoniis ad petitionem regis Francie ut esset ad ~iamentum suum in Francia *Leg. Ant. Lond.* 110; **1279** quod vos Parisius usque ad finem ~eamenti Francie et recessum nunciorum nostrorum ab eodem .. moram faciatis *RGasc* II 53a; **1313** coram vobis vel pallamentum seu locum vestrum tenentibus in vestro proximo futuro pallamento *Ib.* IV 838; interfuit et ~iamento quod rex Francorum tunc Parisiis tenuit TREVET *Ann.* 312. **b 1294** cum .. in Frankenfurt ~iamentum cum conventu ibidem principum nostrorum et imperii edixerimus celebrandum (*Lit. Imperatoris*) B. COTTON *app.* p. 434. **c s1287** rex Hungar' .. convocatis quasi ad ~iamentum potencioribus terre sue fraudulenter [*verb missing*] *Ann. Exon.* 15v.

6 consultative assembly (in quot., of city).

1467 nec reparabunt .. ultra summam x li. sine communi ~iamento majoris, omnium civium, et successorum suorum *BB Wint.* 100.

7 (eccl. & mon.) place in which meetings are held, parlour.

1382 in ccc *tinnail* et *vernys* empt' pro ostio ~iamenti in claustro xiiij d. *Ac. Durh.* 389; **s1423** de occupacione juvenum in claustro et de lecturis quibus uti debent in suo ~iamento .. in ~iamento .. volumus ut .. lecturis constitucionum .. diligenter intendant AMUND. I 109.

parlantia [OF *parlance*], (common) mode of speech or expression, parlance.

res tangunt plures alios magnos, cum quibus non possunt adhuc habere ~iam *Tract. Ed. II* 8.

parlara v. parlaria.

parlaria, ~arium, ~ora, ~oria, ~orium, ~ura [cf. ME, AN *parlour*, *parlur*, ME *parlor*], parlour: **a** (eccl. & mon.); **b** (of the Keeper of the Rolls); **c** (acad.); **d** (other).

a 1301 sequebatur .. in ~orium et ibidem insultum fecit cum quodam cultello .. ipsum omnimodo volens [? occidisse] *IMisc* 60/25; **s1396** in ~ora vocata *the Priour Parlour G. S. Alb.* III 429; **1440** cum .. uno parvo ~ario basso prope dictum celarium *Cl* 282 m. 11*d*.; **1452** ad aulam et perluram meam *MS PRO Prerog. Court Cant. Test. 3 Stokton* f. 17v; **1462** pro ij *mates* empt' et posit' in capella in domo comp' et in nova ~ara, xj d. *Ac. Bridge House* f. 57 (cf. ib.: in novo parler' .. in novo parlar'); **1471** in quadam bassa ~ura infra hospitalem *DCDurh. Reg. IV* 205r; **1480** fecit fieri .. claustrum, ~uram, cameras W. Worc. *Itin.* 294; **1513** unam ~eruram, domum pincerne *Cart. Glouc.* III 286. **b 1464** custos [rotulorum] .. in basso ~orio suo sub magna camera sua .. deliberavit juxta formam .. posterioris brevis .. domini regis (*Cl* 316 m. 9*d*.) *Foed.* XI 517; **1473** custos rotulorum .. apud Londoniam infra hospicium suum in quadam ~ura adjacente gardino, deliberavit (*Cl* 325 m. 11*d*.) *Ib.* 782; in dicta ~ura sua .. apud Londoniam *Ib.* 783. **c 1424** expense circa celaturam oratorii et ~ore (*Ac.*) *Arch. Hist. Camb.* II 444n; **1467** pro opera fundi ~eyrie et camere interioris *Ib.* I 14n; **1470** parva ~lura (*Ac.*) *Ib.* I 542n; **1494** pro duobus repagulis fenestr' in ~oria (*Ac.*) *Ib.* II 49n; **1501** in capella, ~orio, camera regine, libraria, et in diversis aliis locis collegii (*Ac.*) *Ib.* II 26n. **d 1432** dicta vacua placea terre nostre cum patenti ~ura adjacente quam nuper pro recreacione prefatorum .. pauperum .. disposuimus *Pat* 432 m. 3; **1441** volo .. quod .. uxor mea habeat .. omnia utensilia domus mee una cum lectis, apparatu aule, ~orii, camerarum, capelle *Reg. Cant.* II 581; **1452** cum .. toto apparatu in ~oria *Test. Ebor.* II 164; **1473** unam tabulam volventem stantem in ~ario *Rec. Burford* 44; **1500** pro firma ~ore subtus *le Counsell' House Rec. Nott.* III 64.

parlarius [cf. AN *parler=speaker*], (eccl. & mon.) one who is in charge of the parlour; **b** (? passing into surname) Parler.

a1282 una cum officio ~ii *Cart. Eynsham* I 252. **b** de feudo Ynardi ~ii *Rec. Templars* 32.

parlatorium [ML], **parlitorium,** parlour (in quots., eccl. & mon.). **b** parvis.

hortatorium .. i. monachorum ~atorium [v. l. domus ubi monachi habent sermones scilicet] Osb. Glouc. *Deriv.* 273; in ~atoriis, in cameris, in diversis omnino officinis .. ociosis vanisque confabulationibus intendere non verentur Serlo Gram. *Mon. Font.* 15; **1298** item aula hospitum et ~itorium .. ab ingressu mulierum .. custodiantur *Reg. Cant.* 823; de omnibus generibus peccatorum .. de longa sessione ad locum ~itorii [ME: *ed þurle*] *AncrR* 132; ostium communis ~atorii claudi debet *Ord. Ebor.* I 153; **s1401** fecit eciam ibidem ~atorium, sive cenaculum, estivale *G. S. Alb.* III 444. **b** *parvyce*, ~atorium .. Ugucio in 'hortor' *PP*.

parleament- v. parlament-. **parlerura** v. parlaria.

parletum [parlaria+-etum], parlour (in quot., acad.).

1465 in iiij lapidibus pro *le mantils* caminorum in ~o et camera superiori (*Ac. Peterhouse*) *Arch. Hist. Camb.* I 13n.

parleyria v. parlaria. **parliament-, parliement-** v. parlament-. **parlitorium** v. parlatorium. **parlor-, parlura** v. parlaria.

parluraria [parlura < ME, AN *parlur*+-aria], (eccl. & mon.) one who is in charge of the parlour (f.).

1530 domina Elizabeth Boyfeld abbatissa .. domina Anna Breston perluraria *Vis. Linc.* II 125.

parlyamentum v. parlamentum.

1 parma [CL], (small) shield; **b** (n.); **c** (fig.).

David .. gigantem .. aerea .. umbonis ~a protectum [cf. *I Reg.* xvii 6: clypeus aereus tegebat umeros ejus] .. obtruncasse describitur Aldh. *VirgP* 53 p. 311; ~a, scutum *GlC* P 3; scutum vel clipeus vel ~a, *scyld* Ælf. *Gl.* 142; peltae vel ~e, *þa læssan scyldas Ib.* 143; nullus .. quamdiu stetit et ~am tenuit ad eum .. accedere .. ausus fuit Ord. Vit. VIII 3 p. 285; exercentur ~is duellionum W. Fitzst. *Thom. prol.* 16 (v. duellio a); ~a, scutum, clipeus, umbo Osb. Glouc. *Deriv.* 476; mors lares omnium furtim ingreditur / .. / .. nec opplomatus parma defenditur Walt. Wimb. *Sim.* 184; **1389** unam permam (v. dagarius); furati fuerunt .. unum arcum precii xl d., unam parmam [*or* ? permam] precii xx d. *Gaol Del.* 180 m. 49 (=*Collect. Staffs* XVI 28: primam); perma A. *a bokelere WW*; hec ~a, A. *a bokeler WW*. **b** excipit horrisonas illeso parmate [v. l. pectore] fundas Frith. 1086. **c** inexpugnabili metrorum pelta et grammaticorum ~a protegere digneris Aldh. *PR* 142 (143) p. 202; virginitatis lorica spoliatos pudicitiaeque ~a exutos *Id. VirgP* 11 p. 240; nec solus meruit parmam captasse supernam Æthelwulf *Abb.* 71.

2 Parma [CL], the city of Parma.

s1247 cepit edificare extra ~am quasi quandam civitatem grandem M. Par. *Maj.* IV 637.

parmare [CL], to arm (as if) with a shield (in quot., fig.).

ut illius [Omnipotentis] ~ati patrocinio perennem vitae obtinerent palmam Hugeb. *Wynn.* 2 p. 108.

parmennus v. parmenus.

parmentaria, ~eria [AN *parmentrie*], (collect.) apparel, clothing, wardrobe.

1151 nullus civium Rothomagi dabit consuetudinem de ~eria ad feriam vel ad forum eundo *Regesta* II 729 p. 269; **1186** in custamento carriandi ~ariam regis *Pipe* 199; **1199** c s. ad opus ~arie ducis parand' *Pipe* 129; **1203** ad opera regis de ~aria sua paranda *Pipe* 7; **1214** in .. pannis et ~eria ad opus nostrum *Cl* I 143b; **1239** liberate .. Philippo de Leic' .. xxiiij libras .. pro arma capta ad opus nostrum *Liberate* 13 m. 19.

parmentarius, ~erius [AN *parmentor*, *parimenter*], furrier, tailor; **b** (? passing into surname).

inter .. sutores, parment', kocos *DB* II 372; **1119** (1285) nec institor nec permentarius [v. l. pelliparius] nec corvesarius .. vendat nec emat (*Cart. Chester* 53) (=*MonA* II 388a); Adam parimentarius, v ambras et j arietem *Chr. Abingd.* II 240; permentarius pellem quam percutit .. non odit Alex. Bath *Mor.* II 36 p. 150; **1216** Rob' de Pevenesel' .. parmentar' *Cl* I 268a; quidam de officio ~ariorum *Leg. Ant. Lond.* 99; Radulfus de Dereby, ~arius *Mir. Montf.* 79. **b 1166** Suetman ~arius reddit computum de dim' m' *Pipe* 23; **c1166** concessimus Ricardo ~ario .. terram meam de Bali *E. Ch. S. Paul.* 138; **c1188** Abel ~arius *Ch. Sal.* 45; **1204** liberate .. pro pannis sericis et aliis que habere fecit Rad' ~ario ad opus nostrum *Cl* I 4b; **c1210** hiis testibus .. Nicholao parminitario *Cart. Beauchamp* 216; **1242** per plegios Henrici permentarii et Henrici de Brai *Pipe* 224; **1244** liberent .. Roberto ~ario lxiiij solidos et vj denarios .. et Waltero Canon xliij solidos iiij denarios *Cl* 262.

parmenteria v. parmentaria.

parmenus, permenus [OF *parmain*, AN, ME *permain* < 2 Parma+-anus], kind of apple or pear, pearmain: **a** (w. ref. to tree). **b** (w. ref. to fruit).

a c1109 per tres ~os quos ego ei dedi apud Tromplintonam *Reg. Ant. Linc.* I 46. **b 1166** et pro conduc' piris regis et permannis de Tunebr' ad Lund' iij s. *Pipe* 106; **1275** per servicium ducentorum ~orum et trium modiorum vini *Hund.* I 509b; **1285** W. de B. .. reddidit ad scaccarium cc pira parmennorum et duo modia vini (*LTR Mem.*) *OED* s. v. *pearmain*; **1315** [per servicium] cc pirorum de permenis *Cal. IPM* V 608; **1430** per servicium reddendi nobis per annum apud Norwicum duo modia vini et ducenta pira ~orum si nos ibidem venerimus *Cl* 280 m. 8.

parminitarius v. parmentarius.

parmo [cf. parmacopola *var. of* CL pharmacopola < φαρμακοπώλης], seller, vendor (of remedies or unguents).

hic ~o, ~onis, i. venditor [MS *adds* unguenti] et componitur hic parmocopola -le, i. venditor unguenti Osb. Glouc. *Deriv.* 439; ~o, venditor, mercator *Ib.* 477.

parmocopula v. pharmacopola. **parni'** v. Pauni. **parnomia** v. panormia.

1 paro [CL < παρών], sort of boat or ship (usu. of pirates).

~o, *sceaþena scip* Ælf. *Gl. Sup.* 181; **s893** Hæsten rex paganus cum lxxx ~onibus [*gl.*: vel navibus] ostium Tamensis fluminis intrans Fl. Worc. I 109 (=S. Durh. *HR* 102: parrionibus); ~o, navis piratarum Osb. Glouc. *Deriv.* 174; pirate .. quorum navigium vocatur ~o Gros. *Hexaem. proem.* 18.

2 paro, ~onus [OF *parone*], cross-bar in a carriage, swingle-tree.

1209 in j sella, ~ono, paronella [*Crawley* 189: peronello] emptis ad caretam *Pipe Wint.* 50; **1209** in sellis, ~onis, paronellis, clutis, bacis, carettis axandis et uncto ad idem *Ib.* 68; **1211** in ~onis et [MS: in] paronellis capistris et uncto xj d. (*Ac.*) *Crawley* 197 (pl.); **1213** in xij ~onibus ad emendacionem carretarum nostrarum *Cl* I 144b; **1224** pro ~onis, paronellis, bacis, capistris, x d. (*MinAc Wint.*) *Pipe Wint.* B1/11 m. 1; **1233** in una sella ad bigam et in uno ~ono xiij d. (*Ac.*) *Crawley* 209; **1235** in ix pas' paron' ad aur[os] trahent[es] ad caruc', ix d. *Pipe Wint.* B1/16 5*d*.; in .. ~onis, paronell', bac', sellis et aliis necessariis *Ib.* 9; **1242** pro iiij duodenis astellarum cum paron' et paronell' [*Cal. Liberate* 119: peronell'], vj d. pro qualibet astell' *Liberate* 16 m. 6; **1245** in ~onis vij d. .. in clutis iij karet', axibus, tack', cord', bacis, sellis, tractibus, paronell', capistris et sepo iiij s. iiij d. *Pipe Wint.* B1/18 r. 2; in axibus emptis xij d. in peronis et peronellis emptis xiij d. in panno et corio ad hernesium emptis iij s. vj d. *Ac. Beaulieu* 166; **1297** in carectis ferratis .. in ij novis bassis et peronibus ad idem emptis xj d. *Ac. Cornw* 18.

parobolice v. parabolice. **paroch-** v. et. paroec-.

parōchēmĕnos [παρῳχημένος, *p. ppl.* παροίχεσθαι], (gram.) past tense (in quot., imperfect).

loquantur de presenti per presens tempus, de imperfectis per perachimenon, i. per preteritum imperfectum, de perfectis per †loriston [l. aoriston], i. per preteritum perfectum, de plusquam perfectis per ypersinteticon Garl. *Dict.* 134.

parochia v. paroecia.

parochiagum [OF *parochage*], parish due.

c1187 sciatis me concessisse .. capellam de Bosco Roculfi et parrochiagium hominum de Bosco Roculfi .. et omnes eorum decimas .. parrochiagium de Fontanis *Act. Hen. II* II 385.

parochialitas, (status or condition of a) parish.

1309 licet .. nec ad curiam regis pertineant [*sic*] de jure ~atis judicare *Reg. Cant.* 1030.

parochiatus [LL paroecia+-atus], parish.

1155 donum altaris .. vobis contulisse dignoscitur cum determinatione ~us, viz. a porta priori Burgo claudente †nbi [l. ubi] pars rivuli Angruxia ipsi muro profluit .. usque ad viam publicam Hadrian IV 16. 1385B.

parochionalis, of or connected with a parish; (*~is presbyter*) parish priest.

nec cantabit missam pro eo ~is presbiter *Cust. Cant. Abbr.* 251.

parochitanus [ML], of or connected with a parish, parochial, parish-: **a** (of priest); **b** (of church); **c** (as sb. m. or f.) member or inhabitant of a parish, parishioner.

a sacerdotes .. ~i [v. l. parochiani] cum parochitanis [v. l. parochianis] ordinata processione .. obviam exierunt H. Bos. *Thom.* V 7 p. 478. **b** tum in Londonia tum in suburbio tredecim [v. l. tresdecim] majores ecclesie conventuum preter minores parochianas [v. l. parochitanas] centum viginti sex W. Fitzst. *Thom. prol.* 4; **1205** ecclesia Sancti Helerii parrochitiana *CartINorm.* 286; **1297** sane ecclesia sancti Bartholomei .. dudum ~a nullum omnino parochianum a multo tempore optinente *Reg. Ant. Linc.* II 168. **c** cum ~is H. Bos. *Thom.* V 7 (v. a supra).

parochus [ML < LL parochia+-us; cf. et. CL parochus < πάροχος=*provider*, *commissary*]

1 parish priest; **b** (as quasi-adj., w. *sacerdos*).

1301 dilecto filio .. ~o ecclesie de West Wycomb salutem *Reg. Wint.* I 116; **1524** capellanus plebanus sive ~us ecclesie de Rosse *Reg. Heref.* 166; **1527** ~us Cassoviensis prepositurum Agriensem .. sponte superioribus his diebus reliquit; dimissurus quoque

sacerdotium Cassoviense si non cives eum summis precibus detinuisset (L. Cox) *Ep. Erasm.* VII 1803. neque minor sane est ~i cura parochianorum, quod curare etiam debet episcopus Gardiner *VO* 102; Joannes Skeltonus .. theologiae professor, ~us de Dysse in Nordovolgie comitatu Bale *Index* 253; Joannes Thoresby archiepiscopus Eboracensis scripsit ad suos ~os pro docendis laicis *Ib.* 259; **1559** ~i vel alii presbyteri *Conc. Scot.* II 165. **b** ~us sacerdos ab eo petebat .. linteolum sibi dari P. Verg. XXVII p. 645.

2 parishioner.

quod nullus sacerdos .. debet publice predicare verbum Dei nisi ~is et subditis suis (Wyche) *Ziz. app.* p. 504.

parocus v. parrocus.

parodicus [LL < παροδικός], by the way (as dist. from the intended end), transitory, transient, brief.

adeo .. sacris altaribus avaritie prophanus imminet ardor ut hec omnia quasi quedam ~a preemantur J. Sal. *Pol.* 677B.

parodita v. parotis.

paroecia, par(r)ochia [LL < παροικία]

1 (eccl.) district or territory under ecclesiastical control; **b** (*~ia catholica*) the universal territory or diocese of the Church, the Christian world.

~ochia .. loca .. adjacentia ecclesia [? l. ecclesiae] *GlC* P 24; παρροιχία quasi ~roechia Abbo *QG* 11(27). **b** horrenda vitiorum agmina quae contra catholicam ecclesiae ~rochiam .. ingruere moliuntur Aldh. *VirgP* 13 p. 242.

2 ecclesiastical province, archbishopric.

798 auctoritas Dorobernensis metropolitani in duas scindatur ~rochias cujus eodem patre mandante ditioni subjacere debent episcopi duodecim (*Lit. Regis*) W. Malm. *GR* I 88 (=*CS* 287); **825** archiepiscopus Uulfred .. emendationem .. molestiarum .. postulavit quas ille idem rex .. sibi et ecclesiae Christi ac porochiae ejus .. perpetrasset (*Clovesho*) *CS* 384; qui saepe depraedabatur illud monasterium et ~ochiam Sancti Degui Asser *Alf.* 79 p. 65; citerior [ripa Humbre fluminis] esset limes ~rochie Cantuariensis W. Malm. *GP* I 42 p. 65; c**1155** domino .. pape .. Hugo Rothomagensis [sc. archiepiscopus] .. ~rochie nostre fines exire compulsi *Lit. Cant.* III *app.* p. 365.

3 diocese, bishopric.

673 ut nullus episcoporum ~rochiam alterius invadat (*Conc.*) Bede *HE* IV 5 p. 216; a Cassiano, Massiliensis ~rochiae archimandrita Aldh. *VirgP* 13 p. 242; in ~rochia [v. l. ~roechia] ejus [sc. Cuthberti] quae dicitur Osingadun *V. Cuthb.* IV 10; quo defuncto, episcopatus provinciae illius in duas ~rochias divisus Bede *HE* V 18 p. 320 (cf. M. Par. *Maj.* I 320: ~ochias]; **739** in quattuor partes provinciam illam divisistis, id est iiij ~rochiae [MS *corr.*: ~rochias] ut unusquisque episcopus suum habeat ~rochium [MS *corr.*: suam .. ~rochiam; v. l. ~rocium] (*Lit. Papae*) *Ep. Bonif.* 45 p. 72; **742** Germaniae populis .. tres ordinavimus episcopos et provinciam in tres ~rochias discrevimus Bonif. *Ep.* 50; provinciam Baguariorum .. in iiij divisit ~rochias quattuorque hiis praesedere fecit episcopos Willib. *Bonif.* 7 p. 38; **786** cum consilio episcopi cujus in ~roechia ipsum monasterium situm est Alcuin *Ep.* 3 p. 22; diaecesis vel ~ochia, *bisceopscir* vel *biscopric* Ælf. *Gl.* 155; **1012** Godwino Hrofensis parraechiae episcopo *Ch. Roff.* 33; †**675** (12c) ego Leutherius .. episcopus .. rogatus sum ab abbatibus qui sub jure ~rochie [v. l. ~ochie] nostre cenobiali monachorum agmini preesse noscuntur *CS* 37.

4 parish.

eos, si in ~ochiam resistentibus sibi et tam pretiosum quaestum de negantibus .. commessoribus hujuscemode margaritam invenire non possint .. maria .. transmeare non .. piget Gildas *EB* 67; **796** quidam sacerdotes Christi qui habent ~ochias [v. l. ~rochias] et honores saeculi Alcuin *Ep.* 111 p. 161; **1075** epistolae presbyteris per ~ochias mittantur .. oportet etiam ut aliis episcopis ipsa excommunicatio manifestetur (*Excommunicatio*) *GAS* 433; sacerdotes jugulantur, virgines cum monasterio conflagrantur; in plebeiam ~rochiam monasterium deinceps destituitur Gosc. *Transl. Mild. cap.* p. 153; in Sciropesberie civitate facit R. comes abbatiam, et eidem dedit monasterium S. Petri ubi erat ~ochia civitatis (*Salop*) *DB* I 252va; fuerunt manentes de ~rochia matris ecclesiae que non poterat capere totam ~rochiam (*Suff*) *DB* II 281v; c**1097** monachi .. clamabant .. ~rochiam que ad Sanctum Cuthmannum pertinet de castello de Staninges, de Beddingas, et de Bedelinghetona *Regesta app.* p. 137; a**1154** concedimus .. ecclesiam Sancti Cuthberti cum ~ochia et omnibus rebus que eidem ecclesie pertinent *E. Ch. Scot.* 153 p. 116; c**1223** in Lincolnia in ~achia Sancti Michaelis *Starrs* I 36; **1253** pratum nostrum in ~achio de Vicham *AncD* A 2953; Joannes Cajus Britanus, Nordovici in ~oecia Petri natus Bale *Index* 187.

5 (collect.) inhabitants of a parish, parishioners.

1091 archidiaconi solicitudine ~ochiarum et in cura pollent animarum (*Reg. S. Osm.* f. 24) *Stat. Linc.* II 9; Nivardus Manliam venit et donum super altare sancte Marie coram tota ~rochia posuit Ord. Vit. V 19 p. 453; c**1185** teste .. tota ~ochia de Haburc ubi ista elemosina facta fuit die quadam Dominica *Danelaw* 203; bonus .. pastor circuit dyocesim suam et facit convenire in uno loco decem vel plures ~ochias et ibi predicat in uno die T. Chobham *Praed.* 68; cum .. in vigilia Dominice Nativitatis ~ochia convenisset, ut obsequiis interesset divinis M. Par. *Maj.* I 484; **1278** R. et uxor ejusdem R. insultaverunt .. M. verbis turpissimis coram tota ~ochia *SelPlMan* 95.

6 parish church

cum videret frater Hayno tam numerosum populum in ~ochia [v. l. in ~ochiam] in qua fratres audiebant divina .. dixit custodi Eccleston *Adv. Min.* 35.

7 (generally) district, territory; **b** w. ref. to governance).

883 profectus est supra dictus exercitus supra in Scald ~rochias ad locum Cundaþ Æthelw. IV 3. **b** dicis quod in ~ochia prioratus, quem postules, multos lucrifaceres Deo P. Blois *Ep.* 13. 39C.

paroecialis, par(r)ochialis [LL]

1 of, connected with, or pertaining to a parish, parochial, parish-; **b** (of priest); **c** (of church); **d** (of act, right, or privilege).

a**1162** pro crismate vel oleo sancto neque pro aliqua alia re ~rochiali de parrochia Burton' *Doc. Theob.* 23. **b** astitit cum aliis et sacerdos ~rochialis *Mir. Wulfst.* II 12; s**1268** injunxit presbiteris ~ochialibus civitatis *Leg. Ant. Lond.* 106; **1518** rector conquestus est quod parochiani utuntur diversis frivolis tempore divinorum in maximum nocumentum presbiteri ~ochialis *Vis. Linc.* I 16. **c** Fontanensis episcopus vel ejus ministri super hoc monasterium vel super ~rochiales ejusdem ecclesias W. Malm. *GR* II 150; sex denarios de singulis ecclesiis ~ochialibus .. remittendos decrevit H. Cantor f. 24v; c**1197** absque omni dampno et detrimento parrochiane ecclesie, viz. ut nullum de parochianis in capella sua admittant, unde ~ochialis ecclesia detrimentum aliquod paciatur *Ch. Westm.* 312; ad ~ochialem ecclesiam *Ib.*; c**1228** congregatis .. non paucis nobilibus .. in ecclesia ~ochiali S. Lexington *Ep.* 3 p. 15; diebus Dominicis ac festivis in ecclesiis ~rochialibus .. predicationis officium implevit M. Par. *Maj.* II 131; **1520** ecclesiarumque perrochialium rectoribus *Conc. Scot.* I cclxx **1523** ad officium clericatus ecclesie perrochialis de Edrem *Offic. S. Andr.* 131; **1587** assignavi cautellam ecclesie perochialis de S. ac omnia domos et edificia *Pat* 1298 m. 2. **d** s**1161** non .. a ~ochialibus curis .. sunt arcendi (v. cura 4e); c**1175** dum ipse .. controversiam, que inter ecclesiam de Goldesburgh et ecclesiam de Burgh diu fuerat agitata, terminavit et super omni jure ~ochiali in decemis scilicet et in administratione parochianorum de Flasceby .. perpetua celebravit causatione *E. Ch. Yorks* VI 37; **1180** omnia .. ~ochialia jura et de vivis et de mortuis *Rec. Merton app.* p. xx; c**1182** litigatum .. super sepultura et sequela ~ochiali de dimidia hida *Act. Ep. Hereford* 153; **1415** ecclesia de Blakeford habet omnia signa ~ochialia, viz. fontem baptismalem, campanile et campanas in eadem *Reg. Bath* 207.

2 (of altar in a cathedral church) of or for a parish priest.

1336 ab altari Sancti Nicholai in corpore ecclesie cathedralis .. situato quod dicitur ~ochiale *Reg. Roff. Ep.* f. 177v p. 604.

3 (as sb. m. or f.) inhabitant of a parish, parishioner.

1178 de omnibus ~ochialibus devote et fideliter respondere (*Lit. Cardinalis*) *G. Hen. II* I 204; s**1235** [minores] confessiones multorum receperunt etiam ~ochialium in prejudicium presbiterorum M. Par. *Maj.* III 333; erat unus ~ochialium suorum qui nunquam interesse voluit misse ipsius dum celebravit *G. Roman.* 289; sacerdotes .. pro salute animarum non solum perrochialium suorum sed eciam omnium fidelium Christianorum *Ib.* 290.

4 (as sb. n. pl.) parish dues.

c**1139** super altare deposuerunt .. universa ~ochialia que ecclesiis debentur *Ch. Dedic. St. Martin's, Eastleach, Glos*; **1253** quod quilibet Judeus respondeat rectori ecclesie in cujus parochia manent de omnibus ~ochialibus ad domum ipsius Judei spectantibus *SelPl Jews* xlviii.

paroecianus, pa(r)rochianus [LL]

1 of or connected with a diocese, diocesan: **a** (of bishop); **b** (of other person).

a s**1050** dedicante hujus loci ~ochiano episcopo Hermanno ecclesiam *Chr. Abingd.* I 475; †**680** (12c) nec ~ochianus pontifex .. quicquam in eum preter fraternitatis obsequium preripiat *CS* 48. **b** **1236** dominationem vestram .. exorandam duxi .. quatenus R. S. militem ~ochanum meum .. a carcere .. liberari faciatis Gros. *Ep.* 29 p. 114.

2 of or connected with a parish, parochial, parish: **a** (of priest or other person); **b** (of church).

a ut .. puellam raperemus, ~rochiani presbiteri filiam Gosc. *Edith* 287; mane venit ~rochianus presbiter *Id. Transl. Mild.* 27; modica est ecclesia presbitero ~rochiano delegata W. Malm. *GR* II 181; sacerdotes .. parochitani [v. l. ~ochiani] cum parochitanis [v. l. parochianis] ordinata processione .. obviam exierunt H. Bos. *Thom.* V 7 p. 478; c**1197** in presentia ~ochiani sacerdotis *Ch. Westm.* 312; **1404** personas promiscui sexus .. ~ochianas .. monemus *Melrose* 503 p. 485. **b** dedit in opera ecclesie denarios qui singulis annis de ~ochianis ecclesiis in Pascha matri ecclesie pendi solent Eadmer *HN* p. 263; curabat erigere .. alias ~ochianas ecclesias dirutas *Chr. Abingd.* II 14; tum in Londonia tum in suburbio tredecim [v. l. tresdecim] majores ecclesie conventuum preter minores ~ochianas [v. l. parochitanas] centum viginti sex W. Fitzst. *Thom. prol.* 4.

3 (as sb. m. or f.): **a** member of an archdiocese (w. ref. to clergy or laity). **b** member or inhabitant of a parish, parishioner.

a **799** ut .. me commendes illorum [fratrum] orationibus, tuis [sc. archiepiscopi] quoque ~rochianis qui solent ad dedicationem sancti chrismatis venire Alcuin *Ep.* 169; a**1075** episcopus .. ita debet alloqui .. quia noster ~ochyanus est (*Excommunicatio*) *GAS* 433; **1125** nullus episcoporum alterius ~rochianum ordinare aut judicare presumat *Conc. Syn.* 740; s**1125** Ricardus Herefordensis, Godefridus Bathoniensis .. episcopi et ~rochiani sui abbates Wido Persorensis, Willelmus Gloucestrensis J. Worc. 19 (ed. 1998 p. 160); **1173** regine Anglorum Rothomagensis archiepiscopus .. ~ochiana enim nostra es, sicut et vir tuus (*Lit. Archiepiscopi*) P. Blois *Ep.* 144. 449A; **1279** omnibus ~ochianis nostris .. de peccatis suis vere contritis .. quadraginta dies de injuncta sibi penitencia relaxamus *Reg. Ebor.* 22. **b** solebant esse ~rochiani in aecclesia Stou, set modo sunt in aecclesia Cambas (*Suff*) *DB* II 291b; si vero in duobus aut in tribus legitimis testibus vel publica ~ochianorum fama aliquis eorum accusatus esset quod hoc statutum violasset purgaret se adjunctis secum ordinis sui idoneis testibus sex Eadmer *HN* p. 231; contigit .. ut presbiter de manerio Pesie ~ochianam ecclesie de Vurtha quandam mortuam apud suam ecclesiam illicite sepeliret *Chr. Abingd.* II 121; sacerdos .. quando corrupit aliquam ~ochianam suam vel quando associavit se alicui feneratori ~ochiano suo T. Chobham *Praed.* 141; **1256** pro aliquo peccato carnali cum aliqua ~rochiana predicti prioris *FormA* 87; **1295** item lego pauperibus ~achianis apud Sutton xl solidos (*Test.*) *EHR* XV 525.

paroemia [LL < παροιμία], proverb, saying (also rhet.).

~ia est adconmodatum rebus temporibusque proverbium, ut .. 'num et Saul inter prophetas?' Bede *ST* 163; ~ia .. nascitur tum ex idemptitate, tum ex similitudine, tum ex contrarietate. ~ia igitur idem est quod proverbium Gerv. Melkley *AV* 182; dicendum quod ibi est figurativa locucio que vocatur '~ia'; est autem ~ia, ut dicit Donatus, 'accommodatum rebus temporibusque proverbium' Bacon XV 161; nisi

videri velim solem lucerna, quod aiunt, ostendere. ~ia [Eng.: *as the proverb sayth*] MORE *Ut.* 23; horologium quod .. videtur a capite, juxta paraemiam, usque ad pedes FERR. *Kinloss* 71; ita promptissimum est judicare quid distent, juxta paraemiam, aera lupinis *Ib.* 78 (cf. HOR. *Ep.* 1 7. 23).

parofugia v. paraplegia.   **paroka, parokus** v. parrocus.

paromoeon, parhomoeon [CL < παρόμοιον], (rhet.) assimilation of sounds, alliteration, paromoeon.

~on [ed. Halm p. 610: parhomoeon] est cum ab hisdem litteris diversa verba ponuntur quae nimirum figura, quia ad positionem litterarum pertinet, melius in ea lingua qua Scriptura est edita requiritur BEDE *ST* 148; paronomeon .. consideratur per principia trium dictionum immediate positarum, in quibus est ejusdem litere vel sillabe repetitio, ut hic 'sole serena suo' GERV. MELKLEY *AV* 12.

paronellus, ~a [2 paro, ~onus + -ellus], small swingle-tree.

1209 in j sella, parono, ~a [*Crawley* 189: peronello] *Pipe Wint.* 50; **1209** in sellis, paronis, ~is, clutis, bacis, carettis axandis et uncto ad idem *Ib.* 68; **1211** in paronis et [MS: in] ~is [MS: paronell'] capistris et uncto (*Ac.*) *Crawley* 197 pl.; **1211** in j ~a et uncto ad idem, v d. *Pipe Wint.* 22; **1215** unam sellam limonariam, duo paria tractuum, iij capistra, iiij^or paronell' *Cl* I 190a; **1224** pro paronis, ~is, bacis, capistris, x d. (*MinAc Wint.*) *Pipe Wint.* B1/11 m. 1; **1232** in peronello et bacis ix d. (*Ac.*) *Crawley* 202; **1235** in .. paronis, paronell', bac', sellis et aliis necessariis *Pipe Wint.* B1/16 9; xxxx pro iiij duodenis notellarum cum paron' et paronell' [*Cal. Liberate* 119: pcronell'], vj d. pro qualibet notell' *Liberate* 16 m. 6; **1243** in paronio vij d. in clutis iii karet' axibus tack' cord bacis sellis tractibus, paronell', capistris et sepo iiij s. iiij d. *Pipe Wint.* B1/18 2; in axibus emptis xij d. in peronis et peronellis emptis xiij d. *Ac. Beaulieu* 166.

paronomasia [CL < παρονομασία], (rhet.) play upon words which sound alike, paronomasia.

~ia, i. denominatio, dicitur, quoties dictio paene similis ponitur in significatione diversa, mutata viz. littera vel syllaba BEDE *ST* 147; juxta hunc colorem sumuntur duo scemata, id est due figure: ~ia et paronomeon. ~ia vero hunc colorem excedit. comprehendit enim consonantiam finalem GERV. MELKLEY *AV* 12.

paronomeon v. paromoeon.   **paronus** v. 2 paro.

paronychium [CL < παρωνυχία], **~ia** [LL], inflammation of the area around the finger-nail, whitlow. **b** (generally) inflammation, abscess.

panericium est apostema dolorosum in radice unguis .. et dicitur panericium quasi totum unguem repens vel eripiens, a *pan* quod est totum et *e* unguis et eripio, eripis GAD. 133.1; panaricium, apostema calidum in extremitatibus digitorum *SB* 33; panaricium *PP*; pannaracium est apostema in pannicula. respice in paniritula *Alph.* 137; paniritula vel paranicium, i. apostema inter digitos, A. *whitflawe Ib.* 138. **b** parituma [l. paristhmia], i. apostema et pannicula idem [v. l. apostemata minuta a colera genita. paranacium est apostemata] *Ib.* 135.

paropsis [CL < παροψίς]

1 (small) dish, platter (m. & f.); **b** (dist. acc. material); **c** (w. ref. to its round shape).

parabsides, *gavutan GlC* P 27; ~is vel catinus, *læpeldre fæt* ÆLF. *Gl.* 124; parapsidem cum ferculo illi direxit *G. Herw.* f. 323; in quoquina .. sit .. parapsis [vv. ll. parabsis, parapcis; *gl.*: *dubler, quele*] NECKAM *Ut.* 97; cum .. fungos colegissent et inde pulmentum coxissent et in parapsidibus posuissent *Quaest. Salern.* B 84; c**1240** hostilarius .. habere debet .. unum vicecogum qui parapsides mundet et fercula in eis ponat (*Cust. Bury S. Edm.* f. 109) *HBS* XCIX 27; c**1270** heres .. habebit .. perapsidem. *Leg. IV Burg.* 116. **b** de paraside fraxinea aut fictili J. GODARD *Ep.* 221 (v. fictilis 1a); **1321** duos magnos parapsides argenteos et vj discos *Test. Ebor.* III 62; **1465** unum duodenarium ~idum de stagno *MunAcOx* 712; **1553** de .. viginti et septem parapcidibus de metallo de *pewter*, A. *two dosen and two* [*sic*] *platters of pewter Pat* 852 m. 29 (=*Cal Pat* 267). **c** Arcturum solus novit septentrio plaustrum, / Ursam majorem, parasidemve voces NECKAM *DS* I 352; alii dicebant eam [sc. terram] esse sicut est parassis [v. l. prassis]

---

sive scutella in una superficie equalis .. , in alia rotunda *Comm. Sph.* 295.

2 (understood as) cup, goblet.

hec parapsis, *hanap Gl. AN Glasg.* 20rc.

parotidus [ML < LL parotida]

1 (med.) situated in or around the ear, parotid.

de fluxu materie per ~as venas. per ~as venas .. fluit materia ad collum GILB. I 74. 2.

2 who suffers from parotitis or has a swelling of the parotid gland, parotitic.

hec parotida .. unde et eos qui tales strumas patiuntur ~os vocamus OSB. GLOUC. *Deriv.* 423; ~i, qui globos habent in aure *Ib.* 473.

parotis [CL < παρωτίς], **~ida** [LL]

1 (med.) swelling of the ear or of the parotid gland, parotitis.

parodite [l. parotide], *earcoþu, ota* G[raece], *ear* ÆLF. *Gl.* 113; parotidas, steatema, tromtis, narcodia, pota *Gloss. Poems* 104; ad ~idas, *þæt ys to þan sare þe abutan sa* [? l. *þa*] *earan wycst, þæt man nemneþ on ure geþeode healsgund Leechdoms* III 94; hec ~ida .. i. quidam globus qui nascitur in auribus parvulorum ad formam fabe unde et eos qui tales strumas patiuntur parotidos vocamus OSB. GLOUC. *Deriv.* 423; parocide, tumores circa aures *SB* 33; ~ide sunt minuta et apostemata aurium *Alph.* 136.

2 parotid gland

sunt et juxta aures ~ides, que sepe inflantur et gravantur RIC. MED. *Anat.* 228, ochis auris dicitur, inde ~ida a para quod est juxta quasi vena juxta aurem *Alph.* 132.

paroxi- v. paroxy-.

paroxynticus [LL < παροξυντικός], (med.) that aggravates or exacerbates.

paroximus interpretatur exacerbacio, inde paroxiticon, i. exacerbativum ut in parafligia *MS BL Sloane* 3217 f. 60; paroximus, i. exacerbacio, inde paroxiticon, i. exacerbativum ut in Alexandro de frenesi. *Alph.* 135.

paroxysmalis [LL paroxysmus + -alis], (med.) characterized by exacerbation or paroxysm.

in dolore stomaci paroxismali, sincopali et fecali GAD. 13v. 1.

paroxysmaliter, by or through exacerbation.

est passio mala quia paroxismaliter movetur GAD. 54v. 2.

paroxysmus [LL < παροξυσμός], (med.) fit or exacerbation of disease, paroxysm.

geminatis cotidie paroxismis in solida ejus menbra febrile seviebat incendium AD. EYNS. *Hug.* V 16 p. 190; secundum paroxismos GILB. I 7.1; per collationem duorum paroximorum et per quietes interjacentes duos paroximos RIC. MED. *Signa* 32; oportet considerare proprietatem circuitus paroxismorum BACON IX 187; in die paroxismi nihil evacuacionis fiat in febri terciana vel quartana GAD. 5. 1; isto .. paroximus quem plangimus Parisiense palladium nostris mestis temporibus cernimus jam sublatum R. BURY *Phil.* 9. 156; s**1436** si bene scire juvat medico, dum languida curat / in morbis crisis quid sit, dosis in medicinis / quidque paroxismus quid ypostasis, humor et errans (*Vers.*) AMUND. II 126; paroximus, i. exacerbacio *Alph.* 135.

parpacatio [OF *par* < CL per + pacatio; cf. OF *parpaiement*], full payment.

1226 liberate .. Willelmo de H. .. xl s. ad ~onem faciendam de xlviij dol' vini emptis ad Lond' ad opus nostrum *Liberate* 5 m. 13; **1274** in ~onem duorum milium marcarum *IssueR* 30.

parpenus, perpenus [OF *parpain, perpein*], parpen, stone that passes through a wall from side to side (sts. w. *asshelarium* or *petra*).

1253 pro liij pedibus de parpen' pretium pedis iiij d. *Ac. Build. Hen.* III 250; **1290** pro ccl parp' xv s. j .. pro j quarter' perpen', xviij d. *KR Ac* 467/6/2 m. 8; **1290** pro iij quartron' perpan' petre de Reygate *Ib.* 468/3 m. 2; **1429** pro xxxiij ped' de perpoynt'

Arch. Hist. Camb. II 445; **1450** custris latamorum: .. pro xxxvj ulnis de perpent' achillar' .. pro factura iv ulnarum de parapent, achillari et crestes .. (*Comp.*) *Hist. Durh. Script. app.* p. cccxxvi.

parpuintus, parpunctus v. perpungere.   **parpus** v. parvus.

parra [CL], **~us** [LL], kind of ill-omened bird. **b** coal-titmouse. **c** wren.

passeres titiant, ~i tinnipant ALDH. *PR* 131 p. 180. **b** **10**.. ~a, *cummase WW*; **11**.. ~a, *colmase WW Sup.* 165. **c** regulus, qui et ~a dicitur, quasi parva scilicet avis NECKAM *NR* I 78 p. 122.

parraechia v. paroecia.   **parrasseue** v. parasceue. **parraster** v. paraster.   **parrastes** v. parastates.

parrax [ML: cf. CL parra], wren or blue titmouse.

~ax, *wraenna* ÆLF. *Gram.* 307; ~ax, *wrenna* vel *hicemase Id. Gl.* 132; capio .. alaudas ac ~aces ÆLF. *BATA* 6 p. 85; **10**.. ~ax, *wrenne WW*; **11**.. ~ax, *wrænna WW*; **11**.. hic parax, -cis, i. *raitel WW Sup.* 116.

Parrhisiis v. Parisii.

parricida, paricida [CL], **~us,** one who murders one's peer or blood-relative, parricide; **b** (spec. as) one who murders one's father; **c** (dist. from *patricida*); **d** (transf., applied to part of the body; in quot., as quasi-adj.).

ad .. Joram .. ~am qui .. fratres suos .. trucidavit GILDAS *EB* 41, propter dira ~orum [v. l. ~orum] piacula et abominanda facinorum flagitia ALDH. *Met.* 2 p. 68, crudentus carnifex et truculentus ~a potius quam pius pater crudeliter machinatur *Id. VirgP* 17 p. 301; a**984** Cain ~a qui fratrem suum Abel .. interemit (ÆTHELWOLD *Ch.*) *Conc. Syn.* 126; istis .. temporibus incestuosi, ~ae, homicidae multi apud nos .. repperiuntur ÆLF. *EC* 36; Joseph ~as fratres boni retributione remunerat J. SAL. *Pol.* 493D; ~e .. censentur qui in parentes armati insurgunt P. BLOIS *Ep.* 33. 109C. **b** dicebat .. hoc de filio ~a [sc. Absalom] sanctus David AILR. *Spec. Car.* I 34. 541D; ~a, qui patrem occidit [*MS Hereford* f. 131rb: parricida. qui parem occidit. patricida, qui patrem occidit] OSB. GLOUC. *Deriv.* 473. **c** patricida, *fæderslaga.* ~a, *mægslaga* ÆLF. *Gl. Sup.* 169; **10**.. patricida, *fæderslaga* .. ~a, *mægslaga WW*; **10**.. ~a, *mægmyrþra WW* OSB. GLOUC. *Deriv.* 473 (v. b supra); ave, per quam homicide / paricide, patricide / redeunt ad patriam WALT. WIMB. *Virgo* 102. **d** perniciosus transmissor ipse, paricidas Hamone manus incitante, gladio .. suo se sua sponte letaliter wlneravit E. THRIP. *SS* 3. 10.

parricidalis, ~ialis [CL]

1 of or for (one who has committed) parricide.

abjectionis ignominia, ~alis infamia GOSC. *Transl. Mild.* 18 p. 177; s**945** si quid .. culleo dignum ~ali perpetratum agnoverit (v. culleus b).

2 characterized by or intent on parricide, parricidal, murderous: **a** (of person); **b** (of act or abstr.); **c** (transf.).

a ~alis femina W. MALM. *GR* II 211; hunc affectum a piis visceribus patriarche David nec filii ~alis abrasit immanitas AILR. *Spec. Car.* III 14. 590A. **b** dura cervix illa, multis jam peccaminum fascibus onerata, bino ~ali [v. l. ~iali] ausu, occidendo suos dictum [fratris filium] uxoremque tuam .. ad inferiora curvatur GILDAS *EB* 35; frater in fratrem dira regnandi aviditate ~alia bella commississe probentur GOSC. *Lib. Confort.* 42; lorica ventrem, lancea brachia vestiret que ~iali ausu cognatum [sc. fratris] hauserat sanguinem W. MALM. *GP* V 268; mulierem .. tradit impietatis sue et sceleris ~alis et adulterii luisse penas J. SAL. *Pol.* 755A; **1169** ut ei detis locum qui matrem vestram tam ~ali impietate jugulare molitur *Id. Ep.* 289 (292 p. 668); denique in istiusmodi mortem paricidalis illa ingeniosa impietas, morte, ait, turpissima condemnemus eum J. FORD *Serm.* 53, 1. **c** cum .. dixisset ecclesia primitiva obscuratam se esse afflictionibus eo quod filii matris suae, id est sinagogae ~alis, eam odio impugnarint BEDE *Cant.* 1091.

parricidium [CL]

1 murder of one's peer or blood-relative (orig. murder of one's father); **b** (~*ium incurrere*) to commit parricide.

in throno dolis pleno et ab imis vertice tenus diversis ~iis et adulteriis constuprato GILDAS *EB* 31; calamitatum discrimine quas non solum lividorum conspiratio germanorum fraternum [sc. Joseph] .. ~ium intentabat ALDH. *VirgP* 53 p. 310; ~io, *megcualm GlC* P179; ~ii actio, *mægmorþes witnung* ÆLF. *Gl.* 116; **1166** sapiens .. audiat a Catone 'in morte alterius spem tu tibi ponere noli' [*Disticha* I 19], presertim innocentis et domini, cujus diem prevenire .. ~ii instar est J. SAL. *Ep.* 180 (181 p. 200); ~ium dicitur non solummodo patris vel matris interfectio sed et fratris et sororis et filii et filie, avi, patrui et avunculi, matertere et amite, et reliquorum qui valde affines parentes sunt, et secundum hoc dicitur ~ium quia parenticidium BART. EXON. *Pen.* 48; multa parri[ci]dia multi cullei docuere GIR. *PI* I 7 p. 25. **b** legimus .. alios pro Deo demones adorasse .. alios homicidium, vel etiam ~ium incurrisse AILR. *An.* III 13.

2 (generally) murder.

10.. ~ium, *myrþrunge WW*.

3 (spec. as) transgression against law of nature.

~ii .. species est impugnare jura nature J. SAL. *Pol.* 389D.

parricidus v. parricida. **parricus** v. parrocus. **parridium** v. parricidium. **parrio** v. 1 paro. **parroccus, parroca** v. parrocus. **parroch-** v. paroec-. **parrochus** v. parrocus. **parrocium** v. paroecia.

parrocus, ~a [ME *parrok, paruche* < AS *pearroc, pearruc*], tract of enclosed land, paddock, park (sts. w. *terra*); **b** (as pleasance or ground for hunting wild animals); **c** (as enclosure for domestic animals).

de fractura par[r]ici [v. l. de infractione partici] si *pundbreche*, i. infractura parrici [vv. ll. parci, partici], fiat in curia regis (*Leg. Hen.* 40. 1) *GAS* 567; **1252** ad ligna trahenda .. ad parroccum curie .. ad parroccum Bertone *DCCant. Reg. H* f. 175; **12..** pro ~o *Reg. Pri. Worc.* 53a; **a1291** [inter] vivarium .. et ~um *Cart. Boarstall* 44; **a1296** [*of a paddock*] parokus *Ib.* 48; **1327** [*for the end*] extrema parte ~i [*of the said monks*] *CalCh* IV 15; **1547** [*parrock*] perocum [*parcel of land*] (*Pat* 802 m. 45) *CalPat* 127; **1567** tenet unam parokam vocatam Gylleshays continentem unam acram *Surv. Pembr.* 506; **1612** unde una acra abuttat super quandam parokam terre vocatam *overhowse* .. una paroka terre de predicto ferlingato terre native residuo vocatur *overhowse* (*Sursum redditio*) *Crawley* 532. **b** 1214 in operatione mutarum regis ad ~as *Pipe* 127; **1223** precipimus tibi quod quatuor mutas apud parokos nostros de Winton' fieri facias ad girfalcones nostros mutandos *Cl* I 553b. **c 1285** (v. drovemannus); **1289** porcher' in j parrocho fac' ad verros, j d. *MinAc* 997/7; **1306** in uno carpentario conducto pro uno parroko de novo faciendo pro vitulis custodiendis ad separandum *Id.* 991/28; **1337** de vij s. x d. de iij porcis de gablo venditis ad parocum de Maghefeld *Gavelkind* 23; **1433** herbagium de .. placiis circa capellas .. et de uno ~o in Hope dicte vicarie ab antiquo pertinente .. percipiet *Reg. Heref.* 162.

parroechia v. paroecia. **parrokus** v. parrocus.

parruca [cf. ML parrax, LL parrula], kind of bird, blue titmouse.

10.. ~a, *yce* [i. e. *hice*] *WW*.

parrula [LL], (little) coal-titmouse.

parula, *masae Gl. Leid.* 47. 52; **10..** parula, *colmase WW*; **11..** ~a, *þe lesse blake mase WW Sup.* 167.

parrura v. parura. **parrus** v. parra.

pars [CL]

1 part, portion; **b** (of land, artefact, or sim., sts. w. ref. to piece or fragment); **c** (of number, amount, or sim.). **d** (*~s solutionis* or *satisfactionis*) part-payment. **e** (of condition or abstr.). **f** (*per ~tes*) in portions, piecemeal, piece by piece (also fig.).

consideres quia, cum est Deus de Deo, aut est totus de toto, aut ~s de ~te, aut totus de ~te, aut ~s de toto ANSELM (*Proc. Sp.* 1) II 184; quod valet in toto, valet in ~te W. MALM. *GP* I 41. **b p705** obnixe precamur, ut eandem agri ~tem .. habere firmiter valeamus ALDH. *Ep.* 10 p. 503; vidit equum capud sursum elevantem ad tecta domunculi ~temque foeni tectorum [cf. *Psalm.* cxxviii 6] avide adprehendens *V. Cuthb.* I 6; cum .. civitatis esset ~s vastata non minima BEDE *HE* II 7 p. 94; rogavit ut aliquam sibi ~tem de illo ligno venerabili .. adferret *Ib.* III 2 p. 130; frustris, i. ~tibus, *sticcum GlH* F 826; **1101** ut criniti sic tondeantur, ut ~s aurium appareat et oculi non tegantur (*Conc.*) W. MALM. *GP* I 64 p. 120; in monocordo .. ab aliquo puncto .. protrahatur una recta linea .. hec linea dividatur equaliter in novem passus vel ~tes equales WILL. 16. **c** per hyperbaton legendum quia peregrinum erit semen ejus annis quadringentis, in cujus ~te temporis etiam servitus accidit BEDE *Acts* 957; cum .. ~s major exercitus arma capere et bellum parare temtaret *Id. HE* I 20 p. 38; ~s est quantitas quantitatis, minor majoris cum minor majorem numerat ADEL. *Elem.* V *def.* 1; omnium duorum inequalium numerorum erit minor alterius aut ~s aut ~tes *Ib.* VII 4; numerus perfectus est qui omnibus suis ~tibus quibus numeratur equalis est *Ib.* VII *def.* 17; octonarius .. componitur ex duobus ~tibus [TREVISA: *parties*] equalibus, sc. ex duobus quaternariis BART. ANGL. XIX 121. **d 1224** exitus concessimus .. archiepiscopo allocari in ~te solutionis quingentarum marcarum quas ei debemus *Pat* 434; **1237** nos cepimus ad ipsam Evam de predictis octingentis marcis nobis reddendis pro eodem comite in ~te solucionis debitorum que ab eo exiguntur *KR Mem* 15 m. 24; **1265** quod septingentas marcas .. levari .. faceres .. in ~te soluciones decimarum *Cl* 91; **1270** liberate .. viginti marcas .. in ~tem satisfaccionis quinquaginta marcarum quas .. concessimus *Liberate* 46 m. 9; **1321** recipimus .. centum .. libras .. in ~tem solucionis mille marcarum *Lit. Cant.* I 55; **a1483** recepimus .. de Jacobo .. pro redditu in Hibernia, in ~te solucionis de arreragiis .. xlvj s. viij d. *Ib.* III 309. **e** ferunt fabulae Graecorum plurima .. incredibilia .. de quibus ~tem replicaturi sumus *Lib. Monstr.* II 8; ori .. ejus mamillam suam in qua maxima ~s infirmitatis collecta erat ad suggendum tradidit ORD. VIT. III 3 p. 53; ratio est quedam ~s divini spiritus humanis immersa corporibus J. SAL. *Met.* 925D; neque .. edito partu venter ipse aliqua sue beatitudinis ~te fraudatus est J. FORD *Serm.* 70. 5. **f** totam iram suam profert impius, sapiens autem dispensat per ~tes BEDE *Prov.* 1021D; omnia enim simul et non per ~tes judicabit Dominus ANDR. S. VICT. *Sal.* 112; **1297** supplicant .. quod solvantur eis expense quas fecerunt, sicut parati sunt ostendere per ~tes *RGasc* III cxci; compedes quibus ligati erant, veluti frutex putrefacta, per ~tes comminuti sunt *NLA* I 211.

2 (math.) part: **a** (w. ordinal numeral; *e.g. tertia ~s*) one third. **b** (*dimidia ~s* or sim.) half: **c** (*major ~s*) the major part, more than 50%. **d** (w. cardinal numeral; *duae ~tes*) two thirds.

a qui thesaurizat superflua, pro ignorantia tribuat tertiam ~tem pauperibus THEOD. *Pen.* I 3. 4; unus satus capit vij sextarios et quintam ~tem sextarii *Comm. Cant.* I 108; olim sumpserunt ex me primordia vitae: / tertia pars mundi mihi constat jure tenenda ALDH. *Aen.* 29 (*Aqua*) 6; **10..** quadrans, quarta ~s uncie *WW*; **10..** in stadio, octava ~s mil' *WW*; **1080** nullus laicus .. in tercia ~te decime aliquid habeat (*Conc.*) ORD. VIT. V 5 p. 317; **s1235** xxx[a] ~s catalli datur regi *Ann. Exon.* 12v; **1268** quinta ~s duarum partium unius ferlingi terre *Cl* 453; **s1290** quinta decima ~s tocius Anglie concessa est domino regi pro exilio [eorun]dem [sc. Judeorum] *Ann. Exon.* 16. **b 1159** dimidiam ~tem unius piscaturae que vocatur Berewicstrem *Regesta Scot.* 131 p. 193; **c1185** alia ~s [hide] assisa est (v. hida 1b). **c c1370** ille in quem major ~s sociorum consenserit .. vel in quem due partes confratrum consenserint (v. gremium 5); **s1342** in tantum ut infra paucos annos major ~s cardinalium de filiis ejus erat et nepotibus *Meaux* III 40. **d** de quibus denariis habebat rex E. duas ~tes et comes Goduinus terciam *DB* I 12a; **c1152** duas ~tes decimacionis de dominio tenebit *Doc. Theob.* 145; **c1160** habere solebat .. duas ~tes decimarum omnium hominum *Ib.* 199; Ydroleon fit ex oleo olivarum et aqua, ita ut sint ij ~tes aque et tercia olei *SB* 24.

3 (spec., in calculation of time): **a** a period of four minutes. **b** degree of arc, period of twenty-four and one-third hours.

a recipit hora .. xv ~tes BEDE *TR* 3 p. 183; ~s est xv[ma] pars hore .. eo quod zodiacus in trecentas sexaginta partes dividitur quarum xv horam constituunt BACON VI 88. **b** mathematici .. dum zodiacum circulum in xij signa, signa singula in ~tes xxx, ~tes item singulas in punctos xij .. distribuunt BEDE *TR* 3 p. 183.

4 (w. ref. to degree, scope, or extent; *ex, in,* or *pro ~te*) partly, in part; **b** (w. adj. to specify degree or extent).

tetri Scottorum Pictorumque greges, moribus ex ~te dissidentes sed una eademque sanguinis fundendi aviditate concordes GILDAS *EB* 19; in quibus quid me moveat ex ~te aperiam ANSELM *Misc.* 341; provinciales ceteris Anglis in ~te dissimiles, in ~te meliores, in ~te inveniuntur equales LUCIAN *Chester* 65; **c1188** Willelmus rex Scotorum, cum pro ~te vastasset Angliam, coactus est repatriare DICETO *YH* I 273; **c1239** decrevit literas transmittendas, pro ~te inferius annotatas (*Lit. Papae*) M. PAR. *Maj.* III 572; **a1275** quicumque sciverit .. aliquos .. mala conversatione sua universitatem scandalizantes, in toto vel in ~te, revelet eos *StatOx* 82. **b** ut Grecam .. linguam non parva ex ~te .. noverit BEDE *HE* V 20 p. 331; licet hec [grammatica] aliquatenus immo ex maxima ~te ab hominum institutione processerit, naturam tamen imitatur et pro ~te ab ipsa originem ducit J. SAL. *Met.* 840D; **1291** cum .. bastida pro majori ~te combusta existat *RGasc* III 13b.

5 component part, element: **a** (of body); **b** (of artefact); **c** (of treatise, book, or letter); **d** (of scholarly discipline; usu w. ref. to liberal arts); **e** (of speech, gram. or rhet.); **f** (of play or sim.); **g** (log., of syllogism or proposition, sts. w. ref. to form); **h** (phil., sts. contrasted w. *totum*); **i** (of the year, w. ref. to season); **j** (of abstr.).

a ipsumne corpus vel aliqua ejus ~s vel membrum illa cogitavit? AILR. *An.* I 24; fistulam patiebatur in virga virili .. adeo ut cum debita nature poscerentur, ex ea ~te sicut ex foramine purgamenta profluerent W. CANT. *Mir. Thom.* II 21. **b** induo mortales retorto stamine pepli / littera quindecima [sc. P] praestat, quod pars domus adsto ALDH. *Aen.* 86 (*Aries*) 8; thalamus iste .. habet tres ~tes: fundamentum, parietem, tectum AILR. *Serm.* 32. 21. **c** de quo et in primis hujus epistolae ~tibus ait BEDE *Ep. Cath.* 32A; incepi .. quandam epistolam quam ~te quadam edita perficere contempsi ANSELM (*Incarn. B* 1) II 4; scripsit .. expositionem super .. primam .. ~tem Moralium ORD. VIT. II 3 p. 48; **c1170** Remigius super primam ~tem Donati *Libr. Cant. Dov.* 7; tres ~tes et forzatum [i. e. fortiatum] NECKAM *Sac.* 375 (v. fortiare 5); nunc approximamus ad quartam ~tem [ME: *dale, dole*] quam dixi fore debere de multis temptacionibus *AncrR* 59. **d** sit aut non sit grammatica ~s logices non contendo J. SAL. *Met.* 857B; logica .. si philosophie ~s insignis est ut per omnia membra ejus quadam spiritus vice discurrat *Ib.* 862B. **e** cum in quarto loco vel regione ~s orationis cum dactilo terminatur ALDH. *Met.* 10 p. 96; ~tes orationis .. Donatus octo definivit BONIF. *AG* 475; epilogium, novissima ~s contra versiae [l. controversiae] *GlC* E 258; ~tes orationis sunt octo *eahta dælas synd Ledensprææ* ÆLF. *Gram.* 8; grammaticus et illa .. minora prestare debebit ut ~tes orationes reddi sibi soluto versu desideret J. SAL. *Met.* 853D; sunt .. ~tes orationis in rethorica: exordium .. secunda ~s orationis rethorice est narratio; tertia ~s divisio; quarta ~s confirmatio quinta ~s confutatio ultima ~s conclusio sive epilogus T. CHOBHAM *Praed.* 262. **f** comici .. distinguunt comedias suas in tres ~tes: argumentum, actus, et cenas T. CHOBHAM *Praed.* 259. **g** ~tes .. sillogismi sunt integrales, ut terminus et proposicio .. alio modo sunt ~tes subjective sillogismi, ut sillogismus demonstrativus .. sillogismus sophisticus BACON XV 194; omnis passio potest esse ~s proposicionis, subjectum [*sic*] vel predicatum OCKHAM *Quodl.* 552. **h** hoc .. nomine significatur et concipitur totus homo, in quo toto est animal ut ~s ANSELM *Misc.* 338; predicantur .. secundum corpus non animam. quare inquit corpus non erit genus animalis eo quod ~s est. nullo enim modo ~s de toto predicatur J. SAL. *Met.* 892B; **1163** ex duabus integralibus ~tibus constat corpus Cluniacensis ecclesie; altera est in imperio, altera in regnis (v. integralis 1a); cum tam totum integrale quam eciam totum universale sit omnes sue ~tes WYCL. *Ver.* I 182. **i** illa .. ~s anni que cuique regioni frigidior est GROS. *Hexaem.* V 12 p. 173 (v. hiems a). **j** nec libertas nec ~s libertatis est potestas peccandi ANSELM (*Lib. Arb.* 1) I 208; temperantia tres habes ~tes: continentiam, clementiam, modestiam T. CHOBHAM *Praed.* 202.

6 (applied to person as member of group of people).

denique Esaias, nequaquam ~s ultima profetantium, septem matronas sub tipo septem ecclesiarum virum unum apprehendisse ALDH. *Met.* 2 p. 64; unde ego pars hominum minima, isto munere freta *Mir. Nin.* 364.

7 allotted part or portion, share, lot, or sim.; (*~tem habere in* & abl.) to partake in. **b** (leg., *rationabilis ~s*) reasonable portion (w. ref. to

widow's or children's share). **c** alienable portion; (*sine ~te*) without deduction or sharing.

cum Juda traditore ~tem poenalem per aevum possideat *CS* 995; si quis .. hanc donationem augere .. voluerit, augeat Deus ~tem ejus in libro vite W. MALM. *GP* V 202 (=*CS* 58); novi .. quod decima Dei ~s est ORD. VIT. V 19 p. 451; peccatores, etsi credant, quia perdite vivunt, non habent ~tem in resurrectione prima, quia non resurgunt in consilio justorum BALD. CANT. *Serm.* 2. 5. 430; c**1230** extra quem [boscum] nullam ~tem habent in partibus illis *Feod. Durh.* 254; c**1265** manerium de W. .. assignatum fuit .. Cecilie in ~tem terrarum .. ipsam jure hereditario contingentium *Cl* 42. **b** **1215** si nihil nobis debeatur ab ipso, omnia catalla cedant defuncto, salvis uxoris ipsius et pueris rationabilibus ~tibus suis *Magna Carta* 26; **1218** ipsa clamat medietatem ut racionabilem ~tem suam *BNB* II 7; clamavit habere medietatem omnium bonorum .. Henrici, quondam viri sui .. tanquam racionabilem ~tem suam *MGL* I 392. **c** c**1086** dedi .. ecclesiae .. totam decimam caseorum sine ~te, et totam decimam lini et lanae sine ~te *FormA* 239.

8 function, role, task; **b** (in a play).

prefertur Marthae ~s melior Mariae GOSC. *Edith* 69; melior .. est .. et suavior ~s Marie .. laboriosior ~s Marthe .. vult ergo ut utreque agant suas ~tes AILR. *Serm.* 19. 26. 308A. **b** metumque simulat submissis vultibus / secundis imitans mimum in partibus WALT. WIMB. *Palpo* 114.

9 portion of territory; region, district, or area; **b** (*~s mundi*) a continent.

in orientali ~te insulae GILDAS *EB* 23; didicit Herodes .. quod expeculatores venissent a ~tibus Persarum THEOD. *Laterc.* 5; tempore de primo noctis mihi nomen adhaesit / occiduas mundi complector cardine partes ALDH. *Aen.* 58 (*Vesper Sidus*) 2; quia per quattuor ~tes orbis terrarum mysterium Sanctae Trinitatis a duodecim apostolis praedicandum erat BEDE *Acts* 968; Falaria, ~s Macedoniae *GlC* F 69; est locus in ultimis Anglorum Brittannie ~tibus *V. Neot. A* 12; qua ~te locorum B. *V. Dunst.* 1 p. 4; **1217** dedit .. salvum conductum suum .. servientibus .. et aliis .. in revertendo ad ~tes suas *Pat* 62. **b** rupes urbi .. vicina .. ad quam tres mundi ~tes, Asiam, Europam et Africam, conterminari perhibent *Itin. Ric.* I 32.

10 part or portion defined by position; side, end. **b** (spec. as *~s ante* or *~s post*) front or back side or part. **c** (*ad* or *in ~tem*, usu. w. vb. of motion) to one side, aside. **d** (transf. or fig.).

vidi .. Jesum .. et stabat †ad [l. a] dextris ejus diabulus, i.e. ex ~te justitiae, concinnans dolos THEOD. *Laterc.* 18; Bethleem civitas David in dorso sita est angusto ex omni ~te vallibus circumdato BEDE *HE* V 16 p. 317; **736** est autem .. ager in circuitu ex utraque parte .. fluminis, habens ex aquilone plaga silvam *CS* 154; hoc laqueo Christus trahit animam tuam ex una ~te, diabolus econtra ex altera ANSELM (*Ep.* 169) IV 50; omnis figura simplex portans tractum magis a ~te dextra quam a sinistra semper significat longitudinem GARL. *Mus. Mens.* 2. 12; **1287** ex altera parte aque in quadam domo ad pedem pontis (*CourtR St. Ives Fair*) *Law Merch.* I 21; c**1430** ut patet per rentale .. in fine folii dextere ~tis *Feod. Durh.* 38; **1444** corium .. ex ~te pilosa eruatum (v. eruere 4b); nota dictum folium ex utraque ~te W. WORC. *Itin.* 254. **b** vocalis non aspiratur nisi a ~te ante, et consonans a ~te post BACON *Tert.* 247; **1293** mutilando .. alios .. in gulis eorum furcis a ~te post cum cordis ligando, ne loqui possent (*Lit. Regis*) GERV. CANT. *GR Cont.* 304; sicut altera brevis imperfici potest et diminui a parte post, eodem modi [*sic*] diminui potest a parte ante HAUBOYS 254; dicunt aliqui quod [griffones] habent formam aquilinam a ~te ante [ME: *byfore*] et bovinam a ~te post [ME: *byhynde*] *Itin. Mand.* 96. **c** **1169** inde Bernardum trahens in ~tem dixit .. J. SAL. *Ep.* 285 (288 p. 648); multitudo .. militum .. regio metu perterrita secessit in ~tem, et amplius cum eo [sc. archiepiscopo] non stetit A. TEWK. *Add. Thom.* 7; vocavit Walterum in ~tem et ait: .. MAP *NC* V 5 f. 64v; c**1287** traxerunt predicti duo dictum scribam ad ~tem et fecerunt scribi quod scriptum est in dicta carta *Reg. Gasc. A* II 699; **1421** amotus erat ad ~tem *Reg. Cant.* III 67; s**1453** illa grandis summa pecunie .. fuerat .. reposita ad ~tem, ita quod de verisimili nunquam haberet ad manus nostras .. devenire *Reg. Whet.* I 108. **d** argumenta quae ex utraque ~te posuisti necessaria sunt ANSELM (*Gram.* 2) I 146; ecclesias traxerunt in ~tem precipitii et ruine P. BLOIS *Ep.* 78. 241A; legem dedit quam carnaliter viventes in ~tem voluptatis observant; M. PAR. *Maj.* III 40.

11 (*ex una ~te .. ex altera* or sim.) on the one hand .. on the other.

ex una ~te video retribuendi necessitatem et ex altera impossibilitatem ANSELM (*CurD* II 19) II 130; cepit anxius esse, ex una ~te metuens ne latrones furarentur, ex alia si possessiones emeret ut forte argueretur de inventa pecunia *Latin Stories* 64; **1430** inter .. Thomam .. ex una ~te, et .. Leonium .. ex altera *Feod. Durh.* 27n.

12 (in genealogy, w. ref. to kinship or descent) side or branch of family tree.

inclytam genealogiam habuit in ~te matris BYRHT. *V. Osw.* 428 (v. genealogia 2a); quoadusque parentela ex alterutra ~te ad septimum gradum perveniat W. MALM. *GP* I 42; soror domini regis ex ~te matris *Leg. Ant. Lond.* 12; Romulus nepos Madidi ex ~te patris *Eul. Hist.* I 52; Hugo comes Cestrensis nepos regis Willelmi conquestoris ex ~te sororis obiit KNIGHTON I 116; Galfridus .. qui .. frater fuit .. regis ex ~te patris *Meaux* I 327; H. comes Cestrensis, nepos regis W. conquestoris ex ~te sororis HIGD. VII 13 p. 432.

13 side in conflict (also pl.); (*~tem capere* or sim.) to side with, take the side of.

absit a fide .. tanti alumni .. ut vel suspicetur de eo quod velit ~tem ponere cum his, qui ipsa a quibus egressi sunt materna perturbant viscera A. TEWK. *Ep.* 14 p. 51; **1435** si .. gerant pacem erga Willelmum B. .. ceterosque suos adherentes ac ~tem cum eis capientes *FormA* 364; sese .. crimine purgat / quod tulit Edverdi contra data foedera ~tes J. HERD *Hist. IV Regum* 27.

14 (pl., w. ref. to) good offices, assistance, or influence (usu. w. *apponere*, *interponere*, or *tradere*).

1226 rogamus vos quod ad hoc ~tes vestras diligenter apponatis *Pat* 55; s**1227** Francorum rex, matre ejus ~tes suas interponente, cum baronibus illis pacem fecerat M. PAR. *Maj.* III 123; **1242** non debet vestra circumspectio admirari si nos, cum nostra intersit, interponamus ~tes nostras *RGasc* I 160b; **1297** ad .. malefactores arestandos .. adeo viriliter apponatis ~tes vestras quod .. *RScot* 42a; **1377** cum .. interposuerimus ~tes nostras ad faciendum sibi justicie complementum *FormOx* 382; quid illius mater? utri ~tes tradit suas, nataene an viro? LIV. *Op.* 156.

15 matter, regard, (in hac ~te) in this matter or regard.

1226 mandatum est .. archiepiscopo quod id quod suum est in hac ~te exequatur *Pat* 55; **1227** qualiter utilius ac melius in hac ~te valeret procedere (*Lit. Patriarchae Hieros.*) M. PAR. *Maj.* III 128; **1282** nos, factum suum approbantes in hac ~te *RGasc* II 149b; **1306** in hac ~te pro ecclesie nostre juribus sollicite vigilantes *Lit. Cant.* I 31; **1440** volo, quod .. tenementa .. vendantur post mortem meam .. nisi aliter in vita mea ordinavero in hac ~te *FormA* 433.

16 (*ex*, *de*, or *pro ~te* w. gen. or sim. to indicate on whose authority something is done) from, on behalf of, in the name of. **b** (*per ~tem* w. gen. to indicate agent) by, through.

pro merito, de parte ducis, rex, inquit, aveto! G. AMIENS *Hast.* 289; saluta ex nostra ~te omnes dominos meos, fratres tuos ANSELM (*Ep.* 12) III 117; literas ei ex ~te Basilie sponse sue deferens GIR. *EH* II 14 p. 332; s**1297** tres .. magne naves in quarum una thesaurus regis pro ~te fuerat W. GUISB. 315; c**1310** exhibitori presencium benignum auditum prebere in hiis que nostra parte .. referet viva voce *FormOx* 10; **1459** pro ~te .. Jacobi secundi regis Scotorum *Conc. Scot.* II 79. **1495** ex ~te eorumdem .. ex perte dictorum ballivorum *ExchScot* 544; quod cardinalis ex patte [*sic*] pontificis praesens libenter, ut moris est, accepit MAJOR IV 3 p. 130. **b** s**1452** ad consenciendum eleccioni de me facte .. per ~tem prioris et conventus .. instanter requisitus *Reg. Whet.* I 18.

17 one of two or more (opposing or collaborating) groups or individuals, party, side (also leg.): **a** (in war, politics, or unspec.); **b** (to writ or sim.); **c** (to lawsuit, also m.). **d** (*~s actrix* or sim. plaintiff. **e** (*~s rea* or *defendens*) defendant. **f** (*~s appellans*) appellor. **g** (*~s appellata*) appellee. **h** (*~s laesa*) injured party. **i** counsel, advocate.

a **705** ecclesiastici in hanc ipsam dissensionem .. de utraque ~te implicantur WEALDHERE *Ep.* 22; Jocobus et Romanus in horum ~te erant, Hilda abbatissa cum suis in ~te Scottorum .. episcopus Cedd .. interpres .. utriusque ~tis extitit BEDE *HE* III 25 p. 183; ut, si qua inter ~tes discordia emerserit, metropolitani vel provintialium consilio vel juditio saniori ~ti assensum et auxilium prebeas W. MALM. *GR* V 436; Guido .. et Rodbertus .. conversi erant ad ~tes imperatoris ORD. VIT. XI 24 p. 240; **1169** Teutonicus tirannus, consilio prudentium ~tis sue .. abbates .. accivit .. de pace ecclesie tractaturus J. SAL. *Ep.* 285 (288 p. 648); quia scriptorem non decet ~tem fore nec judicem, premissa non dijudico *G. S. Alb.* III 461. **b** **1307** per medium Gilberti junioris qui fuit ~s predicti brevis de recto (*Year Bk.*) *Selden Soc.* XVII 3; post mortem ejusdem Lore que fuit ~s doni predicti *Ib.* **c** audita ac dijudicata causa et controversia utriusque ~tis BEDE *HE* V 19 p. 328; **1198** idem dies datus est utrique ~ti *CurR* I 34; **1270** eidem ~ti et alteri ~ti ad faciendum ulterius in dicta causa aut negocio *SelCCant* 57; falso testimonium perhibuit de illo attornatu .. et ad exheredationem ~tis adverse *Leg. Ant. Lond.* 169; **1281** nec poterit excusari dicendo quod nescivit si hoc esset jus vel non, cum pars debet venire ad judicium ita instructus quod non possit inposterum allegare ignoranciam juris (*CoramR* 62 m. 30) *SelCKB* I 90; **1376** contra judicem, advocatum, et ~tem *RParl* II 357b. **d** valuit totum hoc quasi ad testimonium pro ~te accusatoris BALD. CANT. *Serm.* 4. 30. 409; BRACTON 119b, **1392**, **1427** (v. actrix b); **1350** si ~s actrix contra hanc formam venerit, cadat a causa simpliciter sine spe rediundi [*sic*] inperpetuum ad eandem *StatOx* 91; **1350** quod .. ~ti querelanti predicte faciatis in hac parte justicie complementum alioquin .. vos citamus quod compareatis coram nobis *MunAcOx* 169; **1401** in rem suam propriam in hac parte, ut asserit, constitutum, ~tem actricem ex parte una, et J. S. armigerum, partem ream ex altera (*Pat* 365 m. 19) *Foed.* VIII 211; si non venerit pars defendens ad quartum diem, ~s conquerens recuperabit .. damna taxata *Quon. Attach.* 4 (v. defendere 7d). **e** a**1350** si .. ~s rea contra formam venerit supradictam, habebitur pro non defensata *StatOx* 91; si non venerit ~s defendens ad quartum diem, pars conquerens recuperabit .. damna taxata *Quon. Attach.* 4 (v. defendere 7d); **1401** (v. 17d supra). **f** peto inhibendum fore decerni judici a quo .. ac o. parti appellatae .. ne .. quicquam faciant .. quo minus dominus meus ~s appellans liberam habeat hujusmodi appellationis negotium prosequendi facultatem *Praxis* 299. **g** ~ti appellatae *Ib.* (v. 17f supra). **h** **12..** absolvantur .. tam ~ti lese quam ecclesie satisfactione prius prestita competente *Conc. Scot.* II 50; sumptus et costagia ~i lese .. solvendo. *BBAdm.* I 227 (v. laedere 5b). **i** c**1344** quid in premissis feceritis nos .. cum per ~tem dicti J. [petentis] .. fueritis requisiti per litteras vestras .. dignemini reddere cerciores *FormOx* 134; **1392** dictus J. C. ordinavit Thomam G. procuratorem suum .. ad .. duplicandum .. de qua replicacione ~s dicti J. C. petebat copiam et diem (v. duplicare 4a).

parsetum v. persicus.

parsimonia [CL]

1 moderation in use, frugality, restraint; **b** (*~ia frugalitatis*); **c** (w. gen. to specify area of restraint); **d** (of style or sim.) brevity.

ille heremita .. strictis ~iae legibus vitam solitariam .. sustentasse .. describitur ALDH. *PR* 114 p. 155; quantae ~iae, cujus continentiae fuerit, .. testabatur etiam locus BEDE *HE* III 26 p. 190; ~ia, frugalitas *GlC* P 114; a**984** humilitatis studio pollentes, corpus parssimoniae vigore munientes (ÆTHELWOLD *Ch.*) *Conc. Syn.* 127; **10..** ~ia, *gneðnes* .. ~ia, *fæsten behæfednes* WW; inedia et omni ~ia corpus attenuare .. curabat W. MALM. *Wulfst.* I 2. **b** ut .. ad caelestem paradisi patriam se quantocius properare frugalitatis ~ia prodant ALDH. *VirgP* 14 p. 243; imperator corpore frugalitatis ~ia macilento rursus in soporem solvitur *Ib.* 25 p. 259. **c** cujus [beati Johannis] austeritatem indumenti, cujus ~iam alimenti evangelica laudat historia BEDE *Hom.* II 23. 242; monasterium edificaverant, nulla ~ia sumptuum, nulla inopia victualium W. MALM. *GP* IV 155; **1132** considerasse .. moderatam et equalem ciborum ~iam (v. considerare 3a); abstinentie et parcimonie ciborum non mediocriter indulgent GIR. *TH* III 27; quid de ciborum loquor ~ia? *Canon. G. Sempr.* f. 72v. **d** pauca subitiemus quia et placet nobis dicendi ~ia et non arridet multa dicendorum materia W. MALM. *GR* I 73.

2 scarcity, shortage.

~ia, penuria *GlC* P 115.

3 parsimony, niggardliness.

insopibili fere mundialis enormitas grassatur ~ia O.
CANT. *Pref. Frith.* 13.

parsimonialis [CL parsimonia+-alis], scarce,
niggardly, stingy.

hospitalitas parcimoniale [*sic*] W. WORC. *Itin.* 2.

parsitare, to utter the sound of a starling.

sturni ~ant ALDH. *PR* 131 p. 180.

parsiuncula v. partiuncula.   **parson-** v. person-.

partabilis [ML partare+-bilis], that can be divided into parts (in quot., of land).

c1245 totum pratum meum ~e *AncD* A353.

partare [ML], to divide (into parts).

Meriadocus . . hinc et inde furibundus ~ans armatorum agmina *Hist. Meriadoci* 368.

partarpia [LL para < παρά+CL Tarpeius], flo-
ral wreath (worn by victor at Capitoline Games).

~a, corona ex diversis floribus parata OSB. GLOUC.
Deriv. 481.

partecipare v. participare.   **partenion** v. parthenium.

parthenalis [LL parthena < παρθένος+-alis], of
OL for a virgin; **b** (w. ref. to *BVM*).

ut Ealdelmi ibidem percurram de ~i laude libellum
B. *Ep.* 388.   **b** 1012 ex quo agnus Dei de utero ~i
processit *CD* 720.

parthenium [CL < παρθένιον], (bot.): **a** feverfew
(*Chrysanthemum parthenium*). **b** dog's mercury
(*Mercurialis perennis*) or annual mercury (*Mer-
curialis annua*). **c** noble or Roman camomile
(*Anthemis nobilis*).

fetherfew, herb, ~ium LEVINS *Manip.* 94.   **b** partenion, i. virginalis vel mercurialis *Gl. Laud.* 1195;
†pacemon [l. parthenion] sive lacducemon vel mara-
con. folia habet coliandro similia et flores in circuitu
albos et in medio est mellinum cum odore †brimosto
[v. l. brumoso] et gustu amaro, bibita cum oxnelle sicut
epichinum flegma et coleram per ventrem educit *Alph.*
136.   **c** ~ion est camomilla nobilior aut Romana,
quae etiam pyrolana sylvana dicitur *LC* 257.

parthenocidos [? cf. παρθενοκτόνος = maiden-
slaying, assoc. w. CL -cida], (bot.) annual mercury (*Mercurialis annua*) or dog's mercury
(*Mercurialis perennis*).

†geniotilis, i. parce [? l. parthenocidos] seu mercurialis *Gl. Laud.* 760; cum decoctime polip' et parcenotidos GILB. VII 317. 1; pertenotides, mercurialis *MS
BL Addit.* 15236 f. 19v; perrinocidos, mercurialis . .
g. mercurial, A. smerewort *MS BL Sloane* 5 f. 10va;
permnosidos, mercurial' . . G. mercurial, A. smerwort
MS BL Sloane 405 f. 15; parcinotodos, *mercuri, pap-
wort MS Cambridge Univ. Libr. Dd.* 11. 45 f. 112;
mercurialis, linozostis, lenochides, calfu idem, G. *mercurie,* A. *scandary.* respice in laxovatis et in lichitis
et in parchenocides [? l. parthenocidos] *Alph.* 116;
parchenotidos [? l. parthenocidos], mercurialis idem,
G. et A. *mercurie Ib.* 138; †pectenatos [? l. parthenoci-
dos], mercurialis idem, G. et A. *mercurie Ib.* 141.

parthenos [LL < παρθένος], virgin (in quot., w.
ref. to *BVM*).

karikaristo menitrotoche partine (*Process. Chester*)
HBS XVIII 19 (v. †karikaristo).

Parthia [CL = *Parthia*], (in quot., w. ref. to)
Arabia, Muslim people, or sim.

Romanos Cesar expugnat, Parthia calcat / Jerusalem, templum gens scelerata tenet GARL. *Tri. Eccl.*
39.

Parthicus [CL < Παρθικός], of or connected
with Parthia, Parthian; (*~a sagitta*) Parthian ar-
row or shot; **b** (as sb. m.) inhabitant of Parthia,
a Parthian.

hac illa sententia ac si Partica sagitta feriretur AD.
EYNS. *Hug.* V 13 p. 151.   **b** talis ~orum antiquitus in
armis animositas erat; qui quidem neque in hodiernum
strenuitate non degenerant GIR. *PI* I 14 p. 50.

Parthius [CL Parthia+-us], inhabitant of Parthia, a Parthian.

dat alter lacus Parthios cunctos omnes monoculos
(*Vers.*) *Eul. Hist.* II 138.

Parthus [CL; cf. Πάρθοι, Παρθναῖοι], inhabitat
of Parthia, a Parthian; **b** (enumerated with or
applied to other peoples, usu. Turk or Saracen).

multi . . primam ejus epistolam [sc. Johannis] ad ~os
scriptam esse testantur BEDE *Ep. Cath.* 10A; ~i: inter
flumen Indum . . et inter flumen Tigrim . . siti sunt
Id. Nom. Act. 1039A; terribilis qualis curvo fit Parthus
in arcu ALCUIN *SS Ebor* 183; obviavit agmini quod
rex ~orum ducebat G. MON. X 9; pro patria pugnare
licet, sed parcere Parthis / cernuntur reges dum sua
bella gerunt GARL. *Tri. Eccl.* 21.   **b** hic [Thomas]
evangelium predicavit ~is et Medis ORD. VIT. II
8 p. 306; Parthus, Arabs Macetumque falanx non
texit Alexin / at fuga (*Vers.*) W. MALM. *GR* III 262;
~orum, qui modo Turci vocantur H. HUNT. *HA* VII
7; durant . . ~orum [*gl.*: de Torqueys, *Turkés de Turké,
de Turkés*] sarrabare, Gallorum ligne BALSH. *Ut.* 53;
hic ~us, *Turkeys* (BALSH. *Ut. gl.*) *Teaching Latin* II
57; paganis et ~is de gente Christiana permissa est
victoria GIR. *EH* II 28 p. 365; regnum ~is, id est
Turchis, contiguum MAP *NC* II 18 f. 29v; habuit
Salahadinus . . ~os, Bedewinos, et Arabes, Medes,
Cordinos, Egyptios, qui sicut loco, ritu, et nomine
diversi, sic in excidium Terre Sancte . . erant accensi.
Itin. Ric. I 5 p. 13.

partia [cf. CL pars, partiri], division.

1200 rex Ricardus . . fecit ~iam irrationabilem . . inter eum et Fratricium *RNorm* 39; ~ia illa irrationabilis
Ib.

partiabilitas [partia+-bilis+-tas], (log. & phil.)
partibility, divisibility. *Cf. partibilitas.*

aliqua forma potest suscipere magis et minus dupliciter vel secundum ~atem subjecti . . et ex hoc
quod extenditur ad extencionem subjecti capit ~atem
a subjecto AD. BURLEY *Quaest.* 2. 13; extensio alicujus
forme in materia non facit ipsam suscipere magis et
minus, immo oportet ponere ~atem secundum gradus
ad hoc quod forma suscipiat magis et minus *Ib.* 2. 18.

partialis [LL]

1 connected with or involving part (of), partial (sts. in phil. context, also contrasted with
communis, generalis, totalis, or sim.); **b** (astr., of
eclipse) during which only part of the disk of
the luminary is darkened). **c** (mus., of mode or
tone). **d** (leg.) restricted to particular places or
persons.

omne corpus est compositum. omne antem compositum aut est substantiale aut ~e [vv. ll. particiale,
particulare]: substantiale, veluti cum una substantia
alii jungitur; ~e, cum unius substantie partes conjunguntur PETRUS *Dial.* 21; nisi valde esset utile . .
non debet scientia separata constitui sed sufficit ut
in aliquo ~i libro vel capitulo determinetur cum aliis
in scientia communi BACON *Maj.* II 3; objectum non
est causa totalis sicut alia ~is causa DUNS *Ord.* III
232; relegato quolibet ~i favore R. BURY *Phil.* 8. 130;
ecclesia, sed non totalis militans, igitur ecclesia ~is
WYCL. *Versut.* 99; et singulares et ~es confederaciones
detestatus est *Plusc.* VI 28 p. 23.   **b** omnis . . eclipsis
vel ~is vel totalis est ADEL. *Elk.* 33; tres solis eclipses
. . non generales tamen sed ~es GIR. *EH* II 20 p.
349.   **c** quemlibet modum in duos dividunt et omnium secundam partem plagalem vocant, id est ~em
seu subjugalem ODINGTON 101.   **d** qui leges communes Anglorum genti tempore suo ordinavit quia
perante leges nimis ~es edite fuerunt BROMPTON 956.

2 (of division of written work or sim.) into
parts, sections, or sim.

quia simul et sepe plus plurium poterit lectioni
prodesse hujuscemodi in libris ~is divisio. (*Gl. Psalt.*)
H. BOS. *Ep.* 1476A.

3 (of person) who sides with or favours one
party in a suit or sim., partial, biased.

s1342 se velle pacem mundi . . procurare nec ~em
se monstrare dixit AD. MUR. *app.* 225; s1345 ex quo
[papa] ~em [v. l. passialem] ad partem unam quam
plus diligit se demonstrat *Id. Chr.* 188; 1423 detectum
extitit et delatum quod . . supprior domus nimis ~is
extitit et suscitator discordie inter abbatem et conventum *Reg. Cant.* III 512; 1434 vocando enim judicem
~em *MunAcOx* 506; excipit contra testes . . quod . .
sunt . . affectionati, ~es, minus indifferentes . . et de
roba et stipendo partis producentis *Praxis* 149.

4 (as sb. n. pl.): **a** partial things, things that
involve only part (and not the whole). **b** partly
paid debts.

a conceptus definitivus est explicitus conceptus
plurium ~ium . . quia unus conceptus nobis notifi-
catur ex partibus DUNS *Ord.* III 54.   **b** 1228 ~ia
et debita de itinere M. de Pateshyll' non sunt in rotulo, set in veteri summonicione *KR Mem* 9 m. 6;
1466 ut patet eciam in cedula ~ium remanente super
computum *ExchScot* 424.

partialitas [ML]

1 state or condition of being partial (as op-
posed to total or complete) or part (of), partial-
ness.

si . . hec prepositio 'de' notat exceptionem aut
minoritatem aut ~atem NECKAM *SS* I 20. 6; ut
uno stipite non parcialitas / sed matris pendeat ipsa
totalitas WALT. WIMB. *Carm.* 602; si in eodem sine
composicione et ~ate possunt esse multe perfecciones
. . ergo multo magis possunt esse in Deitate tres
persone sine composicione et ~ate DUNS *Ord.* IV
268.

2 preference or predilection for one party in
suit, dispute, or sim., partiality, bias; **b** (w. *cum*).

s1342 procurare ea que pacis sunt . . et ~atem
omnem vitare AD. MUR. *app.* 226; 1441 absque dis-
simulacione . . invidia, ~ate dolo . . et malo ingenio
quibuscumque BEKYNTON I 140; 1441 discordiam . .
absque aliqua ~ate debite reformabit *MonExon* 405b;
1502 omni favore, ~ate, mercede . . postpositis *StatOx*
304.   **b** qui ~atem habent cum hiis quorum causa
agitur *Plusc.* VII 19 p. 89.

3 (act or policy of) taking part against (in
quot., w. obj. gen.).

pacis turbacio . . insoncium ~as, indignorum pro-
mocio OCKHAM *I. & P.* 31.

partialiter [LL]

1 in part, to a certain degree or extent,
partly, not completely, (usu. in phil. context,
also contrasted with *totaliter*).

non solum veritatis diminutioni sed et defectui
creatura ~iter et non totaliter subjecta esse putaretur
ANDR. S. VICT. *Sal.* 96; quod libet accidens in toto
sui subjecto est totaliter, si totius, ~iter, si pro parte
J. SAL. *Met.* 884D; se . . non ~iter sed totaliter
Domino vovere GIR. *Spec.* II 24 p. 69; cognoscitur in
parte vel secundum partem, quia in illo non totaliter
set ~iter continetur BACON VII 96; casus potest
accidere immediate a concursu causarum naturalium,
sed semper tamen accidit mediate et ~iter a causa
libera OCKHAM *Quodl.* 91; hec oracio . . juvat ~iter
ad hunc sensum catholicum (WYCL.) *Ziz.* 457; 1426
opus . . ~iter inchoatum *EpAcOx* 26.

2 by or for particular places or persons, particularly.

priusquam . . communiter vel partiliter electi sint
sive constituti judices super illos (*Quad. Ded.* 25)
GAS 531; 1309 consuetudo non fuit facta ~iter pro
ullo eorum set pro omnibus in communi *PQW* 830a.

3 in a biased manner, by undue favour or
predilection.

suos ~iter promovendo et naciones alias contem-
nando OCKHAM *I. & P.* 44.

partiare [cf. CL partire, partiri], to share, distribute, apportion.

1317 [*for distributing*] ~iand' *Fabr. Exon.* 76.

partiarius [CL *adj. only*]

1 (as adj.) who shares or participates (in),
associate, joint.

primus Joseph in Egypto instituit ~ios colonos
GERV. TILB. I 20 p. 902.

2 (as sb. m.) fellow tenant or owner, parcener.

quidam censiti, colentes cum datione census, quidam ~ii dantes partem fructuum VAC. *Lib. paup.* 30;
1240 memorandum de Hugone Gubyun . . et ~iis
suis, qui debent finire *KR Mem* 18 m. 7d; 1251
[*co-parceners*] ~ci *CalCh* I 352; 1252 mandatum est
Axancio de Cavo Monte et ~iis suis (*Pat* 63 m. 6) *RL*

II 390; **1293** per .. abbatem Clairiaei, nostrum ~ium .. bastide *RGasc* III 66a.

partibilis [LL]

1 that can be divided into parts, divisible (usu. log. & phil.); **b** (of part of body).

id simplex dicimus quod, solo intellectu ~e, actu in se nullam recipit sectionem ALF. ANGL. *Cor* 16. 13; utrum anima sit ~is secundum subjectum AD. BUCKF. *An.* 433; ad ipsum mobile quod est ~e BACON VII 39. **b** manente virginitate cartilago pirule nasi sentitur indivisibilis sed si est violata sentitur ~is M. SCOT *Phys.* 24 f. 16rb.

2 that can be shared or distributed (among), partible: **a** (of property or sim.); **b** (of abstr.).

a **1200** est ~is terra illa. *CurR* I 297; **1219** petit .. tertiam partem ut jus suum, quia terra ~is est *CurR* VIII xi; **1237** terra .. secundum consuetudinem soke de Geyton' ~is est *Cl* 495; sicut in peticione comitatuum et baroniarum ~ium cum regnum sit impartibile RISH. 257; **1337** tenentes de gracia habebunt totum pratum ~e *Cart. Osney* IV 322; et prior dicit, quod praedictum manerium non est Gaulikend neque ~e *Gavelkind* 179. **b** dominacio antem talis cum sit ~is WYCL. *Versut.* 99.

partibilitas [ML], (log. & phil.) divisibility.

anima .. an sit impartibilis secundum ~atem subjecti AD. BUCKF. *An.* 433; dicendum quod in omni mobili est aliqua magnitudo sive molis sive virtutis ex cujus ~ate accidit quantitas in motu KILWARDBY *Temp.* 4. 17; materia radix est divisibilitatis et ~atis BACON VIII 40; sive hoc fiat per ~atem sui ut corpus sive per ~atem terminorum occupatorum a mobili *Id. Tert.* 172; sciant quoque Deum esse substanciam simplicissimam, impartibilissimam, nullam compartitionem, statum, magnitudinem habentem, scilicet magnitudinem corporale BRADW. *CD* 7E; nec potest quis dicere quod hec omnia, sc. mutabilitas, adventus et recessus, ~as secundum majus et minus, prius et posterius, ac mensurata distincio fuerint in puro non ente *Ib.* 69E.

partibiliter, (log. & phil.) by division into parts, divisibility.

necessitas supra dicta non causatur ~iter ab his causis, quia nulla potest ibi partibilitas assignari BRADW. *CD* 752D; cura tocius populi rectoribus et vicariis ~iter est commissa WYCL. *Sim.* 108; non dispargitur ~iter secundum multiplicacionem subjectorum *Id. Dom. Div.* 189.

partica v. 1 pertica. **particare** v. perticare. **particata** v. 2 perticata.

particeps [CL *as adj. & sb.*]

1 one who participates or shares in (property, right, act, or abstr.), participant, sharer (usu. w. gen. to specify part or share); **b** (in crime) accessory, accomplice; **c** (dist. from *compos* or *possessor*). **d** (w. dat. or abl.). **e** (in gl.).

quorum vitam non solum laudo .. cujusque me .. esse .. ~ipem opto et sitio GILDAS *EB* 64; nostram gentem .. aeternae libertatis fecit esse ~ipem BEDE *HE* II 1 p. 78; hujus opinionis ~eps fuisse cognoscitur Nicholaus papa W. MALM. *GP* V 240; non est homo qui non sit albus aut niger aut medii coloris ~eps J. SAL. *Pol.* 438B; **c1280** monachi .. nobis concesserunt ut simus .. ~ipes omnium beneficiorum et elemosinarum ejusdem ecclesie *Feod. Durh.* 157a; **1468** naves .. unde Johannes Rawlegh' de Dertmouth, Walterus Coke .. et Thomas Taillour cum aliis ~ipes, vitelarii et magistri extiterunt *Pat* 522 m. 4*d*. **b** ejusdem criminis se ~ipem esse cognoscat W. MALM. *GP* I 64 p. 120. **c** quem cum parentes .. tam dialecticae artis compotem quam rethoricae artis ~ipem fecissent ALDH. *VirgP* 36 p. 280; non enim tribunus civitatem Romanam, cujus esset possessor, sed consortium civitatis Romanae, cujus esset ~eps, emerat BEDE *Retract.* 1030; ut beneficiorum ejus compos, orationum ~eps, memorie assecla fieri mereretur W. MALM. *Wulfst.* II 21. **d** Domine .. tibi gratias ago quod me dignatus es tantis beneficiis ~ipem fieri *Found. Waltham* 8. **e** compos, ~eps *GlC* C 755.

2 one who shares an activity with others, companion, associate, fellow, partner (usu. w. gen.); **b** (w. dat. or abl.). **c** (leg.) parcener.

ut filios adoptivos per fidem angelorum ~ipes demonstratet THEOD. *Laterc.* 20; ~eps, *gefera GlP* 908; †**825** (12c) fidelium ~eps in regno celorum .. effici desiderans *CS* 390 p. 541; sanctus iste omnium sanctorum consors, conciuis, ~eps existit J. FURNESS *Kentig.* 44 p. 240; **1210** dominus rex fuit ejus ~eps ad ludum *Praest.* 209; **1293** quamquam .. eam [commitissam de Waruyke] non solum nostri, verum eciam omnium Dominum timencium, ~ipem estimemus *StatOx* 101. **b** servorum decies quingentes liberat heros / .. / participes faciens Romanis civibus omnes ALDH. *VirgV* 2100. **c** Robertus Burnard et ~ipes sui reddunt compotum de j m. de tercia parte feodi j militis *Pipe* 197; **1222** Willelmus .. peciit simul cum Ricardo de Grenestede et aliis particibus [*sic*] suis versus Reginaldum *BNB* II 155; **1231** antecessor ipsorum Nicholai Willelmi et Avicie ~ipis ipsorum *Ib.* 491; **1264** de assensu W. de G., R. filii P., et B. de L. ~ipum et heredum A. de L. *Cl* 350; inter coheredes et ~ipes hereditatis *Cl* 408; **1293** ratione terrarum .. Matildis de Karryk unius heredum et ~ipum Helwisie *Reg. Carl.* I 1.

participabilis [LL], (log. & phil.) that can be participated or shared (in), participable. **b** (leg.) that can be owned jointly.

eternitatem proprie dictam non magis creature communicabilem vel ab ea ~em esse posse *Ps.-*GROS. *Summa* 408; primo modo 'indeterminatum' abstrahitur ut forma ab omni materia, ut in se subsistens et ~is DUNS *Ord.* III 13; non semper est materia ~is disposita per inferiora agencia ad suscepcionem similitudinis ydee T. SUTTON *Gen. & Corrupt.* 179. **b** fugavit averia sua in campo ~i inter ipsos et alios tempore warecti *CourtR Hales* 391.

participalis v. participialis. **participaliter** v. participialiter.

participanter [ML], by participating or sharing (in).

communicanter, i. aliter adverbium OSB. GLOUC. *Deriv.* 345.

participare, ~ari [CL]

1 to have a share (in), to share (in), partake (of, with others); **b** (w. acc.); **c** (w. gen. or dat.); **d** (w. abl.); **e** (w. *de*); **f** (w. *in* & abl.); **g** (w. gen.); **h** (w. *cum* to specify other sharers); **i** (w. dat. or abl. to specify other sharers); **j** (w. ref. to *I Cor.* ix 13). **k** (pr. ppl. as sb.) sharer, participant (sts. log. & phil., w. ref. to abstr. or inanim.). **l** (p. ppl. as sb. n., usu. log. & phil.) thing that is shared (in) or partaken (of).

eodem modo ~antur rex et comes (*Chesh*) *DB* I 268rb; j ecclesia de xxx acris et valet v sol' plures ibi ~antur (*Suff*) *DB* II 326. **b** [Benedictus] haud frustra cum advocato et redemptore nostro felix vocabuli privilegium ~avit [*gl.*: communicavit, *mensumede*] ALDH. *VirgP* 30 p. 268; accessit tandem Sigga ejus diaconus .. ~atque gloriam visionis FOLC. *V. J. Bev.* 11 p. 258; nullus est grammaticus nisi ~ando grammaticam ANSELM (*Gram.* 16) I 162; cum, sarcina .. absoluta, proprium locum receperit, beatam et undique liberam ~at fortitudinem W. MALM. *GR* IV 347 p. 397; quando ipsum ~at dispositionem sibi non naturalem J. BLUND *An.* 4; ut cum lex nature ita ~et legem eternam quod nichil aliud ipsa sit .. nisi participacio legis illius FORTESCUE *NLN* I 42. **c** potestis etiam panis sancti, cui ille ~abat, esse participes BEDE *HE* II 5 p. 91; episcopi .. cum patrie perversoribus .. prede ~ari *G. Steph.* 78 p. 156; in quantum ~at cruci Christi, in tantum sibi presumat gloriam Christi AILR. *Serm.* 10. 30. 263; quia ad ejus creata imaginem anima rationalis ipsius sapientie ac beatitudini ~ari posse cognoscitur *Id. Spec. Car.* I 8. 513A. **d** domus spirituales efficimur per Spiritum ejus .. et sacerdotio sancto ~are .. non nisi per ipsum valemus BEDE *Ep. Cath.* 49; illustris Anglorum rex, Henricus, hoc nomine ~antium regum secundus dictus est *Dial. Scac.* II 2D; nihil .. bono ullo ~at, cujus non sit causa major, plenior, et superior a qua descendit quod participat H. BOS. *LM* 1356D; deforis armigeri sint potu participantes D. BEC. 1473; si pupille .. ~ant nigredine timidus est GILB. III 129v. 2; quod unus episcopus et una abbacia plus participant isto dominio WYCL. *Versut.* 100. **e** quanto aliquid magis ~at de sua causa, tanto est magis in effectu sue cause J. BLUND *An.* 25; **1242** de lucris .. ~are debuimus usque ad partem mediam *RGasc* I 22b; **1298** non ~abunt .. de impetrandis in curia Romana *Reg. Cant.* I 229; invidus nollet alios de bonis suis ~are [ME: *þat ani dealede of his god*] *AncrR* 91; [cineres] convertuntur in terram, quia forte plus ~ant de materia terre OCKHAM *Quodl.* 224; [principatus] regalis est semper aut tyrannicus. interdum et de regno et de tyrannide ~at LIV. *Op.* 298. **f** qui sunt qui resurgunt cum Christo nisi qui in istis omnibus que passus est Christus ~antur? AILR. *Serm.* 40. 9; considerandum si in aliquibus secundum quid ~atur genus ut si animal quod sensible vel visibile dicatur J. SAL. *Met.* 905D; **1289** antequam ~arentur in justiciatu immediato .. ville *RGasc* II 323b; ita consiliarius ejus ~ans sic in crimine est pertinax OCKHAM *Dial.* 678. **g** neque per habitare neque per justorum ~are est quis civis W. BURLEY *Pol.* 277. **h** ALDH. *VirgP* 30 (v. b supra); non te frangat cupiditas nec te flectat fragilitas et noli cum diabolo ~are amplius *Ps.-*BEDE *Collect.* 382; ubertatem seminis tui .. per plures uxores et concubinas divide ita .. ut tu solus habeas illas plures, i. pluralitate uxorum et concubinarum nullo rivali tecum ~ante ANDR. S. VICT. *Sal.* 33; ut ~et cum eo in lucro fenebris pecunie T. CHOBHAM *Praed.* 141; ubicumque invenitur multitudo brevium, semper ~ant cum precedente quia precedens cum eis non reputatur GARL. *Mus. Mens.* 6. 10; mecum si velit ~et de collectis J. MIRFIELD *Brev.* 48; **1427** cum .. festum Pasche ex infallibili cursu propter viciniam ~at cum estate *StatOx* 233. **i** ~antes criminosis in crimine, eodem crimine involvuntur OCKHAM *Dial.* 461. **j** nec ullatenus oportet ut illi sint consortes de altari ~antium qui per immunditiam se faciunt exsortes altari deserventium [*sic*] ANSELM (*Ep.* 65) III 183; psalmos .. concinitis in cancellis et altari deservientes, cum altario ~antes, verum conficitis corpus Christi R. BURY *Phil.* 4. 48. **k** omnium .. quae accidentia dicuntur alia non nisi cum aliqua ~antis variatione adesse et abesse posse intelliguntur ANSELM (*Mon.* 25) I 43; consortes de altari ~antium *Id.* (*Ep.* 65) III 183 (v. 1 supra); quelibet creatura est ens per participacionem, ergo est composita ex ~ante et participato DUNS *Ord.* IV 165; formaliter in eo a quo participaret eam [perfeccionem] immo perfeccio talis in ~ante non esset per participacionem illius perfeccionis in causa *Ib.* 253. **l** quelibet creatura .. est composita ex participante et ~ato DUNS *Ord.* IV 165 (v. et. 1k supra); quod autem recipit majus et minus differt quando participatur ab eo ~ato minus T. SUTTON *Gen. & Corrupt.* 103.

2 to distribute, divide out, apportion (property or sim.). **b** to impart (knowledge or advice). **c** (in gl.).

1241 predictam roberiam inter eos ~avit et inde partem suam recepit *CurR* XVI 1744 p. 350; **1264** tunc totum residuum .. in manum nostram capiatur ~andum inter coheredes et participes hereditatis .. comitis *Cl* 408; **1287** in glisera ~anda (v. glisera 2); **1372** ~pare pauperibus eodem die ij s. vj d. *IPM* 232/7. **b** hec quidem extrema jam victoribus suis ~arunt W. MALM. *GR* III 245; magistro H. in sue neccessitatis urgentiis deliberationis ~are non ducatis indignum consilium AD. MARSH *Ep.* 217 p. 385; homines quibus Deus ~at potestatem suam ad utilitatem ecclesie WYCL. *Ver.* I 391; **1446** si alter confratrum aliqua sciencia seu artificio .. fulcitus fuerit .. confratri suo .. illud ~abit atque impendet fideliter informando *MunAcOx* 554. **c** ~at, inpertit *GlC* P 98.

3 to partition, divide into parts or portions.

1270 quod .. terre .. per sex probos homines ex utraque parte electos in duos partes dividantur, ~entur et extendantur *Cl* 297 (cf. ib.: de particione terrarum).

4 (leg.) to hold as parcener.

1279 tres sorores dictum tenementum ~ant *Hund.* II 460a.

5 to be shared (between).

de socna et *thol* et *theam* [v. l. de causis participantibus] participantium .. causarum partim in socna .. rex habet, partim concedit aliis (*Leg. Hen.* 20. 1) *GAS* 560; ut prima nota .. videatur ~are temporaliter inter discantum et organum *Mens. & Disc.* (*Anon. IV*) 83.

participatio [CL]

1 (act of) sharing (in) or partaking (of, with others), participation; (w. ref. to crime) complicity; **b** (w. subj. gen.); **c** (w. obj. gen.); **d** (w. ref. to *Psalm.* cxxi 3); **e** (w. *in* & abl.). **f** (w. *cum* to specify other sharers).

soca .. placitorum alia proprie pertinet ad fiscum regium et singulariter, alia ~ione, alia pertinet vice comitibus (*Leg. Hen.* 9. 11) *GAS* 556; intra hunc etatis terminum et hoc furti precium poterit ei aliquociens plegii [v. l. per legis] beneficium prima vice subvenire condicione, sexu, ~one, eventu, furti qualitate (*Ib.* 59. 20a) *Ib.* 580; qui ad dampnum vel

malum aliquem duxerit liberet eum advocacione vel emendacione vel ~one (*Ib.* 85.1) *Ib.* 600; quedam est vita per essenciam et hec inest ipsi Deo, alia est vita per ~onem et hec est in creatis BACON VII 56. **b** concessit etiam totius ville herbergagium absque ullius ~one quietum ORD. VIT. V 20 p. 468; a**1131** confirmavit .. totam eamdem villam de H. .. sine ~one cujuscumque hominis in eadem parochia manentis, in terris et ecclesiis *FormA* 37; non solum lux lucis eras sed etiam luminis fons ut fieret tanti boni manifestatio atque ~o creature tue, splenduisti subito in his quos tanti boni participes judicasti J. FORD *Serm.* 7. 4; **1224** quod sua propria sint absque ~one alicujus qui de guerra sit *Cl* I 627b. **c 673** a ~one corporis et sanguinis Domini nostri Jhesu Christi cognoscat se esse segregatum (*Lit. Papae*) *CS* 31 (=ELMH. *Cant.* 244); [sancta ecclesia] quae est de gentibus congregata ~one mysteriorum caelestium BEDE *Tob.* 933; omnipotens Deus tribuat tibi omnium peccatorum tuorum absolutionem .. et orationum mearum .. ~onem ANSELM (*Ep.* 275) IV 190; accidens .. omne et forma quelibet itidem numero subjacet sed non accidentium aut formarum ~one sed singularitate subjecti J. SAL. *Met.* 884C; ad quos / judicium spectat vel participatio vite H. AVR. *Hugh* 1279; **1246** nos omnium bonorum .. vobis plenariam concedimus ~onem *Ch. Sal.* 304. **d** s **1099** quod per collationem donorum presentium firma sit eis expectatio futurorum et per eam que hic peregrinatur Jerusalem, ad eam perveniant, cujus extat ~o in id ipsum M. PAR. *Maj.* II 102. **e** quod nullus laicus ~onem habeat in tercia parte decime (*Conc.*) ORD. VIT. IX 3 p. 472. **f** ut .. transferatur ad divinae lucis aeternam cum angelis ~onem ANSELM (*Ep.* 1) II 98.

2 association, partnership, communion (with, also applied to inanim.); **b** (w. obj. gen.); **c** (w. *cum*).

1169 precipimus .. ab omni communione fidelium abstineatis ne ~o vestra gregem Dominicum contaminet ad ruinam BECKET *Ep.* 479 p. 541 (cf. DICETO *YH* I 333). **b** quia beate societatis ~o mansuetudine acquiritur BALD. CANT. *Serm.* 10. 25. 497A; alios .. monachos qui ~one excommunicatorum maculam contraxerunt, tibi committimus absolvendos (*Lit. Papae*) ELMH. *Cant.* 398; **1545** ab omni ~one communione .. paternitatis vestre .. cessent et desistant *Conc. Scot.* I cclxv. **c** [epistola] in qua praecepit ne ~onem haberent cum fornicariis LANFR. *Comment. Paul.* 172A; nulla fluvio huic ~o, societas, et conventio cum fluviis illis, de quibus .. psalmista AD. SCOT *QEC* 14. 825 A; sunt alii modi ultra rectam mensuram se habentes, quamvis aliquam ~onem habeant cum predictis *Mens. & Disc.* (*Anon. IV*) 76.

3 (act of) giving a share (of) or dividing out, distribution (usu. w. ref. to distribution of alms for the poor); **b** (w. obj. gen.); **c** (w. *de*); **d** (w. gen. to indicate recipient).

1300 dicunt quod E. .. fuit ad quandam ~onem ad domum B. .. et ibi fuit multitudo pauperum ad illam ~onem *DocCOx* 155. **b** quedam ~o quatuor denaratarum et unius obolate panis per ipsum priorem .. pro animabus regum Anglie bis in septimana fieri solebat *Cl* 151 m. 15. **c 1253** non compellemus eum ad aliquam ~onem .. fratri suo faciendum de hereditata paterna *RGasc* I 285a; **1420** remittimus .. eisdem priori et conventui .. onera, gravia, et importabilia dictarum trium ~onum de pane et allece (*Cl*) *MonA* VI 480a. **d** s**1255** distribui fecit .. eleemosynario pro ~one pauperum unam marcam *Chr. Evesham* 280; **1420** ad faciendum pro predictis animabus tres ~ones per annum, trium millium pauperum .. computandas .. cuilibet eorum unum panem .. et unum allec; ~onem unius milliaris in Purificacione Beate Marie .. fieri ordinavit (*Cl*) *MonA* VI 479b.

4 (leg.) division, partition (of property, usu. w. *inter*); **b** (*breve de ~one*) writ of partition.

1198 G. f. Petri .. j m. ut concordia facta de ~one totius hereditatis B. .. uxoris G. f. Petri et Matildis .. sororis predicte B. *Pipe* 139; **1259** idem N. tunc concesserit coram rege quod manerium de H. .. caderet in ~onem inter ipsum et predictam M. *Cl* 3; **1264** partipacio facta fuit coram H. le D. justiciario *Cl* 348; **1313** ~one inter ipsas coheredes de hereditate *PQW* 311a; **1392** discordia .. super edificacione tenementi .. et ~one terre inter eos *Mem. York* II 15; ~io facta inter J., T., etc .. coheredes Thome le H. .. de quodam tenemento *FormA* 89. **b** de brevi de ~one facienda et de processu ejusdem *MGL* I 172; *en brief de* ~one facienda *pur faire departisoun par entre parceners des tenementz en Loundres Ib.* 189.

participative, (log. & phil.) by sharing or participation (usu. dist. from *essentialiter*, *personaliter*, or sim.). **b** in a manner that implies sharing or participation.

non solum ~e et improprie sed essencialiter per se et proprie BRADW. *CD* 84D; aliquis .. est ~e Christus ut quodlibet membrum ejus, et aliquis personaliter ut solum ipsum caput WYCL. *Eccl.* 136; secundo modo dicitur unum ~e reliquo perfeccius *Id. Log.* II 172; aliquis est autor de se et in se, ut solus Deus, et aliquis ~e et derivative ut homines quibus Deus participat potestatem suam ad utilitatem ecclesie *Id. Ven* I 391; utraque natura est idem homo numero vel persona, spiritus per se et natura corporea ~e NETTER *DAF* I 108a. **b** unde cum de ipsa participativis nominibus loquimur substantive et essentialiter intelligenda sunt etsi ~e quid dicatur H. BOS. *LM* 1363D.

participativus [ML]

1 (log. & phil.) that shares or can share or participate (also w. obj. gen.).

ipsa enim [sc. anima rationalis] actione sua forma est universalissima proprietatumque formarum nobilium .. ~a *Ps.*-GROS. *Summa* 458; ista autem perfeccio vocatur ~a vel relativa, quia nichil valeret nisi, communicando cum perfeccione substancie, superadderet bonum modum, qui non potest per se esse, nec uniri vel parificari perfeccioni per se WYCL. *Log.* II 172; ut rem inesse tali identifico apte demonstrem panis habet esse vivum et ~um hominis secundum carnem NETTER *DAF* I 22a.

2 that expresses or implies participation.

de ipsa ~is nominibus loquimur H. BOS. *LM* 1363D (v. participative b).

participator [LL]

1 one who takes part or communicates with, fellow, partner, associate.

s**1291** ~or ammiralium fidelium (*Lit. Soldani*) B. COTTON *HA* 215–6.

2 one who partitions.

1270 secundum extentam et particionem quam predicti sex ~ores et extentores electi fecerint *Cl* 298.

participere [CL pars+capere; *also assoc. w.* CL percipere], to share (in), receive as one's share.

1279 usi sunt predicta warenna et ~iendi predictas emendas *PQW* 738a; redditus casei .. unde .. abbas .. ~iat .. de septem partibus duas partes *Reg. S. Aug.* 288; **1313** quia concelavit .. quatuor denarios annui redditus quos ballivi .. regis solebant ~ere *Leet Norw.* 55.

participialis, participalis [LL], (gram.) of, connected with, or involving a participle, participial; **b** (as sb. n.) a participial, verbal derivative of the nature of a participle (usu. w. ref. to gerund or supine).

quinque ~alia verba veniunt a verbo activo, *fif dælnymendlice word cumaþ of þam dædlicum worde*: amandi .. amando .. amatum .. amatu *mid lufe* ÆLF. *Gram.* 134. **b** ~alia quae ab aliis gerendi vel supina vel typici dicuntur auctoribus .. ut laudans, laudandi, laudando, laudandum .. et .. laudatum, laudatu BONIF. *AG* 502 p. 44; ~iale a participio ut commendaticius a genitivo hujus participii commendatus, commendati BACON *Gram. Gk.* 155.

participialiter [CL], **participaliter** [LL]

1 by sharing or participation.

~aliter autem editas ex Deo non participante providas virtutes BRADW. *CD* 150B; **1422** tam abbatas .. qui bona a conventu possident discreta .. quam etiam singuli alii, qui bona ~aliter cum conventu obtinent concreta *Conc.* III 415a; qualiter forma communicata ~aliter denominat suum subjectum NETTER *DAF* I 30a.

2 participially, as a participle (usu. dist. from *nominaliter*).

cum hec dictio 'potens' sive ~aliter sive nominaliter teneatur NECKAM *SS* I 26. 12; Christi hominis perfectio perfecta est et nominaliter et ~ialiter retento vocabulo *Ib.* 88. 5; talis qualitas copulatur et predicatur de hoc termino 'unctus' quando ponitur nominaliter et quando idem terminus ponitur ~ialiter, predicatur uno termino passio S. LANGTON *Quaest.* 368; quintus modus est quando idem significatur nominaliter et ~ialiter, ut amans illius nomen est et amans illum participium BACON II 51; nichil enim est infinite perfectum, nisi forte intelligatur ille terminus 'perfectum' nominaliter pro bono et non ~ialiter pro plene perfecto WYCL. *Log.* II 170.

participium [CL]

1 (act of) sharing (in) or partaking (of), participation, share (usu. w. obj. gen.); **b** (w. *in* & abl.); **c** (w. *cum* to specify other sharer).

deificae contemplationis ~io [*gl.*: communicatione, societate, parte, *dælnimendnysse*] privabatur ALDH. *VirgP* II p. 239; ecclesiam sibi sororem facere dignatus est ipse ei etiam sui ~ium nominis donavit BEDE *Cant.* 1216; **903** qui .. ~ium nobis aeternorum pollicitus est praemiorum *CS* 600; Petrus fidei petra firmatus pedibus super mare pervenit ad petram, ad eum qui ~ium nominis sui contulerat ei [cf. *Marc.* iii 16: inposuit Simoni nomen Petrus] *V. Birini* 11 p. 24; ipsis communionis tue ~ium non negabis W. MALM. *GR* V 416; **1293** universitatis nostre amplum sibi prestari ~ium .. postulavit *StatOx* 101. **b** absit ut in ducatu Normannie quislibet ~ium capiat, sed solus rex Francorum omnibus Normannis .. presideat ORD. VIT. VI 10 p. 94. **c 1198** qui beati Petri participes estis honoris et meriti, premii quoque ~ium cum eo capiatis eterni *Ep. Cant.* 469 p. 436.

2 association, fellowship, communion (with).

unde et fere jam quotquot in aula aut nominative excommunicati sic, aut saltem excommunicati de nominative excommunicatorum ~io H. BOS. *Thom.* IV 23 p.414; s**1212** cum rex Johannes clam percepisset aliquos recedere ab obsequio suo et ipsum ex ~io vitare et habere pro excommunicato, desevit in eosdem M. PAR. *Min.* II 126; s**1213** convolabant exemplo regis ad absolucionem petendam omnes qui scrupulum aliquem in animo gerebant ~ii regis vel suorum W. COVENTR. II 213.

3 (gram.): **a** participle. **b** participle as adjective. **c** adjective.

a a ~iis .. tam praesentis quam futuri temporis ALDH. *PR* 118 p. 163; ~ium est pars orationis de nomine verboque figurata BONIF. *AG* 534 p. 78; quoniam T habet ante -rix preteriti ~ii desinentis in -tus ABBO *QG* 3 (9); ~ium *ys dæl nimend. he nymþ anne dæl of naman and oþerne of worde* ÆLF. *Gram.* 9; adverbium preteriti temporis ~io futuri minus grammatice copulasti GIR. *GE* II 37 p. 349; ~ium est pars oracionis significans substanciam in disposicione per motum adquisita *Ps.*-GROS. *Gram.* 53; nunc a participo [Engl.: *of the partycyple*] nunc nomine nuncque gerundo WHITTINGTON *Vulg.* 38. **b** cristatus quod tamen ~ium est sine origine verbi ALDH. *PR* 124 p. 171. **c** *an archebyschop*, archiepiscopus; archiepiscopalis, ~ium *CathA*; *an argument*, argumentum; argumentosus ~ium *Ib.*; *barly*, ordeum .. ordeacius ~ium *Ib.*; origo .. primordium .. originalis, primordialis ~ia *Ib.*

participum v. participium.

particula [CL], **~us**

1 (little) part, piece, or portion (usu. w. gen.); **b** (of land or artefact); **c** (of topographical feature); **d** (of body, also transf. or fig.); **e** (of group of people); **f** (of light or abstr.); **g** (pleonastically, w. *parvus*); **h** (w. *de*). **i** (*per ~as*) in or into small pieces or portions.

segmenta, ~as, *lyttuccas GlP* 895; **1169** A. de N. debet ij s. .. et pro multis ~is [sc. feodi] militum *Pipe* 4; qui .. absolute aliquid approbat, nullam partem reprobando, omnem ~am convincitur approbare OCKHAM *Pol.* II 507. **b** solent .. ipsae nutrices ~as parvis dentibus conficere BEDE *Cant.* 1130; **953** ruris ~am sub estimatione v cassatorum .. concessi .. et his limitibus hec telluris ~a circumgirari videtur *CS* 900; missaque in calicem .. ~a Dominici corporis LANFR. *Const.* 116; ab aliquo episcopo ~as olei et crismatis accipiunt ORD. VIT. IV 9 p. 238; preter pauculam avene ~am de molendino surreptam GIR. *TH* II 53; **1253** quod emi faciat .. unas musteleria ferreas cum perticula ferrea supra pedem *RGasc* I 358a; **1348** datum est nobis intelligi quod quedam pecie et ~e tam murorum .. ville Berewic' quam pontis .. dirrute .. existunt *RScot* 713a; **1383** item ~a panni quem sancta Ebba dedit sancto Cuthberto *Ac. Durh.* 427. **c** c**945** (12c) mansae xv .. in ~a villulae quam indigene æt Suttanpille appellant *CS* 810; melius est .. dare regni ~am quam multitudine

inimicorum perdere victoriam ORD. VIT. X 19 p. 112. **d** denique praecisae de te ducuntur ubique / particulae per quas fiunt pia dona salutis ALCUIN *SS Ebor* 441; intueor excellentissimam ex summa ingenuitate totius Europe vos originariam ~am traxisse carnis J. FURNESS *Walth. prol.* 1; magnum in modica claudit domuncula / et totum tunicat carnis particula WALT. WIMB. *Carm.* 81. **e** in duabus partibus exercitum suum divisit .. unam partem ad fugandum fugitivos; et aliam partem secum retinuit in qualibet ~a quinque millia armatorum *Plusc.* X 9 p. 327. **f** ut ne minimam quidem lucis alicujus posset ~am videre BEDE *HE* IV 10 p. 224; quod certissime ejusdem synodi litteras legentes agnoscere potestis, si aliqua in vobis rationalis creaturae ~a remanserit ALCUIN *Dogm.* 291C. **g** instita, parva panni ~a, major quam fimbria OSB. GLOUC. *Deriv.* 294. **h** de eodem sacrificio Dominicae oblationis ~am deferri mandavit BEDE *HE* IV p. 235. **i** optimum afferri pallium precepit. quod per ~as concidit ORD. VIT. IX 4 p. 487; **1256** venire faciat in garderobam regis .. c marcas per ~as, sicut denarios perquirere poterit *Cl* 110; ne .. rex cogatur servitium suum et officium servientis recipere per ~as cum particularis solutio multa habet incommoda BRACTON f. 395; **1318** catalla sua iij s. vj d. per ~os in argento monetato *SelCCoron* 66.

2 (math.) fractional part.

divide 9 in 4 et exeunt $2\frac{1}{4}$ quorum radix, que in uno et dimidio terminatur, unam complet ~am ROB. ANGL. (I) *Alg.* 100.

3 component part, element: **a** (of treatise, book, or letter); **b** (of scholarly discipline); **c** (gram., of speech); **d** (of word); **e** (of memory); **f** (log. & phil., of definition).

a hujus epistole competentes ~as huic libello pro rerum notitia inseui W. MALM. *GR* I 8a; laborem nostrum per horridos Kambrie fines non illaudabilem in duabus ~is scholastico stilo .. digerere .. curavi GIR. *IK pref.* p. 7; nota librum Ruth pertinere ad librum Judicum et est quasi ~a ejus S. LANGTON *Ruth* 87; compendio ad concordiam supradictorum inducto contenti sumus et hic terminum hujus ~e statuamus GROS. *Cess. Leg.* I 11. 6; Aristoteles De problematibus, ~a tercia, problemate decimo R. BURY *Phil.* 2. 31; mellicratum .. idem est quod melsa ut in Alexandro de oculis. sed in quinta ~a amphorismorum pro mellicrato accipimus ydromel *Alph.* 12. **b** liquet quantum hec disciplina phisice et ethice prodest cum hec discipline ~a in appetendis et devitandis vigeat J. SAL. *Met.* 905C. **c** ob, praepositio accusativi casus plerumque B mutat in eam conversa litteram quae sequentem inchoat orationis ~am ut peto oppeto ALDH. *PR* 139 p. 196. **d** arsis interpretatur elevatio, thesis positio; sed arsis in prima parte nominis seu verbi ponenda est, thesis in secunda. nam hae ~ae propter discretionem temporum pedestrium inventae traduntur, verbi gratia polus: po- arsis est, -lus thesis ALDH. *PR* 112 p. 150. **e** oblivionis ignorantia illius memorie perculos [? l. particulos] perspicabiles obnubilando prevenit R. COLD. *Cuthb.* 36. **f** secundum diversas ~as in diffinicione .. positas T. SUTTON *Gen. & Corrupt.* 51; secundum iv ~as que sunt de racione tactu *Ib.*; secundum ~am diffinicionis tactus *Ib.*

4 small item.

hic particus .. i. negotiator ~as vendens OSB. GLOUC. *Deriv.* 413.

5 bunch, bundle, measured unit, parcel; **b** (*per ~as emere* or *vendere*) to buy or sell retail.

de una ~a de broco ij d. *Reg. S. Aug.* 50. **b** **1280** non licet alicui lanam emere in predicta villa de novo Castello per ~as (*PlRCP*) *Gild Merch.* II 179; **1311** victualia .. in grosso vel per ~as .. vendere permittatis .. *MunCOx* 17.

6 item or detail in an account (also w. ref. to detailed account); **b** (*sicut patet per ~as* or sim.) as appears in the details of the account.

1169 redacta sunt in summa .. quia ~e in uno rotulo comprehendi non poterant *Pipe* 127; **1182** vicecomes debet xxxiij s. et iiij d. .. sed ~as habere non potuit *Pipe* 38; **s1232** rotulus omnium ~arum de singulis villis .. liberetur senescallo singulorum baronum (*Lit. Regis*) M. PAR. *Maj.* III 231; **1267** facto visu de .. receptis et empcionibus factis ad opus vestrum et liberatis in garderoba vestra .. de annis regni vestri xlj° et xlij° secundum ~as testificatas et liberatas ad scaccarium .. per Albricum *Cl* 421; expensarum .. ~as inbreviare *Fleta* 78; **1287** summa predictarum quinque ~arum ascendit ad xiij^{m} ccxiij libras (*Comp.*) *EHR* XXXII 60; **1314** in omnimodis expensis factis circa Voragines .. visis ~is, xij li. xviij s. iiij d. *Ac. Durh.* 513; **1504** perticule percelle compoti .. (*Ac.*) *EEC* 648. **b** **1292** expense .. sicut patet per ~as in rotuli expensarum predicte domus *Sacr. Ely* II 12; ut patet per ~as et extractas curie tente ad festum *FormMan* 29; **1338** in diversis rebus .. computatis in presencia terrarii et bursarii ut patet per ~as *Ac. Durh.* 33.

particularatim [cf. LL particulariter, CL particulatim], in detail, minutely.

1329 computat in expensis domus .. prout patet per rotulos .. ~im examinatos super compotum *ExchScot* 141; **1375** prout patet per unum rotulum suum de papiro ~im examinatum super compotum *ExchScot* 509.

particulare [ML; LL *p. ppl. only*], **~ari**

1 to share (with), have a share (in), (in quot., absol.)

si ex semine equi in asina generatur aliquod animal, ut mulus, hoc non erit pure equus nec asinus, set cum utroque ~at BACON VII 68.

2 to divide (into).

mediare, dividere, ~ari, dimidiare, disparare OSB. GLOUC. *Deriv.* 365; in varias species particulavit ylen GIR. *Symb.* II 1 p. 342.

3 to divide out, distribute, apportion.

c934 hanc .. donationem propria .. emi pecunia non solum illam quin potius cuncta illius ~atae praedia *CS* 703; **1382** tresdecim solidate .. redditus .. priori et conventui distribuende, viz. inter .. diversos officiarios .. ~ande *Comp. Swith.* 155; cum proprium nichil esse scias, est danda facultas / queque retenta nocent, particulata juvant GOWER *VC* VII 74.

4 to render or treat in detail, specify.

neve vetustatis manus hec oblitteret atra, / de multis pauca particulare libet R. PARTES 231.

5 to make (or treat as) distinct or separate; (p. ppl. as adj.) distinct, separate, particular.

individuum magis signatum et magis ~atum BACON II 94; sigillum enim non est causa cere in qua figure ~antur MIDDLETON *Sent.* I 309; nec esse ~atum quod debet distinguere nisi a substantia ~ata R. ORFORD *Sciendum* 123; eodem Clemente sepulto in civitate ~ata J. READING f. 163v.

particularis [LL]

1 pertaining to a part or portion (of), partial. **b** (*solutio ~is*) part-payment. **c** (of eclipse).

omne suum natura dedit tibi prodiga donum / distribuens aliis particulare bonum NIG. *Epig.* 7B. 6; **1223** nullus sacerdos nomine penitentie totalis vel ~is missas presumat injungere *Ch. Sal.* 141. **b** ne .. rex cogatur servitium suum et officium servientis recipere per particulas cum ~is solutio multa habet incommoda BRACTON f. 395; **1362** noverint universi me .. habuisse .. decem marcas .. in ~em solucionem .. pensionis viginti marcarum *Lit. Cant.* II 431; **1438** ~i quadam solucione jam facta BEKYNTON I 251. **c** **s1185** eclipsis solis ~is GERV. CANT. *Chr.* 326; eclipsis generalis .. ~is vero, si fuerint prope infra metas sc. determinatas eclipsi SACROB. *Sph.* 115; **s1256** sol passus est eclipsim ~em M. PAR. *Maj.* V 539 (v. 1 eclipsis a).

2 confined to a certain area, not widespread.

ut .. gentem illam tanquam diluvio quodam ~i seu provinciali .. submergeret GIR. *TH* II 9 p. 92; **s1236** terram diluvio quodam ~i flagellasse M. PAR. *Maj.* 380; **s1248** montibus per ~em terre motum super eas cadentibus *Id. Min.* III 38; **s1249** de ~i terre motu in partibus Sabaudie *Flor. Hist.* II 357 (cf. M. PAR. *Maj.* V 30: de quodam horribili casu in terra comitis de Sabaudia); in Achaia factum est diluvium ~e *Eul. Hist.* I 35.

3 pertaining to a particular case or specific purpose, particular, distinct, separate, specific (usu. dist. from *generalis* or *universalis*); **b** (in log. & phil. context).

1196 in suscepti officii executionem .. ~es ecclesias in regno disposuimus circumire (*Lit. Archiepiscopi*) DICETO *YH* II 146–7; reddit compotum de vj s. de ~ibus redditibus cotagiorum de C. *FormMan* 13; hec regio [Egyptus] multas habet provincias ~es, et multas civitates famosas *Eul. Hist.* II 28; si ergo .. Moyses .. ~ia judicia de quibus habuit supereminentem scienciam dereliquit WYCL. *Sim.* 54; **1386** super quibusdam treugis et abstinenciis guerrarum generalibus et ~ibus huic inde mutuo ineundis .. *RScot* 82a; **1459** contra communitates singulares et ~es personas *Mon. Hib. & Scot.* 414b. **b** ad cujus rei probationem non oportuit inferri ~em negationem .. sed universalem potius LANFR. *Corp. & Sang.* 417D; propositio dialectica aut demonstrativa, universalis, ~is aut indefinita J. SAL. *Met.* 918A; magnitudo apprehenditur per plures sensus ~es ut per visum, gustum, et tactum et in sensu communi percipitur judicium rei sensate J. BLUND *An.* 98; syllogismi fiunt in omni figura ex duabus propositionibus per combinationem quatuor differentiarum, sc. universalis, et ~is, affirmative et negative KILWARDBY *OS* 545; illud dictum est ~e et non universale, quia non intendit quod omnes forme de prima specie sic sunt ad aliquid OCKHAM *Quodl.* 95; secunda vero variacio est ~ior quoad gentem ut Judei .. debuerunt servare circumcisionem et alios ritus quos non oportuit gentiles fideles servavisse WYCL. *Ver.* III 241.

4 (of tithe) levied for a particular purpose.

s1074 donavit .. dictis monachis .. decimas ~es in Totteneye *Chr. Angl. Peterb.* 58.

5 (w. *emptio* or *venditio*) done in separate or small quantities, retail-.

1234 bladum suum vendendo ~i venditione *Cl* 552; **1271** cum .. concesserimus civibus Lincolnie quod de aliquibus mercandisis per mercatores transmarinos .. ~es fiant empciones aut vendiciones (*Pat* 89 m. 6) *Gild Merch.* II 378.

6 detailed, itemized, specific. **b** (as sb. n.) detail.

1242 de redditibus burgagii de Clune cum membris annotatis in rotulis ~ibus *Pipe* 8, scire facias .. eorundem [terrarum et tenementorum] ~em quantitatem *Reg. Brev. Jud.* f. 63v; **1483** rex refert se prius audivisse et habuisse ~e et plenum compotum ab eodem Georgio .. *ExchScot* 218. **b** in [diete] administracione hominis dietandi tria ~ia plus aliis precipue attendentur, viz. parcium disposicio, corporis complexio atque composicio KYMER 3.

7 (as sb.; usu. log. & phil.): **a** (f.) particular proposition or sim. **b** (n.) particular thing or principle. **c** (*in ~i*) in particular, particularly, distinctly.

a in nulla quippe syllogismorum figura, praecedentibus duobus ~ibus consequenter infertur conclusio ulla LANFR. *Corp. & Sang.* 418A; sepe multi falluntur de enunciacionibus sanctorum et auctorum, putantes velle definiciones vel descripciones aliquarum rerum vel nominum assignare, cum tamen nunquam hoc intendant, sed solummodo proponentes ~as veras asserere OCKHAM *Dial.* 445; sicut tam universalis quam ~is est necessaria, cujus tamen quelibet singularis est contingens *Ib.* 802; quod [conclusio] est erronea .. sc. intelligendo eam universaliter. interrogati de ~i, an aliquis frater tenetur vivere de labore manuum suarum .. nolebant respondere *Ziz.* 328. **b** similiter universale et ~e .. possunt sine absurditate rerum nominibus adjective conjungi J. SAL. *Met.* 845D; nam substanciam et accidens consequuntur universale et ~e, causa, causatum *Ps.*-GROS. *Gram.* 36; ~e secundum quod opponitur universali imponitur a particularitate MIDDLETON *Sent.* I p. 236; in abstrahendo universale a ~ibus SICCAV. *PN* 88; precipue de contingentibus et ~ibus circa que opiniones et diversitates sectarum oriuntur J. BURY *Glad. Sol.* 592. **c** si reges Anglie per privilegium speciale vel eciam generale talem potestatem pape dederunt, aut hec in quecumque privilegio generali vel speciali, regio non papali, distincte, in ~i et explicite continetur, aut solummodo implicite et sub generalibus verbis hoc habetur OCKHAM *Pol.* I 259.

particularisare v. particularizare.

particularitas [LL], (log. & phil.) condition or quality of pertaining to a particular case or sim., particularity (usu. dist. from *universalitas*).

particularis .. et hec ~as, -tis OSB. GLOUC. *Deriv.* 413; succincte nitar .. prosequi quod admodum jam diucius ire prosecutum mee possibilitatis pro ~ate desideravi E. THRIP. *SS* VI 1; substantie .. a natura forme communissime gradatim, secundum proportionem receptivitatis materie, ad ~atem tendentis *Ps.*-GROS. *Summa* 310; universalitas vel ~as mensure BACON VIII 177; ad secundum cum dicitur quod particulare est nomen intencionis secunde .. dico quod verum est, quia particulare secundum quod opponitur

universali imponitur a ~ate in subjiciendo. talis autem ~as non accidit rei nisi secundum esse intellectum Middleton *Sent.* I p. 236; quantitas proposicionis est universalitas, ~as, indefineitas vel singularitas Wycl. *Log.* I 17; illis .. que sunt per se in genere, contingit per se universalitas et ~as *Id. Ente Praed.* 13.

particulariter [LL]

1 in a manner pertaining to a part or portion (of), partially, in part.

sunt etiam .. quedam genera causarum premissa singularitate licentius expedita. in quarum emendacionibus rex ~iter communicat, ubicunque fiant .. sive socnam totaliter habeat vel ~iter (*Leg. Hen.* 21) *GAS* 560; movetur .. terra ~iter quidem, non universaliter Adel. *QN* 50; vir Christianissimus et tandem ~iter paraliticus, victis medicis et impotenciam professis, se jussit Herefordiam deferri Map *NC* IV 10 f. 52; **1446** posui prefatos .. in possessionem .. unius pecie argenti ~iter deaurate *Cl* 296 m. 31*d*.

2 in a particular case or for a specific purpose, particularly, especially, individually (also log. & phil.; usu. dist. from *generaliter* or *universaliter*); **b** (w. ref. to word or sim.) in a particular sense or meaning.

tu .. ~iter vis eum esse Filium Dei, partim vere, et partim nominative Alcuin *Dogm.* 250A; hanc [veritatem] Deus universaliter, angelus ~iter intuetur J. Sal. *Met.* 942A; **1336** attentis dampnis .. que .. evenire quod absit poterunt si naves ipsius regni singulariter et ~iter proficiscentur supra mare *RScot* 468a; [illi sermones] dicuntur subcontrarii, quia, ~iter sumpti, sunt veri T. Sutton *Gen. & Corrupt.* 60; fratres generaliter .. recenter, et ~iter [v. l. pertinaciter] in suo concilio .. Londoniis, intoxicaverant regnum nostrum *Ziz.* 283. nota .. quod locus non dicitur separari a locatis simpliciter et universaliter, ita quod ab omnibus, set ~iter, sc. ab hiis vel ab aliis, et non ab omnibus Bacon VIII 177; **b** id vocabulum aliquando generaliter, aliquando specialiter seu ~iter accipitur Ockham *Pol.* I 303.

3 on one's own, by oneself.

s**1321** redierunt in patriam suam ~iter *Ann. Paul.* 301; ne fratres .. propter defectum communis .. victus, seorsum comedere, et ~iter ac deordinate vite necessaria sibi procurare cogantur *Mon. Francisc.* II 92.

4 in (or into) small parts, portions, or quantities.

particulatim, divisim, minutim, ~iter Osb. Glouc. *Deriv.* 468; **1253** de quinquaginta libris quas ~iter recepit de garderoba regis *RGasc* I 359b; **1257** mandatum est ballivis Glouc' quod omnes lampredas .. capiant .. et eas ~iter .. ad regem mittant *Cl* 36; **1416** dedi .. quadraginta acras terre arabilis ~iter jacentes in campis de Yelvertoft simul cum pratis infrascriptis quadraginta acris terre qualitercumque spectantibus *AncD* A 8442; quod ipse terram .. certis tenentibus illam ad terminum annorum recipere volentibus ~iter dimittere possit *Reg. Brev. Orig.* f. 257v.

5 (w. *emere* or *vendere*) by retail.

1335 indenturas sive tallias inter te et ipsos a quibus bladum illud sic emptum fuerit precium dicti bladi ab ipsis sic empti ~iter fieri fac' *RScot* 315a; amerciatus fuit quia vendidit mercandisas suas ~iter *MGL* I 671.

6 in detail, minutely.

que ~iter breviterque explicari non possunt W. Malm. *GP* I 29 p. 46; his predictis ~iter annotatis *FormMan* 12; **1322** nobis ~iter curetis rescribere et distincte *Reg. Heref.* 254; **1327** de predictis .. nobis per tuas litteras .. dare ~iter et distincte studeas *Mon. Hib. & Scot.* 236a; c**1347** defectus [palacii archiepiscopalis], quos in .. cedula, presentibus inclusa .. ~iter expressatos .. transmitto *Lit. Cant.* II 283; nec oporteret tam ~iter et pueriliter materiam istam discutere Wycl. *Ver.* II 116; s**1456** qualiter .. execucionem .. mandati .. feceritis .. barones de Scaccario .. distincte et aperte, ac ~iter et espresse, tam in genere quam in specie .. certificatis *Reg. Whet.* I 262; **1460** prout ~iter patent in compoto ubi supra *Exch Scot* 6.

particularius [CL particula+-arius], one who cuts to pieces, a cook or sim.

offarius vel ~ius, *twickere* Ælf. *Gl.* 127.

particularizare [LL particularis+-izare], to render distinct or particular, particularize (phil.).

quartum, quod, sicud non obstat plurimas esse corporalium rerum materias primas primo informes, illimitatas et abstractas a morpheys et passionibus, sic non obstat sub eadem forma communi necessaria plurima esse particularia, vaga, illimitata principia, et abstracta a principiis vel condicionibus individuantibus, vel ~isantibus ad esse determinatum particulare vel individuum. Wycl. *Misc. Phil.* II 113.

particulatim [CL]

1 bit by bit, in small portions or quantities. **b** little by little, gradually.

ibi j hida de *inland* quae .. jacet inter terram regis ~im (*Oxon*) *DB* I 156vb; equa portio singulis panis cum caseo ~im distribuitur J. Furness *Walth.* 55; jussit .. ut quinquaginta libre .. darentur .. celerario .. non simul, sed ~im per menses Brakelond f. 146; s**1255** concessa fuit decima ut regi in Terram Sanctam peregrinaturo ~im .. distribueretur M. Par. *Maj.* V 536; **1256** mandatum est ballivis Glouc' quod omnes lampredas et salmones .. ad regem et reginam ~im mitti faciant *CL* 42; **13**.. quod omnes denarios .. habeatis ad Scaccarium nostrum ~im .. solvend' *Reg. Brev. Orig.* f. 88. **b** paulatim, ~im *GlC* P 29; sapientia non totaliter sed ~im et quasi per rivulos se suis exhibuit Gir. *TH* I 13 p. 44.

2 into bits, into small portions or fragments.

~im attriti in mortem pariter corruerunt B. *V. Dunst.* 14 p. 24; malum .. si ~im inciditur Alex. Cant. *Dicta* 5 p. 129; quando grossum aliquod pomum edendum percipiunt, illud ob dentium teneritudinem et oris angustiam absumere nequeunt, si pro illorum capacitate primo non fuerit ~im divisum Eadmer *Beat. prol.* p. 274; sicut illud quod ex ductu linee indivise in omnes partes linee indivise in omnes partes linee ~im divise Adel. *Elem.* II 1; canis autem saltus dans in Symonem in medio civitatis irruit, ad terram violenter deicit, totas vestes ejus ~im comminuit Hon. *Spec. Eccl.* 976A; **1167** sui tamen munere integro non deciso nec distracto ~im J. Sal. *Ep.* 202 (212 p. 342).

3 (w. *vendere* or sim.) by or for retail.

quod nullus pannos de lana aut coria alba vel tannata vel piscem vel carnes venales ~im in burgo predicto scindere ac vendere, sed ea integre et absque scissura aliqua ibidem vendere debeat *Reg. Malm.* II 393; **1321** vendicioni exponere .. tam in grosso quam ~im ad retalliam *PQW* 467a.

4 item by item, in detail, finely, minutely.

qualitatem .. a vestra prudentia membratim et ~im [*gl.*: *dælmælum* vel *sticmælum*] subtiliter investigatam reor Aldh. *VirgP* 3 p. 231; quot demoniaci .. sunt .. sanati notis ~im signare nequimus et numerare Ord. Vit. VII 12 p. 217; **1464** deductis vastis superius ~im specificatis ad summam lxiij li. xvij s. iij d. *Feod. Durh.* 210.

particulus v. particula.

1 Particus v. Parthicus.

2 particus, one who deals in small items, pedlar.

hic ~us .. i. negotiator particulas vendens Osb. Glouc. *Deriv.* 413; *pedlare, chepman*, ~us *PP*.

partim [CL]

1 to the extent of a part of the number or amount concerned, in part.

illam regionem .. ~im dedit Ceolwulfo .. ~im inter se divisit Asser *Alf.* 51; isti fugientes et alii remanentes omnino sunt vastati ~im propter forisfacturas .. ~im propter arsuram, ~im propter geltum regis (*Norf*) *DB* II 117b; ceciderunt .. sex milia qui ~im fluminibus submersi, ~im telis percussi vitam amiserunt G. Mon. IX 3; quosdam peremerunt, ~im captos mutilaverunt, reliquos fugaverunt Ord. Vit. IV 5 p. 193; hostes .. superavit, ~im occidit, lx ex eis captos fratri suo presentavit *Ib.* IX 6 p. 493; ~im mutate sunt in saxa .. ~im in aves *Natura Deorum* 35.

2 to a certain degree or extent, partly. **b** (*~im .. ~im*) partly .. partly.

quanta tibi temptamentorum luctamina ingesserit, sequens libelli hujus pagina ~im intimabit B. *V. Dunst.* 7; satis mihi placuit speranti ex vestre colloquio sanctitatis unitatem .. ecclesie recompaginari que ~im [v. l. parum] discissa est .. quadam potestatis cupiditate W. Malm. *GP* III 113; apparent [nebule] in sero, aere ~im deposito in calore ex remotione solis *Quaest. Salern.* W 15; **1279** in bercaria ~im de novo muranda *Ac. Stratton* 227 (cf. ib. 107: in parte); **14**.. Matteus in uno volumine ~im glosatus (*Catal. Librorum*) *EHR* III 122. **b** ecclesia ~im in terris peregrinatur a Domino ~im cum Domino regnat in caelis Bede *Hom.* II 1. 119; non totus [amor] ab uno procedens, sed ~im a Patre, ~im a Filio Anselm (*Mon.* 54) I 66; ~im fuimus tristes ~im laeti *Id.* (*Ep. Anselm.* 207) IV 101; s**1139** hec postquam rex, ~im quasi laudando, ~im minando, mandasset W. Malm. *HN* 477 (*new ed.* II 30); a**1272** videtur quod aliqua actio ~im est a Deo, ~im a diabolo P. Blois *Ep. Sup.* 68. 6.

partinos v. parthenos.

partio [CL=*act of giving birth*; *assoc. w.* CL pars, partitio, portio], (act of) dividing, division, portion.

quibus [annis] aequa ~one divisis, xxxiij primos .. conplevit et totidem sequentes .. consecravit Bede *HE* IV 21 p. 252; sequentia verba continent .. et partitionem [v. l. partionem] vestimentorum ejus inter ministros impietatis [cf. *Matth.* xxvii 35] *Eccl. & Synag.* 115; partior .. inde .. hec partitio .. unde hec ~o, -nis, per sincopam Osb. Glouc. *Deriv.* 412; **1198** villata de H. debet xx s. pro ~one de cervo *Pipe* 73.

partionarius [ML], joint owner or tenant, parcener.

1200 abbas .. et prior .. et omnes ~ii sui in Spald' et Pinceb' habeant et teneant imperpetuum prenominatas villas cum omnibus pertinenciis suis *RChart* 55b; **1286** Johanne .. domino .. castri .. pro indiviso cum aliis ~iis suis *RGasc* II 286b; **1304** fecit servicium unius militis pro se et ~iis suis *Reg. Whet.* II 361; ita quod .. communis pastura .. vel cultura per inundacionem .. nullo sensu .. deteriores fierent ~iis in eisdem *Meaux* II 84.

partipacio v. participatio.

partire, ~iri [CL]

1 to share or divide out, distribute, apportion; **b** (w. ref. to assigning or adding).

divitias alius cupiens partire caducas / noctibus in furvis tempus sapienter et horas / cleptat Æthelwulf *Abb.* 197; c**1080** quandam terre mansionem .. concedo, ea ratione ut sexaginta solidos denariorum per tres S. Petri festivitates ~itos annuatim solvant *Ch. Westm.* 234; indagacione perscrutabor et perscrutata gratanter amicis ~ibor Greg. *Mir. Rom.* 25; spiritum .. dando, spiritalium carismatum munera ~itur Bald. Cant. *Commend. Fid.* 14. 585A. **b** si autem fuerit tercius nocturnus de aliquo sancto non ~ietur ympnus ad nocturnos quia ad laudes erit ympnus de sancto. *Cust. Norw.* 103; ad 'Magnificat' antiphona 'Confessor Domini' ~iatur *Ib.* 148.

2 to divide (into parts); **b** (math. & mus.); **c** (w. *in* & acc. or abl.); **d** (in phr.).

quot sunt pedes, qui dupla divisionis qualitate ~iantur [v. l. sortiuntur] Aldh. *PR* 112 p. 151; amphimacrum sescupla divisione ~imur, quia arsis et thesis bina et trina intercapidine dirimuntur *Ib.* 122 p. 170; c**795** non divisa potestate nec ~ita quasi una sit major potestas et altera minor Alcuin *Ep.* 41; c**1086** concordatum fuit de silva de Hamoda ut per medium ~iretur *Regesta* 220 p. 127; pateram argenteam repperimus qua in frusta desecta et minutatim ~ita W. Malm. *GR* II 170; filii ejus Olavus et Magnus regnum paternum ~iti sed Magno premature mortuo Olavus totum occupavit *Ib.* III 260; coma ubi quasi divisione media ~imur versum J. Sal. *Met.* 850C; **1204** desicut ipse sorores ~iciuntur hereditatem *CurR* III 104; **1272** ibi dicta venacio ita et commesta fuit *SelPlForest* 39. **b** cum .. ~itum fuerit latus cui secundum proportionem predictam, erit .. Adel. *Elem.* XIII 18; sexta semiditonus dicitur quia sumitur in minori superpartiente, sc. v ~iens xxvij Garl. *Mus. Mens.* 10. 6. **c** ~imur .. in aequo hos [pedes]: spondeum .. dactylum .. anapestum Bonif. *Met.* 109; bipertitum, in duobus pertitum *GlC* B 128; s**709** episcopatus ille ~itus est in duo *ASChr.*; hanc .. veram existentiam ~iebatur in tria .. Deum sc., materiam, et ideam J. Sal. *Met.* 938B; **1241** abbas .. ~itus fuit terras suas in tres partes que antea ~ite fuerunt in duas partes [*dep. vb. as true passive*] (*CoramR*) *Villainage in Eng.* 231; hec sunt quasi duo menbra et utrumque ~itur [ME: *is to dealed*], primum in sex partes, alterum in sexdecim *AncrR* 113; **1431** omnes illos regentes .. in decem partes .. equales, aut in quantum vicinius potest fieri, separent et ~iantur *StatOx* 235. **d** ut vulgo dici

solet: "non ex equo ~itus est ludus iste". passio . . Christi nec ludus est nec ludo similis BALD. CANT. *Serm.* 4. 51. 412.

3 to have a share (in), partake (of): **a** (w. acc. or sim.); **b** (w. abl.); **c** (w. *in* & abl.); **d** (w. *de*); **e** (absol.).

a unde ~iuntur rex ij partes comes terciam *DB* I 203rb (cf. ib.: x li. inde comes terciam partem habebat rex duas); bona sua non profliganda cum adulteris, non cum fornicatoribus ~ienda AILR. *Serm.* 21. 17. 355; c**1200** qui omnes ~ierunt dominium de Boston *Couch. Kirkstall* 305. **b** amicitia mundialis que rerum vel bonorum temporalium cupidine ~itur, semper est plena fraudis AILR. *Spir. Amicit.* I 41. 666A. **c** si prolem videas conspicis ipse patrem / in natis partitus adest, manet unus in illis STEPH. ROUEN *app.* 767. **d** c**1230** monachus dixit "~emur vobiscum de salmonibus nostris" *Feod. Durh.* 244. **e** masculus in nullo casu partitur egenus / dupplice nam clavi cista resistit ei GOWER *VC* III 1535.

4 to put or keep apart, to separate (in quots., w. ref. to removal from conjugal cohabitation).

1222 Agnes . . ~ita fuit de ipso Roberto per censuram ecclesiasticam *BNB* III 448; aliquando desponsata fuit eidem Roberto sed . . per censuram ecclesiasticam ~ita fuit ab eo per parentelam [v. l. pro parentela] BRACTON f. 306v.

5 to go away, depart from (also transf. or fig.).

~iti sunt de carta sua, respondendo ad narrationem civium *Leg. Ant. Lond.* 48; de commendacione veteris majoris antequam ab officio ~iretur *MGL* I 5.

6 (p. ppl. as adj.) parti-coloured. **b** (w. *color*) variegated, diverse. **c** (her.) party, divided into parts of different colours

1245 est prima littera ~ita de rubeo et azorio florata de viridi *Invent. S. Paul.* 498; **1314** in . . xxviij pannis ~itis pro armigeris . . (*MinAc*) *EHR* XLII 198; s**1348** in tunicis ~itis, sc. una parte de una secta et altera de alia secta KNIGHTON II 57; his erat ornatus albus color et rubicundus / hos partita toga segregat a reliquis R. MAIDSTONE *Conc.* 284; purpura cum bisso tegit hos partita caballos / Cesar honorifice supra sederet eos *Ib.* 288; **1397** de una toga de *reye* ~ita cum *taune* debili *Pat* 347 m. 16; **1313** ad robas suas ~itas de pannis diversorum colorum pro festo Nat' Domini *KR Ac* 374/19 f. 15. **b** **1368** quoddam cornu diversi et ~iti coloris (v. cornu 4b); ~titi tegitur equus hic ex veste coloris / purpurei bissi, sic fuerant reliqui R. MAIDSTONE *Conc.* 290. **c** **1377** duo salsaria . . signata extra in bordura de armis Angl' et Hanon' ~itis *Pat* 296 m. 3; et aliquando portatur tale animal rescissum habens tamen ambas partes corporis sed diversi coloris, ut hic. et portat de argento cum leone rapaci ~ito rescisso de nigro et rubeo. et Gallice sic *il port d'argent un lyon rampaund de sable et goules recoupie partie* BAD. AUR. 140; de armis ~itis secundum longum [*party per pole*] . . de armis ~itis ex transverso [*party per fess*] de armis ~itis ex transverso irrasis UPTON 228; nulla arma dici debent ~ita nisi fiant de duobus coloribus semel partitis et non plus *Ib.* 230; **1449** in summo scuti locari statuimus ~itum principale de azoreo cum Francorum flore deque rubeo cum peditante leopardo aureo *Exc. Hist.* 48; utpote cum crux vel limbus uti per frusta distinguitur. non ~itum dicimus e transverso sed Gallice *gobbone*, nos laciniatum SPELMAN *Asp.* 88.

partisona, ~izona [OF *partison* < partitio], (act of) sharing or dividing out, distribution (in quots., w. ref. to distribution of alms for the poor).

1290 Henrico elemosinario regis pro communi ~isona facta pro anima domini Egidii de Badlesmere *Chanc. Misc.* 414 f. 45*d.*; communes ~isone *Ib.*; **1300** in communi ~izona facta tam per eundem elemosinarium quam per clericos garderobe pauperibus extra Westmon' congregatis . . lvij l. x s. *AcWardr* 32.

partitativus v. partitivus.

partitio [CL]

1 division (into parts), distribution; **b** (of previously undivided land); **c** (of written work); **d** (astr.); **e** (gram.); **f** (metr.).

c**795** non divisa potestate vel partita . . quia divisionem et ~onem vera non recipit aeternitas vel divinitas ALCUIN *Ep.* 41; sequentia verba continent . . et ~onem [v. l. partionem] vestimentorum ejus inter ministros impietatis [cf. *Matth.* xxvii 35] *Eccl. & Synag.* 115; ex pecunie ~one lis commissa W. MALM. *GR* II 121 p. 127; in ~one aliorum ossium nulla difficultas fuit ORD. VIT. VI 10 p. 102. **b** **1290** quare ~oni de quodam bosco in E. quem ipsi duo insimul et pro indiviso teneant inter eos *PlRCP* 83 m. 136. **c** hoc vero aliquando fit librorum ~one, capitulorum diversitate R. MELUN *Sent.* I 50; trimembris operis hujus ~io GIR. *TH intr.* p. 7. **d** partes a ~one circuli zodiaci quem tricenis diebus per menses singulos findant BEDE *TR* 3 p. 183; **798** signorum . . ~ones per horas et quomodo convenirent novem horae lunares quinque diebus solaribus memini me in alia vobis dirigere epistola ALCUIN *Ep.* 155; hujus . . ~onis unum membrum arietis erit argumentum ADEL. *Elk.* 26. **e** hec . . dubia: 'iste meretur esse de numero predestinatorum' propter ~onem connotatam per hanc vocem 'de numero' NECKAM *SS* II 49. 23; hunc . . modum significandi consequitur modus significandi masculine, feminine. quia postquam res est multiplicabilis et multiplicativa, sequitur ut multiplicet et multiplicetur et hoc numeri est causa et postquam ad mentis nutum per ~onem discernitur, sequitur ut per significacionem figurabilem determinetur *Ps.*-GROS. *Gram.* 36; remanent nomini . . iiij genera construendi, viz. racio cause . . et racio ~onis, racio diffinicionis et racio notificacionis *Ib.* 64; racione ~onis construitur similiter genitivus sed pluralis, totum quidem plura est, respectu partis ut 'aliquis istorum'. nocius fit res cum scitur de quorum numero est *Ib.* 65. **f** da divisionis et ~onis qualitatem ALDH. *PR* 125 p. 174; unus [pes] . . est qui tripla ~one dividitur BONIF. *Met.* 109.

2 (her.) division of the shield into tinctures (sts. w. ref. to line of division).

sequitur jam videre de armis partitis in longitudine. qui quidem ~io secundum longum fit multipliciter prima namque fit ~io duorum colorum in armis secundum longum plano modo. fit etiam ~io armorum duorum colorum ingradatorum irrasorum invectorum . . indentatorum . . innebulatorum UPTON 225; afficiuntur saepissime ~ones et muta symbola plurimis inscicionibus, quarum aliae ad ~iones solummodo, aliae ad symbola, aliae ad utraque pertinent, ad ~iones antique multae; in primis vero ut dentatae fierent *Asp.* 105.

3 separation (in quot., w. ref. to divorce or sim.).

desponsata fuit . . Roberto sed postea per censuram ecclesiasticam partita fuit ab eo per parentelam [v. l. pro parentela], et facta ~one . . BRACTON f. 306v.

4 part, section. **b** (rhet.) one of the divisions of a speech.

inter universas habitationis humanae ~iones AD. MARSH *Ep.* 246. 7 p. 429. **b** ordo deposcit ut de ~ione dicas. dicam. ~io est rerum ad causam ipsam pertinentium divisio, quae recte habita perspicuam et inlustrem totam orationem efficit ALCUIN *Rhet.* 23; sunt tales ~ones necessarie in predicationibus quia faciunt auditores valde dociles ad intelligendum que sequuntur T. CHOBHAM *Praed.* 285; ponitur exordium, breviter narratur / cause fit partitio, justum confirmatur GARL. *Epith.* II *Summa* 42; oratio rhetorica . . habet sex partes, sc. proemium sive exordium, narrationem, ~onem sive divisionem . . KILWARDBY *OS* 589.

5 thing that separates, a partition.

1536 pro factura duarum ~onum in novo choro in ecclesia de Berifrido *Fabr. York* 107.

partitire v. partire.

partitium [CL partitio], thing that separates, a partition.

1351 lecti monachorum, velaminibus et ~iis, si qui fuerint, amotis, ita sint ordinati ut . . *G. S. Alb.* II 429.

partitiuncula [cf. CL partitio, portiuncula], (small) piece or portion.

c**1000** quandam ~am cujusdam ruris, octo scilicet mansas . . dono *CD* 713.

partitive [cf. ML partitivus], (gram.) in a partitive sense, partitively.

dicendum est quod hoc quod dico 'tunc' exigit genitivum ~e BACON XV 134; hec dictio 'prima', cum comparetur ad hunc genitivum 'sabati' ~e, significans proprietatem alicujus partis sabati *Ib.* 190.

partitivus [ML], concerned with division (into parts), partitive: **a** (log. & phil.). **b** (gram.) that indicates that only part of a whole is concerned; (*genitivus ~us*) partitive genitive. **c** (as sb.) partitive word.

a dicendum quod cum dicitur in fine nobilitatis ibi potest esse conditio ~a ita quod sit expressa per hanc orationem quod nobilitati insit terminus vel finis BACON VII 60; nec sequitur ex isto quod corpus hominis brutum foret vel bestia, sed partem quantitativam hominis concedo animal esse imperfectum beatificabile secundum quamlibet partem quantitativam hominis, scilicet racionale secundum partem partitativam et non hominem WYCL. *Compos. Hom.* 93. **b** hec dictio 'iste' supponat tantum personam presertim cum sit dictio ~a NECKAM *SS* I 31. 9; hec vera est: 'Deus generat Deum alium a se', non tamen 'Deus generat alium Deum' in prima est hoc nomen 'alius' nota differentie; in secundo ~um est *Ib.* II 17. 4; genitivus ~us est, dativus perfectivus *Ps.*-GROS. *Gram.* 71; non erit possessoria constructio, et ita est ~a BACON XV 119; si . . posset totum universale esse sub ratione genitivi in constructione ~a, hoc nullo modo est in singulari sed in plurali, ut 'aliquis hominum' *Ib.* 120; diceret aliquis quod ibi esset constructio ~a, . . ut 'aliquis hominum', 'hoc capitis' *Ib.* 132. **c** quia masculina vocabula sunt personalia, neutra . . sunt essentialia, intelligendum est de hujusmodi ~is, 'unus', 'aliquis', 'iste', 'hic', cum sc. substantivantur NECKAM *SS* I 31. 11.

partitor [LL], one who divides (into parts).

partior . . inde . . ~or OSB. GLOUC. *Deriv.* 412.

1 partitudo [CL], act of giving birth, childbirth (? or offspring).

~ines, †parto [l. partus] *GlC* P170.

2 partitudo [cf. CL parere, partitio], (act of) dividing, division (into parts).

hec ~o . . i. partitio OSB. GLOUC. *Deriv.* 412; partio partitio, ~o, portio *Ib.* 468.

partiuncula [cf. CL pars, portiuncula]

1 (small) part or piece (usu. of land); **b** (of country).

805 aliquam in Cantia ~am terrae, hoc est duorum manentium *CS* 321; c**845** (13c) aliquam parsiunculam terre juris mei, id est unius mansionis *CS* 419; **946** aliquantulam terre ~am . . concedo (*Ch.*) *MonA* I 48a; **b** petebat ab illo ~am [v. l. portiunculam] Brittanie ad inhabitandam G. MON. II 12; extra Suthwallie ~am modicam nullatenus vivere posse videri GIR. *RG* I 9 p. 59.

2 part of a country, district, region.

postquam impetraverunt a rege cui possent illi ~e [AS: *læppan*] pacem emere quam sub manu regis super habebant (*Quad.*) *GAS* 220.

partizare v. patrissare. **partizona** v. partisona. **partricarius** v. perdricarius. **partriciare** v. perdricare.

1 partura [CL=*action of giving birth*], stem (of fruit).

nota quod est de fama hominis sicut de paritura pyri vel pomi. illa paritura si deleatur a pomo paucum valet et quando tamen est cum pomo bene conservat pomum et quando aufertur pomum statim corrumpitur HOLCOT *Wisd.* 67.

2 partura v. pastura.

parturialis [LL], that pertains to childbirth or the bearing of children.

quia semen ~e decisum ab homine potest perire antequam animetur GROS. *Dicta* 132.

parturire [CL]

1 to (be about to) give birth, be in labour; **b** (transf. or fig.). **c** (pr. ppl. as sb. f.) woman in labour.

cum ~iendi tempus immineret et viscera . . ignota violentia vexarentur FELIX *Guthl.* 4; contigit quadam die quum tempus adesset †pasturiendi [l. parturiendi] ut . . BYRHT. *V. Ecgwini* 364; ne dominam ~ientem inquietarent W. MALM. *GP* III 100 p. 212; secundum immunditiam mulieris ~ientis [v. l. parientis] BALD. CANT. *Serm.* 17. 13. 503. **b** catacizatus et ~ientis [*gl.*: generantis, nascentis, *licere*] gratiae vulva in baptisterio regeneratus ALDH. *VirgP* 43 p. 295; jam . . ultra trium mensium tempora quibus semina rerum sumerent incrementa ~ientibus terris negabatur

nutrix pluvia Gosc. *Transl. Mild.* 17; ergo nunc ~it apostolus [cf. *Gal.* iv 19], tunc ipse Dominus pariet G. Hoyland *Ascet.* 254D; pauperibus Christi siquid dat dives avarus / dat facie tristi, dat parturiens, dat amarus Walt. Wimb. *App.* 2. 9. 13. **c** post .. gravissimas tanquam ~ientis angustias Gir. *IK* I 2 p. 28; in terra prostratum .. more ~ientis vel dementis *Mir. Montf.* 104.

2 to desire to give birth.

hec .. duobus partubus, altero alterius sexus, contenta in posterum et parere et ~ire destitit W. Malm. *GR* V 418; ~io, parere desidero Osb. Glouc. *Deriv.* 466.

3 to (be about to) bear, give birth to, bring forth: **a** (person, also fig.; **b** (animal); **c** (of plant or tree; also fig.).

a quem antequam regenerantis gratiae vulva ~iret [*gl.*: gigneretur, concepisset] Aldh. *VirgP* 26 p. 260; genuistis eum ad fidem, ~istis eum ad Christianam religionem *V. Birini* 1; dulcis nutrix, dulcis mater, quos filios ~is aut nutris nisi quos in fide Christi docendo gignis et erudis? Anselm (*Or.* 10) III 39; beatus Gilebertus iterum ~iens filios in Evangelio *Canon. G. Sempr.* 57; sane nata Diana ~ienti Apollinem matri dicitur prebuisse obstetricis officium Alb. Lond. *DG* 8. 3; Enilath interpretatur parturitas per quod intelligitur beata Virgo Christum ~iens T. Chobham *Serm.* 13. 49vb; **c1410** universitas .. genitrix omnium nostrum .. quem semel genuit dignum meritis senatorem, iterum parturiter [? l. parturire] desiderat eximium patriarcham *FormOx* 195. **b** quum tempus adesset †pasturiendi [l. parturiendi] ut sus .. clam se abderet .. praegnans Byrht. *V. Ecgwini* 364; que in lune crementis ejecta vermiculos hortis ~iunt Alb. Lond. *DG* 7. 2. **c** ubi ad videndas vineas et mala punica si florent aut fructus ~iant venerimus [cf. *Cant.* vii 12] Bede *Cant.* 1202; spei bone fructum de futuri regni sceptro genitoribus ~ivit Osb. Clar. *Ed. Conf.* 3; videte .. si flores fructus ~iunt Ad. Scot *QEC* 15. 826B; quod ver gignit et parturit estas nutrit et provehit Gir. *TH* I 6 p. 27.

4 (fig.) to conceive, bring about, to cause to happen.

a797 majores ejus dilectiones majores postea ~ient dolores Alcuin *Ep.* 68; illi miserabile ~ivit detrimentum Osb. Clar. *Ed. Conf.* 1 p. 67; Orientales et Northanimbros, jam dudum discessionem a rege ~ientes, in statu continuit W. Malm. *GR* II 121; tunc Walterius pulchrum facinus animo ~iens *Ib.* IV 333; nec .. in corde ~iebas jactantiam, si haberet multorum obsequelam *Id. Wulfst.* III 16; eis .. immensam deletionem strictis gladiis ~iebant Ord. Vit. IX 10 p. 562; carnalis affectus quem ~it quidam hominis exterioris ornatus Ailr. *Spec. Car.* III 27. 600D.

parturitio [LL], (act of) giving birth; **b** (dist. as *corporalis* or *spiritalis*); **c** (fig.); **d** (in prov. or phr.).

nec desiit illa mater parere post ~onem unicam Gosc. *Edith* (II) 59; quasi de adultero concipit unde ~onis tempore malum filium parit Alex. Cant. *Dicta* 20 p. 192; interea mulier decumbit lecto, ficte ~ionis indulget suspiriis Ad. Eyns. *Hug.* IV 5 p. 21; adveniente tempus ~ionis, peperit masculum .. abortivum *Mir. Montf.* 84. **b** corporalis conceptio et ~o .. spiritalis conceptio et ~o Ailr. *Serm.* 33. 6. **c** in hac ~one nos ad plenum pariet, quando sine difficultate in eternitate veritatem contemplabimur G. Hoyland *Ascet.* 254D; vultis nosse quid os justi hujus silendo parturierit et quis ~onis fructus? J. Ford *Serm.* 22. 4; habet votorum suorum anxias .. ~ones et conceptionum suorum difficiles progressus *Ib.* 24. 4. **d** qui de ~one montis ridiculum murem effundunt [cf. Horace *Ars* 139] *Natura Deorum pref.* p. 4.

1 partus [CL]

1 (act of giving) birth, childbirth (also pl.); **b** (of *BVM* and Christ's birth); **c** (of animal); **d** (of plant or tree); **e** (transf. & fig.).

peniteant quae intrant aecclesiam ante mundum sanguinem post ~um, i. xl diebus Theod. *Pen.* I 14. 18; qui antequam maternis ederetur ~ubus [v. l. partibus; *gl.*: *lacnungum*] Aldh. *VirgP* 20 p. 250; qui una geniti matre uno ~u ibi antiquo tempore martyrio coronati *Hist. Abb. Jarrow* 36; portavit conceptum suum cum gaudio donec veniret dies expectati ~us *V. Chris. Marky.* 2; si vis parere, vis perire, ~us enim in modum vipere maternos artus onerat et disrumpit P. Blois *Ep.* 55. 167C; **s1240** cujus cum impletum fuisset tempus pariendi, erat enim gravida et ~ui proxima, exanimata est M. Par. *Maj.* IV 2; **b** erat virgo ante ~um et post ~um virgo permansit *Comm. Cant.* III 92; Maria .. cujus glorioso ~u omnis salvatur faecunditas Anselm (*Or.* 6) III 15; libros quibus Virginis ~us et Christi prophetatur adventus evolve Ailr. *Inst. Inclus.* 29 p. 662; virginalis conceptio ac virginalis deinde ~us J. Ford *Serm.* 8. 4; anno centeno nonagenoque beati / partus Garl. *Tri. Eccl.* 72. **c** avilla [v. l. agnilla], agnus recentis ~us Osb. Glouc. *Deriv.* 52; **1209** in mercede ij custodum agnorum in ~u ovium *Pipe Wint.* 53; **1209** in mortuis ante ~um x, post ~um et ante tonsionem viij, post tonsionem viij, summa xxvj (*Pipe Wint.*) *Crawley* 191. **d** partu recenti frondium / et graminum fetura / terre fecundat gremium / clemencior natura P. Blois *Carm.* 16. 1. 1. **e** sole ruber genitus sum partu nubis aquosae Aldh. *Aen.* 5 (*Iris*) 3; quis numerus capiat vel quis laterculus aequet / vita viventum generem quot milia partu? *Ib.* 73 (*Fons*) 5; regenerantis gratiae vulva conceptus et fetoris baptisterii ~ubus [*gl.*: *of tudderfullum eacnungum*] editus *Id. VirgP* 35 p. 277; at si delectationem concepti in corde facinoris etiam ~us pravae sequitur actionis .. Bede *Ep. Cath.* 14; vincit in litibus pecuniosior / triumphat partui bursa vicinior Walt. Wimb. *Sim.* 28; **c1430** quod parens fraudis in ~u pereat proprie prolis *Reg. Whet.* II *app.* p. 411.

2 offspring, progeny, child.

potest sane in eo quod ait 'ego flos campi' ~us intemeratae Virginis intellegi Bede *Cant.* 1102; patre partum penitus abnegante et .. ex sola suspicione .. accusante Gir. *IK* II 7; ~u tandem educto vehementer congaudet J. Ford *Serm.* 17. 2; hec mater partui blanditur hodie Walt. Wimb. *Sim.* 144.

2 partus, *f. l.*

nos .. advertentes quod asserciones hujus modi partus [MS: per tempus] se deteriores haberent *Ziz.* 111.

parula v. parrula.

parum [CL]

1 (as sb.) insufficient or small amount, (too) little; **b** (w. gen.). **c** (w. adj. or pron.).

ne ~um dicere videretur in eo quod ait Bede *Ep. Cath.* 85; judicium .. pauperis, i. ~um habentis Andr. S. Vict. *Gal.* 89; potissare vel pitissare, ~um et ~um potare Osb. Glouc. *Deriv.* 475; **1420** secundum ~um scire meum et intellectum *FormOx* 340n. **b** in qua sola parum vini vix tunna tenebat Alcuin *WillV* 18. 6; ipse tenet unam domum .. et ~um terrae de iij sol' *DB* I 20va; qui lanea tantum vestitur aliquid patitur asperitatis, qui tantum linea, ~um caloris Ailr. *Serm.* 21. 38. 359; luscus, qui ~um habet luminis Osb. Glouc. *Deriv.* 556. **c** ut ~um quid panis et aquae sumeret Gildas *EB* 77; de cujus nuperrima revelatione parum quid sed magnum fidei monumentum hic inserimus Gosc. *Transl. Aug.* 26A; **s1314** in quo parliamento ~um notabile fuit factum, nisi .. Ad. Mur. *Chr.* 21.

2 (w. ref. to) short period (of time).

Gregorius .. in papam est electus, sed post ~um Crescentius .. Placentinum episcopum .. in papatum intrusit *Eul. Hist.* I 255.

3 (*~um est*) it is insufficient (to): **a** (w. inf.); **b** (w. indir. qu. or *si* & subj.).

a ~um est generationem nosse sillogismorum nisi quis et potentiam habeat faciendi J. Sal. *Met.* 918D; ~um est pascere ventres cito morituros T. Chobham *Serm.* 15. 56ra. **b** si dominum dicas, ~um est Bede *Ep. Cath.* 73; quare nunc proposito non sit ~um qualiter ad principia prompti disserendo simus expedire Balsh. *AD* 11.

4 (as adv.) insufficiently, too little, a little): **a** (w. vb. or ppl.); **b** (w. adj. or pron.); **c** (w. adv. or adv. phr.). **d** (*~um et ~um*) a little here and a little there, in small quantities.

a ~um auribus captasti propheticam objurgationem Gildas *EB* 35; pane .. ~um inpinguato *Id. Pen.* 1; non ~um expavit Bede *HE* II 12 p. 108; verum vel a vero ~um distans Balsh. *AD* 37; cum rex .. ~um versus portam et quasi passibus octo processisset Gir. *IK* I 6 p. 65; pauper superbus qui ~um eruditus est T. Chobham *Serm.* 19. 68ra. **b** conversatus cum hominibus .. Jesus Christus circa quod per annos xxxiij non plenos parum quid Theod. *Laterc.* 3; nimis tepida est oratio mea quia ~um fervida est caritas mea Anselm (*Or.* II) III 72; nullus presbiter nisi, ut verbo ~um Latino utar, firmarius W. Malm. *GR* IV 314. **c** regnavit xix annis et ~um plus R. Niger *Chr. I* 100; **1268** vixit usque ad noctem et ~um infra noctem obiit *SelCCoron* 12; **1488** unam preciosam crucem .. ponderantem ccxx uncias et ~um ultra *Reg. Merton* I 119. **d** potissare vel pitissare, ~um et ~um potare Osb. Glouc. *Deriv.* 475; **1340** R. Seminator decipit terram domini seminando pro eo quod ~um et ~um furatur semen *CBaron* 103.

5 (to indicate time of occurrence or duration): **a** a little while, shortly. **b** for a short while.

a accidit .. ~um ante guerram illam .. ut .. Gir. *IK* I 2 p. 20. **b** hoc dicto parumper reticuit .. dixit et sicut antea ~um silens ita sermonem conclusit Bede *HE* IV 9 p. 223; huc parum descende / de poli sede Alcuin *Carm.* 120. 6. 3.

6 (as quasi-adv. or adj.) little.

secundum ~um scire meum et intellectum *FormOx* 340 n. 1.

parumpendere [CL parum+pendĕre], to make little of, despise.

puer Domini .. ~ebat omnia iniqua machinamenta hominum J. Furness *Kentig.* 5 p. 170.

parumper [CL]

1 for a short while.

quievit ~er inimicorum audacia Gildas *EB* 20; hic epitritus de quo impraesentiarum ~er comminisci nitimur Aldh. *PR* 139 p. 193; ut perfecte lectionis hujus principia considerare valeamus libet superiora ~er adtendere Bede *Hom.* I 9. 44; absconderunt fidem pietatis quam ~er conceperant *Id. Prov.* 1002A; ~er, paulisper *GlC* P 92; ~er, *huonhlotum Ib.* P 152.

2 in small degree or extent, (only) a little.

~er, satis modice *GlC* P 96; ut .. ciborum .. partem ~er dentibus obtritam ab ore rejecisset B. *V. Dunst.* 20.

parum plaustica v. paremplasticus.

1 paruneulus [LL], small boat or ship (usu. of pirates).

~us, *plegscip* Ælf. *Gl. Sup.* 181.

2 parunculus [CL parum+-culus], neat, elegant.

~us .. , elegantulus *PP.*

parura [ME *parure*, OF *pareure* < LL paratura]

1 (act of) paring or trimming (of wood).

1304 carpentariis pro ~a, pinnagio, portagio, et posicione x^m^ cendularum super magnam cameram *KR Ac* 486/15 m. 5.

2 instrument for paring, parer.

1337 in rengiis et ~is pro pistrino emptis viij s. *Comp. Swith.* 247; pro coquina .. pro j parva ~a et j *grater Ac. H. Derby* 58.

3 ornament or embroidery.

1220 pro parrura quatuor lutrorum viij. denarios *Cl* I 424b; **1225** assignavi unam albam cum ~is *Cl* II 71b; **1232** mandatum est W. de H. et W. scissori quod .. dua tuallia ad altare et unam albam et ~as .. emi faciant *Cl* 43; **1245** vestimentum .. habet ~as de purpura fusca; breudantur cum stellis et lunulis *Invent. S. Paul.* 486; vestimentum .. cum ~is nigri sameti consuticis *Ib.* 487; **c1250** v palle altaris .. quarum una habet ~am de serico *Vis. S. Paul.* 7; albas quoque tres, habentes ~as auro et aurifrigio, acu plumario decoratas *G. S. Alb.* I 93; **1260** quod et illas preciosas ~as que sunt in quadam veteri alba apud W. poni faciat super eandem novam albam, et de aliis ~is provideat ad veterem albam ita quod rex predictam albam novam habeat promptam .. *Cl* 246; **1393** tres tuailles cum ~a *Lit. Cant.* III 22; **1396** casulas .. de nigro serico, cum ~is, alba, et amita (*Invent.*) *Meaux* III lxxxi; reverso parumper birro albe sue ne perura ejus madetur, et hoc caute ne videantur tibie *Ord. Ebor.* I 89; nomina pertinencia ecclesie .. hec peruria, A. *perrore* .. hec patura, *a parur WW.*

parurare, to supply or decorate with embroidery.

1396 cum tribus .. albis ~atis de rubeo velveto .. cum amita ~ata de scarleto (*Invent.*) *Meaux* III lxxx.

parvaredus v. paraveredus.

parviculus [cf. CL parvus, parvulus], (very or fairly) small.

1300 concedit . . quandam ~am porcionem terre (*Ch. Wetherall*) *MonA* III 591b.

parvifacere [CL; al. div.], to treat as of no importance, to neglect, make little of; **b** (w. *si* & subj.).

parvi fatientes teneram infantiam regni W. MALM. *GP* III 100 p. 218; vilipendere, juncipendere, parvipendere [v. l. ~ere] OSB. GLOUC. *Deriv.* 467. **b** dum parvi facerent si carerent carnali cibo W. MALM. *GP* IV 145.

parvificare [CL parvus + -ficare]

1 to make small or smaller (in size or extent).

ymmo possibile esset C infinitum in infinitum majorari, quousque infinitum primum fuerit, posito quod C sit corpus lineale pedale, et crescat successive usque ad finem istius hore ad quantitatem superficialem pedalem quadratam, et exhinc crescat successive usque ad cubitum pedale; in quo casu patet quod infinitum primum erit C ymmo sicut bis infinitum majorabitur sic in infinitum, erit primum duabus vicibus, quia immediate post hoc, et immediate post finem in infinitum ~abitur, et tamen continue magnificabitur WYCL. *Log.* I 214.

2 to make little of, to cause to seem small or insignificant: **a** (person); **b** (act or abstr.).

a magnum parvificas, inclinas ardua, clarum / denigras, calcas mella, venena stils GARL. *Epith.* VIII 653, 1381 seipsos sic magnificant, / quod alios parvificant / multis parvis sermonibus *Pol. Poems* I 253. **b** bona onechonito par humilitatonm sua [ME: *forþ non maaht wurþ*] sua bona opera *AncrR* 41.

parvificatio, (act of) making small or smaller.

non tamen video quod idem corpus stet simul quantumlibet parvum et magnum diversifieri, sicud est simul secundum partes dispariter qualificatum, quia quantificacio respicit totalitatem sicud ~onem uniformitas WYCL. *Log.* III 128.

parvificentia [cf. CL magnificentia], niggardliness.

considerando aliorum magnificenciam et eam approbando et quorumdam ~iam reprobando illorum, sc. qui abundanciam pecuniarum habent et parva opera faciunt T. SUTTON *Quodl.* 134; c1472 quod aliquis sit multum diligens in ratiocinio et computacione expensarum hoc pertinet ad ~iam *BBHouseh* 86.

parvihabere [ML], to have in little esteem, make little of.

mansit . . ibi . . idem W. prudenter operam dando hos et illos sue cause fautores efficere, ac, ut domini sui voluntati satisfaceret, munera quibus ea cordi esse animadvertebat dispertiendo et pollicendo ~ere EADMER *HN* p. 127.

parviloquium [LL]

1 (act of) moderate or little talking.

c1400 ad mensam accedentes sacerdotes in ~io . . non vana, non laciva proferant (J. MIRK *Man. Sac.*) *MS BL Harley 5306* f. 53v.

2 short conversation or discussion.

1591 cancellarius et archidiaconus Lincoln' in choro ad ~ium capitulariter congregati *Stat. Linc.* II 597.

3 (cf. LL *praviloquium*) belittling or disparaging remark.

si . . a garrulitate superflua ~iove desistere non possis E. THRIP. *SS* IV 28.

parvipendere [LL; al. div.; *p. ppl.* parvipensus], to think or make little of, belittle, despise, neglect; **b** (person or group of people); **c** (artefact, act, or abstr.); **d** (w. *quod si* & subj.).

parvi pendens, dispiciens *GlC* P 40; ~ens, pro nihilo habens vel ducens *Gl. Leid.* I. 88. **b** Normannici optimates ducem suum ~entes ORD. VIT. X 19 p. 106; iste . . Gregorius legitur fuisse minimus corpore adeo, quod cum forte Romam veniret, omnes ~ebant eum [*PL*: ipsum ~erent] BELETH *RDO* 122. 129B; ipsius minas ~entes immo vilipendentes *V. II Off.*

220; s1377 ~ebantur majores a minoribus *MGL* I 41; tanquam . . multitudinem parvi penderet *V. Ric.* II 98 (v. dissimulare 2a). **c** falerata saeculi ornamenta parvi pendit [*gl.*: neglegit; ad nihilum ducit; ~ere est contemtu animi aliquid etiam magnum despicere] ALDH. *VirgP* 9 p. 137; hujus infucationem blasphemiae ~endam fidelibus . . docet . . Dominus BEDE *Cant.* 1090; parvi pendens stultam loci illius relegionem ALCUIN *WillP* 10; ne regulae praeceptorum minima ~endo [*AS*: forhogiende] praetereat RegulC 64; dico quia non est ~endum illud verbum ANSELM (*Ep.* 311) V 236; fastidiunt jejunia, abhorrent vigilias, labores corporis ~unt AILR. *Serm.* 34. 2; magnanimo principi parvi pendenda putavi que de facili . . possunt perire GIR. *TH* pref. p. 21; fidei fedus aliis inviolabile gentibus ~ere solent *Id. DK* II 1; quod scriptura sacra sit tantum hodie . . ~sa WYCL. *Ver.* I 383 (v. dispositivus 2b); s1407 ~entes mercimonia certabant propria salvare capita *Chr. S. Alb.* 11. **d** ~entes si hystoriographis . . contraria . . loquantur ANDR. S. VICT. *Dan.* 86; nec ~ens quod . . Salvator noster . . cathedras vendencium columbas evertit ELMH. *Cant.* 242.

parvipensare [*frequentative of* LL parvipendere], to think or make little of, underestimate.

nec ~anda est predictarum duarum villarum propinquitas, nec parviprecianda utilitatis oportunitas DOMERH. *Glast.* 314.

parvipensio [LL], (act of) thinking little of, underestimating, neglecting; **b** (w. obj. gen.).

accusaciones . . de criminali ~one vel irrisione HOLCOT *Wisd.* 84; inducit in ~onem, detestacionem, et dissipacionem WYCL. *Ver.* II 133. **b** Tarquinii Superbi stulticiam recensere in ~ione librorum R. BURY *Phil.* 3. 41; propter superbiam et elacionem Francorum et ~ionem [v. l. vilipensionem] inimicorum *Plusc.* IX 43 p. 399.

parviponderare [CL parvus + ponderare], to make little of, disregard.

~ans verba Domini comminantis ei LANFR. *Corp. & Sang.* 409A; in tantis tumultibus rem ~ans opesque regni comesationibus abliguriens W. MALM. *GR* I 4.

Parvipontanus, ~eus, of, pertaining to, or typical of the school at the Petit Pont in Paris.

subtilitate ~e [v. l. ~ee; *gl.*: Petit Pont de Paris] veritatis NECKAM *Ut.* 103.

parvipretiare, to value insufficiently, underestimate.

nec parvipensanda est . . duarum villarum propinquitas nec ~ianda utilitatis oportunitas DOMERH. *Glast.* 314.

parvisa, parvisius v. parvisus.

parvisus, ~a [ML < OF *parvis* < LL paradisus]

1 (eccl. & mon.) enclosure, porch or portico in front of a (cathedral) church, parvis.

in Platea Nova ante paravisum [v. l. paravisium, *gl.*: devant le parvys] Domine Nostre aves inveniuntur vendende GARL. *Dict.* 135; s1250 venditis in ~io libellis M. PAR. *Maj.* V 172; 1312 in utensilibus pro mandato et ~o xiij d. *Comp. Swith.* 399; post meridiem . . placitantes . . se devertunt ad pervisam et alibi consulentes cum . . consiliariis suis FORTESCUE *LLA* 51 p. 128.

2 (acad.) enclosed space or room for disputations.

a1350 quales disputaciones debeant determinatores facere et sophiste in ~o *StatOx* 27; 1409 ~um . . frequentantes et se ibidem disputando, arguendo et respondendo doctrinaliter exercentes *Ib.* 200; 1453 due variaciones in ~o *MunAcOx* 738; 1457 hec gracia est concessa sub condicione quod semel variet in ~o *Ib.* 744.

3 room, chamber, parlour.

1449 in quadam ~a sive bassa camera infra manerium suum *Reg. Heref.* 4.

parvitas [CL]

1 smallness in size, extent, age, or sim.

p 1083 quia episcopatus ~as ad tria non sufficeret monachorum cenobia *Ch. Durh.* 3 p. 7; quae nullam penitus localis vel temporalis dissentionis magnitudinem suscipit vel ~atem ANSELM (*Mon.* 22) I 40;

quis . . atomi ~atem oculo distinxit? ADEL. *ED* 13; debent ergo parvuli in ~ate sua confirmari PULL. *Sent.* 847A; 1202 propter ~atem ejus, cum infra etatem sit *CurR* II 115; nanus erat et propter corporis ~atem Mimecan dicebatur M. PAR. *Maj.* I 515; nec pater nec mater inficitur quia non potuit illud [sperma] pre nimia sua ~ate reliqua membra inficere *Quaest. Salern.* B 34; credendum est quod quelibet ~as hostie corpus Christi continere poterit *Spec. Incl.* 3. 2 p. 118.

2 smallness in degree, scope, authority, or significance; **b** (~*as mea* or *nostra*; as title of humility) my (our) humble self.

parva . . erat ecclesia gentium et . . sinagogam monet Dominus ut . . ~ati . . ejus auxilia quibus adolescere possit adhibeat BEDE *Cant.* 1215; tenuitas ingenii mei requirit ut auditores mei ad ~atem mei sermonis suum . . inclinent auditum AILR. *Serm.* 14. 1. 290; utrorumque [legis et prophetarum] ~ati velut nutrix pia se . . moderari contendens ut utrosque lucrifaceret J. FORD *Serm.* 72. 1; octo sunt que nos excitant ad vigilandum in bono . . vite brevitas, vie difficultas meritorum ~as [ME: *ure good þat is swa punne*], multitudo criminum *AncrR* 46; cum Deus multis non miseretur ad eorum salutem propter ~atem attricionis et penitencie WYCL. *Blasph.* 118. **b** c 675 quod nostra ~as hactenus ad consortium vestrum ardenti desiderio flagrabat ALDH. *Ep.* 2; 705 quanto magis . . voluntaria necessitas meam insciolam ~atem peruiget WEALDHERE *Ep.* 22; quantum mea ~as sufficit vestigia sequi desidero (*Lit. Ceolfridi*) BEDE *HE* V 344; percunctatus es nostram ~atem de questionibus quibusdam ÆLF. *Ep.* 2a p. 222; si quid . . ~ati nostre revelare dignata fuerit dulcedo benignitatis divine NECKAM *SS* I prol 13.

parvitudo [assoc. *w* CL magnitudo], niggardliness, austerity.

s1453 ubi nunc fructus . . illius strictitudinis, sive ~inis, qua usus fuerat predecessor noster? *Reg. Whet.* I 103.

parvulare [CL parvulus + -are], to make little of, underestimate.

siste tonare minas cuiquam qui parvulat illas d. BEC. 680.

parvulinus [CL parvulus + -inus], (somewhat) small or little.

est musca ~a BACON *Gram. Gk.* 33 (v. musca 1c); tractatum ~um edidimus R. BURY *Phil. prol.* 12.

parvulitas [LL = *infancy, childhood*], smallness in authority or status, unworthiness.

sicut hic juxta ~atem nostram in pane ipsum manducamus (TYSS.) *Ziz.* 180.

parvulus [CL]

1 (somewhat) small in size, extent, or sim.; **b** (of or in age). **c** (as sb. m., little or young) child.

parvula quae magnus munera misit amor ALCUIN *Carm.* 11. 22; pulsetur a custode aecclesiae ~um signum LANFR. *Const.* 87 (v. custos 8c); ibi silva ~a (*Gloucs*) *DB* I 165ra; o si michi parvula / daretur nunc scintillula J. HOWD. *CA* 12. 1; calor extrinsecus . . parat ~um egressum calori intrinseco SICCAV. *PN* 141; post earum pausas ~um circulum habebit HAUDLO 164. **b** si mater cum filio suo ~o fornicationem imitatur . . THEOD. *Pen.* I 20; atque homo ~ae aetatis BEDE *Hab.* 1239; erat . . in Uuentana civitate puella quedam ~a WULF. *Æthelwold* 44; erat ille tunc pro etate ~us et regis fidei tuteleque accommodatus W. MALM. *GR* V 397; sororem . . ~am et ubera non habentem J. FORD *Serm.* 112. 1; mater . . filium ~um manu propria suffocans *Latin Stories* 106. **c** renovatur . . per gratia[m] Creatoris qui solum parvolos coronavit THEOD. *Laterc.* 17; serpentes . . duos . . ~os . . venenosis diripuerunt morsibus *Lib. Monstr.* II 10; nullius molestiae parentibus . . seu coaetaneis ~orum coetibus fuit FELIX *Guthl.* 12; inbuebantur praeceptoribus Scottis ~i Anglorum BEDE *HE* II 3 p. 132; ego robur virorum sum et nec ~i [*AS*: litlincgas] volunt preterire me ÆLF. *Coll.* 98; paulatim . . avellendus est ~us ab uberibus T. CHOBHAM *Serm.* 19. 69va; fleas post eum sicut ~us [ME: *lutel baban*] post matrem *AncrR* 85.

2 little in authority, status, or significance, (as sb. m.) a little one.

qui pro ~is Christi quos mihi .. commendaverat vincula .. pertuli BEDE *HE* II 6 p. 92.

parvus [CL; v. et. minor, minimus; *superl. also* parvissimus]

1 small in size or extent; **b** (of hair) short.

naviculae ~issimae *Comm. Cant.* I 216; vinea parva mihi flaventes protulit uvas ALDH. *VirgP* 2790; a**797** nec unius ~issimi .. spurcitiam athomi offendimus in eis ALCUIN *Ep.* 60; s**1114** ut in medio alveo sui etiam ~issime naves ob penuriam aque elabi aliquatenus minime possent FL. WORC. II 67; ~us elephas et magnum animal BALSH. *AD rec. 2* 169; ipse .. papa mirabatur quod tam ~us factus est episcopus BELETH *RDO* 122. 129B; ~issimum radii corpus in oculo muris erit .. prolongabile usque in centrum et dilatabile usque ad mediam quantitatem celi *Ps.*-GROS. *Summa* 505. **b** [sunt equis] pectora larga, jacens parvus ubique pilus L. DURH. *Dial.* II 200 (cf. ib. 196: pellis sicca, brevi tota polita pilo).

2 (of measure, also as sb., w. ref. to infraction or falling short of required standard).

c**1230** de falsis mensuris, et de ~o pane *Feod. Durh.* 283; **1270** Thomas de Linaker braciavit ~am [cervisiam] *CourtR Hales* 18.

3 small in amount or number.

tum gener Augusti vallatur milite parvo ALDH. *VirgV* 2078; stipendio ~o .. vivens *V. Cuthb.* I 7; annonam ~am mortalis vitae [3 MSS *add*: sustinendae] cum gratiarum actione gustabat FELIX *Guthl.* 28 p. 94; vidit .. ibi non ~am hominum multitudinem BEDE *HE* I 7 p. 20; unum ovum .. cum ~o lacte aqua mixto percipiebat *Ib.* III 23 p. 175.

4 young, minor, under-age; **b** (to distinguish parent and child of the same name). **c** (as sb., usu. m.) child.

et Herodes .. sine causa ~orum innocentum crimine pressum infantum pernegavit exercitum THEOD. *Laterc.* 15; quos .. ille ~os magna dulcedine fovit et adultos regni consortes fecit W. MALM. *GR* II 140. **b** Valentiniano defuncto xj^{e} anno imperii sui, milites Italiae Valentinianum, filium suum tenerum, imperatorem fecerunt .. ~us Valentinianus natus fuit de Justina Ariana R. NIGER *Chr. I* 43. **c** Barsabba filius quietis, Mathias Dei ~us interpretatur BEDE *Acts* 945; **1259** pro Alesia que fuit uxor Buche et ~is suis *Cl* 421; **1290** culpabilis de murdro unius ~i procreati de concubina sua *Leet Norw.* 35; **1446** quando ~i de parochia sua obierunt, noluit requisitus .. cum ferentibus ipsos ad ecclesiam juxta ritum ecclesie preces .. ministrare *Eng. Clergy* 235.

5 small in length or duration, short: **a** (of time). **b** (mus., as sb. f.) a little note, semibreve equal to three minims.

a non ~o .. tempore GILDAS *EB* 1 p. 27; **671** ~a temporum intervalla ALDH. *Ep.* 1 p. 476; ~issimo spatio serenitatis ad momentum excurso BEDE *HE* II 13 p. 112; ~o interjecto tempore *Ib.* III 14 p. 156; et facto ~issimo intervallo, pulsetur skilla LANFR. *Const.* 122; quid est pulchritudo? naturalis capcio, †parpi [l. parvi] temporis fortuna W. BURLEY *Vit. Phil.* 380. **b** brevis, brevior, brevissima, ~a, minor, minima *Mus. Mens.* (*Anon. VI*) 400 a.

6 small in strength or intensity, faint, dim: **a** (of light); **b** (of pulse).

a etiam lux illa .. in conparatione .. tenuissima prorsus videbatur et ~a BEDE *HE* V 12 p. 308. **b** pulsus .. ~us [TREVISA: *litil*], occultus et strictus .. ex defectu virtutis et parvitate caloris BART. ANGL. III 23 p. 77.

7 little in worth or value; (*~i aestimare* or sim.) to value little or insufficiently.

nam non tam ~i aestimatur .. sanctitatis vestrae strenuitas ANSELM (*Ep.* 63) III 180; negavit .. se quicquam .. daturum quia ~i estimaret beneficitum W. MALM. *GP* I 49 p. 90; non enim res magna ~i constare potest ANDR. S. VICT. *Sal.* 89.

8 small in degree or scope; **b** (as sb. n. pl.).

qui non ~o labore .. ad nostrae usum refectionis perducitur BEDE *Cant.* 1191; **796** pro ~issimis quibuslibet culpis ALCUIN *Ep.* III p. 161; ut .. ad sonum T ed D satis ~am differentiam faciat ABBO *QG* 9 (22); quoniam non ~ae auctoritatis erat ille inter suos ANSELM (*Proc. Sp.* 2) II 188; multi timentes aliquod ~um periculum T. CHOBHAM *Serm.* 23. 90va. **b** precoquum .. laudatur in pueris, sed in senibus contemnitur. pueri enim ex hoc facile ~a faciunt et audacia provecti quicquid possunt statim ostendunt J. SAL. *Met.* 865B.

9 small in authority, power, status, or sim.; **b** (w. implication of cowardliness or pusillanimity). **c** (as sb. m.) person of low social status.

668 tam ex regibus quam principibus, sive magna sive ~a persona fuerit (*Lit. Papae*) W. MALM. *GP* I 33; Dominus .. in isto mundo ~us et humilis, in judicio, magnus et terribilis AILR. *Serm.* 30. 9; parvas litteras nostras .. nimie brevitatis arguistis, ~um amicum parvas vobis litteras misisse, solita ~i capitis discrecione rescribendo GIR. *SD* 150. **b** tam ~us erat Petrus ut propter vocem unius ancille eum negaret AILR. *Serm.* 11. 33. 277. **c** totam ejus gentem a ~o usque ad magnum delere BEDE *HE* III 24 p. 177 amplectar .. te, Domine Jesu, ~us ~um, infirmus infirmum, homo hominem AILR. *Spec. Car.* I 7. 511.

10 (in place-name): **a** (of country); **b** (of borough, town, or city); **c** (of religious house).

a Beocherie que ~a Hibernia dicitur W. MALM. *GR* II 150. **b** †c**1150** Leticia de M. dedit Deo et S. Werburge ~am Cristentonam *Cart. Chester* 8 p. 58; c**1200** teneat totam .. terram in ~a Tywa *Cart. Osney* IV 219; **1260** in ~a Sutton' *Cl* 159; **1260** in ~a Ambrisbyr' *Cl* 160; **1261** pro Ricardo le Mouner de ~a Beruhamsted' *Cl* 362; **1464** homines sui de ~a Benton *Feod. Durh.* 104n. **c** **1227** abbati de Parvacella Enachdunensi, salutem *Mon. Hib. & Scot.* 27a.

11 (in nickname, passing into surname).

Alvricus ~us teignus regis *DB* I 2142b; **1167** Anscetil ~us *Pipe* 25; Saman ~us *Ib.* 27; **1242** de exitu tene Roberti pervi fugitivi in civitate Bath' *Ib.* 329 **1320** convictum est per juratos quod R. bercarius, Johannes le *swen* et ~us Johannes pascebant bladum Galfridi *Rec. Elfon* 247

12 (n. sg. acc. as adv.) barely, a little.

tunc secretarius pulset ~um signum minimum. LANFR. *Const.* 106.

pary v. peri.

parypate, parhypate [CL < παρυπάτη], (mus.) note next to the lowest in a hypaton or meson tetrachord.

~hypate hypaton, i. e. juxta principalem .. ~hypate meson, i. e. sub principali ODINGTON 81.

Parypatheticus v. Peripateticus.

parypostasis [παρυπόστασις], (phil.) co-ordinate, parallel, or subordinate existence.

vel subjectum decurrencie encium in his que nata sunt hoc participare, non principaliter sed secundum modum qui dicitur ~eos, scilicet secus existencie BRADW. *CD* 223A (=*Ib.* 301B).

pas [LL < πᾶς], **pantus,** all, every, (n. sg. **pan**) the whole; **b** (w. ref. to 1 Pan).

672 pantorum procerum praetorumque etc. ALDH. *Ep.* 5 p. 488; tege .. pantes [*gl. alle*] compaginum innumeros ordines (LAIDCENN MAC BÁITH *Lorica*) *Cerne* 87; **816** consensu pantorum procerum praetorumque meorum quorum infra caraxata liquescunt vocabula *CS* 357; **855** cum consilio et licentia pontorum procerum meorum *CS* 487; **901** cum licentia et testimonio *CS* 587; **965** (*recte* 991) pantorum Conditori *CS* 1166; pan est omne BACON *CSPhil.* 443; athanathos Kyros Theos panton craton [i.e. πάντων κρατῶν] et Ysus salvificet nos *Miss. Westm.* 365; pan, i. totum *Alph.* 138. **b** terra autem est omnia corpora superiora aggregatione in se luminum superiorum. propterea ipsa est, que a poetis Pan dicitur, id est totum GROS. 56.

pasagium v. passagium. **pasca** v. pascha, pasta. **pascalis** v. paschalis. **pascare** v. pascere. **pascatio** v. pascuatio, 2 piscatio. **pascella** v. pastillus. **pascer** v. passer.

pascere [CL]

1 to feed, pasture, to provide food for (animal).

volucrum turmas .. sumptuosa pabulorum alimonia .. ~ebat [sc. arbor] ALDH. *VirgP* 21; cum aliis pastoribus pecora domini sui ~ebat *V. Cuthb.* I 5; boves .. bene pastos [AS: *gefylde*] et adaquatos ÆLF. *Coll.* 91; **1270** in furettis passendis (v. furettus); **1325** ad ~enda omnia averia sua cum porcis et aucis omni tempore anni *Cl* 143 m. 23*d*.; solitus erat ~ere equos suos humanis carnibus TREVET *Troades* 77; **1368** quia noluit passere communem porcariam *Hal. Durh.* 68; corvus .. ova posuit et pullos tres produxit et ad volandi quasi maturitatem pavit STRECCHE *Hen.V* 148; **1463** in ccc anguillarum *bruet* et xxx lib. hujusmodi anguillarum recencium emptis pro predictis dentricibus cum eisdem ~endis *Comp. Dom. Buck.* 49.

2 to feed, provide for, maintain (person). **b** (w. abl. or *de* & abl.) to feed someone with, support by means of (also fig. or w. ref. to spiritual nourishment). **c** (w. *in* & abl.) to keep someone in, supplied with (food or sim.); **d** (w. food as subj.; also fig.).

ita iste congruo tempore milia populorum ~eret in aecclesia sanctorum WULF. *Aethelwold* 5; arator nos omnes ~it [AS: *fett*] ÆLF. *Coll.* 99; xx solidos ad ~endos suos buzecarl' *DB* I 64vb; qui in deserto jejunavit, in deserto pavit turbas P. BLOIS *Serm.* 562A; c**1200** ita tamen quod quatuor dominica sua maneria .. quieta erunt tam de predictis forestariis ~endis quam de aliis *Ch. Chester* 230; **1299** sicut †pascuum [l. pascimini] ab uno cellario, sic indui debetis et calciari a communi vestiario *Reg. Cant.* 850; **13..** dominus passet cooperarios (v. cooperarius); **1350** in expensis pro famulis †pascandis [MS: pascendis] ad Natale Domini dimidius porcus *Rec. Elton* 349. **b** crapula cordis / ingluviem dapibus quae semper pascit opimis ALDH. *VirgV.* 2489; laboratores constituit ut de labore eorum alii tres ordines ~erentur *Ps.*-BEDE *Collect.* 379; jam illic perpetuo pastus amore Dei *Epigr. Milredi* 811; quique eisdem ~antur [AS: *beon fedde*] victualibus quibus fratres eadem utuntur die *RegulC* 62; tres ceci .. qui regali elemosina ~ebantur W. MALM. *GR* II 224; Radulphus quem pane nostro sicut et alios ingratos et inutiles pavimus plurimos GIR. *SD* 4; non solum debemus ~ere esurientem cibo corporali sed etiam eum qui indiget cibo spirituali, id est verbo Dei T. CHOBHAM *Praed.* 29; **1549** ad sustentationem .. seminatorum verbi Divini, quo Christiana plebs ~enda est *Conc. Scot.* II 115. **c** **1214** ~et .. scholares in pane, cerevisia, etc. *MunAcOx* 2. **d** manna quod filios Israel .. in deserto pavit J. FURNESS *Walth.* 53; tenera / membra pavit lac et gratam / escam dabant ubera J. HOWD. *Sal.* 26. 10; quem dudum in gremio / manna pavit puellaris *Ib.* 30. 8 (v. 2 manna 2c).

3 to put food on, bait (hook).

1279 ad hamos suos ~endos (v. costera 3a).

4 to gratify by feeding: **a** (stomach); **b** (fig.; *oculos ~ere*) to feast the eyes (on).

pastis visceribus festinatur ad requiem OSB. CLAR. *V. Ed. Conf.* 16. **b** peregrini .. leti per urbem antiquis oculos ~ebant miraculis W. MALM. *GR* II 201; servatur .. indumentum .. ut sine labe ~at oculos succiduarum generationum *Id. GP* V 218; spes erat optatis mihi pascere lumina rebus L. DURH. *Dial.* I 261; volebant .. ~ere oculos visu carnium et nares odore T. CHOBHAM *Serm.* 13. 49rb.

5 to feed (flame or sim.).

latex lucens flammas pascebat edaces ALDH. *VirgV* 915; oceanum .. cujus aqua septem planetarum ignes ~untur ALB. LOND. *DG* 8. 16.

6 (w. abstr. subj.) to nourish.

Benedictum quem ab ipsis infantiae incunabulis ita fortunatum vocabuli praesagium ~ebat ALDH. *VirgP* 30; praecordia Deo .. invisa spes ~ebant inanes *Ib.* 36 p. 284; intus et interius veritas rerum ~it aspectum LUCIAN *Chester* 47; color .. pascit aures ne fastidio afficiantur audientes *Ps.*-GROS. *Gram.* 68.

7 to feed on, crop (pasture with animals, w. implication of wrongfulness).

1202 H. de R. appellat J. de H. quod ipse .. nequiter venit in prata sua et illa per averia sua pavit *SelPlCrown* 14; **1231** pavit sciones cum averiis suis (v. cio); **1288** priorissa de G. et R. G. de B. ~unt erbagiam in fossatis Norwici et habent ibi porcos et bidentes *Leet Norw.* 5; **1430** homines cum averiis suis .. paverunt pasturam *Feod. Durh.* 10.

8 (intr., of animal) to graze.

vidi .. equum in prato ~entem ferocissimum ORD. VIT. 10 p. 383; armenta per agros cucullatorum quiete ~entia *Ib.* XIII 23 p. 60; **1430** ipsemet aliquando cepit de hominis prioris amerciamentum pro averiis eorum que paverant in pastura sine licencia *Feod. Durh.* 239.

9 (refl. or pass., intr.) to feed (on) (also w. abl.); **b** (fig. or w. ref. to spiritual nourishment); **c** (w. ref. to *Cant.* vi 2).

serpentes .. lasere et albo pipere ~untur *Lib. Monstr.* III 11; omnis venatio noctu maxime ~atur, die vero dormiat ALB. LOND. *DG* 7. 2. **b** bonum suum male devorat qui, de se magna sentiens, sua ~itur opinione, nolit ea publicari ANSELM *Misc.* 309; cogitationes sanctorum semper se de caelestibus ~unt AILR. *Serm.* 3. 21. 223; congregatos vos video, fratres, ut ~amini cibo qui permanet, pabulo salutaris verbi Dei *Ib.* 5. 1. 234; hoc pane [sc. Christo] pastus est quicunque voluit WALT. WIMB. *Carm.* 121. **c** nascitur ipse inter lilia cum fidelium numerus in ecclesia .. augetur, ~itur inter lilia cum fideles .. in supernorum amore proficiunt BEDE *Cant.* 1115; o [Christe] pascens inter lilia J. HOWD. *Cyth.* 142. 7.

pascha [LL < πάσχα < Heb.]

1 Jewish festival of Passover. **b** paschal lamb or meal at which it is eaten.

per xij menses sancta sanctorum ingressus est: semel in sanguine agni in Pasca, secundo .. in Pentecostem, tercio in Scenophegia *Comm. Cant.* II 20; ea hora Judaei agnum occiderunt et in nocte comederunt ~a *Ib.* III 81; non xiiij[a] die, in cujus vespera agnus est immolatus et quae proprie ~a sive phase dicitur (*Lit. Ceolfridi*) BEDE *HE* V 21 p. 335; dies ~ae, id est transitus *Id. TR.* 63; ~a Domini, transitus GlC *Interp. nom.* 244; in veteri ~a, secundum preceptum legis, cum carne agni comedebant azymos panes AILR. *Serm.* 11. 14; s1192 erat quippe proximum ~a, dies festus Judeorum DEVIZES f.40. **b** in vespere post passionem manducaverunt ~a BACON *Tert.* 222.

2 (fig., w. ref. to *I Cor.* v 7) Christ as paschal lamb.

sicut agnus in pascha immolari solebat, sic ~a nostrum immolatus est Christus BEDE *Acts* 962; temperantia per quam vitia .. refrenantur in homine ut possit digne ~a Domini manducare AILR. *Serm.* 39. 13; cras verum Phase dicitur cum ~a nostrum immolabitur Christus J. FORD *Serm.* 31. 2.

3 Christian festival of Easter. **b** (~*a floridum, florum, minus*) Palm Sunday. **c** (~*a album, clausum*) Sunday after Easter, Low Sunday. **d** (gl., assoc. w. πάσχειν) passion.

in Natale Domini aut in ~a THEOD. *Pen.* I 1. 4; celebrans solemnia Paschae ALDH. *VirgP* 1577; diem ~ae dominicum ab undecima Kalendarum Aprilium usque in septima kalendarum Maiarum .. esse quaerendum BEDE *TR* 51; in die sancto Paschae [AS: *Easter tide*] *RegulC* 50, usque duas septimanas ante pasca Domini *Comp. Swith.* 177; reddendo .. j denarium ad phasca pro omni servicio *Danelaw* 385; 1252 inter Pashe et festum Nativitatis Sancti Johannis Baptiste *Cart. Dieul.* 349; 1297 citra quindenam ~i *Reg. Cant.* I 159; dum .. in nocte ante cenam ~eos .. decantarem *Offic. R. Rolle* xxxvii; 1465 in ~ate et aliis temporibus *Melrose* 574; 1559 pro .. oblationibus ante ~a *Conc. Scot.* II 174. **b** a ~a florum usque ad unum annum spero salvari ORD. VIT. VIII 17 p.377; verum tempus paschale dicitur a Dominica in Ramis palmarum usque ad octavam Pasche ita tamen ut Dominica in Ramis palmarum appelletur minus ~a quia tunc indulgebatur agnus qui sexta feria debebat immolari BELETH *RDO* 113. 118; ea nocte .. vigilia videlicet ~e floridi GIR. *IK* II 6; in hanc .. viam tria ponebantur, sc. flores, rami et vestimenta. per flores significatur lumen bonorum operum . . . unde dies ista dicitur pasca floridum T. CHOBHAM *Serm.* 11. 46vb; 1203 ante dominicam ~e floride *CurR* II 219; die Veneris ante ~a floridum *Ann. Lond.* 77; dominica postea ~e floride appropinquante BROMPTON 1126. **c** s 1181 etc. (v. 2 claudere 8e); in oppido de Kerdif sabbato primo Paschali cum pernoctasset, missaque mane, Dominica sc. que vulgo clausum ~a vocatur, jam audita GIR. *EH* I 40; usque ad dominicam que album ~a dicitur *Chr. Battle* f. 50v; 1201 a die clausi ~i *CurR* I 375; 1227 ad terminum predictum *viz.* in octabas clausi ~e anno regni nostri xij *Cl* 11. **d** ~a, passio GlC P102.

paschalicia [LL pascha + -icius], Eastertide; cf. *natalicius* 3b–c.

1201 iiij die infra ~ia *CurR* I 437.

paschalis [LL]

1 of or relating to the Jewish feastival of Passover. **b** (*agnus* ~*is*) paschal lamb.

ut accedit vel a Martio usque ad Pentecostem sive ab Aprile, hoc est xiiij Pascalis accederat *Comm. Cant.* I 248; appropinquante ~i festivitate ad .. Jerusalem .. venientem .. suscepisti *Eccl. & Synag.* 107; postera luce, que illis [sc. Judeis] anno illo ~is aderat, .. Judeorum principes .. conveniunt T. MON. *Will.* I 5. **b** ipse namque est agnus pascalis [v. l. paschalis] populoque mactandus THEOD. *Laterc.* 21; 793 cum de agno ~i tractaret ALCUIN *Ep.* 23; nec celebrabatur agni ~is sacrificium nisi in amaritudine agrestium lactucarum P. BLOIS *Ep.* 86. 267B; Christus .. agnum pascalem commedit GROS. *Cess. Leg.* I 2 p. 14; Judei agnum ~em et hedum non poterant vendere .. sed tantummodo manducare OCKHAM *Pol.* 645.

2 of or relating to Easter, paschal. **b** (w. *dies, tempus*, or sim.; also ellipt. as sb. m.) Easter day, Eastertide. **c** (~*is festivitas, festum, ~ia solemnia*; also ellipt. as sb. n. pl.) Easter festival or celebration. **d** (*cereus* ~*is* or ellipt. as sb. n.) paschal candle. **e** (*luna* ~*is*) lunation in which Easter occurs. **f** the day of lunation from which the date of Easter is reckoned. **g** (*calculus* or *computus* ~*is*) (means of) reckoning of date of Easter, paschal tables. **h** (*Carmen* ~*e*) title of poem by Sedulius.

universitatem ecclesiae, quae per totum mundum ~ibus est redempta mysteriis BEDE *TR* 64; S. Gregorius in homilia ~i, 'Quid .. sit sanguis agni' LANFR. *Corp. & Sang.* 435; de ~i observantia RIC. HEX. *Hist. Hex.* I 6; 1240 ~ia sacramenta recipiant *Ch. Sal.* 253. **b** adfuit interea tempus paschale per orbem ALCUIN *SS Ebor* 194; s893 Pascalique post anni illius elevatur exercitus ÆTHELW. IV 3; s1043 die ~i inthronizatur hæreditarius rex HERM. ARCH. 17; instabat ~is ... dominicae resurrectionis radiis illustrata GOSC. *Edith* 276; inter ~es et rogationum dies *Id. Transl. Mild.* 31; percussit .. uxorem ejus quodam gladio die .. i *MGL* I 101; 1417 tibi republicum dominicum tempore pannali stare consuetum est *Reg. Cant.* II 450. **c** tempus festis paschalibus aptum ALDH. *VirgV* 903; emensa sollemnitate ~i BEDE *HE* I 20 p. 38; cum rege et populo paschalia festa peregit ALCUIN *SS Ebor* 292; 1167 vulneravit H. in Pascalibus *Pipe* 156; in ~i .. festivitate J. HEX. *HR Cont.* 287; in ~ibus et Natali Domini et Pentecoste *Cust. Westm.* 268; 1295 in festo Pasche sequenti dominus archiepiscopus celebravit ~ia sua apud Cerring' DCCant. *Reg.Q* f. 26b. **d** quo ~is illa candela cerea emaitur BELETH *RDO* 17. 30; in cereo ~i BACON *Tert.* 206; Zozinus papa fecit benediccionem cerei ~is Francie *Ann. Exon.* 7v; 1368 item ~e de novo collatum *Invent. Norw.* 43. **e** Latini quum lunam ~em a iij non. Mart. inchoare decernunt BEDE *TR* 51. **f** 797 propter rationem ~is lunae quae .. inmutabilis permanere debet ALCUIN *Ep.* 106. **g** ~io calculi terminum tradiderunt ALDH. *Ep.* 4 p. 483; neve contra ~es computos .. aliud Pascha celebrarent BEDE *HE* II 19 p. 122; Dionisius abbas .. ~em calculum .. composuit ORD. VIT. II 18 p. 426. **h** cujus Sedulius poeta mentionem facit in ~i metrico carmine ASSER *Alf.* 1.

3 (as personal name).

domino patri ~i, summo pontifici ANSELM (*Ep.* 315) V 242; tempore .. Stephani et ~is paparum claruit ORD. VIT. V 9 p. 356.

paschaliter, in the manner of Easter celebrations.

jubet .. totum monasterium .. palliis, purpura et auro omnique ornatu ~iter splendescere GOSC. *Transl. Aug.* 37C.

pascherium v. pascuarium.   **paschuagium** v. pascuagium.

pascibilis, able to feed.

attrahitur nutrimentum ad coagulum mediante ~i virtute quod est menstruus sanguis GILB. VI 242. 2.

pascilis, that feeds from the hand (also as sb.).

a pasco hic ~is, i. animal vel avis que manu pascitur OSB. GLOUC. *Deriv.* 422.

pascitare [CL, *frequentative of* pascere]

1 to feed (trans.).

qui volucres celi ~et [ed. PL: v. l. pascit] H. BOS. *Thom.* IV 19.

2 (pass., intr., w. abl.) to feed on.

caelesti edulio ~atur BYRHT. *V. Osw.* 407 (v. edulium 1b).

pascitivus [ML < CL pascere + -itus + -ivus], alimentary, concerned with feeding. **b** (as sb. f.) ability to feed.

quoniam qui temporaliter vivunt cibo aliquo indigent, sequitur vis ~a que usque ad mortem extenditur *Quaest. Salern.* B 24; ex his .. habet [sc. fetus] virtutem retentivam et expulsivam et ~am *Ib.* Ba 44. **b** fit .. apostema ex fortitudine membri mandantis et expellentis, et debilitate ~e vel assimilitative recipientes GILB. IV 202v. 1; Johannicius .. juxta medicos primo ~am ponit et secundo nutritivam tertioque generativam *Ps.-Gros. Summa* 469.

pascuagium [CL pascuus + -agium], (payment for) right of pasturage.

s1291 aut alterius consimilis proventus eorundem nemorum et silvarum; et si non vendantur hujus modi ~a, herbagis, et similia, non solvetur decima de his. (*Bulla Papae*) B. COTTON *HA* 193; 1292 habet in manerio .. de paschuagiis x s. *Reg. Heref.* 284; 1421 libero ~io .. pro omnibus animalibus suis *Foed.* X 89.

pascualis [LL]

1 (of land) used as or suitable for grazing. **b** (w. gen. or dat.) that provides pasture, nourishment for (in quot., fig.).

704 cum campis sationalibus, ~ibus, pratis, paludibus *CS* 111; prius erat [haec terra] ~is, modo seminabilis *DB* I 80vb; silva ~is *Ib.* 298va; s1098 audierunt quod cives, pro defectu pabuli, ad locum quendam ~em equos suos consueverant destinare M. PAR. *Maj.* I 75; s1219 in terra Gersen .. que ~is est *Ib.* III 55; herbe innumerabiles, non solum ~es, verum eciam aromatice et medicinales *Eul. Hist.* II 72. **h** vita pastoris doctrina est ~is ovibus i.e. dum vita pastoria doctrina ~io est ovis et rigor punientis pax est popularis GERV. TILB. I 881.

2 (of animal) that grazes, fed on pasture.

pro corpore bovis ~is solidum j *Dial. Scac.* I vii A; s1252 plusquam lx boves ~es j ferculum .. perfecerunt M. PAR. *Maj.* 269; s1256 pratum .. in quo pascebantur boves ~es pingues *Ib.* V 577; datis .. c bobus ~ibus G. S. *Alb.* I 78.

3 (of person) employed in pasturing, who supervises grazing animals.

accedat jam ~is filius Ysai David qui eripiat agnum de manibus ursi et molas leonum confringat *Regim. Princ.* 153.

pascuarium [LL = tax on grazing], ~ia

1 pasture, grazing land.

791 (14c) cum .. campis, silvis, ~iis, aucupiis *CS* 262; 1208 terram que est extra valdam et etiam communionem pascuarii [=ed. 1885–93 II 316: pascuarum] *Cart. Glam.* II 316.

2 pasturage, fodder, cut grass.

1167 pro semine frumenti ad eamdem terram seminand', xxxiij s. et iiij d.; et pro ordeo, et avena, et pisis, et p'caria carr', xlij s. et iiij d. *Pipe* 38; 1524 concesserunt .. duas partes garbarum decimalium omnium bladorum, avenaceorum, ordeaceorum, piscareorum, selateorum, et sigulaceorum *Cart. Cockersand* 1164.

3 (right to) fee for using pasture.

1156 pacherium porcorum (v. espletum); 1199 concedimus .. villam Bemuaci cum casamentis militum et pascherium ejusdem ville *RChart* 9a; 1285 cum .. esset in possessione recipiendi pascharium et herbagium .. nemorum etc. *RGasc* II 285b.

pascuatio [CL pascua + -tio], pasture, pasturage.

1153 Rannulfus dedit .. decimam dominii sui, decimam mellis in bosco et in pascationibus, et decimam molendini sui et pomorum pomerii sui *Act. Hen. II* I 54; 1553 necnon totam illam piscacionem nostram in Baston .. totam illam pascacionem nostram in Baston predict' vocat' Westcote .. pro predicta piscaria .. pro predicta pascum *Pat* 858 m. 34.

pascuositas [LL pascuosus + -tas], suitability as pasture.

pascue, -arum, unde .. ~as OSB. GLOUC. *Deriv.* 421.

pascuosus [LL]

1 rich in pasture.

pascue .. unde ~us, -a, -um OSB. GLOUC. *Deriv.* 421; regio .. frugifera, ~a, agnosa *Eul. Hist.* II 32; rura .. ~a .. armentorum herbagiis BOWER II 8.

2 (transf., of person) who grazes, browses, feeds (in quot., on learning).

672 Hiberniae rus .. vernans .. ~a numerositate lectorum .. ornetur ALDH. *Ep.* 5 p. 492.

pascuum v. pascere, pascuus.

pascuus [CL]

1 used as or suitable for pasture.

944 cum appendiciiis, silvis, et campis paschuis atque pratis magnis *CS* 800; agris passim utuntur ~is GIR. *TH* III 10 p. 151; **1373** exceptis una placia terre vocata H. et pratis ~is et pastur' pro instaur' *Hal. Durh.* 120.

2 (as sb. f. or n.) pasture, grazing land; **b** (dist. from *pratum* or *pastura*). **c** right to graze, right of pasturage. **d** payment for right to graze.

'pasce oves meas' ne luporum inpetus conturbati ~ua †predant [l. perdant] placita mea THEOD. *Laterc.* 14; **724** haec sunt ~a porcorum *CS* 141; **762** de ~is porcorum xij gregum .. circa porcorum ~a in silba *Text. Roff.* 123v; homines de N. detinent per vim xvj solidos de consuetudinibus ~arum quae sunt in Scapewic *DB* I 376vb; **c1168** communitatem etiam in paschuis de Fif pecoribus hospitalis *Regesta Scot.* 28 p. 137; ~is .. quam frugibus .. fecundior est insula GIR. *TH* I 5; **1215** oves .. extra loca ~e devagantur errabunde *R. Chart* 208a; **1222** porcos ad ~am mittere *RL* I 192; bidentes .. inconsuetas ~as contemnentes moriebantur *Meaux* III 182; ~a, A. *a ffedyngstede WW*. **b** **688** cum omnibus ad se pertinentibus campis, silvis, pratis, ~is *CS* 72; ij agros prati et xij agros ~ae *Dom. Exon.* 85b; **1153** cum pratis et ~is communibus *Ch. Chester* 108; **1253** in campis et silvis, in pratis et in pasuiis *CalCh* I 425; **1330** prata, ~as, pasturas *PQW* 611a; differunt ~a et pastura. .. ~a est locus principaliter deputatus pecoribus pascendis, ut puta in montibus, moris, mariscis, et planis non cultis nec aratis LYNDW. 195e; prata, ~as, pasturas *Entries* 227b. **c** **845** animalibus illius cum armentis regis ~am donabo *CS* 449; **1160** dono .. eidem sancto et monachis ejus ~a ad eorum pecora in plano et bosco *Act. Hen. II* I 246. **d** **816** liberam .. terram .. ab omnibus .. servitutibus .. praeter .. his tribus causis .. atque a ~a regis *CS* 357; **855** illam terram .. liberabo a pascua porcorum re[g]is quod nominamus *fearnlespe CS* 487; **1200** tam in decimis molendini .. tam in feno et decimis pascuum *CurR* I 352.

3 (transf. & fig.); **b** (of eternal life or paradise); **c** (w. ref. to reading of Scripture); **d** (w. ref. to *Psalm.* xxii 2).

fastidivit salutifera ~a, languet defectu virium ANSELM (*Or.* 9) III 31; ex fertili cordis ~a J. FORD *Serm.* 51. 10; et [Dominus] edos a pascuo vite fugabit J. HOWD. *Cant.* 138 (cf. ib. 159: in viraci pascuo); cepit .. monasterium, abstractis possessionibus, deficere, ablataque ~a, grex defluere ELMH. *Cant.* 220. **b** agnum virginea .. / stipat in aethereo caelorum culmine turma / et grex cum pastore pio gratabitur albus / .. / pascua nec norunt crudelis damna latronis ALDH. *VirgV* 1671; ad superna transvolare et caelestis vitae ~a merearis intrare BEDE *Prov.* 960; ovibus Christi studiosus alendis / .. / duxit ad aeterni devotus pascua regni ALCUIN *SS Ebor* 1029; perveniatis ad ~a aeterne felicitatis AILR. *Serm.* 6. 35. **c** plebs .. apertis divinorum apicum paginis ~a veritatis invenire .. non valet BEDE *Hab.* 1252; in his ~is sacre pagine M. RIEVAULX (*Ep.*) 58; **1238** qui gregem dominicum in agro scripture .. velit .. pascere. de qua ~a grex vivificetur .. et .. ad veritatis circumspectionem illuminetur GROS. *Ep.* 60 p. 183. **d** Christi clementiam deprecati sunt ut illum regeret et in loco ~ae collocaret BYRHT. *V. Osw.* 466; **s991** in loco uberioris ~ae sine securitate ovibus collocatis *Chr. Rams.* 92.

pashe v. pascha. **pasmacta** v. paxamatium.

pasmatus [OF *pasmer* < *p. ppl. of* LL spasmare], one who has suffered a fit.

defectu cordis qui vulgariter dicitur spasmatio ..; ~i .. leviter sanabantur si ad nasum eorum fimum fetidissimum vel equorum stercora ponerentur P. BLOIS *Ep. Sup.* 31. 9.

pasnagator v. pannagator. **pasnagium** v. pannagium.

pasnaticum [cf. pastionare+-aticus], pannage, payment for right to feed pigs or other animals in woodland.

1159 decimam ~i ejusdem nemoris HADRIAN *IV* 246.

paspucellum, a kind of pear.

1293 v^{c} paspucell', precium cent' ij s. *KR Ac* 353/3 m. 14.

passagiarius [ML; OF *passagier* < passaticus+-arius]

1 (of boat) for passengers, passenger-. **b** (as sb.) passenger-boat, ship that carries travellers.

1295 circa preparacionem navium passagiar' contra passagium cardinalium *Prests* 108; **1315** in reparacione batelli passagar' de Aberdeny de com' de Meryonyth' *Pipe* 160 r. 55*d*.; **1326** omnes naves passagar' quas habere poteritis .. usque portum nostrum Dovorr' venire faciatis pro dictis hominibus ad arma exinde usque in Flandr' .. vehendis *Cl* 657. **b** in duobus passageriis et uno *farecost* pro .. de Dovorr' versus .. Cales conductis .. pro quolibet passagerio lxxiij s. iiij d. et pro predicto *farecost* xlvj s. viij d. (*KR Ac*) *EHR* XXI 736.

2 (as sb. m.) one who operates a passenger-boat, ferryman.

1287 si monachus .. batellum dieti ~ii ibi presentem invenerit et ~ius vel sui noluerint ipsum .. transducere, tunc ipse alium sibi batellum conducat THORNE 1947; **1294** de v ~iis portus qui debent sumptibus propriis in batello regis facere passagium pro una carucata et duabus bovatis terre quas tenent *Tribal System app.* 4; **1440** solute ~iis de Bute et de Cowale de tribus annis hujus compoti .. iij bolle ordei *Exch. Scot.* 87.

passagiatrix, for passengers, passenger- (f.) (*navis ~ix*) passenger-boat.

c1250 naves ~ices, quando applicant apud Sandwycum, quilibet homo ij d., nisi sit de franchisa *DC Cant. Reg. H.* f. 162b (=*MonA* I 143a, *EEC* 159.

passagior [OF *passageor*], passenger, traveller.

1301 passaiores et nautas *Cal. Mayor's CourtR Lond.* 119.

passagire, to transport (passengers) across water.

c1303 naves ~ientes *EEC* 159.

passagium [ML; cf. ME, OF *passage* < *passaticum < 2 passare, passus]

1 pass, passage: **a** (on land) way, path, pass. **b** (*commune ~ium*) right of way, path open to all. **c** (on water) fairway, navigable channel, leat.

a1261 districta ~ia (v. 2 distringere 2b); **1502** vie sive ~ia illa se extendunt et ducunt ultra desuper predictas cc acras pasture *Entries* 69b; **1558** ~io tendente a via regia, venella fratrum nuncupata *Scot. Grey Friars* II 111. **b** **1364** quedam alta via que vocatur Snakesbuskegates est inter fossata predicta et est commune ~ium in villa predicta et extra (*CoramR*) *Pub. Works* II 93; **1378** cum commune ~ium et cariagium sit in vico *Mem. York* I 27; **1399** semitam et ~ium commune *Pat* 352 m. 9*d*. **c** **s1164** concessi .. unam acram prati ubi incipiunt primo vertere fossam versus molendinum suum .. et .. omnes percapturas quas fratres inceperunt versus me in faciendo ~ium suum *Ambrosden* I 166; **1362** habet terras suas adjacentes super aquam de Ouse, ad quas quidem terras clamat aquam usque ad filum ejusdem aque, salvo ibidem sufficiente ~io pro navibus (*Coram R*) *Pub. Works* II 290.

2 place of passage across river, ferry. **b** (in place name, in quots., of Queensferry); **c** (right or duty to operate) ferry-service.

ibi .. piscina et ~ium aquae (*Derbys*) *DB* I 273ra; **1178** concessi batellum ~ii mei Munros cum terra ad predictum batellum pertinente *Reg. Aberbr.* I 5; **1232** mandatum ut P de R. quod .. faciat habere R. capellano de W. ij quercus ad quondam batellum faciendum ad ~ium subtus Wilton' *Cl* 174; **1276** regiam viam ducentem versus ~ium de Wyltone *Reg. Heref.* 76; **1306** ~ium de S. presto habeatur omnibus et singulis burgensibus .. sine naulo conferendo preter communem collectam garbarum quam custos dicti ~ii faciet .. tempore messionis (*Swansea*) *BBC* 268; **1334** Barton' .. est eciam ibidem quoddam ~ium ultra Humbr' cum tolnetis del *haven* que vocantur *haventol* que valent per annum x li. *IPM* 40/5 m. 7; **1353** ad custodiendum .. ~ium nostrum apud aquam de Redyngg *Lit. Cant.* II 318; **c1394** quoddam ~ium est ultra aquam de Ayre .. cum quodam batello vocato *barge* ad cariandum diversos homines et equos (*AncIndict*) *Pub. Works.* II 308; **1483** sol' pro construccione medietatis cimbe communis ~ii apud B. cij s. iiij d. *Ac. Durh.* 648; a **1511** per omnes vias omniaque ~ia que ducunt ad eundem portum *Ch. Edinburgh* 200. **b** **1189** ~ii S. Margarete regine *Reg. Dunferm.* 239; **1329** computat in solucione facta batellariis ~ii domine regine, ex certo debito episcopi Sancti Andree .. de uno termino *ExchScot* 217; **1489** fratribus Carmalitis de ~io Sancte Margarete regine .. percipientibus annuatim vj martas *Ib.* 96. **c** **1307** sunt in eadem villa v molendina aquatica .. . et dicunt quod passagium aque ejusdem ville valet per annum iiij li. *IPM* 127/33; **1326** sustinebit ~ium ad insulam .. et de insula tam de averiis quam de omnibus aliis cariandis pro stipendio consueto *BB St. Davids* 62; **1388** ~ium ibidem cum ij batellis valet per annum vj li. xiij s. iiij d. *IMisc* 240/11; **1391** soluti domino J. de C. capellano, habenti pro salario suo ~ium aque de Forth juxta Strivelyn *ExchScot* 258; **1430** pro j tenemento et ~io batelle de Norham, per annum, vj d. *Feod. Durh.* 83; **1444** allocate eidem pro feodo ~iorum inter Bute et Cowale de dictis quattuor terminis, ij bolle ordei *Ib.* 167.

3 right to pass through or across.

1428 proviso .. quod predictus R. .. et assignati sui, habeant ~ium subtus pontem .. cum parva batella pro piscacione *Rec. Leic.* II 238; **1440** mittimus .. Ricardum Chester .. versus sedem apostolicam, quem valde desideramus securum salvumque eundo et redeundo ~ium habiturum BEKYNTON I 136; **1511** cum communi et libero ~io eundo ad .. portum .. et redeundo ab eodem *Ch. Edinburgh* 200; **1555** cum libero ~io, introitu, et exitu *Melrose* 605.

4 duty on passage (of people or goods), passage-fee. **b** right to collect passage-fee; **c** (w. ref. to funeral offerings).

1111 concedo quod omnes res predictorum monachorum et homines sui proprii de domo sua sint quieti ab omni theloneo, consuetudine, et passuagio per totam Angliam *Cart. Colne* f. 1v; **a1136** proprius victus et vestitus .. monachorum .. et quicquid homines sui poterunt affidare esse ad proprium usum ipsorum sit quietum ab omni theloneo et consuetudine et ~io *Chr. Rams.* 283; concessit ut omne dominium ejus a ~io liberum esset in illo loco ORD. VIT. V 20 p. 470; **1276** apropriavit sibi potestate propria tollonium et ~ium transeuncium pontem qui vocatur Donnebruge *Hund.* I 61b; concedimus quod .. burgenses .. per totum regnum et potestatem nostram de thelonio, pontagio, ~io .. et omnibus mercandisis suis .. prestandis imperpetuum sint quieti *RScot* 428b; **15..** per hoc verbum ~ium clamant quod ipsi sint quieti de omnibus ~iis pro aliquibus mercandisis et aliis rebus suis per ipsos emptis seu venditis in aliquibus nundinis *Gild Merch.* II 413. **b** **a1000** volo ut G. Dunelmensis .. in pace teneat terras et consuetudines et homines et ~ios et omnes res quas modo de me tenet *Regesta* I 137; **1157** concessi .. unam feriam per annum ad festum Sancti Michaelis cum ~io, que tribus diebus ante festum incipiat et post festum tribus diebus duret *Act. Hen. II* I 137; **1224** injuste ei deforciat medietatem ~ii de pagula, que ad eum pertinet racione liberi tenementi *CurR* XI 556. **c** **1350** passag' pro quodam corpore *DC Exon Obit. Ac.*

5 transportation: **a** (of people); **b** (of goods).

a **1195** in ~io Walensium apud Fiscanum ix li. *RScacNorm* I 138; **s1228** obligavit .. se imperator .. quinquaginta galeas ducendas ultra mare .. etc. quod insuper duobus milibus militum ~ium certis terminis largiretur (*Lit. Papae*) M. PAR. *Maj.* III 148; **1260** W. .. qui in brevi venturus est ad partes illas [i. e. Dover] pro ~io militum transfretaturorum in Franciam acquietando *Cl* 42; **1303** pro ~io eorundem [garcionum] ultra aquam de Forth ad passagium comitis vj s. viij d. *KR Ac* 363/18 f. 14*d*.; **1310** de parte decime per papam imposite clero Anglie et Hibernie solvenda regi, et pro ~io et vadiis militum proficiscentium ex Hibernia contra Scotos pendenda *RScot* 866; **1365** pons qui .. debet .. manuteneri pro ~io gencium (*CoramR*) *Pub. Works* II 94. **b** **1338** proviso quod alique naves que pro lanarum .. versus partes transmarinas ordinate existunt *RScot* 544a; **1346** quod ipsi talem custodiam super ~io lanarum ibidem facient quod

lane alique in Anglia crescentes in eodem portu non transient *Ib.* 668b.

6 crossing of water, passage: **a** (of river); **b** (of sea). **c** duty to cross sea in king's service.

a **1282** quidam trans flumen Tamisie .. homines et tenentes nostros .. super ~io injuriose .. gravant .. PECKHAM *Ep.* 226. **b** **1242** eas regi mittant ad primum ~ium [sc. in Wasconiam] circa festum omnium sanctorum *RGasc* I 21a; **1259** mandatum est vicecomiti Kanc' quod contra ~ium regis provideat de pontibus et cleis ita quod pontes illi et cleie prompti sint et parati apud Dovor' *Cl* 454; **1265** permittat .. W. de C. .. quem prior .. mittit ad Terram Sanctam .. per portum Dovor' .. transfretare et .. festinum ~ium .. habere *Ib.* 31; **1338** de victualibus pro ~io nostro versus partes transmarinas *RScot* 540a; s**1340** navibus quas .. paratas habuit pro ~io suo in Flandriam AVESB. f. 89; s**1297** exercitus quem post se in Vasconia reliquerat, cum per unum strictum ~ium transire deberet, exploratorem qui exercitum procederet emisit *Meaux* II 265. **c** **1203** summonitus fuit transfretandi in servicium domini regis ita quod finem fecit pro ~io suo *CurR* II 259; **1203** marcas argenti quas pacavit pro ejus defectu domino regi de fine suo quem fecit pro ~io suo *Ib.* 290.

7 expedition, journey; **b** (w. ref. to crusade, also spec. *~ium Terre Sancte*, *~ium Sancte Crucis*, or sim.). **c** (*generale ~ium*) general crusade.

s**1352** in magno illo ~io quod factum est in Francia CAPGR. *Hen.* 162. **b** s**1218** venerunt ad ~ium Sancte Crucis quod tunc instabat de diversis mundi partibus peregrini multi WEND. II 235; s**1228** ad suum stipendium pro subsidio Terre Sancte, centum milia unciarum auri, in quinque .. iis tunc proximo futuris, illuc destinaret M. PAR. *Maj.* III 148; s**1229** venit Acon .. cum autem ~ium instaret *Ib.* 181; **1294** nimis sollicitat festinare ~ium Terre Sancte et .. in propria persona proponit ipse transfretare *Reg. Carl.* I 31; s**1340** ~ium nostrum festinum versus Terram Sanctam ad eripiendam eam de manibus inimicorum Christi .. speramus fieri posse W. GUISB. *Cont.* 339; s**1340** regnum nostrum Anglie invadens hostiliter cum navigio quod sub colore sancti ~ii transmarini parare se finxerat (*Lit. Regis*) *Ib.* 352; **1416** lego cuidam militi assignato per discrecionem executorum meorum pro passegio versus Sanctam Terram, si aliquod fuerit sive speciale sive generale, c li. *Reg. Cant.* II 124; s**1285** viagium sive ~ium Sancte Terre hac vice impeditum fuit *Plusc.* VII 32. **c** **1269** A. quod est ultra mare Grecorum in generali ~io Cristianorum in Terram Sanctam versus B. .. *CBaron* 82; **1279** si vobis placuerit quod v m' marcarum .. usque ad generale ~ium mutuentur PECKHAM *Ep.* 15 p. 20; **1331** ad tractandum .. super generali ~io *Foed.* IV 502.

8 passage (of time), course (in quots., *in ~io* w. gen.) in the course of.

s **1228** juravit quod inde ad biennium, id est in ~io Augusti nunc proximo transacto .. transfretaret M. PAR. *Maj.* III 148; proponit .. papa mittere Fratres Minores electos in instanti ~io veris ad gentes que destruxerunt .. Terram Sanctam AD. MARSH *Ep.* 213.

passaportus [OF *passeporte*], authorization to travel through a country, freedom of passage.

1507 effeci ut R. B. ~um obtinuerit (*Ep. Polydori*) *L.&P. Ric. III–Hen. VII* II 169 **1670** muniti .. salvi conductus vulgo ~us et certificationum literis *SP* (*Treaties*) 108/35/2.

passare [ML; cf. CL passus]

1 to cause to pass across (water), to ferry.

a**1190** passarius .. habet ij sum' frumenti et ij caseos pro ~are abbatem si venerit *Chr. Abingd.* II 242; **1208** ad ~andum gentem nostram in Hiberniam *Pat* I 79a; **1286** ~antibus familiam domini regis et equos suos de Dovorr' usque Whitsaund *Rec. Wardr.* 443; **1288** in j ponte faciendo de novo .. pro carectis et bestiis ~andis *MinAc* 991/22; **1332** magistro navis .. ~anti familiam domine Alianore .. de Dovorra usque Lescluses in Flandria .. ~anti xxvij equos cum chariotis *Arch.* LXXVII 126; **1341** marinariis ~antibus .. filias regis .. ultra aquam Thamisie (v. 2 deductus 2b); **1367** marinariis de Bedewynde ~antibus regem, reginam, et familiam eorundem ultra aquam Thamis' *KR Ac* 396/2 f. 33; **1474** alia .. omnia contenta ~ata .. declarata et expassata *RScot* 450a.

2 (intr.) to pass, go past.

1348 ponunt rethia sua ex transverso aque ibidem quod naves ~antes sunt in .. periculo (*AncIndict*) *Pub. Works* II 256; **1492** quod naves, naute, mercatores, et alii .. per terram, mare, et aquas dulces euntes, conversantes, navigantes navigium, †passari [? l. passantes] et permanentes, tractentur et recipiantur prout melius tractari et recipi consueverunt *RScot* 503b.

3 to move about.

1306 animalia ~antia seu cubantia *Melrose* 352.

passarius, ferryman.

a**1190** ~ius .. habet ij sum' frumenti (v. 2 passare 1).

passator, ferryman; **b** (passing into surname).

1202 ~ores aque apud Barton levaverunt novas consuetudines ita quod capiunt iij d. de equo pro quo non solebant capere nisi j obolum *AssizeR Lincs* 145; **1276** passiatores de pagul' capiunt ultra modum injustum passagium *Hund.* I 133; **1306** in dono dato ~ori de Smorholm ex consuetudine, j quadr. *MinAc* 1079/17 rot. 8*d.*; **1307** in vadiis ~oris, qui vocatur *botman*, custodientis bargias et batellos *KR Ac* 260/19 m. 9; **1340** J. de R. et sociis suis ~oribus passantibus equos et carectas regis .. ultra aquam de Mase *TR Bk* 203 p. 178. **b** **1186** Petrus ~or debet dim. m. *Pipe* 51.

passcer v. passer. **passegium** v. passagium.

passengera [ME *passenger*], boat that carries travellers, ferry.

1404 invenerunt unam bardisam de Londoniis .. et unam ~am .. istis sibi adjunctis, ceperunt Hermannum .. et .. proposuerunt eum deducere cum navi sua ad Callesiam *Lit. Cant.* III 78; **1606** pro aliquibus navibus, craier', vasibus, linter', passinger' vocatis *passingers Pat* 1700/1.

passer [CL]

1 sparrow; **b** (spec. by kind).

~eres titiant ALDH. *PR* 131; cum .. adveniens unus ~erum domum pervolaverit BEDE *HE* II 13 p. 112; in ~eribus .. videmus quod ab ipso fere nido coitum appetunt propter nimium calorem *Quaest. Salern.* B 292; ~er avis est libidinosa, unde et a patiendo nomen sortita est NECKAM *NR* I 60; Cirecestria vocabatur civitas ~erum eo quod per quendam Africanum .. destruxit .. civitatem per passceres cum *wyldfyre* ad eorum caudas ligatas W. WORC. *Itin.* 286; hic pascer, A. *a sparow WW*. **b** sunt tres species ~erum quidam enim sunt domestici, quidam montani, quidam arundineta inhabitant NECKAM *NR* I 60; ~erum .. tria .. genera esse constat. .. ~er torquatus .. ~er magnus .. tertius ~er Aristoteli incognitus est ~er troglodites TURNER *Av.* Gvi v.

2 **a** (w. ref. to *Lev.* xiv 1–7); **b** (w. ref. to *Psalm.* cxxiii 7); **c** (w. ref. to *Psalm.* ci 8); **d** (transf. & fig.).

a ~er oblatus pro expiatione lepre vivus avolat in aera AD. DORE *Pictor* 163. **b** [Christus] qui rethe protensum ut passer evadit J. HOWD. *Cont.* 9. **c** anachorita comparatur sic ~eri quia ~er est avis garula [ME: *sperruwe*] *AncrR* 49. **d** **799** ut per eum solitarius ~er sciret in tecto, quae esset convenientia inter leonem et aquilam ALCUIN *Ep.* 181.

3 (bot., *lingua ~eris*) knotgrass (*Polygonum aviculare*).

lingua ~eris *MS BL Sloane 964* f. 72v, *Alph.* 104 (v. lingua 5j).

passerculus [CL], little sparrow.

troglodites est ~us minimus TURNER *Av.* G vii.

passere v. pascere.

passerella, cowslip (*Primula veris*).

paralisis herba, ~a, vel passerina turdella .. G. *maierole*, A. *cousloppe Alph.* 134.

passerettus, passenger-, (*navis ~a*) ship that carries passengers.

1223 naves ~as et *sornez* de terra Normannie .. in portu nostro arestatas *Cl* I 570a; **1225** permittant .. quoslibet alios in navibus ~is solito more a Dovre usque Witsand transfretare *Ib.* II 91a.

passeria [OF *passiere*; *also assoc. w.* OF *pescherie* < piscaria], (mill-)dam, sluice, weir (Gasc.).

1279 faciatis fieri .. in flumine Dordonie .. unam nassam seu paxeriam piscatoriam ad opus nostri *RGasc* II 89b; **1283** concessimus ei pazeriam de M. .. habendam et custodiendam *Ib.* 176a; **1290** duas lampredas vivas .. de exitibus ~ie nostre de L. .. dum ipsa ~ia duraverit in eadem villa per manus illorum qui dictam ~iam pro tempore tenebunt sive ad firmam sive in commenda *Ib.* 541b; **1309** cum .. quandam paxeriam et quedam alia bona .. teneat *Ib.* IV 277.

passerinus [CL=*of or for a sparrow*]

1 (*lingua ~a*) sparrow's tongue, knotgrass (*Poligonum aviculare*).

lingua ~a *SB* 15 (v. lingua 5j).

2 (as sb. f.) cowslip (*Primula veris*).

passerella vel ~a .. A. *cousloppe Alph.* 134.

passerulus [ML < CL passer+-ulus], little sparrow.

quamvis talis ~us habeat corpus parvum, vix potest asinus se defendere contra passeris impetum atque morsum UPTON 151.

passevelutum [Fr. *passevelours*], cock's comb (*Celosia cristata*).

amaranthus .. Gallis est ~um TURNER *Herb.* A2v (v. 1 flos 1b).

passiator v. passator.

passibilis [LL]

1 that can feel, suffer, experience change or death; **b** (of person as mortal being); **c** (w. ref. to the damned), **d** (of human soul); **e** (w. ref. to Christ as man). **f** (w. gen.) susceptible to.

quorum indicium est solo visu sapientis in membris †pausibilibus [l. passibilis] verum est quod auditu et tactu habetur certa cognitio hominis M. SCOT *Phys.* 23; in mulieribus quod cor earum est debile et ~e GILB. II 109v 1; caro ipsius .. solida et sicca et dura ut sit difficile ~is *Ps.*-RIC. *Anat.* 22; Aristoteles vult in primo celi et mundi quod natura celi sit incorruptibilis nec sit alterabilis nec ~is BACON *Maj.* II 447; corpus est ~e secundum omnes suas partes T. SUTTON *Gen. & Corrupt.* 95; quatuor elementa .. in hoc statu miserie corpus humanum componencia, reddunt .. corpus obscurum, ~e, tardum, et rude *Spec. Incl.* 4. 2; *sufferabylle*, ~is *CathA.* **b** Helias .. erat .. ~is ut nos et mentis fragilitate et carnis. .. quia mente .. ~is fuerit ostendit cum unius mulierculae minis exterritus per deserta diffugit BEDE *Ep. Cath.* 40; te quippe Thomam vidimus hominem nostri similem ~em H. BOS. *Thom.* I 2 p. 161; tales .. decet esse pontifices qui norunt esse compassibiles eo quod sint et ipsi ~es BALD. CANT. *Serm.* 5. 3. 531. **c** ita erunt dampnati ibi incorruptibiles et tamen ~es T. CHOBHAM *Praed.* 112. **d** an anima sit immortalis et incorporea et localis et ~is BALSH. *AD rec. 2* 167; utrum anima Adae secundum omnem partitionem sui fuit ~is HALES *Qu.* 224; non debet ipsa [sc. anima] dici mortalis, immo commutabilis et ~is J. BLUND *An.* 324. **e** contristabatur [sc. Christus] ut verum se esse hominem in anima et corpore ac veraciter ~em demonstraret BEDE *Retr.* 1002; non irrationabiliter dici potest, tam duos terrenos status quam tertium celestem, in Domino nostro adhuc ~i operatos PULL. *Sent.* 795C; c**1223** Christus .. secundum humanitatem factus est ~is et mortalis *Ch. Sal.* 131; s**1237** unius Domini nostri Jesu Christi, prius in assumpta propter nos carne ~is (*Lit. Papae*) M. PAR. *Maj.* III 468; a**1290** utrum .. corpus Christi fuit ~e post resurreccionem *Quaest. Ox.* 114; Christus per suam humanitatem fuit visibilis et ~is et per suam divinitatem fuit invisibilis et impassibilis (PURVEY) *Ziz.* 384. **f** hominum .. natura propter peccatum primi parentis jam innumerabilium incommodorum facta est ~is ANSELM (*Casus Diab.* 21) I 268.

2 (phil., w. *qualitas*, w. ref. to Arist. *Cat.* 9^a28–10^a28) affective, produced by or causing sensation.

affectiones .. sunt passiones vel ~es qualitates illate a lucris vel dampnis temporalibus habitis T. CHOBHAM *Praed.* 131; colores sunt qualitates secunde ex primis generate, ut dicitur in Predicamentis. dicuntur enim ~es qualitates, non quia generent passionem, sed quia ex passionibus generantur GROS. 33; non .. imponitur ~i qualitati secundum aptitudinem cujus ex collisione fit sonus in aere, quia secundum diversas aptitudines diversarum ~ium qualitatum fiunt diversi modi soni in aere J. BLUND *An.* 153; invenerunt .. causam [sc. ortus et occasus rerum corporalium] esse in qualitatibus activis et passivis, nec in omni specie qualitatis sed in

specie tertia que est passio et ~is qualitas KILWARDBY *OS* 18; quedam figura est qualitas, nulla ~is qualitas est figura, ergo quedam qualitas non est ~is qualitas BACON XV 300.

passibilitas [LL], capacity to feel, suffer, experience change or death; **b** (of human nature or sim.); **c** (w. ref. to the damned); **d** (w. ref. to Christ).

figura capitis est rotunda propter ~atis [TREVISA: *greves*] et lesionis amotionem BART. ANGL. V 2 p. 120; siccitas deaptat et ~ati contradicit et inobedientiam prestat cum sit fortior passivarum GILB. I 6v. 2; propter ~atem vesice et sensibilitatem *Ib.* I 74. 2. **b** hominum .. natura .. facta est passibilis. ex qua ~ate gratia nobis operatur incorruptibilitatem ANSELM (*Casus Diab.* 21) I 268; hinc sensus nostri ad malum proni; hinc et nos legibus ~atis obnoxii et debito mortis astricti BALD. CANT. *Commend. Fid. pref.*; videtur mihi asina hec nature humane gravedinem et ~atem significare J. FORD *Serm. app.* 3; queritur utrum ~as que fuit in statu peccati fuit eadem que fuit in statu innocentie HALES *Qu.* 234. **c** contra ~atem dampnatorum ex frigido et calido erit in glorificatis impassibilitas FISHACRE *Serm.* 2. 141. **d** non ~as divinae substantiae apud quam non est transmutatio BEDE *Sam.* 601B; nostram .. famem atque fatigationem, .. nostram suscepit ~atem, ut multis afflictionibus tortus, multis nos exoneraret peccatis PULL. *Sent.* 794B; Christus .. sub nostre mortalitatis cinere in clibano crucis tortus et coctus est sed reversatus est iste panis .. per gloriam resurrectionis per quam a carne sua cinerem ~atis excussit P. BLOIS *Ep. Sup.* 16. 23; cujus est passio, ejus est ~as; ergo tam passio quam ~as fuit in anima Christi HALES *Qu.* 240; s**1237** Christi prius in assumpta propter nos carne passibilis, post .. ab omni ~ate prorsus immunis (*Lit. Papae*) M. PAR. *Maj.* III 468.

passibiliter, so as to be able to experience.

si Deus cognosceret singularia .. [sc. mutabilia] .. sicut homo, alterabiliter et ~iter BRADW. *CD* 7D.

passiens v. pati.

passim [CL]

1 step by step, in step.

tandem dux Burgundie cepit ~im prosilire ultra crepidinem arentis alvei versus ducem nostrum *G. Hen.* V 25; s**1263** domina regem primum in manu dextra ducebat ~im uniformiter secum, aliis vero pedetentim per ordinem sequentibus *Plusc.* VII 24; ~im, A. *fro pas to pas WW*.

2 dispersedly, here and there.

~im, *styccimelum GlC* P 187; discursim adv., i. ~im, sparsim OSB. GLOUC. *Deriv.* 92; rogatus a vobis epistolas quas ~im et variis direxi personis colligere P. BLOIS *Ep.* 1. 1A; cum ubique magnam conspexisset vastitatis solitudinem, .. aiunt .. dixisse: ecquid in orbe terrarum sic ~im haberent regna? FERR. *Kinloss* 14.

3 in every part, everywhere. **b** in every direction. **c** from every direction.

basilicas sanctorum martyrum fundant .. et velut victricia signa ~im propalant GILDAS *EB* 12; munera sacra salutis / .. quadratum quae nunc sparguntur in orbem, / dum populi passim baptismi dona capessunt ALDH. *VirgV* 413; ~im sacerdotes inter altaria trucidabantur BEDE *HE* I 15 p. 32; **10**.. ~im, *welhwær WW*; ~im, *wide WW*; intestina videres dependentia, cesa capita, et trunca corpora ~im oppetentia ORD. VIT. IX 9 p. 527; quaquaversum, ~im, ubique OSB. GLOUC. *Deriv.* 492; propter clientum suorum et testium eorum tot perjuria tam ~im et tam irreverenter exibita GIR. *SD* 112. **b** vagabundis meatibus ~im dispergentur ALDH. *VirgP* 52; curritur ad praedam passim ALCUIN *SS Ebor* 553; codices .. ~im per orbem diffusi non sunt ORD. VIT. III 15 p. 161. **c** pauperes ~im venientes .. reficere spernunt BEDE *Ep. Cath.* 36.

4 at random, indiscriminately.

multi .. ~im de hac vita raperentur BEDE *HE* IV 14 p. 233; ecclesia non omnes ~im recipit, sed prius probat S. LANGTON *Ruth* 93; in regno Francie viri et femine ~im dividunt hereditates paternas et in regno Anglie neque masculi inter se dividunt hereditates FORTESCUE *NLN* II 4.

passingera v. passengera.

passio [CL]

1 (also *~o animi*) emotion; **b** (of sinful or destructive passion).

tres partes sunt animae ex quibus omnes ~ones veniunt: irascibile, concupiscibile, rationabile *Comm. Cant.* III 76; geniales .. affectionum suarum .. ~ones *Chr. Rams.* 124; quem stimuli affectuum pungunt, dissimulare non potest quin moveatur ad formam ~onis J. SAL. *Pol.* 477A; interiorem animi ~onem signis exterioribus, urgente pudore .. est protestata GIR. *IK* I 11 p. 88; si quilibet exerceat regimen completum sanitatis .. quod consistit in his que sunt cibus, potus, somnus, vigilia, motus, quies, evacuatis, constrictis, aer, ~o animi BACON *NM* 150. **b** exstirpatis vitiorum fomitibus et erutis ~onum radicibus fructiferos virtutum surculos pastinare .. possimus ALDH. *VirgP* 16; quid agit mors in homine? omnia vitia, omnes malas ~iones exstinguit AILR. *Serm.* 18. 15. 301; prima [sc. species cogitationum] est et ceteris periculosior .. que carnali concupiscentia aut spirituali aliqua ~one, utpote superbie, ambitionis, invidie sive iracundie, mentem nostram maculare aggreditur J. FORD *Serm.* 87. 8; castigatis ~onum immoderantiis AD. MARSH *Ep.* 49; superbia, ira, et invidia, nec non alie animae ~ones OCKHAM *Dial.* 398; **1508** Johnson .. in quodam furore et ~one perdidit totale prandium suum *Reg. Merton* 365.

2 (act or condition of) enduring, suffering, pain; **b** (of Christ). **c** pain or distress caused by illness, disease, fit, ailment.

temporaneis nostris ~ionibus merces reddetur aeterna BEDE *Ep. Cath.* 58; a**794** non sunt condignae ~ones hujus temporis ad superventuram gloriam ALCUIN *Ep.* 14; ne fuga sit mortis dirae sit passio mortis R. CANT. *Malch.* V 873; nec habent jejunia laudem, / passio non confert meritum nisi sponte feratur H. AVR. *Hugh* 442; singulos .. pilos capillorum radicitus avelli jussit ut quot haberet pilos tot ~onibus torqueretur OXNEAD *Chr.* 194; a**1318** qualitercumque .. imagines punxit .. easdem ~ones papa in corpore suo in locis consimilibus sustinuit *Meaux* II 319; **1332** si in ~one tribulacionis, sancte paciencie virtutem studueritis felici perseverancia conservare *Lit. Cant.* I 511. **b** communicando ~onibus ipsius, in quantum humana infirmitas patitur, et divina ei gratia largire dignatur LANFR. *Ep.* 33 (49); salvatoris in cruce pendentis imago que ~onem suam tibi representat quam imiteris AILR. *Inst. Inclus.* 26; imitatur ~ones Christi in laboribus, in vigiliis, in jejuniis *Id. Serm.* 26. 43. 347; testis Christi ~onum [sc. Petrus] BEKINSAU 744. **c** quem .. cephalargica ~one percussit HERM. ARCH. 24; acuta ~one .. percussus ORD. VIT. XII 31 p. 430 (v. acuere 4e); illis procedentibus maledictus substitit, et statim pessima †pallione [l. passione] percussus, cadens in terram volutabatur spumans AILR. *SSHex* 10; advenarum una hic fere est ~o: .. immoderatum ventris fluxum vix ullus .. evadit GIR. *TH* I 33; alii de febribus, de dolore capitis .. de diversis ~onibus curati sunt *Mir. Wulfst.* I 37; siquis ea [sc. aqua vitae] .. omnibus fere ~onibus, maxime frigidis, curari poterat *RB Ossory HMC* 254; **1505** solutum H. T. laboranti tisica ~one *Cant. Coll. Ox.* II 244; *a fit of sicknesse*, ~o LEVINS *Manip.* 148/39.

3 Christ's Passion, suffering and death on the Cross. **b** (as historical event, in reckoning of dates, in the system of Victorius from A.D. 28, in the Roman system from A.D. 33); **c** (representation of the Passion); **d** Passion narrative in Gospels. **e** (w. ref. to commemoration of Passion), Good Friday, or Passion-tide.

usque ad Domini nostri Jesu Christi secundum carnem nativitatem et ~onem crucis et adsumptionis [l. adsumptionem] ejus in caelis ad Patrem THEOD. *Laterc.* 3; nativitas et ~onis praerogativa ALDH. *Met.* 2 p. 66; redemtionem generis humani per ~onem .. Jesu Christi BEDE *HE* III 17 p. 162; in nativitate .. Christi, ~one, resurrectione, facta est nostra redemptio AILR. *Serm.* 42. 7; s**1119** loca Dominice ~onis DICETO *Chr.* I 243; Christi incarnatio et ~o S. EASTON *Psalm.* 22; **1559** in recordationem ~onis Christi *Conc. Scot.* II 164. **b** hi [Vespasianus et Titus] expugnaverunt Judaeam et Hierusalem post ~onem Domini THEOD. *Laterc.* 25; juxta fidem chronicorum tertius decimus a ~one Domini annus BEDE *Retr.* 1021; quidam .. annos Domini incipiunt computare ab Annuntiatione, alii a Nativitate, .. quidam .. a ~one GERV. CANT. *Chr.* 88; finis horum annorum fuit completus ante annum ~onis Domini .. qui est octavus decimus annus imperii Tiberii GROS. *Cess. Leg.* II 7 p. 110; a principio seculi usque ad ~onem Domini dies precessit noctem *Eul. Hist.* I 66. **c** dedit .. j albam cum amite cum paruris de serico consutis, cum ymaginibus ~onis Jesu Christi nobilissime brudatis WHITTLESEY 169; **1383** item ~o Christi depicta in pergameno *Ac. Durh.* 434. **d** ea die ad ~onem dicitur .. similiter et in reliquis ~onibus, excepta Parascevae ~ione *RegulC* 36; ~onem nullus legat nisi frater LANFR. *Const.* 101; in diebus in quibus legitur ~o *Cust. Westm.* 90. **e** superpositionem faciat in unaquaque ebdomada exceptis l diebus post ~onem GILDAS *Pen.* 1; **1294** in salmone pro W. de S. et sociis die Jovis in ~one x d. *Comp. Worc.* 21; **1514** Dominica in ~one Domini *Comp. Swith.* 343.

4 suffering and death of saint, martyrdom. **b** account of martyrdom. **c** (pl.) passional, book containing accounts of martyrdom; **d** (w. ref. to pictorial or dramatic representation); **e** (w. ref. to commemoration of saint's death). **f** (gen.) death.

cujus [sc. Ignatii] verba cum ad ~onem duceretur audientes GILDAS *EB* 74; integritas candens et passio rubra / virginibus Christi cumulabant praemia dupla ALDH. *VirgV* 2198; quod ibi mihi immineat ~o H. BOS. *V. Thom.* V 6; gesta martyrum et ~ones eorum *Eul. Hist.* I 169; ubi jacuit tumulatus per xxv annos post ~onem suam KNIGHTON I 27; martyrizati sunt .. a Saracenis; quorum ~onis ordinem refert .. Odoricus *Mon. Francisc.* I 527. **b** Prudentius in ~one Ipoliti martyris ABBO *QG* 4 (9); a**972** ~onem Sancti Edmundi regis et martyris laudabili stilo prosecutus *Chr. Rams.* 43; **1006** omnibus festivitatibus sanctorum .. legimus vitas aut ~ones .. sanctorum *Comp. Swith.* 195; breviter ergo ~ones legi debent in festis martyrum BELETH *RDO* 62. 69; recitatis sanctorum ~onibus *Canon. G. Sempr.* f. 61; ~o et miracula Sancti Andree. .. oraciones vel meditaciones Anselmi *Chr. Rams.* 360. **c** die natali Domini, et usque octavas epiphanie, omnia [sc. legenda in mensa] in Haymone et in ~onibus inveniuntur *Obs. Barnwell* 66. **d** representaciones ~onum quibus claruit constancia martyrum W. FITZST. *Thom. prol.* 13; **1334** ciphus .. cum amelo in fundo de ~one beati Thome martyris ponderis xx s. (*Invent.*) *ArchJ* LIII 276. **e** eorum corpora juxta honorem martyrum condignum recondita sunt, et dies ~onis eorum congrua .. veneratione celebratus BEDE *HE* V 10 p. 301; sancti regis Eadwardi gloriosum ~onis diem (*Quad.*) *GAS* 299; dies ~onis apostolorum Petri et Pauli *Ann. Lond.* 94; scriptum .. die ~onis Sancti Thome Martyris gloriosi *Lit. Cant.* III 140; s**1452** festum ~onis Sancti Albani *Reg. Whet.* I 98. **f** ~o .. aliquando etiam dicitur mors *Ps.*-GROS. *Summa* 367; Johanni regi Anglie xij annis ante ~onem suam dicebat quod ei divina dignacio ad regendum Anglie xiiij annos concessit *Eul. Hist. Annot.* III 112.

5 state or act of being acted upon or of suffering, passivity; effect (also gram.); **b** (dist. from *actio*). **c** (w. ref. to physical senses) sensation. **d** corruption. **e** (gram.) modification of form.

qui sedet facit sessionem et qui patitur facit ~onem quia si non esset qui pateretur non esset ~o ANSELM *Misc.* 338; aer .. habens fortem speciem anime rationalis potest alterari .. et alterare .. in varios effectus et ~ones varias BACON *Tert.* 97; dicendum quod ~o est duplex. materialis sicut quando ignis agit in aquam et intencionalis sicut quando coloratum agit in oculum HOLCOT *Wisd.* 122. **b** quicquid contra voluntatem tuam fit in te, sicut est nocturna illusio, carnis commotio .. ~oni magis deputantur quam actioni AILR. *An.* II 35; ~o multipliciter dicitur: quandoque est effectus illatioque actionis *Ps.*-GROS. *Summa* 376; verbum est pars orationis significativa agendi et patiendi .. . forma .. cum sit agens aut ~onem inferens *Id. Gram.* 45; complexio est qualitas que ex mutua accione et ~one quatuor qualitatum in elementis repertarum provenit *SB* 16; omne quod generatur necessum est ut habeat masculum et feminam ex quibus oriatur accio et ~o RIPLEY 104. **c** aer fumosus .. quandam naribus et spiritui [animali] infert ~onem delectabilem vel odorabilem RIC. MED. *Anat.* 217. **d** ~o .. aliquando .. privationem proprii delectabilis significat *Ps.*-GROS. *Summa* 376; alio modo dicitur aliquid corrumpi quia patitur aliquam ~onem ex qua ~one ipsum corrumpetur KILMINGTON *Soph.* 103. **e** pathos .. Latina lingua ~ones dicuntur, sunt autem numero sex: acefalos, procefalos, lagaros, procilios, dolichuros, miuros, vel spicodis ALDH. *Met.* 10 p. 94.

6 (phil.) accident of substance, quality, attribute, property.

similiter quod calidum fit, a ~one qualitatis accipit calorem ALCUIN (*Dial.*) *Didasc.* 961B; ~o .. quandoque .. dicitur proprium predicabile de proprio subjecto demonstrabile *Ps.*-GROS. *Summa* 376; hec .. quinque notabilia volui ponere circa tempus conside-

ratum secundum ejus substantiam. nunc volo tangere ea que scripsi de ~onibus temporum. et voco ~ones hic primationes, lunationes, et embolismos .. que in computo et kalendario considerantur Bacon *Tert.* 212; impossibile esset .. sibi concipere primitatem ut est propria ~o trianguli Duns *Ord.* I 28; '~o' uno modo accipitur pro aliqua forma informante subjectum, et sic calor est ~o ignis et forma est ~o materie et actus ridendi ~o hominis Ockham *Quodl.* 550; ~o autem vel proprietas non suscipit plus vel minus eciam juxta logicos. Wycl. *Dom. Div.* 23.

7 meteorological disturbance.

pestilentia ex ardore estatis nimio, et diversis aeris ~onibus .. Romanum .. vastavit populum Gerv. Cant. *Chr.* 429; caliditas impressa in aere plurimarum ~onum, ut puta nubium, coruscationum, fulgurum, imbrium .. generativa Bart. Angl. IV 1; licet nostre fundacionis fabrica per annos et annos, inter multiplices aeris ~ones .. Deo tuente, steterit .. inconcussa *Reg. Whet.* II 373.

8 (astr.) effect caused by planet.

1594 *more bookes viz.* ~iones planetarum, *mathematicall luell, use of the globe* REED *Heref & Worc* 449.

9 (gram.) sign written to direct one reading aloud.

prosodia est signum sermonis iter rectum faciens legenti. sunt .. prosodiae x .. , dividuntur .. haec in iv: in tonos, in tempora, in respirationes, in ~ones Aldh. *PR* 141 p. 199; ~o est vox passibilis conjuncta et unita et divisibilia discernens; ~ones sunt iij: apostrofus, hyfen, hypodiastoli *Ib.* p. 200; dividitur prosodia .. in tempora et spiritus et tonos et ~ones Bacon *Gram. Gk.* 96; prosodia apud Grecos dividitur in propriam prosodiam et tonos et ~ones *Id. CSPhil.* 514.

passionabilis [LL=*that can suffer*], subject to passion.

1456 quamvis post prandia scripserim, hujuscemodi ~ibus terminis statui abstinere Bekynton II 164.

passionalis [LL], (eccl., as sb. m. or n.) passional, book that contains accounts of saints' sufferings, martyrology.

presbyter debet habere .. divinos libros sc. missalem .. ~em, penitentialem Ælf. *Ep.* 2. 137; ut in ejus [sc. martiris Juderware] ~i relatum est decollata a fratre memoratur post capud abscisum .. cucurrisse Gosc. *Wulsin* 21; ~ia in iiij voluminibus *Text. Roff.* f. 229v; **1245** item ~e de Scotica littera, premissis titulis sanctorum et kalendario (*Stat. S. Paul.*) *Arch.* L 1971 a1332 ~e S. Ignacii .. ~e apostolorum Petri et Pauli .. ~e S. Mathei .. ~e apostolorum vetus *Libr. Cant. Dov.* 52; ~is (*Catal. Librorum*) *Chr. Rams.* 362.

passionaliter, (log.) with regard to accidental or inessential property or quality.

sive accipiatur essencialiter pro illo spiritu, sive ~iter pro proprietate que consequitur ad illum spiritum sicut passio ad subjectum Wycl. *Dom. Div.* 132.

passionarius [ML]

1 (*liber* ~*ius* or ellipt.) passional, book that contains accounts of saints' sufferings, martyrology.

libri ~ii leguntur in ipsis diebus martyrum Beleth *RDO* 62. 69; **14** .. ~ii iij in tribus voluminibus (*Cart. Reading*) *EHR* III 122; hic passionerius, a *passyonar* WW.

2 (as sb. n.) passional (usu. arranged according to the calendar of saints' days); **b** (w. gen.).

1245 ~ium quod dicitur Pilosum incipiens in expulsione Symonis Magi et terminatur in ix milibus virginum (*Stat. S. Paul.*) *Arch.* L 497; **1368** legenda sanctorum que dicitur ~ium *Invent. Norw.* 94; **1396** ~ium mensis Januarii (*Catal. Librorum*) *Meaux* III lxxxv; hoc passionari[um], A. *a passionari* WW. **b** liber in quo continetur ~ium Sanctorum incipiens a sancto Apollinare et finiens in passione sanctorum martyrum Simplicii .. et Beatricis Elmh. *Cant.* 99; ~ium Theodosii presbiteri *EpAcOx* 182; p1440 ~ium sanctorum (*Catal. Librorum*) *JRL Bull.* XVI 479.

3 (med.) book about diseases suffered.

habet .. emorroidas narium secundum Galienum in ~io Ric. Med. *Anat.* 227; habetur in ~io quod

effimera non pertransit quartum diem nisi imperitia medici Gilb. I 3v. 2; de simplicibus medicinis; .. de ingenio sanitatis, .. ~ium, antidotarium W. Burley *Vit. Phil.* 390.

passionatus

1 affected, afflicted.

contra morem meum quadam muliebri mollicie ~atus *Croyl. Cont. A* 109

2 endowed with passions; **b** (of sinful or destructive passion).

dupliciter accipiter '~atus', uno modo large, pro habente passiones .. ; alio modo stricte pro habente passiones inclinantes contra rectam racionem Ockham *Quodl.* 180. **b** Ockham *Quodl.* 180 (v. 2a supra).

3 (phil.) endowed with qualities, properties.

nec potest dici passio posterior natura divina quia omnis passio talis dicit vel actum vel habitum distinctum et extrinsecum a ~ato Wycl. *Trin.* 74; sunt ergo tales proposiciones quante et quales, ut cathegorice, et per consequens sunt judicande vere vel false, contradictorie, equipollentes vel aliter ~ate sicut cathegorice *Id. Log.* 1.

passionerius v. passionarius.

passionista [? LL=*Patripassian heretic*], one who observes the Passion.

c1330 ad elemosinarium insuper pertinent ad festum puerorum die S. Nicholai xij d. conferre, et ~is xij d. pro eorum festis contribuere *Educ. Ch.* 298.

passitare [CL], to make the cry of the starling.

est .. proprietas sturnorum ~are, hirundinum minurrire Osb. Glouc. *Deriv.* 78.

passiuncula, little passion.

hec passio .. unde hec ~a, -le, diminutivum Osb. Glouc. *Deriv.* 440; *a passion*, calix, crux, passio, ~a CathA.

passivatim, here and there, from every direction, at random.

qui nuper aliqua per ordinem .. de gestis venerandi viri .. conposuimus, nunc ad aliis fratris sui .. conloquiis properando pedem inante ~im protendendo gradiamus Hugeb. *Wynn.* 1.

passive [CL=*indiscriminately*], passively; **b** (gram. & log.).

quidquid .. movetur, si proprie ac ~e accipitur, ab alio certe movetur Adel. *QN* 60; **1305** dantes tibi .. potestatem .. judicaturas et .. alia .. officia ad que assumptus fueris administrandi active et ~e *RGasc* III 446a; ideo tam active quam ~e symoniacus est capitalis hereticus Wycl. *Sim.* 25; s1417 omnes actus legitimos in eadem synodo agendos, active et ~e .. habilitat Wals. *YN* 474. **b** eadem predicatur verbaliter et quasi ~e, ut cum dicitur 'filius diligitur a patre' Neckam *SS* I xiv 4; intellectus predicatur active vel ~e .. ~e id est que res intelliguntur Gilb. VI 43v. 1; **1285** verbum illud 'placitet' .. active interpretetur et ~e (*Yarmouth*) *BBC* 154.

passivitas [LL], passive quality.

iste .. descripciones signant ~atem; ergo humidum et siccum sunt passiva T. Sutton *Gen. & Corrupt.* 124.

1 passivus [CL; cf. pandere, passus]

1 extensive, scattered.

~os [*gl.*: sparsus] oculorum obtutus Aldh. *VirgP* 2; fugitivis discursibus et ~is volatibus per aethera vagatur *Ib.* 6; **9** .. ~a, *sio wide* WW; **10** .. ~us, *sio widgille* WW.

2 general, non-specific.

operae pretium reor ut id quod ~a definitionis generalitate non ad integrum promulgaveras, nunc per ordinem eorundem scematum recapitulando .. enucleare studeas Aldh. *Met.* 10.

2 passivus [CL; cf. pati]

1 that endures or suffers (in quot., w. play on sense 5).

ave per quam fit passivum / verbum illud quod activum / erat ab inicio Walt. Wimb. *Virgo* 54.

2 passive, that does not exert force or influence, unresisting. **b** (w. gen.) subject to; **c** (w. play on sense 5).

1334 nullus procuratorum qui proximo ante ipsam eleccionem officio .. cedit .. habeat in ipsa eleccione vocem ~am, viz. quod non sit unus ex primis duobus nominandis ad eligendum sex electores, nec unus ex illis sex, nec tercius nec septimus ad concordandum predictos duos vel sex *StatOx* 134; si scandalizatus sit vir in perfeccione positus, in quem scandalum ~um non cedit *Reg. Whet.* II 464. **b** cura senectutis, operum passiva juventus Hanv. IX 438. **c** indolis activa placuit, passiva laborum / paupertas, vicii declinativa, malorum / ablativa Hanv. VI 261.

3 (med. & phys., of bodily humour) inactive.

humiditas que primum instrumentum est ~arum [sc. materiarum] receptibilis est figure Neckam *SS* III 13. 2; qualitates sunt autem quatuor prime et principales, sc. caliditas, frigiditas, siccitas, humiditas .. harum qualitatum due sunt active, sc. caliditas et frigiditas, alie vero due .. sunt ~e, unde ab istarum qualitatum prevalencia et dominio dicuntur elementa activa vel ~a Bart. Angl. IV 1; humiditas disponit .. siccitas deaptat et passibilitati contradicit et inobedientiam prestat cum sit fortior ~arum Gilb. I 6v. 2.

4 (log. & phil.) that is acted upon; **b** (as sb. n.).

formas rerum ~orum effectuum causas esse duco Adel. *QN* 60; nulla potencia ~a est ~a tantum licet possit aliqua potencia activa esse activa tantum Siccav. *PN* 137; cum definicio potencie active sit quod ipsa est principium transmutacionis in aliud secundum .. et definicio ~e quod ipsa est in ipso ~o principium transmutacionis ~i *Ib.*; voluntas est libera et tamen non est activa; .. ~um non est liberum: voluntas est ~a Ockham *Quodl.* 87; sunt autem inter albedinem et nigredinem multi gradus intermedii secundum intencionem domini tam qualitatum activarum quam ~arum Upton 104. **b** talia autem sunt activa et ~a, motiva et mobilia T. Sutton *Gen. & Corrupt.* 53.

5 (gram.) passive. **b** (as sb. n.) passive verb.

'sensus' participium est praeteriti temporis a verbo ~o quod est 'sentior' Bede *Orth.* 49; genera verborum quinque .. activum, ~um, neutrum, commune, deponens .. ~a quae patiuntur aliquid, ut verberor Bonif. *AG* 498; pro praesenti possumus uti ~o praeterito participio ejusdem verbi Anselm (*Ver.* 120 I 196; verbum inpersonale ~e vocis .. poterit .. construi .. racione modi significandi passive cum ablativo Bacon XV 76. **b** quod ostendunt xi preterita quorum penultima est correpta vel producta Abbo *QG* 32 (14); communia dicuntur que sub voce ~i tam actum quam passionem significant ut 'criminor' Ps.-Gros. *Gram.* 47.

6 understood as having a passive sense.

generacio potest accipi active vel passive. active significat operacionem generantis. ~a generacio dicitur proles generata Holcot *Wisd.* 156.

passonum v. 1 pesso.

passor [LL gram.; cf. OF *passeor*, ME *passer* < passus], ferryman.

12 .. dedi .. totam partem meam .. que jacet inter terram ~oris de Lehe et terram Abel *Cart. Cockersand* 436; c1262 in dono facto per episcopum ~oribus de Norham xij d. *DL CourtR* 128 no. 1920.

passtellus v. pastillus. **passuagium** v. passagium.

passula, ~us [ML], dried fruit (esp. grape).

12 .. ~as, *reysins Teaching Latin* I 50; viol' siccarum et viij passullarum mundatarum Gilb. IV 197v. 1; aqua decoctionis ysopi ~arum enucleatarum cum fenugreco et melle Gad. 53v. 2; ~a, uva passa idem *SB* 33; ~i vel ~e dicuntur uve passe *Alph.* 142; utamini lactuca, portulaca, ficulus, et ~is Kymer 3.

passulla v. passula.

1 passus v. 2 pandere.

2 passus [CL]

1 step, stride, pace; **b** (transf. & fig.); **c** (*pari* ~*u*) at an equal pace, side by side, simultaneously.

passibus oceanum retrograda transeo versis Aldh. *Aen.* 37 (*Cancer*) 3; ~us, *stæpe* Ælf. *Gl.* 147; viam

carpentes gigantei et ipsi ~ibus exsultant ad curren-
dam viam J. FORD *Serm.* 64. 10; cujus ~us sunt lati
. . prosperabitur in omnibus operibus suis . . . cujus
~us sunt breves est impetuosus BACON V 171; hic
~us, *a rayke.* hoc progressus, *a goynge forth WW.*
b cum facit aliquod bonum opus, facit unum ~um
ascendendo [sc. in caelum] ANSELM (*Ep.* 420) V 366;
via domi potest fieri et in animo . . ~ibus anime
sine ulla corporali peregrinatione R. NIGER *Mil.* III
40; quod, nisi feceritis, set pocius ~ibus assumptis
et assuetis hactenus incedere persisteritis, . . totus in
trenos ire poteritis GIR. *SD* 150; lentis ~ibus et per
semitas . . investigabiles sanitas redit J. FORD *Serm.*
22. 7; ast eciam binos pedes, quatenus in gradibus
virtutum continuis ascendendo ~ibus et ad Creatorem
suum inhiando CHAUNDLER *Apol.* f. 136. **c** s1231 (v.
ambulare 1d); cum . . domina pari ~u incedat HOLCOT
Wisd. 3; **1417** [navicula] nequit a naufragio efficaciori
tueri remedio quam si gubernacioni nautarum vigilum
in quibus pari ~u current virtus, voluntas et sciencia
committitur. *Reg. Cant.* III 48.

2 footprint. **b** sole of foot.

s1249 fratres predicatores sibi acquisierunt . . petram albi marmoris in qua vestigium humani pedis
viz. . . salvatoris . . apparebat . . . . . rex ~um ecclesie Westmonasterii contulit OXNEAD *Chr.* 180; ~us
Dominicus, per quendam fratrem de ordine Predica-
torum allatus in Angliam, repositus est in conventu
ordinis ejusdem Bristolli TREVET *Ann.* 237. **b** ~us
resupinus quasi inde natus prominebat de coxa; . . pars
quam ire oportuerat sedendi locum occupabat GOSC.
Transl. Mild. 24 p. 191.

3 gait, walk, (of horse) amble.

in horum [sc. dextrariorum] incessu spectant emp-
tores primo ~um suaviorem W. FITZST. *Thom. prol.*
11; cum reverteretur . . ~u . . peramplo et prepropero
GIR. *EH* I 41.

4 pace (as measure of length or distance, usu. =
5 feet); **b** (~*us pedis*, as small unit of measure);
c (in standard measure). **d** (*mille ~us, ~uum*; pl.
milia ~uum) mile.

quingentis fere ~ibus ab harena situs est BEDE *HE*
I 7 p. 20; c1100 palmus . . iiij digitos habet, pes vero
xv. ~us v pedes habet. pertica ~us duos, i. e. pedes
x *Eng. Weights* 3 (cf. *Cart. Rams.* I 76); ibi prope ad
tres ~us est presepe bovis et asini *Itin. Mand.* 48.
b progenies eradicata sic est de Anglia ut nec ~um
pedis . . jam nanciscatur in illa ORD. VIT. IV 13 p. 265.
c 1462 tres ~us assise *CalPat* 191. **d** fecerunt eum
[murum] per milia ~uum plurima BEDE *HE* I 12 p.
26; civitas . . viginti milia ~uum muro complexa W.
MALM. *GR* IV 355; GIR. *TH* I 2 (v. mille 5a).

5 step, stair, ramp.

1227 ad ~us faciendos in fossatis (v. hottator); 1252
pro vij ~ibus cissis ad tascham *Building in Eng.* 117;
1275 pro j longo ligno ad ~us v s. *KR Ac* 467/6/2 m.
4.

6 pass, narrow path; **b** (over mountain);
c (through forest). **d** (across water) ford, ferry.
e passage, crossing, route. **f** area of land to be
traversed; **g** passing into place-name or surname.

visum fuit ei quod transire debuit per ~um quendam periculosum ECCLESTON *Adv. Min.* 43; s1245 per
quoddam iter arctissimum, quod vulgariter ~us dicitur, transituri M. PAR. *Maj.* IV 408. **b** in ~u
Odrone, quamquam in sui natura arcto nimis et invio,
concidibus tamen plurimum arte munito GIR. *EH* I
26; 1284 (v. 1 coupare b); 1289 in defensione ~us
versus Kermerdyn expendit cc quarellos *MinAc W.
Wales* 52; omnes vias et ~us per quos Romam transi-
tur arctari fecit *Meaux* II 245; de Snowdona . . saltus
et ~us custodiunt AD. USK 119. **c** transivimus . .
per arctum illud silvestre quod malum ~um de Coit
Wroneu, id est, de silva Wroneu vocant GIR. *IK* I 4 p.
47; 1223 ad boscos prosternendos et ~us sciendendos
ut liber . . pateat transsitus *Pat* 414; 1234 in bosco R.
de Ch. in W. . . est quidem ~us periculosus et homines
ibi sepius inveniuntur interfecti *Cl* 8; 1242 ~um de
Cumsy . . in bosco Thome de S. A. . . prescidi faciatis, ita quod . . viatoribus per boscum transeuntibus
transitus pateat securus *RGasc* I 15a; 1257 in ~u de
H. . . in bosco regis de H. *Cl* 57; s1260 vias concavas
et profundas et strictos ~us et hayas, gravas et boscos
~ibus illis propinquos (*Lit. Regis*) Flor. Hist. III 355;
1262 diligenter inquiras quantum vestura bosci nostri
in ~u de Aulton' in quo depredaciones et homicidia
. . *IMisc* 11/14. **d** 1205 boves suos quos cepisti
pro ~u riverie *Cl* I 24a; 1233 mandatum ut vicecomiti

Glouc' quod . . omnes ~us et passagia aque Sabrine
in balliva sua bene . . faciat custodiri *Id.* 320 1291
ab episcopatu Karleoli usque ad flumen Dunde . . ibi
in ~u illo (*Cronica de Karleolo*) Palgrave, *Docs. &
Records* p. 70. **e** 1432 assigno quod omnes familiares
mei . . mecum existentes forsitan in partibus trans-
marinis . . transeant post sepulturam mei corporis ad
regnum directo passu simul expensis meis *Reg. Cant.*
II 492. **f** multi reges ante fuerunt, mundi passus
qui transierunt LEDREDE *Carm.* 60. 17; 1363 vobis
mandamus quod eundem comitem ac equites . . per
~us et districtus vestros ire *RScot* 878b; cum per loca
~us seu districtus vestros transierit *Reg. Brev. Orig.*
26r. **g** usque ad Malum ~um versus Cestriam GIR.
IK II 13 p. 146; c1210 (1285) testibus . . D. de Malo
~u, W. filio suo . . *Ch. Chester* 232.

7 passage of text. **b** section of poem, passus.

legentes ~um illum BACON *CS Phil.* 437; in com-
mento supra hunc ~um *Id.* VIII 238; lector . . mense
. . quando bonum ~um et notabilem invenit, iterum
repetere debet *Obs. Barnwell* 158; ex quo doctoris ~u
patet quod eadem est sententia BUTLER 414; annullan-
dum fore in omnibus punctis, clausis, et ~ibus *Offic.
S. Andr.* 85. **b** ~us secundus *Pol. Poems* I 379.

8 (mus.) one of the parts into which the string
of the monochord is divided.

ultima monocordi divisio in duodecim ~us equales
potest eciam ab aliis litteris inchoari WILL. 16; *Ib.* (v.
pars 1b).

9 crossbar of hurdle.

1295 ~ubus et palis *CalIMisc* I 145.

10 gang or set of mill spindles.

1453 in reparacione facta in uno ~u de *spyn-
dellez* molendini ventritici in Hemyngburgh, viij d.
Ac. Durh. 190.

11 (~*us Saladini*) s. dub.

1349 j cass' pro urinalibus, j dossar' de ~u Saladini,
j dossar' de comitibus (*KR Ac* 391/15) *Arch.* XXXI
103.

3 passus v. pati.

passutus [cf. 2 passus 1], that takes large steps.

~us, magnos passus habens OSB. GLOUC. *Deriv.* 476.

pasta, 2 pastus, ~um [LL < παστά, πάστη]
dough, paste; **b** (as material for jewellery);
c (transf. & fig.).

num . . concludam corpus Christi fuisse panem,
~am farinam? PULL. *Sent.* 965D; ab ingredientibus
monasterium ~um exigunt et pastillum GIR. *GE* II
26; 1216 faciatis . . inveniri xv leporariis suis et xxxj
canibus de mota estoverium suum de pane vel ~o
cum opus fuerit *Cl* I 253a; ~a . . in clibanum mittitur
NECKAM *NR* II 170 (v. 1 pala); sperma . . [facit] quod
facit fermentum in ~a, sc. ebullitionem *Ps.*-RIC. *Anat.*
40; pistores Parisius pinsunt ~am et formant panes
GARL. *Dict.* 127; 1327 cum ille ~us . . positus esset
super tabulam predictam . . de ~o . . subtilier extraxit
magnas quantitates *MGL* III 416; ~us panis monachorum ponderat lv s. . . ~us panis de *smalpeis* et *feitiz*
ponderat l s. *Eng. Weights* 31; placenta est panis factus
de pasca azima, i. *wastel SB* 35; pistores et molen-
darii furantes ~um vel farinam trahantur super clayam
MGL I 162; nomina pertinencium ad pistrinum: . .
hec ~a, *dagh WW*; hoc ferrum . . calefaciunt, super
quod ~am minime densitatis extendunt, et sic panem
sicut in furno decoquunt *Major* V 7 p. 212. **b** vidue
et tales que accipiunt mantellum et annulum delicate
~e (*Concl. Loll. LXII*) Ziz. 368; 1398 lego . . filio meo
. . gladium cum pesta ac eciam pelvim cum lavacro
pendenti *Deeds Balliol* 35. **c** habet . . diabolus
fermentum ad fermentandam ~am suam de tali farina
et de tali aqua T. CHOBHAM *Serm.* 17. 64va; in mundo
clibanus igne non calidat / nec pastam sordidus con-
tactus polluit / sed Dei digitus farinam miscuit WALT.
WIMB. *Carm.* 119.

pastalis, of or for dough.

pistores . . arcas radunt aliquando cum costa ~ali
GARL. *Dict.* 127; *dowrybbe* . . costa ~is *PP*.

pastare v. pastinare.

pastatio, making into pies.

1521 pro ~one carnium ferinarum ex dono T. Lee
Hist. Shrewsb. I 293.

pasteciatus v. pasticiare.

---

pastella, ~um v. pastillus, patella.

pastellarius v. pastillarius.   **pastellus** v. pastillus.

pasteria [AN *paster* + -ia], bakery, pie-shop.

1390 Thome Pybaker pro . . laboranti in ~ia per iij
vices *Ac. H. Derby* 12; 1463 frumentum: . . liberantur Johanni F. in ~iam hospicii predicti pro diversis
cibariis inde fiendis . . v quar. *Comp. Dom. Buck.* 56.

pasticiare [pastus + -icius + -are], to put to pasture, to feed on pannage.

1325 habebit animalia sua pasteciata in stipulis
domini *Banstead* 322.

pasticiarius, ~erius [OF *pasticier*], pastry-
cook.

1288 omnes cocii et pastitarii *Leet Norw.* 13; 1539
pasticerio reverendissimi pro expensis *Rent. S. Andr.*
61.

pasticium [pastus + -icius]

1 piece of grazing land, pasturage.

c1140 ~ium quod est subter culturam et totum
pratum quod est inter terram herberiatam et cursum
aque *Cart. Osney* IV 92; 1198 (1421) dedimus . . eis
omnes vineas . . et omnia prata nostra . . cum pesticiis
ejus et omne fenum nostrum *MonA* VI 1110.

2 food-rent, food-service.

castrum Harundel . . reddebat . . de tribus conviviis
xx sol. et de uno ~o xx sol. *DB* I 23ra.

pastilis, that provides pasture.

xij acrae silvae pastil' *DB* I 203va; iiij acre prati et
l acre silvae ~is *Ib.* 205va; silva per loca ~is, per loca
inutilis *Ib.* 307vb.

pastilla v. pastillus.

pastillarius [LL]

1 pastrycook.

~ii [*gl.: pyemakyers*] . . lucrantur amplum vendendo
clericis pastillos de carnibus porcinis GARL. *Dict.* 127;
a1289 omnes cocii et pastiliarii calefaciunt pastilios
et carnes per biduum et per triduum *Leet Norw.* 13;
13 . . ~ius habeat pastillos de carnibus, de piscibus
bene piperatos (*Nominale*) Neues Archiv IV 341; 1391
pro pastello . . una cum . . stipendio pastellarii *Ac.
H. Derby* 70; de cocis, pastellariis, et vitillariis *MGL*
I 533; *a pasteler*; ~ius *CathA*.

2 pastry, pie.

1391 H. E., *pasteler* pro diversis pastelleriis in domo
suo factis *Ac. H. Derby* 64.

pastillator, pastry-cook, maker of pies.

1446 stipendia famulorum: . . W. D. assatori et
~ori xj s. j d. *Ac. Durh.* 84; 1491 custodi lardarii
carnium, assatori, pistillatori, custodi lardarii piscium,
slaughterman Ib. 99.

pastillatus, cooked in pastry.

frangatur calidus panis; carnes leporinas, / agni,
cuniculi, porcelli frange recentes. / quevis scindatur
que pastillata caro sit D. BEC. 939.

pastillum v. pastillus.

pastillus [CL], **~illum, ~ellus** [OF *pastel*],
~illa

1 small loaf of bread. **b** lozenge, pastille.

~illus, *litel hlaf* ÆLF. *Gl* 127; ~illus, i. parvus panis
OSB. GLOUC. *Deriv.* 421; *brede*, . . panis, paniculus,
~ellus *CathA*. **b** ~ellus, *hunig æppel GlC* P 137;
9 . . passtellus, *hunig æppel WW*.

2 pasty, pie.

pastilli cum farcturis D. BEC. 2570; pueros duos ad
virum Dei destinavit triplici munerum benedictione
onustos, pane, ~ellis, et duobus vasis vini J. FORD
Wulf. 84; 1212 per servicium ferendi patillos de primo
allece domino regi ubicunque inventus fuerit in Anglia
Fees 128; 1219 per sergantiam ferendi xxiiij ~illa allecis
domino regi *Ib.* 281; 1275 tenent . . per servicium quod
ducent quolibet anno domino regi ubicumque fuerit
in Anglia xxvj ~ella de novo allece, et burgenses de
Norwico debent facere ~ella *Hund.* I 467a; 1292 in
factura ~illarum anguillarum cum pulvere, viij s. *KR
Ac* 308/15 m. 7; 1305 in furnag' patell', iij s. . . in

pistura patell', iij s. . . in furnag' pastell', iij s. *KR Ac* 309/10 m. 1; datum fuit michi . . iij ~ella *venyson* W. Worc. *Itin.* 264; ~ellus, *a pastey, pastethe WW.*

3 (med.) plaster, poultice.

emplastetur ~ellum per iij dies Gilb. III 143. 1; liga desuper ~ellum herbarum quod dicitur sigillata vel fora *Ib.* VII 333 1.

4 paste of woad as dye, pastel.

1409 diverse mercandise ut panni, vina, pascelle de *gaides*, frumentum, . . . pro dolio de *pascel* septem ardicos *Foed.* VIII 580; **1523** de vinis, gualdis sive ~ellis vocatis *Thoulouse woad* . . aut aliorum bonorum *Ib.* XIV 3; **1567** navem quandam Gallicam . . ~ello onustatam *HCA* 1/38/228.

pastina v. pastinaca.

pastinaca [CL]

1 root vegetable, parsnip or carrot.

~a, *wahlmore* GlC P122; ~a, *feldmora* Ælf. *Gl.* 135; vim pastinace renum dentisque dolores / norunt, que spleni commoda curat epar Neckam *DS* VII 215; comedant . . avellanas, ~as frixas Gilb. VII 286v. 1; baucie calide et humide sunt sanguinis et spermatis generative, alio nomine dicitur pastinata *Pop. Med.* 253. 131; **1285** campipartes pastinarum, ceparum et porrorum *CartINorm* 169; **1314** valor prioratus de vallia . . item lini et pastine, x libre *Ib.* 222; daucus, hujus due sunt species, agrestis et Creticus. item hoc notandum, daucus quandoque sumitur pro ~a *SB* 17; *skyrwyt*, . . ~a *PP.*

2 wild parsnip (*Pastinaca sativa*) or wild chervil (*Anthriscus cerefolium*) or cow parsley (*Anthriscus sylvestris*)

██ . . . ..j ...d....r.fill. l.llll.] fi.. p..t..j.... de p....i..., boragine, buglossa, scolopendria, petr[oselin]o Gad. 18. 1; lactuca, spinachia, patina *Ib.* 23.2; pastinata agrestis, pastinata asinina, A. *wyld pasnept MS BL Addit.* 27582 f. 38r; pastinaca, i. *wodechervelle* vel *schirwyth MS BL Sloane* 420 f. 119; A. pastinata, A. *chervylle WW.*

pastinagium [OF *pastinage* < **pastionaticum*] pannage.

et omnis geburus det vj panes porcario curie, quando gregem suum minabit in ~ium (*Quad.*) *GAS* 447.

1 pastinare [CL]

1 to prepare ground before planting, dig over. **b** to plant; **c** (transf. or fig.).

homo . . qui ~avit vineam Bede *Mark* 249; *dongyn or mukkyn londe* . . ~o, -as; . . *moke vynys*, ~o, -as; . . *tathyn lond with schepys dong* . . ~o, -as, -avi *PP*; past[in]atur terra cum dimidia parte sue aque Ripley 222. **b** pastinat in scrobibus frondenti palmite vitem Aldh. *VirgV* 2504; ~are, *settan* GlC P 13; ~o, -as, verb. activ., i. plantare Osb. Glouc. *Deriv.* 421. **c** erutis passionum radicibus fructiferos virtutum surculos ~are [gl.: plantare vel nutrire vel *tyddrian*] Christo plantante possimus Aldh. *VirgP* 16; coepit . . sagax paedagogus clitonum eos . . salubribus ~are documentis Byrht. *V. Ecgwini* 361; ~ate hanc suadelam per vestram obsequelam Ælf. Bata 5. 5.

2 to support with stakes; **b** (p. ppl. as adj.).

~are, colere vel palos circumfigere Osb. Glouc. *Deriv.* 472. **b** *rayyld, of wynes*, ~atus *PP.*

2 pastinare v. pastionare.

pastinastoria, poultice, plaster.

pastinastoria, i. cataplasma *Alph.* 142.

pastinatio [CL]

1 preparation of ground by digging, ploughing, or sim.

pastino . . i. plantare . . et inde . . ~o Osb. Glouc. *Deriv.* 421; areagea, careagia, ~iones agrorum operasque alias quae arando, serendo, stercorando . . solent praestari *JusFeudale* 93.

2 grazing land, pasture.

762 (13c) unius gregis porcorum pascuam atque ~ionem in saltu Andoredo *CS* 191; **788** cum campis, silvis, pascuis, pratis, ~ionibus et cum propriis terminis *Text. Roff.* 131v.

pastinator [CL], one who prepares ground for planting.

pastino . . i. plantare . . et inde ~or Osb. Glouc. *Deriv.* 421.

pastinatum [CL = *ground prepared by digging*; cf. CL pastinum], ~a, sort of tool, dibble, hayfork.

~um, *plantsticca* Ælf. *Gl.* 106; videbamus in horreis . . palas, ~as [gl.: *furches a fein*], furcillas et tessaras Balsh. *Ut.* 50; *a debylle*, pastinacum, subterratorium; . . *a dibbille*, ~um, subterratorium. *a schake forke*, ~um *CathA.*

pastinum v. pistacium.

pastio [CL]

1 pannage, food for animals (esp. swine). **b** (*tempus ~onis* or ellipt.) pannage-time, season during which swine are allowed to feed in the forest.

pro his dat ~onem sufficientem, cxx porcis et si ~o deficit, de annona pascit et impinguat lx porcos *DB* I 205ra; **a1159** in eadem foresta ligna ad edificia . . et pasturam animalibus . . et ~onem et pasnagium porcis ecclesie *Act. Hen. II.* I 185; **a1183** communem ~onem et vacationem ad decimandum terram *Ib.* II 190. **b 967** (11c) ut annis singulis ~one adveniente centum porcos . . pascantur *CS* 1204; debeat tempore ~onis fugare porcos *Reg. S. Aug.* 308.

2 feeding (of humans): **a** food, service, duty to provide food. **b** (fine paid for) feeding or maintenance of criminals. **c** nurturing (of spirit). **d** food (in quot., transf. & fig.).

a 781 nec non et trium annorum ad se pertinentes ~ones . . largitus est (v. convivium c); **1189** (1406) sciatis nos dedisse . . ~onem super illorum proprios homines *CalCh* V 434; quod ipsi monachi habeant . . ~onem super illorum proprios homines infra civitatem et extra Thorne 2016. **b** ~o proclamati exulis, quod Angli dicunt *bebodenes utlage* . . ~o etiam latronum latitantium in silvis (*Inst. Cnuti*) *GAS* 613; **1313** latronum suscepcionem et ~onem *PQW* 319a. **c** prelatis . . competit . . predicare, in quorum figura Petro precepit Dominus populum, sc. gregem suum, ~one triplici recreare Peckham *Kilw.* 126; nota eciam ulterius ad accepcionem spiritualem corporis Christi quod non consistit in corporali accepcione, masticacione vel taccione hostis consecrate, sed ~one anime ex fructosa fide secundum quam nutritur spiritus no... in D_...... Mir.. Dun.. ... ... M .. al .. **d** fidei .... / . felix collectio / in qua virgineus panis est pastio Walt. Wimb. *Carm.* 129.

3 (fig.) feeding of flock, pastoral care (w. ref. to spiritual sustenance). **b** spiritual sustenance.

quamvis solertius intuendum quod eadem ~o gregis Dominici non uniformi sed multimoda est sollicitudine gerenda Bede *Hom.* II 22. 217; ad sanctam salvificae ~onis curam Ad. Marsh *Ep.* 75 p. 181; per predicationem evangelii ministerium ~onis adimplebitis *Ib.* 77 p. 191; plurium . . receptio convenit prelatis qui gregem triplicis ministerii habent pascere ~one Peckham *Paup.* 81. **b** divinorum ~o librorum (*Ps.*-Bede) *PL* XCII 71D.

pastionare, to give food to, feed (in quot., fig.).

coepit . . sagax paedagogus . . eos diatim salubribus pastinare documentis Byrht. *V. Ecgwin* 361.

pastofolia, pastoforium v. pastophorium.

pastomis [*aphaeretic form of* ἐπιστομίς], muzzle.

barnacles, bonds, ~is, idis, haec Levins *Manip.* 6/3.

pastophorium [LL < παστοφόριον]

1 part of Jewish temple; **b** (inner sanctuary); **c** (room in a treasury); **d** (portico, hall).

quem . . clam nutrierat vj annis in pastoforiis *Eul. Hist.* I 49. **b** propitiatorium vel sanctum sanctorum vel pastoforum, *gesceot bæftan þæm heahweofode* Ælf. *Sup.* 186. **c** pastofolia, cellas in gazofilacio GlC P 55. **d** pastoforium . . quo nomine solet saepe scriptura porticus illas cognominare quibus templum erat undique circumdatum Bede *Ezra* 877; ~ium, atrium templi Osb. Glouc. *Deriv.* 469; Simon . . obiit . . in Bosphoro non in ~io . . . est autem ~ium ut nonnulli volunt porticus templi in qua jacebant custodes templi Beleth *RDO* 157. 155.

2 part of church building.

959 ad reparanda diruta pastoforia aecclesiae *CS* 1048.

3 small house, cottage.

pastoforia, modica domus GlC P 79; *an howse*, domus . . versus: . . hiis pastophorium, magale *CathA.*

pastophorus [CL < παστοφόρος], pastophor, (pagan) priest who carries shrine in procession (in quot., transf. of cardinal).

hoc Carolus laborabat, quod boni aequique omnes faciundum judicabant, praeter Volsaeum gloriosum ~orum, qui vice pavonis caudam versicolorem pandere . . cupiebat P. Verg. XXVII 660.

pastor [CL]

1 one who feeds or provides food for animals.

pabulator, i. ~or Osb. Glouc. *Deriv.* 422; quis asserenti se non apponeret canum . . sectatorem et ~orem avium futurum ovium tam bonum . . pastorem? H. Bos. *Thom.* III 2; hic ~or, *a hyrdman WW.*

2 (spec.) one who takes care of sheep, shepherd; **b** (w. ref. to *Luc.* ii 8); **c** (w. ref. to anti-clerical uprising of the Pastoureaux in thirteenth-century France); **d** (*liber ~oris*) 'The Shepherd' of Hermas.

lupi . . ovile transilientes non comparente ~ore Gildas *EB* 16; ipsa [Rachel] appellavit eum [Jacob] unum de ~oribus putans *Comm. Cant.* I 168; mos est orientalium ~orum praecedere et cantare gregibus suis *Ib.* III 137; dum adhuc esset in populari vita . . cum aliis ~oribus pecora domini sui pascebat V. *Cuthb.* I 5; **1221** malefactores venerunt ad faldam abbatis . . et occiderunt R. ~orem suum *PICrGlouc* 40; hic ~or, *a schepard WW.* **b** eam Bethlehemitis ~ibus custodiens vigilias noctis Gosc. *Edith* 40. **c** de horribili ~orum immo vastatorum pervicacia: cum unanimi populorum conspiratione in clerum terrifice grassantium Ad. Marsh *Ep.* 24; quid sibi volunt ~orum cunei; cum conspiratione populorum clerum . . in regno Francie effrenata rabie pervadentes *Ib.* 28 p. 121; **1251** popello illi qui ~ores in Francia dicebantur, in periculo fidei catholice M. Par. *Min.* II 112. **d** quod unusquisque nostrum habeat angelos et in libro ~oris et in multis sanctae scripturae locis invenitur Bede *Acts* 973.

3 (transf. & fig.): **a** (of God or Christ); **b** (of Christ, w. ref. to *Matth.* xxiii 10 . . *Joh.* x 11 or xxi 16); **c** (of St. Peter, w. ref. to *Joh.* xxi 16).

a agnum virginea . . / stipat . . turma / et grex cum pastore pio gratabitur albus Aldh. *VirgV* 1668; palamque fit pastoribus / pastor [gl.: *hyrde*], creator omnium *AS Hymns* 51; sed Dei digitus farinam miscuit / et quo confectum est, hic pastor pinsuit Walt. Wimb. *Carm.* 119; **1438** preservet, dirigat et roboret ~or Summus Bekynton I 61. **b** eam ~or in humeris Christus inventam revehit ad gregem V. *Greg.* p. 107; **799** ad quem omnium pastorum ~or tertio dixit "pasce oves meas" Alcuin *Ep.* 179 p. 297; gregem tuum, ~or bone, quesumus, Domine, placatus intende *Rit. Durh.* 35; Christus . . ~or ecclesiastici gregis et pastorum Ord. Vit. X 11 p. 63; sacerdotes prevaricati sunt pactum Domini . . et non ~ores sed mercenarii exponunt lupis oves Ailr. *Ed. Conf.* 772C; ~or bonus nonaginta novem oves se reliquisse commemorat J. Ford *Serm.* 100. 8; **1457** omnium . . infirmitatibus compati Supremi ~oris edocemur exemplo, qui, relictis nonaginta novem in montibus, unam errantem quesierat *Lit. Cant.* III 224. **c** ~or [gl.: i. Petrus] gregis Dominici et janitor caelestis aulae Aldh. *VirgP* 55; exemplum sequebatur primi ~oris ecclesiae, hoc est beatissimi apostolorum principis Petri Bede *HE* II 4 p. 86; pastor bone Petre . . ne avertas misericordes oculos Anselm (*Or.* 9) III 31; primo ~ori trina repetitione . . a pastorum principe . . inculcatum est J. Ford *Serm.* 112. 3.

4 (of member of ecclesiastical hierarchy) spiritual pastor: **a** (unspec.); **b** (priest); **c** (abbot); **d** (bishop); **e** (pope).

a typum gerebatur optimorum ~orum quos Christus paterfamilias constituens super famulos et famulas ut juste trittici mensuram distribuant Theod. *Laterc.* 14; cum ceteris sanctae ecclesiae ~oribus resurrecturus in gloria Bede *HE* II 1 p. 79; Christus . . pastor . . ~orum Ord. Vit. X 11 p. 63 (v. pastor 3b); numquid nos oves, ait propheta, pascuntur a ~oribus J. Ford *Serm.* 112. 3; audiant ergo ~ores nostri, qui non

pascere querunt sed pasci, non prodesse sed preesse GIR. *GE* II 34 p. 333; qui huc veluti ~ores venerint FERR. *Kinloss* 10. **b** de ~oribus imperitis qui derelinquunt oves et pascunt vana GILDAS *EB* 92; perspicax ~or ovium Dei . . multitudinem . . copiosius pavit EADMER *V. Osw.* 22; cum ~oribus et curatis R. BURY *Phil.* 6. 86 (v. curare 5d); heu! nunc mercenarii, nec veri pastores, / rectores, vicarii mutaverunt mores *Pol. Poems* I 280. **c 1008** praedicti ~or monasterii *CD* 1305; **1221** prior et conventus abbatie . . habent litteras de licencia eligendi sibi ~orem *Pat* 294; de ~ore inter eos aliquando invicem colloquuntur *Croyl.* 24; **a1400** monasterium B. M. Eboraci a ~ore fuerat viduatum *Meaux* III 249; sub quibus . . ~oribus sive abbatibus grex monasticus . . fuerat educatus FLETE *Westm.* 33; **1549** conventio exhortatur . . abbates, priores . ., prout decet bonos ~ores, vitam, mores . . et studia religiosorum reformanda curent *Conc. Scot.* II 92. **d** Hrofensis ecclesia ~orem minime habebat eo quod Romanus praesul illius ad Honorium papam missus BEDE *HE* II 20 p. 126; totius . . Britannie summo ~ori Lanfranco LANFR. *Ep.* 11 (12); bonus . . ~or circuit dyocesim suam T. CHOBHAM *Praed.* 68; **1217** licenciam eligendi vobis episcopum et ~orem *Pat* 83; nobilis ille ~or et martyr Thomas *Lit. Cant.* III 216. **e** Gregorius, pervigil ~or et pedagogus noster ALDH. *VirgP* 55; **799** pro summi ~oris incolomitate, pro sanctae sedis auctoritate ALCUIN *Ep.* 179 p. 297; Leo papa viam universe carnis ingreditur et sacra beati Petri apostoli cathedra tanto ~ore vacuatur OSB. CLAR. *V. Ed. Conf.* 11 p. 87; favebat . . ei tunc Romane ~or ecclesie Eugenius *Chr. Battle* f. 58v.

5 (bot., *bursa ~oris*): **a** shepherd's purse (*Capsella*). **b** (?) bluebell (*Hyacinthus*).

a 12 . . etc. (v. bursa 7a). **b 14** . . (v. bursa 7b).

6 (*virga ~oris*): **a** teasel (*Dipsacus*). **b** (?) knotgrass (*Polygonum aviculare*) conf. w. teasel.

a plumbum. virga ~oris. folia vitis GILB. III 32. 1; plantago et virga ~oris GAD. 6v. 2 (v. consolidativus a); virga ~oris, lupi pecten idem, assimulatur cardoni fullonum, A. *wildetesel Alph.* 191; virga ~oris, *wylde tesel WW*; officine hanc herbam [dipsacum] virgam ~oris vocant, Anglorum vulgus *a wylde tasyll* TURNER *Herb.* Aiv v. **b** altersandarei, i. virga ~oris *SB* 10; virga ~oris, i. carduus agrestis, herba est que multum assimulatur carduo fullonum, A. *wilde tasel SB* 43; asar, i. virga ~oris *Alph.* 15.

pastoragium [OF *pasturage*] (land for) grazing, pasture.

1222 pro communitate ~ii (v. communitas 3a).

pastoralis [CL]

1 of or belonging to a shepherd. **b** (*canis ~is*) sheepdog. **c** (*carmen* or *poema ~e*) pastoral poem, bucolic.

in ~ibus habitaculis *V. Cuthb.* IV 10; lapidibus . . congestis in peram ~em J. SAL. *Ep.* 193 (187 p. 234); gens a primo ~is vite vivendi modo non recedens GIR. *TH* III 10. **b** ad canem ~em: is ad certam heri jubentis vocem . . errantes oves in eum locum redigit in quem pastor maxime desiderat CAIUS *Can.* 6b. **c** bocolicum, id est ~e carmen BONIF. *Met.* 111; eximius ille poeta [sc. *Vergil*] in ~i poemate GIR. *Ep.* 4 p. 186.

2 (eccl.) of a pastor. **b** (*cura ~is* or sim.) office or duty of pastor.

qui Dominici gregis excubias . . contra ferinam luporum ferocitatem . . solertia ~i tuebatur ALDH. *VirgP* 33; **a1078** linguas detrahentium ~li semper auctoritate repellatis LANFR. *Ep.* 13 (14 p. 88); aggreditur rogare illum ut ecclesiam ~i solatio destitutam ipse pastor suscipiat OSB. *V. Dunst.* 22; episcopos et abbates cum ~ibus cambutis advertit ORD. VIT. VIII 17 p. 369; in nonnullis . . angulis multi . . sunt non baptizati, et ad quos, ex ~i negligentia fidei nunquam doctrina pervenit GIR. *TH* III 26; **1417** quatinus . . teneros . . alumnos, adhuc in lacte matris [sc. universitatis Oxon.] sub spe ablactacionis vestri ~is baculi recubantes, ablactare velitis [sc. ad beneficia promovendo] *Reg. Cant.* III 48. **b** ~is curae sarcina gravatus ALDH. *VirgP* 59; cur . . ~em tugeret curam . . apologiticon scripsit *V. Greg.* p. 109; credere decet nihil eum monachicae perfectionis perdidisse occasione curae ~is BEDE *HE* II 1 p. 74; nullo adhuc cure ~is onere pressus AILR. *Spir. Amicit.* III 119. 698; quicumque . . suscipit curam ~em spondet . . quod ipse custodiet vigilias noctis super gregem suum T. CHOBHAM *Praed.* 137; onus subiit ~e *V. Edm. Rich B* 620.

3 (as sb. m.) 'The Shepherd' of Hermas.

passi sunt Romae Alexander papa et Hermes qui fecit ~em R. NIGER *Chr. II* 116.

4 (w. ref. to Gregory the Great's *Cura Pastoralis*): **a** (*liber ~is* or *de ~i cura*); **b** (ellipt. or as sb. m.); **c** (*regula ~is*); **d** (*registrum ~e*); **e** (ellipt. or as sb. n. sg.); **f** (n. pl. as sb.).

a 796 liber sancti Gregorii ~is ALCUIN *Ep.* 116; **797** Gregorii praedicatoris nostri libellum de ~i cura *Ib.* 124; sanctus papa Gregorius, in libro ~i . . inquit SERLO GRAM. *Mon. Font.* 44. **b** alium . . librum composuit . . , qui vocatur ~is BEDE *HE* II 1 p. 76; **796** lege . . evangelia Christi . . sed et ~em beati Gregorii papae saepissime perscrutare ALCUIN *Ep.* 39; precipui sunt libri Orosius, ~is Gregorii, Gesta Anglorum Bedae W. MALM. *GR* II 123; ~is Gregorii (*Catal. Librorum*) *Chr. Rams.* 361. **c** in codice regulae ~is BEDE *Cant.* 1232. **d** Gregorius . . composuit . . Registrum ~e *Eul. Hist.* I 212. **e** lege . . ~e beati Gregorii AD. SCOT. *Serm.* 259; ~e Gregorii (*Catal. Librorum*) *Chr. Rams.* lxxxvi. **f 1434** lego magistro W. B. librum de ~ibus, omeliis, dialogis et super cantica in uno volumine *Reg. Cant.* II 541; **c1501** ~ia beati Gregorii *Cant. Coll. Ox.* 18.

5 (bot., *virga ~is*) teasel (*Dipsacus*).

succus ~is virge pustulas . . in auribus curat GILB. III 146v. 1.

pastoralitas [ML], (eccl.) pastoral office.

si . . virgam ~atis signum, si anulum signaculum fidei tradit laica manus (*Lit. Papae*) W. MALM. *GR* V 415 (=*Ep. Anselm.* IV 197).

pastoraliter [LL], in the manner of or as befits a shepherd or pastor.

pastoralis . . et inde ~iter adverbium OSB. GLOUC. *Deriv.* 421; pelle . . pastoria penulave ~iter compotitum E. THRIP. *SS* III 1; aut aliter scribendo vel docendo ~iter se exercent NETTER *DAF* 534; pastor affectus . . ~iter satis lupos fugaverat a caulis *Reg. Whet.* I *app.* p. 451.

pastorare, to shepherd, act as pastor for, take care of.

1129 acta sunt hec . . Guillelmo ecclesiam Pictavensem ~ante *Regesta* 1580.

pastoratus [ML]

1 (office or duty of) spiritual care, guardianship.

a1199 . . ex ~us nostri officio jura sua tueri et conservare debeamus *Act. Ep. Cant.* 493; ut sciatis quid sit officium boni pastoris antequam recipiatis curam ~us T. CHOBHAM *Serm.* 15. 54va; quomodo . . ~um animarum assumit qui animas pascere nescit? *Ib.* 15. 56ra. neque auctoritatem aliquam ~us et excellenciam super reliquos apostolos Christus immediate Petro tradidit OCKHAM *Dial.* 849.

2 period of pastoral office.

monastica aedificia quae post per ejus ~um aedificanda fuerant B. *V. Dunst.* 3.

pastorculus [ML], little shepherd.

~us, -li, diminutivum OSB. GLOUC. *Deriv.* 421; ~us, parvus pastor *Ib.* 472.

pastorella [OF *pastorele*, AN *pasturel* < CL pastoralis], pastourelle, pastoral poem, bucolic.

amenum est multis cantilenas et ~as incendiis vitiorum plenas audire O. CHERITON *Par.* 46.

pastoricus [cf. CL pastoricius], of a shepherd, pastoral.

pasco . . pastor . . unde pastorius . . , ~us, -a, -um, et hic et hec pastoralis . . omnia in uno sensu OSB. GLOUC. *Deriv.* 421; ~us, pastorius, pastoralis *Ib.* 472; vidit greges pascentes et cum his opiliones duos, ad quos digrediens exceptus est in morem ~um humanissime FERR. *Kinloss* 16.

pastorissa, shepherdess (in quot., abbess).

1361 priorissa et conventus domus nostre de Lacok' nuper ~e solacio destitute *Reg. Black Pr.* IV f. 222d.

pastorius [CL]

1 of a shepherd, pastoral.

sibila vicinus jam mons pastoria sentit L. DURH. *Dial.* II 9; OSB. GLOUC. *Deriv.* 421 (v. pastoricus); veni pastoris pastoria sponsa Maria GARL. *Tri. Eccl.* 9.

2 (as sb. f.) shepherdess.

miserere nos tuere, / oves gere, remedere / egris, O pastoria GARL. *SM* 1131.

3 (as sb. n.) shepherd's implement, crook, fetter, hobble, or sim.

pedo vel †paturum [?l. pastorium] *feotur GlC* P 253; †paturum, *fctor* [?l. pastorium, *fetor*] *Gl. Leid.* 46. 42.

pastrix [ML], one who feeds or tends (f.): **a** shepherdess. **b** abbess.

a habens septem filias ~ices *Eul. Hist.* I 39. **b 1414** religiosam mulierem B. P. . . in abbatissam et ~icem ejusdem abbathie elegit *Reg. Cant.* III 307; **1414** eidem archiepiscopo eligendi, sibi et domin' sue praedicte, personam ydoneam in abbatissam et ~icem liberam potestatem concesserunt ista vice *Foed.* IX 157.

pastro, -onus [ME *pastron*, OF *pasturon*, *pasture*], shackle, hobble, pastern (for grazing animal).

c1250 debet facere ~ones de virgis ad appros episcopi *Cust. Suss* I 19; **1286** pro frenis et ~onibus et cordis emptis ad palefridos regis *Rec. Wardr.* 120; pro . . ~onibus et traynellis . . pro eisdem equis *Ib.* 501; **1303** pro ~onibus . . pro equis custodiendis (v. harnesiare 1b); **1329** in ij ~onis emptis pro eisdem [equis] iiij d. *MinAc* 965/10; **1339** cccc traynellos et ~onos *CalCl* 28.

pastula v. pustula.

pastura [LL]

1 grazing, feeding of animals; **b** (w. gen.).

~a omne genus pascendi significat, sive fiat in pratis, in stipula, in agris, in campis LYNDW. 195e. **b** calumniatur praepositus regis dim' hidam ad ~am boum regis *DB* I 49vb; partura [*sic*] cc ovium *DB* 250; **c1180** cum ~a viginti animalium et sex equorum *Regesta Scot.* 202; **1273** de ~a xxiiij equorum, iiijjxxxv boum, xlvj vitulorum in ieme *Ac. Stratton* 40.

2 piece of land for grazing, pasture.

855 tenementa, ~as, molendina . . concedo *Conc.* I 182b; **1156** in terris et in silvis, ~is, et aliis pertinenciis (*Oxford*) *BBC* 6; monachi . . habent . . totam ~am ejusdem ville qui ita oneraverunt eam ovibus et aliis averiis quod non potest plus sustinere *RDomin* 19; **1204** habebunt in predicto bosco ~am ad quadraginta animalia et ad centum oves et predictos triginta porcos quietos de pannagio *Ch. Westm.* 330 (cf. ib: habeant sustentacionem ad predictos triginta porcos . .); **1234** villata dicit quod ~a dividi debet in duas partes equales, et dominus habebit quam partem eligere voluerit ad opus suum, et villata aliam *Cust. Glast.* 67; **1311** dominus inveniet pastura[m] ad animalia dummodo fecerint opus *Cust. Battle* 156; **1343** antiqua ordinacio de ffaldis in communia ~a tenendis *Gild Merch.* II 339; cum ~a xl vaccis *Meaux* I 95.

3 (right of or fee for) pasturage.

de ~a silvae xxxj s. et ij d. *DB* I 2vb; **a1157** concessi . . ut ~am boum et vaccarum et ovium suarum habeat *Ch. Sal.* 26; **1198** sciant . . me dedisse . . ecclesiam . . cum communi ~a *Inchaffray* 2; **1280** habebit xxxj bidentes cum ovibus domini quietos de ~a *Crawley* 236; **1283** clamant ~am super petram *Cust. Battle* 51; **1308** concessit et confirmavit liberam ~am ad omnimoda animalia sua in omnibus locis *Year Bk.* 21.

4 (service of) providing food, maintenance, puture.

12 . . salvo forinseco servicio, sc. ~a ij forestariorum *Cart. Chester* 652 p. 362; **1328** pro vestura sua convertant, pannis [?l. panis] pro ~a decem fratribus *MonA* II 36a; **1471** de firmis molendini de A., concessis Roberto Ald pro ~a leporariorum domini regis *ExchScot* 57; **1484** compertum est quod ~e nostre valent singulis annis collegio xvj s. ad omne minus *Reg. Merton* I 36.

pasturagium [ML], ~a

1 pasture.

c**1100** (1420) gurgites, salinas, ~iam *MonA* VI 1069a.

2 (right of or fee for) pasturage.

a**1190** liberum pasnagium et ~ium in foresto .. ad lx porcos et ij verros. liberum pasnagium et lx porcos et ij verros et liberum ~ium in omnibus anni temporibus *Act. Hen. II* II 332; c**1230** medietatem pecunie suscepte .. de ~io de Hemsted (*Cust. Lessingham*) *Bec* 114; **1389** concedo eis ut habeant in defenso meo, sc. in pastura que vocatur Sumerlese, octo animalia quieta de ~io *CalPat* 148; **1421** una cum libera molaria in molendinis .. ac libero pascuagio et ~io pro omnibus animalibus suis, exceptis captis, in foresta *Foed.* X 89; **1590** cum communi ~io *RMS Scot* 611/1.

pasturalis [ML], of pasture.

duabus peciis terre una videlicet ~is altera vero etc. *Reg. Rough* 177; **1587** terra ~is *Pat* 1303 m. 24.

pasturare [ML]

1 (intr., of animal) to graze.

1230 licitum erit custodibus manerii .. non solum in pasturam .. set etiam in pratum .. immittere ad ~andum *E. Ch. S. Paul.* 163; **1400** vestras oves .. permittentes .. peragrare, libere ~antes *Pri. Cold.* 83.

2 (trans.) to put to graze, feed (animal); **b** (pass.); **c** (absol.); **d** (spec., w. ref. to pigs) to provide pannage for.

1305 prior est .. dominus communis pasture et potest ~are in eadem pastura .. iiij^{xx} bident' *Ext. Hadleigh* 230; **1338** quod S. .. ~at in eadem foresta .. c bidentes *Cart. Boarstall* 564; **1389** suscepimus dictos pastores cum ovibus .. veniendo ibidem morando et oves illas ~ando *RScot* 99a; **1400** ~abant viginti bestias .. in parco predicto *AncD* D 3111; **1533** nullus tenens ~abit seu conducet oves suas ultra quandam viam in communi campo *Banstead* II 105. **b** **1275** dabit pro quolibet averio ut possit ~ari in pastura comitisse .. quad. *Ac. Stratton* 7; **1453** decimas animalium, que in .. parochiis ~antur *Conc.* III 567a. **c** **1275** Petrus et heredes sui .. ~abunt cum hominibus meis et hominibus sancte Bege .. cum omnibus prenominatis catellis *Reg. S. Bees* 324. **d** c**1290** burgenses .. qui porcos habuerint .. dent rectum takcum quando ~ant infra predictas communas (*Altrincham*) *BBC* 82.

3 (p. ppl.) **a** (as adj., of animal) put to pasture, that grazes: **b** (as sb. f., right of) pasturage, pasture.

a **1270** in stipend' .. unius vaccarii custodientis animalia ~ata in pastura comitisse *MinAc* 1118/17 r.5; solebant habere unam vaccam ~atam cum ovibus domini *Cust. Battle* 56. **b** **1551** pasturam et ~atam *CalPat* 235.

pasturatio, (right of) pasturage.

pro pastura et ~one averiorum illorum *Entries* 151; **1588** damus .. communiam pasture, ~onem, et deambulacionem pro sexcentis ovibus *Pat* 1321 m. 12.

pasturire v. parturire.

1 pastus v. pascere.

2 pastus v. pasta.

3 pastus [CL]

1 feeding (of animal), fodder, grazing; **b** (w. gen.). **c** payment for right to pasture animal. **d** (trans. & fig.).

ardua rupium .. solent quaerendi ~us gratia scandere BEDE *Cant.* 1129; a**979** (12c) A. denique genitor illius hanc eandem tellurem familiae in Vetusto monasterio, ubi omnes sui antecessores requiescunt, pro ~u designavit *CD* 1347; animal silvestre .. numquam excedit mensuram edendi. aves vero et bestie assuete manibus humanis .. mensuram sepe excedunt, et nisi a ~u arceantur, devorant usque ad internitionem T. CHOBHAM *Praed.* 249; **1359** de xxiij qr. iij bus. ~us de avenis minutis *Househ. Ac.* 490. **b** a**716** terrulae partem .. perdono .. ad ~um .. ovium trecentorum *CS* 98; **814** haec sunt nomina ~uum porcorum *CS* 346; **843** haec sunt ~us porcorum qui in nostra Saxonica lingua *denbera* vocantur *CS* 442; nemora .. quorum in saltibus .. animalium pascibus gramina conveniunt ROB. ANGL. (II) 187; **1287** exitus pisorum: .. in ~u porcorum xj ringas, iij busellos *Rec. Elton* 18. **c** **1334** terra .. propter quam nullum reddunt ~um (v. empticius 1c). **d** mistica intelligentia de ~u ovium Christi AD. DORE *Pictor* 163.

2 feeding (of person), food, nourishment; **b** (w. ref. to spiritual nourishment); **c** (w. ref. to temporal and spiritual nourishment).

si corpus corruptibile refloret ~u cotidiano, quanto magis anima de pane angelico GOSC. *Lib. Confort.* 90; quomodo eos domabimus si eis et in ~u et in potu indulserimus W. MALM. *GR* IV 310; ~u quolibet intus invento GIR. *TH* II 4; **1242** in expensis domus regine: .. elemosinis et ~u pauperum *Pipe* 127; ~us defectum pacientes *Ps.*-ELMH. *Hen. V* 32. **b** **793** ut vosmetipsos pascere et aliis spiritalis vitae ~um praebere valeatis ALCUIN *Ep.* 19; littera sacri vocaminis / pastu me recreat mire dulcedinis WALT. WIMB. *Carm.* 208; **1549** ~u animarum salutari *Conc. Scot.* 102. **c** c**970** ut .. gregem .. duplici ~u nutriant monachorum (v. †dirocheum).

3 food provided as service; **b** (for lord, prince, bishop, or sim.); **c** (for employee).

a**797** mihi meisque successoribus unius noctis ~um aut triginta .. [compa]ravit siclos *CS* 271; **1259** Abbetonum dat xij pro pastura .. et debent metere per j diem in autumpno pro uno ~u, et valet xij d. *Cl* 488; c**1280** habebit ij garbas ad suum ~um de tali blado *Crawley* 232. **b** **1334** quelibet istarum xj gavellarum reddit de Tung' per annum xij d. et pro ~u familie principis per annum ij s. v d. quad. *Surv. Denb.* 7. **c** **1334** pro ~u duorum forestariorum .. per annum iiij d. *Surv. Denb.* 59.

4 duty to provide food and maintenance: **a** (for king and retinue); **b** (for bishop); **c** (for employee); **d** (for animal).

a **716** a ~u regis, principum, comitum liberas .. esse .. statuimus *CS* 91; **845** (11c) ab opere regali et ~u regis et principis vel juniorum eorum .. libera consistit in aevum *CS* 450; **875** (11c) ut tota parrochia Hpicciorum a ~u aequorum regis .. secura permansisset *CS* 540; s**694** concedimus .. a ~u regis, principum, comitum .. liberas eas esse *AS Chr.* **b** **840** ab .. ~u episcoporum et ab omnium secularium servitutum molestia secura et immunis aeternaliter permaneat *CS* 431. **c** quietos .. de *duretolle* et de ~u forestariorum *Terr. Fleet* 108; ita quod .. cottarii .. stagna dicto molendino mundarent semel per annum, ad ~um nostrum semel in die *Meaux* II 60. **d** **855** (11c) liberam a ~u omnium accipitrum et falconum *CS* 488; **1334** pro ~u duorum dextrariorum *Surv. Denb.* 59.

5 right of king to levy maintenance.

omnes rectitudines civitatum regis sunt, et ~um suum cum omnibus rebus que ad illum ~um pertinent (*Inst. Cnuti*) *GAS* 613.

6 (bot.): **a** (*~us anserinus* or sim.) shepherd's purse (*Capsella*). **b** (*~us camelorum*, *~us columbarum*) fumitory (*Fumaria officinalis*).

a hoc herbile, i. herba habundans quo nomine .. vocatur anser herba ~us OSB. GLOUC. *Deriv.* 273; sanguinaria, ~us anserinus idem *Alph.* 162. **b** fimus terre, fimulus, pata leonis, ~us, ~us columbarum, A. *fime of þe erth, ffemyter' MS BL Addit.* 27582 f. 60r.

pasuia, pasuium v. pascuus.

pata [AN *pas, pes+de*, Fr. *patte*], (bot., *~a leonis*) lion's foot, lady's mantel (*Alchemilla vulgaris*).

fimus terre, fimulus, ~a leonis, pastus camelorum, pastus columbarum, A. *fime of þe erth, ffemyter' MS BL Addit. 27582* f. 60.

patagium [CL], ornamental border on garment.

~ium, -ii, i. gula ad summam tunice assuta OSB. GLOUC. *Deriv.* 438; *colere off a garment*, ~ium, -ii n. *PP*.

Patarus [cf. Paterinus], member of heretical sect, Patarin or Cathar.

heretici illi nostri temporis, qui ~i seu Catari dicuntur, et circa hunc precipue articulum, scilicet de corpore Christi conficiendo, enormius errare noscuntur GIR. *GE* I 11.

patefacere [CL]

1 to open: **a** (door, building, or tomb); **b** (eye or vision); **c** (transf. & fig.).

~facta sunt monumenta et petre fissae sunt et mortui resurrexerunt THEOD. *Laterc.* 10; ubi ad ~factam usque inter flammas januam pervenit BEDE *HE* III 19 p. 166; ut .. ~factam armati intrarent ecclesiam ASSER *Alf.* 96; valvas .. vehementi ~factas impetu W. MALM. *GR* II 203; oppidani confestim portas ~facerent ORD. VIT. IV 3 p. 174. **b** quis .. animae visus .. ita ut intueri poterit auxiliarium caelestis exercitus .. ~fecit GILDAS *EB* 72. **c** Christi per .. resurrectionem et ascensionem ~fieret hominibus caelestis janua regni BEDE *Hom.* II 9. 144 ~facta cordis janua *Id. Cant.* 1158; fabulae januam .. de interitu suo ~fecit W. MALM. *GR* II 144.

2 to open up access or a path (also transf. & fig.).

hac quasi via pestilentiae trans Oceanum ~facta BEDE *HE* I 8 p. 22; terra .. dehiscens latum ingredientibus ~fecit introitum W. MALM. *GR* II 169; pars muralis ultro decidens ingressum illi ~fecerit *Ib.* III 248; Wiscardus ferro et flammis sibi aditum Romae ~fecit ORD. VIT. VII 7 p. 176; meretricibus regni celestis aditum suo sermone ~fecit AILR. *Serm.* 14.6.291; nondum ~facta vite via GIR. *TH intr.* p. 3.

3 to make appear, reveal. **b** (fig.) to expose, reveal.

dextera dum patris portum patefecit in undis ALDH. *VirgV* 1103. **b** abstrusa praecordiorum reserantes facundi sermonis clave ~faciant ALDH. *VirgP* 27; Filius .. in carne visibilis apparens divinitatis archana per evangelium suum mundo ~facere dignatus est BEDE *Ep. Cath.* 118; non minus reprobandam improbitatem quam ~faciendam habeo ADEL. *ED* 16.

4 to make plain, demonstrate, explain; **b** (w. acc. & inf.); **c** (w. indir. qu.).

ut .. enigmatum problemata luculentae urbanitatis versibus ~facias ALDH. *Met.* 10 p. 96; catholicam sancti paschae observantiam .. libentissime tuo desiderio .. ~facere satagimus (*Lit. Ceolfridi*) BEDE *HE* V 21 p. 333; ut appellaret Deum qui nosset enigmata .. ~facere W. MALM. *GR* II 154; demonstrare, ~facere, insinuare, enucleare OSB. GLOUC. *Deriv.* 289; **1162** que, ut clarius ~fiant, propriis nominibus exprimere decrevimus *Regesta Scot.* 195. **b** si nec genitum nec ingenitum esse tractatus ~fecerit ABBO *QG* 47 (21). **c** quam longinquus a favore ducis Guillelmi animo fuerit .. certissime cum urbs Cenomanica dederetur patefactum est W. POIT. I 40.

5 to make known (to); **b** (w. dat.); **c** (w. *quod* & subj. or indir. qu.) **d** to confess.

visa sibi prorsus patefacere non erat ausus WULF. *Swith.* I 90. **b** haec audiens .. praecepit fratri, ne haec cui ~faceret BEDE *HE* V 9 p. 298; omnia consilii sui secreta matri sue ~facere AILR. *Serm.* 38. 9; causa heresis omnibus esset ~facta *Proc. A. Kyteler* 21; **1419** vestre celsitudini per confratrem .. presencium latorem ~facimus per presentes *Reg. Cant.* I 60. **c** cum ei .. cuncta quae eum essent superventura ~faceret BEDE *HE* IV 26 p. 272; quicquid de rebus que in ea scripta sunt fidei normula poscat .. nobis .. ~facere memineris W. MALM. *GR* I 88; **1388** vestre dominacionis excellencie ~facimus .. quod .. J. H. .. innodata existat *MunAcOx* 795. **d** qui illusionem nocturnam patri spirituali non ~fecerit *Cust. Cant.* 253 (v. illusio 3).

patefactio [CL], (act of) opening, exposing, revealing, making known.

manifesta scripturarum ~one exerere curamus WILLIB. *Bonif.* 4 p. 13; chorusca miraculorum ~one ostensa *Ib.* 8 p. 55; sic quisquis cordis compunctione fit contritus, seu confessionis ~one purgatus PULL. *Sent.* 896C; usque ad ~onem ossium laniatur *Eul. Hist.* I 144.

patella [CL], **1 patellus, ~um**

1 metal or earthenware vessel, pan, cauldron, dish, bowl, or bucket; **b** (dist. acc. use); **c** (in gl.).

~a, *panne* ÆLF. *Gl.* 123; in coquina sint .. aenum, ~a [*gl.: paele*], sartago NECKAM *Ut.* 97; in pacella ferrata pro coquina *Doc. W. Abb. Westm.* 172; cacia est parva ~a perforata multis foraminibus *SB* 15; **1456** pro iij patulis sive ~is de ere .. viij lagenarum, altera iij et altera quasi j *Cant. Coll. Ox.* II 178; patilla, -e, *pan* STANBR. *Vulg.* 11. **b** sagina in ~a coctus OSB. GLOUC. *Deriv.* 244; recipe ex eo [sc. sale communi] libram unam et pone in ~am ferream et combure M. SCOT *Lumen* 242; **1250** ~a .. parva ad recipiendam pinguedinem aucarum *MinAc* 766/20d.; c**1300** in coquina .. una magna ~a in qua disci

lavantur *FormMan* 21; ~as ferreas *Cust. Westm.* 50 (v. 2 luteus 1a); **1284** pro .. ~is ereis ad sagittas pennand' *KR Ac* 351/9 m. 15; que cooperta coquuntur sine aqua et que in pastellis (v. l patellis) preparantur BACON IX 131; **1313** pattella, **1373**, **1388**, **1436** (v. frixorius a); **1326** una ~a enea cum pedibus .. una ~a enea ad friandum *Reg. Exon.* 568; **1348** (v. 2 frixare); **1351** in j ~a lutea pro lacte custodiendo ij d. ob. *Rec. Elton* 372; **1553** de .. quatuor ~is ad califaciendum, Anglice *fower warmyng pannes Pat* 852 m. 29. **c** eodem modo bachio concurrunt quae sequuntur ut .. polentae, ~ae ALDH. *PR* 123.

2 (~*a salinae* or sim.) salt pan.

1156 salinas ac ~as salinarum HADRIAN IV 114; **1180** concessi ut .. monachi habeant aisiamentum .. in bosco .. ad ~am predicte saline sustinendam *Melrose* 65; c**1200** me concessisse .. tantum turbe in marisco versus Vulmarsti quantum sufficere potest ad duas ~as saline sue de Vulmarsti *Ch. Chester* 291; **1220** unam ~am ad sal faciendum *CurR* VIII 394; **1234** quelibet ~a buliens salem .. dabit domino portus semel in anno unum *funding* salis †et [MS: sc.] *salemel* que debet esse de xviij pollicibus (*DL Misc. Bk.* 5 f. 53a) *Eng. Justice*; c**1250** confirmavi .. unam salinam cum duabus ~is in villa de B. .. et turbas .. quantum ad easdem ~as poterit sufficere et sabulum de bosco meo ad salinam construendam *Couch. Furness* II 90.

3 plate on which bread is placed at Eucharist, paten.

calix cum patela, missale et omnia ornamenta .. capelle *Reg. S. Aug.* 228; **1397** parochiani dicunt quod W. L. detinet de bonis ecclesie unam ~am valoris v s. legatam .. ad opus ecclesie (*Vis. Heref.*) *EHR* XLV 451.

4 concave metal plate: **a** (used to support mill-stone); **b** (part of clock).

a **1272** molendinum .. in fusill' et *rynde* et patell' emendandis cum iij experduc' ferri *MinAc* 935/23; **1279** in ij patell' ferreis ad illum mol' [*sc.* aquaticum] .. in ij patell' ad mol' ventr' *Ib.* 991/19; **1300** in iij experdut' ferri emptis ad patell' cum capite axis exterioris *Ib.* 935/36; **1301** in ferro empto .. ad patell' de novo faciend' *Ib.* 840/10; **1325** in j ~o ferri empto pro predicto ere infra molliendo ad ij nuces pro predictis springaldis inde fundend' *Ib.* 1147/23 m. 3; **1327** in j ~a ferr' ad molendinum empta cum posicione ejusdem et emendacione cuve ejusdem, ij s. *Ib.* 1141/1 r. 5. **b** **1361** in .. stanno empto ac reparacione ~i orilogii *Ac. Durh.* 384.

5 pan or saucer as stand for candle or lamp.

1372 unam ~am ferream vocatam *hers Chanc. Misc.* bundle 110 file 11.

6 long-handled instrument, spade, spoon, scoop, scraper.

strigilis, ~a vel ferrum unde purgantur equi OSB. GLOUC. *Deriv.* 562; **1460** j patil' ferr' ad extrahend' pisces de patell' *Ac. Durh.* 89.

7 (anat.) patella, knee-cap.

vulnera fiunt sepius in genibus et crure ... cum .. fit vulnus in genu ita ut ~a pro magna parte separetur GILB. VII 368. 1.

patellula, small pan.

c**1379** j ollam precii xv d. ~am precii ij d. *Rec. Leic.* II 178; **1501** viij ~e *Cant. Coll. Ox.* I 39; patillula, -e, *lytell pan* STANBR. *Vulg.* 11.

patellus v. patella, pastillus. **patena** v. patina. **patenarius** v. patinarius.

patentare

1 to grimace, express scorn.

bleryn with mow making, ~o, -as *PP*.

2 to sit astride, straddle.

strydyn .. ~o, -as *PP*.

patentarius [patens *pr. ppl. of* patere+-arius], patentee, one who holds property by letters patent.

1449 custodes sive ~ii omnium castrorum, domorum, maneriorum .. que fuerunt Isabelle nuper comitisse Warr' *Pat* 468 m. 2.

patentator, patentor [patens *pr. ppl. of* patere+-or, -tor] patentee, one who holds property by letters patent.

c**1350** dedit .. cxl s. ad concordandum quod inquiratur per patentem ad quem vel ad quos pertinebat de jure dicta dim. carucata terre; et ~ator venit et dixit quod dicta terra pertinebat ecclesie de Clone *Pipe Cloyne* 32; **1432** salvis sciam omnibus ligeis nostris aliis quam ~oribus regiis terrarum et tenementorum predictarum .. vigore litterarum suarum patencium eorum jure clameo accione ingressu et interesse que habent .. in predictis terris et tenementis *Cl* 282 m. 4.

patenter [CL]

1 openly, clearly. **b** (? w. play on sense 2).

in quo facto ~er ostenditur quia .. *Comm. Cant.* III 118; quo facilius .. mercantibus in propatulo ~er clarescat ALDH. *VirgP* 22; ~er intellexerant quia .. curavit BEDE *HE* III 25 p. 182; secreta .. ante .. abscondita ~er aperuit WILLIB. *Bonif.* 4 p. 15; qui non corripit se parum diligere ~er ostendit GIR. *SD* 22; per scripturas sacras copiosissime et ~issime potest ostendi OCKHAM *Pol.* I 285; voluntatem meam te scire ~er existimas *Arthur & Gorlagon* 150. **b** **1167** quare patentibus litteris testificati sunt in animas suas? .. archiepiscopus .. ~er sitientibus sanguinem ejus .. acquiescere non decrevit J. SAL. *Ep.* 216 (218).

2 as a patent document (as dist. from a letter close), in patent form.

1257 ista littera postea fuit ~er sigillata *Cl* 38; **1283** constabulario .. nunciandi sive mandandi litteratorie et ~er [potestatem] *RGasc* II 199a; **1316** potestatem .. nunciandi sive mandandi literatorie et ~er *RGasc* 1673; **1328** cum sigillis .. ~er appositis *Reg. Dunferm.* 371; litteris .. super premissis ~er signatis *MGL* II 268.

patentia, manifestness, obviousness.

istas veritates, etsi sint patentissime demonstrabiles, propter earum ~iam narrative refero WYCL. *Dom. Div.* 18.

patentor v. patentator. **pateos** v. pteris.

pater [CL; cf. πατήρ]

1 father. **b** (as qualifier) the elder.

si moritur infans trium annorum sine baptismo, iij annos peniteat [v. l. peniteant] ~er et mater THEOD. *Pen.* I 14. 29; truculentus parricida potius quam pius ~er ALDH. *VirgP* 47; Aedilberct filius Irminrici, cujus ~er Octa, cujus ~er Oeric BEDE *HE* II 5; filius hominis dicit ~rem suum se posse vertere ubi voluerit *DB* I 10rb; quod filii fratrum cum ~ris hereditent R. NIGER *Chr. I* 78; hic ~er, *a fadyr WW*. **b** Hugo Dandeleye ~er AD. MUR. *Chr.* 35; dominus Bartholomeus de Burghasches ~er *Ib.* 217.

2 ancestor.

Lucas .. / septuaginta patrum scribens et nomina septem / e quibus omnipotens regnorum gloria Christus / gignitur ALDH. *VirgV* 505; sepultus est cum ~ribus suis BEDE *HE* II 7; juxta scripturas patrum viam secutus est *Ib.* II 20; dormivit cum ~ribus suis *V. Fridesw. B* 6.

3 (~*er legalis*, ~*er in lege*) father-in-law.

1225 ~rem suum in lege (*Misc. Ch.* 6926) *DCDurh.*; a**1230** terra quam T. de W. ~er meus in lege tenuit *Cart. Wardon* f. 32*d*.; monita ~ris sui legalis memoriter retinens TROKELOWE 73; **1390** concessimus .. Roberto Clerc ~ri in lege .. Ade Colton' valetti camere nostre quod ipse ad totam vitam .. hanc habeat libertatem viz. quod non ponatur in assisis *Pat* 330 m. 22.

4 sponsor at baptism, godfather.

in caticumino et baptismate et confirmatione unus potest esse pater, si necesse est, non est tamen in consuetudine, sed per singulas singuli suscipiunt THEOD. *Pen.* II 4. 8; quem ~res in baptismate vocaverunt Alvredum OSB. CLAR. *V. Ed. Conf.* 3.

5 (as honorific title, orig. secular): **a** (~*er conscriptus*) member of Roman Senate (also transf.). **b** (~*er patriae*) father of the fatherland. **c** protector, patron.

a vos in albo caelesti ~res conscripti GOSC. *Lib. Mild.* 14; senatores sidereos et in capitolio celesti ~res conscriptos apostolos .. elegit *Id. Edith* (II) 53; eram tunc in curia, et vidi .. quod honor ei a summo pontifice ~ribusque conscriptis exhibitus non multum inferior episcoporum reverentia videbatur P. BLOIS *Ep.* 126. 377B; hii [sc. cardinales] conscripti merito patres nuncupati / in sollicitudinem cure sunt vocati (*Divers. Ordin.* 21) *Ps.*-MAP 229; s**1339** vos, ~res conscripti, estis in partem sollicitudinis et consilii .. summi pontificis .. evocati AD. MUR. *Chr.* 99. **b** comitem .. Gislebertum ~rem patrie ORD. VIT. VII 15 p. 229; ille [sc. rex] tanquam patrie ~er atque patronus GIR. *PI* I 16 p. 56. **c** **1166** venerabili .. Henrico .. Anglorum regi .. frater A. indignus minister .. salutem ... sciat diligentia vestra, carissime ~er et domine, quod .. *RBExch* 198; quomodo ~er suus Henricus II contulit archiepiscopatum Cant. St. Thome HARCLAY *Thom.* 126n; comes Richemondie, specialissimus ~er et amicus fratrum minorum *Mon. Francisc.* I 513; **1502** excellentissimi et illustrissimi principis ~risque et consanguinei nostri carissimi Henrici .. regis Anglie *Foed.* XIII 50.

6 (of Old Testament character, Adam or patriarch).

isti tres [Adam, Enoc, Noe] meliores caeteris ~ribus fuerunt observando pactum circumcisionis *Comm. Cant.* II 17; sed priscos tantum cur patres pagina prodat, / limpida quos celebrant veterum monumenta librorum ALDH. *VirgV* 391; opera tanti patris Abraham BEDE *Ep. Cath.* 201; eciam de antiquis ~ribus dictum est quod morientes mortui sunt pleni dierum bonorum T. CHOBHAM *Serm.* 7. 31rb; nonne dictabit racio / quod plus sit hec transgressio [sc. crucifixio] / quam patris primi vicium? J. HOWD. *Cyth.* 123. 6; de ~ribus Veteris Testamenti OCKHAM *Pol.* II 611.

7 (as title deed of eccl. authority): **a** (of apostle); **b** (of desert father); **c** (of patristic author); **d** (of synodical legislator). **e** (of spiritual guide or holy man).

a jam bis sena simul digessi nomina patrum, / e quibus altithrono conversus credidit orbis ALDH. *CE* 4. 13. 1; Andreas urbis Patere pater, in cruce pendens GARL. *Tri. Eccl.* 101. **b** cogita quomodo in Vitis ~rum sanctus osculatus est *AncrR* 38. **c** nec minus .. stupuit Memphitica tellus / rumores patrum sub caeli culmine claros; / e quis ortus erat felix Athanasius ALDH. *VirgV* 972; venerabilis ~er Gregorius BEDE *HE* II 1 p. 76; ut ~er Augustinus asserit BALD. CANT. *Serm.* 2. 34. 435. **d** cum eis qui canonica ~rum statuta et diligerent et nossent BEDE *HE* IV 5 p. 214; a**799** ne posteris cadant ex memoria praecedentium decreta ~rum Graecorum *CS* 283; secunda synodos congregata est apud Byzantium, C et L ~rum R. NIGER *Chr. I* 44; hujus rei auctoritas e synodo Urbani papae et decreto Gregorii .. et ex multis sanctorum ~rum institutionibus emanavit P. BLOIS *Ep.* 73. 226C. **e** sic pater in saltu fertur vixisse remotus / .. / dum solus soli Christo famularier optat / lubrica fallentis conculcans gaudia saecli ALDH. *VirgV* 943; s**955** rex .. egrotavit .. qui .. confessionum suarum ~rem, beatum .. Dunstanum, .. accersivit FL. WORC. I 136; redeundum / jam tunc ad veteres est tibi, Musa, patres L. DURH. *Hypog.* p. 68; sacerdos .. omnium eorum est ~er spiritualis quos ipse baptizat. .. si moreretur pater et mater parvuli et etiam patrini, credimus quod sacerdos teneretur instruere parvulum illum pupillum T. CHOBHAM *Conf.* 96.

8 (in eccl. hierarchy): **a** (of pope, bishop, or secular priest); **b** (mon.).

a **705** tuque obtime ~er utere prudenti consilio WEALDHERE *Ep.* 23; egregii patris Berthwaldi corpus humatum / tumba tenet praesens .. / quem Deus ecclesiis, quas ampla Britannia late / diffusas retinet, censuit esse patrem / *Epigr. Milredi* 810; **1093** summi ~ris fuit consilium *Regesta* I 61; dicitur papa quasi ~er ~rum vel custos ~rum GIR. *PI* I 19 p. 106; **1232** testibus venerabilibus ~ribus P. Wintoniensi et A. Coventrensi et Lichfeldensi episcopis *Ch. Chester* 310. **b** **1005** vitae .. regularis monachos inibi constituens, ipse ~ris vice fungens vivensque communiter inter eos abbatem sanctae monachorum congregationi preferre, se vivente, instituit *CD* 714; Scotlandum .. Augustiniana domus ~rem accepit accommodum GOSC. *Transl. Aug.* 34; abbate Clarevallis ~re abbate de Buellio *Mon. Hib. & Scot.* 330b; venerabilis in Christo ~ris .. abbatis *Plusc.* VI *prol.*

9 (fig., of one who fulfils the role of father): **a** (as teacher); **b** (as protector, w. gen.). **c** (as one in charge).

a reverentissimo ~ri meaeque rudis infantiae venerando praeceptori ALDH. *Ep.* 2 p. 478; **795** piissimi ~res .. Alchuinum, filium vestrum, jugiter in corde habete et in ore ALCUIN *Ep.* 42; plus confert ad scientiam disserendi .. quam omnes fere libri dialectice quos moderni ~res nostri in scolis legere consueverunt J. SAL. *Met.* 910C. **b** erat multum misericors .. ac

velut ~er miserorum BEDE *HE* III 14 p. 156; Edelwulf .. erat .. ~er orphanorum et .. ecclesiarum defensor, propagator monasteriorum AILR. *Gen. Regum* 351. **c** naupicus, ~er navis OSB. GLOUC. *Deriv.* 382.

10 cause, author of (w. gen.). **b** (*~er mendacii*), father of the lie, Satan.

Jupiter .. dicitur Diespiter quasi diei ~er OSB. GLOUC. *Deriv.* 160; Adam ~er inobedientie .. poculum mortis filiis suis propinavit BALD. CANT. *Serm.* 1. 13. 565. **b** mendacii ~er P. BLOIS *Ep.* 65. 192B (v. mendacium 1c); litium .. quas mendacii ~er .. seminare satagit *Conc.* I 758a.

11 (of god): **a** (pagan); **b** (Christian) God the Father; **c** (w. gen.); **d** (w. ref. to *Jac.* i 17).

a a Bacho qui et Dionisius vocabatur ipse et Liber ~er ALDH. *PR* 123; BERN. *Comm. Aen.* 67, **1282** (v. 3 Liber a). **b** non modo ~er caelestis non laudatur per opera GILDAS *EB* 92; ~er simul et Filius et Spiritus Sanctus THEOD. *Laterc.* 24; cum pater altithronus Gabrihel misisset ab astris ALDH. *VirgV* 1695; transivit de hoc mundo ad Patrem BEDE *HE* V 22 p.348; **852** in nomine ~ris et Filii et Spiritus Sancti *CS* 464; **1004** unicus aeterni patris verbigena substantia *CD* 710; hanc .. oboedientiam debebat homo ille Deo ~ri ANSELM (*CurD* I 9) II 61; ~rem Deum suppliciter deprecantis, dicens, 'in manus tuas commendo spiritum meum' GROS. *Cess. Leg.* III 6 p. 151; **1341** quod Deus ~er potuit produxisse creaturam (v. deus 3a). **c** o ~er misericordiarum, suscipe .. depositum nostrum J. FORD *Serm.* 7. 7; ~er misericordiarum et Deus totius consolationis R. BURY *Phil.* 20. 249. **d** Domine Deus meus .. tu ~er luminum J. FORD *Serm.* 12. 6; omne donum perfectum desursum descendens a ~re luminum AD. MARSH *Ep.* 168; descendens a ~re luminum R. BURY *Phil.* 1. 15.

12 (ellipt. for *~er noster*) the Lord's prayer.

hincque Pater expressa voce cantatur GARL. *Myst. Eccl. add.* 151; **1416** qui legis hec pro me Pater unum supplico prome / adjungas et ave, Deus ut me liberet a ve *Hist. Durh.* 5.

patera [CL]

1 broad shallow dish, drinking cup.

duabus ~is aureis superpositis ture plenis BEDE *Luke* 394; se bibere simulabat. hauriebant alii spumantes ~as W. MALM. *GP* IV 139; scyphus, ~a, crater OSB. GLOUC. *Deriv.* 143; est .. 'invergere' .. conversa in sinistram partem manu ita fundere, ut ~a convertatur ALB. LOND. *DG* 6. 31; vitis generosa propago / argenti pateris gemmisque superbit et auro H. AVR. *Poems* 2. 209; ~a, A. *a bolle WW*.

2 (eccl.) plate on which bread is placed at Eucharist, paten.

altare portabile, cui lapis firmiter infixus tante quantitatis ut pedem calicis et ~am ample contineat GIR. *GE* I 10; nihil ea hora in calice vel ~a prorsus invenit *Ib.* I 51.

paterculus [LL] (little) father; **b** (used in derogatory sense); **c** (in list of words).

hic ~us, -li, i. parvus pater OSB. GLOUC. *Deriv.* 415. **b** in jure paterculus esse / promeruit, talem nec decet esse patrem GARL. *Tri. Eccl.* 113. **c** ~us peon secundus esse dinoscitur ALDH. *PR* 132.

1 patēre v. 2 parēre.

2 patēre [CL]

1 to be open: **a** (of door or sim.); **b** (of an enclosed space); **c** (of organ of sense); **d** (transf. & fig.).

a ne cui carnis vel spiritui transgressionis aditus paradisi ~eat *Comm. Cant.* II 9; subeuntibus enim ab undique illis porta ~ebat FELIX *Guthl.* 31 p. 102. **b** alta supernorum patuerunt claustra polorum ALDH. *VirgV* 428; caelis ~entibus introducta BEDE *HE* IV 9 p. 222; **933** bustis sponte patentibus *CS* 694; ~ent ethera sursum OSB. CLAR. *V. Ed. Conf.* 10 p. 84; atrium .. aliquando ~et etiam inimicis, porte non aperiuntur nisi amicis AILR. *Jes.* 3. 29. **c** sibi soli ~entibus oculorum orbibus delitescit ALDH. *VirgP* 50; exercent alii linguas, tibi pāteat auris NIG. *Ely* 237. **d** sacerdos, cujus cor rectum Deo ~et GILDAS *EB* 35; cor tuum semper ~eat abbati tuo et .. cogitationes tuas in conspectu ejus esse existima ANSELM (*Ep.* 232) IV 139.

2 (of path, entry, or sim.) to be open, to offer unimpeded access (also transf. & fig.); **b** (of progress along a path).

nullus ~et accessus *Lib. Monstr. prol.*; exeunti de hac vita caelestis patriae ~uerit ingressus BEDE *HE* IV 9 p. 222; in quo solo didicerat generi humano ~ere vitae caelestis introitum *Ib.* V 7 p. 292; urbis introitum peregrinis nostris venditant que solis Christianis ~ere deberet W. MALM. *GR* IV 347; ponte mediante super aquam .. ita quod pippis nulla illac poterit navigare nec ullus transitus ibi valet cuiquam ~ere ..nisi per licenciam .. pontis et castelli STRECCHE *Hen. V* 163. **b** duci Normannico liber progressus ~et ad devastandam hostis opulentiam W. POIT. I 19.

3 to extend. **b** (of disease) to spread.

videres .. vires tanti regni, quantum in climata mundi quatuor ~ent, cunctas W. POIT. I 30; dum magnitudo beneficiorum ejus ..se expandit, immensa Dei caritas late ~ens palam innotescit BALD. CANT. *Serm.* 21. 13. 538. **b** ~et undique pestis D. BEC. 1902.

4 to be exposed (to).

sophiste malebant in ocio quiescere quam .. maledicis corrodentium latratibus ~ere ORD. VIT. VI 1 p. 2; hoc est .. securum virtutum omnium fundamentum extra quod quidquid edificas ruine ~et AILR. *Inst. Inclus.* 24.

5 to be visible, appear; **b** (transf. & fig.).

sacramentum hoc sacrificium est veritatis: .. veritas in eo quod ~et, veritas in eo quod latet. ~et visibilis et vera species panis BALD. CANT. *Serm.* 4. 2–3. 403; frontes suas habebunt detectas ut sue corone ~eant intuentibus *Cust. Westm.* 169. **b** debet homo sedere super ea [sc. peccata] et sub posterioribus suis occultare, ne ~eant oculis hominum. sicut nemo posteriora oculis hominum libenter denudat, ita nec peccata sua aliis debet revelare T. CHOBHAM *Praed.* 25.

6 (fig.) to be clear, evident, revealed or shown (to).

non solum ecclesiastica .. foedera .. claruerunt, verum etiam melliflua divinarum studia scripturarum .. ~erunt ALDH. *VirgP* 1; Deus omnipotens .. / .. / cui secreta patent ex alto culmine cuncta *Id. VirgV* 1680; vetera .. dicenda quo thesaurus ejus esse clareat caelestis sibique apertus ~uisse *V. Greg.* p. 101; monstra .. sunt et soli intellectui ~ent J. SAL. *Met.* 878D; hec conclusio ~et manifeste ex precedentibus OCKHAM *Quodl.* 551; veluti de brevibus .. exemplum supra ~et HAUBOYS 238.

7 (impers.) it is obvious, evident; **b** (in phr., *ut ~et* or sim.) **c** (w. acc. & inf. or p. ppl. or ellipt.); **d** (w. *quod* or *quia*); **e** (w. indir. qu.).

ad ista ~ebit post; ideo nunc transeo OCKHAM *Quodl.* 65. **b** miserabiliter, ut post ~uit, daemonica fraude seductus BEDE *HE* V 13 p. 311; **1221** robaverunt .. plura alia jocalia sicut ~et in rotulo coronatorum *PlCrGlouc* 26; ut ~et in exemplo sequenti apertissime HAUBOYS 204; ut in sequentibus ~ebit legentibus STRECCHE *Hen. V* 146. **c** ut apertus cunctis ~eat aeterna supplica mansura eos GILDAS *EB* 106; ~et .. hanc amicitiam que patitur sectionem .. numquam fuisse veram AILR. *Spir. Amicit.* 3. 48. 685; multis ~et argumentis phantasmati cuilibet ignem semper inimicissimum GIR. *TH* II 12. **d** ~et quia impossibile est supra aliam lineam esse superficiem *hH* ADEL. *Elem.* VI 23; unde ~et quod sine bona vita .. fides .. deficit BALD. CANT. *Commend. Fid.* 516; ex predictis ~ere videbitur intelligenti quod ex modica caritate potest quis resistere acerrime temptationi NECKAM *SS* IV 20. 6; manifeste ~et diligenter intuenti quod totum corpus diaboli est quasi scuta fusilia T. CHOBHAM *Praed.* 209. **e** ecce quantum justitia regis in saeculo valeat intuentibus perspicue ~et *Ps.*-BEDE *Collect.* 118; inspiciamus .. utrum unusquisque sit Deus de Deo et ~ebit utrum sit singulis quidque Deus de quo est Deus ANSELM (*Proc. Sp.* 1) II 182; ~et .. quam turpe sit homini sedere ad mensam sine graciarum accione T. CHOBHAM *Serm.* 3. 14rb; ~et quomodo cultus divinus in predictis consistat *Ib.* 4. 22vb.

8 (*~ere* w. inf. in quasi-adv. sense) to do (something) evidently.

nostros magnates semper amasse pates W. PETERB. *Bell. Hisp.* 118.

9 (trans.) to reveal, make clear.

venienti .. archiepiscopo ad eos, quid mente agerent in contemptu ejus ~entes, et sine aliquo culpandi piaculo inique dampnare .. consensit EDDI 24.

10 (pr. ppl. as adj.) open, gaping. **b** (of part of body; also transf. & fig.).

pando domus clausas, iterum recludo ~entes *Ps.*-BEDE *Collect.* 239; subtus ~ens horridum chaos inferni, desuper iratus Judex ANSELM (*Medit.* 1) III 78; ut .. nullus ~entem invadat ingressum W. MALM. *GP* V 270. **b** quod ruminat ore ~enti ALDH. *Aen.* 66 (*Mola*) 6.

11 a (*littera ~ens*) letter patent; **b** (used as a passport for travel). **c** (*breve ~ens*) open writ. **d** (pr. ppl. as sb. f. or m.) letter patent.

a **a1167** expetiit ut aut procederent, si licebat, aut ~entibus litteris sibi traditis agitationem negotii episcopo significarent J. SAL. *Ep.* 7 (71 p. 114); ~as patentes hoc testificantes, quibus nostrum sigillum et suum appensum fuerat, .. sacriste domus tradidit GIR. *SD* 82; **1201** in hujus rei testimonium has litteras nostras ~entes vobis mittimus *Pat* I 1a; **1208** has litteras nostras †pantentes [MS *corr.*: patentes] ei fecimus *Pat* 79b; **1214** per literas nostras pappentes [*sic*] quas penes nos habemus *Cl* I 179a; **1260** quod habeat litteras ~entes sigillo capituli nostri munitas ad dictam liberacionem confirmandam *Cl* 108; **s1326** litteram .. ~entem sigillis .. pendentibus signatam Londoniensibus remiserunt, que .. super crucem in *le Chepe* .. figebatur *Meaux* II 351; **1416** quasdam literas ~entes dicti domini nostri regis, cum cordulis sericis colorum rubei et viridis, suo sigillo magno in cera viridi pendente sigillatas, ostendit *Mem. York* II 49; **1439** literas ~entes .. debite conficiendas sub .. sigillo BEKYNTON I 45; **1500** quidam H. quondam comes Cestrie per litteras suas ~entes sigillo scaccarii sui Cestrie sigillatas *Ch. Chester* 198; **1552** in his litteris nostris ~entibus inferius expressis et specificatis *Pat* 850 m. 21; **1553** literas, quas ~entes vocant, mihi scribi curavi, ut gratia et auctoritate tua manu et sigillo regiae majestatis de more obsignentur ASCHAM *Ep.* 264. **b** per totam Terram Sanctam .. absque .. pedagio libere poteramus .. transire. in cujus rei testimonium literam ~entem nobis tradidit signo Soldanico infiguratam, que fere unam brachiatam cum dimidio longitudinis habebat S. SIM. *Itin.* 77. **c** per breve de recto ~ens potest dominus alicujus feodi petere tenementum illud in dominico, quod tenens ejus de eo tenet pro homagio et servitio, versus ipsum tenentem *Mod. Comp. Brevia* 151; super hoc fiant brevia de Cancellaria ~encia et clausa in Cancellaria *Mem. Parl.* 109; breve ~ens domini E. de V. et R. filii P. .. attachatur in rotulo de scaccario *Reg. Malm.* II 404; **1380** per breve regis ~ens *DocCOx* 8. **d** **s1179** archiepiscopis, episcopis, abbatibus, de convocandis ad concilium generale submonitorias ~entes ostendit DICETO *YH* 429. **1243** ut patet in rotulo ~encium *RGasc* I 227b; **1367** cujus tenorem, sub magno sigillo nostro, in forma ~entis, vobis mittimus *Foed.* VI 573; **s1310** in quo .. ~ente inseritur una clausula *G. Ed. II Bridl.* 37; **s1377** per ~entem remisit .. eidem omnia *Chr. Angl.* 150; **1435** una cum ~enti regio consensum regium affirmante *Reg. Cant.* I 114.

12 spreading, wide, broad. **b** (her., *crux ~ens*) cross pattée, cross with expanded extremities.

per ~entes [*gl.*: vagos, latos] campos .. diffundunt ALDH. *VirgP* 3; ~entes .. semitas GIR. *TH* I 24 (v. campanus b); de hoc loco emanant fluvii magni et multi .. ubi rivi latissimi et ~entes AD. SCOT *QEC* 14. 825A; nerion .. habet .. semen etiam ~ens sicut cornu, radix oblonga *Alph.* 124; quando .. campi facti essent ~entiores FREE *Ep.* 53. **b** quarta differencia signi est talis que vocatur crux ~ens; que crux in medio minor est quam in finibus suis et habet angulos patentes .. et sic debet discerni. portat unam crucem ~entem rubeam in campo aureo. et Gallice sic, *il port d'ore une crois paty de goules* BAD. AUR. 125; *Ib.* 175 (v. crux 8f); est et alia crux inequalis strictior in medio quam in suis finibus cum angulis patentibus .. non attingens ad scuti fimbrias in aliqua scuti parte et vocatur crux ~ens UPTON 211; variatur enim ista crux ~ens aliquando in pede ejusdem .. et tunc vocatur crux ~ens figitiva, quia in terra figi potest talis crux, in qua tres partes superiores sunt patentes in angulis et latiores quam in medio et ejus pes disponitur ad figendum in terra *Ib.* 212.

13 visible.

corona ~ens et tonsura conveniens *Canon G. Sempr.* f. 43v.

14 evident, manifest. **b** (*~ens est* w. *quia*) it is evident that.

~ens mortificatura (*Cons. Cnuti*) *GAS* 353; ordine,

numero, nomine, distinximus hec ut sit .. disciplina certior, memoria diutior, differentia ~entior BALSH. *AD* 103; s**1225** causa ~entis odii quo me .. persequebantur W. COVENTR. II 263. **b** ~ens .. est quia si addiderint, addent et alia ADEL. *Elem.* VI 32; erat .. ~ens quia .. *Ib.* XII 2.

paterfamilias [CL, al. div.]

1 head of a family, householder, father; **b** (w. ref. to *Ruth* ii 2; in quot., interp. as referring to evangelist); **c** (spec. of householder employing others).

~ias filium suum a daemonio fatigatum .. ad insulam nostram vehebat *V. Cuthb.* IV 15; ad hospitium .. accessit. quo .. invenit puellam ibi neptem patris familias BEDE *HE* III 9 p. 146; puella venit cum genetrice ... hymnus laudationis .. a patrefamilias intonatur GOSC. *Mir. Aug.* 12; ~ias, .i. ille qui de familia curam accipit OSB. GLOUC. *Deriv.* 211; sicut .. ~ias in domo ad arbitrium suum omnia dispensat BALD. CANT. *Serm.* 9. 36. 425; ponamus patrem familias qui filios habeat in sua domo et illi filii filios quorum .. curam supremam .. gerat ~ias GROS. *Ep.* 127 p. 407; ~ias ad exteriora negotia et mulier ad interiores familie actus intendunt FORTESCUE *NLN* II 8. **b** in hoc agro est quidam ~ias, Johannes in suo, Mattheus in suo, et ita per patrem familias quilibet Evangelista intelligitur; in agro cujuslibet ipsorum spice sunt colligende S. LANGTON *Ruth* 99. **c** adolescens .. cum muliebri cultu indutus ac si esset alicujus famula patris familias operatione agresti occupata SIM. GLASG. *V. Kentig.* 2; ~ias optimis jam commisit agricolis ut reddant ei fructum AILR. *Serm.* 490C; legitur in Evvangelio Mathei xxv^e quod quidam ~ias 'vocavit servos suos et tradidit illis bona sua' T. CHOBHAM *Praed.* 155; de quodam spiritu .. qui fatebatur se graviter puniri eo quod erat mercenarius cujusdam patris familias *Ghost Stories* 419; cum pro opere sua in mola manuali a patre familias capam accepisset *Latin Stories* 107.

2 (theol.): **a** (of God); **b** (of Christ).

a parati .. patrem familias exspectent, ut veniens eos faciat in aeterna requie sine fine permanere O. CANT. *Const.* 72; prece singuli precemur omnes patremfamilias qui est creator noster BYRHT. *V. Osw.* 453; meruit caelesti patrefamilias largiente denarium AILR. *Ed. Conf.* 741A. **b** Christus paterfamilias THEOD. *Laterc.* 14; patrefamilias capto familie / timentes effere dant locum manie WALT. WIMB. *Carm.* 529; inspirante patrefamilias Christo in tempore messis *Ziz.* 2.

3 franklin, landowner.

1364 prout ~ias residens super hujusmodi terram habuerit (*PlR Chester* 68 r. 41) *Collect. Staffs.* XVI 17; regio eciam illa ita .. referta .. est possessoribus terrarum quod in ea villula tam parva reperiri non poterit, in qua non est miles, armiger, vel pater familias, qualis ibidem *frankeleyn* vulgariter nuncupatur, magnis ditatus possessionibus FORTESCUE *LLA* 29; ~ias, *an housbondeman WW*.

Paterinus [Pataria = *Milanese place-name* + -inus], member of heretical sect, Patarin.

isti sunt quos publicanos, ~os .. sive aliis nominibus censent, qui nec in parvulis baptismum credunt nec in sacerdotibus gratiam Spiritus Sancti nec in sacrificio altaris corporis et sanguinis Dominici veritatem P. BLOIS *Ep. Sup.* 77. 8; dicunt etiam magistri .. novitios caritatem esse perfectam agere vel pati quod .. petierit frater aut soror .. et a patiendo ~i dicuntur. in Anglia nondum venerunt nisi sedecim, qui precepto regis Henrici secundi adusti et virgis cesi disparuerunt in Normanniam MAP *NC* I 30 f. 22v; s**1236** ~i (v. Bulgarus 2); **1238** ~i (v. Albigensis).

paterna v. paternus, 2 patina.

paternalis [LL]

1 of or belonging to a father.

s**1189** Normaniam, Aquitaniam .. que ei ~i jure contigerant *Meaux* I 242; *a fader*, .. ~is, paternus, patrius, patruelis *CathA*.

2 appropriate to a father, fatherly: **a** (w. ref. to pope, archbishop, or bishop); **b** (w. ref. to abbot).

a c**1335** ut .. curam dignemini impendere ~em *FormOx* 88; **1420** vestre [sc. archiepiscopi] ~i generositati *Lit. Cant.* III 139; **1437** quadam ~i affeccione .. habuistis BEKYNTON I 7; **1442** reverendissime pater et domine .. pro immensis vestris beneficiis ~ibus celle nostre de Coldingham .. sepissime impensis *Pri. Cold.* 139. **b** si .. subjectio filialis ~i discipline submurmuraverit AD. MARSH *Ep.* 246 p. 430; a**1400** abbas de Fontibus, auctoritate sua ~i, ad monasterium nostrum advenit personaliter visitare *Meaux* III 267; monacho curam commisit ~em FLETE *Westm.* 79.

paternaliter [LL], as a father, paternally.

~iter susceptus mansit nobiscum plurimis mensibus BYRHT. *V.Osw.* 447; s**1183** cum filiis suis ~iter loqueretur *G. Hen. II* I 296; **1259** supplicationem vestram recipimus quod .. vobis .. dignaremur ~iter subvenire *Ch. Sal.* 331; vobis ~iter in Domino suademus *Chr. Rams.* 398; **1440** beneficia .. a patre benignissimo suis in Christo filiis ~iter collata *Lit. Cant.* III 171; **1450** et vice nostra vobis exponenda benigne et paternaliter consulendo .. *Pri. Cold.* 167; s**1454** eum ad favoris admittere graciam, tractareque imposterum ita ~iter acsi nunquam declinasset in devium *Reg. Whet.* I 135.

paterne [LL], as a father, paternally.

1170 ~e recepistis exules suos J. SAL. *Ep.* 137 (142); pie advertens quam ~e superna sapientia dispensavit [quod ita sit] LUCIAN *Chester* 44; **1240** quia igitur vos ~e diligimus vestrum verum bonum vobis non appetere vehementer non possimus GROS. *Ep.* 90 p. 279; hec tecum paterne colloquimur BEKYNTON II 151.

paternitas [LL]

1 fatherly feeling, relationship between father and son (also transf. & fig.).

amantissime fili mi, priscae ~atis memor, inextricabilis verae dilectionis ligatura .. reliquum nodetur in aevum ALDH. *Met.* 5; **1240** spiritalis ~as eamque concomitans dilectio GROS. *Ep.* 90 p. 278; quorum sic eramus omnium benefactores communes ut .. videremur quadam ~atis proprietate singulos adoptasse R. BURY *Phil.* 8. 132.

2 fatherhood (of God the Father, in relation to God the Son).

nisi forte quis dicat Spiritum Sanctum non procedere de deitate Patris, sed de ~ate ANSELM (*Proc. Sp.* 9) II 202; multi .. dixerunt quod ~as non est Deus T. CHOBHAM *Praed.* 81 (v. notio 4); notiones .. sunt quinque .. sc. ~as, innascibilitas, filiatio, processio et communis spiratio BART. ANGL. I 4; si ~as est quo Pater agit DUNS *Ord.* IV 123 (v. filiatio 1d); tunc ~as et filiacio non sunt simul natura OCKHAM *Quodl.* 615.

3 paternity (as title or mode of address): **a** (theol., of God the Father); **b** (eccl., esp. of bishops and pope); **c** (of abbot or prior); **d** (of one who acts as teacher).

a **1381** vestra reverencia paternalis .. quam conservet .. ~as increata *FormOx* 396. **b** eam .. ~ati vestre presenti scripto comprehensam transmisimus *Canon G. Sempr.* f. 116; **1218** rex H. summo pontifici salutem .. vestram sanctam ~atem rogamus *Pat* 160; **1234** rex .. episcopo salutem. ~ati vestre significamus quod .. *Cl* 58; ad regimen ecclesie Anglicane vestra reverenda ~as in Domino diutine prosperetur *Collect. Ox.* I 20; **1412** cum .. fuerit .. archiepiscopi versus universitatem .. offensa ~as .. reconciliata *StatOx* 210; **1437** reverendissimam ~atem vestram .. rogamus BEKYNTON I 8. **c** gratias ago ~ati tuae BYRHT. *V. Osw.* 454; c**1130** sciat reverenda ~as et benigna fraternitas vestra, patres et fratres, .. me concessisse .. *Ch. Westm.* 244; **1444** intelligere dignentur vestra dominacio sancteque ~ates *Lit.Cant.* III 187; **1586** omnia limata et trutinata a vestra reverendissima ~ate *Scot. Grey Friars* II 183. **d** **790** tuae ~atis dulcissimas litteras multo tempore non merui videre ALCUIN *Ep.* 7; ad tue ~atis examen proferam aut reprobanda aut admittenda AILR. *Spir. Amicit.* II 6. 670.

4 authority, jurisdiction.

s**1251** confirmatus est in episcopum Wintoniensem Aethelmarus frater regis .. papali indulgente ~ate M. PAR. *Min.* III 107; **1285** ~atem ejusdem abbacie de Talaghkan predictis abbati et conventui de Wellebek .. concessimus, volentes .. quod .. possint .. paternam jurisdiccionem .. exercere .. per omnia ~atem illam contingencia *ChartR* 73 m. 30.

Paternoster [*first words of the Lord's Prayer*, cf. *Matth.* vi 9; al. div.]

1 the Lord's Prayer (indeclinable): **a** (as recited text); **b** (as written text).

a **1006** canant .. kyrrieleison, Pater Noster .. *Comp. Swith.* 182n; omnis Christianus .. sciat Pater noster et credo in Deum (*Quad.*) *GAS* 303; **1227** laici dicant viginti quatuor Pater noster pro matutinis M. PAR. *Maj.* III 138; quedam vidua paupercula tenet quoddam mesuagium pro quo facit servicium v Paternost' dicendorum per diem *Fees* 1281; licet dicat horas, Paternoster et Ave *AncrR* 36; **1496** ad dicendum unum Paternoster et unum Ave Maria .. *ExchScot* 585; **1549** dicendi Pater Noster pro gratia obtinenda *Conc. Scot.* II 116. **b** scribe Pater noster in utroque *GAS* 425.

2 rosary. **b** (*par de ~is* or sim.) a set of rosary beads.

1267 habent [idololatre] in manibus .. quandam chordam centum vel ducentorum nucleorum, sicut nos pater noster BACON *Maj.* I 373; quod tu defers .. sonam sericam et *patrenostres* preciosas contra decenciam ordinis et status tui (*Vis.*) *EHR* XLVII 270. **b** j par de paternoster pro j d. *Rec. Leic.* I 363; **1336** cepit .. unum par de paternostris *SelCKB* V 90; **1402** unum parvum par de *paternosteres* auri *Foed.* VIII 277; **1415** unum par de pater noster de curallo cum gaudiis de aumbre *Ib.* IX 276; **1415** unum par pater noster de auro puro anamellatorum .. cum gaudiis de auro puro *Reg. Cant.* II 20.

3 (passing into surname).

1195 Robertus Paternoster pater Roberti (*Ann. Radingenses*) *EHR* XXXVII 403; **1261** Willelmus Paternoster *Cl* 392; **1276** Alanus Pater noster *Hal. Durh.* 11; **1316** Willelmo dicto Paternoster *Cart. Osney* II 11.

4 (bot.) seed of jequirity (*Abrus precatorius*) used to make rosary bead or medicine.

portata sunt emperica pilosella minor collecta cum iij pater noster, herba Sancti Johannis, et agrimonia GAD. 126. 2.

paternus [CL]

1 of a father; **b** (theol., w. ref. to God the Father).

alioqui non dixisset apostolus velut ~um legatum suis successoribus derelinquens GILDAS *EB* 110; pro uno qui thorum ~um violavit *Comm. Cant.* I 188; pater orat filium ut .. corpus ~um reportaret secum *Enc. Emmae* I 5; [filius] ~o tam nomine fungens quam honore GIR. *TH* III 49 p. 193; *a fader* .. ~us, patrius *CathA*. **b** habeat in intellectu ~o noticiam ingenitam DUNS *Ord.* II 265; si detur primus modus quod intellectus ~us habeat essenciam *Ib.* II 352.

2 appropriate to a father, fatherly, paternal.

molliter et clementer, utpote ~o affectu, admonuerat GILDAS *EB* 75; ~a illum caritate accendens BEDE *HE* II 17 p. 118; hoc opus .. ad quod et ~a auctoritas et fraterna caritas et propria me coegit necessitas AILR. *Spec. Car.* III 113. 620; c**1211** fraterna dilectio saluti tam necessaria et tam ~a quam filialis affectio GIR. *Ep.* 6 p. 228.

3 of or inherited from an ancestor, of one's forefathers, ancestral; **b** (w. ref. to Adam).

Naboth innocens propter ~am vineam oppressus est GILDAS *EB* 40; ritus .. ~ae traditionis ALDH. *Met.* 2; ista sepelietur in patria sua et regno ~o TREVET *Troades* 68; a ~a cultura librorum .. subtrahit R. BURY *Phil.* 6. 87. **b** omnes fere filii Adam, sancte discipline impatientes, sub ~am inobedientiam declinaverunt BALD. CANT. *Serm.* 7. 63.

4 (eccl.) of a father of the church.

sicut nobis ~a conmendat auctoritas THEOD. *Laterc.* 8; solet .. aecclesia, juxta normulam ~ae traditionis .. promovere .. *CS* 276.

5 of or acting as godparent. **b** (as sb. m.) godfather.

sacerdotissa ~a, *a womangossyb WW*. **b** c**1219** [puer] in fide salvatur ~orum, qui sicut aliunde contrahitur originale peccatum, sic aliunde curatur *Conc.* I 575b; hic ~us, *a godfadyre WW*; *a God fader*, compater, ~us *CathA*.

6 (n. pl. as sb.) a father's house or area of jurisdiction.

lex promulgata ut puella que in ~is fornicans gravida inveniebatur de supercilio montis .. precipitaretur J. FURNESS *Kentig.* 2.

7 (as personal name) Paternus, Padarn.

Dewi .. ~us .. et Eliud, quisque eorum in suo monasterio RHYG. *David* 48; sanctus ~us episcopus .. regni celestis fieri .. civem concupivit (*V. S. Paterni* 2) *VSB* 252; Teliaus .. et David .. ~um virum Deo carum sibi assotiantes .. (*V. S. Teiliavi*) *Lib. Landav.* 103.

patersion v. patricia.

patescere [CL]

1 to open (up), disclose a gap. **b** (of plant) to open out.

clausae per campos et tumbae sponte patescunt ALDH. *VirgV* 279; si terra dehisceret, si celum ~eret W. MALM. *GR* III 268; rupturam folliculi quo vitalia teguntur incurrit, adeo ut tribus digitis via in ipso hiatu ~eret AILR. *SS Hex.* 182. **b** occiduo claudor, sic orto sole patesco ALDH. *Aen.* 51 (*Eliotropus*) 3.

2 (of path or sim.) to be made open, give access (also transf. & fig.). **b** (fig.) to become accessible or available.

passibus ut properis trames per rura patescat / et possent solito pergentes calle meare ALDH. *VirgV* 1534; doctores sancti per varias mundi partes lucescerent, ut omnibus via ~eret salutis, et veritatis lux claresceret ALCUIN *Hag.* 657D; licet .. retro respicienti regni celorum non ~at ingressus AILR. *Spec. Car.* II 34. 607. **b** cuncta reges, que sunt domini tibi tota patescent D. BEC. 1901.

3 to become visible, appear.

furva frontis effigies sibi soli .. delitescit et ceteris .. ~it ALDH. *VirgP* 50; in lilio prius se candor exterior paulatim aperit et sic demum aurosi coloris quae latebat intus gratia ~it BEDE *Cant.* 1102; **838** nomina subter brachiolat[a] cernentibus clare ~unt *CS* 421; per quem [sc. Deum] quaecumque elementa patescunt / et quaecumque latent WULF. *Brev.* 65; ut oculis corporeis solum corporea ~ant, spiritalibus etiam spiritualia manifesta fiant PULL. *Sent.* 1005A; non admittebatur quivis ad colloquium ejus ne minus peteretur ad nuptias si ~eret infirmitas W. CANT. *Mir. Thom.* VI 37; versus eos [sc. patronos] cruris extensio nulla ~at D. BEC. 1209.

4 (fig.) to become clear, be evident, be revealed or shown. **b** (trans.) to make manifest.

cui .. abdita ~unt et misticis sacramentorum operculis clausa .. reserantur ALDH. *VirgP* 21; commodum duxi utpote quae cunctis .. clarius luce quam sint nefandae ~ant BEDE *Cant.* 1075; **801** ut auctorum luce clarius oculis ~it ALCUIN *Ep.* 238; puto omnia dicta in explanacione superiori satis ~ere KILWARDBY *SP* f. 26ra. **b** iste liber vario sensus sermone patescit / diversos, hominum quod cuinam placeat ALCUIN *Carm.* 76. 1.

5 (impers.) it is obvious; **b** (w. *quod*).

765 ut infra ~it *CS* 199. **b** **963** liquido ~it quod .. terminus cosmi appropinquare dinoscitur *CS* 1099; his ~unt exemplis quod vis imaginaria .. alios punit, alios consolatur AILR. *Anim.* 3. 12.

pateta [OF *paste*], paste, mash.

licet brodium vel ~a pisarum et citerum valeant GAD. 16v. 2.

patex v. pantex.

patha [Heb. *pathach*=*opening, doorway, entrance*], opening (of the month).

patham [*gl.*: *onwlite*], †liganam [l. lisanam], sennas †atque [l. et] michinas (LAIDCENN MAC BAÍTH *Lorica*) *Cerne* 86 (=*Nunnam.* 92 pattham).

patheticus [LL < παθητικός], (gram.) of or concerning a word liable to modification.

671 ~a .. septenae divisionis disciplina, hoc est acefalos, lagaros, procilios .. qualiter varietur ALDH. *Ep.* 1 p. 477.

pathicus [CL < παθικός], who submits to passive sexual intercourse.

~us, inhonesta patiens OSB. GLOUC. *Deriv.* 477; immundos, paticos, percussores fuge molles D. BEC. 541.

pathnagium v. pannagium.

pathologia [LL *gl.*: < παθολογία], study of the passions or of disease.

~ia, ratio passionis *GlC* 171.

pathos [LL < πάθος]

1 disease.

~os, morbus *GlC* P 141.

2 modification in form of words.

~os .. Latina lingua passiones dicuntur, sunt autem numero sex: acefalos, procefalos, lagaros, procilios, dolichuros, miuros, vel spicodis ALDH. *Met.* 10 p. 94.

pati [CL], **3 patĕre, patire**

1 to undergo (a process), to experience (a condition).

numquam passura senectam ALDH. *VirgV* 1516; semper genitivus sincopam ~itur ABBO *QG* 17 (38); erit .. forma non ~iens, sed agens, erit causa motus, non ejusdem effectus ADEL. *QN* 60; nullus moritur .. ut separationem anime ~iatur ALB. LOND. *DG* 6. 14; dicitur aliquid corrumpi quia ~itur aliquam passionem KILVINGTON *Soph.* 103.

2 to be affected, be acted upon (sts. dist. from *agere* or sim.; also phil.); **b** (w. ref. to Aristotle's ten categories); **c** (gram.). **d** to allow (oneself) to undergo passive sexual intercourse. **e** (pr. ppl. as adj.) passive. **f** (pr. ppl. as sb.) object of action, patient. **g** (p. ppl. as sb.).

qui ~itur facit passionem quia si non esset qui ~eretur non esset passio ANSELM *Misc.* 338; per concavum hujus nervi decurrit spiritus animalis .. ad oculos et ibi passus et repercussus exteriori radio allisus .. recurrit ad animam RIC. MED. *Anat.* 215; spiritus animalis .. ibi passus ab aere alliso in voce vel sono recurrit *Ib.* 217; ordinantes subjectum ad agendum vel patiendum BACON XIII 357; non ~itur intellectus ab intelligibili in quantum intelligibile DUNS *Ord.* III 203. **b** decem genera predicabilium .. que .. indicent quid sint, quantum, quale, ad aliquid, ubi, quando, situm, quid habeant, faciant aut ~iantur J. SAL. *Met.* 896B; queritur .. de aliquo aut quid sit aut quale aut quantum .. aut quid agat aut quid ~iatur BALSH. *AD rec.2* 130. **c** verbum est pars oracionis significativa agendi et ~iendi *Ps.*-GROS. *Gram.* 45. **d** patici sunt pueri qui se patiuntur D. BEC. 541 *gl.* **e** 'occido' quod est ~ientis et agentis ut 'ruo' ALDH. *PR* 140; illud quod est generatum ad ejus [sc. virtutis primo modo dicte] similitudinem, quod sc. immititur in passiens, separari potest BACON XIII 349; passio .. proprie videtur inportare quoddam detrimentum ~ientis prout inducitur ab agente T. SUTTON *Gen. & Corrupt.* 55; **c1301** agens est prestancius ~iente *Quaest. Ox.* 346. **g** sicut in primo instanti quo agens applicatur passo ad agendum non agit KILVINGTON *Soph.* 86; immanens vocatur que est agencia accidentalis requirens passum extrinsecum in quod agatur, ut sunt actus anime .. sed agencia transiens vocatur illa que requirit passum distinctum ab agente WYCL. *Act.* 39; omne agens phisicum se habet in dominio ad suum passum *Id. Dom. Div.* 2.

3 to be affected, acted upon (by an emotion or sim.).

invidiam contra eum [sc. Christum] passi sunt principes sacerdotum *Flor. Hist.* I 108; **1344** pro serenacione quorundam .. qui scrupulum consciencie .. ~untur *StatOx* 145.

4 to experience, suffer, undergo; **b** (shipwreck); **c** (loss, damage, wrong, or sim.); **d** (injury, violence, or death; also w. abl.); **e** (p. ppl. as sb.).

Pilati uxor, nomine Procla, misit ad eum dicens: "nihil tibi et justo illi; multum enim passa sum hodie per visum propter eum" THEOD. *Laterc.* 10; quid anima in occulto passa sit, caro palam praemonstrabat BEDE *HE* III 19 p. 167. **b** aliquando naufragium ~ior [AS: *þolie*] ÆLF. *Coll.* 96; semper ad ultimum ~ietur naufragium illa navis T. CHOBHAM *Serm.* 19. 69ra. **c** neque marmoris candidi venustas detrimentum decoris ~itur ALDH. *VirgP* 9; ?**1168** conqueror quod amicos sentio gravissimum passos esse dispendium J. SAL. *Ep.* 269 (282); quelibet regna suos ~iuntur rerum defectus GIR. *TH* I 9; **c1220** minam paciatur (v. mina 2); **1320** nisi .. de .. damno passo .. satisfaciat *Conc.* II 503b; **1409** navis et campanile ecclesie .. tam in meremio quam coopertura ejusdem ~iunt defectus importabiles *Fabr. York* 247; **1444** omnium per nos injuriam ~iencium *Paston Let.* 12 p. 21. **d** ne tantum pauperes .. vim ~ientur THEOD. *Pen.* II 14. 9; verbera dira pati cum sanctos cerneret artus ALDH. *VirgV* 2306; exitum malum habuerunt mortem ~iendo ab infidelibus BEDE *Ep. Cath.* 219; feminae passae violentiam *DB* II 270ra; a predicto rege multis injuriis passi, et plurimis exactionibus angariati *G. Herw.* f. 331; vocat ille vicinos et passas edocet injurias MAP *NC* IV 16 f. 58v; num martir haberis? / immo plus censeris / quam martirium / passa, quando Filium / .. / .. vides saucium J. HOWD. *Sal.* 13. 7; multi vero mutilacione membrorum ~ientes supervenerunt *Dieul.* f. 58. **e** **1283** percuciens .. in sexaginta solidis .. puniatur et emendam faciat injuriam passo *RGasc* II 210b.

5 to suffer (pain or disease). **b** (pr. ppl. as sb.) a patient.

dolorem capitis .. ~iebatur *V. Cuthb.* IV 4; mulier quae fluxum ~iebatur sanguinis BEDE *HE* I 27 p. 55; cardiaci, i. qui sudorem incongruum ~iuntur *SB* 14. **b** evocans presbyterum rogavit secum venire ad ~ientem BEDE *HE* III 11 p. 149; si ~iens tussiat tussi sicca et nil expuat, signum est indigestionis in summo RIC. MED. *Signa* 36; quando ~iens ponitur in balneo et sentit horribilitatem GAD. 3v. 1; ~iens sedet in balneum particulare *SB* 20; s**1463** facta fide quod .. percussio antedicta non ad mortem nec alicujus membri mutilationem dicti ~ientis tendens, immo quod levis .. extiterat *MunAcOx* 703.

6 (intr.) to suffer adversity, pain, or illness.

opto pati gaudens pro nomine Christi FRITH. 795; quidam senex ~iebatur in tibiis unde insensibilitatem incurrit circa tibias *Quaest. Salern.* Ba 29.

7 to suffer martyrdom, to be put to death: **a** (of Christ on the cross); **b** (of saint or martyr).

corpus Christi .. passus post tertium diem numquam jam moriturus THEOD. *Laterc.* 13; Dominum Jesum in carne quam assumpsit veraciter esse passum denegant BEDE *Ep. Cath.* 66; **1070** Christus .. in cruce ~iebatur et non ~iebatur LANFR. *Ep.* 50 (46 p. 148); s**1195** terra .. in qua Dominus noster pro nobis ~i voluit DICETO *YH* 133; cum te eis passurum prediceres J. FORD *Serm.* 86. 4; Christus est verus Deus et verus homo, passus et mortuus OCKHAM *Dial.* 412; denascetur de Virgine Maria, et pro salute hominum ~ietur *Meaux* II 72. **b** passus est beatus Albanus die x Kalendarium Juliarum BEDE *HE* I 7 p. 21; s**62** Jacobus, frater Domini, a Judeis passus est *AS Chr.*; passus est .. beatus Aethelberhtus anno etatis sue xiiij° *Pass. Æthelb.* 8; passi sunt apostoli Petrus et Paulus sub Nerone *Ann. Exon.* f. 6v; hi quatuor martyrizati sunt pro fide Christi .. a Saracenis .. . passi A.D. MCCCXX *Mon. Francisc.* I 527.

8 to endure, tolerate (also absol.); **b** (adversity or suffering); **c** (w. *quin* & subj.); **d** (pr. ppl. as adj. w. gen.) able or willing to endure, submissive to; **e** (pr. ppl. as sb.) one who tolerates or endures.

dudum fuit ad xx libras, sed non potuit ~i *DB* I 16vb [cf. *DB* I 16va: olim reddidit vj libras sed perdurare non potuit]; si vero sit animal quod sepes frangat .. capiat hoc, in cujus acra obviabit, et occidat; et recipiat *agenfriga* corium ejus et carnem et ~iatur de cetero (*Quad.*) *GAS* 109; Normanni nequeant ~i parem W. MALM. *GR* II 198; noverit universitas vestra me, necessitate paupertatis compulsum que legem non ~itur, concessisse .. terram meam *Reg. Paisley* 58. **b** paratum ad ~iendum adversa BEDE *HE* I 26 p. 47; quam grave malum .. ~i tormentum aeternum in societate diabolorum ANSELM (*Ep.* 297) IV 217; dileccio .. Dei .. provocat devocionis lacrimas, movet ad ~iendum aspera propter amorem Dei *Spec. Incl.* 2. 2. **c** nec diutius potuere ~i oppidani quin se traderent W. MALM. *GR* IV 306. **d** est .. Normannia .. ~iens malorum nutricula *Ib.* V 397; perspicax sevorum commentor operum, et in exercitiis mundi gravissimorum ~iens laborum ORD. VIT. VIII 5 p. 300; quis ursos laborum et verberum ~ientissimos esse nesciat? ANDR. S. VICT. *Dan.* 55; victor corporis, laboris .. et inedie ~iens AILR. *Spir. Amicit.* III 120. 698; ad capiendum fugientes seu fugitivos qui non sunt juris ~ientes *Quon. Attach.* I 3. **e** melior est ~iens viro forti et qui dominatur animo suo expugnatore urbium *Ps.*-BEDE *Collect.* 32; fert patiens casus omnes patienter amaros D. BEC. 646.

9 to allow, permit: **a** (w. acc.); **b** (w. inf. or acc. & inf.); **c** (w. *quod* or *ut* & subj.); **d** (pass.).

a terra .. minus fructifera. palmam tantum alit et olivam, ~itur autem et vineam ORD. VIT. IX 15 p. 600. **b** Salvatoris clemencia .. lichinum sub modio coruscantem .. delitescere non ~itur ALDH. *VirgP* 44; qui non ~itur vos temptari supra id quod possumus

sustinere BEDE *Cant.* 1151; si .. consentiamus aut ~iamur investituras a tua excellentia fieri W. MALM. *GR* V 414; **1169** is qui ventis et mari imperat .. seditiones esse ~itur J. SAL. *Ep.* 285 (288 p. 636); **1428** potius deberet Christianus ~i occidi ab eis, quam ipse aliquam eorum occideret *Conc.* III 501b; **1444** volo quod predicte persone .. ~iantur et permittant Robertum Clere .. predictum manerium .. occupare *Paston Let.* 12 p. 22. **c** non .. deberem aut possem ~i ut .. primatus ecclesiae nostrae destrueretur ANSELM (*Ep.* 451) V 399; si rex ~iatur ut qui in ecclesia fecerit homicidium ad emendationem veniat (*Leg. Hen.* 11. 1a) *GAS* 556; **c1150** ne ~iamini quod elemosina mea depravetur *Ch. Chester* 98; **c1145** ne ~iamini quod aliquis eis .. contumeliam faciat *Regesta Scot.* 24; nullus .. ~iatur ut .. hostis intret AILR. *Serm.* 17. 4. 295. **d** ad ejus colloquium admitti nequaquam passus erat *Croyl. Cont. B* 529.

10 (pr. ppl. as adj.) patient, long-suffering, forbearing.

Deus Domine meus .. esto mihi nunc ~iens *Ps.-*BEDE *Collect.* 384; vir fuit iste Dei paciens, moderatus, honestus ALCUIN *WillV* 24. 1; domnum .. rogo ut .. ~iente et quieto animo toleret ANSELM (*ep.* 96) III 223; caritas .. duas istas precipuas habet dimensiones, qua ~iens est et benigna est, in longanimitate .. sufferentie longitudinem patientie habet J. FORD *Serm.* 65. 3; circa advocatos ~ientem esse oportet proconsulem sed cum ingenio ne contemptibilis videatur RIC. ANGL. *Summa* 27 p. 36; ~iens [ME: *þolemod*] est qui pacienter fert injuriam sibi illatam, humilis qui pacienter sustinet opprobria *AncrR* 51.

11 (pr. ppl. as sb. m., bot.) aristolochia, birthwort (*Aristolochia clematitis*).

aristologia, i. ~iens, alia longa, alia rotunda; quando simpliciter rotunda *SB* 11.

patibilis [CL], that can suffer, capable of suffering.

quando enim anima Christi .. omnem ~em corporis qualitatem exuisset BELETH *RDO* 105. 110.

patibolismos [cf. πάθος *or* ποτόν + βάλλειν + -ισμος], affliction caused by drink.

si .. in tantam insaniam proruperit quod dominum domus de quolibet excessu reprehenderit .. a dapiferis dicitur ~um, a pincernis hydropisim, a cocis febrem et frenesim NIG. *Cur.* 158.

patibulum [CL]

1 gibbet, gallows (as instrument of punishment or torture); **b** (w. gen.); **c** (w. ref. to *Esth.* vii 10).

patibulum, *galga* ÆLF. *Gl.* 116; is ~o affigi jussus .. ad suspendium nudus ibat W. MALM. *GR* IV 319; quam [sc. uxorem] cum pendens a ~o ululantem audiret .. proclamavit et ipse W. CANT. *Mir. Thom.* V 1; **s1190** rex Anglie .. erigi fecit ~a extra castra ad suspendendos in eis latrunculos et predones DEVIZES f. 29; homines mundani pergunt per viam viridem versus ~um [ME: *waritreo*] et mortem inferni *AncrR* 64; rex .. octo falaricatores suspendit in ~o et nonum .. rex commisit carceri sempiterno STRECCHE *Hen.* V 163. **b** eculei tormento vexatos et gabuli ~o suspensos ALDH. *VirgP* 34; ad ~um cujusdam crucis ante ostium domus FELIX *Guthl.* 5; ni citius commilito suus G. reddatur, pontifici et suis suspensionis ~um minantur J. WORC. 50; si ovicula furto sublata sit .. in hujus rei auctorem, si lateat, sententia excommunicationis emittitur; convictus vero .. furcarum ~o deputatur P. BLOIS *Ep.* 73. 225B. **c** Amalechita suspenso in illo quod Mardocheo paraverat ~o ANDR. S. VICT. *Dan.* 56; Aman .. paravit crucem Mardocheo et in eodem ~o cito suspensus est T. CHOBHAM *Praed.* 181.

2 (w. ref. to) cross: **a** (of Christ); **b** (of Peter); **c** (w. gen.); **d** (transf. & fig.) torment (of crucifixion).

a nam et eadem diem [v. l. die] ~um crucis ascendit et postea in sepulchro est positus THEOD. *Laterc.* 2; quod ipse praestare dignetur qui pro nobis in ~o pependit ALDH. *PR* 142; videbatur sibi videre Dominum .. crucifixum in ~o J. FURNESS *Walth.* 63; sponte se tradens ~o ad crucifigendum J. FORD *Serm.* 125. 9; **b** quis inversis pedibus crucis affixus pro reverentia Christi ~o GILDAS *EB* 73. **c** se ad ~um Dominicae crucis erigens, in indicium supplicis deprecationis extensis palmis FELIX *Guthl.* 48 p. 148; Deus qui pro nobis filium tuum crucis ~um [*gl.*: *galgatre*] subire voluisti *Rit. Durh.* 23; si fortis es, imitare Jesum in crucis ~o AILR. *Serm.* 29. 3; unum clavum de illis, quibus erat Dominus crucis ~o manibus militaribus affixus S. SIM. *Itin.* 6. **d** p675 pro redemptione nostra crucis ~um subiturus ALDH. *Ep.* 4 p. 483; Christus passus patibula *Id. VirgP* 7; ~um, cruciamen OSB. GLOUC. *Deriv.* 477.

3 crucifix (in church). **b** cross-shaped reliquary.

1240 duos scherumbinos stantes a dextris et a sinistris magni ~i pulcros fieri faciatis in predicta ecclesia cum hilari vultu et jocoso *Liberate* 15 m. 20; **1241** in uno crucifixo cum ~o et Maria et Johanne et duobus angelis .. *Ib.* 15 m. 17; **1259** deferri faciat ~um quod est in capella infirmatorii Westmonasterii ad domum ubi predictus magister Willelmus [sc. pictor regis] operatur *Cl* 366; **s1325** ex .. defectu operariorum, major pars ~i super altare cecidit *Ann. Paul.* 310. **b** **1315** in cruce .. cum dupplici ~o .. de cupro deaurato (v. crux 4d).

4 cross-shaped mark (used as signature).

†**949** (10c) ego T. episcopus .. hanc inpensionem ~i confirmatu addidi *CS* 880.

paticia, ~um v. pacticium. **paticus** v. pathicus.

patienter [CL]

1 with courage or endurance.

cum tormentis afficeretur accerrimis, ~er haec pro Domino, immo gaudenter, ferebat BEDE *HE* I 7 p. 19; tortiones crebras corporis ~er ferre W. MALM. *GR* II 146; si volumus .. visitare Dei templum, necesse habemus .. labores et temptationes presentis vite ~er tolerare AILR. *Serm.* 5. 22. 237.

2 with patience, tolerance, or forbearance; **b** (w. ref. to tolerating another person); **c** (w. ref. to waiting).

reprehensiones sophistarum ~er tolerabat ORD. VIT. X 1 p. 6; melior .. vir est qui ex vera humilitate ~er sustinet injuriam ANDR. S. VICT. *Sal.* 124; fortiter eum manu in maxilla percussit. ipse .. ~er sustinens prebuit ei et alteram GIR. *GE* I 18; consimilem .. misericordiam .. aliis ostendit, specialiter autem duobus mortem ei intendentibus, .. quod tamen rex ~issime tulit BLAKMAN *Hen. VI* 17. **b** ipse .. ~er sustinens eam *V. Cuthb.* III 6; tales [sc. iracundos] si forte in amicitiam receperimus, ~er tolerandi sunt AILR. *Spir. Amicit.* III 17 681. **c** si patienter / exspectare vales, rem cito nosse potes L. DURH. *Dial.* III 275; expectat ~er homo patiens per plurium annorum curricula *V. Edm. Rich P* 1811A.

patientia [CL]

1 endurance, ability to tolerate adversity or suffering; **b** (w. ref. to definition at Cic. *Inv.* 2. 163); **c** (of Job); **d** (w. ref. to *Rom.* v 3); **e** (of Christian saint).

Judas me confessis vocibus ad ineffabilem ~am vehat *Ps.-*BEDE *Collect.* 384; **793** ~a in adversitatibus ALCUIN *Ep.* 18 p. 50; sicut .. scutum excipiendo adversarii tela militem temporalem servat incolumem, ita ~a excipiendo mortifera diaboli spicula militem spiritualem *Simil. Anselmi app.* 193 p. 101; si .. predictis modis sancti fuerimus, sc. per vite munditiam, per adversorum ~am, per Dei culturam T. CHOBHAM *Serm.* 4. 22vb; ~a .. est species fortitudinis qua fortiter patimur adversa *Id. Praed.* 175. **b** ~a est honestatis aut utilitatis causa rerum arduarum .. voluntaria ac diuturna perpessio ALCUIN *Rhet.* 45; nichil valet .. res excellentes considerare et cum fiducia inchoare nisi occurrentibus laboribus ~a humeros suos subponant T. CHOBHAM *Praed.* 238. **c** Job exemplar ~ae BEDE *Prov.* 974; Job ~e indicit exemplum J. SAL. *Pol.* 493C. **d** de tribulatione nascitur ~a ANSELM (*Ep.* 78) III 200; nulla esset ~a nisi tribulationes essent T. CHOBHAM *Praed.* 243. **e** quanti persecutorum rabidi furores, quantae .. sanctorum ~ae fuere GILDAS *EB* 9; veneranda ~ae ac fidei suae vexilla *Ib.* 28; ad remunerandam illustris ~ae palmam ALDH. *Met.* 2 p. 64; bene ~a sanctorum auro assimilatur BEDE *Ep. Cath.* 228; nec Dominus etiam delectatur in penis et tormentis sanctorum sed in ~a quam habent in tormentis T. CHOBHAM *Praed.* 243.

2 forbearance, long-suffering, patience under provocation or in dealing with others; **b** (as virtue important in friendship, marriage, and the anchoritic life); **c** (w. ref. to waiting).

divinae caritatis igne fervidus, ~ae virtute modestus BEDE *HE* IV 26 p. 273; humilitate cernuus ut lacessentium cervicositates ~a sibi substerneret W. MALM. *GR* II 178; ~a et benignitate cunctos secum coessentes mulcebat ORD. VIT. V 4 p. 315; argumentum virtutum esse maximam ~am GIR. *GE* I 18. **b** si mihi vis adherere, oportet te indissolubilem catenam afferre .. nomen ejus catene si queris, ~a vocatur ELMER CANT. *Ep.* 12. 3; dum illa .. nubile tempus attingeret, nam adhuc infra maturitatem ~ae conjugalis erat W. MALM. *Mir. Mariae* 182; quem cupis esse amicum probetur ~a AILR. *Spir. Amicit.* II 73. 689; ~a etiam in amicitia maximum locum tenet P. BLOIS *Opusc.* 884D; due beate virtutes .. pertinentes ad anachoritam, ~a in prima parte, humilitas in altera quia paciens est .. qui pacienter sustinet opprobria *AncrR* 51. **c** a776 quae non videmus per ~am expectamus *CS* 220.

3 act of allowing, permission: **a** (in positive sense); **b** (in negative sense); **c** (in phr.).

a **1289** auctoritatem damus et ~am prestamus Raymundo N. .. habendi .. pontem super .. vicum publicum *RGasc* II 512b; **1325** prestandi ~am .. regi Francie quod ipse terras .. ad manum suum assignare possit *TreatyR* I 652; **1325** ~a prestanda .. regi Francie .. super terras, quas in presenti tenemus *Ib.* I 653. **b** **1369** dicunt quod in deffectu et ~a ejusdem custodis diversa averia .. depast' fuerunt herbam .. parci .. ad dampnum domini xl d. *Hal. Durh.* 87. **c** **1182** Robertus, Dei ~a abbas Montis Sancti Michaelis in periculo maris (*Ep.*) TORIGNI *Chr. app.* 359; **s1344** tria castra cum villis sub ~a dimisit in certa forma *Meaux* III 53; **s1344** item vicecomes de Benaugio qui fuit prius indifferens et sub ~a *Ib.*; **1426** dominus J. .. Dei ~a priori Ecclesie Christi Cantuariensis *Lit. Cant.* III 148.

4 (bot.): **a** patience-dock (*Rumex patientia*). **b** aristolochia, birthwort (*Aristolochia*).

a *Alph.* 94 (v. lapathium 1b); hypolapathon, officinae ~am vocant, vulgus *patience* TURNER *Herb.* B ii. **b** ~a herba est, i. aristologia SB 33.

patigiarius, patiginarius [cf. CL patagiarius = *one who deals in* (*borders for*) *tunics*], one who opens a door, doorkeeper.

hostiarius, exclusarius, patiginarius, januarius OSB. GLOUC. *Deriv.* 48; a pateo .. hoc patagium, -ii, i. gula ad summam tunice assuta, et a .. hic patigiarius, -ii, janitor qui januam facit patere *Ib.* 438.

patilla v. patella.

1 patina v. pastinaca.

2 patina [CL < πατάνη], **patena** [LL; cf. ME, OF *paten*]

1 wide shallow pan or dish.

†paneta [l. patena], *holoponne*; †paneta [l. patena], *disc*; *GlC* P 73–4; hec ~ina, -e, eo quod sit patens OSB. GLOUC. *Deriv.* 437; vas dico patinam sed quod tegit esse patēnam GARL. *Syn.* 1579A; **1394** in una ~ena ad frixandum *Cant. Coll. Ox.* II 134; *a garnish of peuter*, ~inae LEVINS *Manip.* 144.

2 salt pan.

1460 jacentem inter ~enam salinam sive patellam Thome .. et ~enas sive patellas .. Johannis *Melrose* 556.

3 (eccl.) plate on which bread is placed at Eucharist, paten (also used as cover for the chalice).

aureus atque calix gemmis fulgescit opertus / .. / .. lata argento constat fabricata patēna ALDH. *CE* 3. 74; **786** vetuimus .. ne de cornu bovis calix aut ~ena fieret ad sacrificandum Deo, quia sanguineae sunt ALCUIN (*Syn.*) *Ep.* 3 p. 23; aureus ille calix .. / ac lata argento pulchre fabricata patēna ÆTHELWULF *Abb.* 650; ~ena, *huseldisc* ÆLF. *Gl.* 124; **a1136** ~enam unam sine calice *Chr. Abingd.* II 151; GARL. *Syn.* 1579A (v. 1 supra); posito sagaciter super ~enam corpore Domini, quod prius tenebat in manibus *Cust. Cant.* 50; **1432** unus calix cum ~ena de auro puro *Reg. Glasg.* 329; hec †paterna [l. patena], A. a *patyn* .. *WW*; hic calix, A. *chalys Ib.*; hec ~ena, A. †*patent* [l. *paten*] *Ib.* **1514** [ad] calices .. ~enas et vestimenta sacerdotalia .. consecrandum *Eng. Clergy* 200.

4 metal plate that supports mill-stone.

1290 in faccione j ~ine ad ponend' subtus axem molendini cum ferro empto .. in reparacione j ~ine ad aliud capud axis *MinAc* 935/12.

5 broad flat shovel.

~ina, A. *a peele WW*.

patinare [cf. 2 patina], to cook in a pan.

si qui erant ~andi cibi, vino lixare *G. Steph.* 19.

patinarius [2 patina+-arius]

1 (as adj.) cooked in a pan.

~us, -a, -um, in patina coctus OSB. GLOUC. *Deriv.* 438.

2 (as sb. m.) pan-maker.

~us, -ii, ille qui patinas facit OSB. GLOUC. *Deriv.* 437; *a panne maker*, ~ius *CathA*.

3 (eccl.) paten-bearer.

dedit .. pro patenario in principalibus festis patenam deportandam WHITTLESEY 169; **1391** cuilibet patenario, thurifero .. duos denarios *Mem. Ripon* I 140; **1439** uni subdiacono, uni thuribulario, uni patenario *Ib.* III 232.

patinula [2 patina+-ula], small pan.

hec patella .. vel hec ~a, -ae OSB. GLOUC. *Deriv.* 437.

patinus [OF *patin*], clog, patten.

si quis scacchas aut ~os in gildalla attulerit, dimidiam unciam argenti dabit vel x denarios *Gild Merch.* I 290.

patissium v. pactitium. **patnagium** v. pannagium. **patracion** v. patricia. **patra focaria** v. petra.

patrare [CL], to create, bring about, carry out, achieve, perfect; **b** (w. ref. to *Gen.* ii 2). **c** to perform (miracle). **d** to commit (sin or crime).

rictibus arma gerens bellorum praelia patro ALDH. *Aen.* 10 (*Molosus*) 3; poenam quam et opere ~avit BEDE *Ep. Cath.* 191; ~avit, perficit *GlC* P 9; Christus .. patrat / omnia que poscunt .. fideles *Mir. Nin.* 461; a**1085** imperator sine magna ratione tantam rem non est aggressus ~are LANFR. *Ep.* 59 (52); incrementum pulcherrimum deputabat suo nomini ~avisse quod Normanniae dominum minuerit W. POIT. I 15; regia vis hodie patres patrat, / Deus olim / Mirreo dederat te, Nicholae, gregi GARL. *Tri. Eccl.* 38. **b** Deus .. in septimo requievit ab omni opere quod ~arat AILR. *Serm.* 41. 12; ab omni opere quod ante ~arat requiescens J. FORD *Serm.* 35. 2. **c** plurima hic praesul patravit signa stupendus ALDH. *CE* 4. 4. 9; significat se divinitatis qua miraculum erat ~andum non principium temporaliter accepisse de matre sed aeternitatem semper habuisse de Patre BEDE *Hom.* I 14. 69; plurima nostratum patravit signa stupenda *Mir. Nin.* 21. **d** quod scelus infandum patraret crimine numquam ALDH. *VirgV* 2523; facinus ~arunt BEDE *HE* III 22 p. 173; a flagitio quod malitiosissme ~avisti deterrere te .. vellemus W. POIT. I 4; innumera per Angliam mala ab eodem rege ~ata EADMER *V. Osw.* 3; c**1298** ad augmentum sceleris hactenus patrati, / Alnewyke dant ignibus viri scelerati (*Dunbar* 173) *Pol. Songs* 173; homicidium ~avit FERR. *Kynloss* 33.

patraster [CL], stepfather.

vitricus vel ~ter, *steopfæder* ÆLF. *Sup.* 174; parvulus .. vitrico tanquam patri obtemperans .. ad sulcandos agros cum eodem patriastro suo exierat *Mir. Hen. VI* IV 150.

patratio [CL], performance, accomplishment.

c**804** quem .. fama miraculorum ~one post ipsos apostolos nulli ferebat secundum ALCUIN *Ep.* 306; sicut enim ~o scelerum tenebras, sic ejus confessio lumen facit LANFR. *Comment. Paul.* 301; cum ad operis illiciti ~onem victum inclinavit P. BLOIS *Serm.* 762D.

patrator [CL] one who accomplishes: **a** performer (of miracle); **b** perpetrator (of crime).

a virtutum ~or egregius BEDE *HA* 14; ut mirabilium ~oris Eadmundi regis et martyris passionem litteris digererem ABBO *Edm. pref.*; mirabilium ~or magnificus operum R. COLD. *Cuthb.* 2. **b** aliorum ~ores scelerum BEDE *Ep. Cath.* 309; sceleris quod nec nominari decet .. fuerant ~ores AD. EYNS. *Visio* 25; **1282** quo innodatos esse constat predicti sceleris ~ores PECKHAM *Ep.* 289.

patratrix, one who accomplishes (f.).

deinde cepit virtute divina miraculorum ~ix existere *G. S. Alb.* I 101.

patrellum v. peiterellum.

patrescere, to act or appear as father.

1302 quia est cognatus tuus, nos volumus ~es juxta ipsum sed non quod consules eum *Year Bk 30–1 Ed. I* 530.

patria [CL]

1 country. **b** (homeland); **c** (as country other than one's own); **d** (as kingdom); **e** (transf. & fig.).

~a, *eard* ÆLF. *Sup.* 177; s**449** de illa ~a que Angulus dicitur M. PAR. *Maj.* I 188; s**1147** hominum illius ~ie [sc. Hibernie] *Meaux* I 139. **b** extorrem propria pulsum ~a ALDH. *VirgP* 6; haec [Hibernia] proprie ~a Scottorum est BEDE *HE* I 1 p. 13; Scotti .. advenientes sibi locum ~ae fecerunt *Ib.*; in natura sexus, natio, ~a, cognatio, aetas consideratur: .. in ~a Atheniensis an Romanus .. ALCUIN *Rhet.* 25; quodsi venefici aut magi .. reperiantur, eventilentur a ~a aut in ~a pereant (*Cons. Cnuti*) *GAS* 311. **c** quod ter centum annis ~am, cui proras librabat, insideret GILDAS *EB* 23; egressi sunt ex navibus et .. vastaverunt ~am G. MON. I 12; inhibemus etiam, ne quis Christianum in alienam ~am vendat, et maxime infidelibus (*Leis Will.*) *GAS* 515; Turkillus Danus interea regem .. accersivit ut in Angliam veniret, annuncians ~am optimam SILGRAVE 62; s**1340** ita [Anglici] fecerunt toti ~e [Francie] AD. MUR. *Chr.* 115; ~am rebellantem expugnando et destruendo *Plusc.* VIII 27; **d 1266** residuum .. debetur ~e per dominum regem *ExchScot* 11. **e** angelorum porta Christus Dominus est, qui et angelorum ~a est. ipse dat ingressum qui fecit habitaculum LUCIAN *Chester* 60.

2 (*caelestis ~a* or sim.; also ellipt.) heaven; **b** (in ~a, dist. from in via)

[illegible] peregrinam pro aeterna ~a duceret vitam BEDE *HE* III 13 p. 152; **798** ~a .. beatissimae visionis (v. frui 2e); **823** pro spe ~ae celaestis [*sic*] *CS* 373; dicunt .. quidam quod quinque sensus erunt in ~a .. sed asserunt quod tunc erit alius usus eorum P. BLOIS *Ep. Sup.* 29. 18; veram ~am et permanentem .. affectare GIR. *TH* I 12; WYCL. *Ver.* II 145 (v. gaudiosus b); s**1409** sicut .. ad ~am .. sic .. ad tartara *Chr. S. Alb.* 49. **b** qui sanctis suis virtutem prestat in via, et premia largitur in ~a GRIM *app.* 452; sive in via sive in ~a sumus, augmentum premii de sola gratia est P. BLOIS *Ep. Sup.* 72. 7; cum summa bonitate in via .. ; in ~a vero fruitio omnium bonorum FISHACRE *Sent. prol.* 96; quia enim caritas in via extenditur ad omnem hominem, salvandum et dampnandum, caritas autem in ~a ad homines salvandos DOCKING 107; **1301** queritur utrum ultima perfeccio anime humane sit causata effective ab anima, sive in via, sive in ~a *Quaest. Ox.* 351.

3 region, district, area around a town (also leg.). **b** (Scot.) sheriffdom. **c** (W.) Welshry. **d** (of countryside).

801 audivi .. amicum in Beneventana diem obisse ~a ALCUIN *Ep.* 211; 1178, GLANV. IX 11 per juratam ~e (v. jurata 2b); inimicicie oborte inter ~am illam et castellum .. quod dicitur Grandimontanum *Mir. Wulfst.* I 31; in Anglia in ~a que dicitur Westcuntre *Mens. & Disc.* (*Anon. IV*) 78; **1291** multociens nudus gladio cinctus dominas illius ~e visitabat *State Tri. Ed. I* 76; **1313** delatus fuerat secundum foros et consuetudines ~e illius *RGasc* IV 1009; **1419** cum ~a Northridingi adjacente *Mem. York* II 73; **1575** statuta .. que erunt bona et necessaria pro republica predicte ville et burgi et ~a adjacente *Pat* 1123 m. 8. **b** per .. homines ~e in qua [sc. domus] situata est *Reg. Moray* 128; **1398** media pars de burgensibus et alia pars hominum de ~a *APScot* I 572a. **c 1306** de receptis ~e dicte Cantrefmaur continentis sex commotos sequentes et forestas de Glyneothy et Pennent, que ~a est una senescalcia per se *MinAc W. Wales*; **1309** Griffinus habuit die quo obiit in ~a de Megheyn villam de Garthgeuen *IPM* 10/16; **1348** budellus ~e (v. bedellaria b). **d** configit .. duos fratres .. exire in ~am .. et dum in prato .. *Latin Stories* 100.

4 (transf.) people (of a country or region).

s**1339** ~a cito occurrebat eis AD. MUR. *Chr.* 88; s**999** Silvester III .. nacione Gallicus .. veniens in Hispaniam .. in tantum proficiebat in doctrina quod tota ~a mirabatur *Eul. Hist.* I 256; **1378** fossata apud P. non est scurata ad nocumentum totius ~e *Banstead* 359.

5 (leg.) jury of local men. **b** (*ponere se super juratam ~e, super ~am*, or sim.) to submit one's case to a jury.

1198 offert domino regi xx s. pro habendo vero dicto ~e *CurR* I 39; **1230** cartam que approbata fuit et habita pro vera per testes et per ~am *BNB* II 364; **1235** Robertus dicit quod est de lx annis et eo amplius; et ideo bene debet habere ~am suam *CurR* XV 1304; **1238** si W. .. per inquisitionem vel per judicium vel per ~am sit dampnabilis *Cl* 80; **1293** ecce hic bona ~a de duodecim; lege nomina *Year Bk. 30–1 Ed. 1 app.* 2 p. 528; predictum est .. quod summoveat ~am de parochia et warda predictis *MGL* I 398; **1457** ad perambulare faciendum .. divisas inter terras .. venire faciant coram dictis justiciariis sufficientem ~am ad procedendum *Reg. Aberbr.* II 94; **1505** inquirantur per ~am (v. exitus 10b). **b 1198** ponit se inde super juratam ~e *CurR* I 46; **1201** (v. discarcare 1c); **1221** J. defendit mortem set non vult ponere se super ~am. et xij juratores dicunt quod culpabilis est de morte illa et xxiiij milites alii a predictis xij ad hoc electi idem dicunt et ideo suspendatur *SelPlCrown* 99; ponere super ~am, defendere per ~am BRACTON 137, 142b (v. defendere 6a); **1209** duo ignoti homines .. violenter capti .. et imprisonati pro suspicione latrocinii vel robberie defendunt dictum latrocinium et non ponunt se super ~am set volunt defendere per corpora sua, ideo reponantur in gayolam *CBaron* 90; **1433** posuerunt se .. in exitum ~e (v. exitus 10d).

patrialis [CL patria+-alis]

1 (as adj.) that relates to one's native country or district, patrial.

1432 si quis magister vel scolaris .. causam alicujus alterius persone foveat, eo quod sue patrie exstiterit, seu impugnat, eo quod aliene patrie sit, vel occasionem prebeat .. unde ~is dissencio .. poterit suscitari *StatOx* 242.

2 (as sb. m.) one who comes from the same country or district, compatriot.

isti ~es, insimul conglobati, rabie quadam crudilissima prefatum regem misericordissimum potestate regia privaverunt BLAKMAN *Hen. VI* 18.

patriapotestas [al. div.] the power of a father (over his family).

1166 parentes vero comitis patriampotestatem ostendentes in sobolem G. FOLIOT *Ep.* 162; DICETO *YH* 319 (v. patriciatus a); emancipatione solvitur patria potestas BRACTON 6b.

patriarcha [LL < *πατριάρχης*], **~us**

1 patriarch (of the Old Testament); **b** (assoc. w. *propheta*). **c** (w. ref. to pseudepigraphical work 'The Testaments of the Twelve Patriarchs').

institueret .. tamquam ex Jacob xij congregationis illius ~ae THEOD. *Laterc.* 18; priscis temporibus ~as divinae sanctionis praecepto conjugii foedera servantes ALDH. *VirgP* 8; sicut de ~a per prophetam dicitur, "Jacob dilexi, Esau autem odio habui" *V. Cuthb.* I 3; Abraham ~a tanto ante legem tempore has in holocaustum Domini legitur obtulisse BEDE *Hom.* I 18. 80; legisti .. quod Esau et Jacob filii Isaac ~e fuerunt *Eccl. & Synag.* 56; ~a, *heahfæder* ÆLF. *Gl.* 155; primus ~arum Abraham AILR. *Ed. Conf.* 739D; Jacob nonagenarius genuit duodecim ~as R. NIGER *Chr. I* 5; in spiritu Elie sui ordinis ~e *Ziz.* 3. **b** patriarchae primo, qui gentis germina sacrae / et sobolem stirpemque rudem genuere nepotum / .. / illic et vatum laetatur turma priscorum / quae quondam cecinit nostri cunabula Christi ALDH. *VirgV* 2879; **957** non solum in ~is et prophetis verum etiam et in regibus *CS* 995; adjuro te .. per magnificos prophetas et ~as (*Jud. Dei*) *GAS* 413; prophetas intuitus sum et ~as miro exultantes gaudio ANSELM *Misc.* 358; patriarche, prophete, et alii justi BACON *CSTheol.* 32; ecclesia .. habuit primo ~as et prophetas qui jecerunt fundamentum et postea apostolos, martires, et confessores qui superedificaverunt fundamentum parietes et tecta T. CHOBHAM *Praed.* 72. **c** s**1242** episcopus Lincolniensis Robertus Testamenta xij ~arum de Greco fideli interpretatione transtulit in Latinum M. PAR. *Min.* II 467.

2 (eccl.) chief archbishop, patriarch; **b** (of one of the five sees: Alexandria, Antioch, Constantinople, Jerusalem, Rome); **c** (of Aquileia).

interpretatio nominis sacerdotum: .. patriarha [*gl.*: *hehfæder*] Graece et Latine sed et Hebraice abba *Rit. Durh.* 195; ~a dicitur summus patrum vel prin-

ceps patrum; ~a etiam preesse patriarchie vel ecclesie dicitur. . . horum autem officium est archiepiscopos consecrare, concilia episcoporum congregare, decreta canonum instaurare GIR. *PI* I 19; non enim primas vel ~a dici potest . . nisi qui archiepiscopum unum vel plures subjectos habuerit *Id. JS prol.* p. 113; **1320** venerabilibus fratribus ~is, archiepiscopis et episcopis *Mon. Hib. & Scot.* 214a; nomina dignitatum clericorum: . . hic ~a, *a patriarke. WW.* **b** ut Sofronius refert, ~a Hierusalem *Comm. Cant.* I 35; **s1106** precipue gloriatus est de capillis B. Matris Dei Marie quorum aliquos sibi datos ferebat a ~a Antiocheno EADMER *HN* p. 213; papa Romanus, Barensis archiepiscopus, Jerosolimitanus ~a W. MALM. *Wulfst.* III 20; Cyrum Constantinopolitanum ~am deportavit R. NIGER *Chr. II* 145; hic etiam domini ~e Antiocheni in legatione sua . . primo interpres et predicator extitit ECCLESTON *Adv. Min.* 39; **s1306** novus papa . . fecit episcopum Dunelmensem . . ~am Jerosolomitanum dispensando . . ut eciam Dunelmensis episcopus remaneret W. GUISB. 364. **c** p789 Paulino sanctissimo ~ae humilis levita Alcuinus salutem ALCUIN *Ep.* 28; **796** dilectissimo patri et pio pontifici Paulino ~ae *Ib.* 99.

3 archbishop: a (of Canterbury); **b** (other).

illum . . primae metropolis Anglorum primatem ac ~am instituit OSB. *V. Dunst.* 33; omnium . . horum ~arum Gosc. *Transl. Aug.* 24A; jam tibi non parcam, nisi reddideris patriarcham R. CANT. *Poems* 6. 9; ibi prima sedes archiepiscopi . . qui est totius Anglie primas et ~a W. MALM. *GP prol.* **b** iste pater sanctus, pastor, patriarcha, sacerdos ALCUIN *WillV* 27. 1; c800 Macharico ~ae Albinus salutem *Id. Ep.* 191.

4 abbot.

o nimium dilecte Deo, primus patriarcha / noster et insignis pastor M. RIEVAULX (*Vers.*) 15. 1.

5 stepfather.

hic victricus, *stepfadyr*; hic ~us, idem *WW.*

6 office of patriarch, patriarchate (in quot., w. ref. to Abraham), or ? *f. l.*

habetis primatum Abel, ~um Abrahe, gubernacionem Noe BRINTON *Serm.* 4 p. 6 [cf. P. BLOIS *Serm.* 736A: habet primatum Abel, patriarchatum Abrahe, gubernaculum Noe].

patriarchalis [LL]

1 of a patriarch (of the Old Testament).

prime hierarchie primitivus ordo consistens in hominibus apostolicis, secundus in prophetalibus, tertius in ~ibus AD. MARSH *Ep.* 246 p. 417.

2 of a patriarch: **a** (w. ref. to one of the five sees: Alexandria, Antioch, Constantinople, Jerusalem, or Rome); **b** (w. ref. to one of the five principal churches at Rome).

a s1095 pape Urbano ~es literas . . porrigens . . eorum calamitates exposuit M. PAR. *Min.* I 59; s1274 alias ecclesias, et ~es precipue, diversis privilegiis . . Romana ecclesia honoravit (*Ep. Imp. Graec.*) *Flor. Hist.* III 36; s1300 Jerosolomitane ecclesie . . patriarcha salutem . . atque ~em benediccionem *Ann. Ed. I* 443; si Romana ecclesia esset aversa a fide, sufficeret catholicis eligere papam Romanum, quemadmodum nunc creatur patriarcha Antiochenus, nec titulos aliquos Rome oporteret aliquibus clericis assignare, sicut nec modo clericis, qui quondam fuerunt in civitatibus ~ibus, deputantur OCKHAM *Dial.* 493; **1438** cum Constantinopolitano patriarcha et aliarum ~ium sedium apocrisiariis BEKYNTON II 32. **b** quinque principales et ~es ecclesie GIR. *Spec.* IV 2; preter dictas autem ~es urbis [Rome] ecclesias v, sunt alie per orbem fidelium *Ib.* 7.

3 of an archbishop (in quots. w. ref. to archdiocese of Canterbury).

1298 ecclesia nostra . . metropolitica et ~is alias regni Anglie ecclesias precellit *Reg. Cant.* 826; patrocinium . . ~e ELMH. *Cant.* 79 (v. 2 esse 12b).

patriarchaliter [patriarchalis + -ter], in the manner of a patriarch.

caesaries . . patriarchaliter liliosa Gosc. *Mir. Aug.* 537 (v. fenestrare 2b).

patriarchatus [LL patriarcha + -atus]

1 patriarchate, office of patriarch **b** (w. ref. to one of the five sees: Alexandria, Antioch,

Constantinople, Jerusalem, or Rome); **c** (transf. w. ref. to Abraham).

Carolus imperator . . opera preclara . . fecit, episcopatus et archiepiscopatus et ~us, divisis provinciis terrarum R. NIGER *Chr. I* 69; renunciando papatum, cardinalatum, ~um, episcopatum acceptat WYCL. *Compl.* 89. **b** Michaelem dicit fuisse patriarcham Babilonis super Egiptum, translato ~u Alexandrie in Babilonem W. MALM. *GR* IV 368; s1154 in ~u Constantinopolitano DICETO *YH* 298; s1229 intravit . . in Jerusalem et ibi . . sese coronavit; et ita coronatus resedit in cathedra ~us M. PAR. *Maj.* III 185; s1311 obiit . . Dunolmensis episcopus et patriarcha Jerosolimitanus . . anno ~us sui quinto, et consecracionis episcopatus sui vicesimo octavo W. GUISB. 390. **c** habet primatum Abel, ~um Abrahe, gubernaculum Noe P. BLOIS *Serm.* 736A.

2 archbishopric, office of archbishop: **a** (of Canterbury); **b** (other).

a ut veniamus ad summam . . cum electione totius ecclesie in cathedra ~us successit ADEL. BLANDIN. *Dunst.* 7; quapropter dirigitur ad ~um Cantuariensis ecclesie Beorhtelmus Dorsatensium episcopus OSB. V. *Dunst.* 32; qui, postquam est in ipso ~u prime metropolis Anglorum nobiliter usquequaque roboratus EADMER *Wilf.* 57 p. 225; s1136 Dorubernensis archiepiscopus . . cathedre ~us sui anno . . Cantwarie sepelitur FL. WORC. *Cont. A* 98; s1296 [archiepiscopus Cantuariensis] a Deo confortatus convalescebat et confundebat ecclesie persecutores: quibus paulatim subactis . . temporalibus restitutis cum dampnis in ~u victoriosus resedit *Flor. Hist.* III 293; **1420** anno regni regis Henrici quinti viij°, ~us autem reverendissimi in Christo patris et domini Henrici Chichele Cantuariensis archiepiscopi anno vij° *DC Cant. Reg. H* f. 102r. **b** mirum videri debet Viennensis . . presulem in tantam prorupisse vecordiam ut ~um Bituricensem velit habere subjectum J. SAL. *Hist. Pont.* 1.

3 province of patriarch.

est autem civitas . . cl milliario a Sidone de . . ~u Antiochie R. NIGER *Chr. II* 144; Jerusalem . . in limite Alexandrini et Antiocheni ~uum erat GIR. *Spec.* IV 7; sicut . . patriarcha in ~u suo est caput primum et supremus judex in spiritualibus OCKHAM *I&P* 26.

patriarchia [LL patriarcha + -ia], (jurisdiction of) patriarchal church; **b** (w. ref. to one of the five principal churches at Rome).

Jerusalem quasi in limite Alexandrini et Antiocheni patriarchatuum erat, nec haberent unde illius urbis ordinarent suffraganeos nisi utrique ~ie aliquid detraherent GIR. *Spec.* IV 7. **b** sunt in eadem urbe [Roma] quinque principales et patriarchales ecclesie, que et ~ie dicuntur GIR. *Spec.* IV 2; prime . . ~e [sc. Johannis Lateranensis] vj assignati sunt episcopi, viz. dominus papa Hostiensis, Albanensis, Portuensis, Sabinensis, Tusculanensis, Prenestinensis *Ib.*; divisis inter se ~iis et eorum reddititibus, unus [sc. invasor] apud Sanctum Petrum, alter apud Sanctam Mariam Majorem, tertius . . in Lateranensi palacio sedebant CAPGR. *Hen.* 30.

patriarchium [LL patriarcha + -ium]

1 papal residence or palace (in quots., of St. John Lateran at Rome).

745 presedente . . Zacharia papa in ~io Lateranense (*Syn.*) *Ep. Bonif.* 59; [papa] fecit . . manere secum . . in ~io W. MALM. *GP* I 54; s1179 synodus . . est habita Rome . . in ~io Lateranensi DICETO *YH* 430.

2 patriarchal church.

in vita vel actibus beati Silvestri predicti ~ii Lateranensis presulis legimus GIR. *Spec.* IV 2.

patriarchus v. patriarcha.

patriare [ML], to travel (round or to a country).

de mercatoribus ~antibus (*Quad. tit.*) *GAS* 23; **1288** Guillelmo Runcy portanti litteras ad regem apud Oleron' . . ad expensas suas ~ando (*AcWardr*) *TRBk* 201 p. 60.

patriarha v. patriarcha. **patriaster** v. patraster.

patricia, ~ion [cf. CL patricius], (bot.): **a** dropwort (*Filipendula vulgaris*). **b** knapweed (*Cen-*

taurea), restharrow (*Ononis repens*), or vervain (*Verbena officinalis*).

a patrision *Alph.* 66 (v. filipendula); patersion, *filipendule, dropwort MS Cambridge Univ. Libr. Dd. 11. 45* f. 112. **b** patrucia, Romani vocant eam patracion, Anglici *hisenerde*, est herba ca[lida] et sic[ca] *MS BL Sloane 282* f. 209.

patriciatus [CL] patrician status, patriciate; **b** (granted to emperor).

s1166 secundum leges dignitas episcopalis vel ~us filium liberat a patria potestate DICETO *YH* 319. **b** Romani patricii . . imperatori . . dederunt summum ~um Romane urbis W. MALM. *GR* V 425; dato ei [regi Theodorico] honore . . ~us R. NIGER *Chr. I* 50; Adrianus papa dedit eidem Carolo jus eligendi summum pontificem . . . dignitatem quoque ~us contulit ei *Ib.*

patricida [CL], (act of) one who kills one's own father; **b** (~a suus, w. ref. to another who kills one's father).

~a, *fæderslaga* ÆLF. *Sup.* 169; nemo . . ~e . . supplicio misericordia commovetur ANDR. S. VICT. *Dan.* 12; ave, per quam homicide, / paricide, patricide / redeunt ad patriam WALT. WIMB. *Virgo* 102; rex debet . . ~as et perjurios non sinere vivere OCKHAM *Pol.* I 23; hec, hic ~a, A. que vel qui occidit patrem *WW.* **b** [puer] ~e suo traditur in officio patris erudiendus MAP *NC* III 3 f. 39v.

patricidium [CL patricida + -ium], act of killing one's father, patricide.

s1255 in tempore passionis ~um ausus perpetrare M. PAR. *Maj.* V 490.

patricius [CL]

1 patrician, of noble birth. **b** of or belonging to a patrician.

~ius, de patris genere natus OSB. GLOUC. *Deriv.* 469; ignobilis est, sed nec Petrus ~ius extitit aut alicubi de claritate sanguinis gloriatur J. SAL. *Pol.* 682D. **b** 671 (12c) consentiente . . rege Merciorum . . ceteris ~ia potestate praedictis corroborantibus *CS* 26.

2 (as sb. m.) patrician, nobleman, person of high rank (also as honorific title): **a** (in Roman or Holy Roman empire); **b** (Eng.).

a Valentinianus ab Aetii ~ii, quem occiderat, satellitibus interimitur BEDE *HE* I 21 p. 41; ~ii, senatores *GlC* P 139; imperatori . . occurrerunt Romani ~ii cum aureo circulo quem imposuerunt imperatori in capite et per eum dederunt sibi patriciatum Romane urbis W. MALM. *GR* V 425; apud gentiles seculares erant he persone: monarcha, sc. imperator Romanus, ~ii qui et senatores dicebantur BELETH *RDO* 12. 26; s611 Phocas imperator Heraclii, Africe ~ii, jussu peremptus est M. PAR. *Maj.* I 264. **b** c675 edito aulae fastigio spreto, quo ~ii ac praetores potiuntur ALDH. *Ep.* 3; **686** ego . . rex Cantuariorum . . una cum ceteris meorum ~iorum *CS* 67; a rege Francorum Hloduio vel ~io Ercunualdo honorifice susceptus BEDE *HE* III 19 p. 168; s788 Elfwaldus rex, conjuratione facta ab ejus ~io Sicgan nomine, . . occisus est BYRHT. *HR* 54; ergo, rex, arma depone, sicque cum ~iis ingredere *Pass. Æthelb.* 7; Cantuariensi archiepiscopo, qui . . regis ~ius solebat . . nominari, . . invidentes AVESB. f. 93a.

3 (as title given to ruler or leader): **a** (~ius Romanorum) emperor; **b** (~ius patriae) king; **c** (prince, duke, or earl).

a **724** Carolo . . filio nostro ~io, ut eum conpescat, suadentes . . scripsimus (*Lit. Papae*) *Ep. Bonif.* 24; s813 Karolus, rex Francorum et ~ius Romanorum . . concilia celebrari edicit M. PAR. *Maj.* I 371; s701 Leo III . . per ~ium Romanorum factus est papa *Eul. Hist.* I 229; Carolus imperatori et augusti in templo beati Petri nomen accepit, quum ante ~ius diceretur R. NIGER *Chr. II* 150. **b** nobilium primicerio, patrie ~io . . regi Nicolao ÆLNOTH *Cnut* 1. **c** 786 ego Sigha ~ius signo sanctae crucis . . subscripsi ALCUIN (*Syn.*) *Ep.* 3 p. 28; **887** ego dux et ~ius gentis Merciorum cum licentia . . Aelfredi regis *CS* 547; ~ius consul Fabius quaestor Ethelwerdus Mahtildi consobrinae ÆTHELW. *prol.* p. 1; omnium praepotentissimus ~ius, duxque Dacorum praecellentissimus Rollo W. JUM. II (6); juraverunt . . ~io Rolloni vitam suam *Ib.* II 11 (17); Osberto ~io Mertiorum W. MALM. *GR* I 70.

4 (as personal name) Patrick. **b** (in place-

name, *Purgatorium ~ii*) Patrick's Purgatory, Lough Derg., Co. Donegal.

S. ~ius erat in illo tempore captivus apud Scottos Nen. *HB* 194; locum habitationis suae Glestoniam delegissent .. ~ii religiosa veneratione, Osb. *V. Dunst.* 6; †**430** (12c) ego ~ius humilis servunculus Dei *CS* 1; s**457** S. ~ius ad Dominum migratur *Ann. Cambr.* 3; **1416** ~io Langdale [lego] .. v marcas *Test. Ebor.* III 58; **1430** ~ii filii Mirielde *Feod. Durh.* 25. **b** memoriale super visitacione .. de Purgatorio Sancti ~ii in insula Hibernie J. Yonge *Vis. Purg. Pat.* 1.

patriensis [ML; CL patria+-ensis], of the country, native; **b** (as sb. m.).

defunctus .. regius juvenis [Aedmund] .. , defletus diu multumque a ~i populo *Enc. Emmae* II 14. **b** finitimos mari ~es ejus rei sinister commovit nuntius *Enc. Emmae* I 4; maluit conversari in tam fertili patria cum ~ibus pace confecta *Ib.* II 1; ~es .. regi Danisque ferventissime rebellare ardentes *Ib.* II 5.

patrigena [CL patria+-gena], (collect.) native population, citizenry.

925 rex Anglorum totiusque climatis ferme cataclismatum gurgitibus Cristiane ~ae previsor *Ch. Burton* 2.

patrimonialis [LL]

1 held by right of inheritance; **b** (w. ref. to endowment of church).

~i et hereditaria habitatione Gosc. *Lib. Mild.* 12 p. 80; **1170** absurdum videtur quod .. post satisfactionem penitentie in bonis ~ibus puniatur P. Blois *Ep.* 50. 154A; pater meus in territorio Blesensi nichil ~e habuit sed acquisivit industria sua unde omnes filias suas honorifice maritavit *Id. Ep. Sup.* 6. 4. **b 1281** prebendam michi ex bonis .. Ibus ipsius ecclesie quam ex beneficiis .. providit *Ch. Sal.* 358.

2 (*jus ~e*) legitimate possession of inheritance. **b** (*jure ~i*) by legitimate right of inheritance.

que Ailwinus .. dedit ecclesie R. in jus ~e perpetuo possidenda *Chr. Rams.* 52; in palatio nostro, quod .. ad nos rediit .. propter jus ~e uxoris nostre Gerv. Tilb. I 991. **b** preter Andegaviam .. et Turoniam, que ei ~i jure .. obvenerant Gir. *PI* II 1; que ei ~i jure contigerant Capgr. *Hen.* 84.

3 (as sb. n.) inherited or endowed estate or possessions.

1239 tallie .. personis ecclesiasticis .. pro feodalibus et ~ibus imponuntur (v. colligere 4b); **1323** licet .. de bonis ecclesie Cantuariensis et non de ~ibus suis ecclesiam Roffensem fundaverit .. successores .. custodiam temporalium Roffensis ecclesie habuerant *Lit. Cant.* I 114.

patrimonialiter [LL patrimonialis+-ter], by way of patrimony.

de his que ~iter eos forte .. contigerint Gir. *Symb.* 7 p. 220; postquam hereditas, male merenti delata, sibi transiit in patrimonium, ~iter, ut moris est, possessa ea per diliramentum possidentis funditus exinanita E. Thrip. *Collect. Stories* 199.

patrimoniolum [LL], small patrimony.

596 Candidum .. presbyterum .. quem ad gubernationem ~i ecclesie nostre transmisimus (*Lit. Papae*) Bede *HE* I 24.

patrimonium [CL]

1 personal property as inherited from one's father, inheritance, estate, patrimony; **b** (transf. & fig.).

arcarum clustella reserantur .. ac dum carnale stirpatur ~ium, spiritale exercetur mercimonium Aldh. *VirgP* 42; **963** (12c) cuncta saeculorum ~ia incertis nepotum heredibus relinquuntur *CS* 1124; **10..** ~ium, *fædergestreona WW*; ex ~io suo cenobium illud fundaverat Ord. Vit. III 3 p. 62; duo .. coenobia monachorum in suo ~io construxerat *Ib.* IV 8 p. 236; properavit ad intemperanciam, exicialem ~iorum novercam E. Thrip. *Collect. Stories* 199; nullam .. prebendam .. habui sed ex ~io patris mei .. vixi Gascoigne *Loci* 31. **b** qui .. nequitiam .. in hac vita multiplicari appetunt, .. ab aeterno ~io exheredes fiunt Bede *Prov.* 997.

2 (w. ref. to church endowment, estate, or

revenue); **b** (spec. as *~ium crucifixi, ~ium beati Petri*).

ut ecclesia augeat ~ium J. Ford *Serm.* 113. 8; **1549** ne .. prelati .. proles suas ex concubinatu susceptas .. baronibus .. in conjugium de Christi ~io jungant *Conc. Scot.* II 89. **b** ~um .. crucifixi sacrilegorum dare marsupiis J. Ford *Serm.* 76. 3; debet .. sacerdos .. considerare quid est quod recipit sc. ~ium crucifixi. illas .. decimas vel obventiones quascumque quas recepit sacerdos, lucratus est Dominus pretio sanguinis sui in cruce T. Chobham *Praed.* 74; s**1213** ~ium beati Petri, et specialiter regnum Anglie et regnum Hibernie, adjutor ero ad tenendum et defendendum contra omnes *Flor. Hist.* II 76; [papa] facit suos episcopos in castris dominorum temporalium residere vocans totum hoc furtive conquestum ~ium crucifixi Wycl. *Chr. & Antichr.* 683.

3 (assoc. w. *matrimonium*, as hypothetical word for marriage).

dicitur autem potius matrimonium quam ~ium quia mater sustinet plures angustias in portando .. et generando .. parvulum. proprie tamen potest dici conjugium quia eque pertinet ad virum et ad feminam T. Chobham *Conf.* 145.

patrimonius, pertaining to (one's) inheritance.

1410 michi .. de mea ~ia successione .. volueritis aliquid destinare *FormOx* 428.

patrimus [CL *as adj.=whose father is living*], one whose grandfather is living.

hic patrimus, ~mi, i. ille qui cum sit pater adhuc habet avum vivum Osb. Glouc. *Deriv.* 415.

patrinalis [patrinus+-alis], of a godfather.

1223 a filia sua spirituali et ~i se abstineat *Ch. Sal.* 133.

patrinare [patrinus+-are; cf. CL patrocinari], to act as a patron to.

et pirus Augusto que patrinante [v. l. patrocinante] vocatur Hanv. IV 49.

patrinus [ML], godfather.

Guthrum .. qui et Eðelstan a lavacro baptismatis sumpserat a suo ~o, rege Ælfredo Æthelw. IV 3; primo enim manibus ~orum ad ecclesiam fuistis allati et sacerdotibus vel exorcistis ad catecizandum oblati Anselm *Misc.* 312; qui alterius filiolum vel ~um occiderit, erga eum et parentes mortui communiter nisi sit (*Leg. Hen.* 79. 1) *GAS* 595; **1240** moneanturque ~i circa pueros instruendos in fide sponsionis sue servare promissum *Conc. Syn.* 298; quidam filiolus ejus condolens ~o *Chr. Wallingf.* 64; **1559** ~os ac matrinas (v. matrina 2b).

patriota [LL < πατριώτης]

1 countryman, inhabitant of the countryside.

c**1100** erant .. tunc temporis .. ut antiqui ~ae nobis retulerunt, monasteria (*Ch. Whitby*) *MonA* I 410b; de pacis actione, sicut .. ~e [AS: *ðam bondan*] melius (*Quad.*) *GAS* 315; in hujus civitatis ecclesie cimiterio, ut incole loci et ~e asserunt, sexcenti et sexaginta quinque sancti requiescunt J. Furness *Kentig.* 45 p. 241; vectigal quatuor solidorum de hida, ~is .. ~is cunctis nimium ferre ponderosum *Chr. Abingd.* II 38; ij s. de redditu suo [sc. Gilberti] tenentes prenominati diviserunt inter illos solvendos, ut eos deliberarent contra nocentes ~as in comitatu suo *Cust. Battle* 71; s**1318** in Hybernia perierunt, et per ~as ejusdem terre .. occisi sunt *Flor. Hist.* III 343; s**1315** donec miseri ~e nihil haberent unde tributa penderent Wals. *HA* I 144.

2 inhabitant of a particular country. **b** fellow countryman, compatriot.

1309 ad manu tenendum et salvandum jura domini regis et patriotarum *PQW* 826a; hinc .. patria Kambria, hinc ~e Kambri dicuntur vel Kambrenses Gir. *DK* I 7. **b** s**1377** armiger, natione Gallicus .. viriliter .. pugnavit .. contra suos ~as Gallicos *V. Ric. II* 3; extraneam de Boemia ancillam Anne regine et ~am nomine Launchecrone *Dieul.* f. 143v; **1379** quia ~a fuerat et vicinus eis Wals. *HA* I 416; **1452** habemus hic ~am unum et tibi concivem Bekynton I 271.

Patripassianus [LL], Sabellian heretic, one who believes that God the Father suffered on the Cross.

Sabelliani, qui vocantur etiam ~i (*Ps.-Bede Joh.*) *PL* XCII 823A; quartum vero [sc. capitulum] ~os et corrupticolas itemque Manicheos arguit J. Sal. *Hist. Pont.* 14; Sabellieni, qui et ~i, dicunt .. R. Niger *Chr.* II 119.

patrisare v. patrissare. **patrision** v. patricia.

patrissare [CL], **~izare** [ML], to look or act like one's father; **b** (as dist. from one's mother).

~issat, patri similis sit *GlC* P 144; quia non ~izavit in rebus iniquis Herm. Arch. 16; is genuit Uuihtburdingum .. probitate ~issantem Gosc. *Wulfh.* 1; podagra in posteros parentat; .. morbo tamen hujuscemodi prosapia ~at J. Furness *Kentig.* 22 p. 199; si servilis conditionis ~issat Nig. *Cur.* 159; ejecitque Adam. absit ut in hac parte ~issemus Neckam *SS* I *prol.* 2; comes .. studens per omnia ~issare et magnifici patris sui vel sequi vestigia vel transire M. Par. *Maj.* V 104; ponit in libertate arbitrii filiorum vel ~isare vel degenerare et secundum hoc retribucionem recipere? Wycl. *Blasph.* 72; sanctissimus adolescens et multum in moribus ~izans *Croyl.* 54. **b** plus matrizant quam †partizant [l. patrizant] M. Scot *Phys.* 7; tam ~issare .. quam matrisare M. Par. *Min.* I 188 (v. matrisare).

patrius [CL]

1 of a (particular) father. **b** of God the Father. **c** (gram., *nomen ~ium*) patronymic. **d** (leg. *~ia potestas*) legal right of a father.

a**1141** ~ius avus Cart. Chich. 945. **b** assit his Genitor .. / .. Christus .. / cum Flatu patrio Wulf. *Poems* 166 (v. 2 flatus 2b). **c** species quidem nominum derivativorum sunt patronomicum, gentile, ~ium, possessivum, comparativum, diminutivum, denominativum Ps.-Gros. *Gram.* 37. **1166** patriampotestatem, Diceto *YH* 319, Bracton bb (v. patriapotestas).

2 inherited from one's father, ancestral.

dum priscae voluit legis regnare latebras / et Christi patrios veterum praeponere ritus Aldh. *VirgV* 483; **909** ego sceptra Anglorum ~io more regens *CS* 620; pauca .. de multis que .. ~iis libris didicimus .. fiducialiter exponimus Gosc. *Edith* 39; nam sibi sublatum regnum virtute redemit / et victor patrios extendit trans mare fines G. Amiens *Hast.* 24; tam natura quam mos ~ius ebriositatem ingerit J. Sal. *Ep.* 283 (270).

3 that belongs to one by reason of birthplace.

ab ipsa insula ~ia discessit Bede *HE* III 19 p. 167; impendit grates patriaque remittit ad undas [animalia maris] *Id. CuthbV* 222; virgo / .. vivo patrias nuptum tradetur in horas J. Exon. *BT* VI 101.

4 of a fatherland, that belongs to a particular country; **b** (spec., of language).

qui propinquos et patrias / abspernantes peregrinas / ignoti ruris cespites (Æthelwald) *Carm. Aldh.* 2. 45; **998** cujus circuitus ambitum et distributionis funiculum ~ia dimensione *syx sulunga* provinciales solent appellare *CD* 893; jamque redire velit patriosque reducere cetus J. Exon. *BT* VI 91; contigit episcopi ministros, jam ~io forte calentes mero, ecclesie cellerarios .. objurgare .. *Chr. Battle* f. 53; ~ios, de *pays Teaching Latin* I 160. **b** quod a Colemanno in ~iam linguam ut pleraque alia versum ego transfudi denuo in Latinum W. Malm. *Wulfst.* I 5; debes primum versum Latina lingua pronunciare, dein via lingua explanare Hon. *Spec. Eccl.* 830B; interrogata .. respondens ~ia lingua affirmavit .. *V. II Off.* 12.

patrizare v. patrissare.

1 patro v. patrare.

2 patro [*heteroclitic form of* CL patronus; cf. OF *patron* < CL patronus]

1 patron, protector.

spes tibi magna fiat lacrimas ascendere caelum / hinc potuisse tuas fultas patronibus istis Alcuin *Carm.* 86. 10; **825** heres ejus ad intercessorem et ad ~onem eum expetivit *CS* 384.

2 (eccl.) bishop.

687, 691 (12c) Suebeardus .. abbati Egbaltho .. cum consensu omnium et ~onum meorum consilio .. terram .. addere .. curaverim *CS* 89; s**680** fit synodus in loco Hethlege Theodori archiepiscopi sancti ~onis Æthelw. II 8.

3 one who possesses the advowson of a church.

de aliis . . ~onibus concessum est quod habeant earum custodias cum vacaverint *Fleta* 7; **1344** de prioratu W. de K. laici ~onis [v. l. ~oni] AD. MUR. *app.* 240; **1386** J. de H. et A. uxor ejus . . sunt veri ~ones cantarie predicte *IMisc* 236/17.

4 pattern, exemplar.

1340 pro iij pellibus pergameni pro ~onibus angelorum faciendis *KR Ac* 389/4 m. 2.

patrocinari [CL], **~are** [LL]

1 to act as a father; **b** (of God).

non ~ari . . sed . . novercari GIR. *PI* I 16 (v. novercari 1a). **b 676** ecclesiasticus ordo . . Domino ~ante gaudens tripudiet *CS* 43; **959** emolumenta lucrando altithrono ~ante adipisci magnopere satagamus *CS* 1052.

2 to act as patron or protector, to protect; **b** (w. saint as subject); **c** (w. abstr. as subject); **d** (as true pass.).

benivolentia tunc operis tam pernecessarii vobis ~antibus veniam apud eam facinoris mei imploret THEOD. *Pen. pref.*; quid mirum, si tantus talisque rex repugnantes sibi . . devinceret, cum quam plurimos, partim liberali largitione, partim ~andi gratia, imperio suo ultroneos submitteret? *Enc. Emmae* II 17; neque enim a ~andi officio excludo potiores J. SAL. *Met. prol.* 824A; prima fuit translacio [sc. Sancti Aldhelmi] regnante in Anglia rege Edwio et Sancto Dunstano ~ante *Eul. Hist.* I 228. **b** gratiam Dei requirens devotus, simulque sanctum [Eadmundum] qui in his ~atur comitatibus, dirige citissime HERM. ARCH. 26; cumque eidem insigni loco beatum Petrum pariter cuperet ~ari, et ubi ejus domus exornari poterat . . SULC. f. 12; ut civitas Cestria, que tanti ducis [sc. S. Petri] antiquitus templum sibi struxit in terris, ~antis affectum experiatur in celis LUCIAN *Chester* 53. **c 968** sanctorum patrocinio ~ante *Ch. Burton* 23; **c1166** gratia potius ~etur ad veniam quam exactior peritia reducat ad formam ARNULF *Ep.* 1. **d** quanta supernorum civium ~ata est caritate GOSC. *Edith* 72; **1166** sicut jure cautum est, nulli ~abitur apud Deum J. SAL. *Ep.* 175 (176).

3 (leg.) to act as advocate.

Britannia . . judices habet sed impios . . vindicantes et ~antes, sed reos et latrones GILDAS *EB* 27; qui . . aliculjus litigatorum archana prenovit non ~abitur adversari J. SAL. *Pol.* 573D.

4 to aid, take care of, be of service to.

[jecur] per exteriorem [substantiam] si quid . . exire nititur, ne ad vitalia penetret ~atur ADEL. *QN* 11; opitulari . . ~ari OSB. GLOUC. *Deriv.* 399; timebant . . causam injustam cui sola ~abatur aviditas MAP *NC* V 4 f. 61v; ~or, *ayder Teaching Latin* I 155; ~or, *avouer* G. *Ib.* 156; **1279** quia fraus et dolus, cum excogitate fuerint nemini in aliquo debent ~ari . . *PlRCP* 30 m. 12; impaciens sentenciam in Numerorum libro pro mulierum successione prolatam matri sue ~ari non posse in hoc conflictu inexpugnabili racione probavit FORTESCUE *NLN* II 7.

patrocinatio [ML], **~iatio**

1 exercise of right of patronage.

patronatus pervertitur, nam layci . . vendunt patronatus ut boves et episcopi . . loco patrocinii spoliant subjectos. ista autem est nimis severa ~iacio sicut false fingitur Christum benedicendo panem in sacramento altaris ipsum panem omnino destruere WYCL. *Sim.* 36.

2 aid, support.

ante tuum . . finem lues hanc culpae ~ationem et oris abusionem GOSC. *Wulfh.* 8; ~atio et hoc patrocinium . . i. defensio OSB. GLOUC. *Deriv.* 415.

patrocinator [ML], patron, protector.

qui [sc. Eadmundus] regioni Æstengle, cui fuerat eptarcha, ~or permanens quasi eptarcha HERM. ARCH. 1; populus . . frequentat ecclesiam ad laudem Dei veneracionemque nostri ~oris *Ib.* 31; †c600 (11c) ego [sc. Augustinus] . . libertatis adjutor et ~or *CS* 7 (= THORNE 1764); Augustinum . . semetipsum earundem libertatum adjutorem et ~orem nominans ELMH. *Cant.* 83.

patrocinatorius, of a patron or protector.

---

partem adversam fovebant responsales, copiosa multitudine confisi et ~ie munimine vocis W. CANT. *V. Thom.* I 42.

patrocinatus [ML], patronage, protection: **a** (of living secular or ecclesiastical ruler); **b** (of saint).

a p741 nos . . ~us anxilium in palatio Francorum quaerentes BONIF. *Ep.* 63; favorabilem . . negotiis ecclesie Sancti Albani . . ~ui ipsius [sc. pape] specialiter subjacentis G. S. Alb. I 126; domus . . nostro ~u reclusa existit *Reg. Brev. Orig.* 21 (*recte* 20r). **b** nullo respectu habito sanctorum ~us ecclesie presidentium *Found. Waltham* 22.

patrociniacio v. patrocinatio.

patrocinium [CL]

1 exercise or act of the function of a patron, patronage.

p705 ut eandem agri partem per terrae tuae caritatis ~ium obtinere et habere firmiter valeamus ALDH. *Ep.* 10 p. 503; **811** (12c) ab illo ~io predicto . . aecclesiam . . omnium sanctorum protectione corroboratam sciatis permanere *CS* 338; a1162 ad nos spectat eos . . nostro tueri specialiter ~io *Doc. Theob.* 2; ut magnorum virorum ~io freti possent ad divitias aspirare J. SAL. *Met.* 831C; implorat ad hoc ~ium, se spondens ei fore tributarium *V. II Off.* 24; episcopi perversi ad seculum loco ~ii spoliant subjectos WYCL. *Sim.* 36.

2 protection, defence: **a** (w. ref. to person, animal, or place); **b** (of saint, relic, angel, or God); **c** (of document); **d** (of money); **e** (of institution).

a puellulas ad ~ium vitae impendant ALDH. *VirgP* 52; **716** dilectionis tuae voluntatem eo plenius . . Deo ~ium praestante implere valeo BONIF. *Ep.* 10. p. 8; laetabantur de ~io pergentis ad Dominum patris [sc. Aidani] BEDE *HE* V 22 p. 348; a796 negotiatores . . volumus ut ex mandato nostro ~ium habeant in regno nostro legitime (*Lit. Imperatoris*) *CS* 270; Britannia omni ~io . . viduata W. MALM. *GR* I 2; ut quod nostris meritis non valemus ejus ~io assequamur AILR. *Serm.* 45. 44; ille fuge se tuetur ~io NECKAM *NR* I 27 p. 80; s1252 ut . . patris defectum in me suppleatis et . . consilium et paternum ~ium impendatis M. PAR. *Maj.* V 271. **b** tormento vexatos . . angelicum protexit ~ium ALDH. *VirgP* 34; Dei ~ium fideliter implorant *Ib.* 38; a796 expectavi promissa, hoc est vivificae crucis Christi vel aliarum reliquiarum ~ia ALCUIN *Ep.* 28; pene absorbendus hiatu fluctuum, querula voce notum inclamitat sui Augustini ~ium GOSC. *Transl. Mild.* 11; s1139 Robertus, Christiana pietate insignis, S. Spiritus et domine S. Marie ~io totus pendulus erat W. MALM. *HN* 478 p. 35. **c** pretermissis a tempore Bede ducentis et viginti et tribus annis . . absque litterarum ~io claudicat cursus temporum in medio W. MALM. *GR* I *prol.*; c1170 eam [sc. confirmacionem] presentis scripti ~io et sigilli nostri testimonio communimus (*Ch. Episc. Coventr.*) *Cart. Chester* 79 p. 120; **1206** constituciones . . presentes scripti ~io communimus (*Confirmatio*) *Chr. Evesham* 221; **1229** provide actum est auctoritate apostolica confirmamus et presentis scripti ~io communimus *Dign. Dec.* 9. **d** nulla potest bono fine / terminari causa sine / nummi patrocinio WALT. WIMB. *Van.* 17. **e 838** habeamus et ab omnibus successoribus ejus [archiepiscopi] hoc idem ~ium ac protectionem illius sedis *CS* 421; fieret . . ea [ecclesia] sanctitatis exemplum, ~ium pietatis J. FORD *Serm.* 59. 5; **1218** cum universi fideles apud sedem apostolicam ~ium invenire debeant *Mon. Hib. & Scot.* 8a.

3 (leg.) advocacy, argument advanced by advocate, professional service of advocate.

pape Gelasio . . ambo statuerunt occurrere, causarum suarum ~io affuturi W. MALM. *GP* III 124; nec est qui a judice monitus sine excusatione probabili possit cuicumque parti ~ium denegare, nisi forum sibi precludi velit . . munus . . ~ii fidelissime implendum est et sine adversariorum injuria J. SAL. *Pol.* 574A; qui . . aliquam particulam legum audierant ad ~ia causarum sine delectu currere R. NIGER *MR* 251; qui . . clienti ~ium prestare non erubescit NECKAM *NR* II 7 (v. cliens 2b); **1263** ad prestandum eidem ~ium in causis suis in curiis *MS PRO E* 40 5787.

4 relic supposed to afford protection.

ferens . . sanctum evangelium cum crismario et ~iis sanctorum (*Jud. Dei*) *GAS* 420; multorum sanctorum ~ia annis perpluribus circuivit W. MALM. *GP* V 276; **1136** ~ia sanctorum apostolorum, et reliquiarum que

---

nobis ibi pre oculis erant in adjutorium meum suppliciter implorans *Cart. Bath* 57; tres enim femine cece ad ~ia trium sanctarum virginum simul convenientes *NLA* II 35.

5 territory awarded by election or inheritance, land on which one functions as patron.

804 [terra] liberrima erit . . si non habeat ~ium in civitate Þeogornensi *CS* 313; s1378 Urbanus papa expulit regem Cisilie et Neapolis de genere Anglicorum dicens eum schismaticum et Gallicis alligatum et talis non debet regnare in spirituali ~io Beati Petri *Eul. Hist. Cont.* III 347; quamvis istos non optent [v. l. gliscunt] eos [filios] legum imbui disciplina, nec ejus exercicio vivere, sed solum ex patrimoniis [v. l. patrociniis] suis FORTESCUE *LLA* 49.

6 (eccl.) advowson.

1174 ~io ejusdem ecclesie . . privari statuimus *Conc.* I 478a.

7 revenue, support, income.

1471 cum aliud ~ium non habeat vivere possit *DCDurh. Reg. IV* f. 204r.

patrona [CL]

1 patroness, protectress; **b** (fig.).

patronus, -ni, i. defensor, unde hec ~a OSB. GLOUC. *Deriv.* 415; laudem . . Marie intemerate virginis, nostri ordinis ~e specialis N. LYNN *Kal.* 59. **b** mulier . . auguriorum veterum non inscia, gule ~a, petulantie arbitra W. MALM. *GR* II 204.

2 (eccl.) woman who possesses the advowson of a church.

1262 ecclesia Sancte Marie de Wolnoth' . . moniales Sancte Helene sunt ~e *Val. Norw.* 329; c1310 domina de Ochiltre ac vera ~a ecclesie ejusdem loci *Melrose* 397; **1429** Maria Steward domina . . ac ~a ecclesie de Kirkmahook *Reg. Glasg.* 324.

3 pattern, exemplar.

a mulde to cast in, duca, formula, effigies, ~a *CathA.*

patronagium [CL patronus + -agium]

1 right of a patron or protector.

concedimus Deo et . . sancto patri nostro pape . . totum jus hereditarium dominium, ~ium, quod habuimus . . in regno nostro Anglie *Eul. Hist.* III 104.

2 (eccl., right of) advowson.

super advocatione seu ~io ecclesie de Dachet G. S. Alb. I 440 *tit.*; **1324** habet patronag' medietatis ecclesie de Ermynton' *IPM* 81/3 m. 2; **1543** cum . . decimis, oblationibus . . advoc' et ~iis ecclesiarum (*Comp.*) *MonA* IV 128a; **1583** prefato episcopo et successoribus, suis patronag', donacionem, et adnotacionem viccarie de G. *Pat* 1236 m. 21.

patronalis [CL], of a patron or protector, patronal.

s991 ~i vobis [sc. monachis] vice presidentes *Chr. Rams.* 98; quod nunc auctoritate provisionum, nunc jurisdictione metropolitana, nunc ratione ~i . . indesinenter aspicerem ecclesiam Dei dissipari AD. MARSH *Ep.* 188 p. 336; ~em assensum et favorem *Entries* 506b.

patronare

1 to behave as a patron, to protect.

c1309 cum . . supponatur quod omnes suffraganei semper juraverint servare et tenere jura ipsius ecclesie et eorum adjutor esse, absque dubio quod adversus extraneos ~are tenentur, multo magis et ipsi servare debent *Reg. Cant.* 1124.

2 to possess as patron, (p. ppl.) owned or conferred by a patron.

1549 quod beneficia ~ata non conferantur nisi praevio edicto *Conc. Scot.* II 114.

3 to compare with a pattern or exemplar, (mensura ~ata) officially verified measure.

1315 suam voluntatem et utilitatem libere et fideliter faciendo cum mensura ~ata *RGasc* IV 1626 p. 427b; **1356** mensure et pondera . . de merca seu patrono regio et nostro in dicta villa [Liburnie] instituto

consignentur et eciam ~entur (*Ch. Ed. III*) *MS Paris BN Reg. 8387.4* f. 28.

patronatus [CL]

1 act or status of a patron, patronage, protection.

ecclesiam . . commisit ~ui et tutele regum, qui post eum forent in Anglia regnaturi *Flor. Hist.* II 3; **1433** ad cantariam de ~u elemosinarii *Ac. Durh.* 232; **1441** de fundacione ac ~u nostris existens BEKYNTON I 235; **1453** abbas . . de Oseney, qui de ~u regis existit (*DL Ac. Var.*) *JRL Bull.* XL 107.

2 (eccl.) advowson.

a**1187** resignavi totum jus quod clamabam in ~u ecclesie S. Martini de Ludegate *Ch. Westm.* 359; adversarii nitentes tollere patri ~um et sibi personatum *Canon. G. Sempr.* f. 40; **1279** cum duas . . optineat ecclesias ad ejus ~um spectantes *Reg. Ebor.* 21; ditavit eciam predictam ecclesiam ~u et advocacione xxxj ecclesiarum OXNEAD *S. Ben. Holme* 292; ~um prefate ecclesie per litem evicit GRAYSTANES 31; bullam impetraverat ad appropriandum ecclesiam de Ellewyk sue dioceseos et ~us priori et conventui *Ib.* 48; ecclesias construere, earundem perpetuo ~u gauderent ELMH. *Cant.* 286; s**1433** monasterium ut . . pro voto haberent . . quod de fundacione progenitorum suorum et ejus ~u ad tunc extitit AMUND. I 317; s**1376** rex statuit in parliamento quod papa non daret ecclesias pertinentes ad laicorum ~um *Eul. Hist. Cont.* 33.

3 (*jus ~us*) right of a patron: **a** (w. ref. to former owner of freed slave); **b** (w. ref. to protector or patron); **c** (w. ref. to possessor of advowson).

a Jus ~us P. BLOIS *Ep.* 71. 220C (v. *patronus* 1b). **b** si quis amat verum tibi sit gratissimus hospes / . . / jure patronatus illum cole, qui velit esse / et sciat et possit tutor ubique manu J. SAL. *Enth. Pol.* 1236 patronatus enim seu jus ~us non intenditur vel remittitur ex majoritate vel minoritate rei cujus est patronatus GROS. *Ep.* 72* p. 226; de terris et feodis que ratione servitii militaris . . seu juris ~us in manu regis esse consueverant *Leg. Ant. Lond. app.* p. 232. **c** p**1162** quod jus ~us illius ecclesie ad Ramesiense monasterium pertineret *Cart. Rams.* II 192; **1170** cum . . decimis . . ecclesie cujus jus ~us ad me pertinebat *Act. Hen. II* I 571; **1178**, P. VERG. XXVII 1663 de jure ~us (v. 2 jus 11a); relaxavit . . pensionem xx marcharum pro jure ~us unius ecclesie parochialis GASCOIGNE *Loci* 5.

patronicare, to possess as patron, to own.

1394 quedam navis tunc ~ata per U. S. *HCA Misc.* 43/77.

patronimicus v. patronymicus. **patronisare** v. patronizare.

patronissa

1 patroness, protectress.

a patronyse, ~a *CathA.*

2 (eccl.) woman who possesses the advowson of a church.

1461 per religiosas mulieres priorissam et conventum . . ipsius ecclesie patrone[ssas] *Reg. Whet.* II 7; ad presentacionem C. ~e ecclesie illius *Entries* 30b.

3 nun.

hec monialis, *a nune*; hec ~a idem est *WW.*

patronizare, to behave as a patron, to protect, defend.

~iso, A. *to wowe, or to defende WW*; *to defende*, . . munire, ~izare, remunire, tensare, protegere *CathA.*

patronomicus v. patronymicus.

patronus [CL]

1 patron, protector. **b** former master of freed slave. **c** ruler of city or territory. **d** (w. ref. to patron saint or God).

1149 cujus fundator pater meus extitit et cujus ego ~us et advocatus sum . . *Cart. Osney* IV 28; sis mestus mesto patrono D. BEC. 1319; gladii sunt ~i ipsorum, ipsi judices sui sunt NECKAM *NR* II 187 p. 330; hic ~us, *a patrone WW.* **b** libertum meam, cujus possessionem nunquam habui, sic peto . . quid fiet si statim post manumissionem se contendat ingenuum? aut si jus patronatus emerim a ~o, etsi non possederim, tamen ago P. BLOIS *Ep.* 71 220C. **c** ~us civitatis ALDH. *VirgP* 52; **1085** ego Willelmus Dei gratia ~us Normanorum et rex Anglorum (*Ch.*) *Selden Soc.* LXXVII 143; [rex] tanquam patrie pater et ~us paterno populum tractat affectu GIR. *PI* I 16. **d** virgo caelesti freta patrono / contempsit mundum ALDH. *VirgV* 2055; ejus quem apud Deum habere ~um quaeris . . facta . . te imitari condeceat (*Lit. Ceolfridi*) BEDE *HE* V 21 p. 344; **966** quam beatus ~us Benedictus . . instituit *Conc. Syn.* I 128; sancti ~i [AS: *ealdres*] nostri Gregorii documenta *RegulC* 5; cum [Deus] habeat ~os plures et precipuos de potentissimis paradisi qui aerem salutis et diem pacis impetrent civitati LUCIAN *Chester* 42; c**1260** ad beatum Kentegernum ecclesie Glasguensis ~um *Reg. Glasg.* 182; s**1448** Albanum, ejusdem loci specialem ~um et advocatum *Reg. Whet.* I 30; **1507** dominum Thomam . . ejusdem ecclesie ~um *Lit. Cant.* III 337.

2 (eccl., w. ref. to) bishop.

ecclesiae novem violaverat ense patronos [v. l. pontifices] FRITH. 189; nam postquam dicto sedes viduata patrono *Ib.* 307; **957** fidelissimo meo archiepiscopo meoque ~o *CS* 1347; presul / Wintoniae Dominus quem fecerat esse patronum / magnus Aþelwoldo GODEMAN 2; vir pie, sancte, bone pater, Æðeluuolde, patrone GREG. ELI. *Æthelwold* 4. 7; ecclesie princeps, patronus, et archithronatus, / est decollatus, restat vindicta deinceps (*De morte archiepiscopi*) *Pol. Poems* I 227.

3 (leg.) advocate.

advocator, advocatus, judex, ~us OSB. GLOUC. *Deriv.* 59; ut . . ~i causarum pro lucro clientibus suis promittant victoriam R. NIGER *MR* 251; habent . . [vitia] suos defensores et ~os NECKAM *NR* II 7 (v. cliens 2b).

4 owner or master (of ship).

1338 Johanni Dorye et Nicholao Blaunk, ~is duarum galearum nostrarum, super vadiis et expensis suis ac sociorum suorum in eisdem galeis existencium super mare de mandato nostro eundo *Cl* 160 m. 3; **1378** ~us ejusdem galee *KR Ac* 397/10 r. 5; **1378** dicit quod tam magister navis de Janua et ejus ~us quam magistri et ~i vasorum magne flote de Ispannia *IMisc* 220/7 m. 5; **1382** transmittamus duas . . galeas quarum sunt ~i nobiles viri Hermolaus Lambard vicecapitaneus ipsarum et Andreas Cane *Foed.* VII 354; **1386** mittet . . decem galeas . . bene armatas . . de uno ~o, tribus alcaldibus, sex arraizis *Ib.* 521; **1393** item pro vino . . empto per manus Johannis Payn in galeia de Gilberto famulo ~i. *Ac. H. Derby* 232; **1444** de carraca unde S. G. est ~us *EEC* 640; **1478** ~i unius galeasie de Neapole, modo existentis in portu ville Southamptonie *Foed.* XII 59.

5 one who possesses the advowson of a church, the right to present a person to a benefice or living.

si tempore presentationis credebatur ~us is per quem fuit presentatus GLANV. IV 10; a**1197** monachi predicte ecclesie [de Wath] justi sunt ~i *Cart. Mont. S. Mich.* 54; **1220** concessimus, et quantum ad ~um pertinet, dedimus Johanni . . ecclesiam de Cornlatun . . que vacat *Pat* 271; poterit autem clericus clericum vexare injuste post presentacionem a suo ~o *Fleta* 331; cum . . verus ~us presentasset ad eandem [ecclesiam] quemdam Willelmum clericum *State Tri. Ed. I* 68; s**1393** ecclesiasticci ~i conferant sua beneficia juxta intencionem laicorum qui jus patronatus eis contulerunt *Eul. Hist. Cont.* 368.

6 pattern, exemplar. **b** mould.

1355 pro j quaterna papiri regalis empta pro ~is pictarie inde faciendis *KR Ac* 471/6 m. 25; **1356** de merca seu ~o regio (v. patronare 3); **1445** pro ij *escochons* papirii de armis regine pro ~is *KR Ac* 409/12 f. 37. **b** pro xx parvis *trendles* pro ~is ad *foundours*, prec' pecie j d. . . pro xij nuc[ibus] lign' pro patron' ad eosdem *foundours*, xij d. *KR Ac* 165/1 m. 5.

7 (as adj.) patronal.

†**954** (14c) *rus* quod ego . . Domino ejusque genitrici ~a amodo devocione largifluus concessi *CS* 920.

patronymicus, ~nomicus [LL < πατρωνυμικός]

1 (as adj.) of a name derived from the name of a father or ancestor, patronymic; **b** (iron., applied to horse).

Levi cognomen, Alphei ~nimicum *Comm. Cant.* II 65; Atlantidas ~nimico dictas vocabulo ALDH. *Met.* 3; Gillebertus, cujus nomen ~nimicum dicebatur Crispinus OSB. CLAR. *Ed. Conf.* 30; si quidem propositio recte dicitur hypothetica nomen ~nomicum J. SAL. *Met.* 846B. **b** si . . equus dicatur ~nomicus, aut hypothetici sotulares, junctura incompetens est J. SAL. *Met.* 842C.

2 (n. as sb.) name derived from the name of a father or ancestor, patronym.

~nomica, quae a patribus et a matribus avisque descendunt, ut Pelides, Atrides BONIF. *AG* 476; appellativorum species . . multae sunt: . . alia ~a, ut scipiades a Scipione ~nymica ALCUIN *Gram.* 860C; *sume syndon ~nomica, þæt synd fæderlice naman . .: Penda and of ðam Pending and Pendingas* ÆLF. *Gram.* 14; filii regum Anglorum a patribus ~nomica sumpserunt, ut filius Edgari Edgaring W. MALM. *GR* I 68; rigidi . . neque ~nomica neque diminutiva audeant invenire GERV. MELKLEY *AV* 103; ~nomicum . . confundit duplicem substanciam . . ut Cicropide *Ps.*-GROS. *Gram.* 38; nominatur Herimas . . Herimantidos secundum formam ~nimicum BACON IV 396; ~nomica in ~ides desinencia *Id. Gram. Gk.* 120.

patruclis v. patruelis.

patruelis [CL]

1 (as adj.) of a paternal uncle.

consobrinus, filius ~is vel *modergan GlC* C857; Jeremias propheta . . emptionem predii ~is quam contraxerat . . commemorat P. BLOIS *Ep.* 8. 22C.

2 (as sb.) paternal uncle.

[Eusterwynus] ~is . . erat abbatis sui Benedicti BEDE *HA* 8; qui habet matrem et filias, duas sorores, uxorem patris et fratris, [patruelis [l. patruelis]] et avunculi, uxoris nuptum ut consanguinitas aut propria in secunda generatione vel in tertia conjuncti sunt BONIF. *Pen.* 430; c**960** v mansas . . quas ~is meus Æþelstanus rex obtulerat *CS* 936; expostulante nepote ~is offensas W. MALM. *GR* III 267.

3 son of an uncle, cousin.

~is, *fædran sunu GlC* P 95; ~is, *geaduling Ib.* P 104; **937** ego Ethelstanus . . terrae particulas . . pro animabus ~ium meorum, filiorum Ethelperdi clitonis, viz. Elfpini et Ethelpini . . largitus sum *CS* 719; u. filius patrui *Gl. Bodl.* 49; s**900** Adheluuoldus ~is regis Eadduuardi discessit ab eo *Chr. S. Neoti* 104; consobrini, ~es [gl.: *fis de mes huncles*] BALSH. *Ut.* 47.

4 son of a brother, nephew.

quare haec Eduerdo patrueli dicite nostro J. HERD *Hist. IV Regum* 98.

patruus [CL]

1 (as adj.) of a paternal uncle, (loosely) ancestral.

?**1299** Scote miser, plora, tibi flendi jam venit hora. / nam regnum patruum desinet esse tuum: / principe privaris (*De Balliolo deposito*) *Pol. Songs* 181.

2 (as sb.) father's brother, paternal uncle.

suscepit pro illo regnum . . filius ~i ejus BEDE *HE* III 1; ~us, *fædra GlC* P 94; ~us, i. frater patris *Gl. Bodl.* 50; filii Godeuert habebant socam totam . . utrum vi vel dono ~i sui *DB* I 375rb; ex parte . . comitis, cujus ~us erat GIR. *EH* I 3; Mennon filius fuit Aurore quem genuit frater Priami, et ideo Priamus fuit ~us Mennonis TREVET *Troades* 21; hic avunculus, hic ~us, *a neme WW.*

3 (~*us magnus* or ellipt.) grandfather's brother, great uncle.

mater sanctissimi †Waltheni [l. Walthevi] abbatis de Melros ~i vestri J. FURNESS *Walth.* 3; Ticio . . defuncto sine legitimo herede masculo, hujus feodi successio non pertinet ad . . ~um magnum nec ad prolem ex eo descendentem *Plusc.* VIII 8.

4 (loosely) ancestor.

762 pro remedio animae meae atque meorum ~um *CS* 175.

patte v. pars. **pattha** v. patha.

patule [LL], **~o**, openly, discernibly, manifestly.

1007 ~o scimus *Ch. Burton* 30; perjuro populo se socians patulo *Pol. Poems* I 116; per istam viam ambiguam aut ~e malam WYCL. *Sim.* 48; fratre scanda-

lizante suum ordinem ~e quo ad mundum *Id. Versut.* 102; **1441** ita ut ~e satis ipsa membrorum virtus arguat BEKYNTON I 203; in ejus oppositum fieri possent ~o respondit *Chr. Hen. VI & Ed. IV* 173.

patulus [CL]

1 open, gaping (of aperture): **a** (in body); **b** (in artefact).

a ore ~o FELIX *Guthl.* 31 p. 102; venerat et mulier tetris cecata tenebris, / haut quicquam cernens patulis fuscata cavernis *Mir. Nin.* 342; ~o rictu W. MALM. *Wulfst.* II 5; sunt et eis [equis] ~e nares erectaque cervix L. DURH. *Dial.* II 197; ~um collum matricis RIC. MED. *Anat.* p. 232 (v. orificium 2); quare instrumenta sensuum nares et aures semper sunt ~e, alia quandoque aperta quandoque clausa *Ps.-*RIC. *Anat.* 28. **b** nec cernere possum / quamquam nunc patulae constent sub fronte fenestrae ALDH. *Aen.* 72 (*Colosus*) 4; gutture qui patulo sorbet de gurgite limphas *Ib.* 59 (*Penna*) 2; testudo ecclesie hiantibus [v. l. hiatibus] conquassata ~is, vicinam parat maturare ruinam *NLA* II 185.

2 open, exposed: **a** accessible. **b** vulnerable.

a locus . . a latere meridiano per totum ~us est unde corpus inferebatur BEDE *Mark* 294; per quendam ~i foraminis hiatum inspiciens B. *V. Dunst.* 36; ~as aeris vias in cerebro *Canon G. Sempr.* 157v; ordo Christi . . qui cunctis est ~us WYCL. *Sim.* 88. **b** humana virtus . . libidinis . . ictibus subjacet ~a ALB. LOND. *DG* 11. 24.

3 that extends across open space, broad, outstretched, widespread: **a** (of plant); **b** (of artefact); **c** (of land); **d** (of air or sky).

a nutabunda verborum vimina ~is defusa ramusculis ALDH. *Met.* p. 74; arbor ~a sit et ampla GERV. MELKLEY *AV* 11n; pullulant arboree / nodis come ~is P. BLOIS *Carm.* 7. 1. 4. **b** tunc crucis in patulum coguntur scandere robur ALDH. *VirgV* 1117; fialae . . quae sunt vasa ~a BEDE *Ezra* 816; petiit . . laetus Ædilredi patulas fidentius aulas FRITH. 1268; quem frater portarius nec sub ~um tectum janue ingredi permittens AD. EYNS. *Hug.* IV 13 p. 69; dimissa via eque facili et ~a WYCL. *Sim.* 49; ligula que . . inter . . ~as asserum juncturas transposita dependebat *Mir. Hen. VI* II 55. **c** purpureo patulum mercantes sanguine regnum ALDH. *VirgV* 2889; rex pius Æðelstan patulo famosus in orbe *ASE* IX 95. **d** maximus et doctor patulo vocitatus ab axe / . . / . . Paulus ALDH. *CE* 1. 12; pendula dum patuli vertuntur culmina caeli *Id. Aen.* 100 (*Creatura*) 3; aut oculus nigro suffusus felle per auras / contendat patulas spargere more suo ALCUIN *Carm.* 76. 1. 32; fons erat admittens patulo spiramina divo NIG. *Paul.* f. 49 l. 467.

4 easily discernible, manifest: **a** (to sense); **b** (to intellect).

a ~o auditu *Canon. G. Sempr.* f. 163v. **b** est fides integerrima, / ad omne bonum patula FRITH. *Cives* 5. 4; ~a protestatione . . profiteor B. *V. Dunst.* 1; quibus signis patulae demonstrationis illa mihi patebunt? *Ib.* 9; stultitias dominus si corripiat famulantis, / erroris patuli causam sibi querere nolit D. BEC. 1238; florem hunc verbo patula / parit adolescencia J. HOWD. *Cyth.* 138. 10; **1376** per bullas ~as (v. 1 bulla 4a); quod Christus gessit patulum / mendicantis titulum *Pol. Poems* I 244; legum doctor eram, dubias patulas faciebam *Vers. S. Alb. Libr.* 220.

5 opened out, beaten flat.

horrida, curva, capax, patulis fabricata metallis ALDH. *Aen.* 49 (*Lebes*) 1.

6 (as sb. f.) broad shallow vessel.

1456 pro iij ~is sive patellis de ere . . viij lagenarum, altera iij et altera quasi j *Cant. Coll. Ox.* II 178.

7 (as sb. n.) open or wide space: **a** (*in ~o*) in the open, discernibly, manifestly. **b** (abl. as adv.)

a 1260 cum neccesse habuerimus . . audacter coram toto mundo ostendere, cum nobis placuerit, poterimus in ~o *Ann. Durh.* 113. **b 1007** etc. (v. patule).

patura v. parura. **paturum** v. pastorius. **pauca** v. paucus, 3 planta.

pauce, slightly, sparingly, with regard to a small amount or number.

paucus . . unde ~e, -ius, -issime, adv. OSB. GLOUC. *Deriv.* 465; quid si pauca sciam, numquid michi scribere pauce / competit GOWER *VC* II *prol.* 59; brachia longa videt pauce crassata rotundo *Ib.* V 93.

paucedo [ML *gl.*], scarcity.

item pauculus . . et hec ~o, -inis OSB. GLOUC. *Deriv.* 465; *a fewnes*, paucitas, ~o, raritas *CathA.*

pauciens [LL], slightly, sparingly, rarely.

~iens, i. raro, nomen indeclinable pro adverbio sicut crudele pro crudeliter OSB. GLOUC. *Deriv.* 465.

paucificatio, reduction in number.

malum autem preponderans foret depauperacio discolorum et defectiva administracio bonorum prepositorum et ~o clericorum WYCL. *Blasph.* 186.

pauciloquium [CL], (practice of) moderate or little talking.

noctuam accipe . . prudentiae, ~ii cautique consilii argumentum SPELMAN *Asp.* 133.

pauciloquus, who speaks little, of few words.

cujus cilia sunt deorsum declinata . . significant hominem . . pigrum, secretum, ~um M. SCOT *Phys.* 62; volo vos esse rariloquas tuncque ~as *AncrR* 18.

paucioritas, shortage.

1335 pluralitate vel ~ate collacionum cujuslibet valeat *Mon. Hib. & Scot.* 270a.

paucitas [CL]

1 small number (of persons), shortage; **b** (w. ref. to *Matth.* xxii 14); **c** (mil., esp. w. ref. to Vegetius, *Epit. rei militaris* I 1. 8).

~as sacerdotum cogebat unum antistitem duobus populis praefici BEDE *HE* II 21 p. 171; ignominiosum est principi si sua . . avaritia aut regendi imperitia, plebs sit ad ~atem redacta ANDR. S. VICT. *Sal.* 58; ~as . . ordinandorum GIR. *GE* I 49 p. 137; non erat tunc ~as nisi solum ~as sacerdotum *G. Hen. V* 12. **b** in quantam ~atem redigantur electi ANSELM (*Ep.* 2) II 100; ~ati huic electe, quid reproba illa multitudo . . nisi persecutorum cuneus J. FORD *Serm.* 82. 8; si isti [cultores Christiane fidei] dividantur in ~atem et multitudinem BACON *CSTheol.* 32. **c** ex hac . . Germania primo venit Britanniam manus parva quidem, sed quae ~atem suam virtute fulciret W. MALM. *GR* I 5; Normannorum . . ~atem non posse vincere Anglorum multitudinem asserebat ORD. VIT. III 11 p. 122; in certamine bellorum exercitata ~as ad victoriam promptior est quam rudis et indocta multitudo J. SAL. *Pol.* 593A; **s1177** rex, patriarcha, ~as illa militum . . cum . . multitudine pugnatorum . . ad bellum se preparant DICETO *YH* 423; inermi multitudini et inerti plerumque gravis esse solet animosa ~as et armata GIR. *EH* I 8 p. 241; an non credis . . omnipotentem in hac humili ~ate sua vincere posse oppositam superbiam Gallorum qui se in multitudine . . glorientur *G. Hen. V* 12; **s1459** docta exercitataque ~as solet plerumque de . . inhermi multitudine vincere *Reg. Whet.* I 338.

2 small number or amount (of substance, artefact, or abstr.), shortage, lack; **b** (dist. from *multitudo* or *pluralitas*).

~as est, quae eas res tantum ponit in partitione, quae necessarie sunt dicendae iterum ALCUIN *Rhet.* 23; ~as ecclesiarum, ~as in eisdem altarium GIR. *GE* I 49 p. 137; angustia inspirandi et exspirandi et ~as aeris *Ps.-*RIC. *Anat.* 40; significat . . iris humide resolutionis ~atem PECKHAM *Persp.* II 21; ponantur ibi duo gemelli non de muliere sed de tauro mirabili modo nasci, ut rerum ~as observetur BRADW. *AM* 106; **s1464** magna pars Julii adustio granorum paucitas seminum HERRISON *Abbr. Chr.* 8. **b** juxta multitudinem et ~atem substantiarum, ipse substantie ad unius substantie similitudinem erunt tractande ROB. ANGL. (I) *Alg.* 2; neque ~as neque multitudo est in divinis personis, ~as enim comes est diminutionis, multitudo numerositatis NECKAM *SS* I 3. 3; numquid Deus est pluralitas et ~as *Ib.* I 20. 2; ubi pluralitas requirit . . majorem perfeccionem quam ~as, ibi infinitas numeralis concludit infinitam perfeccionem DUNS *Ord.* II 203; quando pluralitas concludit majorem perfeccionem quam ~as, infinitas arguit infinitam OCKHAM *Quodl.* 739.

3 a type of illness.

hec ~as, *a cattes here WW.*

pauculus [CL]

1 (pl.) only a few, small number (of); **b** (as sb. n. pl.).

saginantur . . siccis et ~is panum crustulis ALDH. *VirgP* 38 p. 289; non tamen immerito ~ae oves appellantur BEDE *Sam.* 616; hec salvatori paucula verba dedit GARL. *Tri. Eccl.* 86; vetustissima quaedam codicum ac ~a fragmenta BOECE f. 118. **b** tantaene tuorum verborum inundationi mihi ~a interponere licebit ADEL. *QN* 43; precepit distribui septem panes . . et ~os pisciculos T. CHOBHAM *Serm.* 17. 208. 64rb; fateor . . me ~a scire et . . plurima ignorare J. SAL. *Pol.* 460B; asserit et superos quam plurima scire; nec omnes / omnia; mortales paucula scire putat *Id. Enth. Phil.* 1142; libet . . subtilius de his ~a perstringere NECKAM *SS* III 81. 5; **1549** statutis illis nostris . . haec ~a, seu interpretationes, seu emendationes seu auctiones denique, adjicienda praecipimus *StatOx* 358.

2 (sg.) tiny in amount, size or extent. **b** (as sb. f.) small piece, small amount.

~us, paucissimus *GlC* P 142; exiguus . . pusillus, ~us OSB. GLOUC. *Deriv.* 480; preter ~am avene particulam de molendino surreptam GIR. *TH* II 53. **b** ut in ejus brodio temperem michi ~as superinfusas aut offas J. GODARD *Ep.* 222; . . exceptis paucula terre et mansione *Reg. Glasg.* 508.

paucus [CL]

1 (pl.) few; **b** (as sb. m.).

post ~os dies *V. Cuthb.* I 4; cum ~is, id est vij sive viij, fratribus . . orare . . solebat BEDE *HE* IV 3 p. 207; quos opinabantur ~os et adventicios ORD. VIT. IX 9 p. 522; multe [sc. partes] plures quam ~e BALSH. *AD* 77; quamvis merita mea et parva sint et ~a, . . spem habeo ampliorem BALD. CANT. *Serm.* 15. 88. 562; intra ~issimos dies GIR. *TH* II 54; si gradus solis et lune simul collecti fuerint ~iores triginta N. LYNN *Kal.* 199. **b** non solum corporalis pudicitiae praeconio celebrandis, quod plurimorum est, verum etiam spiritalis castimoniae glorificandis, quod ~orum est ALDH. *VirgP tit.*; decurrens palam cum denis aut ~ioribus W. POIT. I 11; plures serviunt, ~i imperant AILR. *Serm.* 24. 37. 333; in leges suas ordo noster ~iores colligit AD. EYNS. *Hug.* V 16 (v. capere 17a); ~i volunt examinare dicta suorum magistrorum BACON *CSTheol.* 29.

2 (as sb. n.): **a** a few things. **b** a few words. **c** (sg. or pl., w. gen.).

a e quibus haec ~a quae ad memoriam venerant . . cursim congessimus ALDH. *VirgP* 22; frustra fit per plura quod fieri potest per ~iora HAUBOYS 290. **b** de his tibi ~a sermo depromet beluis *Lib. Monstr.* II *pref.*; non aperuit os suum cum in passione sua Pilato . . ~a, Herodi nulla respondere volebat BEDE *Acts* 962; de istis tribus ~a dicamus per ordinem T. CHOBHAM *Serm.* 15. 55ra. **c** ~is annorum ante tempora nostra GIR. *Spec.* II 34 p. 11; post ~um . . temporis *Wager* f. 40b.

3 (sg.) small in quantity or extent.

cum ~issimo exercitu se certamini dedit BEDE *HE* II 24 p. 177; **798** pauciores tibi litteras . . scribere volui, non tamen ~a caritate ALCUIN *Ep.* 157; datur hic oratio magna / visque brevis, paucus sermo GARL. *Hon. Vit.* 186; pecuniam ~am *Plusc.* X 31.

paulatim [CL], little by little, gradually.

rami vel fructus primum quidem tenues postea jam ~im maturi vel firmi videntur proficere THEOD. *Laterc.* 17; per septenos ecclesiae gradus ~im proficiens ALDH. *VirgP* 43; coeperunt et illi ~im vires animosque resumere BEDE *HE* I 16 p. 33; **8..** ~im, *litlum and litlum WW*; nec cursim et velociter sed ~im cum morosa meditatione ANSELM (*Or. prol.*) II 3; dici potest . . non violenter et subito sed ~im . . insulas natas fuisse GIR. *TH* II 16; sicut ~im humiditas per poros resolvitur, ita resoluta ~im consumitur BART. ANGL. IV 2.

paulatine v. paulative.

paulative [ML], little by little, gradually.

secundum quod vicinior est dicta subtilior erit et minor. si remotior grossior et paulatine [*sic*] GILB. I 25v. 2; set hos paulatine [v. l. paulative] / cecaverunt redditus et burse vicine PECKHAM *Def. Mend.* 170; ordinatum ad aliquem finem ad quem est indispositum, necesse est ~e promoveri ad disposicionem illius finis DUNS *Ord.* I 30; **1326** sicut successive crescit

et decrescit omnis creatura, ita ~e voluntas hominis quandoque mutatur *Lit. Cant.* I 195; si paciens non potest eam tolerare, panni paulatine [*sic*] auferantur GAD. 8. 1; .. cum natura ~e et ordinative procedit WYCL. *Ver.* III 109.

paulativus, gradual.

facta purgatione quam monuimus non esse multam nec violentam sed paulatinam [*sic*] GILB. I 48v. 1; quam tamen conclusionem [orificii] non repentinam Bartholomeus asserit sed ~am RIC. MED. *Anat.* 232; hec ergo est causa corrupcionis, scilicet deperdicio ~a illarum parcium DUNS *Sent.* II 19 .1. 4; secundum ~um processum usque ad Cristi adventum WYCL. *Ver.* II 129.

pauleum v. pallium.

Paulianus, Paulian, relating to the (heretical) beliefs of Paul of Samosata.

latrat heresis ~a dicens Christum non semper fuisse R. NIGER *Chr.* II 121.

pauliatus v. 2 paleare.   **paulidus** v. pallidus.

paulina, ~us [CL], **~um** [ML]

1 (as sb. f., bot.) ivy.

edera terrestris, ~a idem, A. *alehoue Alph.* 52.

2 (as sb. m., as personal name) Paulinus.

6 .. servatur fidaei patrieque semper amator / hic Paulinus jacit cultor pientissimus aequi *Conc. HS* I 164; ad praedicationem .. ~i primi Nordanhymbrorum episcopi fidem .. suscepit BEDE *HE* IV 23 p. 252; **a796** 'a sanctissimus patriarchae humilis levita Alcuinus salutem ALCUIN *Ep.* 28; episcoporum quidam ~us dictus, cum quo quondam sanctus Dewi pontifex legerat RHYG. *David* 40.

3 (as sb. n. med.) a medicine.

purgentur si materia est in stomacho cum ~o vel simplici yerap' si sufficit vel cum flegmagogo GILB. I 35v. 2; ~um proprie datur veteri et nove tussi que fit ex discrasia capitis ... datur in modum electuarii vel pillularum *Ib.* II 119v. 2; debet fieri venter fluxibilis per ~um, vel per aliquam medicinam recipientem aloe vel mirabol' *Ib.* III 133v. 2.

paulisculus [CL paulus + -usculus], very small, trifling.

inopiam ipsius .. ~is relevaverit beneficiis GERV. CANT. *AP* 362.

paulisper [CL]

1 for a short while.

persecutorum rabiem ~er declinantes ALDH. *VirgP* 51; **c804** cum quo Platonicis ~er liceat argumentis verba conserere ALCUIN *Ep.* 307 p. 470; congruum videtur ut super .. quelibet agiographa ~er intendamus H. READING (I) *Dial.* VII. 1243C; **s1190** gentiles .. de industria ~erque cedunt *Itin. Ric.* I 40; **1266** dicendo eidem Arnaldo quod expectaret ~er ut biberet ad eum *IMisc* 13/31.

2 in a short while.

in tantum ~er condensatae sunt [tenebrae] ut nihil praeter ipsas aspicerem BEDE *HE* V 12 p. 305.

paulizare [CL paulus + -izare], to imitate St. Paul.

ortus Tharso Cilicie / Theodorus onomathe, / paulizans sacro dogmate (*S. Theodorus*) *NLA* II 370.

paululare v. paupulare.

paululum [CL]

1 a small amount (of, w. gen.).

in Brensete ~um terrae sunt ij villani *DB* I 2rb; ~um more in medio W. MALM. *GR* I 6; **†1093** (12c) dedit .. ~um terre juxta B. *Ch. Chester* 3 p. 5; detur statim unicuique panis buccea .. et ~um vini BELETH *RDO* 119. 122; non habebat hec vidua nisi ~um farine et olei BALD. CANT. *Serm.* 8. 34.

2 (w. prep.) a small amount of time, a brief period.

post ~um *V. Cuthb.* II 5; post ~um BEDE *HE* III 29 p. 197; **s380** post ~um .. egressi a Sicambria, pervenerunt in extremis partibus Herni fluminis M. PAR. *Maj.* I 170.

3 to a small extent, somewhat, slightly.

vir longae staturae, ~um incurvus BEDE *HE* II 16 p. 117; ubi ~um reficiebatur *Ib.* II 5 p. 136; ~um hinc progressis .. obviat eorum dominus W. POIT. I 12; dentibus candidis, labiis ~um reductis W. MALM. *GP* IV 184; totum cor sursum non erigitur vel ~um ad inferiora inclinatur BALD. CANT. *Serm.* 1. 48. 572; quando vident ea que habent in manus ~um minui AILR. *Serm.* 17. 13. 296.

4 for a short while.

stella quae paululum ab eis abscesserat, prebens iterum illis sicut prius ducatum THEOD. *Laterc.* 6; ~um tacens, dixit *V. Cuthb.* III 6; interveniente ~um mora BEDE *HE* I 27 p. 55; post matutinum laborem .. Franci ~um quieverunt a congressione ORD. VIT. IX 15 p. 604; fatigata negotiis, ~um secedit GIR. *TH pref.* p. 21.

paulumper [cf. CL paulisper, parumper], for a short while.

propria manu interdum defendens sese .. ~er protexit G. *Herw.* f. 322b.

paulus [CL]

1 little, small; **b** (as sb. m.) little one.

diminutiva diminutivorum inveniuntur, ut ~us paululus ALDH. *PR* 132; ~us, -a, -um i. parvus OSB. GLOUC. *Deriv.* 465. **b** Domina et ~us [*gl.*: parvulus] quem fovet in sinu suo H. Los. *Serm.* 32.

2 (as personal name) Paul: **a** (w. ref. to Paul the Apostle); **b** (w. ref. to Paul the Hermit). **c** (w. ref. to church dedicated to St. Paul).

a apostoli erant futuri quibus .. ut addendus Comm. *Cant.* I 462; multi opinantur Lucam evangelistam nepotem fuisse ~i apostoli *Ib.* II 33; maximus et doctor, patulo vocitatus ab axe / .. Paulus ALDH. *CE* 1. 13; cum .. beatus ~us omnium sollicitudinem ecclesiarum simul et magisterium habuerit OSB. *V. Dunst.* 31; in honore ~i beatissimi AILR. *Ed. Conf.* 755; ~us apostolus, predicator veritatis R. BURY *Phil.* 6. 97. **b** sanctus Paulus et A[ntonius duo heremitae] freger[unt] panem in deserto *AS Inscr.* 105; **799** Antonio Paulus BEDE p. 176. **c** fecit rex Aedilberct in civitate Londonia ecclesiam sancti ~i BEDE *HE* II 3 p. 85; **1169** canonicus .. de S. ~o iiij li. *Pipe* 88; **1242** Alexander thesaurarius Sancti ~i Lond' *Pipe* 5.

3 (n. sg. in abl. as adv.) by a little, somewhat; **a** (w. compar.); **b** (w. ref. to *Hebr.* ii 9); **c** (w. temporal adv.); **d** (w. spatial adv.); **e** for a short period.

a ~o longior est quam statura hominis *Comm. Cant.* I 447; ~o districtius agitur BEDE *HE* I 27 p. 50; cum trecentis et ~o plus militibus W. MALM. *HN* 522 p. 75; ~o altius exordiamur ALB. LOND. *DG* 11. 20; ~o diutius et diligentius in his immorari GIR. *TH* I 13. **b** ut perfectum Deum innuant ~o minus minoratum ab angelis sub forma servi ABBO *QG* 48 (22); ~o minus ab angelis minoravit et hominem inter homines collocavit BALD. CANT. *Serm.* 22. 26. 543; sicut hominem minuit Deus ~o minus ab angelis, ita et a viro minuit Deus mulierem FORTESCUE *NLN* II 62. **c** ~o post GILDAS *EB* 80; ~o post quam Aornim petram expugnavit *Lib. Monstr.* II 6; quam .. locum ~o ante eis .. dederat BEDE *HE* III 25 p. 183; linteolum quod infusione vini ~o ante colore sanguineo fuerat intinctum ANSELM BURY *Mir. Virg.* 15; revelavit ei visionem quam ~o ante viderat P. CORNW. *Rev.* 193; ~o ante, *a lytylbyfore WW*. **d** ~o supra J. SAL. *Met.* 933D. **e** paulo conticuit G. AMIENS *Hast.* 335.

4 (as sb. m.) rest.

~us, requies *GlC* P 100.

paumelus v. palmaris.   **pauna** v. 2 panna.   **paunagium** v. pannagium.   **paunflettus** v. pamphlettus.

Pauni [Παῦνι < Egyptian], tenth month of the Egyptian calendar.

Aegyptii .. quorum .. decimus [mensis] ~i, vij kl. Juniarum .. die sumit exordium BEDE *TR* 11; Heb' Sivan, Aegyp' Parni' Lat' Jun' (*Kal.* f. 8v) *Miss. R. Jum.* 14.

paupeilare v. paupulare.

pauper [CL], **~erus**

1 (of person) poor, not wealthy; **b** (as social group); **c** (passing into surname); **d** (as sb. m.).

ut pauper Christum miles sequeretur egentem ALDH. *VirgV* 2104; ipse tam ~er ut clientum suorum stipe indigeret ORD. VIT. XII 24 p. 401; mendicus, ~er, egenus OSB. GLOUC. *Deriv.* 198; ~erus, paupertinus *Ib.* 475; paupera turba coit quia spes de munere certa NIG. *Laur.* 576; **c1214** ~er ille vicarius de T., pauperis ecclesie illius quarta solum porcione contentus GIR. *Ep.* 8 p. 272; **1230** catalla ipsius Johannis persone de A. et aliorum ~erorum hominum qui vulnerati fuerunt *CurR* XIV 92; **1270** J. eductus a prisona finem fecit per dimidiam marcam pro hac transgressione .. quia ~erimus *SelPlForest* 58. **b** non erat de ~ere vulgo, ut dixerat, sed de nobilibus BEDE *HE* IV 22 p. 251; c ~eres burgenses qui non possunt reddere .. nisi unum denarium *DB* II 290; omnibus liberis hominibus dies isti condonati sunt preter servis et ~eribus operariis (*Inst. Cnuti*) *GAS* 79. **c** peperit .. Hugonem cognomento ~erem ORD. VIT. XI 2 p. 169; Rogerium .. filium pontificis cognomento ~erem comprehendit *Ib.* XIII 40 p. 120; **s1151** Hugo cognomine ~er, qui comitatum Bedefordie .. possederat G. *Steph.* 57; **a1183** testibus .. Willelmo ~ere et .. filio suo *Cart. Osney* IV 463; **1229** composicis inter Ricardum dictum ~er episcopum Dunelmensem et priorem *Feod. Durh.* 212. **d** qui thesaurizat superflua .. tribuat tertiam partem ~eribus THEOD. *Pen.* I 3. 4; pauperibus stipem tribuens et munera mancis / thesaurosque suos sub caeli conderet arce ALDH. *VirgV* 1803; erat .. multum misericors et cultor ~erum BEDE *HE* III 14 p. 156; inter n[on]nas et ~eres qui cotidie pro rege .. deprecantur *DB* II 372; **11** .. in servisia ad opus .. ij pauperum (*KR Ac*) *Househ. Ac.* I 168; quia panis vita ~eris est, qui defraudat illum, vir sanguinis est GROS. *DM* V 8; ~es qui humiliter sentiunt de se dum vident alios divites Tuorum Taondon qui suorum querelas exaudiens opprimentibus et oppressis justicie complementum ministravit *Ps.*-ELMH. *Hen. V* 113.

2 (eccl. & mon., w. ref. to voluntary poverty, also as sb.); **b** (of Christ); **c** (~er *Christi*). **d** (w. *domina*) Poor Clare.

ostendit quod evangelicis ~eribus congruit vivere de elemosinis tam gratis datis quam mendicatis PECKHAM *Paup. prol.* **b** pro nobis ~er factus est ut nos divites faceret AILR. *Serm.* 24. 6. 326; pauper ~erem Christum imitare M. RIEVAULX (*Ep.*) 63. **c** ne erubescas profiteri te ~erem Christi, quia tuum erit regnum coelorum ANSELM (*Ep.* 117) III 254 (w. play on 3a infra); Ricardus .. ~eribus Christi clericis et monachia ut pius pater subvenit ORD. VIT. V 9 p. 365; ibi mundi potentes suscipiantur, hic Christi ~eres reficiantur GIR. *IK* I 3 p. 41. **d** **s1227** ad loca ~erum dominarum (v. domina 3b).

3 (~er *spiritu*, w. ref. to *Matth.* v 3) poor in spirit; **b** (as sb. m.).

~er spiritu magis propter regnum caelorum manere desiderans BEDE *HE* IV 11 p. 226; his solis [regnum celorum] repromittitur qui voluntariam amplectuntur paupertatem, si soli tales ~eres spiritu judicantur BALD. CANT. *Serm.* 16. 5. **b** beati .. ~eres spiritu, id est humiles, timentes AILR. *Serm.* 42. 9; virtus .. ~erum spiritu ex defectu spiritus et abundantia spiritus estimanda est. quanto enim minus habet quis de spiritu suo tanto magis abundat in eo spiritus Dei BALD. CANT. *Serm.* 16. 12. 486; ~eribus spiritu regnum dedit celorum J. FORD *Serm.* 72. 7.

4 (of life-style) involving poverty (usu. voluntary).

in humili et ~ere vita Domino famulantes BEDE *HE* IV 13 p. 231; **803** si apostolico exemplo vivamus et ~erem agamus vitam in terris ALCUIN *Ep.* 265; in tanta heremo sub ~ere vita Deo .. famulabantur ORD. VIT. III 2 p. 16; patribus sanctis .. / .. victus ditescit pauper H. AVR. *Hugh* 299 (v. ditescere b); invenit eos ~errimam vitam agentes, pauca in granario habentes ad pistrinum, pauciora ad camberariam *Chr. Dale* 11.

5 characteristic of poverty, of poor quality.

sub modico tecto pausans in paupere lecto *Vers. Hen. V* 4.

6 (of land, institution, or. sim.) poor, that possesses or produces little.

c1214 ~eris ecclesie (v. 1a supra).

7 of little value.

si . . istos honores, licet viles sunt et ~errimi, appetimus AILR. *Serm.* 31. 22.

8 ill-endowed, feeble; **b** (w. in & abl.); **c** (w. gen.) lacking in, scantily endowed with.

sanctis aggrediar studiis edicere pauper / tanta tamen digne si pauper praemia prodat ALDH. *VirgV pref.* 35. **b** Ebionitas, i.e. ~eres in intelligentia R. NIGER *Chr. I* 24. **c** quanto sunt ~eriores scientie . . tanto ardentiores esse deberent ALEX. CANT. *Dicta* 3 p. 119.

pauperare [CL]

1 to impoverish, reduce to poverty; **b** (w. ref. to Christ); **c** (gl.).

audisti nostrum quod gens Normannica regnum / intravit; predans, pauperat, exspoliat G. AMIENS *Hast.* 178; ecclesias nostras et homines ~avit *Ep. Anselm.* 444 V 391; nec . . episcopium suum pauperum miserando ~avit *V. Gund.* 39; gens interim ~ata furtim vadens quo se vivere putabat ORD. VIT. IX 9 p. 525; sepius in burgis opulentos pauperat ignis D. BEC. 1756; ~are, i. *enpoverir GlSid* f. 148v; nihil [venit] nobis paupertatis [*sic*] sed ad dives omnia *Poésies Pop.* 215. **b** melius de illo intelligitur qui . . nec solum ~ari ut nos ditaret sed etiam ut nos redimere crucifigi dignatus est BEDE *Prov.* 1005; Christus . . ~avit . . se ut nos ditaret P. BLOIS *Serm.* 567B. **c** ~o, -as, quod non est in usu, sed inde venit ~atus, -a, -um OSB. GLOUC. *Deriv.* 457; ~atus, ad pauperiem redactus *Ib.* 475.

2 (w. abl.) to deprive of.

spiritu . . et calore inferiora ~ata frigescunt *Quaest. Salern.* B 318; amicitia cum bone voluntatis actione miscetur, que nec bonis ~atur exterioribus neque interiori privatur honore *Ep. ad amicum* 11.

3 to reduce (in number).

quandam de Pliadum numero rebar esse semotam. cum . . ad earum cetum . . oculos retulissem easque numero non ~atas esse percepissem ammiratione perculsus sum ADEL. *QN* 73.

pauperascere, ~escere [LL], to become poor; **b** (fig.).

quare . . circa te ~ascit domus nuda? GOSC. *Wulfh.* 17; prodigus . . insipienter tribuens unicuique quod petebat . . ~escebat ORD. VIT. VIII I p. 263; pauper . . inde . . ~asco, -is OSB. GLOUC. *Deriv.* 457. **b** in Bethlehem anima ~ascit, in Nazareth ditescit . . . ~ascit perfecta mundi abrenuntiatione, ditescit virtutum perfectione AILR. *Jes.* III 19.

pauperatio [CL pauperare + -tio], impoverishment.

sane redditus copiosi quibus ex plurium regnorum ~one ditantur . . ipsos faciunt insanire KNIGHTON 232.

pauperculus [CL]

1 (of person) poor, not wealthy; **b** (w. ref. to *Luc.* xii 2); **c** (w. ref. to voluntary poverty); **d** (of Christ).

mulier ~a, si occidit filium suum, vij annos peniteat THEOD. *Pen.* I 14. 26; ibi una ~a mulier reddens iij den. et unum obolum *DB* I 9vb; puer ~us qui . . ad mensas scutellis recolligendis operam daret AILR. *Ed. Conf.* 746B; erat . . mulier ~a hostiatim mendicans panem *Found. Waltham* 26; ad istius autem speculi constructionem colligamus cum Ruth ~a in agro Scripture spicas que effugerint metentium R. MARSTON *QD* 78; involutus est puer Jesus in cunabulis a ~a matre sua M. RIEVAULX (*Ep.*) 63; ~a mulier in cribro venalia detulit ova ORD. *Exon.* 282. **b** quae recte ~a vocatur quia vel superbiae spiritum vel peccata tamquam mundi divitias abjecit vidua BEDE *Luke* 584. **c** ut tu magnus in oculis tuis, humilitate fias parvulus, dives cupiditate, facultatum abjectione fias ~us AILR. *Jes.* II 12. **d** magnus factus est parvulus, dives ~us AILR. *Jes.* II 12.

2 (as sb. m. or f.); **b** (protégé); **c** (of pawn on chessboard).

~a etiam cum caetera multitudine advenit ferens in ulnis triennem natam OSB. *Mir. Dunst.* 6; ~a pregnans vel recens enixa *V. Gund.* 29; advenit . . quidam ~us quem cum omni corpore attenuatum ex nimia infirmitate . . senex cerneret . . ORD. VIT. VI 9 p. 79; **1437** quidam ~us ex eorum elemosina supportatus *Stat. Linc.* II 404. **b 1452** ~um illum nostrum . . remittimus BEKYNTON I 272. **c** pedinus . . ~us est

qui incedendo semper vadit directe in sua simplicitate, sed si capere vult oportet ut oblique faciat J. WALEYS *Schak.* 464.

3 (of place) poor, shabby, lacking in grandeur.

~a . . Sancti David . . capella GIR. *IK* I 3; pauper factus cum esset dives . . domum . . ~am et presepii vilitatem elegit AILR. *Inst. Inclus.* 24.

4 (of life) poor, wretched.

752 quia presbiteri mei prope marcam paganorum ~am vitam habeant BONIF. *Ep.* 93.

5 that produces little.

~o agriculatu transigentes inediam W. MALM. *GR* IV 347; accipite ergo, dilectissime, exilem ~e vene stillulam ROB. FLAMB. *Pen.* 1.

pauperescere v. pauperascere.

pauperies [CL], poverty; **b** (fig.).

bordarii qui propter ~iem nullam reddunt consuetudinem *DB* II 116b; ?**1168** si vos urget ~ies, sane amicis indigentibus subveniunt pauperiores J. SAL. *Ep.* 256 (257); pauperiem dat [Deus] pauperibus durosque dolores D. BEC. 250. **b c1184** stili ~ies inculti J. EXON. *Ep.* 3; licet modicitatem meam meritorum ~ies revocaverit, tamen serenitatis vestre clementiam . . interpellare consensi AD. MARSH *Ep.* 149; ex requie sequitur infortunata voluptas, / pauperies animi, criminis omne nephas GOWER *VC* III 1966.

pauperinus, poor, shabby.

quarta pars hujus operis . . induta ~a veste finem expetit BYRHT. *V. Osw.* 452.

pauperista, pauperist, follower of Vacarius, author of the *Liber Pauperum*.

magister D. Oxoniensis, ~a probus et acutus, semel in Wallie finibus advocacionis officio fungens GIR. *SD* 110.

pauperitas v. paupertas.

pauperizare, to act like a pauper.

cum . . / pauperizent Arabes sub toga mendici *Pol. Songs* 28.

paupertaculus [CL paupertas + -culus], poor, little, of little value.

qui penes Pruvinum castrum Mesi habitamus qui ~us locus de caritate est W. CANT. *Mir. Thom.* VI 3.

paupertare v. pauperare.

paupertas [CL]

1 poverty, lack of wealth; **b** (w. ref. to social status); **c** (fig.).

si potest fieri candela ardebat ibi . . , si autem ~as loci non sinit, non nocet eis THEOD. *Pen.* II 1. 8; neutrum reddunt quia prae ~ate non possunt *DB* I 158rb; **1264** compatientes ~ati Henrici Poutrel, qui diversis Judeis in pluribus debitis tenetur *Cl* 6; secundum usum vulgarem ~atem pro carencia temporalium . . que potest esse vel voluntarie vel involuntarie WYCL. *Civ. Dom.* III; **1577** in consideracione magna pauperitatis et decasus dictorum mercatorum per multa infortunia maris (*Pat* 1152) *Gild Merch.* II 112. **b** minoribus pro condescensione ~atis deposito regni supercilio affabiliter sobrius W. MALM. *GR* II 134. **c** ut sit virginitas divitiae, castitas mediocritas, jugalitas ~as ALDH. *VirgP* 19; summa . . ~as est non habere Deum T. CHOBHAM *Serm.* 3. 14rb.

2 (eccl. & mon., w. ref. to voluntary poverty); **b** (of Christ).

inter plura . . doctrinae, orationum, voluntariae ~atis . . merita BEDE *HE* IV 3 p. 210; o qualis murus ~as, quomodo nos defendit contra superbiam mundi AILR. *Serm.* 3. 7. 221; nec . . ~atem miseriam reputant sed salutis viam BALD. CANT. *Serm.* 1. 24. 567; si vultis in sancta religione et aurea ~ate transigere dies vestros, felicitati vestre non poterit regum comparari P. BLOIS *Ep.* 93. 292C; plurima . . oblata ~atis amore respuerunt GIR. *IK* I 3. **b** priorem ut ~atem Christi sequeretur . . admonuerunt ORD. VIT. III 3 p. 63; ~as Christi et humilitas ejus mundo vilis est BALD. CANT. *Serm.* 1 38. 569; suos . . fratres ad sublimius vocans regnum pretiosiorem cunctis opibus induit ~atem J. FORD *Serm.* 25. 9.

3 (~as spiritus).

~as spiritus, pro Deo voluntaria mentis et corporis abjectio AILR. *Serm.* 27. 11. 350; prima . . beatitudo dicitur ~as spiritu que designat humilitatem et contemptum terrenorum T. CHOBHAM *Praed.* 95.

4 unproductiveness.

vitanda est ~as sensus carnalis ne forte putemus Deum vel manibus corporeis de limo formasse corpus hominis BEDE *Gen.* 42.

5 deficiency, lack.

in quibusdam partibus terre Sarracenorum, non habentes ligna eciam ex ~ate lignorum calefaciunt balneum cum stercoribus M. SCOT *Lumen* 245; serenissimus princeps . . nec in pigmee brevitatis ~atem dejectus, mediocri statura decenter enituit *Ps.*-ELMH. *Hen. V* 6.

6 lack of power, feebleness, incompetence; **b** (~as mea or nostra, as form of literary self-depreciation).

rex autem, suam ~atem cognoscens, eorumque potenciam intelligens TROKELOWE 68. **b a705** nostrae ~atis accessit aures vestrae Latinitatis panagericus rumor (CELLANUS) *Ep. Aldh.* 3(9) p. 498; non auderem ultra meae ~atis vires negotium attingere ALCUIN *WillP pref.*; litteris . . inserens ~atis mee salutare consilium AD. MARSH *Ep.* 92.

paupertatula [LL] **pauperticula** [CL paupertas + -cula], (state of) poverty.

cum . . absque subsidio beneficii alicujus temporalis, excepta parentum . . tenui exhibitione . . laboraret. . . in illa . . exilis exhibitionis pauperticula, semper . . gaudens fuit R. BOCKING *Ric. Cic.* I 52.

pauperticula v. paupertatula.

paupertinus [CL]

1 poor, not wealthy; **b** (of social status; in quot., as sb. m.).

~us, -a, -um, i. ad pauperiem redactus OSB. GLOUC. *Deriv.* 457; venient regna ~a DICETO *Chr.* 92. **b** pueros docendos tradidit, non quos invenerat de libertinis, verum ex elegantioribus de ~is HERM. ARCH. 17.

2 characteristic of poverty, of poor quality.

novimus . . inopes . . ob eorum inediam cibis uti ~is B. *Ep.* 386; non retinentur [? l. retinemus] in nostro ~o penu sumptuosas delicias ÆLF. BATA 5. 12.

pauperus v. pauper. **paupilius** v. papyrus. **paupinus** v. pampinus. **paupirus** v. papyrus. **paupita** v. palpita.

paupulare [CL], to screech (like a peacock).

parri tinnipant, pavi paululant [*sic*], perdices cacabant ALDH. *PR* 131; pepillo, *to crye as a pecock WW*; to cry, . . pavorum [est] paupeilare *CathA*.

1 pausa v. 2 pansa.

2 pausa [CL; cf. παῦσις]

1 pause, break. **b** (mus.) rest.

aliquot ibi dierum continuatione laborum suorum accipit ~am W. MALM. *Wulfst.* I 9; quandocumque diccio incipiens per vocalem sequitur immediate diccionem in vocali terminantem, ille due vocales pro una sillaba computentur, dum tamen debeant conjunctim sine ~a pronunciari *Orthog. Gall.* 58; ut clare pandam per ~am tempore quandam *Vers. Hen. V* 214. **b** ~e sunt quedam tempora vocum tacita, ut dum unus cantat alius tacet ODINGTON *Mus.* 130; per breves et semibreves et ~as eis appositas HAUDLO 92; ~a . . unius temporis unum spacium tegit *Ib.* 160; tempus est mensura tam vocis prolate quam ejus contrarii scilicet vocis omisse que ~a communiter appellatur HAUBOYS 182; ~a est signum vocis proporcionaliter omisse in serie modulacionis WILL. 29; ~a longe perfecte occupat tria spacia WALS. *Mus. Mens.* 84.

2 rest, repose, sleep.

tandem vix impetrata dimissione, ad ~am ut defessa egreditur GOSC. *Wulfh.* 2; tu . . / salus egris, fessis pausa WALT. WIMB. *Virgo* 67.

3 (place of) burial, final resting-place.

utrum domum reversa an ibi acceperit ~am incertum W. MALM. *GR* I 23 (ed. RS); s1262 dum

adhuc viveret elegit ~am uno milliario ad orientem monasterii THORNE 1907; ut .. ~a corporea archiepiscoporum pacatissima appareret, tamquam thalamus cum suis custodibus preparatus ELMH. *Cant.* 127.

pausare [LL < *aorist infinitive* παῦσαι]

1 to pause, take a break, rest, remain; **b** (mus.). **c** (w. *in* & abl.) to dwell on, linger over. **d** (p. ppl. as adj.).

tribus diebus fatigatus ~avit exercitus ORD. VIT. IX 8 p. 516; ubi modicum ~ans .. ad monasterium cum sociis properavit AILR. *SSHex.* 12; in ad ~andum recessu MAP *NC* V f. 61v; ut .. archidiaconum loquentem silere diutius et ~are pre tumultu .. oporteret GIR. *RG* II 18; ut pascant, ~ent, pernoctent *Melrose* 319; **1429** pro expensis equorum domine Elizabethe nocte illa qua ~avit apud Inverkethine vij s. vj d. *ExchScot* 482. **b** pausatio simplex dicitur quando ~atur secundum quantitatem unius alicujus modi GARL. *Mus. Mens.* 7. 5; tacere musice, non est aliud quam ~are *Mus. Mens.* (*Anon. VI*) 401. **c** mavult vitare apparenciam redargucionis .. quam ~are in sensu reali scripture WYCL. *Incarn.* 104. **d** ~atus *GlH* F 227 (v. feriari 2b).

2 to rest, repose (also mon.); **b** (of animal); **c** (pr. ppl. as sb.).

in .. monasterio .. sanctimonialis femina .. in dormitorio sororum ~ans audivit .. campanae sonum, quo ad orationes excitari .. solebant BEDE *HE* IV 23 p. 257; parvulum inter amplexus parentum ~antem, illis dormientibus, tulit [malignus] et in ignem projecit ALCUIN *WillP* 22; post sextam [horam] surgendum a mensa et ~andum in lecto ÆLF. *Regul. Mon.* 197; si nimis profunda nocte surrexerint, [infantes] ~ent jacentes ad sedilia sua LANFR. *Const.* 89; negotio .. pernocte .. ~aturus, se in loco solito sibi quietis composuit et ibi per horas aliquot soporatus obdormivit R. COLD. *Cuthb.* 36; cum fratres vadunt ad lectum ibique ~andum, cum summo silencio et tranquillitate hoc faciant *Cust. Cant.* 158; s**1460** dominum .. R. Wodewyle .. cepit .. ~antem in mane in suo lectulo *Reg. Whet.* I 369. **b** dum stratis recubans porcaster pausat obesus / juncis ALDH. *VirgV* 2779. **c** infantulus cum in cunis supinus quiesceret .. examen apium ora .. ~antis complevit ALDH. *VirgP* 26; ille .. capite reclinato in speciem ~antis membra composuit AD. EYNS. *Hug.* V 18.

3 a to stop living, die. **b** to rest (in death), to be buried.

a ter quinis Marcus meruit pausare kalendis *Kal. Met.* 29; non legimus quo fine ~avit FORDUN *Chr.* III 25 v. l. **b** simul in cripta pausant sablone sepulti ALDH. *VirgV* 1245; hic sacer in tumba pausat cum corpore praesul BEDE *HE* V 8 p. 295; ossa viri benedicta forent translata sepulchro / quo quondam pausans in pace quievit WULF. *Swith.* I 4; unde contigit sancti corpus diu †pansare [l. pausare] in tumulo F. MALM. *V. Aldh.* 77C; s**1087** miles quidam .. sepulturam inhibuit, dicens avito jure solum suum esse, nec illum in loco quem violenter invaserat ~are debere *Eul. Hist.* III 45; cuidam militi patris sepulturam in loco quem invaserat inhibenti ne ~are deberet, centum libras argenti persolvit ELMH. *Cant.* 345.

4 to come to a stop, end.

868 Pirigfliat et Scipfliat pausunt [*sic*] in flumine *Ch. Roff.* 26.

5 (tr.): **a** to put a stop to. **b** to allow to rest. **c** (refl.) to take a break.

a **1325** contencio .. finaliter et exclusim ~ata est in hunc modum *Pat* 399 m. 26. **b** unum .. sagum habeo in lecto meo et non plus nisi mattam unam et foenum ad ~andum mea misera membra ÆLF. BATA 4. 29; parum a labore fessa membra ~averunt *Hist. Meriadoci* 374; s**1250** coacti .. stacionem in eodem loco facere et onerosum feretrum ad terram ibidem ~are *Plusc.* VII 15. **c** s**1423** hic propter calores tunc ferventes se ~avit per octo dies AMUND. I 135.

pausatim [pausatus, *ppl. of* pausare + -im], with pauses, slowly.

1515 missam .. cantabunt ~im et distincte *Midlothian* 285; statuimus .. quod monachi .. tractim et ~im ac etiam devote psalmos cum responsoriis pertractando psallant seu morose cantent (*Vis. Worc.*) *EHR* XL 91.

pausatio [LL]

1 pause, break, halt; **b** (gram. & rhet.); **c** (mus.); **d** (eccl. & mon., w. ref. to caesura of liturgical verse).

cui rex post modicam quasi ~onem .. inquit GIR. *IK* I 3; terminatas longas post contenciones, velut invicem ~onis .. ponendo E. THRIP. *SS* XIII 3; s**1232** sine ~one .. jejunus psallendo *Flor. Hist.* II 206; **1483** succentor vicariorum incipiebat responsorium de Trinitate, scilicet 'Honor, Virtus', et finitur a choro ante gradum magni altaris et ibi fuit ~o quasi unius 'Pater Noster' et 'Ave Maria'. tunc decanus incipiebat preces *Fabr. York* 211. **b** articulus cum intervallo ~onis GARL. *Hon. Vit.* 66; quum fit alia ~o per colon vel comma BACON *Tert.* 243; comma habet ~onem parum flexam, colon vero elevatam, periodus perfecte descendit .. he vero sunt ~ones principales *Ib.* 248. **c** ~o composita vel duplex dicitur quando simplex duplatur vel triplatur GARL. *Mus. Mens.* 65; simplex modus ~onis est, quando fit ~o ad quantitatem unius longe vel brevis *Mens. & Disc.* (*Anon. IV*) 57; ~onum sex sunt species HAUDLO 160. **d** in omni psalmodia hoc debent fratres attendere ut semper fiat ~o in medio et ante quam versus ex una parte chori terminetur alius versus non incipiatur *Obs. Barnwell* 84; in metro similiter psalmodie fiat ~o morosa .. et devota *Doc. Eng. Black Monks* I 96; **1298** fiat ~o competens et morosa in medio singulorum versuum psalmodie *Reg. Cant.* 814; **1335** in bona psalmodia et ~one in medio versus congrua *Eng. Clergy* 273; in metro .. psalmodie .. fiat ~o morosa, pariter et devota *G. S. Alb.* II 420.

2 respite.

1358 supplicavit nobis .. Johanna soror .. ut cum mercatores .. cum navibus bonis .. carcatis .. ad diversos portus regni nostri .. causa refugii sive ~onis sepius se declinent *RScot* 823b; si mare navigio nostro servaretur, .. daret .. regni habitatoribus pacificam ~onem CAPGR. *Hen.* 134.

3 rest, repose, sleep (also mon.).

quam .. amabilis sit ipsi domino talis sponsae suae, id est ecclesiae vel animae cujuscumque electae, ~o BEDE *Cant.* 1106; a**753** ut sit mollis culcite ~o (LUL) *Ep. Bonif.* 92; cum inibi causa orationis pernoctarent, ecce suavissimi soporis felicem obtexit ~o puerum B. *V. Dunst.* 3; ut dulci parumper ~one refecti fortius .. resurgant GIR. *GE* I 24 p. 64; mandat [discipulos] ut dormiant. .. amplius erat de ipsorum ~one quam de sua passione sollicitus J. FORD *Serm.* 100. 2; **1426** in conversacione vel potacione, in vigilacione vel ~one AMUND. I 207.

4 pausing in death, rest.

martyr vero Eadmundus ostentione virtutum mundo pretiosus locum suae ~onis diatim ditabat HERM. ARCH. 17; [spiritum] corporee licet indigne ~onis locum cum lumine petentem *Pass. Æthelb.* 12.

pausatorium [LL pausare + -torium], room or compartment in which one rests or sleeps.

donec fratres post matutinas ~ium introierint *Cust. Westm.* 46; donec fratres post completorium ~ium introierint *Cust. Cant.* 104; fratres qui omittunt completorium, in dormitorio jacentes vel extra, sicut capellani abbatis, celerarii, et fratres qui jacent in ecclesia, cum veniunt in dormitorium, quod sine aliquo strepitu vadant, ne fratres qui in ~iis suis quiescunt molestentur vel evigilentur *Ib.* 158.

pausere v. pausare. **pausibilis** v. passibilis. **pausillulum** v. pauxillulum.

pautonera, ~ia [ME *pautener*, OF *pautoniere*, *pautonniere* = *prostitute*, *'bag'*]

1 peasant's wallet, bag, purse.

insidientur .. trituratores et ventrices ne quicquam bladi furentur in suis sotularibus, cirotecis, .. bursis seu ~iis *Fleta* 170.

2 timber framework into which the mast of a ship is inserted.

1296 in meremio empto ad pauteneras galee xvj d. *Ac. Galley Newcastle* 184.

pauxille [cf. pauxillum 3], somewhat, a little, for a short time

qui ~e soporatus, evigilans divinum sentit levamen HERM. ARCH. 37.

pauxillulum [CL]

1 (as sb. n. w. gen.) a very small quantity.

post multam fatigationem pausillulum sibi vendicare quietis J. FORD *Serm.* 89. 9; noctibus .. cum ~um sompni recepisset, confestim surgebat SENATUS *Wulfst.* 95; libros vestesque apud infideles Judeos depono, ~um nummorum accipiens FREE *Ep.* 64.

2 (as adv.) somewhat, a little, for a short time.

si per interrogationem et responsionem ~um reciprocis vicibus stilus varietur ALDH. *Met.* 10; fuit .. Orpheus, ut ~um expatiemur, vir maximus ALB. LOND. *DG* 8. 20.

pauxillulus [CL], very small, very few.

hujuscemodi ~a sufficiant exempla ALDH. *PR* 131; diminutiva diminutivorum inveniuntur ut .. pauxillus, ~us. *Ib.* 132.

pauxillus [CL]

1 (as adj.) little, small.

sic ~us, .. cultellus, quorum primitiva sunt paulus, .. culter ALDH. *PR* 124; deinde fessos artus ~ae concedens quieti .. obripitur dulcedine somni HERM. ARCH. 6; protendebat manus .. ut ~um spacium vivendi haberet G. MON. X 12; de ~is ramusculis rupi annexis ibidem sibi modicum tugurium construebas *V. Rob. Knaresb.* 9.

2 (as sb. n.) a small quantity; **b** (w. gen.).

paxillum, nomen mensurae *GlC* P173. **b** ~um ad refocillandam animam cibi caperent GILDAS *EB* 20; estu deficiens, bibit ~um aque *V. Chris. Marky.* 9; in aliquibus .. arboribus grossissima .. est humiditas ut cum ~um subtilitatis calor inveniat, valet illud movendo citius consumere *Quaest. Salern.* B 61; ~um vini et aque commiscens pariter *V. Edm. Rich. P* 1816A; cancrena dicuntur vulnera .. ~um vite sensus quasi retinencia *Alph.* 33.

3 (as adv.) somewhat, a little, for a short time.

modo in portum optatae quietis pervenientes, ~um vela deponamus ALCUIN *Dogm.* 270D; tuas aures .. / versifico volui pauxillum tangere plectro *Id. Carm.* 14. 15 p. 238; hic, rogo, pauxillum veniens subsiste viator *Ib.* 123. 1.

pava [LL; *heteroclitic form of* CL pavus], peahen.

1271 de exitu dictarum ~arum (v. paviculus); **1273** pavones .. remanent j pavo et ij ~e *Ac. Stratton* 46; **1299** de j pavone, iij ~is, et v pullis pavoninis de remanenti (*Ac. R. Milton*) *DCCant.*; **1319** respondet de j pavone et iij ~is inventis in castro et remanent j pavo et iij ~e in castro cum pennis *MinAc* 992/10 m. ad.; **1322** de iij s. de ij pavonibus ij ~is venditis, et xviij d. de iij pulc[inis] pavon' venditis *MinAc* 1146/1 r. 4.

pavagium, ~iagium [OF *pavage*]

1 (act of) paving.

1339 reparacionem kaye et pavag' *IMisc* 138/4; **1353** in auxilium reparacionis et emendacionis ~agii medii dicte vie *Foed.* V 774; **1353** si aliqui denarii .. in ~agio et construccione predictis non appositi remaneant *Ib.*; **1382** ~iagium contra dictam shopam .. sustentabunt *Cart. Osney* I 47; **1413** in solucione facta pro ~agio facto in foro Dunelm' de mandato domini prioris *Ac. Durh.* 224; **1430** tenementum reparabunt .. una cum ~iagio eidem tenemento pertinenti *Cart. Osney* I 87.

2 (right to collect) tax for paving roads.

1223 sint .. quieti .. de muragio, pontagio, pannagio, ~agio, passagio *MonA* V 268b; **1232** sint liberi in omnibus feriis et foris .. absque stallagio, ~agio, et picagio *Pat* 484; **1299** sint quieti de ~agio, pontagio, et muragio per totum regnum nostrum (*London*) *BBC* 255; ~iagium Lichfeldie et alias quamplures libertates ecclesie .. concessas a rege .. concedi impetravit *MonA* VI 1241b; **1306** placeat eidem [regi] concedere eisdem burgensibus [Huntingdon'] ulterius ~agium per triennium, ut dicta villa possit ad plenum pavari *RParl* I 193b; **1336** concedimus quod .. burgenses .. per totum regnum et potestatem nostram de thelonio .. muragio, ~agio .. et omnibus mercandisis suis .. prestandis imperpetuum sint quieti *RScot* 428b; **1379** quieti esse consueverant de theolonio .. ~agio, passagio *Foed.* VII 221; **1476** homines de antiquo dominico corone Anglie quieti sint .. de theoloneo, ~agio, muragio *Mem. York* II 267.

pavare, ~iare, 1 pavire [ML; cf. OF *paver*] to pave; **a** (floor or part of building); **b** (gate or

fortress); **c** (street or all the roads of a town); **d** (absol.).

a 1238 parvam etiam capellam apud Westmonasteriam tegula picta decenter ~eari faciatis *Cl* 26; **1242** capellam .. ~eare et depingi optimis coloribus faciat *RGasc* I 16a; **1244** claustra circa fontes de Evereswill bene ~iari .. faciatis *Liberate* 20 m. 14; **1259** ad capellam ~iendam (v. pavimentum b); dormitorium .. debet .. feno sterni; vel, si ~etur, pavementum .. ne deficiat, sustentari *Cust. Westm.* 148; **1303** et j homine [*sic*] ~ienti vesteriam *Fabr. Exon.* 25; **1303** in ala australi novi operis ~ianda *Ib.*; si velis .. quinque fundos solarii: primum quasi terreum, secundum quasi viridi lapide ~atum, tertium tegulis ~atum BRADW. *AM* 32. **b 1228** apud Jopen que ut porta Jerusalem .. quodam castro pulcherrimo et fortissimo firmato et fossato in magna parte †panato [l. pavato] *Ann. Wav.* 305; **1344** quam portam communitas tenetur ~iare, et non ~iatur ad dampnum communitatis *MGL* II 446. **c 1284** in auxilium ville vestre ~iende (*Northampton*) *BBC* 349; **1306** ut dicta villa possit ad plenum ~ari *RParl* I 193b; **1353** vie et pavimenti sic diruptorum .. de novo ~iandorum *Foed.* V 774; **1442** ad ~iandas stratas (v. pavator a); ejusdem ville ~iende et claudende *Reg. Brev.* 138b. **d** pavatores jurati ad recte ~andum *MGL* I 729.

pavarius, ~iarius [pavare, ~iare + -arius], one who paves, paver, pavior.

1303 in uno ~eario *Fabr. Exon.* 26.

pavatio [pavare + -tio], (act of) paving, covering with paving stones.

c1385 supra ~onem (v. pavator).

pavator, ~iator, ~itor [pavare, ~iare, ~ire + -tor], one who paves, paver, pavior; **b** (passing into surname).

1272 in stipendiis quorumdam cementariorum, ~atorum *Ac. Build. Hen. III* 426; **1291** in .. una navata grise petre ad pavimentum circa herbarium regine cum stipendiis ~atorum ejusdem *Pipe* 136 r. 29*d.*; **1303** post Purificacionem ad ~iatores *Fabr. Exon.* 2; **1378** ire cum quodam ~atore ad emendandum quoddam paviamentum .. in magnum nocumentum venelle *Mem. York* I 30; **c1385** in vadiis unius ~atoris operantis supra pavacionem et obturacionem diversorum puteorum factorum pro scaffald' regis existent' ad predictum duellum ibidem videndum cum emendacione defectuum aliorum pavimentorum .. ix s. vij d. *KR Ac* 473/2 m. 3; **1442** major provideat ~iatores ad paviandas stratas *Leet Coventry* 199; **1467** carpentarii tegulatores .. sarratores, †panatores [l. pavatores] *Doc. Bev.* 56; **1480** ~atoribus pro pavagio iii de le These xxj d. *Ac. Chamb. Cant.* 137a. **b 1457** Johanni ~itori pro factura pavimenti *Ac. Durh.* 241.

paveare v. pavare. **pavearius** v. pavarius.

pavefacere [CL], to terrify; **b** (p. ppl. *pavefactus* as adj.) terrified.

lux corda intuentium .. ~ere dicitur BEDE *HE* V 17 p. 319; paveo .. hic etiam dicimus per compositionem ~o, -is OSB. GLOUC. *Deriv.* 426. **b** ~a puella pertimescit ALDH. *VirgP* 47; vehementer ex intimis ~us medullis *V. Neot. A* 9; s**1138** his ita factis, alii de exercitu ~i, .. ecclesie possessiones non sunt .. ausi invadere RIC. HEX. *Stand.* f. 41; perterritus, ~us OSB. GLOUC. *Deriv.* 153; quem cum puer ille puritatis immense ~um et herentem conspiceret *V. Edm. Rich* P 1779A.

pavefactio, state of being terrified, terror.

dicimus per compositionem pavefacio .. et inde .. hec ~o, -onis OSB. GLOUC. *Deriv.* 426.

pavelio v. papilio. **pavementum** v. pavimentum.

pavenna, peahen.

1350 ~e: .. remanet j ~a (*MinAc*) *Surv. Durh. Hatf.* 244; **1375** quia canes suus [*sic*] devoravit unam ~am *Hal. Durh.* 131.

pavere [CL]

1 (intr.) to be afraid or terrified; **b** (pr. ppl.); **c** (as sb.).

terra tremit; celumque pavet; miratur et equor G. AMIENS *Hast.* 94. **b** in ipso adventu suo ~ens statim corruit et .. cum audiret eum loquentem perterritus .. prolapsis sit ANDR. S. VICT. *Dan.* 75. **c** tantum ~entibus fiducie contulerunt BEDE *HE* I 20 p. 38.

2 (tr.) to be afraid of, to fear; **b** (w. *ad* & acc.); **c** (w. *ab* & abl.); **d** (gdv.) who is to be feared.

malus .. tormenta que patietur ~ebit *Simil. Anselmi* 69; metuere, formidare, ~ere OSB. GLOUC. *Deriv.* 590; ~eatis [ME: *beoð ofdred*] omnem hominem .. ne forte vos .. decipiat *AncrR* 58. **b** ~eant .. ad nomen Christi Aethiopes BEDE *Hab.* 1244. **c** ~eant et contremiscant a facie tremendi examinis AILR. *Serm.* 28. 13. **d** tam pavendos magistratus AD. MARSH *Ep.* 50 (v. constipare 2c).

3 (w. inf.) to be afraid to.

timens ac ~ens ventura Christi et ecclesiae sacramenta describere BEDE *Hab.* 1250; hinc medium vite spatium de quo dubitamus / hoc humili reserare stili cursu paveamus NIG. *Paul.* f. 47 l. 207.

4 (w. *ne* & subj.) to be afraid that.

timere coepit et ~ere ne .. ad inferni claustra raperetur BEDE *HE* III 13 p. 152.

pavescere [CL]

1 to become afraid, take fright.

consideratis Domini in carne apparentis operibus, fideliter timet et ~it BEDE *Hab.* 1254.

2 (tr.) to begin to fear, tremble at; **b** (w. *ad* & acc.).

sic cruor exsuperat quem ferrea massa pavescit ALDH. *Aen.* 9 (*Adamas*) 4; talia sed timidus dictator tela pavescat *Id. VirgV* 2849; quam speciosam super filias Jerusalem angeli venerantur, homines desiderant, ~it tartarus OSB. *V. Dunst.* 40 p. 118; justiciarii .. subito pallidi et †pavesci [l. pavescentes] metu .. dicentes .. se .. mortem .. subituros *Chr. Kirkstall* 127. **b** ~o et contremisco ad nomen pastoris AILR. *OP* 2.

3 (w. inf.) to begin to fear to.

1410 qui de me falsa dicere non ~unt *FormOx* 427.

pavesci v. pavescere. **paviagium** v. pavagium. **paviamentum** v. pavimentum. **paviare** v. pavare. **paviarius** v. pavarius. **paviator** v. pavator.

pavicula [LL pava + -cula], young peahen.

1273 paviculi: idem r. c. de ij paviculis de etate ij annorum et dim. et remanere deberent quorum j pavo j ~a *Ac. Stratton* 46.

paviculus [CL pavus + -culus], young peacock.

1271 reddit compotum de xij pavonibus remanentibus anno precedenti, quia j pavo. et de ij ~is remanentibus anno precedenti, quia j pavo ... idem r. c. de ij ~is de exitu dictarum pavarum hoc anno *Pipe Wint.* 11 M 59 B1/35 r. 2; **1273** r. c. de ij ~is de etate ij annorum *Ac. Stratton* 46; **1350** remanent iiij ~i (*MinAc*) *Surv. Durh. Hatf.* 244.

pavide [CL], fearfully.

pavor .. unde ~e, -ius, -issime, adv. OSB. GLOUC. *Deriv.* 426; ~e .. ac circumspecte J. FORD *Serm.* 120. 7; introducit .. Caunum interrogantem et Biblidem ~e respondentem GERV. MELKLEY *AV* 29.

pavidensis v. pavitensis.

paviditas [LL], fearfulness, timidity.

pavidus .. unde .. hec ~as OSB. GLOUC. *Deriv.* 426; animalium .. plura quantitatem habent nimiam cordis .. et tamen animalia hec pavida sunt plurimum et timida, quare non calefacit ipsum integrum sed relinquitur frigidum et vacuum, unde et ~as *Ps.*-RIC. *Anat.* 24.

pavidulus [CL pavidus + -ulus], somewhat timid, fearful.

1520 homuncionem ~um et quem facile terruerit personae pallentis imago (MORE) *Ep. Erasm.* IV 1087.

pavidus [CL]

1 (of person or animal) frightened, terrified; **b** (w. *ad* & acc.).

pignora nunc pavidi referunt ululantia nautae ALDH. *Aen.* 95 (*Scilla*) 7; mater .. ~a ad domum .. cucurrit *V. Cuthb.* II 7; uxor tantum .. quamvis multum tremens et ~a remansit BEDE *HE* V 12 p. 304; terra pavidis nudata colonis G. AMIENS *Hast.* 127; stupefacti et ~i dixerunt ORD. VIT. VII 12 p. 208; meticulosus et ~us effectus est, suorum tamen ..

pelli plusquam sue verens GIR. *GE* II 27. **b** vulpes pavidi fulguris ad sonitum G. AMIENS *Hast.* 328.

2 (of seat of feeling).

pectore nec pavido quatiens timor ilia pulset ALDH. *VirgV* 2373; mens pavida .. fit fortis spiritus sancti dono *Simil. Anselmi* 131.

pavilio, pavillo, pavillon', pavilo v. papilio.

pavimentalis, suitable for paving, paving-.

non procul a tumulo Ricardi abbatis, que [tumba] postea tegulis ~ibus est cooperta *G. S. Alb.* I 125; **1473** septem centenaria lapidum ~ium (*KR Ac*) *Bronnen* 1706.

pavimentatio, paving.

1410 mandamus quod .. proficua earumdem consuetudinum circa ~onem et reparacionem predictas ponatis *Foed.* VIII 635; per supradictum magistrum Johannem Hatfelde in ~one vestiarii AMUND. II *app.* 272; ad ~onem circa feretrum s. A. vj s. et viij d. *MonA* 222; s**1453** ad vitriacionem .. claustri .. cum ~one *Reg. Whet.* I 117.

pavimentatus [CL], paved.

1291 quibusdam operariis pro remocione meremii a via paviamentata facienda, v d. *KR Ac* 486/7d.

pavimentor, one who paves, paver, pavior.

a pavere, ~or *CathA*.

pavimentum [CL], **pavementum** [OF *pavement*], paving, paved area, pavement: **a** (of house); **b** (of church); **c** (of entrance or courtyard); **d** (of street); **e** (as name of street in York); **f** (fig.).

a invenerunt Jesum et .. Mariam in domo, et cadentes in ~imento terrae adoraverunt Salvatorem Christum THEOD. *Laterc.* 6; fodite in medio ~imento domus meae *V. Cuthb.* III 3; jussit fratres in ejusdem habitaculi ~imento foveam facere BEDE *HE* IV 26 p. 271; s**1255** hospitium suum .. fecit tapetiis, pallis et cortinis etiam ~imentum pompose nimis adornare M. PAR. *Maj.* V 509. **b** dum .. oraret .. Tonantem / .. tundens pavimenta sacelli ALDH. *CE* 4. 7. 10; intrabis noctu in .. domum pergrandem, certe ecclesiam ... .. ipsa quoque [lucerna] est subjacenti ~imento viciniior BEDE *TR* 26 p. 229; pontifex vadat de ipso altare spargendo .. per omnem [*sic*] ~imentum de ipsa aqua EGB. *Pont.* 38; intrantes ecclesiam .. lavent ~imenta [AS: *flora*] ecclesiae *RegulC* 40; de ~imento presbyterii usque ad altare, gradus tres GERV. CANT. *Combust.* 13; **1259** rex dedit fratri R. .. ad .. capellam paviendam totam tegulam que ~imento capituli Westmonasterii *Cl* 377; dormitorium .. debet .. feno sterni; vel, si pavetur, ~ementum .. ne deficiat, sustentari *Cust. Westm.* 148; **1469** in .. ducentis et viginti lapidibus quadratis pro ~imento altaris faciendo ejusdem capelle *ExchScot* 660. **1505** cum aliis necessariis ad altare, pevimento, fenestris .. *Reg. Aberbr.* II 353. **c** commissum est duellum .. in ~imento juxta aulam domini regis apud Westmonasteriam AD. MUR. *Cont.* B 239; **1381** in emendacione ~iamenti ante portam cimiterii viij s. j. d. *Fabr. York* 12. **d 1380** cum ~iamentum in villa .. Oxonia .. dirutum sit *MunAc Ox* 792; **1390** juratores .. presentant quod ~ientum .. et quod idem episcopus ~ientum predictum .. tenetur .. reparare (*AncIndict*) *Pub. Works* II 61; s**1387** ~imentum pontis interruperunt in tribus locis adeo quod non potuit nisi solus eques illuc pertransire KNIGHTON *Cont.* II 252; **1353** ~imentum .. deterioratum et confractum existit *Foed.* V 774; **1424** ~imenti antiqui ejusdem venelle *Mem. York* II 108. **e 1417** super ~imentum *Mem. York* II 63. **f** fenestrae sunt contemplatio. .. ~imentum humilitas ALEX. CANT. *Dicta* 20a p. 195; ~imentum, quod pedibus calcatur, est vulgus cujus labore ecclesia sustentatur HON. *GA* 586D.

1 pavire v. pavare.

2 pavire [CL], to pound, strike.

~it, tundit *GlC* P 133; ~io, -is, -ii vel -ivi .. i. ferire OSB. GLOUC. *Deriv.* 425.

pavisarius [pavisium + -arius] man armed with a pavis.

s**1356** cum .. ~iis ac balistariis in numero nimis excessivo J. READING f. 167b; s**1367** una cum aliis sex millibus strenuis ac hominibus armorum: janitariis, ~iis, balistariis aliisque pugnatoribus *Ib.* f. 193b; venienti contra se cum septem millibus electis armorum

hominibus, aliisque armatis, ~iis et balistariis WALS. *YN* 299.

pavisium [AN *pavis*], pavis, large shield.

1374 pro uno pavys' novo de armis regis depicto *KR Ac* 397/10 r. 2; **1418** reddendo .. ad festum S. Georgii unum ~ium de armis S. Georgii *RNorm* 244.

pavisor [pavisium+-or], man armed with a pavis.

occisi .. fuerunt .. plusquam sex millia armatorum, et ~ores et pedites innumerabiles *Meaux* III 159.

pavitare [CL]

1 (intr.) to be in a state of fear.

926 in illa magna examinis die cum poli cardinis terreque fundamenta simul et inferorum ima ~ando contremiscent latibula *Ch. Burton* 3; cives .. pre timore Francorum urbem ~antes exierunt ORD. VIT. IX 14 p. 586; formidare, pavere, ~are OSB. GLOUC. *Deriv.* 590; ~antia corda nostra BALD. CANT. *Sacr. Alt.* 730C.

2 (trans.) to be in dread of, fear.

nam pavitat mortem ceu lepus ante canem G. AMIENS *Hast.* 490; Herodes audiens quid agat hesitat / qui regni perdere dum jura pavitat / insontis parvuli de nece cogitat WALT. WIMB. *Carm.* 232.

pavitensis [LL], made of thick woven cloth; **b** (as sb. m.).

vestes .. levidenses, panitenses [l. pavitenses; cf. et. v. l. pannidenses] BALSH. *Ut.* 52. **b** pavidensis, *ðicce gewefen hrægel* ÆLF. *Gl.* 151.

pavitor v. pavator.

pavitura, (act of) paving.

1461 pro j lode de *ragstone* empt' et expens' in ~a in parochia beate Marie Attehill', iij s. *Ac. Bridge House* f. 31v.

pavo [CL], **~us**

1 peacock; **b** (spec.); **c** (w. ref. to feathers used by fletcher); **d** (w. ref. to gait).

parri tinnipant, pavi paululant [*sic*], perdices cacabant ALDH. *PR* 131; versicolor ~onis gloria *Id. VirgP* 9; alis .. in modum psittaci ~onisve lucida viriditate fulgentibus GIR. *TH* I 18; queritur quare ~ones habeant tam magnam caudam et tam varios colores in cauda? *Quaest. Salern.* W 1; ~o, decentium insigni colorum varietate picturatus, quedam deliciosa videtur esse nature ostentatio NECKAM *NR* I 39; hic ~o, *poun Gl. AN Glasg.* f. 21vb; **1378** vetus maeremium in maneriis predictis in diversis locis precii xlij s. item fimus precii xviij d.; item ij scale precii viij d.; item iij pavones precii .. *IMisc* 213/5; **1421** penne phavon' (v. depennare a); hic ~o, A. *a pecoke, pocokk WW*. **b** ~ones silvestres hic abundant GIR. *TH* I 14; columellae meleagrides videntur illae esse aves quas nonnulli ~ones Indicos appellant: nam illas paleis et cristis caeruleis esse, in confesso est TURNER *Av.* E4. **c 1321** tres sagittas barbatas pennis ~orum pennatas *IPM* 66 (21). **d** gressibus .. suis ~onibus immo latronibus se simulant J. FURNESS *Kentig.* 18 p. 191.

2 (applied to artefact): **a** (artefact shaped like peacock); **b** (brightly coloured cloth; *cf. pounacium*).

a 1255 dedit insuper regina Francie regi Anglie unum ~onem, videlicet lavacrum lapidum mirabile, quod similitudinem pavonis in forma ostendebat M. PAR. *Maj.* V 489. **b 1232** mandatum est W. de H. et W. Scissori quod .. ad opus regis .. duos capellos de ~one cum pulcris laciniis et cum cristallis et unum capellum de feutro linatum cendallo .. emi faciant *Cl* 43.

pavonicus [CL pavo+-icus], of a peacock, peacock-like, (in quots., transf. of gait).

dum passibus ~is accedit ad lectum, protervis invitat ad paciendum motibus mulierem E. THRIP. *Collect. Stories* 196; licet eum pedetemtim passuque ~o fuerit a talo comitata *Ib.* 199.

pavoninus [CL], of a peacock, peacock-like; **b** (transf., of gait).

carnes .. pavonine D. BEC. 2639 (v. olor 1c). **b** furtim suspendit plantas revocatque dolose / dum pavoninos fertque refertque pedes GARL. *Epith.* II 70.

1 pavor [CL], fear, trepidation; **b** (w. obj. gen.); **c** (in nickname).

surgens mane et debito cum ~ore laudes Domino reddens BEDE *Hom.* I 17. 95; fugam et ~orem Christiani cernentes ASSER *Alf.* 27; irruens .. strage ~orem injecit W. POIT. I 8; tanto .. horrore turbatus, tanto ~ore perterritus ANSELM (*Or.* 6) III 15; nostra fragilitas ex stupore errat, quam ~or et tedium insciam preoccupat PULL. *Sent.* 812C; Judei post mortem Christi semper sunt in tremore et ~ore T. CHOBHAM *Serm.* 6. 29vb. **b** sentiat aliquis quod imminentis ~or passionis agoniam .. suscitaverit in corde Jesu J. FORD *Serm.* 28. 3. **c** Conanus sine ~ore, sic dictus quia nusquam obstupuit MAP *NC* II 24 f. 32v.

2 pavor [ME *paver*, AN *paveour*], one who paves, paver, pavior.

1289 Willelmo ~ori pro iiij mdc de teg[ulis] ad pavimentum *KR Ac* 467/20 m. 3.

pavus v. pavo. **pawnagium** v. pannagium.

pax [CL]

1 (condition of) freedom from war, enmity, disagreement, or sim. (between nations, groups, or individuals), peace; **b** (w. ref. to *Rom.* xiv 19); **c** (*pacem facere*) to make peace, reach agreement or settlement; **d** (transf.); **e** (personified).

Britanni nec in bello fortes .. nec in pace fideles GILDAS *EB* 6; sed pacis jugiter perpes concordia regnat ALDH. *VirgV* 1672; Pictorum natio .. et foedus pacis cum gente habet Anglorum et catholicae pacis ac veritatis cum universali ecclesia particeps existere gaudet BEDE *HE* V 23 p. 351; **798** tria videntur in hoste consideranda: virtus, dolus, pax ALCUIN *Ep.* 149 p. 242; longe fortius timenda eorum .. pax quam fax GIR. *TH* III 21 p. 166; **1219** post guerram, quando recuperavit seisinam suam per communem pacem *CurR* VIII 155; **1285** de privilegiatis qui obediverant .. regi Anglie ante pacem Ambyan' *Rec. Wardr.* 559. **b** s**1217** quia infirmati sunt gressus ejus, rogavit humiliter ea que pacis sunt *Flor. Hist.* II 165; **1310** ea quae pacis sunt inter vos exoptat enutrire *Chr. Rams.* 395; **1382** quod .. ea que pacis sunt .. procuratis *Conc.* III 167b. **c** qui pacem facit cum aliquo de vulnere .. quod inflixerit .. (*Leg. Hen.* 70. 11) *GAS* 588; **1198** W. de A. debet j. m. ut sit quietus de hoc quod non fecit pacem ad scaccarium de debito domini sui sicut affidaverat in comitatu *Pipe* 59; **1217** quod idem Henricus pacem faciat cum parentibus .. Hugonis pro morte ipsius Hugonis *Pat* 19; de quibus omnibus pacem fecerat infra annum post eleccionem suam et infra xij annos omnia adquietavit BRAKELOND f. 129; **1221** fecerunt inter se pacem pro dim' m. quam dedit vicecomiti *PlCrGlouc* 28; **1238** senescallus Willelmi de Bello Campo affidavit facere pacem pro debitis domini sui que nobis debuit *LTR Mem* 12 m. 10d.; Deus descendit in terram ad faciendum triplicem pacem [ME *seihte, sachte*], inter hominem et hominem, inter Deum et hominem, inter hominem et angelum *AncrR* 92. **d** tunc cum agnis lupus rapax / pacem firmam faciet WALT. WIMB. *Van.* 101. **e** oscula .. que virgo, pax a justicia sumens oscula, virginales vultus exuere nesciens, mox castissimam faciem roseo cepit rubore perfundi *Ps.*-ELMH. *Hen. V* 77 p. 222.

2 consent, agreement. **b** (*pace* or *salva pace* w. gen. or poss. pron.) with all due respect (to), without wishing to quarrel (with).

quod cum pace et reverentia sanctorum loquar ALDH. *VirgP* 7 p. 234. **b** liceat .. michi, pace majestatis regie, verum non occuluisse W. MALM. *GR* IV 312; lecte sententie quibus pace omnium demonstratum est *Id. GP* i 29 p. 44; salva pace Solini, passer vexatur eodem morbo NECKAM *NR* I 70 p. 117; summus pontifex, salva pace sua, remedium non adhibuit AD. MUR. *Chr.* 167.

3 freedom from disturbance, tribulation, persecution, or sim; (*~in pace et quiete*) in peace and quiet; **b** (in epistolary salutation or as blessing); **c** (transf. or fig., w. ref. to calm, rest, or intermission).

justus vir in omnibus, requievit in pacem [v. l. pace] cum patribus suis THEOD. *Laterc.* 8; est pax carnalis et spiritualis ALEX. CANT. *Dicta* 13 p. 156; c**1213** delicta nostra in pace et quiete deflere vellemus GIR. *Ep.* 7 p. 252; **1217** redditum [civitatis Burdegale] .. prefatis Gerardo et confratribus suis in pace habere faciat *Pat* 51; c**1300** Hugo stetit in pace, quia confusus *Year Bk.* 30–1 *app.* p. 532. **b** his dictis, tetigit caput et ridens mea figit / oscula, sic dicens "tibi pax!" ac me benedicens R. CANT. *Poems* 7. 52; c**1130** H. abbas Westmonasterii et totus conventus ecclesie omnibus successoribus suis pacem, prosperitatem, et perpetuam salutem *Ch. Westm.* 243; c**1145** omnibus baronibus .. salutem et pacem *Cart. Chester* 11 p. 69. **c 1265** tumultuosis .. pacem dedisse negociis *Cl* 67.

4 freedom or immunity (from liability, interference, or restrictions); **b** (granted by God, the Church, or a saint); **c** (granted by king or royal official); **d** (w. ref. to exemption from service, payment, or sim.); **e** (w. ref. to release from outlawry); **f** (w. ref. to licence).

1219 quod pacem habeat crucesignatorum *BNB* II 53. **b** Thurstinus, Eboracensis archiepiscopus .. dirationavit quod ex illa parte qua predicta villa a Tina fluvio circumdatur, a medio impetu ipsius fluminis incipit pax prefate ecclesie RIC. HEX. *Hist. Hex.* II 14 p. 62; c**1168** precipio ut omnes mercatores .. pacem Dei et meam eundo et redeundo pacemque tenendo habeant *Regesta Scot.* 26; ille .. clamitabat pacem Dei et sancti Wlstani cujus se peregrinum esse dicebat *Mir. Wulfst.* I 31; s**1234** ad pacem ecclesie fugientes .. in ecclesia cathedrali .. latitabant M. PAR. *Maj.* II 293; **1256** A. vulneravit Ricardum .. infra libertatem de Hextildesham, et dictus A. statim fugit ad pacem de Tynemue, et male creditur; ideo exigatur et utlagetur *AssizeRNorthumb* 88. **c** a**1087** (1383) Willelmus Dei gratia rex .. notum facio quod ego A. abbatisse pacem et amorem meum concedo *CalCh* V 284; omnis homo pacem habeat, quam rex et dabit (*Leg. Hen.* 52. 3) *GAS* 574; c**1140** concessi .. ut sive latro sive aliquis malefactor .. habeat firmam pacem dum fuerit in nundinis, nisi forte forisfecerit in illis *Cart. Chester* 10 p. 60; **1166** precipio ut ista pax et compositio .. illesa ab eis perpetualiter teneatur *Regesta Scot.* 236 p. 276; **1203** super pacem ei datam a vicecomite in comitatu *SelPlCrown* 32; **1217** volumus quod .. Henricus firmam pacem nostram habeat et securam *Pat* 19. **d 1221** pacem habere faciat .. Johanni de sectis comitatus et hundredorum quamdiu fuerit in servicio domini regis *Pat* 286; **1242** de demanda predicta ipsum pacem habere permittentes *RGasc* I 6a; **1259** quod ipsum T. .. de predicta pecunia pacem habere permittat *Cl* 373; **1266** Petrum de arreragiis .. que ab eo exigis .. pacem habere permittas *Cl* 177. **e 1276** quod predicta utlagaria adnulletur et pax predictorum Galfridi et aliorum proclametur (*CoramR* 26 m. 40) *SelCKB* I 30. **f 1198** pro pace de se maritanda *Pipe* 16.

5 peaceful recognition of one's authority or power and the social order (or area of jurisdiction) that issues from it, peace: **a** (of God, the church, or ecclesiastical official); **b** (of king or kingdom); **c** (in title, w. ref. to the king as the embodiment of social order).

a doctrinam Christi .. dixit in qua requies et missa fit in pace ecclesiae *Comm. Cant.* III 114; pax Christi est fructus spiritualis *Ib.* 142; ea quae unitati pacis ecclesiasticae congruerunt BEDE *HE* 5 p. 214; alia perplura ecclesiasticae castitati et paci contraria gerunt *Ib.* 18 p. 321; infractio pacis ecclesie vel manus regis per homicidium (*Leg. Hen.* 12. 1a) *GAS* 558; de fractione pacis ecclesie. si quis sancte ecclesie pacem fregerit, episcoporum est justicia (*Leg. Ed.* 6) *Ib.* 631; s**1140** illi pacem Dei et beati patroni sui A[delmi] infringere veriti J. WORC. 61; **1287** in villa S. Ivonis insultavit ipsum maliciose .. contra pacem domini abbatis (*CourtR St. Ives Fair*) *Law Merch.* I 20. **b** treuua, i. pax regis erat in villa (*Kent*) *DB* I 12a; de pace in curia regis. tam longe debet esse pax regis [AS: *cinges griþ*] a porta sua ubi residens erit, a quatuor partibus .. (*Quad.*) *GAS* 391 (=*Leg. Mem.* 16. 1) *Ib.* 559; nisi accusator adiciat 'de pace domini regis infracta' GLANV. I 2; **1220** contra pacem .. regis .. intruserunt se .. et .. tenent se in castro .. et nolunt venire ad pacem *CurR* VIII 204; Johannes .. frater regis Ricardi, jam defuncti .. pacem suam in Anglia nunciavit *Flor. Hist.* II 121; **1327** dominus rex perdonavit prefato Luce sectam pacis sue de quibuscumque feloniis *Law Merch.* III 55. **c** rex Henricus, pax patrie gentisque sue pater *G. Steph.* 1.

6 (leg.) breach of the peace (usu. of the king or royal official).

1201 nequiter in pace domini regis abstulerunt ei quendam nativum suum *SelPlCrown* 2; **1202** non fuerunt appellati de pace regis set de pace vice comitis *Ib.* 8; **1202** Petrus Pollard' appellavit Simonem de W. de pace regis et alios de vi *Ib.* 13; **1220** furatus fuit unam equam .. in communi pastura .. in pace Dei et

in pace comitis domini sui *CurR* VIII 271; appellavit eum de pace domini regis et semper prius de pace vicecomitis *PlCrGlouc* 25; **1583** in pace Dei et nostra ad tunc et ibidem existen' insultum et affraiam fecit *Pat* 1235 m. 23.

7 (eccl. & mon.; *pax* or *osculum pacis*): **a** kiss of peace (given during Mass). **b** pax, paxbred, an osculatory (*cf.* J. Braun *Das christliche Altargerät* Munich, 1932, pp. 561–2).

a post annum et dimedium eucharistiam summat, ad pacem veniat, psalmos cum fratribus canat Gildas *Pen.* 1; in eucharistiae acceptione pacis osculum [AS: *sibbe coss*] presbiteris .. detur *RegulC* 41 (=Ælf. *EC* 9); in omni missa pax debet in ecclesia dari, excepta missa mortuorum Gir. *GE* I 9 p. 32; **1236** emi faciat corporalia et pixidem, asserem ad pacem deferendum et duo candelabra *Cl* 254; post pacem datam [ME: *efter þe messe cos*] dum sacerdos communicat *AncrR* 10; **1445** una pulchra tabula pro osculo pacis (v. osculum 1f). **b** verumtamen osculum pacis rex archiepiscopo porrigere recusavit. dispositum est .. ut in crastino in celebratione misse archiepiscopus a sacerdote pacem accipiens regi porrigeret *V. Thom. A* 66 p. 67; episcopus, ut moris est, pace a sacerdote accepta regi detulit et deinde abbati .. porrexit *Chr. Battle.* f. 61v; prior et omnes alii pacem a sacerdote acceptam sine ministro porrigent populo *Chr. Abingd.* II 341; monacus foras audiens missam osculum pacis accipiat, et aliis circa eum offeret pacem *Cust. Cant. Abbr.* 259; pacem sumptam a sacerdote [diaconus] portabit abbati *Cust. Cant.* 50; c**1500** una pax de ebore cum clausuris argenteis *Invent. Ch. Ch.* 128.

paxamatium [LL < παξαμᾶς, παξαμάδιον, παξαμάτιον], **paximatium** [cf. Medieval Greek παξιμάδι, παξιμάτιν], rusk, toast, biscuit; **b** (as adj., w. *panis*).

paximacium [v. l. paximates], panis succinericius Osb. Glouc. *Deriv.* 482; hec pasmacta, i. parvus panis *WW*. **b** caeteris .. diebus paxmati panis mensura et misso parum inpinguato .. utatur Gildas *Pen.* 1; panis paximatius et permodicus si quando inveniebatur Ord. Vit. IX 10 p. 551.

paxatorium [CL pax+-torium; cf. et. osculatorium], pax, paxbred, an osculatory.

1478 ~ium argenteum (*Invent.*) *Reg. Whet.* II 180.

paxeria v. passeria. **paxill-** v. et pauxill-.

paxillus [CL], **~um,** (small, usu. wooden) stake, peg, or sim.; **b** (dist. acc. use); **c** (in fig. context or fig.); **d** (in list of words).

~um, palum, *nægl GlC* P107; pauxillum, i. parum a paulo. ~um, ~us a palo, i. *sude*, i. *pel GlSid* f. 143 vb; paxillus, A. *a culture* .. hic palus ~us, *a foldstake WW*. **b** suspende mea indumenta in aliquo ~o sive ligno Ælf. Bata 4. 25; cithara ejus ~o appensa W. Malm. *GP* I 19 p. 29; pugnam cum eis, ~is tantum utrosque dirimentibus, acerrime committebat *G. Steph.* 94 p. 182; **1178** pro papilione regis quem fecit et pro ~is et pomellis *Pipe* 128; cernebat namque demonis captivum supinum jacere .. manus singulas ad singulos hinc inde ~os religatas Ad. Eyns. *Hug.* V 9 p. 125; quingenti fasciculi ~orum ad vineas vel virgas ad sepes claudendas *Ac. Beaulieu* 199; s**1286** J. M. del H. .. fecit nos securos quod terram nostram .. nobis redderet et ~os ibidem poneret ad perpetuum monimentum *Ann. Dunstable* 328; ~us vocatur clavus rotundus conjungens duas particulas instrumenti invicem, ut altera parte quiescente altera moveatur Wallingf. *Rect.* 416; **1349** pro eadem capella .. j ~um arg' deaur' per totum, pond' x s. viij d. (*KR Ac* 391/15) *Arch.* XXXI 73. **c** sunt .. trabes de arboribus talibus dolande adinvicem conjugende idonee paxilis discipline R. Niger *Mil.* III 70; consolidati .. sunt ~i tabernaculi hujus quos .. multa et varia hereticorum impietas concutere conata est J. Ford *Serm.* 54. 7. **d** sic pauxillus, ~us, taxillus Aldh. *PR* 124.

paxilus v. paxillus. **paximatium** v. paxamatium. **paylola** v. paleola. **payner(i)um** v. panerium. **paysseria** v. pescheria. **paytera** v. petaria. **paytrellum** v. peiterellum. **pazeria** v. passeria.

pe [Hebrew] pe, seventeenth letter of Hebrew alphabet.

ain, phe, sade *Runica Manuscripta* 350; Hebrei dicunt phe in una figura et in alia p, set hoc non est Hebraicum Bacon *Gram. Heb.* 203.

peagium v. paagium. **peautrum** v. peutrum. **peblum** v. peplus.

pecare [cf. ME *pik=pointed toe or peak of a shoe*], (p. ppl.) that has a pointed toe.

13 .. item habeat sotulares ~atos vel sotulares cum medullis corrigiis laqueatos (*Nominale*) *Neues Archiv* IV 342.

pecaria v. petaria.

1 pecca, 1 peccum [ME, OF *pek*]

1 dry measure, one quarter of a bushel, peck.

1308 j pecka frumenti *Doc. Bec* 164; j ~a *Ib.* 165; **1337** in ix panibus pro equis et canibus provenientibus de j ~o frumenti *Ac. Ep. Bath* 96; c**1338** in j pekko salis *MonA* II 584a; vj equi ad plenam prebendam et xiiij quorum quilibet j pekka *Ib.* 584b; **1346** de lviij ringis, ij busellis, j ~a frumenti et lviij ringis, ij busellis, j pecka ordei .. summa v^{xx}xvij ringe, ij pecke *Rec. Elton* 329; **1415** die Lune .. pro .. iiij bussellis iij ~is avene ad viij d. iij s. ij d. *Analog. Cant. Pilg.* 5; **1453** de precio j quarterii, iij bussellorum, ij ~arum frumenti .. de precio lvij quarteriorum, j busselli, ij ~arum avene *Ac. H. Buckingham* 31; **1479** ~e frumenti .. ; summa totalis frumenti, xxxiiij celdre, xij bolle, ij dim. ~e; summa totalis avenarum .. ij ~e *ExchScot* 569; **1538** onerat se cum .. iij ~is *thrid part* ~e, frumenti *Rent. S. Andr.* 3; **1567** terram firmarii in qua seminare potest unum bussellum unam peckam frumenti *Surv. Pembr.* 85.

2 vessel that measures one peck.

1338 item j mensura precium viij d. item j ~a, precium ij d. item iij sacci, precium ij s. *Ac. Durh.* 200; **1393** pro j ~o ligneo pro mensura avenarum, iij d. *Ac. H. Derby* 158.

peccabilis [ML]

1 liable to sin, capable of sinning.

reputant papam hominem mortalem, ~em Ockham *Dial.* 735; **1344** creatura racionalis .. est similiter mutabilis, deceptibilis, et ~is voluntatis Bradw. *CD* 527C; pecco, quia sum ~is, et sum sic motus, cum illa pauca sufficiencia ad resistendum; et non bonum est ut causatum a Deo quod sum ~is. sicut et ista veritas eterna est bona. omnis natura ~is erit ~is Wycl. *Log.* II 108; c**1368** quod virgo beata est adhuc ~is et damnabilis pro peccato ... quod omnes beati tam angeli, quam homines, excepto Christo, sunt ~es et damnabiles *Conc.* III 76b.

2 sinful.

docet vel instruit personam ~em Wycl. *Ver.* 161; s**1378** papa pretendit se quovismodo solvere vel ligare, nisi eo ipso sic solverit vel ligaverit, et tunc non potest esse ~is Wals. *HA* I 361.

peccabilitas [ML], sinfulness.

judicium est habendum de multis et paucis arbitrii libertatem et ~atem habentibus Ockham *Dial.* 506.

peccabiliter, in a sinful manner.

s**1381** quem probati sunt ~iter offendisse et in multiplices miserias corruisse Wals. *HA* II 41.

peccabundus, bound to sin, sinful.

pristinamque illam vitam ~am Colet *Rom. Enarr.* 144.

peccamen [LL], sin; **b** (in phr.).

quare tantas ~inum regiae cervici sponte, ut ita dicam, ineluctabiles, celsorum ceu montium, innectis moles? Gildas *EB* 34; a**675** qui prece flagranti torrent peccamina vitae Aldh. *CE* 1. 11; **716** omnia flagitiorum suorum propria ~ina Bonif. *Ep.* 10 p. 9; enormes ~inum spinas post baptismi sacramentum depulit Byrht. *V. Osw.* 403; qui se ipsum vinculis ferreis astrinxit ut subditi a vinculis ~inum solverentur *Chr. Evesham* 32; **1314** tot sediciones et scandala, immanitate ~inum exigente, undique modernis temporibus suscitavit *Conc.* II 450b. **b** da nobis intercessionibus eorum omnium veniam peccaminum Egb. *Pont.* 90; **808** pro absolutione ~inum meorum *CS* 326; c**970** ad ~inum [AS: *synna*] veniam *RegulC* 8; s**1213** in remissionem omnium ~inum M. Par. *Maj.* II 537; c**1340** in virtute obediencie sancte et vestrorum remissione ~inum *FormOx* 11 305; c**1515** veniam suorum ~inum et remissionem *FormA* 272.

peccaminosus [ML], sinful.

virgo piissima rapuit a statera libellum ~um, clerico tradidit, admonens ut deinceps vitam duceret cauciorem *Spec. Laic.* 51.

peccare [CL]

1 to make a mistake, be in error; **b** (w. abstr. as subj.).

omniumque habere notitiam et in nullo ~are Gir. *TH* 16 p. 29; ~ant igitur in hoc quod dicunt materiam illam corpoream esse T. Sutton *Gen.&Corrupt.* 115; igitur, ~at contra solutionem Aristotelis Rog. Swyn. *Insol.* 198; causa .. quare ~at talis consequencia est Ockham *Pol.* I 325 (v. consequentia 3). **b 799** quid ~avit caritas, quae 'vale' non vidit scriptum? Alcuin *Ep.* 181.

2 to be wanting, fail.

hec .. humiditas ~at [Trevisa: *defautiþ*], quandoque in quantitate, quandoque in qualitate Bart. Angl. IV 4 p. 96.

3 to transgress, commit a sin. **b** (w. dat.) to sin against; **c** (w. in & acc.). **d** (trans., w. internal acc.); **e** (w. cognate acc.).

congregatio debet sibi eligere abbatem post mortem ejus, aut eo vivente, si ipse discesserit vel ~averit Theod. *Pen.* II 6.3; sic Deus horrifera sanctos ulciscitur ira / et merito plectit peccantes verbere saevo Aldh. *VirgV* 297; si frater ~ans peccatum suum defendere potius quam cognoscere et emendare voluerit Lanfr. *Const.* 166 (102); iste potest non ~are, sed non potest numquam ~are Neckam *SS* IV 11.5; s**1204** dum mortaliter ~ando gauderent *Chr. Evesham* 138; interdum sanguis ~ans .. nec cum nutrimento convertitur Gilb. III 137 v. 2 (v. convertere 5a). **b** ponit .. ante oculos meos .. illum cui ~avi Ad. Scot *Serm.* 386 C; si homo homini ~averit *Eul. Hist.* I 99. **c** '~are in Deum' est peccare solo Deo scienti .. S. Langton *Quaest.* f. 171ra. **d** non solum quae opere vel verbo, sed etiam quae tenuissima cogitatione ~avi Bede *HE* V 13 p. 500; s**878** quia igitur quicquid ab homine ~atur .. necesse est ut .. puniatur *Chr. S. Neoti* 77. **e** peccatum ~avit populus tuus Domino, et tradidit eos in manus gentium Ailr. *Ed. Conf.* 743 C (cf. *Exod.* xxxii 30, *I Joh.* v 16).

4 to cause harm.

febris plus ~et sua caliditate quam siccitate Gad. 10. 1.

5 (p. ppl. as adj.) burdened with sin.

Deo quidem divitiarum virtutum Domino in hujuscemodi peccatoribus ~atissimis tam potentialiter quam mirabiliter operante H. Bos. *LM* 1305C.

peccator [LL], transgressor, sinner; **b** (in apposition or attrib. as adj.) sinful.

p**675** ~orum consortia Phariseorum more minime dispexit Aldh. *Ep.* 4 p. 485; **693** si quis hanc donationem minuetur sciat .. partem ejus esse cum ~oribus et cum Juda traditore †cruciatus *CS* 85; sicut bona ejus ~oris suscepistis, ita et de poenis ejus participes esse debetis Bede *HE* III 19 p. 166; quam magna .. multitudo potentie ejus, frater charissime, quam ego ~or in memetipso expertus audeo dicere Ailr. *Ed. Conf.* 790A; qua pace carent infideles et ~ores in statu damnationis existentes Bacon *Maj.* I 187; ipsemet ~or [ME: *þe sunnefule seolf*] est terra hostium quam Dominus promittit tradere in manus Jude *AncrR* 114; s**1454** ~ores sunt .. et non precatores *Reg. Whet.* I 131. **b** respondit cum lacrymis "isti oculi ~ores ea [sc. stigmata] viderunt et iste manus peccatrices contrectaverunt ea" Eccleston *Adv. Min.* 93; **1421** si non meis meritis qui homo peccator sum, spero tamen quod sinus Abrahe me suscipiet (*Test. Hen. V*) *EHR* XCVI 89.

peccatorius [LL], sinful.

haec quidem magna, et mee ~e anime omnino indigna H. Los. *Ep.* 12 p. 21.

peccatrix [LL]

1 (as sb.) female transgressor, sinner; **b** (w. ref. to Mary Magdalene).

c**716** testificantes illam furti ream et ~icem fuisse Bonif. *Ep.* 10; puerum quoque ex ~ice quondam progenitum sacro fonte regeneratum levavit Osb. *V. Dunst.* 35 p. 112; exi a me, Domine, quia ~ix ego sum, et mulier infelix nimis, indigna prorsus respicere in faciem tuam J. Ford. *Serm.* 58. 185; in Christi generatione .. quattuor enim ~ices tantum ibi numerantur sc. Thamar, Raab, Ruth, Bersabee S. Langton *Ruth* 86; sic es ingressus ut tecum cohabitando ~ix peccarem sic ut meus extigueretur [*sic*] filius? E. Thrip. *SS* X 6; voluit ergo mulier

subjeccionem quam in paradiso ipsa habuit nondum ~ix FORTESCUE *NLN* II 42. **b** p**675** illam ~icem pollutae vitae piacula lugubriter deflentem .. solita clementia misericorditer refocilat ALDH. *Ep.* 4 p. 485; non jam peccatrix sed casta, sancta devotaque Christo mulier BEDE *Luke* 424; omnes .. scimus Petrum apostolum dominum negavisse, Mariam Magdalenam ~icem fuisse ALEX. CANT. *Dicta* 5 p. 134; Christus dicebat beate ~ici "dimissa sunt tibi peccata multa" P. BLOIS *Ep. Sup.* 28. 10; Marie ~icis quondam suscepit suspiria WALS. *HA* II 194.

2 (as adj.) sinful: **a** (of person or people); **b** (of physical body); **c** (of soul); **d** (of abstr.).

a non multo post acrior gentem ~icem ultio diri sceleris secuta est BEDE *HE* I 14 p. 30; **796** quid aliud faciam, nisi cum propheta ingemescam: "ve genti ~ici, populo gravi iniquitate, filiis sceleratis" (cf. *Is.* i 4) ALCUIN *Ep.* 101; pugnabant in conspectu piissimi regis oratio et egritudo, iniquitas famule ~icis et fides domine miserantis AILR. *Ed. Conf.* 784B; discumbebat .. apud mulierem ~icem (cf. *Luc.* vii 37) AD. SCOT. *Serm.* 177D. **b** nullam de carne ~ice traxit maculam culpae BEDE *Hom.* I 15. 74; ~icibus manibus contrectasse OSB. *V. Dunst.* 13 p. 84; s**1250** de carne ~ice talem nasci precepisti tuorum hostium expugnatorem M. PAR. *Abbr.* 313; Christum .. qui numquam peccaverat sed solum carnem habuit similem carni nostri [*sic*] ~ici [ME: *ful of sunne*] *AncrR* 142; Christus non habens peccatum nec peccati carnem, simulationem carnis ~icis assumpsit OCKHAM *Dial.* 638. **c** c**799** in paenitentiae lacrimis, quibus anima ~ix abluta ad visionem Dei salvatoris pervenire merebitur ALCUIN *Ep.* 187; c**1155** lamentator ille Jeremias propheta deplorat animam ~icem P. BLOIS *Ep.* 6. 19A; sicque duplex animam ~icem reprehensio etiam in presenti aspere concutit AD. SCOT. *TT* 706D; **1444** animamque meam, licet nimis ~icem *Test. Ebor.* III 66. **d** c**1170** ~rix sapientia mundi *Chr. Rams.* 32; nonne David dixit vitam vitiosam et ~icem? S. LANGTON *Chron.* 142; hec est .. ~icis nature reprobanda condicio R. BURY *Phil.* 18. 229.

peccatum [CL]

1 transgression, sin; **b** (dist. as *originalis* or *actualis*); **c** (dist. as *capitalis*, *mortalis*, or *venialis*); **d** (dist. as *carnis* or *carnalis*).

[gens] fortis .. ad civilia bella et ~orum onera sustinenda GILDAS *EB* 21; omnia ~a dimittuntur THEOD. *Pen.* II 3. 3 (v. dimittere 5a); ille respondit non se tunc velle confiteri ~a sua BEDE *HE* V 13; c**747** et adhuc, quod pejus est, qui nobis narrant, adiciunt, quod hoc scelus ignominiae maximae cum sanctis monialibus et sacratis Deo virginibus per monasteria commissum sit. nam hoc peccatum duplex esse non dubium est BONIF. *Ep.* 73; a**1079** ceterasque humanae naturae infirmitates .. preter ~um, assumpsit LANFR. *Ep.* 50 (46) p. 146); **1293** Henricus Faber percussit dominum Robertum Capellanum ad sanguinis effusionem, et predictus Henricus ad excusandum ~um suum levavit hutesium *SelPlMan* 167; sic multi volentes Christo copulari in altari evomunt venenum, dum ~a confitentur; sed postea redeunt ad illud *G. Roman.* 333; tercio vero de ~o maniaco quod fit ex nigra colera, plurimi seducuntur WYCL. *Versut.* 102; homines .. femorum formam ostendunt et genitalium per aperturam toge .. talis ornatus primo movet ad magna ~a GASCOIGNE *Loci* 144. **b** **640**, c**1219** (v. actualis 1b); filium suum unigenitum misit, ut vos ab originali ~o eriperet BEDE *HE* II 10 p. 103; ~orum et originalium et actualium ALCUIN *Dub.* 1073B (v. originalis 1b); infantes sine ~o originali nasci *Flor. Hist.* I 201; sperma quia maculatum fuit, pedes filiorum debilitat passione [sc. artetica] duplicata ex parentum principii causa suaque culpa, sicut dicitur de ~o originali in theologia GAD. 36.2; ab infante, deletur .. ejus originale ~um quod traxit a parentibus *Spec. Eccl.* 63. **c** **735** capitale ~um (v. capitalis 3b); **745** illi .. depositi sunt pro capitalibus ~is de gradu sacerdotali *Ep. Bonif.* 60 p. 123; sine mortali ~o GERV. TILB. III 103 (v. mortalis 7b); si res procedat in delectationem et oblectamentum tantum et non ulterius, veniale tantum contrahitur ~um BRACTON II 26; s**1311** unus dicit quod fratres dicti ordinis non confitentur capitulis, nisi de ~is venialibus *Ann. Lond.* 189; **1549** in expositione articulorum fidei, decalogi praeceptorum, ~orum septem mortalium *Conc. Scot.* II 104. **d** c**1230** pro carnalibus ~is (v. 1 carnalis 4b); [filii] pulcritudine mater accensa, et ejus amoris igne succensa, tandem in ~um carnis prolabuntur, et filium nefanda libidine procrearunt *Latin Stories* 106; c**1451** de sollicitantibus ex certa scientia ad ~um carnis idem judicium habeatur *Mon. Francisc.* II 98.

2 wrong, injustice.

absolvimus te a ~o illius voti pro quo Dei offensam times AILR. *Ed. Conf.* 752B; **1241** petit quod .. rex ita se habeat versus eum ut non habeat ~um de eo *CurR* XVI 1798.

3 (med.) illness.

hoc ~um si sit magnum et signa bona pauca, perit infirmus BACON IX 206.

4 (passing into surname).

Ghestingetorp tenet Willelmus ~um *DB* II 39; in Stokes tenuit Alwius de Tetfordo lxxx acras terrae TRE; modo tenet Willelmus *Ib.* 175; c**1105** [signa] Willelmi Piperelli, Robert ~i, .. Unfredi Aureis Testiculis *Cal. Doc. France* 1048; c**1191** cum archidiacono .. cui cognomen ~um GIR. *IK* II 13 p. 146.

peccoreus [ML]

1 (as adj.) of an animal.

a beste, animal, bestia .. pecorosus, pecorius *CathA*.

2 (as sb.) shepherd.

peccoreus nisi Lethardus pater istud ovile / ornet .. R. CANT. *Poems* 27. 1.

1 peccum v. pecca.

2 Peccum [ME *Pec*, *Pek*], (*Altum ~um* or ellipt.) High Peak, Derbyshire; **b** (in surname).

a**1135** ea die qua Willelmo Peverell dominium meum de ~o dedi *MonA* VI 1272; **1203** de cremento burgi de Alto ~o *Pipe* 166; **1222** a Derby et a ~o usque Lincoln *Pat* 334; **1286** ego Willelmus Cernun dominus de Bauquell' in Pecko (*Bakewell*) *BBC* 17; **1314** de xxiiij saccis lane bone de ~o et ij saccis lane de refuso ibidem de exitibus bidentum domini de ~o (*MinAc*) *EHR* XLII 197; ballivus R. regine Angl' de Alto ~o *Reg. Brev. Orig.* 11. **b** **1203** Ricardus de ~o debet xx s. *Pipe* 110; Hugonis de ~o *Ib.* 164.

peccunia v. pecunia. **peccusculum** v. pectusculum. **pecere** v. petere.

pecet(t)a [AN, OF *pecete*], small piece or portion: **a** (of land, *cf. et. peciare*); **b** (of cloth, w. ref. to napkin or sim.).

a unam pecetam terre *Cust. Bleadon* 208 (v. daina b). **b** **1421** iij paisette de canabo *KR Ac* 407/5 m. 3.

pecia, -ium, -ius, -ies [ML; cf. ME, OF *pece*, *piece*]

1 piece, portion, part; **b** (of tanned hide); **c** (of cloth); **d** (of ordnance); **e** (of building or structure); **f** (of land).

1205 mandamus tibi quod mittas nobis de bono sturgone xx ~ias *Cl* 22; **1251** in domo Galfridi Gos inventa fuerunt una ~ia venacionis unius dami supra carectam, et una ~ia venacionis unius dame de costa *SelPlForest* 96; c**1283** debet .. herciare per j diem .. et habere j ~iam panis *Cust. Battle* 94; **1300** pro vadiis .. unius operarii fundentis eandem cathedram [de cupro] et preparantis ~ios ejusdem una cum formis ad hoc inveniendis *KR Ac* 357/1; **1325** vobis mandamus quod recogniciones .. una cum dilecto clerico nostro Adam de Brom, cui custodiam minoris ~ie sigilli nostri ad hoc deputati commisimus, recipiatis *MunCOx* 49; **1334** mandamus vobis .. triginta ~ias cere .. emi et provideri *RScot* 293b; **1404** item iiij^c *knarholtes* minus xvij frustris seu ~iis *Lit. Cant.* III 82; **1419** pro custodia minoris ~ii sigilli de recognicionibus *MGL* I 630; **1442** iidem computant in stulpes, barruris, elmenbord', *braces*, *rafters*, et aliis diversis grossis et minutis ~iis meremii *Analog. Cant. Pilg.* 251; si non poteris habere circulatorium factum de una ~ia fac vas vitreum cum brachiis factis de argento RIPLEY 401; ~ia, .. *a pece, or lytyl part of a thyng WW*. **b** **1291** de Rogero le bald quia furatus est tres ~ias tannatas *Leet Norw.* 37. **c** **1226** Editha de Salopesira capta cum quadam ~ia de *canavaz* deliberetur eo quod parum valet *BNB* III 563; **1228** precium xxiij ~iarum fileti (v. filetum 2); **1314** in v^xx ~iis viridi cindonis pro militibus (*MinAc*) *EHR* XLII 199; **1325** una cum dimidia ~ia panni cum fururis *Pri. Cold.* 15; **1382** sex ~ias de tapestria viridis coloris .. quinque ~ias curtinarum .. unam ~iam de blanketo, continentem sex alas *Foed.* VII 356; **1464** viij ~ie de blodio sago palliato pro ornatu murorum et fenestrarum *Ac. Durh.* 639; **1483** in precio diversarum ~ierum panni lanei nigri coloris *HMC Rep.* IX 43. **d** **1360** in iiij gunnis de cupro, factis et operatis per Willelmum de Algate, *brasier*, capientem pro qualibet ~ia .. xiij s. iiij d. (*KR Ac* 392/14) *EHR* XXVI 691; in xij springaldis factis et reparatis per magistrum Johannem Byker, artilatorem domini nostri regis, .. capientem pro qualibet ~ia .. lxvj s. viij d. *Ib.*; **1381** ad armandum inde ad omnes ~ias (v. armare 1a). **e** ?**1264** in quadam ~ia muri que continet in longitudine octodecim ulnas et unum quarterium *Starrs* I 68; **1294** cum ij ~is muri .. circa pirarium (*Bungay, Suff*) *MinAc* 991/24; **1346** pro ij ~iis pistrine (v. 2 latare). **f** a**1169** septem pezas terre in Breche et Benacre *Cart. Osney* IV 99; dedimus .. unam ~iam prati *Lib. Landav.* 293; **1200** unam pieciam terre *RNorm* 4; c**1250** ego totum jus et clamium quod habui vel habere potui in quadam peicea terre edificata in villa Blide .. quietum clamavi et omnino remisi *Cart. Blyth* 19; unam ~iem terre mee .. dictam ~iem terre *AncD* A 3154; adquisivit de Radulpho Clobbe unam ~iam more in Rikemeresworthe *G. S. Alb.* I 476; **1367** cepit duas ~ias de *leys Hal. Durh.* 64; **1466** .. dare .. totam et integram illam ~iam terre nostre *Kelso* II 531; **1512** quandam placeam sive ~iam terre vocatam le Savoy *Foed.* XIII 334.

2 pig (of metal): **a** (of lead); **b** (of iron).

a **1267** triginta ~ias plumbi *Cl* 313; **1322** de vj carr' aquat' in xxviij pec' plumbi *MinAc* 1146/11 m. 12. **b** in xx ~iis ferreis pro carucis *FormMan* 32; **1321** in uno ~io ferri empto pro uno *hasp* ad portam *Rec. Leic.* I 338; **1340** item solut' Johanni Amyot pro stapolbarris fabricandis de iiij^xx ~iis ferri domini pro pec' iij d. *Sacr. Ely* II 96; **1379** reddendo inde nobis qualibet septimana .. sex ~ias ferri tales quales sibi ipsi retinuerit *Enr. Chester* 51 r. 3*d*.

3 item of silverware.

1202 Ricardus de Burnham, qui retentus fuit cum v ~iis de plata argenti *CurR* II 94; **1229** cum platis, ~iis et minis argenti cambiandis *Pat* 259; **1364** xvij cochlearia j pecem argenti *Test. Karl.* 75; **1364** de Johanne Taverner j ~iam pro xl d. *Leet Norw.* 78; **1395** magistro Johanni Parys meliorem ~iam meam coopertam *Test. Ebor.* III 2; c**1412** fecit eciam de veteribus ~iebus duodecim nova *G. S. Alb.* III 446; **1429** lego Philippe filie mee quadringentas libras sterlingorum, unam ~iam parvam argenteam deauratam coopertam cum uno puero tenente pomum in manu sua super cooperculum stante et sex ~ias planas argenteas *Reg. Cant.* II 404; c**1444** magistro Johanni Marchall, magistro meo, unam magnam ~iam argenti *flatte* cum cooperculo scripto in eodem: vinum letificat cor hominis *Test. Ebor.* II 91; **1453** de precio diversarum ~iarum de *peutorvessellis Ac. H. Buckingham* 19; **1517** sex ~ias planas de argento vocatas *le bollis Reg. Merton* I 476.

4 coin.

c**1350** quia de proprio non habebat unde vivere, clarus Roffensis magnam subventionem in exenniis et ~iam, viz. de marca duodecim denarios, ei faciebat (*Reg. Roff.*) *MS BL Cotton Faustina B. V* f. 33v; **1414** inventum est quod xxv s. numero hujusmodi grossorum, viz. lxxv ~ie, concordant in pondere cum standardo *Pat* 394 m. 29; **1460** precium ~ii quinque solidi *ExchScot* VII 23; **1475** quo tempore instrumenta ferrea Martini Megreman, vocata *coynyngprents*, cum quibus ipse Martinus nobilia et alias ~ias, aureas apparentes cum sic non fuerunt, falso et contra statutum regis et regni nequiter fabricavit *Ac. Chamb. Cant.* 143; **1482** (v. cuneare 3b); **1559** duo aurea numismata sive ~ias auri vulgo dictas *portigewies* .. novem ~ias auri vulgo dictas *Saintte Thomas coyne SelPlAdm* II 110.

5 sheet (of parchment). **b** quire, number of sheets of parchment folded and placed inside one another. **c** leaf (of a book). **d** section (of account).

1312 ego .. notarius predicta omnia acta habita et actitata .. hic in hiis decem ~iis de pergameno transcripsi *Collect. Ox.* II 262; c**1439** et prout in hiis quinque ~iis pergameni simul consutis et signo meo solito et consueto super consuturas earundem signatis conscribuntur *Stat. Linc.* II 227. **b** p**1250** explicit liber secundus et continet viij ~ias, quarum prima continet x folia et dimidium et precedens est finis primi libri. sex autem ~ie sequentes sunt sexterni integri. hec autem ultima ~ia non est nisi quarternus (R. RUFUS) *Theol. Ox.* 59. **c** **1258** invenit in Judeismo Oxonie quasdam ~ias, viz. xxiij de biblia fratris J. de Balsham *Cl* 206; **1294** unum *romaunz*, et unum primarium. unum .. haneparium vacuum (*KR Mem* m. 33) *Law Quarterly Review* XXI 400. **d** ministri a ~ia compotus [ed. 1647: compoti] sciant sibi subtilius precavere *Fleta* 157.

6 (med.) blood clot in the eye.

de morbis accidentibus in conjunctiva: et sunt ungula sive ~ia GILB. III 130v. 1; sanguis .. interdum superabundans descendit ad oculos, et si .. supra †conjunctinas [l. conjunctivas] coaguletur in modum frusti carnis, vocatur ~ia *Ib.* III 137v. 1.

7 apiece, head, each; **a** (of livestock); **b** (of hardware or ordnance).

a 1366 in xv multon' ~ia ad x d. *Ac. Durh.* 45; **1460** pro septem martis dictis stukmartis, precium ~ie sex solidi octo denarii *ExchScot* VII 2; **1579** tres pultreas vel sex denarios pro qualibet ~ia earundem *Dryburgh* 309.   **b 1377** pro ij serruris ab eo emptis .. precium ~ie viij d., xvj d. *Banstead* 354; **1387** in iiij baculis grossis et curtis ligatis cum ferro, pro iiij canonibus parvis, precii ~ia iij s. iiij d. (*KR Ac* 400/22) *EHR* XXVI 697; **1453** pro .. xliij arcubus, precio ~ie iij s., vj li. ix s., et pro xlvj arcubus, precio ~ie ij s. iiij d., cvij s. iiij d. (*KR Ac*) *JRL Bull.* XLII 118.

peciatus [cf. pecia]

1 supplied with a patch, patched.

fratres .. tunicis griseis, talaribus et ~is, insuto capucio, utentes M. PAR. *Min.* II 109.

2 (as sb. f.) piece, portion, part.

1299 de illa ~a terre jacente super le Maydeban' *Reg. Glasg.* I 214.

pecies v. pecia.   **pecina** v. peucine.

pecinus [ML pecia+CL -inus], piece (of hide), patch.

hoc sumentum, *chauson*; hic pecinus idem *Gl. AN Ox.* 338.

peciola [ML < pecia+-ola], small piece: **a** (of cloth); **b** (of land).

a quidam ~am lineam in fundo vulneris siccam imponunt GILB. IV 181. 1.   **b 1154** Favaralo tres pedicas et tres ~as HADRIAN IV 28 p. 1399D.

pecium v. pecia.

peciuncula [ML < pecia + -uncula], small piece.

1274 heredes Ricardi de Barneuill tenent quandam ~am terre *S. Jers.* II 15; **1434** ob recompensationem expensarum et laborum dictorum capellanorum in structura edificiis supradictis ~is terre factis et faciendis *Reg. Aberd.* I 233.

pecium, **~ius** v. pecia.

†pecoides, *f. l.*

† pecoides [? l. fetotrus], A. *a ffulmere or a pulkat* *WW*; nomina animalium ferorum .. hic fetrunctus, hic †pecoides [? l. fetotrus], a †sulmard [l. *fulmard*] *WW*.

peconus v. pego.

pecoralis [CL], of an animal.

cui inmanis bestia stridore dentium et ~i murmure sudans inportunior ursus obicitur *Ep. ad amicum* 7.

pecorare [cf. CL pecus+-are], to have sexual intercourse with an animal.

contrahentes vero cum Judeis vel Judeabus, ~antes et sodomite in terra vivi confodiantur *Fleta* I 54.

pecorinus [LL]

1 of farm animal.

hae tortiones non sunt ~i ventris sed sunt humanae mentis ANSELM *Or.* 31; pudeat te, o homo, in ea parte, qua ad Dei similitudinem creatus es, similitudinem inducere ~am AD. SCOT. *Serm.* 100C; sub pretextu pietatis inordinatos immo ~os appetitus variis irritamentis et titillationibus procreant, ut hominem mutent in pecus J. GODARD *Ep.* 224; in quo [concipere] potuisset sine pechorino choitu, si stetisset *Id. Ap.* 263; non quia illam habet Christus, animam irrationalem, animam ~am NETTER *DAF* I 97.

2 of sheep.

queritur cum caro ~a calida sit ... in hieme sunt oves pregnantes .. *Quaest. Salern.* B 69; inde est quod parva butirositas invenitur in lacte ~o *Ib.* Ba 6; semis sepi ~i vel †caprivi [l. caprini] GILB. III 167. 2; de vesica aprina taurina et ~a *Ib.* VI 280. 2; carnem

---

porcinam tibi non nego, nec pecorinam, nec simul agninam, contempnas atque bovinam *Dieta* 56.

3 (in plant names): **a** (cauda ~a) gromwell (*Lithospermum officinale*). **b** (*cauda ~a*) hog's-fennel (*Peucedanum*).

a milium solis, granum solis, cauda ~a idem, G. et A. *gromel Alph.* 117.   **b** peusedamum [v. l. peucedanum] .. feniculus agrestis, masmaratrum, cauda ~a idem *Alph.* 140.

pectare v. pectere.

pecten [CL as sb. m.; ML also as sb. n.]

1 comb; **b** (eccl.); **c** curry comb (for a horse); **d** wool-comb or sim.; **e** (fig.).

~en, *camb* GlC P 319; pectit eos eboris cum pectine flava Lycoris R. CANT. *Malch.* IV 563; officium illarum erat .. mappulam et ~inem eburneum afferre, et barbam imperatoris pectere ORD. VIT. VII 5 p. 168; ~inis officium VINSAUF *PN* 979 (v. discriminare 1b); **1205** item ij magna ~ina *Pat.* 55; quod et ~en dicitur NECKAM *NR* II 40 (v. discriminare 1b); hic ~en, *peigne Gl. AN Glasg.* f. 20va; ~en, .. hic, est instrumentum pectendi, *a combe WW*.   **b** tu furaris .. pecuniam fratrum nostrorum .. et cappas et cucullas et capita et ~ines ÆLF. BATA 4. 31 p. 61; **1245** ~en argenteus in medio deauratus cum gravatura dentibus albis, ponderat ix s. *Invent. S. Paul.* 468; manitergium. ~en et mitra. cerotece et baculus *Lib. Evesham* 1; **1303** de uno ~ine eburneo donato ecclesie Sancti Pauli pro anima defuncti appretiato pro xij d. *Ac. Exec. Ep. Lond.* 50; **1368** ~en de ebore *Invent. Norw.* 117; quattuor ~ines eburnie cum custodibus dono episcoporum antecessorum ecclesie *Reg. Aberd.* II 187.   **c 1338** in uno ~ine novo emp. pro *le fyschors*, iij d. *Ac. Durh.* 35; **1396** in ij ~inibus equinis emptis apud Bridlyngtone et Eboracum iiij d. *Med. Stage* II 288; s**1406** strigilem .. quod instrumentum ~en est ad depulverisandum equos *Chr. S. Alb.* 2.   **d** ~en, *bannuccamb* ÆLF. *Gl. Sup.* 188; lanam .. ~inibus .. depilant GARL. *Dict.* 135 (v. pectrix).   **e** hic lingue pectine comit facinora, hoc sale condiens peccati stercora WALT. WIMB. *Palpo* 84.

2 pubic bone, pubic region.

est quidam qui a ~ine inferius membra habet dessicata, et extenuata, et motu voluntary destituta *Quaest. Salern.* P 98; incipiunt pili .. oriri in ~ine, unitas quorum dicitur femur M. SCOT *Phys.* 2; in pectore et ~ine multi sunt [pili] et curti GILB. II 74 (recte 76). 2; Libra habet lumbos et inferiora ventris, umbilicum et ~en et anchas et virilia et nates ROB. ANGL. (II) 167; ~en .. intelligo illud quod est inter virilia et vulvam et ventrem, prout venter in tria dividitur, sc. in ipocundria umblicum et ~inem GAD. 25 v. 2; ~en equivocum est ad locum circa membra venerea et ad instrumentum dentale, vel sic, per ~inem intelligimus illum locum qui est inter virilia et ventrem *SB* 33; hec pubes, hic lanugo, hoc ~en, .. *schere WW*.

3 kind of fish, plaice.

~en a dispositione ossium dispositorum in modum dentium instrumenti illius quo crines discriminantur, quod et pecten dicitur, nomen accepit. NECKAM *NR* II 40; ~en, *playce Teaching Latin* I 159; ~en .. quidam pi[s]cis qui G. *plaiz* [dicitur] *Ib.* I 393; **13..** piscator .. sive piscarius, qui vendit pisces, habeat .. sturgiones, cungros, ~ines sive †plaiceros [MS: plaiceos], lupos aquaticos sive luceos, .. mecaros sive makerellos (*Nominale*) *Neues Archiv* IV 340; conchelinis sunt et marinis piscibus utpote polypis, ostreis .. luciis, murenis, merlinis ~inibus, mullonibus .. utiliora FORDUN *Chr.* II 2; hic fundulus, .. *playsse.* hic ~en, idem *WW*.

4 (in plant-name): **a** (~en lupi) wild teasel (*Dipsacus sylvestris*). **b** (~en Veneris) shepherd's needle (*Scandix Pecten-Veneris*).

a pentilupi [? l. pecten lupi], *uulves comb Gl. Durh.* 304; lupi ~en, *tasyll MS Cambridge Univ. Libr. Dd. 11. 45* f. 107v.   **b** ~en Veneris, sive Scandix, *Shepheard's Needle, or Venus combe* (GERARDE *Herbal* II. cccc. 884) *OED* s.v. Venus 12b.

5 rank, row of a chorus.

~en, ordo chori, de *carol* (GARL. *Aeq.*) *Teaching Latin* I 143.

6 (applied to comb-shaped artefact): **a** slay, weaver's instrument used to beat up the weft. **b** weave of cloth. **c** teeth of portcullis. **d** harrow. **e** rake. **f** plectrum. **g** battledore, washing beetle, or sim.

---

a sindonis peplum .. ~ine pulsante texebatur ALDH. *VirgP* 38; textrix telam stantem percurret pectine NECKAM *NR* II 171; ~ines, *lahanius, peynis, lannirus* (GARL. *Dict.*) *Teaching Latin* II 139; ~ines, *laniurs*, A. *sclees* (*Ib.*) *Ib.* II 152; ~en .. est instrumentum .. textendi, a *sleye WW*; hec lamia, *slay*, hoc ~en, idem *WW*.   **b** ~ine (tele), *spole, webb* (GARL. *Aeq.*) *Teaching Latin* I 142.   **c** pectine ferrato tacitos suspendit in usus J. EXON. *BT* I 490.   **d** ~en, *herce* G. *Teaching Latin* I 90; c**1300** quando debent herciare .. habebunt in bosco dominorum capitalium omne instrumentum ~inis preter quam navis lignenses ~inis et ollar' equin' lign' *Reg. S. Aug.* I 194; ~en habet .. †colonis [l. colonus; *gl.:* herse] *Alph.* 143.   **e** ~en, *rake, rastel* (NECKAM *Ut.*) *Teaching Latin* II 83.   **f** si vero quisquam chordarum respuit odas / et potiora cupit, quam pulset pectine chordas ALDH. *VirgV* 67; ~en habet .. *citharista* [*gl.: plectron*] *Alph.* 143.   **g** ~en .. *a batyndore WW*; hec [*sic*] feratorium, hoc ~en, *a batylledore WW*.

pectenatos v. parthenocidos.

pectere [CL], **pectare**

1 to comb: **a** (hair of head); **b** (wool); **c** (transf.).

a ipse manibus ablutis, pexo capite, missam auditurus oratorium ingreditur W. MALM. *GR* V 443 p. 514; barbam imperatoris ~ere ORD. VIT. VII 5 p. 168; modice sua membra / extendat, crines pectat, dentes fricet D. BEC. 2766; pexus et ablutus tandem progressus in urbem / intrat in ecclesiam NIG. *SS* 1511; quando crines nigros, quos ipsa de capite proprio ~endo detraxerat *Spec. Laic.* 49; cum a sompno surrexeris modicum debes ambulare et membra tua equaliter extendere, et tuum caput ~ere BACON V 68; loti et pecti, ut supra dicitur, sedeant in claustro cum libris *Cust. Cant.* 415; lotis manibus et pectis capitibus *Ord. Ebor.* I 55.   **b 1297** in iiij petris lane ~andis .. et in dicta lana filanda *MinAc Wistow* 7.   **c** dedi pecten, quo si sint pexa relucent / carmina VINSAUF *PN* 1943; palpones regibus solent assistere auresque nugulis illius credere, quas student pectere docteque comere et falsis laudibus ad astra vehere WALT. WIMB. *Palpo* 102.

2 (p. ppl. as adj.) combed (also fig.): **a** (*pexus*); **b** (*pectus*).

a pexo capite W. MALM. *GR* 443, pexus et ablutus NIG. *SS* 1511 (v. 1a supra); pexus .. -a, -um OSB. GLOUC. *Deriv.* 435; pecten dicitur quod pexos faciat capillos *GlSid* f. 150va; pexa .. carmina VINSAUF *PN* 1943 (v. 1c supra).   **b** loti et pecti *Cust. Cant.* 415; pectis capitibus *Ord. Ebor.* I 55 (v. 1a supra).

1 pectica [CL pecten + -ica], slay, weaver's instrument used to beat up the weft.

~a, *slahae* GlC P 376; **10..** ~a, *flepecamb* .. ~a, *flæpecomb* .. petica, *slæ WW*; **11..** ~a, *spehete WW Sup.* 230.

2 pectica v. pecticus.

pecticus [πηκτικός = *put together well, compacted, curdled*]

1 (as adj.) digestible, dissoluble.

~us, digestibilis, dissolubilis OSB. GLOUC. *Deriv.* 476.

2 (as sb. f.) medicine that hastens maturation, in quot. of digestion.

~a .. medicina maturativa *Alph.* 143.

pectinare [CL]

1 to comb: **b** (hair or head); **c** (refl.); **d** (wool); **e** (animal); **f** (fig.).

omnis quidem conjugationum quadripertita qualitas competenter dactilo mancipatur ut verbero, strangulo .. exulo, pectino, navigo ALDH. *PR* 120.   **b** ~o, -as, i. pectere OSB. GLOUC. *Deriv.* 435; ~are, sepe pectere *Ib.* 476; de hac lexivia caput sepius lavetur et ~etur GILB. II 77 v. 1; lotis manibus et capitibus ~atis *Obs. Barnwell* 106; abbas vero ~ato capite et lotis manibus in vestiario *Lib. Evesham* 1; **1330** omni die ~abunt capita sua ante primam *Cust. Cant.* 8; deinde ~et caput GAD. 92. 2.   **c** deinde ad lavatorium vadant, et prius lavent se, et postea ~ent LANFR. *Const.* 87; abbas .. ~are se debet in vestiario *Cust. Westm.* 57 (=*Cust. Cant.* 112).   **d** in j sacca ix petr. albe lane in stamine ~andis xlix s. *Ac. Beaulieu* 220;

pectinare

1298 in lana .. ~anda *Rec. Elton* 83 (v. 1 filare 1).
e ~a asinum, ablue asinum, rade asinum, nunquam perduces asinum ad bonum equum O. CHERITON *Fab.* 22. **f** si Tulliane facultatis fecunda facundia penetrans ~asset pectus meum, et ad liquidum limasset lingue plectrum WHITTLESEY *app.* 140.

2 to play by means of a plectrum.

to wraste, ~are *CathA* 424.

pectinarium v. pectinarius.

pectinarius [CL *as adj.*]

1 (as sb. m.) comb-maker.

12.. Thomas filius Thurgodes pectenar' Oxon' *AncD* A 9681; hic ~us, *a comemaker WW*; **1563** Guillelmus Sejourné, ~us .. Jacobus Marrabou, ~us, senior .. Johannus le Clerk, ~us (*SP Dom. Eliz.*) XLVIII 47) *Hug. Soc.* X 289.

2 (as sb. n.) comb-case.

hoc ~um, -rii, locus ubi pecten ponitur OSB. GLOUC. *Deriv.* 435; ~um, locus ubi pecten reconditur *Ib.* 476.

pectinatio [LL], combing: **a** (of hair or head); **b** (of flax).

a juvamen est abstinentia lotionis et ~o frequens sine lotione GILB. II 76 v. 2; capitis ~o extrahit vapores ad capud ascendentes tempore dormicionis a stomacho BACON V 69; statim post locionem manus et ~onem capitis *Cust. Cant.* 158; dimissio ~onis capitis GAD. 110 v. 2; ~ones capitis ante prandium cum pectine eburneo *Ib.* 111 v. 1. **b** per multas .. carpinationes et ~ones [TREVISA: *hechelynges*] BART. ANGL. XVII 160.

pectinatrix [CL pecten + -atrix], comber or carder (of wool), kempster (f.).

a kemster; ~ix *CathA*.

pectineus [CL pecten + -eus], of a comb; **b** (w. ref. to style or pattern).

capillos sancti capitis componens dentibus ~eis HERM. ARCH. 4; **1553** una casa ~ea, A. *one combe case Pat* 852 m. 29. **b** 1295 de opere ~eo (v. opus 5b).

pectoralis [CL]

1 pertaining to the breast: **a** (w. ref. to *arteriu*). **b** (w. ref. to *pullium*). **c** (*amicus ~is*) bosom-friend.

a que possent .. ~es arterias .. medicari R. BURY *Phil.* 8. 141. **b** contra illam fasciam ~em .. ivit W. FITZST. *Thom.* 25 (v. fascia 2d). **c** beatus qui intimi illius et ~is Christi amici Joannis assecutus est exemplum GOSC. *V. Iv.* 83C.

2 (as sb., usu. n.): **a** (m. or n.) breast. **b** pectoral, vernicle. **c** breastplate. **d** poitrel (of a horse). **e** (by assoc. w. ME *pichtel*) measure of land.

a alter .. sanctorum ejus ~ia et dorsi posteriora ulnis astringit R. COLD. *Cuthb.* 121 p. 267; suggunt continue et atrahunt superfluitates ~ium descendentes a capite ad loca inferiora pectoris *Ps.*-RIC. *Anat.* 41 p. 26; debemus defendere oculos et ~ia et nares .. ab eis [sc. variolis] cum repercussivis GAD. 41. 2; *a breste*, pectus .. ~is *CathA*. **b** c1396 item, veronica una coloris aerei auro inclusa, que dicitur ~e *Meaux* III lxxix; *pectoral of a vestment or anoder arayment*, ~e, -is *PP*; c1520 tres cappas de rubio tessuto in pectorali habentes Jesus cum corona *Invent. Ch. Ch.* 121; **1555** profactur' unius pectoral' de panno *skarlet* (*AcWardr*) *KR Ac* 428/5 f. 27v. c1416 lego eidem Jacabo xx loricas, xx ~ia, xx bassenettos et xx lanceas *Reg. Cant.* II 123. **d** habet sella sibi annexum ~e, ne retrocedat et postfemorale, ne anterius elabatur R. NIGER *Mil.* I 14 p. 105; campanulis ~is dulce tinnientibus delectatur [equus] NECKAM *NR* II 158; ~e [*gl.: peyterel*] autem et cetere falere [*gl.: arneys*] usui equitantis necessarie non omittantur [*gl.: lescez*] *Id. Ut.* 100; **1214** ij ~ia et unum barutum et ij frena et j capistrum *Cl* 140 a; **a1223** sacerdotes .. sellis, frenis, ~ibus, aut calcaribus deamatis, minime utantur (*Const. Lond.*) *EHR* XXX 297; **1292** pro j frena et ~i ij s. ij d. *Sacr. Ely* II 7; **13** .. (v. lorena b); *a patrelle*, antela, ~e *CathA*. **e** petunt .. terciam partem unius ~is terre cum pertinenciis in Neubolde *Eyre Salop* 69.

pectoreus [LL], of the breast.

---

pectoreas vestes non cenes more bubulci D. BEC. 1034.

pectoriosus v. pectorosus.

pectorose [cf. CL pectorosus], with puffed chest.

nam qui modo membris omnibus sanus eram, modo fratribus meis vires meas minaciter prodebam, modo ~e gradiebar, modo contumaciter adversus proximos spirabam .. illico membris omnibus egravi T. ELY *Mir.* 45 p. 549.

pectorosus [CL], ~iosus, broad-chested.

c1362 in flumine Nili duo animalia formam hominum habentia apparuerunt; unus, vir ~iosus, vultu terribilis *Eul. Hist.* I 356.

pectrix [ML], female comber or carder of wool, kempster.

nec pectrix, nec nens D. BEC. 2214 (v. nere c); ~ices .. carpunt lanam villosam, quam pectinibus cum dentibus ferreis depilant GARL. *Dict.* 135; si ~ices [M. SCOT.: *kemestaris*] reliquerint burgum *Leg. IV Burg.* 103; hec ~ix .. *kemster* .. hec ~ix, *a kempster WW*.

pectunculus [CL], flounder.

a flounder, ~us LEVINS *Manip.* 73.

pectura v. 2 pictura.

pectus [CL]

1 chest, breast; **b** breast of woman. **c** (*pectoretenus*) on the breast, in the breast.

eum criema unguere ~ora eorum THEOD. *Pen.* II 5. 1; pectora fecundans caelesti flamine vitae ALDH. *VirgV* 2496; oblata super sanctum ~us posita *V. Cuthb.* IV 13 (v. offerre 11); ~us .. et pulmonem nervi ingrediuntur ALF. ANGL. *Cor.* 22 p. 89; Pan .. pingebatur homo cornutus .. in cujus ~ore stellarum plurium erat forma *Deorum Imag.* 9; hic ~us .. *breste*; .. hoc ~us .. *a brest WW*. **b** pectora virgineis fraudantur pulchra papillis ALDH. *VirgV* 1750; scylla .. capite .. et ~ore virginali sicut sirenae sed luporum uterum et caudas delphinum habuit *Lib. Monstr.* I 14; nudans ~ora mulieris GASCOIGNE *Loci* 144. **c** [sagitta] ~us impegit mansitque fixa petilio circa precordia, sub ipsa .. mamilla sinistra *Mir. Hen. VI* IV 130; parvulum .. pectoretenus vix simplici cingulo ad modicum nodo firmatum *Ib.* IV 142.

2 breast as seat of personality, thought, or conscious activity.

si pocula ~us tuum satiare quiverunt GILDAS *EB* 29; cerneret ut nusquam radiantem lumine Phoebum; / justitiae vera solem septemplicis aethrae, / quem sacra per biblos descripsit littera lautos, / pectoris intuitu desistit cernere numquam ALDH. *VirgV* 1033; illi simulato ~ore in alicujus amici sui casa se moratos esse dicebant FELIX *Guthl.* 43 p. 134; profusis ex uno ~ore lacrimis BEDE *HE* IV 28 p. 273; a801 utinam tanta esset in meo ~ore facultas scribendi, quanta est in vobis voluntas legendi ALCUIN *Ep.* 213; cecus duobus oculis qui ~ore [*AS: Breostum*] non cernit *Prov. Durh.* 17; accipitres .. quibus .. animosa ~ora .. natura dedit GIR. *TH* I. 12.

3 box, chest.

1318 de .. uno ~ore ligneo appreciato ad quadrantem *Rec. Elton* 238.

pectusculum [LL; CL pectus + -culum]

1 (little) breast.

in solo .. ~o vix anchelans spiritus suspiria fessa retraxit ALCUIN *WillP* 28; [fratres] qui circumstabant atque sedebant .. cernunt .. ~um viri Dei palpitari BYRHT. *V. Osw.* 439; extremus flatus in arto tandem ~o vaporat GOSC. *Transl. Mild.* 37 p. 209; a tenello tenera / pectusculo / distenduntur latera / pro modulo P. BLOIS *Carm.* 8. 5; amantis jaculis nudat pectusculum / et procus advolans ruit in osculum WALT. WIMB. *Carm.* 27; hoc ~um, *a bruskette WW*.

2 breast as seat of personality, thought, or conscious activity.

a797 possum, possum, credo, per eum, qui inspiravit ~um meum, ut peterem quod pium putavi ALCUIN *Ep.* 58; **940** crux .. / tu quoque cunctis / splendidior astris / sanctiorque universis / coram Christo carismatibus / regale peccusculum / Edmundi regis /

Anglo Saxona largissima / perlustrasti prerogativa *CS* 751 (=*MonA* I 60); receptaculum casti ~i .. gustu nectareo devote suppleret sensum B. *V. Dunst.* 5; in secreto ~i Deum benedicebat OSB. *V. Dunst.* 7 p. 77; ut .. in ejus ~o Spiritui Sancto mansionem preparare valeret *V. Edm. Rich P* 1777D; si vidisses .. quanta levitate puerile ~um rota volvens conscenderit *Mir. Hen. VI* IV 135 p. 249; mores bonos instillare in ~a tenera juventutis FERR. *Kinloss* 6.

3 breastbone.

tege jugulam pectusculum [*gl.: briostbán*] (LAIDCENN MAC BAÍTH *Lorica*) *Cerne* 87 (cf. Nunnam 93); 11 .. ~um, *brestban WW Sup.* 451.

pecu [CL], domesticated animal.

~ua *nytenn GlP* 457.

pecualis [LL; CL pecus + -alis], of a domestic animal, of animals; **b** (of birds). **c** brutish.

si .. grande nimis peccatum coram Domino commisere pueri qui ~ium victimarum carnes indigne tractabant BEDE *Sam.* 513; vulgo .. probatica ~is piscina fertur appellata quod in ea sacerdotes hostias lavare consueverint *Id. Hom.* I 23. 83; illum prodebat hominibus ~is diligentia *V. Kenelmi* 8 (=CIREN. I 311: †peculialis]; ut nos .. non ~is petulantie vilitas asinis equiparet GIR. *GE* II 20. 270; sagittarius in formam humanam anterius erigitur, posterius in ~em submittitur ALB. LOND. *DG* 8. 13; eorumdem reduncium pedum calciatorum, quos elemosina sua jam ~i pelle vestiit *Ps.*-ELMH. *Hen. V* 130 p. 340. **b** bene ergo illi ~is creatura parebat GOSC. *Werb.* p. xxiii. **c** non rationalis sed magis bellua ~is est effectus R. COLD. *Godr.* 29.

pecualiter [ML < LL pecualis + -ter], in the manner of an animal.

~iter perperamque causari presumeres immortalitate beatificatis vel ignis ussiones vel limphe subluciones innuitive verbali vel expressione .. prorsus incompetenter attribuere E. THRIP. *SS* IV 24.

pecuarius [CL]

1 of animals, of livestock, (*pecuarium* [*genus canis*]) sheepdog.

in eo memorabilia duo tantum genera sunt: ~ium seu pastorale, et villaticum seu molossum CAIUS *Can.* 10.

2 (n. as sb.) herd.

cum rege manens, sat multa benigno / optinuit merito pecuaria, praedia, census FRITH. 223.

pecuatus [LL, CL pecu + -atus], of an animal.

ore bibas vacuo [*gl.:* non ore ~o ut equus] GARL. *Mor. Scol.* 177.

pecudiarius [pecudium + -arius], herdsman.

an hirde .. pastorius, pastoricus participia; ~ius *CathA*.

pecudium [CL pecus, pecudis + -ium], group of cattle.

abbate namque imperante et cellerario obtemperante, conventu conveniente mactabatur ~ium, distributum expendebatur, pauperes sustentabantur J. FURNESS *Walth.* 54.

peculanter [cf. CL peculari], in a fraudulent manner.

c1400 regii thesauri transmissi ~er sunt absumpti *Meaux* II 327.

peculeus [CL pecus + -leus], like a sheep or goat.

nec dum verba compleverat, et quasi pennigero volatu ~eum animal aufugit GERV. TILB. I 898.

peculialis, v. pecualis, pecuniaris.   **peculialiter** v. peculiariter.

peculiare [CL], to appropriate.

templum Salomonis aliasque ecclesias suis usibus illicitis ~averunt ORD. VIT. IX 15 p. 610; domos .. suis necessitatibus ~atas reservaverunt *Ib.* p. 311; diabolus .. quosdam ut datos mactat, et sine spe reddendi incarceratos sibi ~iat GERV. TILB. III 66 p. 983.

peculiaris [CL]

1 special, peculiar; **b** (w. ref. to the Jewish people).

apis .. propter ~is castimoniae privilegium pudicissimae virginitatis tipum .. portendere .. asstipulatur ALDH. *VirgP* 5; **786** tam in cibis quam in vestibus .. ~e (*Syn.*) *Ep. Alcuin* 3 p. 22; ~is .. privatus et familiaris OSB. GLOUC. *Deriv.* 422; quasi ~is .. nature thesaurus GIR. *TH* I 2; tercii ~e fuerat vicium, inanis gloria AD. EYNS. *Visio* 35; me ~em servum tuum respicere non dignaris? *Mir. Wulfst.* 135; **1507** Mertoniensis tue domuncule, in qua jus tenes ~e *Reg. Merton* I 337. **b** ~i ex omnibus nationibus populo GILDAS *EB* 26; Judaei quos ~em sibi elegerat in plebem BEDE *Hom.* I 8. 42; ~is ille populus Dei PULL. *Sent.* 772C; in suo populo ~i [ME: *his deorling*] se ulciscebatur rigide quociens peccaverunt *AncrR* 129.

2 (eccl.): **a** (*jurisdictio ~is*). **b** (*missa ~is*). **c** (*res ~is=peculium*).

a **1344** pro ~i jurisdiccione ecclesie de Bybury (v. ecclesia 4c). **b** ~es misse qualibet hora [celebrantur] GIR. *GE* I 7 (v. missa 6c); a**1399** nos igitur attendentes missas ~es juxta hominum voluntates varias ordinatas in canone esse prohibitas .. *Reg. Linc. Reg. XII* f. 434. **c** ab omni re ~i et ab aliis illicitis diligenter correxerat DOMINIC *V. Ecgwini* I 16.

3 (as sb. n.) special (court) case.

~ium curiam CAMD. *Br.* 144 (v. curia 5g).

4 meek.

meke .. paciens, pecul[i]aris, pius *CathA* 233.

peculiaritas [LL; CL peculiaris+-tas]

1 special quality.

peculiaris .. privatus et familiaris, unde ~as OSB. GLOUC. *Deriv.* 422; oportet concedere istam ex ~ate populi, ex abjeccione signi culti, et ex preciositate corporis blasfemati esse ydolatriam gravissimam WYCL. *Blasph.* 20.

2 ownership of private property.

~atis vitium cum in se voluntate tum in aliis predicatione, extirpabat, id esse solum dictitans quod diabolum e celo, hominem e paradiso eliminaverit W. MALM. *GP* I 46 p. 76; non .. sequitur: ista navis erat Petri titulo civilitatis, ergo Petrus tunc illam sic possedit; nec sequitur: erat Petri ex titulo caritatis quo "justi sunt omnia", et titulo ~atis qua uxor Petri et filii quibus bona sua reliquerat perferrent Petrum in usu, ergo tunc fuit illius navis civilis dominus WYCL. *Civ. Dom.* III 131; **1472** per ~atis vel proprietatis questum *Melrose* 577 p. 598.

3 meekness.

a mekenes .. patiencia, ~as, pietas *CathA* 233.

peculiariter [CL]

1 specially, particularly; **b** (w. ref. to the Jewish people).

Johannes .. quem Salvator .. propter virginalis pudicitiae gloriam inter ceteras ~iter pio dilexit affectu ALDH. *VirgP* 23; id ad honorem Filii Dei ~iter pertineret, quod nulli omnino homini contigisset ALCUIN *Dogm.* 146B; locum illum .. iter amasse W. MALM. *GP* IV 160; peculiaris .. privatus et familiaris, unde peculiaritas .. et ~iter adverbium OSB. GLOUC. *Deriv.* 422. **b** genus Judaicum †peculialiter [l. peculiariter] / Jhesus elegerat WALT. WIMB. *Carm.* 580.

2 in special cases.

cum jurejurando quod nil de reliquiis sibi ~iter retinerent asseruerunt ORD. VIT. VII 12. 214; hinc illud ~iter solet accidere VAC. *Mat.* 1 p. 270; c**1237** nec murmuret aliquis quod †peculialiter [l. peculiariter] eos munimus *Conc. Syn.* 212.

3 individually.

comes .. et Baumundus ~iter super eam sibimet cogitabant ORD. VIT. IX 12. 578 (cf. OSB. GLOUC. *Deriv.* 422. supra 1a).

peculium [CL], **~io**

1 property, possessions, resources. **b** (spec.) cattle; **c** (w. ref. to Jesus's flock).

donec Walenses .. cum aliquanta pecunia et multo ~io, regie magnanimitatis motum sedarent W. MALM. *GR* V 401; cum omnibus sarcinis vestris, pecuniis et ~iis, cum mulieribus et infantibus OSB. BAWDSEY p. clxi; stant seorsim rusticorum -ia, agrorum instrumenta, sues .. vacce W. FITZST. *Thom. prol.* 11; procul .. a nobis sunt rapine ~iorum MAP *NC* IV 6 p. 162; **1394** in j *caas* corei empto pro ~ionibus domino imponendis, emptis per Swynmour (*Ac. Wardr.*) *Arch.* LXII 509; s**1453** ut .. cogeret illud detegi, quod hucusque latebat sub umbra ~ii *Reg. Whet.* I 119. **b** precipimus .. ut omnis homo sciat, quando habeat pecus suum, quando non habeat .. quia credimus, quod multi .. idiote non curant, quomodo ~ium suum agat, et super confidunt in pace nostra (*Quad.*) *GAS* 180; **1314** et de libero introitu et exitu cum quadrigis et hominibus sint et peculeo *CalCh* II 263. **c** Jhesus Judaicum genus in proprium / elegit populum et in peculium WALT. WIMB. *Carm.* 579; Jesu, lux vera mencium / serva tuum peculium LEDREDE *Carm.* 38.2.

2 humble or rustic person.

~ium, *heanra mann* vel *ceorlic æhta* ÆLF. *Gl.* 115.

pecultus v. petulcus.

pecunia [CL], **~ium**

1 property, possessions, wealth; **b** (dist. as livestock); **c** (*viva ~ia*).

illud paene omni ~ia redimentes GILDAS *EB* 66; ~ia ecclesiis furata sive rapta reddatur quadruplum, saecularibus dupliciter THEOD. *Pen.* I 3. 2; c**705** amori .. vehementiori ~iae .. nequaquam ultra modum inservias ALDH. *Ep.* 8; nil ~iarum absque pecoribus habebant BEDE *HE* III 26 p. 190; **814** pro commodo ~io illius .. vij libras auri et argenti .. terram unius aratri *CS* 348; **889** dimidium unius aratri pro ejus placabili ~io in hereditatem *CS* 562; si latro ibi fuerit captus .. sua ~ia remaneat domino de Duneuuic *DB* II 312r; **1090** tali facto [v. l. pacto] quod dones mihi xxx libras denariorum de tua ~ia *Chr. Abingd.* II 20 (=*Ch. Chester* 2: pacto); si aliquis adduxerit aliquid in villam vel apportaverit animal vel ~iam aliquam et dixerit se invenisse (*Leg. Ed.*) *GAS* 649; si quis †pecuram [l. pecuniam] suam reclusam dimisit (*Leg. Hen.*) *Ib.* 559; c**1120** dederunt nobis omnem decimam suam etiam de mobili ~ia *Text. Roff.* f. 201v; crescit amor nummum, quantum pecunia crescit RIC. ARMAGH *Serm.* 35; **1478** de j^c^xiij libris xviij denariis vj barilibus salmonum .. j^c^ pultre per integras firmas in ~ia dominii de Brechin *Exch Scot* VIII 484. **b** pastura ad ~iam villae *DB* I 128 ra; ibi est presbyter sine carro sine ~ia *Ib.* 175 ra; si homines eorum occidant ~iam nostram (*Quad.*) *GAS* 224; c**1138** concedo ut habeant liberum exitum ~ie sue ad communem pasturam tocius terre mee *Cart. Newm.* 1; a**1196** concedo eciam predictis monachis ut habeant ad dominicam ~iam suam pasturam in mora mea *Feod. Durh.* 132 n. **c** omnis qui habuerit triginta denariatas vive ~ie de suo proprio in domo sua (*Leg. Ed.*) *GAS* 634; interdicimus etiam, ut nulla viva ~ia vendatur aut ematur nisi infra civitates (*Leg. Will.*) *Ib.* 487; Willelmus rex fecit describi omnem Angliam, quantum terre quisque baronum suorum possidebat .. quantum vive ~ie quisque possidebat FL. WORC. II 19 (cf. W. GUISB. 10).

2 coin, currency. **b** (*~ia deaurata*) gilded coin. **c** (*~ia fracta*) broken coin. **d** (as reward).

prophetae .. cum ~ia divinabant GILDAS *EB* 86; mercatores qui bonam portant ad falsarios (*Quad.*) *GAS* 234; s**1167** vir doctus ~iam emungendi *Flor. Hist.* II 81; hujusmodi transmissionem redimerent pro peccunia domino regi destinanda *Chr. Peterb.* 60; **1338** remanent .. in bonis mobilibus et ~ia munerata in officio predicto *Ac. Durh.* I 201; in ~ia nostra non possumus accipere pondus certum J. MIRFIELD *Brev.* 92; c**1427** pro pane et ~iis ponderandis *MunAcOx* 284; **1502** pro quibuscunque summis peccuniarum *Reg. Aberbr.* II 340. **b** **1445** item in una bursa continetur de ~ia deaurata iii s. iiij d. *Invent. S. Paul.* 519. **c** **1420** de ~ia fracta *Ac. Durh.* 462 (v. frangere 5). **d** ~iam indicationis (*Quad.*) *GAS* 97.

3 cash, ready money: **a** (*~ia nominata*) money reckoned by tale (as dist. from reckoning by weight). **b** (*~ia ponderalis*) money reckoned by weight (as dist. from reckoning by tale). **c** (*~ia sicca*) hard cash.

a **1268** (c1425) precium restituet in ~ia numerata *Feod. Durh.* 189n; sine aliqua ~ia numerata *Ac. Beaulieu* 50; **1280** ad valorem octodecim marcarum vel circiter de ~ia nominata *MunAcOx* 781; c**1340** bona in subsidium terre sancte .. donata .. sive in ~ia numerata seu rebus vel bonis aliis .. existant *FormOx* I 157; **1375** unam markam in ~ia numerata in una bursa ad pectus pendente cepit et asportavit *Leet. Norw.* 67; a**1413** de xxxiij li. vj s. viij d. in ~ia numerata *EEC* 687; **1422** in ~ia numerata (*KRAc*) *JRL Bull.* XXVI 264 (v. numerare 8). **1583** tres libras et quinque solidos in ~iis numeratis in eadem bursa existentes *Pat* 1235 m. 24. **b** in quanto monachi .. ~ias ponderales multiplicaverunt, in tanto corpus beati Jurmini majus ponderosum se reddebat *NLA* II 543. **c** **1331** guerant se de xxvj li. xvij s. viiij d. per duodecim denarios de qualibet libra sicce pecunie transeuntis extra regnum *ExchScot* 351; c**1450** pro quadam certa summa pecunie quam predictus Johannes Goule .. in sicca ~ia in urgente necessitate mea viz. ad debita mea acquitanda bene et fideliter persolvebat *Reg. Aberd.* II 295.

4 (*~ia Romana, Petri*) Rome-scot, Peter's pence. **b** (*~ia crucis*) crusaders' tithe.

c**1010** ~ia quoque Romana erga beatorum sollempnitatem apostolorum Petri et Pauli pontificibus per singulos annos reddatur *GAS* 253; ~ia .. Petri, quam Angli vocant *Romescot* (*Inst. Cnuti*) *GAS* 293. **b** **1255** de ~ia crucis nobis a sede apostolica concessa *Cl* 380.

5 fine.

si ad illum hominem ~ia vocetur, qui prius abjuraverat vel abjurare vult, perneget secundum modum *wite* et pretium ~ie (*Quad.*) *GAS* 105; potest insuper talis culpa ~ia emendari .. quoniam ~ia aut expulsione corrigentur precipue famulorum culpe *Cust. Cant.* 125; **1559** ad collectionem et levationem .. poenarum ~iarumque *Conc. Scot.* II 173.

pecunialiter v. pecuniariter.

pecuniarie [CL], by means of money, in monetary terms.

1229 digniores .. persone pro modo facultatum pecciuniarie puniantur *Conc. Syn.* 181.

pecuniaris, ~alis [LL; cf. CL pecuniarius], of money, monetary.

s**1250** missum est auxilium ~are regi Francorum M. PAR. *Maj.* V 116; s**1252** qualem finem sortita est tirannica regis Francorum extorsio ~alis *Ib.* 326; servicium suum militare exegit et habuit, aut certum precium et condignum peculiale [? i. pecuniale] RISH. *app.* 418; penam ~alem OCKHAM *Dial.* 884; c**1400** a clero .. subsidium ~are petebatur *Meaux* II 264; rex petiit .. subsidium ~are WALS. *HA* I p. 171. exactum est instantius ut regi provideretur de ~ali subsidio *Ib.* II 275.

pecuniariter [CL], **~aliter** [ML], by means of money, in monetary terms.

~ariter gravissime punietur *Dial. Scac.* II 10 B; s**1252** transgressores .. ~aliter puniturus, thesaurum suum non mediocriter sciens taliter accumulare M. PAR. *Min.* III 129; s**1258** non permittunt .. prelatos subjectos suos in causis seu negotiis ecclesiasticis corporaliter seu ~aliter *Ann. Burton* 418; malui .. ~aliter dampnificari E. THRIP. *Collect. Stories* 206 (v. diabolariter); causa ~aliter cognita [v. l. causa pecunie aliter commixta est], ipsum dimisit in pace AD. MUR. *Chr.* 31.

pecuniarius [CL], of or involving money, monetary, pecuniary.

non tamen hic urgemur omni ~io debitori dimittere debitum ROB. BRIDL. *Dial.* 87; c**1166** in causa .. ~ia conventus in jure J. SAL. *Ep.* 193 (187 p. 236); ~ia .. xx solidorum mulcta punitus est GIR. *GE* II 27 p. 303; **1224** nec aliqua pena peccuniaria .. inponatur *Conc. Syn.* 133; c**1236** onus grave pene ~ie GROS. *Ep.* 72* p. 215; si causa criminalis est .. si ~ia .. RIC. ANGL. *Summa* 30 p. 46; **1400** puniantur pena carceris et ~ia *StatOx* 191.

pecuniativus [p. ppl. of ML pecuniare (cf. MLLM)+-ivus] pertaining to money; (in quot.) interested in money.

secundum genus idolorum est concupiscentie et ~e congregationis HOLCOT *Wisd.* 538.

pecuniola [LL < CL pecunia+-ola], small sum of money.

et nos tam facile occidimus ob ademptam ~am MORE *Ut.* 61.

pecuniosus [CL]

1 well provided with money, moneyed.

quod tam nobile monasterium episcopus non multum ~us fecerit W. MALM. *GR* IV 339; s**1140** vavassores, rusticos, quicumque ~i putabantur *Id. HN* 483 v. l.

2 interested in money.

indiscreti confessores et predicatores ~i male interpretantur hanc auctoritatem HILTON *MS BL Royal 6 E III* f. 119 rb.

3 of money, monetary.

s**1434** sanata .. erat causa languida, sed non absque ~a medicina AMUND. I 374.

pecunus v. pego. **pecura** v. pecunia.

1 pecus, -oris [CL]

1 domestic animal; **b** (dist. from 2 *pecus*); **c** (dist. from *animal*); **d** (dist. from *bestia*); **e** (dist. from *bos*); **f** (dist. from draught animal); **g** (dist. as for sexual use); **h** (dist. from human).

de salicis trunco, pecoris quoque tergore raso / componor ALDH. *Aen.* 87 (*Clipeus*) 1; cum aliis pastoribus ~ora domini sui pascebat *V. Cuthb.* I 5; quis pascit ~us, quod nec tantum prodest quantum consumit? ANSELM *Medit.* 76; adquirat ex illis vj [hominibus] unum pro animali suo, vel pro ~ore [AS: *æt þam orfe*] quod hoc valeat (*Quad.*) *GAS* 141; frugibus arva, ~ore montes, nemorosa feris abundant GIR. *TH* I 5; Josue habuit hec loca ad possidendum et colendum; Levite autem ad alendum peccora S. LANGTON *Chron.* 100; si pecus cespitat, tu virgo virgula / cede calcaribus, cruenta stimula WALT. WIMB. *Carm.* 238. **b** s**1140** milites castellorum abducebant ab agris ~ora et pecudes W. MALM. *HN* 483; dicendum quod dicimus ~ora de majoribus, pecudes autem de minoribus OSB. GLOUC. *Deriv.* 421. **c** **1250** Warinus habeat in eadem pastura tot animalia et ~ora quot ad ipsum pertinet habendum *CurR* 1257. **d** pasturam ~oribus et bestiis eorum in bosco et plano cum suis propriis ~oribus *Act. Hen. II* I 127. **e** qui immolat bovem, quasi qui interficiat virum: qui mactat ~us, quasi qui excerebret canem GILDAS *EB* 79. **f** insula .. apta ~oribus ac jumentis BEDE *HE* I 1 p. 10; c**1350** hoc ~us, ~oris, *beste* unde versus: est pecus hec quod arat, pecus hoc quod non juga curat hec ~us, -dis, *beste* (*Nominale*) *Medium Aevum* III 15. **g** qui cum ~oribus vel masculis se coinquinaverunt ROB. FLAMB. *Pen.* 273. **h** pro tota decima terre .. que pertinet ad parochiam ecclesie de Eytone, tam frugum quam ~orum et hominum *Doc. Theob.* 202.

2 (transf., w. ref. to sheep as belonging to Christ, the community of the faithful, or sim.).

dum quondam sanctus benedixit pecori caro *Mir. Nin.* 211; interest .. curati .. agnoscere vultum ~oris sui CONWAY *Def. Mend.* 1340.

2 pecus, -udis [CL], domestic animal; **b** (dist. from 1 *pecus*); **c** (dist. as sheep); **d** (w. ref. to horse); **e** (dist. as deer, as royal livestock); **f** (dist. from *armentum*); **g** (dist. from *averium*); **h** (dist. as for sexual use); **i** (dist. from human).

sed spicula trudo / setigeras pecudum stimulans per vulnera pulpas ALDH. *Aen.* 36. 5; regio farris et maxime tritici .. jejuna et inops, ~orum et piscium ferax W. MALM. *GP* IV 172 p. 308; c**1210** quod quilibet predictorum burgensium habeat .. pasturam communem ad omne genus ~udum *Ch. Chester* 349 p. 348. **b** W. MALM. *HN* 483, OSB. GLOUC. *Deriv.* 421 (v. 1 pecus 1b). **c** hidas et tres virgatas terre, et decimam de Thama, in annona, in ~udibus et lana et caseis *Act. Hen. II* I 332. **d** equa hec, quam vident oculi tui, puella virgo et filia nostra fuit .. ego hanc quam ostenditis puellam video nihil in se ~udis habentem ALB. LOND. *DG* 4. 7. **e** a**1216** qui servet ~udes meas (*Ch.*) *EHR* VIII 291; venit quidam damus quasi ~us perterita *SelPlForest* 76. **f** ut [boa] .. non solum armenta et ~udes .. absorbeat ALDH. *VirgP* 29. **g** c**1210** cum communi pastura ejusdem ville ad certum numerum ~udum et averiorum *Regesta Scot.* 449. **h** peccans cum ~ode, anno [peniteat] GILDAS *Pen.* 11; qui saepe cum masculo aut cum ~ude fornicat THEOD. *Pen.* I 2. 2; qui multa mala fecerit, id est, homicidium, adulterium cum muliere et cum ~ude, et furtum *Ib.* I 7. 1; qui cum ~ode peccaverit vel jumento, x annos [peniteat] EGB. *Pen.* 5. 20; oportet discretio esse inter qualitate peccodum *Ib.* 21; qui cum ~ude peccat, quidam judicant annos decem, quidam septem, quidam tres, quidam centum dies ROB. FLAMB. *Pen.* 272. **i** spurius incerto Creta genitore creatus / ex hominis pecudisque simul cognomine dicor ALDH. *Aen.* 28. 5; cum [sacrosanctae crucis astulas] in aquas miserint, eisque languentes homines aut ~udes potaverint sive asperserint BEDE *HE* III 2 p. 129.

pecusculum [LL < CL pecus+-culum], small animal.

neutralia quoque in hanc regulam rediguntur ut .. crepusculum, pecusculum ALDH. *PR* 134; utrumque ~um [sc. murem et ranam] *Latin Stories* 138.

peda [CL] footstep; **b** (quasi-fig.).

a fotestepe, bitalassum, ~a, vestigium *CathA*; *a step*, vestigium .. impedatura, ~a, gressus *Ib.* **b** si pudor virginis peda polluitur / furis innocui vel sera solvitur / si peda sordida ventri relinquitur / quem fur ingressus est, fur rite plectitur WALT. WIMB. *Carm.* 587.

pedacia [cf. CL pes, pedis+agere], footloose person, vagabond.

presbyteros innoxios compeditos habuit in vinculis, nullam distinctionem habens clerici vel rustici, abbatis vel cerdonis, monachi vel ~ie R. NIGER *Chr. II* 169.

pedagiare [ML; pedagium+-are], to pay toll upon.

1283 arrestare subtrahentes pedagium .. et bona non ~ata seisire *RGasc* II 207a.

pedagiarius [ML < pedagium+-arius], toll collector.

1283 prepositus episcopi et capituli .. sive piagerius .. possint arrestare subtrahentes pedagium *RGasc* II 207a; **1289** pedagia et eorum ~ii (v. pedagina); eciam theolonarius, gabellarius, ~iis pontium, passuum, et transituum custodibus J. YONGE *Vis. Purg. Pat.* 3.

pedagina, ~um [ML < pedagium+-ina], territory on which tax is levied.

1283 prepositus episcopi et capituli predictorum sive piagerius infra civitatem et districtum ejusdem ac eciam infra peadginam sive limites peadgini sui possint arrestare subtrahentes pedagium, leydam seu vendas, et bona non pedagiata seisire, retinere, ac eciam liberare; .. et cum terminatum fuerit bona fore incursa, vel penam seu gagium deberi racione leyde seu pedagii non soluti, illa dimittantur et deliberentur peadgino episcopi et capituli vel eorum mandato *RGasc* II 207a.

pedaginum v. pedagina.

pedaginus [ML < pedagium+-ius], toll collector.

1283 illa .. deliberentur peadgino episcopi (v. pedagina).

pedagium [ML < CL pes, pedis+-agium < CL -aticum]

1 toll for passage; **b** (levied on person); **c** (levied on or paid in commodity).

?**1128** omnes decimas molendinorum et furnorum, ~ii ipsius Vernolii et Exmenterariorum *Regesta* II p. 361; **1151** hoc quoque presentis sanctionis pagina firmandum esse credimus ne quis in civitate vel portu neque in vico neque in castro neque omnino alicubi locorum nova vectigalia que vulgo ~ia dicuntur instituere vel instituentibus consentire audeat *Conc. Syn.* I 826; perdidit Alexander papa .. consuetudinem porte beati Petri quam ~ium dicunt MAP *NC* IV 11 f. 53v; nec quispiam alicubi novas pedagionum [*sic* MSS; ? l. pedagiorum] exactiones aut statutas de novo tenere aut veteres augere aliquomodo pres sumat W. NEWB. *HA* III 3; ~ium, *page* NECKAM *Sac.* 363; **1329** in officio collectoris padagii *Reg. Exon.* f. 72v p. 239; solvendo pedagia [v. l. podagia] et vinagia que consueta sunt AD. MUR. *Chr.* 133; **1485** ~ii (v. bulletta 2). **b** per totam Terram Sanctam et Egipti absque etiam ~io libere poteramus et pacifice transire S. SIM. *Itin.* 77; **1364** per dictum portum transeuntibus pro ~io .. duplum .. exigere non verentur *Mon. Hib. & Scot.* 326b. **c** **1248** eosdem [sc. monachos] etiam habere permittatis ~ium XV modiorum salis quas [*sic*] .. eis concessimus *Cl* 47; **1254** de omni blado et de vino empto et vendito debetur ~ium si extrahatur de terra, nisi venditor habeat vinum vel bladum de vineis suis vel agricultura sua *Pat* 66 m. 5*d.*; **1290** petunt quod vina sua in Anglia arestata eis liberentur et quod non solvant custumam pro delictis aliorum, cum sint liberi de custumis et pedag' per literas reg' *RParl* I 59b.

2 right to levy toll for passage.

1289 conquesti sunt nobis naute villarum de Regula et Sancti Macharii quod barones milites habentes ~ia et eorum pedagiarii .. compellunt eos *RGasc* II 497a; **1314** cum ipse habeat .. quoddam ~ium in Agenn. et a transeuntibus ibidem, hujusmodi ~io non soluto, percipere debeat certas forisfacturas hactenus consuetas *Ib.* IV 1165.

pedalis [CL]

1 of a foot: **a** (*homo ~is* or ellipt.) man who advances on foot, foot-soldier. **b** (*via ~is*) footpath. **c** (*pons ~is*) footbridge. **d** (*tallagium ~e*) toll paid by pedestrian. **e** (*clutum ~e*) foot clout. **f** (*ferreum ~e*, *ferrum ~e*, or ellipt.) plough-iron or plough-foot. **g** (*ballista ~is*) crossbow. **h** (*pila ~is*, *pilum ~e*) football.

a c**1172** per servicium unius hominis ~is in exercitu meo *Regesta Scot.* 131; nullus .. de hominis equitantibus ipsius principis mortem evasit, sed et tria milia ~ium occiduntur *Chr. Peterb.* 58. **b** **1392** item presentant quod esset una via ~is a via vocata Patellis usque Benhull *CourtR Carshalton* 33. **c** **1375** est quidam pons qui vocatur le Toftbryg' et est pons ~is *Pub. Works* II 254; **1438** pons ~is apud Molardeslan' *DL CourtR* 126/1875 m. 3*d.* **d** s**1225** Rannulphus comes Cestrie cepit talagium ~e *Ann. Cestr.* 52. **e** **1271**, **1278** in .. clutis ~ibus (v. clutum 2). **f** in acero et ferreis ~ibus ad [carucas] emptis iiij s. x d. *Ac. Beaulieu* 77; **1273** in iiii ferris ~ibus, **1278** in iiij ferris pedialibus (v. ferrum 12c); **1286** in ix ~ibus emptis, xiiij d. *Min. Ac.* (*Weston, Herts*) bundle 873; **1297** in ij ferreis ~ibus (v. ferreus 4f); **1352** pro iiij pedal' ferreis emptis ij s. *Min. Ac.* (*Vernham Dean, Hants*). **g** **1300** idem R. debet respondere de xvij balistis ~ibus *Pipe* 145 r. 2*d.* **h** **1409** pro pila ~i *Cal. Pl. Mem. Lond.* III 291; **1472** ordinatum est .. nullus de cetero utetur ludis inhonestis et inhibitis infra cimiterium, ut puta, pilo ~i vel manuali, aut luctacione *Fabr. York* 255; c**1518** clerici amodo ludentes ad pilam ~em *Conc.* III 660b.

2 of the measure of a foot; **b** (w. ref. to metrical foot).

nec etiam per ~em distantiam BACON XIV 105; pertranseundo ~em quantitatem HEYTESBURY *Reg.* 241; si enim linea ~is potest majorari vel minui, manens idem ultimum singulare, ponatur quod majoretur ad duplum suum, et patet quod oportet quantitatem linearem generari WYCL. *Apost.* 154; nec dubium quin, si Deus potest protrahere illam lineam vel rarefacere illud corpus [in] infinitum usque ad finem illius hore, vel aliter continuare recte lineas ~es ad invicem, ipse potest omne tale finitum conservare in fine, eo quod non corrumperetur nisi ab eo *Id. Log.* II 149. **b** dictus inde 'pes,' quod hoc quasi ~i regula ad versum utimur mensurandum BEDE *AM* 107.

3 (as sb. n.) measure of length, foot.

non pertransibit in toto tempore ~e DUMBLETON *Summa* 323; quod tam B quam A fiat infinita versus occidens, foret B majus quam B per ~e sine alterius majoracione vel minoracione, et sic de infinitis quorum primum excedatur a B per ~e, secundum per quadrupedale, et sic in infinitum WYCL. *Log.* II 148.

4 (as sb. m. or f.) last, wooden model of a foot.

~is, *a laste WW*.

5 (as sb. n.) slipper or stocking.

in caligis sine ~[i]bus dormietis *AncrR* 171; **1453** in xij staminis, xij femoralibus, vj par de tribuez, xij par ~ium *Ac. Durh.* 190.

6 sort of eccl. furnishing, ? mat.

duo magna ~ia leonibus intexta, ponenda ante magnum altare *Croyl.* 53.

pedalitas [CL pedalis+-tas], quality of having feet, essential nature or quality of a foot.

fissio pedis est ~as DUNS *Metaph.* VII 17 p. 449 (cf. Arist. *Metaph.* 1038a. 15).

pedamentum [CL = *prop*, *stake* (*in viticulture*)], pediment, base.

s**1438** diversis figuris imaginibus in posteriori parte et ~o ejusdem AMUND. II 190.

pedana [ML < CL pes, pedis+-anus], vamp, part of hose which covers the foot and ankle.

vawmpe of an hose, ~a *PP; a sokke,* . . ~a *CathA; a vampett* . . ~a *Ib.* ~a . . *a vampey;* . . hec ~a . . *wampe WW.*

pedanare [ML; cf. pedana] to vamp, to replace or repair vamp, with or as with patches.

to vampet . . ~are *CathA;* ~o . . *to vampeye WW.*

pedaneus [CL]

1 (leg.) low-ranking, junior.

~ee conditionis fecit universos R. NIGER *Chr.* II 169 (v. mechanicus 3b); a summo justitiario usque ad minimum ~eum judicem *V. Ed.* II 239.

2 (as sb. m.) low-ranking magistrate.

porro si ad ~eos et minores judices pauperum negotia devolvantur P. BLOIS *Ep.* 95. 301B; **1398** in stipendium iij pedan[eorum] qui fuerunt furcat[ores] et iij tassatorum, xlj s. (*Comp. R. John Lane) Ac. Man. Coll. Wint.*

pedare [CL = *to prop with stakes (in viticulture)*]

1 to restrain.

1175 de iij m. de redempt' i prison' ped' *Pipe* 6.

2 to step, walk.

aler ire, ambulare, ~are, *vadere Gl. AN Ox.* f. 153r.

3 to provide with a base.

1350 in ij ollis pedand' et iiij bill' de novo faciend' pro molendino j s. *Sacr. Ely* II 143.

4 to shoe (plough).

1284 in ix carucis faciendis et veter' caruc' pedand' et emendand' (*Westmill, Herts) MinAc* 873/4.

5 *f. l.*

1417 si invenerint aliquod corium nigrum . . si inhabile inveniatur ad operandum quod magister ipsius corii †pedet [? l. fedet] solvet viij d. camere civitatis et artificio allutariorum equaliter applicandos *Mem. York* I 190.

pedarium [παιδάριον], boy.

jam scholastici vincunt: ~ia valent LIV. *Op.* 154.

pedata [ML < CL pedatus = *provided with feet*]; measure of length, foot; **b** (as measure of land).

1305 de toto exitu minere . . quelibet nona ~a dicta *formel* plumbi erit domini *MinAc W. Wales* 390. **b c1300** ~a (*Ch. Wykes in Bardwell, Suff.) Arch. Soc. Norf.* XIV 55; ?**1314** quod dissaisiverunt eum de xxv ~is terre in longitudine et viginti tribus ~is in latitudine *Couch. Furness* II 266; **1336** dedit . . priori licenciam dilatandi parcum de Beaurepair, per x ~as in latitudine GRAYSTANES 35; **1487** subarravit capita sex metarum in campo vocato Bokenhamfeld per spacium trium pedat' *Court R* 192/53 r. 1.

pedaticus [ML < CL pes, pedis + -aticus]

1 of a traveller's toll.

s**1147** ab omni consuetudine mercatoria que vulgo ~a dicitur OSB. BAWDSEY p. clx.

2 (as sb. n.) toll for passage.

s**1123** si quis . . mercatores novis teloneorum et ~orum exactionibus molestare tentaverit S. DURH. *HR* 272 (=BART. EXON. *Pen.* 127, *CJC* I 997); a transeuntibus de novo ~um . . extorquebat BOSO *V. Pont.* 362.

pedatim [CL], on foot.

archipresulem ~im sequentes H. BOS. *Thom.* VI 1 p. 492.

pedda [ME *pedde*], wicker basket or container.

1391 Thomas Pennyng assuetus est accipere equos cum ~ys diversorum extraneorum et ducere in domum suam unde ballivi amittunt custumam suam et est communis forstallator piscium *Leet Norw.* 73.

pedefossus [CL pes + fossa], (?) foot-ditched, surrounded by a ditch at the boundary, or dug by foot (as dist. from ploughed).

1292 de ortis seu curtilagiis aut aliis terris et locis plantatis aut sive pede fossis THORNE 2101; in curtilagiis pede fossis tantum quibus mansiones existunt crescentibus *Ib.* 2101; c**1310** habent . . omnes oblaciones,

decimas . . et omnes alias minutas decimas . . in ortis clausis crescencium et ~is ac pratis ad ecclesiam . . predictam spectantibus *Reg. Cant.* II 1129.

pedellus, ~ulus [CL pes, pedis + -ellus, -ulus], small foot.

ad vestros, pueri, prostratus pedulos / pedum deosculans plantas WALT. WIMB. *Palpo* 158; ad vestros, pueri, pedellos corruo, / quibus hec ludicra devotus tribuo *Ib.* 160.

pedeplanum [LL < CL pes, pedis + planum], ground-floor.

s**1191** cum armis et impedimentis et familia sua Lundonie turrim intraret in ~is turris equos suos stabulans DICETO *YH* 99.

pedepulvericatus [cf. pedepulverosus + -atus], piepowder, wayfarer, itinerant.

1306 si extraneus fuerit, fiat ei remedium et justicia sicut pedipulvericato (*Swansea) BBC* 224.

pedepulverosus [CL pes, pedis + pulvis + -osus], piepowder, wayfarer, itinerant.

a**1500** burgenses qui sunt mercatores et ~i [MScot: *pipouderous*] (*Leg.) APScot* I 726.

pedere [CL], to fart.

credimus esse pēdis strepitum -tu, turgide, pēdis SERLO WILT. 2. 96; quare aves non ~unt ut cetera animalia? . . cum . . aves sint sicce de natura, non generatur in eis ventus, unde non ~unt *Quaest. Salern.* N 53 (cf. ib. P 53); *to farte,* ~ere . . turpiter sonare, oppedere, id est contra ~ere *CathA;* ānŭs [*gl.: ars*] ānŭs [*gl. wolde woman*] pedit, quia coctona [*gl.: qwynsys*] cruda [*gl.: rawe*] comedit *WW.*

pederota [cf. CL paederos < παιδέρως], kind of plant (in quot., sleepy nightshade).

strignus manicon quam alii perisson dixerunt . . quam alii ~am dixerunt *Alph.* 176.

pederotes v. peridotus.

pedes [CL], **~itus**

1 one who goes on foot; **b** (as quasi-adj. in apposition).

dumque pedes pergit per mundi crimina fallax ALDH. *VirgV* 2706; ~es, pedester pedibus pro equo utens OSB. GLOUC. *Deriv.* 467; ~ites, *poyners Teaching Latin* II 4; ~es, *peoner Ib.* II 7; versus Soldanum gressus festinatos direxi . . una cum quatuor ~itis, qui illuc gratia peregrinandi venerant S. SIM. *Itin.* 77. **b** c**1200** quietanciam . . de pultura servientium, exceptis tantum sex forestariis ~itibus *Ch. Chester* 230; **1301** abbas habeat . . ferrarium . . ~item (v. ferrarius 1b).

2 foot-soldier, infantryman; **b** (collect. sg.); **c** (as quasi-adj. in apposition).

Ebreorum falanx duodecies quinquagenis expeditionum milibus et ~itum turmis procedens ALDH. *VirgP* 12; nec . . prius abstitit . . et laudabiliter importunus, donec ex equite ~item faceret W. MALM. *Wulfst.* II 10; dux Normannorum ~ites sagittis armatos et balistis in fronte locavit, inde ~ites loricatos in ordine secundo constituit ORD. VIT. III 14 p. 147; videbat . . eos [sc. spiritus] fere semper ~ites et expeditos, et quasi sub forma venatorum GIR. *IK* I 5 p. 58; **1212** me . . remisisse . . servicium unius ~itis, quod in exercitu facere debuerunt pro terra sua de Wal. *Ch. Chester* 315; ~ites . . in una linea disponuntur . . ~es directo tramite incedit, nisi cum injurias suas in hoste persequitur NECKAM *NR* II 184; **1319** quadraginta ~itos de validioribus et potentioribus civitatis illius, aketonis, haubergettis, bacinettis, et cirotecis ferreis armatos, . . ad nos . . venire faciatis *Lit. Cant.* III 398. **b** monachos . . excommunicavit, deinde ablatis equis . . ~es indecenter redire compulit GERV. CANT. *Chr.* 408. **c** ad stabilitionem vero mittebat vicecomes xxxvj homines ~ites *DB* I 252ra; rex ipse Haraldus ~es juxta vexillum cum fratribus suis duobus stabat KNIGHTON I 56.

3 class of person at court.

811 Æðelheah ~es sessor subscripsit *CS* 335.

4 person inferior in rank: **a** (eccl.); **b** footman; **c** page.

a clerici, juvenes et ~ites, quibus de gracia cancellarii concessum *Fleta* 78. **b** armigeri, pedites

bachantes cornua sumant / potibus alternis, ne de te prava loquantur D. BEC. 2360; garcio . . sive pedes [*gl.: þeonet, garcun*] NECKAM *Ut.* 100 (v. garcio 2d). **c** *page* . . *pedes,* ~itis *PP* 325 (v. pedissequus 1c).

5 (in chess) pawn.

eques equitem pedestrem pedes prendit pariter (*Vers. Wint.) Hist. Chess* 515; de scaccorum ludo . . ~ites . . in una linea disponuntur NECKAM *NR* II 184; nec est differentia inter regem et ~item pauperem J. WALEYS *Schak.* 463; octo nobilibus, octo pedites copulantur (*Vers. Corpus) Hist. Chess* 519.

pedester, pedestris [CL; LL *also as 2nd. decl.*]

1 going on foot, pedestrian; **b** (mil.).

nec tamen in limphas vereor quod mergar aquosas, / sed pariter terras et flumina calco pedestris ALDH. *Aen.* 38 (*Tippula*) 3; dum ~res eos praevenisse dicuntur BEDE *Mark* 191; et veloces vincire pedestres / possum HWÆTBERHT *Aen.* 55 (*De turpedo pisce*) 6; non . . pedes ejus ~re iter patiebantur W. CANT. *Mir. Thom.* VI 18 p. 430; **1185** Robertus Ruffus . . averabit ~er cum ad eum venerit, et arrabit iij acras per annum *Rec. Templars* 64; ubi Christus non habens ubi caput suum reclinet, visitavit ~ris humiliter civitates et patrias quas sanando instruxit WYCL. *Blasph.* 3. **b** s**893** Alfredus . . equestrem atque ~rem secum illo adducens exercitum . . [paganos] devicit *Chr. S. Neoti;* ~ri pugnae intrepidi sese accingunt *Enc. Emmae* I 4; pars . . statutarum turmarum disponitur equestris, pars autem altera ~ris G. MON. X 6; cum . . sagittariis . . ~ribus quasi trecentis GIR. *EH* I 3.

2 (of verse) metrical (sts. by implication pedestrian).

sed decies novem sunt et sex corporis ungues, / sinizigias numero pariter similabo pedestres ALDH. *Aen.* 84 (*Scrofa praegnans*) 5; rogo vos, Malchum legitote, / quem monachi vestri sermone mira arte pedestri R. CANT. *Poems* 14. 33; me deridebit, ni fallor, quando videbit / ille Maro vester, que profert sermo pedester SERLO BAY. 233; cave ne quicquam loquaris de illo quem nec versu ~ri breviavi, nec in longum orditus protelavi M. RIEVAULX (*Ep.*) 74 p. 82.

3 (as sb. m.): **a** one who goes on foot. **b** foot-soldier, infantryman. **c** class of person at court. **d** footman.

a pedes, ~er pedibus pro equo utens OSB. GLOUC. *Deriv.* 467. **b 9** . . ~res, *fepemen WW;* s**1296** occiso . . domino R. de Cornubia cum vij ~ris tantum apud castrum de Donubar *Ann. Exon.* 17v; de comitibus, baronibus, militibus, et ~ribus *Eul. Hist.* III 8. **c 1453** xl s. per annum concesso Jacobo A., uni ~rium . . regine (*DL Ac. Var.) JRL Bull.* XL 419; **1467** soluta Thome B. et Johanni P., ~ribus domine regine . . xl s. per annum (*TRBk.) Ib.* L 474. **d 1462** duobus pedestribus dicti domini regis *REED York* 94.

4 (in chess) pawn.

cum pedester usque summam venerit ad tabulam. / nomen ejus tunc mutetur. appelletur ferzia. / ejus interim regine gratiam obtineat (*Vers. Wint.) Hist. Chess* 515.

pedestralis [CL pedester + -alis], of or for the foot, (*via* ~*is*) footpath.

c**1390** est quedam via ~is et equestralis *Pub. Works* I 185.

pedetem(p)tim [CL]

1 step by step, gradually, cautiously (also fig.).

671 haec idcirco, carissime pater, cursim ~temptim perstrinximus ALDH. *Ep.* 1 p. 478; ~temtim quemque ad culmen subire virtutem BEDE *Luke* 400; auriculas horum peditemtim tange canendo ALCUIN *Carm.* 4. 50; a 'pede' et 'tento', ~tentim *Id. Gram.* 886B; praeteriens notos pedetemptim transit Alanos, / tandem pacatos devenit adusque Sicambros FRITH. 1230; fames ~tentim convaluit, et obsessos ut equos et asinos et si quid aliud immundum erat devorarent compulit ORD. VIT. IX 10 p. 546; rex iturus contra regem pedetemptim properet (*Vers. Wint.) Hist. Chess* 514; circuitu civitatis ~tentim et caute . . perlustrarent G. Steph. 28; cepit convalescere, pedes et crura extendere, et ~temtim ambulare, cunctisque videntibus et Deum laudantibus gradus ascendere *Canon. G. Sempr.* f. 166; ~tentim, *pas pur pas Teaching Latin* I 158; **1358** ~tentim pertranseunt (v. divinus 6a).

2 step for step, closely, close behind.

conglobati capellanis ~tempim adherebant ORD.
VIT. VI 10 p. 98; nuncius Bertrade noverce illius
~tentim illum secutus est et apices .. Henrico regi
largitus est *Ib.* XI 9 p. 195; estas calore asperrima
messes ad maturitatem perduxit, cui similis autumnus
~temptim successit *Ib.* XI 15 p. 216.

pedetenus v. pes.

pedewynus [cf. ME *pedde* = *wicker basket, ped-
dare* = *maker of baskets, peddere* = *peddler*], class
of tradesman or sort of market-stall, perh. assoc. w. manufacture of or trade in baskets.

1278 ferratores .. carnifices .. pedewyn' .. stalla
cum pane .. coci *Law Merch.* I xli.

pedialis v. pedalis.   **pedibomita** v. pedibriomita.

pedibriomita, sort of footwear, slipper.

hec pedibomita, -te, G. *pinsum Teaching Latin* I
44; *pinçun, pynsoun*, pedibomita .. pedibromitis, *petite
pinsuns piolis* (*Merarium gl.*) *Ib.* I 368; *pynson, sok,*
pedipomita *PP*; *a pynson*; ~a, componitur a pes, -dis,
et brios mensura et mitos gutta, quasi calceos guttatos
CathA.

1 pedica [CL < πέδη], **~um**

1 trap, snare, spec. for the foot; **b** (transf. or
fig.).

hi sunt tribrachi, ex tribus brevibus Graece sic
nuncupati, primae declinationis: anima, macula, aquila, ~a ALDH. *PR* 117; si quis arcu vel balista desubi-
tanti vel ~o ad lupos vel ad aliud capiendum posito
dampnum vel malum aliquod recipiat (*Leg. Hen.* 90.
7) *GAS* 605; quodque magis minore, ~eo porone
avibus, laqueos texere J. SAL. *Pol.* 396A; **1167** et
pro ~is ad lupos capiendos iiij s et vj d *Pipe* 110;
laquetismus, laqueus tensus, decipula .. a tendicula,
captentula OSB. GLOUC. *Deriv.* 324; item a pede hec
~a .. cathena circa pedes *Ib.* 410; ~a, quod aliquando pro catena, aliquando pro decipula, manica,
catena circa manus, tantum murenula catenula, quo
monile solet astringi *Ib.* 467; *pantere, snare ffor byrdys,*
laqueus .. ~a *PP*; ~a, A. *a panter WW.* **b** ponit
.. in silva hujus mundi suarum ~as insidiarum BEDE
Gen. 118; imperio vult sola suo stabulare maritum, /
vult iter ac actus reserare, serare mariti / sola; viri
pedica mulier facit omne quod optat D. BEC. 2063;
tendunt laqueos et ~as in capturam pecunie P. BLOIS
Ep. 25. 90A; solvant me pueri de culpe pedica /
anguisque retibus WALT. WIMB. *Palpo* 196; volam
judicis ungat ciragricam / et nullo tempore cadet in
pedicam *Id. Sim.* 29.

2 caltrop.

foveam urbis .. ~is ferreis stratam ad hominum
plantas nequiter perforandas STRECCHE *Hen. V* 168; *a
calle trappe*, hamus, ~a medio correpto *CathA.*

3 fetter, stock.

~is, impedimenta pedum .. *wfaltxm* [i.e. *wealtum*]
GIP 138; *the stockes*, cippus .. ~a LEVINS *Manip.* 158.

2 pedica [ML; cf. CL pes, pedis + -icus], measure of land.

in Marana tres ~as, Favarolo tres ~as et tres petio-
las: Salone unam ~am; ad Sanctum Genesium unam
~am et viij petias vinearum HADRIAN IV 28.

pedicator [CL pedica + -tor] trapper.

1168 in liberat' ij pedicator' qui iver' in Normann'
ad capiend' lupos x s. *Pipe* 97.

pedicon [? cf. παιδικός, assoc. w. pes, pedis],
epilepsy.

epilepsia .. et dicitur ~on, quia caput faciens pedes,
quia locum capitis facit ad locum pedis, vel ~on,
i. petens caput GAD. 60. 1; ~on .. †epileucia [l.
epilencia] *SB* 33.

pedicularis [CL]

1 of or for lice.

stafisagria est ~is me[dicin]a GAD. 113v. 1.

2 (bot., *herba* ~*is* or ellipt.) lousewort, staves-
acre (*Delphinium staphisagria*).

staphis agria .. herba ~is *SB* 41; ~is, purgatorium
capitis, A. *lowsewort MS BL Addit.* 27582 f. 56;
~is, i. staphisacr' calidus et siccus in iij gradu *MS BL
Sloane* 347 f. 93; herba ~is, staphisagria idem, interficit
pediculos *Alph.* 81; sataffisagria .. alio nomine dicitur

staffisagria campurrigium .. herba ~is quia interficit
pediculos *Ib.* 164.

pediculosus [LL < CL pediculus + -osus], in-
fested with lice, lousy.

audivi de quadam muliere litigiosa, que frequenter
vituperabat maritum suum, et .. coram omnibus ipsum ~um vocabat *Latin Stories* 12.

pediculus [CL]

1 louse.

~us, vel sexpes, *lus* ÆLF. *Gl.* 122; post annum
vermibus quos ~os dicimus consumptus est W. MALM.
GR II 162; **1171** beati martiris corpus .. inventum
est cilicio ~is et vermibus referto involutum J. SAL.
Ep. 304 (305 p. 734); item cum humores illi putrefacti
essent intus evaporantes, per naturalem calorem eos
expellentem nati sunt ~i *Quaest. Salern.* Ba 52;
vermes .. sine semine nascuntur .. et ~i ex carne et
pulices ex pulvere P. CORNW. *Disp.* 150; ponatur ~us
in foramine virge .. vel pulex ibidem ponatur vel ~us
in ovis GAD. 98. 1; hic ~us, *a lows WW.*

2 marking nut, fruit of the tree *Semecarpus
anacardium.*

anacardus, ~us elefantis *SB* 10 (v. anacardus);
anacardi sunt fructus qui dicuntur ~i elephant' G.
anachardes MS BL Sloane 347 f. 78.

1 pedicus [cf. CL pediculus], louse.

hic pediculus, *a lows*. hic ~us, idem est *WW*; hic
~us .. *lowse WW.*

2 pedicus [cf. CL paedor + -icus, assoc. w. pes,
pedis] dirty, filthy.

~os vocamus qui sordidos habent pedes OSB.
GLOUC. *Deriv.* 410.

pedifer [CL pes, pedis + -fer], (royal) foothold-
er.

cum rex sederit in sede sua in tribus festis principalibus, .. ~er debet sedere sub pedibus regis *Leg.
Wall.* A 11.

pedifera [CL pes, pedis + -fer], causeway.

1488 quod de novo faciat quandam ~am, A. *a
Cawcey* (*CourtR Kenilworth B. P. L. DR 18*) *Warwick
RO.*

pediferreum [CL pes, pedis + ferreus], leg-
iron.

1276 J. G. captus .. pro suspicione quorundam ~eis
invent[is] in cista sua *Gaol Del.* 71 r. 9d.

pediligula [CL pes, pedis + ligula], foot-bind-
ing, hobble.

ipse .. more clientum sarcinulas in vectura retro
ligatas gestare solebat, sotulares aut caligas garcionum
suorum, et aliquoties desuper equorum ~as, quas
vulgo posturas vocant J. FURNESS *Walth.* 45.

pedilis [CL pes, pedis + -ilis]

1 that involves the foot, foot-.

1251 averagium ~e est portare ballivi aucas (v. 2
averagium b).

2 (as sb. n.) sort of footwear.

1418 in factura femoralium monachorum vj s. x d.
et in factura sta[mi]norum iij s. ij d. et in factura ~ium
iij s. iiij d. *Ac. Obed. Abingd.* 87.

pedilusor [CL pes, pedis + lusor], player of
football.

camper, or playar at þe fotte balle: ~*or PP.*

pedinus [pes, pedis + -inus]

1 footman.

cinctorio scutum dicas deferre ~um UPTON 20.

2 (in chess) pawn.

unus dicitur rex, alter regina, tertius rochus ..
sextus ~us. unde versus: rex rochus alfinus miles
regina pedinus J. WALEYS *Schak.* 463; *powne of þe
chesse,* ~us *PP*; *a pawn*, ~us *CathA*; .. *a pawne* .. ~us
pewne WW.

pedipilare [CL pes, pedis + pila], to play football.

kampyn, ~o *PP.*

pedipililudium v. pedipiludium.

pedipiludium [CL pes, pedis + pila + ludus +
-ium], football.

campynge, ~um *PP*; porro ludus ad quem mutue
recreacionis gracia excercendum convenerant, a quibusdam pedipiludium [*altered to* pedipiludium] dicitur *Mir. Hen. VI* III 91.

pedipomita v. pedibriomita.

pedisequa [CL], **pedissequa,** female attendant; **b** (quasi-adj. in apposition); **c** (fig.).

praedictas Christi ~sequas ALDH. *VirgP* 50 (v.
arcessere); ~sequa, *dignen GlC* P 190; **10**.. ~ssequa,
abra WW; uxores eorum et ~ssequas et inermes eu-
nuchos permisit intrare ORD. VIT. X 24 p. 152; Jacob
duas sortitus est uxores, Liam atque Rachelem; duas
quoque concubinas uxorum ~issequas, utens famula-
bus ut consentiret dominabus PULL. *Sent.* 946A; hec
~ssequa, *chomberere Gl. AN Ox.* 381; soldanus habet
.. lx uxores, et ~ssecas sive ancillas ipsis intendentes
mille S. SIM. *Itin.* 51; c**1335** quia instigante diabolo
in illis scelus perpetratum reperitur aut in ~secis
earundem [sc. matris, amite, et sororis] *Eng. Clergy*
259; Yris .. est nuntia et ~ssequa Junonis J. FOXTON
Cosm. C. 12 d. 1. **b** quedam mulier ~ssequa in domo
Herveii de Dunelmo R. COLD. *Godr.* 510; luna meridiem tenente, semper oceanus, ad occulta receptacula
~ssequas revocans undas, australia Britannie littora
prorsus evacuat GIR. *TH* II 3. **c** habent porro he
virtutes alias, ut dixi, appendices et comites, habent
~ssequas et collaterales EADMER *Virt.* 581C; omnes
itaque scripture ethnicorum sacre scripture ~sseque
sunt eique tanquam domino subservire debent R.
MELUN *Sent.* I 180; omnes alie scientie sunt hujus
~seque et ancille FISHACRE *Sent. Prol.* 85; Anglia,
ultime servitutis ~ssequa M. PAR. *Maj.* V 470; **12**..
emittis gemitus, O felix Anglia, / olim predominans,
modo pedisseca (*De Humana Miseria*) *EHR* XXXII
404; debet enim semper sors esse pedisseca mentis
GOWER *VC* II 207.

pedisequus [CL], **pedissequus**

1 male attendant; **b** (mil.); **c** (spec. as page).

c**800** Guntarium ~secum pietatis vestrae ALCUIN
Ep. 260; **824** ego Bola ~ssecus consentio et subscribo
CS 378; **858** ego Eastmund pedesecus consentio
et subscribo *CS* 496; **955** ~ssequs Uhtred *Child
Ch. Burton* 13; **968** Æðelsige ~secus *Ib.* 23; in die
sabbati multavit multa milia Anglorum, qui longe
ante innocentem Alfredum cum suis ~ssequis injuste
necaverunt ORD. VIT. III 14 p. 150; *ffolowar, or
servawnt folowyng his mayster or soverayn*, ~ssequus
.. vel pedissequa, -e, fem. *PP.* **b 1235** Ricardus de
Avillers tenet terram in Brom per servicium ducendi
~ssecos in Wallia in exercitu domini regis *Fees* 403;
nisi cum multitudine servientum [*sic*] ~ssequorum
Leg. Ant. Lond. 29. **c** *page*, pagetta .. ~ssequs *PP.*

2 (w. *canis*) sleuth, bloodhound.

a sludden, ~sequus, sanguisecus, canis LEVINS *Manip.* 61.

peditaneus [LL peditare + -neus], foot-soldier.

1276 Nich's Ros tenet .. duas virg' terre in serjancia
.. pro quibus debuit portare [sc. arma] coram ~eis de
hund'ro [*sic*] de Wotton' *Hund.* II 34a.

peditare [LL; cf. CL peditatus *as sb. 4th decl.*,
pes, pedis + -itare]

1 (intr.) to walk, go on foot; **b** (transf. & fig.);
c (through water).

hunc ego .. gressibus ultro / callibus ignotis peditans comitatus adivi ÆTHELWULF *Abb.* 698; diruit
hic bellum, fugat atque nisum †pedicando [v. l.
†prēdicando; l. peditando] WALT. ANGL. *Fab.* (ed.
Hervieux) app. p. 368; rex Anglie cum suo exercitu
~ando *Ann. Paul.* 358 (=AD. MUR. *Chr.* 68); et lori-
cati equitant, et calceati ~ant *Eul. Hist.* II 136; hos
velut artifices cerno peditare per urbes GOWER *VC*
III 1561; sic perstabant minimus in uno loco, ne
~ando per campum lutosum fatigarentur WALS. *HA*
II 311. **b** diversisque modis sapiens incude sub-
actum / malleus in ferrum peditat, stridente camino
ÆTHELWULF *Abb.* 281; hinc matutinis completis quam
bene psalmis, / continuo insonuit percussis cudo metallis / malleus, et vacuas volitans cum verberat auras /

jam coenam fratrum peditans culdarios ornat *Ib.* 305; in caput sancti peditat benedictio larga *Ib.* 518; ut agnus, humillime inter suos mente et corpore ~avit *Reg. Whet.* I 454. **c** attendit summam celestis pagina causam, / agnus in hoc peditat amne, camele, natas NECKAM *DS* X 174.

2 (trans.) to carry on foot.

1547 blada .. in mullonem tassabunt et ~abunt *Cal Pat* 31.

3 (pr. ppl., her.) passant.

quicumque fuerit rex Anglie pro proprio portat tres leones ~antes de auro in campo rubeo. et Gallice sic, *il port de gowls tres leones passantes d'or* BAD. AUR. 108; **1449** cum ~ante leopardo aureo *Exc. Hist.* 48 (v. leopardus 2b).

peditarius [CL pedes, peditis+-arius], footman. **b** (?) class of person at court; *cf. pedes* 3.

1157 in liberatione pedicarii xvj s. *Pipe* 174. **b** **1466** Johanni' Gleyve ~io domini regis *Cl* 318 m. 39*d*.

peditatio [LL peditare+-tio], footing, act of adding a base to a pot or jar.

1355 in ~one iij ollarum enearum j *posnet* et j chaffore de metallo domini *Sacr. Ely.* II 167.

peditatus [CL]

1 infantry.

horrendum Assyriorum principem, qui innumeris manipulorum milibus equitata et ~u [*gl.: here; fot-gangendum here*] gloriantibus orbem .. terruit ALDH. *VirgP* 57.

2 (in chess) the pawns.

a**1619** in prima acie collocatur ~us; his proximus est equitatus; hos vero sequuntur satellites, qui a forma mitre episcopalis episcopi nominantur *Collectanea Topographica et Genealogica* (London: Society of Antiquaries, 1835) II 123.

peditemtim v. pedetemptim.

peditentare [cf. CL pes, temptare; LL peditare], to walk stealthily.

to sstalke, ~are, peditare, *to walke;* versus: qui pedis est peditat, qui clam pergit peditentat *CathA.*

peditio [CL pedere+-tio], fart.

a farte, bumbum, bumba, ~io, trulla *CathA.*

peditium [CL peditus, *p. ppl. of* pedere+-ium], fart.

hoc ~ium, *pet,* A. *fart Teaching Latin* II 107.

pedium [CL pes, pedis+-ium], vamp (of hose).

hoc antepedale, A. *wampe.* hoc ~ium, idem *WW.*

pedivus [CL pes+-ivus], of or for a foot (in quot., *pila* ~a, football).

1363 quidam ad pilam manualem, ~am, et bacularem .. se indulgent *Foed.* VI 417.

1 pedo [cf. CL pes]

1 foot-soldier, infantryman.

de tota Gallia solidariis, ~onibus, et sagittariis multis millibus conductis FL. WORC. II 18 (=S. DURH. *HR* 212, W. COVENTR. I 98); quod cum regi innotuerit, nuntiis in Angliam missis, xx millia ~onum in Normanniam jussit sibi in auxilium mitti *Ib.* II 35.

2 (in chess) pawn.

in ludo scatorum .. quidam dicuntur reges, quidam milites, quidam duces, quidam ~ones O. CHERITON *Fab.* 36B.

3 louse.

vocamus pediculos multis aliis modis viz. ~ones, pedunculosos a verme quodam hispedicosin OSB. GLOUC. *Deriv.* 410; ~ones, pedunculi *Ib.* 467.

4 part of a mill.

1271 in j ~one empto ad molendinum xxiij d. *Pipe Wint.* B1/35.

5 fetter.

~o vel paturum .. *feotur GlC* P 253.

2 pedo [cf. CL pedere], farter.

a ffartare, ~o *PP.*

pedora, ear-wax.

sap of the ere, ~a *PP.*

pedotripes v. paedotribes.

peducilis [cf. CL pediculus], that has little feet, (*canis* ~*is*) spaniel.

1534 quare vi et armis domum .. fregit et quendam canem ~em, vocatum *a spanyell* .. cepit et traduxit *PlRCP* 1080 m. 614.

1 pedula [CL pes, pedis+-ula *instrumental*], sort of footwear, sock or shoe.

~a, *meo* ÆLF. *Gl.* 125; **11** .. ~a, *meo WW;* unum almucium estivale, et caligas et ~as AMUND. II 319; *vawmpe of an hose* .. ~a .. pedules *PP;* *a sokke,* soccus, ~a *CathA.*

2 pedula [CL pes, pedis+-ula *dim.*], kind of vermin.

qui comederit scabiem aut vermiculos qui ~e dicuntur, aut urinam biberit sive stercora comederit .. septem dies peniteant ROB. FLAMB. *Pen.* 335; Contreye: mirum, sopanedula tractaque wyrum, / et carmen notum, nova stipula, pedula totum *Staura Civ.* 14.

pedulare [CL pes, pedis+-ulus+-are; cf. pedulis], to shoe (a plough).

1316 in j caruca capitanda, restanda , et ~anda, vij d. *MinAc* 1132/13/B9*d.*

pedulis [CL *as adj.=of the feet*], ~us, ~ium, sort of footwear, esp. slipper. **b** (spec.) hose.

in abbatis .. ordinatione æpiscopus .. dat ei baculum et ~es THEOD. *Pen.* II 3. 5; da mihi prius vestimenta mea, et ficones meos huc porrige et ~es et ocreas meas ÆLF. BATA 4.1; habere debet et iiij caligas et peliciam novam per singulos annos .. ~es vero decem .. habeant W. MALM. *Glast.* 80; c**1200** ij paria caligarum, tria paria ~ium (*De Orig. Carthus.*) *MonA* VI p. viii; sed nec ~ibus utebantur fratres nisi infirmi vel debiles, et hoc de licentia. accidit .. ut bone memorie frater Walterus de Maddeley duos ~os inveniret, et, cum iret matutinum, calcearet se ECCLESTON *Adv. Min.* 43; pes pedis, inde hic et .. ~us OSB. GLOUC. *Deriv.* 410; abhorret angulos nec habet angulum / in mundi finibus quo figat pedulum WALT. WIMB. *Sim.* 22; **1287** pro lij ulnis de blanketis pro caligis et ~iis lxvj s. iiij d. pretio ulne xv d. *Comp. Worc.* 6; unum par pedulorum de corio *Obs. Barnwell* 196; **1325** pro xxiiij uln' panni pro lxv ~ibus *Ac. Durh.* 166. **b** **10** .. ~os, *meon WW; vawnpe of an hose* .. ~es *PP;* ~es .. pars caligarum que pedem capit .. *a vampey;* .. ~us .. *a pynson, or a sok;* .. hic ~us .. *a soke WW.*

pedulium v. pedulis.   **pedulus** v. pedellus, pedulis.

pedum [CL], ~us, padus

1 shepherd's crook; **b** (eccl.) bishop's or abbot's crozier.

~um, baculum incurvum quem pastores gestant *GlC* P 260; agolus, baculus pastoralis, ~um, cambuta OSB. GLOUC. *Deriv.* 49; cavillis ad modum ~orum [*gl.: croce*] curvatis NECKAM *Ut.* 106; pastorale pedum regit agnum GARL. *Myst. Eccl.* 457; hoc ~um, *croche à pastur Gl.* AN *Glasg.* 16. 20rb; hoc ~um, A. *a scheperdes stafe.* hic padus, A. *a scheperdes croke WW.* **b** ~um, hec cambuca .. est *croce* episcopi *Teaching Latin* II 24; *crosse of a byshop,* ~um *PP;* in ~o abbatis, Joannis Fluterie, inciditur Kiulos, sed vitiose puto, ab artifice qui ignoraret an pro n litera vocalem u subjiceret FERR. *Kinloss* 12.

2 staff, club.

hoc ~um, *a clappe;* .. hoc ~um, *a clubbe WW.*

3 tent peg.

pēdi confixi sint pani coctana supra, / cortice nudato mense frigdata gerantur D. BEC. 1024.

4 cambock, ball game played with a crooked stick, or club.

tunc de ludis .. hoc ~um, *croche a pastur Teaching Latin* I 413; hoc ~um .. *cambok WW.*

pedunculus [1 pedo+CL -unculus, cf. pediculus, peduculus], louse.

lepusculus, pedunculus, homunculus ALDH. *PR* 134; vocamus pediculos .. pedones, ~os OSB. GLOUC. *Deriv.* 410 (v. pedo 3); pedones, ~i *Ib.* 467.

peduncus [CL pes, pedis+uncus], splay-footed, club-footed.

~us, *wohfotede* ÆLF. *Gl.* 161.

pedux [cf. CL pes], snare, spec. for the foot.

a gilder, laqueus, ~ux pedum est *CathA.*

pega, ~ia, peia [AN *pege, piege* < pedica], trap, snare, esp. for the foot.

1203 pro ~iis afferend' de Hawvill' usque Cadom' *RScacNorm* II 560; c**1250** peia de trappa inventa in bosco tendata cum tota corda *SelPlForest* 95; **1285** ad ponend' ~as ad lupos capiend' (v. 2 lupus 1a).

peganeleon [πηγανέλαιον], (bot.) oil of rue.

cum clisterizaretur cum pingualeon, i. cum oleo de rutha, dolore augmentato pejoratus est GAD. 95.2.

peganum [LL < πήγανον], kind of plant, rue.

cum succo rute vel sem[ine] ipsius vel pigani GILB. I 48v. 2; croci, ysopi, pigami, mirre *Ib.* 49v. 1; cum apozimate pigami *Ib.* VII 317. 1; piganum, semen rute agrestis [vel herba] *SB* 34; erimola tam semen quam herba est, bissona vel bussaria, piganum, ruta agrestis idem *Alph* 58; piganum .. semen vel succus rute agrestis, [respice in erimola] *Ib.* 144; item ruta cujus triplex est materies, .. domestica et silvestris, cujus semen piganum dicitur *Ib.* 158.

pegaseleotis, form of jaundice.

ex co[lera] prassina vel viridi eodem modo fit viridis [ycteritia], que vocatur agriaca. ~is, id est viridis mustela GILB. VI 257. 1.

peggatio [ME *peg(g)e*+-tio], pegging (of pigs).

1445 ad porcos .. racione non anulacionis sive non ~onis *CalFineR* 320.

peghtella v. pictellum.   **pegia** v. pega.

1 pegma [CL < πῆγμα]

1 elevated platform, (in quot., transf.) elevated condition.

predicator gloriosus, non in Romane commissionis ~ate sed in crucis stigmate querens gloriari R. BOCKING *Ric. Cic.* VIII 91.

2 bauble, instrument for measuring or weighing.

hoc ~a .. baculus cum massa plumbi in summitate pendente, antiqui tamen dicebant hoc pugma quod tamen moderni devitant propter vocis hyatum OSB. GLOUC. *Deriv.* 455; *babul, or bable,* librilla .. ~a *PP; a babylle,* pigma *CathA;* ~a, baculus cum massa plumbi in summitate pendente et A. *a babul WW;* pigma, *a babul WW; a bable,* ~a LEVINS *Manip.* 1.

3 frying-pan.

~a .. frixorium vel frixoleum ut in Alexandro *Alph.* 142.

2 pegma, ash-tree.

~a, i. fraxinus *MS BL Addit. 18752* f. 1102; ~a, i. fraccinus .. G. *freyne,* A. *esh MS BL Sloane 5* f. 10va.

3 pegma v. pemma.

pego, pecunus

1 candle-stick.

c**1245** super pecunos in chorum pretendentes *Cust. Cant. Abbr.* 276; c**1266** tres cerei super ~ones accendi debent coram tribus ymaginibus *Cust. Westm.* 246; **1291** pro meeremio ad ~ones cereorum (v. maeremium 1h); **1300** pro .. pegon' emptis .. pro eisdem cereis, pro quolibet pegon' ob. *AcWardr* 46; **1309** in xiiij ~onibus fabricandis *Fabr. Exon.* 46.

2 crampon for holding stone in a ring.

hunc anulum dedit .. in cujus castone continetur

saphirus .. quatuor tenaculis, que vulgariter peconi dicuntur, circumseptus M. PAR. *Maj.* VI 385.

peia v. pega. **peicea** v. pecia. **peirarius** v. pirarius.

peisa, pesa, pesia [AN *peis*, OF *pesor* < LL pensa]

1 (act of) weighing.

c1155 concessi quatinus ad peisam meam sint quieti et liberi de teloneo et qui vendunt et qui emunt ferrum .. forgiarum *MS BL Addit. Ch.* 20405; de peisa mea .. sint quieti et vendentes et ementes *Ib.*; si .. illud ferrum iterum posuerit super peisam meam, reddatur mihi inde teloneum *Ib.*

2 machine that weighs.

1301 iiij m. redditus in Bristollia cum omnibus pertinenciis suis, videlicet de domo .. quam D. le W. tenuit ij m., et de domo Petri le W. in Bradestrete j m., et de domo que fuit Ricardi Cordwonarii juxta pisam j m. *Reg. Cant.* II 871.

3 unit of dry measure, wey; **b** (of corn); **c** (of hemp); **d** (of wool); **e** (of salt); **f** (of tallow or wax); **g** (of fat); **h** (of butter); **i** (of cheese); **j** (of iron); **k** (of glass).

s1197 pondera .. et libre et cetere pesie sint ejusdem quantitatis in toto regno (*Assize*) R. HOWD. IV 33 (= W. COVENTR. II 114); iste sunt wike que tot pisas invenire debent *Chr. Abingd.* II 149; 1303 debet quelibet peysa viij d. *Doc. Scot.* II 459; a1328 ad tronam de Lenne pro lanis in eadem villa ponderandis: que .. trona continet in se quatuor pisas et quatuor clavos *MGL* II 107. **b** 1299 de peisis frumenti, salis, et ferri, unum denarium *RGasc* I 128a. **c** c1303 peisa canabi viiij *EEC* 163. **d** 1214 ut salvo adduci faciat iiij*xx* et iiij pisas lane *Cl* 209a; 1215 x pesilas lane et pellee scurellorum pecu hj *Cl* 233a; 1232 peisia lane .. peisia ferri .. peisia uncti, sepi, butiri, et casei *Pat* 483. **e** inde redd' vicecom' lxv lib' ad peis' et ij mittas salis *DB* I 172va; 1242 de peisia .. salis (v. b supra). **f** 1182 debeo .. quatuordecim vaccas et duodecim pisa secuti *Cart. Osney* I 335; 1213 xx peysas sepi *Cl* 156a; 1232 de qualibet peisia .. sepi, butiri et casei .. j quad. *Pat* 483; 1297 tres solidos et unam pisam cere per annum *Doc. Scot.* II 244; a1378 de peisa sepi et uncti j d. *DocCOx* 305. **g** 1232 peisia uncti (v. d supra); 1350 de peisia .. uncti (v. f supra). **h** 1232 peisia .. butiri (v. d supra); c1387 de qualibet pesa casei vel butiri ven' unu' obolum *RScot* 87b. **i** 1130 et quo anno deb' redde de unaquaque vaccaria x pesas caseo' ad pens' Wiltone *Pipe* 39; 1171 pro xx peiseis casei ad Guarnio' oxoit' *Hybernie Pipe* 88; a1200 dedi .. totam decimam casei .. preter unam peisiam que ad ecclesiam de Herting pertinet *MonA* VI 937; 1279 de xxxvij caseis de rewain facientibus dimidiam pisam et iiij petras venditis *Ac. Stratton* 101; c1414 liberi de tholoneo .. pesagio *BNB* II 121; 1231 custodia tronagii et pesagii Bristolli *Cl* 573; 1307 cum tronagio et pesagio et cum omnibus libertatibus .. (*Berwick*) *BBC* 324; 1359 quieti sint de .. pavagio, pontagio .. passagio, pajagio .. pessagio, picagio *MunCOx* 138; 1369 sciatis quod commisimus .. Ricardo de Wyght

peisageria [peisagium + OF *-erie* < *-aria*], (right to collect) peisage, duty levied for weighing of goods.

1379 tenet unum tenementum cum pertinenciis in Southampton cum officio pesagerie *IMisc* 218/1.

peisagium, pesagium [ME, AN *peisage*, OF *pesage*]

1 (act of) weighing or unit of measure or weight.

1291 blad' vend' ... et de iij s. ij d. de pessag' putrid' vend' *MinAc* 997/8; 1294 item pro uno pessagio de uncto, xv s. ij d. *KR Ac* 5/2 m. 1; item pro uno pesagio de uncto, xxv s. *Ib.* m. 2.

2 (right to collect) peisage, duty levied for weighing of goods.

c1185 liberi .. ab omni .. lestagio, pesagio .. pasnagio, passagio .. *Act. Hen. II.* II 355; 1200 teneant predictam ferram .. cum stallagio et theloneo, pesagio et tronagio .. *RChart* 35b; 1222 liberi et quieti de tholoneo .. pesagio *BNB* II 121; 1231 custodia tronagii et pesagii Bristolli *Cl* 573; 1307 cum tronagio et pesagio et cum omnibus libertatibus .. (*Berwick*) *BBC* 324; 1359 quieti sint de .. pavagio, pontagio .. passagio, pajagio .. pessagio, picagio *MunCOx* 138; 1369 sciatis quod commisimus .. Ricardo de Wyght

officium pesagii lanarum in portu .. Berewici *RScot* 931a; 1486 (v. peisatio).

peisantum, pesantum [cf. AN *peisant*, *pesaunt*], unit of measure or weight, load (in quot., of eels).

c1100 unum pesentum [*FormA* 239: presentum] anguillarum xl valet grossas anguillas (*Ch.*) *MonA* III 433b.

peisatio [peisa + CL -tio], (act of) weighing.

1486 ordinamus quod in eisdem portubus .. existat una ponderacio, peisagium, sive ~o trabis vulgariter nuncupati *le kinges beure* lanarum et omnium aliorum mercandisarum et mercimoniorum que per ponderacionem, peisagium, sive ~onem vendi debent *Pat* 563 m. 22/6.

peisator [peisa + CL -tor], weigher.

1486 ponderatorem sive ~orem in portubus predictis *Pat* 563 m. 22/6.

peisia v. peisa. **peiso** v. 1 pesso.

peiterellum [AN *paitrel*, *peitral* < CL pectoralis], poitrel (of a horse).

1316 pro .. uno patrell' ad unam sellam dictorum someriorum *KR Ac* 99/21 m. 1; 1316 pro .. uno paytrello pro quadam sella cujusdam somerii de lecto regine precii vj d. *Ib.* m. 3; 1320 ij cor[ea] et j cor[eum] peiterell' ad *pacsadel'* que fuerunt in castello et peiterell' fuerant petrefacta et furata *Ib.* 99/38; 1429 in j freno cum j peytrell' empto iij s. vj d. *Ac. Obed. Abingd.* 108.

Peitevinus [AN *Peitevin* < Pictvensis], of Poitou, Poitevin, (as sb. m.) inhabitant of Poitou: **a** (w. ref. to coinage); **b** (passing into surname).

a 1219 idem Robertus dedit custodiam illam eidem Radulfo de Fay cum maritagio ipsius heredis ad maritandum ei filiam suam pro d marcis esterlingorum et centum libris ~orum *CurR* VIII 46. **b** Rogerus Petevinus [sc. habet] ij domos *DB* II 117; Michaele Paitevino *Feod. Durh.* 147.

pejerare v. pejorare, perjurare. **pejeratio** v. pejoratio, perjuratio.

pejor [CL; cf. malus, pessimus]

1 more troublesome, more harmful, worse.

a sinceritate fidei depravatus habuit posteriora ~ora prioribus BEDE *HE* II 15 p. 116; 800 presbiterum suum, qui .. or fuit magistro, tibi tuaeque providentiae dictum est dirigendum esse ALCUIN *Ep.* 207; malus .. comparatur ~or pessimus et est comparatio anomala OSB. GLOUC. *Deriv.* 337; malis pejor omnibus, / pessimus pejorum P. BLOIS *Carm.* 25. 22. 132; c1211 lupi ~ores existunt GIR. *Ep.* 6 p. 234; quod ~us est, quamvis quandoque melius est vel equale *Mens. & Disc.* (*Anon. IV*) 57; nam pejor pestilencia / non fuit in ecclesia / incedens tam erronee *Pol. Poems* I 232.

2 (as sb. n.) more troublesome or more harmful condition.

per mortem .. libere anime vel oblectantur gaudiis, spe meliora presumentes, vel fruuntur supliitiis, nichil ~us timentes W. MALM. *GR* IV 347; s1140 vergebantque in ~us omnia pro justitie penuria .. et pro falsitate *Id. HN* 483 p. 42; talibus infortuniis Rodbertus dux perspectis anxius, et adhuc ~ora formidans utpote ab omnibus pene destitutus ORD. VIT. IX 3 p. 476; Tiberius .. febrili ardore corripitur, et primo quidem mediocriter, sed in ~us egritudine procedente R. NIGER *Chr.* II 110; aqua superior est mutabilitas ejus per profectum in melius, et aqua inferior est mutabilitas ejus per defectum in ~us GROS. *Hexaem.* I 3.

3 morally worse, wickeder.

Karolus .. iratus est contra gentem illam .. perfidam et perversam et homicidam dominorum suorum, ~orem eam paganis estimans W. MALM. *GR* I 72; cum .. utraque sint pessima, ~ora certe studia pravitatis sunt quam opera GIR. *SD* 70; introductores ipsis pessimis interemptoribus sunt ~ores GROS. *Ep.* 128 (v. interemptor b).

4 inferior to others of the same kind, poorer in quality.

in meliore gradu ~orem vitam querit THEOD. *Pen.* II 6. 13.

pejorabilis [LL pejorare + -bilis], that can deteriorate.

peccatum nature est defectus rei naturaliter debite inesse, ut defectus substancie vel cujuscunque naturalis accidentis, et isto modo omnis substancia ~is [est] peccabilis WYCL. *Ente* 222.

pejoramentum [CL pejor + -mentum], injury, damage: **a** (of person); **b** (of property).

a 1198 brusavit eum ita quod noluit habuisse ~um per c solidos *CurR RC* I 203. **b** 1199 in ~o manerii de Writel' *Pipe* 86; 1207 in ~o manerii de Merleberge c s. sicut continetur in rotulo precedenti *Pipe* 209.

pejorare [LL; cf. CL pejus]

1 to make worse, cause to deteriorate, damage; **b** (property or goods); **c** (morals); **d** (abstr.).

~o .. pejorem facere OSB. GLOUC. *Deriv.* 338. **b** unde maneria sunt multum ~ata *DB* I 268vb; c1130 sit tamen semper locus ille sub custodia fratrum ne temerario quolibet jure ~etur aut sinistra regatur *Ch. Westm.* 249; fecerunt kaios super ripam per antiquam consuetudinem et villa non est ~ata *PlCrGlouc* 115; 1222 nemora ejusdem ville ~ata sunt *Dom. S. Paul.* 34; c1260 via .. per longum usum cariagiorum ~ata fuit *Melrose* I 319; si galea bargea seu atilia predicta in obsequio nostro hujusmodi eundo versus villam predictam seu exinde redeundo fuerint ~ata tunc de eo in quo sic dampnificata fuerint vobis similiter satisfieri faciemus *RScot* 548a; 1354 Thome filius Walteri de Shynclyff pro rotis suis ~atis in cariacione unius dolii vini priori, ij s. *Ac. Durh.* 554; si contingat stagnum .. impediri vel aliqua littore pejorari *Cart. Holyrood* 76; et nihilominus grangia ipsa et pasture bladis et ovibus destitute sic fuerant et horribiliter inundate, terreque nostre ibidem diu postea exinde nobis remanserunt ~ate *Meaux* III 183, 1420 aliquas latrinas nec alia quecumque edificaret vel poneret, que predictum murum ~arent seu predictis abbati et conventui dampnum facerent aliquale *Mem. York* II 94. **c** 1378 scribas et pharizeos, quos scivit ex arguciis mala accepcione esse ~andos WYCL. *Ver.* I 334; contingit .. inclusos minus bene dispositos et incircumspectos ex abundancia rerum temporalium et frequencia diverse condicionis hominum eos visitancium multipliciter contaminari et in moribus ~ari *Spec. Incl.* 1. 2. **d** quanto .. plures sensus in delectatione sociantur tanto ipsa delectatio ~atur *Simil. Anselmi* 18.

2 to injure; **b** (financially).

1200 unde idem Milo fuit ~atus *CurR* I 247; qui .. pejerant .. nomen Dei KNAPWELL *Quare* 405 (v. pejoratio 2). **b** 1461 expense et dampna regnum Scocie de centum millibus librarum ~averunt *Plusc.* XI 1 p. 370; in credencia sua .. ~atus *Entries* 4.

3 (intr.) to deteriorate, become worse (in quot. by hypallage of human quality).

multi nobiles .. tirannide regis Willelmi ~antis et degenerantis declinantes, loca deserta petierunt M. PAR. *Abbr.* 170.

pejoratio [CL pejor + -tio]

1 deterioration (of land, property, or sim.).

1195 in defectu pro ~one terre tempore guerre *RScacNorm* I 156; 1337 allocantur computanti, pro ~one et combustione domorum Willelmi Chapman, factis per dominum Eugenium de Garansers *Exch Scot* 453; in .. recordo et charta .. nullum .. infortunium aut detrimentum perpessa sunt in ~onem eorundem *Meaux* III 175; 1581 reddent[ibus] .. recompensacionem .. pro fraccione et ~one terr[e] predict[e] *Pat* 1205 m. 8.

2 injury (of the name of God).

qui .. pejerant scienter nomen Dei negant, et per ipsam pejerationem non potest aliud intelligi quam quedam ipsius nominis Dei abnegatio KNAPWELL *Quare* 405.

pejoritas [CL pejor + -tas], inferior state or condition.

1253 ipsis pessimis interemptoribus sunt pejores .. et in hac ~ate gradim magis superexcellentes qui .. magis tenentur ab ecclesia Dei tales interemptores pessimos excludere et extirpare GROS. *Ep.* 128 p. 435 (=M. PAR. *Min.* III 142, *Flor. Hist.* II 390).

pejus [CL]

1 in a more harmful manner.

sic Normannia ~us a suis quam ab externis vexabatur ORD. VIT. V 10 p. 387; ab hoc vero nomine quod est pejor dicitur ~us adverbium OSB. GLOUC. *Deriv.* 337; quia pessima pestis est familiaris inimicus, ~us omnibus et perversius in familiarem elocutus DEVIZES f. 36v p. 48.

2 more wickedly.

gratie . . auctorem . . vendere cum Juda, vel etiam ~us et perniciosius, non veremur? GIR. *GE* II 24.

3 less well, in a more incompetent manner.

librum . . male de Greco translatum et ~us a quodam inperito emendatum BEDE *HE* V 24 p. 359.

pekassis [ME *pikeis, pikois* < AN *picois*], pick-axe.

1320 ~is . . magno martello ferri . . crouwa . . weggis ferr' *Fabr. Exon.* 127.

1 pela, 1 pelum, 1 pila [ME *pele, pile*, OF *pele* < 1 *pala*]

1 peel, shovel.

1202 robavit ei j pelium et unam furcam firiam [i.e. ferream] *AssizeR Lincs* 103; **1211** in . . ligonibus, pelis faciendis et reparandis, cordis, capistris *Pipe Wint.* 172; **1221** in una pela ad quirandum [i.e. curandum] stabulam karettariorum *KR Ac* 462/8; **1237** pro maeremi ad pelas cariando, viij d. *KR Ac* 501/18 m. 1; **1241** in . . et quatuor xx ligonibus et cc pelis ad castrum de Ryelan firmandum, liiij s. et vj d. *Pipe Chesh* 68.

2 baker's peel.

ferramenta: custodi pistrini ferramenta pelarum furni pro ij s. *Ac. Beaulieu* 264; **1335** unum lavatorium, unam patellam, unam pelam, sex cuvas, tres tynas (*Demiss. S. Paul.*) *Camd. Misc.* IX p. xvii; nomina pertinencia ad pistrinum: . . hec pela, A. *pele WW*; pistor cum suis instrumentis: . . hoc furnorium, hec pila, *a pyle WW*.

3 scoop (as unit of measure).

1175 plenam peliam salis . . dim. peliam salis (*Templars' Preceptory*) *MonA* VI 822.

2 pela v. 2 pelum.

Pelagianista [LL Pelagianus], Pelagian, adherent to the heresy of Pelagius.

neque ullum habet ~a locum quo absque Dei gratia quis salvis fieri possit BEDE *Prov.* 999; non est hoc argumentum novum, imo Julianus ~a sic arguit non esse peccatum originale NETTER *DAF* II f. 257b.

Pelagianus [LL; Pelagius+CL -anus], Pelagian, pertaining to the heresy of Pelagius. **b** (as sb. m.) Pelagian, adherent to the heresy of Pelagius.

heresis latrat ~a, que liberum arbitrium divine gratie anteponit R. NIGER *Chr. II* 129; propter ~am heresim eradicandam GIR. *GE* I 23 p. 62; permisit eos stare in officio sacerdotum propter pinguedinem victimarum, ut testatur Sanctus Jeronimus contra ~os hereticos GASCOIGNE *Loci* 57. **b** ~i primitias bonorum suorum nolunt Domino tollere BEDE *Tab.* 399; quasi juxta ~os absque gratia superna beati esse queamus *Id. TR* 6 p. 192.

pelagicus [CL], pertaining to the sea.

denique haec sunt nomina ad proceleumaticum pertinentia: facinora, ~us, puerulus ALDH. *PR* 125.

pelagius [CL as adj.=*pertaining to the sea, marine*]

1 (as sb. m.) Pelagius (founder of the Pelagian heresy).

~ius Bretto contra auxilium gratiae supernae venena suae perfidiae longe lateque dispersit BEDE *HE* I 10 p. 23; contra ~ium BRADW. *CD* 876C.

2 sea.

transmeatis maritimis fluctuum formidinibus periculosisque ~ii pressuris HUGEB. *Will.* 3 p. 91; **1474** quod providebitur, per totum regnum Anglie, de hiis, qui casu fortuito, ex aliqua navi in pellagiis maris precipitati, aut alias intra vel extra navim, ex conflictu vel alia causa quacumque vulnerati vel mortui fuerint *Foed.* XI 799.

pelagra [cf. CL pellis, mentagra, podagra], disease of the skin.

angina, idrolion, idgundis, pelagra, sciros *Gloss. Poems* 104.

pelagus [CL], sea; **b** (fig.).

Faraonem . . inter fluctus altoque ~o demersit THEOD. *Laterc.* 21; cum pelagi montanis fluctibus ALDH. *VirgV* 812; inprimis furentibus undis ~i temtabant nautae anchoris in mare missis navem retinere BEDE *HE* III 15 p. 158; sono masculinum, intellectu neutrum, ut 'hoc pilagus' TATWINE *Ars* 41; pellagus, *se sæ Gls* 212; dum . . remenso ~o in Kambriam recessisset GIR. *EH* II 2; amarum pelagus, amaras aquilas, / amaros gurgites et salsas undulas WALT. WIMB. *Carm.* 34; **c1400** magnarum navium classem constituit ~um custodire *Meaux* III 63. **b** in curarum secularium ~o *V. Greg.* 76; **796** sit pius gubernator naviculae, ex qua te retia apostolicae praedicationis in ~us profundissimae gentilitatis expandere jussit ALCUIN *Ep.* 113; s**985** quamdiu labentis ævi ~o carnis lintre, Christo remige, navigamus (*Ch.*) *Chr. Abingd.* I 400; cum . . innumera sint que super hoc dici possunt et in tanto ~o disputationis periculose sint definitiones VAC. *Assumpt.* 22; sed de tue pietatis / vasto fido pelago WALT. WIMB. *Virgo* 152; cum potissimus decretorum doctor, cujus omnes epistolas absorbuit canonum ~us, mulierem super virum regnare non posse, jam clarissime promulgarit FORTESCUE *NLN* II 57.

pelamis [CL < πηλαμίς], kind of fish: **a** plaice. **b** fluke.

a ~ides [*gl.: plays*] NECKAM *Ut.* 98. **b** hic pelanius, *a flewke WW.*

pelanius v. pelamis.

pelare [AN *peler* < CL pilare]

1 to pluck (skin).

1284 in iiij^{xx}xix pellibus lavandis et pellandis ad tascham, xv d. *MinAc* 1237. 3 m 1.

2 to peel (reed).

1287 de Henrico Sant quia recognovit se teneri custodi de Hallod in iij d. pro rosco ~itto quem habuit in marisco *CourtR Ramsey* 271; **1295** pro rosco ~ato *MinAc* 765/17; **1297** in xxx garbis de rosco ~ato emptis ad dictam grangiam, vj d. *Econ. Condit. app.* 6.

pelargos [πελαργός], stork.

sic scribit . . Ambrosius . . '~os enim ciconia dicitur' GROS. *DM* IV 16.

Pelasgus [CL]

1 Pelasgian, Greek; **b** (of language). **c** (*ignis ~us*) Greek fire.

transtulit in Latium peregrina volumina pandens / thesaurosque simul librorum forte Pelasgos / edidit in lucem ALDH. *VirgV* 2150. **b** raucisono medium crepitare per aethera [v. l. aethra] suescens / Romuleis scribor biblis, sed voce Pelasga / nomine nocturnas dum semper servo tenebras ALDH. *Aen.* 35. 6; indidit ex cornu nomen mihi lingua Pelasga *Ib.* 60. 10; nomen imago dedit servandum voce Pelasga HWÆTBERHT *Aen.* 53.1; infandum volucer sum, et nomen habebo Pelasgum *Ib.* 57. 1; lingua Pelasga, Latina sibi non nescia, vati; / artibus hisce preibat, lux quasi clara diei R. CANT. *Poems* 25. 6; hic sacer in tumba pausat cum corpore presul / quem nunc Theodorum lingua Pelasga vocat ELMH. *Cant.* 283. **c** ignem ~um, *fu Gregis . . fue Gregos Teaching Latin* II 136.

2 (as sb. m.) a Greek.

10 . . ~os, *þa Creacisgan WW*; non solum Itali et ~i, sed et alie gentes sanctis pignoribus habitis Deo grates concinunt ORD. VIT. VII 12 p. 218; priscos mores secuti, satis incongruum esse temere censuerunt *Ib.* X 24 p. 141; ~um, *Gregés Teaching Latin* II 136.

pelatinus v. palatinus.   **pelcheria** v. pescheria. **pelecanus** v. pelicanus.

pelecinus [CL < πελεκῖνος], kind of plant, perh. axe-weed (*Securigera coronilla*).

†pelicmus [l. pelicinus] nascitur in triticia segete et ordiacea, cum laminis sive febris semine plenis, amaris, flavis, botris similibus, muscetur antidotis et si solum apponatur conceptum necat *Alph.* 142.

pelegrinus v. peregrinus.   **pelegum** v. pulegium.

pelerinus, (*herba ~a*) goosegrass.

herbe ~e . . *gosegresse SB* 24.

pelestricum [AN *pelestre*+-icus; cf. paritaria], (bot.) 'pellitory', mouse-ear, or sim.

hoc pelestricum, *pelestre Gl. AN Glasg.* f. 18rb.

peleta v. pelota.   **peletaria** v. pelletteria.   **peletarius** v. pelletarius.   **peletria** v. pelletteria.

pelfa [ME *pelf(e)*], pelfra, ~rum [AN *pelfre*]

1 (collect. sg.) stolen goods, 'pelf'.

1203 minati fuerunt ei quod eam occiderent nisi celaret eos ita quod ei dederunt ~ram quam ipsa habuit *SelPlCrown* 34; **1228** domos fregerunt, ita quod capti fuerunt cum ~ra *CurR* XIII 748; **1256** Hugo de Heton', manens in Tyrinton', captus cum quodam sacco pleno pannis furatis, venit et alias cognovit se esse latronem de predicto ~ro *AssizeR Northumb* 104; **1275** furat' fuit iiij m. et dim' et aliud ~rum precii v s. *Hund.* II 6b; **1298** nulla habuerunt catalla preter prefatum ~rum *Rec. Leic.* I 361.

2 robber's or poacher's goods taken as a perquisite.

1259 detinent cartas suas et res alias, quas ceperunt in domo sua nomine pelfr' *PlRChester* 1 m. 2d.; **1260** sicut de venatione capta non accidit mors nec membrorum truncatio, nec eadem ratione ~ra forestariorum *Ib.* 1 m. 9d.; **1368** per pelf' clamat quod si aliquis tenencium seu residencium ipsius . . feloniam fecerit . . , clamat omnia bona et catalla hujus fugitivi per bedellum suum seisire *Ib.* 71 v. 32d.

3 goods, belongings.

1243 Rogerus Peper rettatus de latrocinio duarum equarum furatarum et de pannis et ~a cujusdam Willelmi Blundi, quos debuit furasse *JustIt* 756 r. 18.

pelfare [ME *pelfen*], pelfrare [AN *pelfrer*], to rob, pillage.

1211 post ~avit domum et asportavit omnia que inventa fuerunt in domo illa *SelPlCrown* 58; **1218** combusserunt v domos et duas bretascas et ~averunt villam *Eyre Yorks* 209; combusserunt octo domos et duas britascas et ~averunt villam *Ib.* 416.

pelfrum v. pelfa.

pelicanus [LL < πελεκάν]

1 pelican; **b** (w. ref. to *Psalm*. ci 7). **c** image or representation of pelican.

10 . . pellicanus, *stangella and wanfota WW*; pellicanus pallidi fertur esse coloris AILR. *Serm.* 29. 482B; hiis aditias quod pellicanus pullos suos interficit et post biduo deplorat et tercia die sanguine a se fuso vivificat ALEX. BATH *Mor.* IV 6 p. 133; pellicanus avis . . dicta sic eo quod pellis ejus tractata canere videatur propter sui asperitatem NECKAM *NR* I 73; pellicănus nomen sumens a pelle canora, / accedit rigidus asperitate cutis *Id. DS* II 657; ~us est avis que in Levitic. xj et Deuter. xiiij porphyrio nuncupatur et avis Egyptia habitans in solitudine juxta Nilum BART. ANGL. XII 29; porfyrion dicitur a multis ~us, sed falsum est ut probabitur inferius, dicit vero Papias quod est avis alba similis cigno BACON *Gram. Gk.* 65; hic pellicanus, A. *pellycane . . hic pellicar, A. pellicane . . hic ~us, A. a pelican WW.* **b** eheu quid dicam cunctis desertus amicis, / ut vacuo solus domate pellicanus? *V. Ed. Conf.* f. 53; similis fit pellicano solitudinis AILR. *Serm.* 29. 482B (v. 1 deligere). **c** **1434** lego domino Fitz Hugh' fratri meo lectum meum de *tapstriwerke* cum leonibus et pellicano superius *Reg. Cant.* II 541; in medio utriusque parure habentur duo pellicani AMUND. *app.* II 353; c**1443** panni intincti cum rubeis rosis et aquila, pellicano, et cervo R. Holden *Cant. Coll. Ox.* I 7; **1454** j lectus cum tapeta viridis coloris cum pellicanis glaucis in eodem intextis *Ac. Durh.* 148; **1489** unum *corporas* case de auro cum uno pellicano in medio cum uno *corporas Cart. Boarstall app.* p. 288; c**1501** unum poculum argenteum cum coopertorio habens pellicanem in cacumine coopertorii *Cant. Coll. Ox.* I 31.

2 pelican, sort of alembic used for distillation.

fac pellicanum altitudine unius cubiti, et imple quartam partem menstruo vegetabili bene rectificato RIPLEY 359; pellecanus est vas circulatorium, a figura pelicani pectus suum rostro fodientis . . quod retortum

Soup for Supper

Soup for Supper

by Phyllis Root

illustrated by Sue Truesdell

Harper & Row, Publishers

Soup for Supper
Text copyright © 1986 by Phyllis Root
Illustrations copyright © 1986 by Susan G. Truesdell
Song: Lyrics by Phyllis Root
Music by Linda Sanders
Copyright © 1986 by Phyllis Root and Linda Sanders
Printed in the U.S.A. All rights reserved.
Designed by Trish Parcell
10 9 8 7 6 5 4 3 2 1
First Edition

Library of Congress Cataloging-in-Publication Data
Root, Phyllis.
  Soup for supper.

  Summary: A wee small woman catches a giant taking
the vegetables from her garden and finds that they can
share both vegetable soup and friendship.
  [1. Giants—Fiction.   2. Vegetables—Fiction.
3. Soups—Fiction]   I. Truesdell, Sue, ill.   II. Title.
PZ7.R6784So 1986   [E]   85-45273
ISBN 0-06-025070-4
ISBN 0-06-025071-2 (lib. bdg.)

To my mother and father, with love
P.R.

For Uncle Eric and Aunt Peggy
S.T.

A wee small woman lived all by herself with only her garden for company.

"And how are my cabbages today?" she would say as she checked their leaves for slugs.

"Are my carrots thirsty?" she asked while she tenderly watered the rows.

"Here, little rutabagas, let me shade your roots," she said, tucking mulch up close to their stems.

1

One day the wee small woman was weeding her onion patch when she heard a giant coming over the hill. KA-RUMBLE, KA-RUMBLE, the ground shook with every step. The wee small woman hid behind her mulberry bush to watch the giant pass by.

But Giant Rumbleton stopped and sniffed the air with his enormous nose. "Ho, ho," he chuckled. "My eyes may be weak, but my nose knows a carrot when it smells one." He sniffed again. "Potatoes, too. This is my lucky day."

He put down his cart and set to work.

"These feel like wee small vegetables to me," he rumbled as he pulled them up. "Still, they will make a fine pot of soup for supper." Then he sang in a thunderous voice:

"Soup, soup, soup, a delicious pot of soup,
Soup, soup, soup, I will eat it with a scoop—
Soup for supper tonight."

"Here, stop that!" cried the wee small woman, running out from behind the bush and flapping her wide, wide apron. "Those are *my* vegetables!"

"*Soup with parsnips, soup with peas,*
Soup with rutabagas, please,"

sang the giant as he dug up her garden.

Then he wheeled his cart on down the road with the wee small woman scurrying behind.

"Give me back my vegetables!" she shouted as loudly as she could.

"Did I hear something?" the giant wondered.

"Give me back my vegetables—you potato nose!" the wee small woman shrieked.

"Potato nose! Who's calling me a potato nose?" Giant Rumbleton bellowed. And he scooped up a handful of potatoes from the cart and flung them around.

The wee small woman gathered up the potatoes in her wide, wide apron and hurried off down the road after the giant.

"Give me back my cabbages! Give me back my beets, you cauliflower head!" she cried.

"What? A cauliflower head? Who are you? Where are you?" yelled the giant. He squinted up into the trees. He blinked at the bushes.

"Nobody calls me names," he shouted, grabbing a dozen cauliflowers and pelting them about.

The wee small woman dodged the cauliflowers, then quickly picked them up and tossed them into her wide, wide apron. She ran after the giant again.

"Those vegetables are *mine*!" she screeched. "Give them back, old rutabaga ears!"

"Rutabaga ears!" roared the giant. "I'll give you rutabaga ears!" He pitched rutabaga after rutabaga wildly from the cart.

The wee small woman gathered up the rutabagas in her wide, wide apron.

"Give them *all* back, carrot toes!" she shouted.

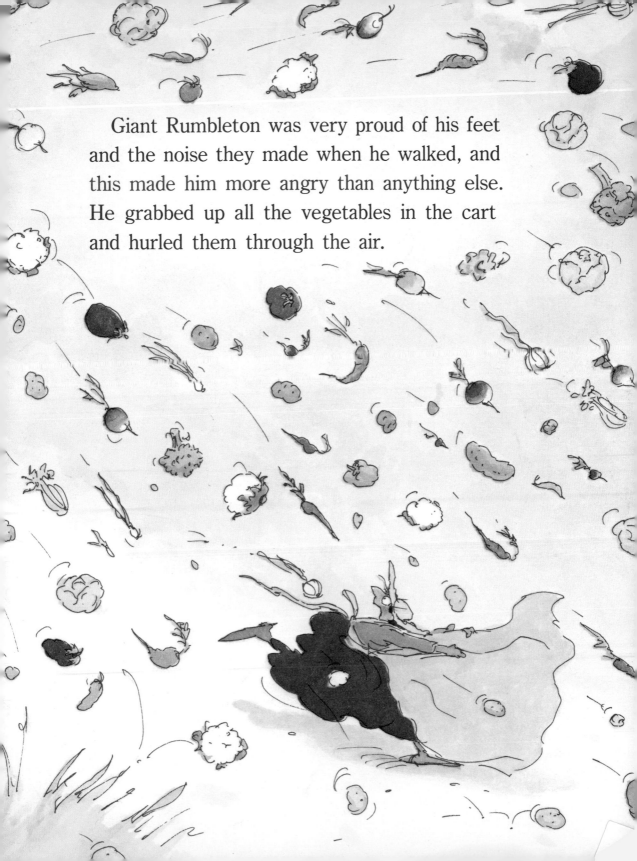

Giant Rumbleton was very proud of his feet
and the noise they made when he walked, and
this made him more angry than anything else.
He grabbed up all the vegetables in the cart
and hurled them through the air.

The wee small woman picked them all up
and put them into her apron. Then she trudged
slowly back up the road toward her cottage.

"No soup for supper," Giant Rumbleton
muttered as he stared at his empty cart. So
off he went, KA-RUMBLE, KA-RUMBLE, back up
the road to find some more vegetables. Soon
the smell of potatoes, cauliflowers, carrots,
and rutabagas drifted past his nose.

"So you've come back, have you?" a wee small voice shouted up at him as he rounded a bend. "Well, you won't get my vegetables *again*."

The giant kneeled down to peer at the wee small woman. "*Your* vegetables?" he puzzled. "I didn't know they belonged to you. I only wanted a fine pot of soup for supper."

"Soup, is it?" she snapped.

The wee small woman looked at the giant's empty cart. Then she looked at her wide, wide apron full of vegetables, which was getting very heavy.

"Carry these home for me," she said, "and I'll cook you up a pot of the finest soup you've ever tasted."

So Giant Rumbleton loaded all the vegetables into his cart, and loaded up the wee small woman as well, and bundled them back up the road to her cottage, singing:

"Soup with onions, soup with parsley,
Soup with pepper sprinkled sparsely."

There the two of them scraped and
scrubbed and peeled and sliced the vegetables.

Thwack, thwack, thwack went the wee
small woman's knife as she diced potatoes.

Tha-wunk, tha-wunk went the giant's knife
as he chopped up a rutabaga.

"Watch out, you turnip brain," the wee
small woman scolded as the giant just missed
chopping her fingers. "Do I look like a bunch
of carrots to you?"

"I'm sorry," the giant rumbled sadly. "I
can't see very well."

"Horseradish!" snorted the wee small
woman as she dropped all the chopped
vegetables into her wash kettle. "Even a bean
beetle could have seen that this was
somebody's garden."

The giant hung his head.

The wee small woman gathered rosemary and basil and oregano and thyme to mix in the soup. She looked at what was left of her garden. A tear trickled down her face and splashed on the parsley.

"I'll have to plant another garden right away," she sniffed.

The giant looked up. "Maybe I could help," he offered.

"You?" snapped the wee small woman. "What could *you* do? Can you plant seeds?"

The giant broke up a tree for firewood. "No," he admitted, lighting the fire.

"Can you see to pull up weeds when they sprout between the plants?" demanded the wee small woman, sharply.

The giant shook his head.

"Can you pick potato bugs off the vines?" asked the wee small woman.

"No," the giant admitted. "But if cows get into the garden, I can carry them back to their field. And there's not a crow around would bother a garden with a giant in it." He frowned fiercely and flapped his arms.

"Well, you couldn't stay in *my* house,"
declared the woman with a wee small smile.
"There's scarcely room for me."

"That's true," agreed the giant cheerfully.
"But I could build a cottage down the lane
a piece."

The wee small woman stirred the soup. While it bubbled and simmered and sang, she considered. "I can plow and water and weed quite well by myself," she thought. "But it might be nice to have a friend."

She smiled a wide, wide smile as she filled a stewpot full of soup for the giant, and a bowl full of soup for herself.

Then she took off her apron and spread it on the ground for a tablecloth.

"All right," she said, picking up her spoon.

High over her head, Giant Rumbleton smiled, too.

"Soup with cabbage, soup with carrot—
A pot of soup and a friend to share it,"

sang the giant, sitting down and picking up his ladle.

"This is fine soup," he said, tasting it.

"Yes," the wee small woman agreed. "This is very fine soup indeed."

The Soup Song

Booming, like a giant

Chorus

Soup, soup, soup, a de- li- cious pot of soup,

Soup, soup, soup, I will eat it with a scoop—

Soup for sup- per to- night.

Verse 1

Soup with pars- nips, soup with peas,

Back to chorus

Soup with ru- ta- ba- gas, please.

Verse 2

Soup with onions, soup with parsley,
Soup with pepper sprinkled sparsely.

Chorus

Verse 3

Soup with cabbage, soup with carrot—
A pot of soup and a friend to share it.

Chorus

Lyrics by Phyllis Root   Music by Linda Sanders

7 /24 /95
NLS